Le Roman de Julie Papineau

DU MÊME AUTEUR

Les Serres domestiques, Éditions Quinze, 1978.

Les Enfants du divorce, Les Éditions de l'Homme, 1979.

Jardins d'intérieurs et serres domestiques, Les Éditions de l'Homme, 1979.

Le Frère André (biographie), Les Éditions de l'Homme, 1980.

Le Prince de l'Église (biographie du cardinal Paul-Émile Léger, tome I), Les Éditions de l'Homme, 1982.

Un bon exemple de charité. Paul-Émile Léger raconté aux enfants, Grolier, 1983.

Dans la tempête. Le cardinal Léger et la Révolution tranquille (biographie, tome II), Les Éditions de l'Homme, 1986.

MICHELINE LACHANCE

Le Roman de Julie Papineau

ÉDITIONS QUÉBEC/AMÉRIQUE

425, rue Saint-Jean-Baptiste, Montréal (Québec) H2Y 2Z7
tél. : (514) 393-1450 Fax : (514) 866-2430

Données de catalogage avant publication (Canada)

Lachance, Micheline, 1944 –
Le Roman de Julie Papineau
(Collection Deux Continents)

ISBN 2-89037-855-1
I. Titre.   II. Collection.
PS8573.A2768R65   1995   C843'.54   C95-941499-1
PS9573.A2768R65   1995
PQ3919.2.L32R65   1995

*Les Éditions Québec/Amérique bénéficient du programme de subvention globale
du Conseil des Arts du Canada.*

Dépôt légal: 4e trimestre 1995
Bibliothèque nationale du Québec
Bibliothèque nationale du Canada

5e réimpression : décembre 1996

Mise en page : Folio infographie

 IMPRIMÉ AU CANADA

Pour Pierre Godin, intarissable conteur,
inépuisable écrivain, impitoyable lecteur.
Comme si ce livre pouvait exister sans lui !

FAMILLE PAPINEAU

Joseph Papineau ———————— Rosalie Cherrier
(1752-1841)   (1756-1832)
Notaire

André-Augustin   Denis-Benjamin   Louis-Joseph ———
(1790-1876)   (1789-1854)   (1786-1871)
Notaire   Agent des terres   Avocat
                        époux d'Angelle
                        Cornud

                        Marie-Rosalie
                        (1788-1857)
                        épouse de Jean Dessaulles

Toussaint-Victor
(1798-1869)
Curé

                        Amédée   Lactance
                        (1819-1903)   (1822-1862)

FAMILLE BRUNEAU

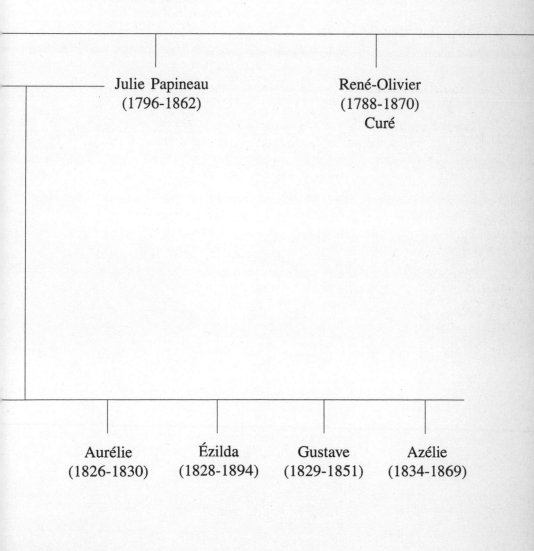

Pierre Bruneau ——————— Marie-Anne Robitaille
(1761-1820)   (1761-1851)
Marchand général

Julie Papineau   René-Olivier
(1796-1862)   (1788-1870)
                                                        Curé

Aurélie   Ézilda   Gustave   Azélie
(1826-1830)   (1828-1894)   (1829-1851)   (1834-1869)

Note de l'auteur

Ce livre est une biographie romancée. Telle qu'elle apparaît dans ces pages, Julie Papineau est le fruit de mon imagination, conjugué au portrait que l'histoire a laissé d'elle.

Julie a bel et bien existé au XIXe siècle. Je l'ai découverte par ses lettres à son mari, Louis-Joseph Papineau, le chef des patriotes de 1837, et à ses enfants, en particulier Amédée et Lactance. Leur ton m'a intriguée. Comment une femme née au Bas-Canada en 1796 osait-elle, à quarante ans, juger les hommes politiques de son époque, accuser les gouverneurs anglais d'injustice, aller jusqu'à suggérer que les Canadiens devraient peut-être prendre les armes pour obtenir justice ?

Ces lettres authentiques m'ont aussi fourni des pistes pour saisir l'épouse et la mère. Cela m'a permis de découvrir la femme derrière le personnage qu'était son mari. Cliché éculé pour dire qu'une fois de plus, l'histoire officielle a gommé le rôle, sinon l'influence, d'une femme dans la vie d'un grand homme. Les uns après les autres, les historiens nous la présentent comme déprimée, mélancolique, plaignarde... Ma Julie Papineau est vive, elle n'a pas froid aux yeux et si sa famille est le centre de son univers, la politique est sa grande passion. Tous les indices étaient là, noir sur blanc, pour deviner ses émotions, ses angoisses, ses espoirs et ses chagrins. Il m'a semblé que, dans une biographie romancée plus que dans une biographie traditionnelle, où les « trous de mémoire » sont hélas ! trop nombreux, je réussirais à la rendre bien vivante.

Restait à régler la question de la rébellion qui sert de toile de fond à ce roman. Il n'y a jamais qu'une seule vérité et les historiens ne s'entendent pas sur les causes des événements de 1837. Tantôt les patriotes sont des héros, tantôt ils sont des rebelles. Les victimes des uns sont les coupables des autres. J'ai adopté le point de vue de Julie Papineau qui apparaît clairement dans ses lettres. J'ai naturellement fait des choix et pris des libertés, mais en tâchant d'éviter les

13

exagérations. Et je me suis laissé porter par le destin à la fois exaltant et tragique de cette femme.

On n'écrit pas ce genre d'ouvrage sans effectuer une énorme recherche. Je crois bien avoir lu tout ce qui existe sur la vie au Bas-Canada, au XIXᵉ siècle : les fonds d'archives des familles Papineau, Dessaulles et Nelson, la Saberdache de Jacques Viger, les papiers des gouverneurs britanniques lord Aylmer et le comte de Gosford, et les travaux d'historiens, en particulier ceux de Fernand Ouellet, François-Xavier Garneau, Laurent-Olivier David, Gérard Filteau, Robert Rumilly et de Joseph Schull. Je dois beaucoup au journal d'Amédée Papineau et à la correspondance de son grand-père Joseph Papineau.

Mais j'ai une dette toute particulière à l'égard de madame Anne Bourassa, l'arrière-petite-fille de Julie Papineau et la fille d'Henri Bourassa, qui a consacré sa vie à garder bien vivante l'histoire tumultueuse de sa famille et qui, grâce à son merveilleux don de conteuse, a partagé avec moi les souvenirs que ses ancêtres lui ont légués.

Enfin, il me reste à remercier mon amie Monique Roy, qui a patiemment relu mon manuscrit, plutôt deux fois qu'une.

CHAPITRE I

L'épidémie de choléra

12 juin 1832

Julie Papineau serrait les dents. Elle tenait son mouchoir de dentelle collé à ses narines, tant l'odeur était nauséabonde. À la vue des cadavres à demi couverts qui jonchaient le sol, rue Notre-Dame, elle réprima un haut-le-cœur. Partout des traces du funeste choléra morbus.

« Ce cauchemar ne finira donc jamais ? » soupira-t-elle.

La calèche avançait à pas de tortue. Le cocher avait beau faire claquer son fouet, rien ne bougeait. La caravane de familles épouvantées qui fuyaient la ville venait de s'arrêter encore une fois. C'était l'heure où habituellement le faubourg s'éveillait mais, ce matin-là, il était déjà en pleine activité, car le tumulte n'avait pas cessé de la nuit. Comme une plainte sans fin, un insupportable gémissement. Et ce soleil plus ardent qu'à l'accoutumée qui narguait les gens en détresse.

« Ohé ! par ici, le corbillard, cria une voix de femme à la fenêtre du seul logis encore occupé, au-dessus de la boutique du charron dont la porte était cadenassée.

— Je ne peux pas ! répondit le cocher de la voiture noire surmontée d'une croix. Vous voyez bien que c'est impossible. »

La caisse du corbillard était en effet si pleine que la portière arrière ne fermait pas. Au lieu d'un seul cercueil, il y en avait quatre, les uns empilés sur les autres. Et sur le banc, à côté du cocher, une toute petite boîte peinte en blanc contenait les restes d'un bébé de quelques mois à peine.

« Je vous en supplie, ma mère est morte cette nuit, insista la voix. Je ne peux pas la laisser.

— Ma pauvre petite dame, faites comme les autres, transportez-la en brouette au cimetière ! »

Rue Saint-Paul, les portes du *British American Hotel* étaient closes. Le marché à foin était désert, il y avait belle lurette que les cultivateurs n'osaient plus s'y aventurer. Sur le trottoir de bois, deux enfants au visage barbouillé de larmes ressemblaient à de petits animaux traqués. Blottis l'un contre l'autre, ils attendaient qu'on s'occupât d'eux. Julie caressa la tête de son plus jeune fils Gustave, qui s'était rapproché d'elle.

« Maman, regarde », dit-il en tirant sur son châle.

L'enfant de trois ans pointait le doigt vers deux hommes qui chargeaient, dans une charrette, un corps enveloppé dans un linceul maculé. Il y avait déjà trois cercueils rudimentaires disposés symétriquement dans ce corbillard improvisé.

« Ouach, ça sent mauvais », fit à son tour Ézilda, sa fille de quatre ans.

Tout était sens dessus dessous dans le faubourg. On transportait des morts à la hâte sur des brancards de fortune. D'autres, abandonnés sur le trottoir de bois par leurs proches qui craignaient la contagion, dégageaient sous la chaleur une odeur de putréfaction. Julie grimaça de dégoût. Elle baissa les yeux. Comme pour se donner une contenance, elle plia son mouchoir qu'elle avait chiffonné la minute d'avant. N'aurait-elle pas pu épargner ces scènes de misère à ses enfants ? Elle se retourna pour voir ses deux fils aînés, Amédée et Lactance, qui avaient pris place dans la seconde voiture, avec mademoiselle Douville, leur gouvernante, et les bagages. Ils se tenaient bien droits comme des petits soldats et se parlaient tout bas.

Un coup de canon retentit.

« Pow ! » fit bébé Gustave, que le bruit strident n'inquiétait plus.

Depuis une semaine déjà, les autorités tiraient du canon à tout moment, prétendument pour assainir l'air. On se serait cru en pleine insurrection. Les commerçants faisaient aussi brûler du goudron dans de petites casseroles posées sur des réchauds, le long des trottoirs, d'où jaillissaient une flamme rouge et une épaisse fumée. Le soir, c'était lugubre.

À côté de Julie, dans la voiture, son mari l'observait à la dérobée. Sa mince silhouette lui paraissait figée. Ses cheveux bruns foncés étaient séparés au milieu. Ils descendaient lisses de chaque côté du front et disparaissaient en un chignon derrière les oreilles, qu'elle avait toutes petites. La pâleur de son beau visage trahissait sa peur. Et aussi la petite veine qui se gonflait sur sa tempe. Il lui dit doucement :

« Ça va, ma chérie ? Tu tiens le coup ? »

16

— Ne t'inquiète pas », le rassura-t-elle.

Louis-Joseph Papineau serra la main de sa femme. Où diable prenait-elle sa force, elle si fragile, si délicate ? Tant de fois il l'avait crue sur le point de s'évanouir. Elle avait si souvent l'air d'un petit oiseau blessé et cela l'émouvait toujours de la voir ainsi. À la moindre éraflure, elle gémissait comme si la blessure était mortelle. Elle boudait aussi à la plus petite contrariété. Plutôt grande et élancée, elle lui semblait minuscule dans ces moments-là. Une enfant. Et puis brusquement, sans que rien l'expliquât, elle se ressaisissait et retrouvait son aplomb. Son regard affolé s'estompait. Ses gestes redevenaient lents et perdaient le tremblement à peine perceptible qui les avait affectés plus tôt. Seul son sourire, son merveilleux sourire, pour lequel il aurait vendu son âme, refusait de réapparaître sur son visage satiné.

C'est ainsi qu'il la voyait, ce matin-là, dans sa jolie robe bleu ciel. Elle l'avait revêtue en s'excusant presque, mais elle était convaincue que les toilettes sombres appelaient le malheur. Même en plein drame, elle avait cette élégance qui suscitait l'admiration.

Julie savait que son mari l'observait et cela la troublait. Il lui avait à peine adressé la parole depuis le petit déjeuner. Elle avait maugréé au moment d'entreprendre ce voyage chez son frère, le curé de Verchères, et il avait eu un geste d'impuissance. N'était-ce pas plutôt un mouvement d'impatience ? Elle s'en était voulu. Ce n'était vraiment pas le moment de flancher, surtout devant les enfants. À trente-six ans, il était temps qu'elle cesse de se comporter en petite fille capricieuse.

Au passage de la calèche, les hommes levaient leur chapeau.

« L'honorable Papineau quitte la ville », chuchotaient-ils en se rangeant sur le bord de la rue pour laisser passer la voiture.

Il en imposait, Louis-Joseph Papineau. À cause de sa taille plus haute que celle de la moyenne des hommes, de ses larges épaules et de son port altier. Jamais il ne perdait sa belle assurance. Sa mise était toujours impeccable ; ses costumes de toile anglaise étaient de la meilleure qualité, ses vestes, bien coupées, et il ne tolérait aucun faux pli à son pantalon. Dans sa chevelure brune, qu'il relevait en coq sur le devant de la tête, à la racine du front, aucun cheveu gris n'était visible malgré ses quarante-six ans. Mais ce qui séduisait plus que tout chez lui, c'était sa façon de donner à chaque homme, à chaque femme, l'impression d'être une personne fort importante.

Au son des clochettes qui annonçaient le prêtre venu porter le viatique à un mourant, les voitures ralentirent et tout le monde se signa. Puis le long serpent reprit sa marche, tel un cortège funèbre. Et de nouveau le silence, pesant et résigné.

« Monsieur Papineau », s'écria soudain le docteur Nelson qui sortait d'une modeste maison, trois petits enfants dépenaillés sur les talons.

Louis-Joseph Papineau se retourna. Robert Nelson avait le dos courbé, ce qui n'était pas dans ses habitudes, et ses cheveux, plus gris que roux désormais, trahissaient la fatigue. Sa redingote noire boutonnée jusqu'en haut était poussiéreuse et ses lunettes, sales. Pour tout dire, il était dans un état lamentable.

« Je m'en vais conduire Julie et les enfants à Verchères, dit Papineau qui devinait l'inquiétude du docteur. Mais, rassurez-vous, je ne vous laisse pas tomber.

— Donc je peux toujours compter sur vous, insista le docteur Nelson.

— Dès demain, je serai de retour au Bureau d'hygiène, promit-il. Mais que se passe-t-il ? Vous avez l'air soucieux. Les nouvelles sont mauvaises ?

— Hélas ! oui, fit le médecin en se faufilant jusqu'à la voiture. La situation s'aggrave. Il y a des signes qui ne trompent pas. Des signes déconcertants ! »

Le docteur Nelson écorchait le français, mais employait toujours le mot juste. Il soupira en déposant sa trousse sur le sol et s'épongea le front avec son mouchoir. La chaleur était suffocante en ce matin lugubre du mois de juin. Il jeta un coup d'œil autour de lui, comme pour s'assurer que personne n'écoutait. À quoi bon inquiéter tous ces braves gens ? N'avaient-ils pas déjà leur lot d'angoisse ? Mais avec Papineau, c'était différent. En sa qualité d'*orateur* de la Chambre au Parlement de Québec, il avait la responsabilité de protéger la population contre la contagion.

« Il y a plus de mille malades à Montréal seulement, souffla-t-il à voix basse. Je fais des journées de quinze heures. On m'appelle de jour comme de nuit...

— Toujours les mêmes symptômes ? demanda Julie d'une voix qu'elle s'efforçait de contrôler.

— Eh oui ! Ça commence par des diarrhées, des vertiges ou des nausées. Quand j'arrive, il est souvent trop tard.

— En sauvez-vous ?

— Parfois. Avec de petites doses d'opium ou des saignées par sangsues. L'ennui, c'est que les gens en abusent.

— C'est effroyable ! »

Le glas de Notre-Dame retentit. C'était la cinquième fois depuis le matin. Le docteur Nelson hocha la tête :

« Il n'y a plus assez de cercueils, fit-il en hochant la tête. Les gens s'affolent. Ils enterrent des malades qui n'ont pas encore rendu le dernier souffle.

— Mais c'est abominable, fit Julie. N'y a-t-il pas moyen d'empêcher cela ? »

Le docteur Nelson leva les bras au ciel :

« Je suis impuissant, c'est bien là le drame.

— Heureusement qu'on a autorisé les enterrements de nuit, constata Papineau. Cela crée moins de commotion.

— Peut-être, mais on manque de places dans les cimetières, répondit le médecin. Vous pourriez insister auprès du gouverneur. Il doit bien y avoir un terrain vacant quelque part ? »

Puis après une hésitation, il enchaîna :

« Je ne vous apprends pas que le docteur Tracey est...

— Il est mort, je sais », répondit Papineau sans plus.

Julie parut renversée. Daniel Tracey était mort ? Il venait tout juste d'être élu député dans Montréal-ouest. Son élection contre un candidat anglais avait provoqué une émeute qui s'était terminée dans un bain de sang :

« Je n'arrive pas à le croire, dit-elle. Le... le choléra ?

— Oui, hier après-midi, fit le docteur Nelson. Il a été contaminé en soignant ses malades. Il n'aura même pas eu le temps de prendre son siège au Parlement.

— Les hommes comme lui sont rares, dit Papineau. Et vous, mon cher ami, soyez prudent, c'est à peine si vous tenez debout.

— Oui, Robert, vous devriez aller vous reposer », renchérit Julie.

Le docteur Nelson tira sa montre de la poche de sa veste et regarda l'heure, en se frottant les yeux. Ses traits tirés en disaient long sur son manque de sommeil. Il échappa un soupir de lassitude :

« Que voulez-vous que je fasse ? Il faut que je sois partout à la fois. Les familles deviennent fatalistes et quelquefois la peur d'être les prochaines victimes les paralyse. Comment les convaincre de ne pas accepter la mort ? De lutter ? »

Il ramassa sa trousse et serra la main de Papineau.

« Nous ne pouvons pas compter sur l'aide du gouverneur Aylmer, conclut-il avec dédain. C'est un lâche. Il fait passer les intérêts personnels de sa clique avant ceux des Canadiens. Enfin ! Si vous jugez à propos de lui rappeler ses devoirs, faites-le. »

19

Puis, se tournant vers Julie, il ajouta en lui souriant tristement :

« Vous vous êtes finalement décidée à partir, chère Julie. Ce n'était pas trop tôt. »

Le docteur Nelson nourrissait pour Julie une tendre affection. Il aurait pu tomber amoureux de cette femme qui avait du ressort malgré son apparente fragilité. Une fois, une fois seulement, il l'avait tenue dans ses bras. Elle l'avait appelé au chevet de sa fille Aurélie. La petite avait quatre ans et souffrait de diphtérie. Elle toussait à fendre l'âme. Il n'avait pas réussi à lui sauver la vie et il s'en voulait encore.

Julie en avait été anéantie. Dans sa chambre aux rideaux tendus le jour comme la nuit, elle avait hurlé « Dieu est injuste ! » avant de retomber dans un silence de mort. Elle avait cessé de manger, ne dormait plus, ne se lavait plus, ne parlait plus. Le Parlement siégeait à Québec et Papineau n'avait pas pu rentrer à Montréal pour être près d'elle. Le docteur Nelson avait donc pris l'habitude de passer prendre de ses nouvelles avant de commencer sa journée. Il fallait, lui avait-il répété tant et plus, laisser le chagrin suivre son cours. Un beau matin, elle s'était levée, avait fait sa toilette et lui avait ouvert lorsqu'il s'était présenté pour sa visite quotidienne. Il l'avait serrée très fort, comme s'il venait de retrouver une amie perdue.

Jamais il ne lui avait reparlé d'Aurélie. Personne d'ailleurs n'osait prononcer ce nom. Car, en plus de son chagrin, Julie s'était sentie coupable de la mort de sa fille. Bien avant sa maladie, le docteur Nelson lui avait recommandé de faire vacciner ses enfants, mais elle s'y était opposée sous prétexte que ce traitement n'avait pas encore fait ses preuves. Elle croyait qu'en isolant ses petits des autres enfants, elle les protégerait mieux.

« Vos chers petits seront plus en sécurité à Verchères, dit Robert Nelson, qui devinait ses sombres pensées. Je crois, moi aussi, aux vertus de l'isolement.

— Et moi, fit-elle en regardant droit devant elle, je ne suis plus sûre de rien.

— Vous avez pris la bonne décision, insista-t-il. Dans ces moments-là, la promiscuité n'est jamais recommandable. »

Le docteur fit un clin d'œil à Ézilda.

« C'est le chat qui t'a mangé la langue ? demanda-t-il à la petite qui rougit.

— Non, il est resté à la maison, mon chat, répondit Ézilda, feignant une grande tristesse. Maman n'a pas voulu qu'on l'emmène chez l'oncle René-Olivier. Je gage que vous ne vous souvenez même pas de son nom.

— Heuh ! dit le docteur, comme s'il fouillait dans sa mémoire. Ce ne serait pas Minou ?

— Non, fit Ézilda, c'est Gros minou ! »

Il salua Papineau, sourit à Julie et s'en alla d'un pas lourd et traînant. La calèche repartit et se dirigea lentement vers le port.

▼

Au pied de la rue Saint-Sulpice, le quai était grouillant de monde. Le vapeur *John Molson* qui faisait la navette entre Montréal et Québec partit le premier, remorquant une goélette pleine à craquer de passagers. Les Papineau durent attendre deux longues heures avant de pouvoir s'embarquer sur le bateau que Louis-Joseph avait loué la veille. Les garçons voulaient descendre de voiture pour se délier les jambes, mais Julie refusa net. La panique s'était installée chez les citadins trop pressés de s'éloigner de la ville et l'on se bousculait pour obtenir une place sur le traversier ou dans les chaloupes. Louis-Joseph lui donna raison.

L'embarcation des Papineau s'approcha enfin du quai et ils purent monter à bord avec leurs bagages. Julie coucha bébé Gustave dans un petit hamac muni de sangles où il s'endormit pendant qu'Ézilda lui chantait une berceuse. Amédée, treize ans, et Lactance, de deux ans son cadet, firent une partie d'échecs sur le pont. Ils se chamaillaient comme de coutume, l'aîné accusant son frère de mal jouer et le cadet criant au tricheur. Le soleil de midi plombait lorsqu'ils passèrent devant la Pointe-aux-Trembles. Papineau était appuyé au bastingage. Julie s'approcha de lui et dit tout bas en le regardant dans les yeux :

« Tu savais que le docteur Tracey était mort et tu ne m'en as rien dit ?

— Je l'ai appris hier soir, mais tu étais tellement surexcitée que je n'ai pas osé t'en parler.

— Tu ne me fais jamais confiance.

— Ne dis pas de bêtises. Tu n'es plus toi-même depuis quelque temps. »

Julie se détourna. Elle détestait les allusions voilées de son mari. La veille, elle lui avait fait une scène ridicule et il en avait été agacé.

« J'aurais bien voulu t'y voir, murmura-t-elle.

— Est-ce que je t'ai fait un reproche ? »

Non, bien sûr, jamais il ne lui reprochait quoi que ce soit. N'empêche qu'il avait le don de lui faire sentir qu'elle n'était pas toujours à la hauteur de la situation.

« Tout ça, c'est la faute de Doudou, répondit-elle penaude. Je lui avais demandé de réparer la jalousie qui claque au vent dans la chambre des garçons. Il était quatre heures et il ne s'était pas encore montré le bout du nez. Quand j'ai entendu du bruit dans la cour, je suis sortie sur la galerie. J'étais loin d'imaginer quel énergumène allait m'apparaître. J'ai crié : " Doudou ? C'est bien vous ? " Je l'ai vu sortir de la remise, les bras chargés de bois. Il avait les cheveux ébouriffés et la barbe longue, lui habituellement si soigné.

« Le pauvre bougre n'avait pas son air normal, continua Julie comme pour elle-même. Il flottait dans des vêtements beaucoup trop grands. En me voyant, il a baragouiné des phrases incohérentes. J'ai finalement compris que son père venait de mourir de la peste et qu'il voulait des planches pour le cercueil. Je lui ai offert mes condoléances, naturellement. Et puis je lui ai demandé ce qu'il faisait dans cet accoutrement. Il m'a répondu que c'était la chemise et la culotte de son père, qu'il les lui avait enlevées sur son lit d'agonie et qu'il allait les porter pendant trois jours pour exorciser la mort. C'est là que j'ai craqué. »

Julie avait en effet ordonné d'une voix perçante :

« Imbécile ! C'est comme ça qu'on attrape les microbes. Vous allez nous contaminer. Allez-vous-en ! Je vous en supplie, allez-vous-en ! Et ne vous approchez surtout pas des enfants ! »

Doudou l'avait regardée sans comprendre.

« Partez ! » avait-elle répété plus faiblement, en s'agrippant à la rampe, comme si elle allait s'évanouir. Abasourdi, l'homme engagé avait pris ses jambes à son cou, laissant là les belles planches qu'il avait choisies dans la remise de son patron.

C'est ainsi que Papineau avait trouvé sa femme, tremblant comme une feuille.

« Julie, il faut que tu quittes Montréal, l'avait-il suppliée. Tu vois bien qu'on ne contrôle plus rien. Prépare les enfants. Ne t'entête pas, tu leur ferais courir des dangers. Allez, fais-moi confiance. »

Il s'était attendu à ce qu'elle lui serve son habituel « si tu restes, je reste aussi ». Mais elle avait acquiescé et avait passé la soirée à organiser son départ. Elle avait donné des directives aux servantes pour que, en son absence, les repas de son mari soient servis à sa convenance. Depuis le début de l'épidémie, l'horaire de Papineau était irrégulier. À peine avait-il avalé la dernière bouchée, le midi, qu'il filait au Bureau d'hygiène où il parait au plus pressé. Elle ne le retrouvait que tard dans la journée quand le reste de la famille avait fini de souper.

Elle avait bien tenté de le convaincre de passer quelque temps avec elle à Verchères. Elle s'était même emportée, l'accusant de jouer à Dieu-le-père auprès des Montréalais, jusqu'à en oublier que ses propres enfants avaient eux aussi besoin de lui. Peine perdue. Il n'était pas question qu'il s'absente de Montréal plus que le temps nécessaire pour aller jusqu'à Verchères et en revenir.

Ce soir-là, Papineau s'était rendu chez Doudou pour lui expliquer que sa femme avait eu un moment de panique et qu'il ne fallait pas lui en vouloir. Mais Doudou aimait trop madame pour se fâcher contre elle.

▼

Ni Julie ni Louis-Joseph n'ajoutèrent un mot du reste du trajet. Le fleuve était étale. On aurait dit que le temps s'était arrêté. Le clocher de l'église de Varennes était en vue, au milieu des vastes prairies, quand elle rompit enfin le silence.

« Bon d'accord, j'ai eu tort de m'énerver, dit-elle, embarrassée. Il faut que j'apprenne à me contrôler, tu me le répètes assez. Mais avoue qu'on vit des moments difficiles. »

Papineau ne répondit pas. Le ton de Julie devint sarcastique :

« Évidemment, je n'ai pas ta force de caractère, moi.

— Tu exagères, la gronda-t-il. J'ai simplement dit qu'hier soir tu étais trop bouleversée pour que je te parle de la mort de Daniel Tracey. Depuis la fusillade, tu n'es plus la même. Tu as les nerfs à fleur de peau.

— Parlons-en de la fusillade, répondit-elle, en baissant la voix. Tu n'imagines pas ce que c'est que de se trouver à côté d'un soldat qui tire à bout portant sur un homme. Tu peux me trouver poltronne, mais je pense qu'il y avait là de quoi ébranler les nerfs les plus solides. Je sais, je sais, tu vas encore me dire que je n'avais pas à faire à la place d'Armes, ce jour-là.

— Je pense seulement que cela s'est passé il y a trois semaines et que tu cries encore pour tout et pour rien. Comme si tu avais constamment peur depuis.

— Dis plutôt que je suis indignée. On assassine froidement trois Canadiens et tu voudrais que je reste de marbre ?

— Mais non, bien sûr, fit-il pour la calmer. Ce drame est en train de nous rendre fous. Et cette épidémie n'arrange rien. On ne sait plus si on reverra son voisin le lendemain. Si on survivra soi-même. On n'en finit plus d'interroger ses intestins. Il n'est question que de borborygmes, de diarrhées, de lavements, de morts... »

▼

L'épidémie s'était répandue au Bas-Canada au début du mois de juin 1832. Avant cela, on savait que la peste asiatique frappait l'Europe, mais personne ne croyait qu'elle traverserait l'océan pour venir semer la terreur sur les rives du Saint-Laurent. Les fléaux s'abattent sur les autres, jamais sur soi. Le danger paraissait si irréel que la vie avait d'abord continué normalement. On avait bien signalé quelques cas, mais confinés à la Grosse-Isle, au large de Québec, là où les bateaux anglais s'arrêtaient obligatoirement pour la quarantaine.

Quand un premier puis un second passager du *Carrick*, venant de Dublin, étaient morts dans une modeste pension de la rue du Petit-Champlain, à Québec, on avait préféré croire à une congestion cérébrale, sans doute contractée pendant la traversée. Entassés comme des sardines dans les navires, sans nourriture ni eau suffisantes, les immigrants irlandais débarquaient habituellement plus morts que vifs. D'ailleurs, cinquante-neuf d'entre eux avaient rendu l'âme durant la traversée. En fait, tout le monde était convaincu que seuls les individus pauvres, malpropres, vicieux et intempérants attrapaient le choléra qui ne s'attaquait jamais aux gens comme il faut. Par charité chrétienne, les évêques avaient décrété un jour de jeûne pour demander la protection de la Providence, ce qui avait eu pour effet de calmer les esprits inquiets et les vertueux.

Mais rien, au début, n'avait pu laisser croire à une épidémie, encore moins à une hécatombe. À peine les gens se montraient-ils un peu plus prudents en évitant, par exemple, de se promener pieds nus sur un plancher froid ou de dormir la fenêtre ouverte. Quelques-uns buvaient du brandy épicé et respiraient du camphre, mais les plus superstitieux ne prenaient plus de boisson à jeun, convaincus que c'était pernicieux.

En réalité, la peste n'était pas la seule source d'inquiétude des habitants du Bas-Canada. La famine rôdait aussi et les apeurait davantage. Le printemps avait été désastreux. En avril, à la crue des eaux, des pluies diluviennes avaient paralysé la vie. À la mi-mai, les chemins étaient toujours impraticables et les cultivateurs ne se seraient pas risqués en ville avec leurs charrettes.

D'ailleurs, que seraient-ils venus y vendre ? Les récoltes de l'année précédente avaient été si mauvaises que les habitants n'avaient plus rien à offrir aux citadins. Leurs propres provisions étaient épuisées. Ils n'avaient même plus de viande à dépecer pour nourrir leurs familles. Ils avaient espéré faire quelques sous en augmentant le prix du poisson et des œufs. Mais ceux qui s'étaient aventurés jusqu'au marché à foin, près du port de Montréal, étaient rentrés chez eux avec leur butin. Pas d'acheteurs, à peine quelques passants désargentés et des pauvres. Beaucoup de pauvres.

Cela ne semblait pas incommoder les marchands anglais qui continuaient de vendre leurs denrées importées à des prix inabordables. C'était à se demander comment ils arrivaient à survivre alors qu'autour d'eux les Canadiens tiraient le diable par la queue.

Nul doute, se disait Papineau en contemplant les prés verdoyants qui défilaient sous ses yeux, toutes les conditions sont réunies pour favoriser la propagation du choléra. Il soupira. Encore heureux qu'il eût réussi à éloigner sa famille à temps. Le quai de Verchères était maintenant en vue. Ici et là une ferme cossue, une maison enveloppée dans les lilas et des tapis de muguet à profusion. Nulle part ailleurs le paysage n'était empreint de cette douceur. Et pourtant, derrière cette apparente sérénité, couvaient le drame, la pauvreté, la mort. Il blâmait les autorités coloniales, plus occupées à garnir leurs coffres qu'à venir en aide aux immigrants qui déferlaient sur la province. Comme son ami le docteur Nelson, il avait acquis la certitude que les marchands anglais qui contrôlaient l'économie imposaient leur volonté au gouverneur, pour mieux affamer les Canadiens.

« C'est ça, être des vaincus », laissa-t-il échapper, amer.

Julie l'écoutait distraitement, toute à ses propres pensées. Car pour elle, la fusillade dont elle avait été le témoin bien involontaire, à la place d'Armes, était un signe des temps. Papineau avait raison : depuis ce massacre de trois innocents par des soldats britanniques, elle n'était plus la même. Et elle ne le serait plus jamais. Comme si un ressort s'était brisé en elle.

« Non seulement les Anglais nous affament, mais ils nous assassinent, répondit-elle tout à coup en revenant à la réalité. Je l'ai compris, quand j'ai vu les soldats tirer sur des Canadiens. Jamais je ne l'oublierai.

CHAPITRE II

La fusillade

Il était presque deux heures et les Papineau n'étaient toujours pas arrivés à Verchères. Marie-Anne Bruneau attendait sur la galerie, refusant obstinément de rentrer dans le presbytère. Elle se berçait depuis une heure déjà, espérant toujours voir le nuage de poussière qui annoncerait l'arrivée de sa fille. Le cocher que le curé avait envoyé au quai du village était rentré bredouille à midi sonnant, mais il avait repris le guet sitôt son repas avalé.

Le cœur de la veuve Bruneau pompait et elle suait à grosses gouttes, mais elle feignait de l'ignorer. Elle tempêtait bien un peu contre le fleuve qui, ce jour-là, paraissait figé dans son lit. Pour rien au monde, elle n'aurait abandonné son poste sur la véranda. À tout moment, le curé Bruneau, son plantureux fils, sortait de son bureau et passait le nez dans la porte pour la gronder :

« Maman, insistait-il, vous n'êtes pas raisonnable. Cette chaleur est suffocante.

— J'attends ma fille », répondait calmement la vieille dame pour la énième fois.

Marie-Anne Bruneau avait quatre filles, Julie, Luce, Rosalie et Vévette, qu'elle aimait tendrement, mais lorsqu'elle disait « ma fille », elle parlait de Julie, son aînée.

« Je sais, je sais, répliquait le curé », impatient. Mais vous la verrez aussi bien venir de la fenêtre. C'est plus frais en dedans. Et puis Julie et son mari ont pu être retardés. Tout le monde fuit la ville. Pensez donc à ce que le docteur vous a dit. »

Marie-Anne Bruneau s'entêta. Exaspéré, le curé tourna les talons et rentra en faisant claquer la porte. Il s'enferma dans son bureau, convaincu qu'il n'arriverait jamais à lui faire entendre raison. Mais il était inquiet. Sa mère s'était alourdie depuis la mort de son mari et le docteur lui avait recommandé d'éviter les chaleurs excessives. Son cœur donnait des signes de fatigue. À soixante et onze ans bien sonnés, le moindre effort pouvait lui être fatal.

En l'accueillant chez lui, au presbytère, le curé de Verchères avait espéré que sa mère consentirait à y finir ses jours dans la prière et le calme. Ses quatre filles étaient établies : deux d'entre elles, Julie et Rosalie, avaient épousé des avocats qui s'étaient fait élire députés. La troisième, Vévette, s'était fiancée à un médecin de Verchères, après avoir porté le voile pendant quelques mois, et Luce, la cadette, était mariée à un musicien d'église. Qu'est-ce qu'une mère pouvait souhaiter de plus, sinon le repos ?

Mais Marie-Anne Bruneau l'entendait autrement. Pas question de s'écouter, la vie était trop courte et il lui restait tant à faire. Elle avait pris sur ses épaules le sort de tous les malheureux de la paroisse et, depuis une dizaine d'années déjà, elle se dépensait pour eux sans compter. Seuls les accouchements de ses filles pouvaient l'empêcher d'être au chevet des paroissiens malades.

Depuis le début de l'épidémie, et bien que Verchères eût été épargnée, le curé avait interdit à sa mère de s'approcher d'un seul malade. Forcée d'obéir, puisqu'il avait menacé de l'expédier chez leurs cousins Robitaille aux Trois-Rivières, elle avait interrompu de mauvais gré ce qu'elle appelait « ses visites de paroisse ». Elle passait maintenant son temps à tricoter pour les pauvres et à jardiner. Pour irriter le curé qui la couvait sans bon sens, elle sarclait et bêchait son jardin à l'heure où le soleil tapait, en répétant que l'été ne durait jamais longtemps et que c'était un péché de se priver d'un seul rayon.

Un midi, pourtant, elle s'était sentie mal. « Une petite défaillance de rien du tout », dont elle s'était excusée. Il n'y avait pas de quoi fouetter un chat. N'empêche qu'il avait fallu que le curé la soutienne pour la ramener jusqu'à son lit. Depuis, elle se montrait plus sage.

« Le docteur, le docteur, bougonna-t-elle, lorsque son fils eut disparu dans le presbytère. C'est lui, René-Olivier, qui devrait en voir un. Son tour de taille est bien plus impressionnant que le mien. »

Le curé, il est vrai, faisait de l'embonpoint, ce dont il blâmait sa cuisinière « qui y allait un peu fort avec la crème ». En dépit de ses origines citadines – il était né et avait grandi à Québec –, il avait tout du curé de campagne. D'ailleurs il n'aurait pas voulu d'une cure en ville. Il avait besoin d'air et de grands espaces, pour le bien de ses poumons, et il profitait de ses déplacements dans la paroisse qui s'étirait en longueur pour méditer sur ses fins dernières.

Cela amusait la veuve de voir comme son fils aîné était tout le portrait de son père. De plus en plus rond, René-Olivier avait aussi hérité des pommettes saillantes de Pierre Bruneau. Sans doute le curé était-il moins jovial, moins bon vivant, et il ne levait pas le coude aussi allégrement, mais la silhouette était identique et Marie-Anne ne pouvait s'empêcher de sourire en imaginant son défunt mari en soutane.

En temps normal, le curé et sa mère faisaient bon ménage. Mais depuis la dernière lettre de Julie, il la trouvait nerveuse. Irascible même.

« Doux Jésus, répétait-elle, ma fille aurait pu se faire tuer par les soldats. Merci, mon Dieu, de l'avoir épargnée... »

René-Olivier n'était pas loin d'en vouloir à sa sœur Julie qui avait donné de la tuerie dans les rues de Montréal plus de détails que nécessaire. Les élections, au Bas-Canada, étaient toujours tumultueuses et les journaux ne manquaient pas de rapporter les escarmouches entre les citoyens et les connétables chargés de garder la paix. Cela suffisait amplement et le curé ne comprenait pas pourquoi elle avait mentionné qu'elle s'était trouvée là, à deux pas des assassins. Elle aurait dû se douter qu'à l'âge de sa vieille mère, les émotions fortes pouvaient être dommageables.

Marie-Anne ne se séparait plus de la lettre de Julie qu'elle sortait de son corsage à tout moment :

« Tu m'écoutes, René-Olivier ? Julie a vu les soldats anglais tirer. »

Elle dépliait la feuille de papier pelure une nouvelle fois et lisait :

Maman, êtes-vous capable d'imaginer un homme qui reçoit une balle en plein front ? J'ai vu son sang gicler, éclabousser son manteau, et puis il est tombé sur le pavé. Vous vous rendez compte ?

« Voulez-vous bien me dire, maman, pourquoi Julie se trouvait dans la rue à un moment pareil, faisait toujours remarquer le curé d'un ton réprobateur.

— Tu ne vas quand même pas la blâmer d'être allée faire son devoir de citoyenne ?

— Julie n'est pas prudente. Sortir pendant les élections ! Elle aurait dû avoir assez de jugeote pour rester à la maison au lieu de s'exposer. Une mère de famille ! »

Marie-Anne Bruneau pinçait les lèvres. Elle n'aimait pas que le curé traite sa fille d'écervelée. Julie était sa fierté. Sa plus belle réussite. Elle lui avait donné la meilleure éducation, chez les Ursulines de Québec. Elle avait été bien récompensée puisque, à vingt ans, sa Julie avait déniché le plus beau parti en ville : Louis-Joseph Papineau. Ce qu'elle était belle, dans sa robe blanche, tandis qu'elle s'avançait, au bras de son père, dans la grande allée, à la cathédrale de Québec ! Toutes les filles à marier l'avaient enviée, elle qui épousait le seigneur de la Petite-Nation et le chef du Parti canadien.

« Ta sœur a toujours su ce qu'elle avait à faire, répondit sèchement Marie-Anne Bruneau, avant de reprendre du début la lecture de la lettre de Julie qu'elle connaissait par cœur :

Ma chère maman,

La journée n'avait rien de spécial. Il tombait des clous, mais je voulais quand même aller voter. Depuis que les garçons sont revenus du collège, je n'ai plus une minute à moi. C'était la première occasion qui m'était donnée de m'échapper.

« Pauvre petite ! C'est vrai qu'elle a une lourde tâche. Et ce n'est pas sa belle-mère qui lui donnerait un coup de main », commenta Marie-Anne Bruneau qui n'avait jamais aimé les grands airs de Rosalie Papineau.

Toujours est-il que, ce lundi-là, les élections s'éternisaient dans Montréal-ouest. J'avais remarqué que la place d'Armes était pas mal achalandée pour un jour de pluie mais rien de plus. Je savais aussi que la lutte était serrée entre le candidat du parti anglais, Stanley Bagg, un Américain d'origine, et le nôtre, le docteur Daniel Tracey. Depuis deux jours déjà, les tories s'agglutinaient dans l'épicerie de Robert Henderson, au coin de la rue Saint-Jacques, et les patriotes se tenaient à la porte du bureau de scrutin, à côté de l'église. Je les ai bien entendus s'injurier, mais je ne pouvais pas imaginer que ça allait dégénérer en bagarre.

Je n'ai pas vu comment la rixe a commencé. Il paraît que ce sont deux électeurs qui se sont frappés à coups de parapluie. Rien de bien grave mais l'incident attira les curieux, puis les magistrats qui appelèrent l'armée à l'aide. À cinq heures pile, à la fermeture du poll, *les habits rouges, qui attendaient depuis plus d'une heure sous le portique de l'église, s'avancèrent en rangs serrés vers la Banque de Montréal. Ils suivaient d'un peu trop près les patriotes qui raccompagnaient le docteur Tracey chez lui. L'attitude provocante de l'armée les mit en colère. Car derrière les soldats se cachaient les partisans de Bagg qui leur lançaient des pierres et des insultes.*

C'était inimaginable. Des vitres volaient en éclats. Furieux, le
magistrat, William Robertson, lut à toute vitesse le Riot Act *et le*
colonel Mackintosh leva le sabre en criant Fire. *Il y a cinq*
patriotes qui sont tombés sur le pavé ruisselant. Trois ont été tués
sur le coup, dont un jeune typographe de vingt ans qui a eu le
crâne fracassé.
C'est lui que j'ai vu mourir...

▼

Des bruits de sabots ramenèrent Marie-Anne à la réalité. Perdue
dans ses pensées, quelque part entre la place d'Armes et la maison de
Julie, rue Bonsecours, elle était en train d'imaginer sa fille qui enjam-
bait les blessés et courait comme une folle, en proie à la panique,
lorsqu'une voiture s'engagea dans l'allée.

« Enfin, la voilà ! » s'écria Marie-Anne, en se levant avec difficulté de sa chaise où elle s'était ankylosée.

Amédée et Lactance avaient déjà sauté à terre et ils couraient à
toute vitesse au-devant de leur grand-mère qui avançait péniblement
vers eux.

« Mémé, mémé, on arrive ! criait Amédée.

— Mais... que tu es grand ! C'est son père tout craché ! s'étonna
la grand-mère, en tapotant les joues de son filleul.

— Le directeur du collège nous a renvoyés à la maison à cause
de l'épidémie, annonça le gamin. Mais il dit qu'il n'y a pas de danger
pour nous parce que le choléra ne frappe jamais les enfants.

— Et toi, Lactance, comme tu es pâlot ! L'air de la campagne te
fera du bien », lui promit-elle en ébouriffant sa belle chevelure châtain
clair.

Julie descendit à son tour et embrassa sa mère, qu'elle n'avait pas
vue depuis l'automne précédent. Habituellement, la veuve traversait le
fleuve aux premières gelées pour venir passer quelque temps avec elle
à Montréal, mais cette année-là, elle était restée à Verchères.

« Ma fille ! Ma pauvre enfant, dit la veuve, l'air découragé.
Mais tu es blanche comme un drap ! Il va falloir que je te rem-
plume. »

Le curé sortit du presbytère et s'avança jusqu'à eux. Il serra la
main de son beau-frère.

« Ah ! monsieur Papineau, vous nous avez enfin amené Julie.
Notre mère va pouvoir retrouver son calme. Toi, ma petite sœur, je ne
te laisserai pas repartir de sitôt. Et vous, cher beau-frère, vous restez
un peu avec nous ?

— Malheureusement, monsieur le curé, j'ai promis d'être au Bureau d'hygiène dès demain.

— Mais demain, c'est dimanche, monsieur Papineau. Vous allez sûrement assister à la grand-messe avant de rentrer à Montréal ? » insista le prêtre d'un ton ironique.

▼

Bien que non-croyant, Louis-Joseph Papineau mena donc sa famille à la messe, le lendemain matin. Il faisait un temps superbe et le chef des patriotes était presque heureux de se trouver à la campagne et d'oublier un instant l'épidémie qui hantait toutes ses pensées depuis un mois. Dans l'église paroissiale, il occupait le premier banc avec sa femme et ses enfants. Et comme d'habitude, il redouta le pire, en voyant son beau-frère monter en chaire.

Justement, ce dimanche-là, l'imposant curé allait se surpasser.

« Le choléra est une punition du ciel ! » tonna-t-il d'entrée de jeu.

Il n'était pas le seul à mêler Dieu à l'épidémie. Les curés de toutes les paroisses du Bas-Canada se conformaient au mot d'ordre de l'évêque de Montréal. Monseigneur Lartigue prétendait que les rumeurs de révolte des Canadiens contre Sa Majesté britannique s'intensifiaient et que cela attirait les foudres de l'Au-delà sur le Bas-Canada. Il inondait ses prêtres de lettres pastorales qui les enjoignaient de mettre leurs paroissiens en garde contre leurs excès patriotiques. René-Olivier Bruneau y mettait une ardeur que Papineau jugeait insupportable.

Le curé ne faisait pas qu'obéir servilement à monseigneur Lartigue. Il savait que son beau-frère n'accepterait pas ses propos, ce qui n'était pas pour lui déplaire. Le conflit qui opposait l'évêque de Montréal à Papineau s'étalait au grand jour et le curé de Verchères déplorait l'irrespect de l'*orateur* de la Chambre à l'égard de la sainte Église.

Comme pasteur, monseigneur Lartigue avait le devoir de tuer dans l'œuf les égarements de ses brebis qui risquaient de se propager comme la peste. Le curé admettait cependant que l'évêque manquait de doigté. À sa place, il s'y serait pris autrement. Par contre, il jugeait que Papineau allait trop loin en accusant publiquement le gouverneur de voler la population canadienne ; ce faisant, il incitait ni plus ni moins les citoyens à la révolte et forçait l'évêque à réagir.

Il y avait bien quelques ratés dans le raisonnement du clergé. Le courroux céleste frappait aussi l'Angleterre, dont la population à majorité protestante était décimée par la peste asiatique et dont les microbes, charriés par les vents, comme le voulait la rumeur, ou emportés sur de gros voiliers, traversaient l'océan. Mais sur ce point, monseigneur, qui ne savait pas très bien comment expliquer la colère de Dieu contre les bons et dociles sujets de Sa Majesté, restait muet comme une carpe.

Calé au fond de son banc, Louis-Joseph Papineau écoutait patiemment le curé Bruneau qui s'essoufflait depuis un quart d'heure.

« Oui, mes très chers frères, Dieu nous punit en nous envoyant le choléra, répéta-t-il. Et certains d'entre nous ont largement mérité ce châtiment céleste. »

Papineau esquissa une grimace.

« Si ça a du bon sens d'inquiéter les pauvres gens dans un moment pareil », ronchonna-t-il à l'adresse de Julie, tout aussi sceptique que lui.

« Dans sa bonté céleste, reprit le curé qui devenait grandiloquent, Dieu a inspiré les autorités qui me prient aujourd'hui d'accorder une dispense aux personnes âgées, aux futures mères et aux malades, qui ne seront pas tenus au jeûne et à l'abstinence pendant toute la durée de l'épidémie.

— C'est bien la moindre des choses », marmonna Papineau en prenant de nouveau Julie à témoin.

À peine l'officiant avait-il prononcé l'*ite missa est* que les paroissiens se dirigeaient vers la sortie. Leur curé était un saint homme, personne n'en doutait, mais cette façon qu'il avait de leur rebattre les oreilles avec l'enfer et les autres calamités les irritait de plus en plus. Ils ne traînaient plus comme avant sur le perron de l'église.

Mais il faisait un temps magnifique, un de ces inoubliables dimanches d'été, et Papineau n'avait pas l'âme aux querelles. Encore moins aux sarcasmes. Il était bien décidé à se tenir tranquille pendant le déjeuner qui allait suivre au presbytère. Julie, il le savait, n'aimait pas le voir se disputer avec son frère, qu'un rien piquait à vif. Il allait la quitter peu après le repas, pour une semaine, peut-être deux, et il n'avait nulle envie de la chagriner. C'est donc armé des meilleures intentions qu'il pénétra avec Julie dans l'austère salle à manger.

« Monsieur le curé, dit-il sans arrière-pensée, je ne voudrais pas vous froisser, mais vos murs auraient besoin d'une bonne couche de peinture.

— Je sais, fit le curé en soupirant, ils gagneraient à être rafraîchis mais les temps sont durs. »

Le pasteur expliqua qu'il ne voulait pas dilapider les fonds publics pendant que ses paroissiens manquaient du nécessaire.

Aussi s'était-il habitué à vivre en ascète, comme il aimait à le souligner.

« Du moment que tout est propre en dehors comme en dedans... »

Le parquet luisait en effet comme un sou neuf. Sur le grand bahut de chêne, ni vase en porcelaine, ni chandeliers en étain mais au-dessus du meuble, une horloge rapportée de France et héritée de son père, qui donnait l'heure avec cinq minutes d'avance. Une astuce du curé qui ne tolérait pas les retards. Sur les murs, aucun paysage ou nature morte. Il avait d'abord pensé accrocher son portrait qu'il avait fait peindre par un artiste montréalais en villégiature à Verchères. Mais, après réflexion, il avait remisé l'œuvre, car il lui semblait que le peintre avait exagéré sa corpulence. Il n'aimait pas non plus que l'on se moquât de lui, surtout en le comparant à monseigneur Plessis, l'énorme évêque de Québec, récemment décédé.

La table était élégamment mise et fort colorée, comme à l'accoutumée. En cassant maison, Marie-Anne Bruneau avait conservé son service de vaisselle anglais bleu, blanc et or. Le dimanche, elle faisait toujours dresser les couverts sur une nappe brodée, d'un blanc immaculé, qu'elle avait acquise à la naissance de René-Olivier. Les coupes de cristal qui dataient de son mariage avec Pierre Bruneau venaient aussi de France.

Julie prit place à table à côté de son mari, après avoir confié ses plus jeunes enfants Ézilda et Gustave à mademoiselle Douville, qui les ferait manger à la cuisine. La petite avait rechigné un peu, mais Julie lui avait promis de l'emmener en promenade, l'après-midi même, là où Madeleine de Verchères avait résisté aux Iroquois.

Après le bénédicité, le curé, qui avait son visage des mauvais jours, ramena la conversation sur les privations qu'il devait s'imposer pour donner l'exemple à ses paroissiens, tout en dépeçant un gros poulet rôti. Papineau pensa qu'il y avait loin de son vœu pieux à la réalité. À sa table dominicale, c'était en effet l'abondance. Les plats défilaient comme si le Bas-Canada vivait des années de vaches grasses. Il se retint d'en faire la remarque. Le curé n'apprécierait pas d'être mis en contradiction avec lui-même.

Pourtant, celui-ci avait l'air de lui chercher querelle.

« Vous, les hommes publics, lança-t-il d'un ton sarcastique, vous ne regardez pas à la dépense. Évidemment, quand c'est la population qui vide ses goussets, c'est un moindre mal. Tandis que nous, hommes d'Église... »

Papineau observa Julie qui chiffonnait sa serviette de table. Elle sentait que les remarques du curé ne passaient pas. Elle aurait voulu protester. Personne ne pouvait reprocher aux députés canadiens de profiter de leurs concitoyens. Mais se sentant directement attaqué, Papineau la devança :

« Dites plutôt qu'en pactisant avec l'occupant britannique, le clergé n'a pas besoin de se serrer la ceinture...

— Je vous interdis ! fit le curé, outré.

— Osez prétendre le contraire, renchérit Papineau. Avez-vous seulement protesté contre la conduite ignominieuse de l'armée qui a massacré des innocents ?

— René-Olivier, dit doucement Julie, Louis-Joseph a raison, jamais je n'oublierai... »

Le curé se redressa, puis, après une pause délibérée, fit :

« En effet j'ai lu le récit des événements que tu as fait à notre mère. Un récit plutôt cru, dois-je préciser. »

Le ton était narquois et Julie sentit le reproche à peine voilé. Elle enchaîna :

« J'ai pensé que cela vous intéresserait de connaître la vérité... d'autant plus que les journaux ont trahi les faits.

— Tu aurais quand même pu te retenir, reprocha le curé d'une voix monocorde. Tous ces détails morbides... Ta mère n'en a pas dormi pendant des nuits.

— Tu exagères, René-Olivier », protesta la veuve Bruneau, avant d'ajouter à l'intention de Julie :

« Il est certain, ma fille, que je me suis fait du souci pour toi. Mais je t'en aurais voulu de me cacher quoi que ce soit. Et j'espère que tu me diras tout ce que tu sais.

— Pas maintenant, maman, protesta Julie, qui sentait le moment mal choisi.

— Vous voulez connaître la suite ? dit Papineau, dont le ton avait monté d'un cran. Je vais vous la raconter, moi, la suite !

— Louis-Joseph, laisse tomber, je t'en prie, fit Julie.

— Mais non, ta mère veut savoir. Eh bien ! figurez-vous, belle-maman, qu'après le carnage, les soldats anglais étaient déçus : il n'y avait pas assez de victimes à leur goût. L'un d'eux s'est même exclamé " *Just three of them !* ", en poussant un des corps avec sa baïonnette. C'est le docteur Nelson qui l'a forcé à s'éloigner. Car en plus, cet assassin menaçait les blessés de son fusil. »

Julie approuva en hochant la tête avec fougue. Puis elle raconta :

« Près du marché à foin, vous savez, celui de la rue Saint-Vincent, il y avait un homme atteint à la poitrine qui gémissait. Le soldat qui était là, à côté de lui, a demandé au *Captain* s'il devait l'achever. Et moi j'étais là, tout près, incapable de faire un geste, comme paralysée par l'horreur. Je ne sais pas combien de temps je suis restée sans bouger. Je me souviens seulement d'avoir vu les deux militaires s'éloigner en titubant. Après, j'ai couru, couru... »

Elle s'arrêta, se tourna vers son fils Amédée et dit :

« Vous comprenez, je le cherchais partout, j'avais peur pour lui. Je savais qu'il aimait traîner autour du bureau de scrutin. Il n'a que treize ans... J'ai glissé sur le carrelage mouillé et je me suis blessée à la cheville.

— Ma pauvre chérie, s'apitoya sa mère en soulevant la nappe pour voir si elle avait des ecchymoses à la jambe. Quel cauchemar ! »

Une mèche de cheveux qui s'échappait du chignon toujours impeccable de Julie tomba sur sa joue. Et sur sa lèvre supérieure, Louis-Joseph remarqua le pli qui la faisait grimacer lorsqu'elle était sur le point de s'emporter.

« Ils étaient ivres, René-Olivier ! dit-elle en élevant la voix. Les soldats de Sa Majesté étaient ivres ! Le lendemain, les gazettes ont rapporté que les Canadiens avaient attaqué les premiers alors qu'ils n'avaient même pas d'armes ! »

Les ongles de Julie s'enfoncèrent dans la main de Louis-Joseph. Il passa son bras autour de ses épaules et la serra contre lui.

« Mourir bêtement sous des balles anglaises ! ajouta-t-elle en haussant un peu plus le ton. Assassiné dans son propre pays par des ivrognes ! Mais combien d'horreurs et d'humiliations faudra-t-il encore supporter, dis-le-moi, toi, le curé qui sait tout ? »

Julie s'arrêta de parler. Autour d'elle, personne n'osait dire un mot, chacun à sa surprise de la voir aussi bouleversée. Ce n'était pas dans sa nature d'utiliser des mots comme indignation, conduite infâme, injustice. Elle regarda son mari dans les yeux avant d'ajouter :

« Si c'est ainsi qu'on nous traite, il faudra en venir un jour à la violence... »

Le visage du curé Bruneau se crispa. Il n'avait jamais vu sa sœur s'emporter ainsi et cela le rendit plus maussade. Mais il se tut.

▼

Le silence devenait insupportable. La veuve Bruneau avait beau s'activer autour des plats, l'atmosphère restait tendue. Dehors, le temps s'était brusquement assombri. Lorsque Ézilda s'approcha de sa mère pour lui demander si elle pouvait manger son gâteau avec les grands, la tension se relâcha un peu. Papineau en profita pour déplacer la conversation sur un terrain moins brûlant que celui de la politique. Il en avait long à raconter sur l'épidémie, qui gagnait en force :

« À Québec, c'est aussi effrayant qu'à Montréal. On compte déjà plus de mille morts. Les autorités désinfectent les rues, mais c'est bien inutile, semble-t-il.

— Mon doux Jésus ! fit Marie-Anne Bruneau, trop heureuse de parler d'autre chose. C'est une véritable hécatombe !

— Est-ce qu'on prend au moins les précautions élémentaires lors des sépultures ? demanda le curé qui s'efforçait de paraître naturel.

— Pas toujours. Dans le faubourg Saint-Denis, il y a un charnier à ciel ouvert. Les cercueils ne sont même pas couverts de terre. »

Autour de la table, on en vint à se demander si, après les villes, le choléra n'allait pas s'attaquer aux villages. À Verchères, on commençait à craindre la contagion. Dans les paroisses voisines, le glas retentissait maintenant plusieurs fois par jour.

« Pour nous, j'ai bien peur que le pire soit à venir, affirma René-Olivier Bruneau. Depuis une semaine, j'ai administré l'extrême-onction à deux malades qui vomissaient. Je vous assure que ce n'était pas beau à voir. Ils avaient les lèvres cireuses et les paupières bombées. Chez les mourants, c'est encore pire, la peau bleuit.

— Olivier ! c'est dégoûtant, coupa la veuve. On est à table. »

Marie-Anne Bruneau se tourna ensuite vers Papineau et demanda :

« Votre mère, madame Papineau, est-elle toujours à Saint-Hyacinthe, chez votre sœur ?

— Oui, elle est chez Marie-Rosalie et j'avoue que cela me soulage de la savoir loin de Montréal. Bien que ma sœur ne soit pas très raisonnable... »

Papineau se mit alors en frais d'expliquer que Marie-Rosalie accompagnait le médecin chez les malades atteints du choléra. Les élans de charité de sa sœur l'avaient toujours fait sourire. Mais cette fois, alors que l'épidémie progressait, il s'en inquiétait.

« Je la trouve bien imprudente dans les circonstances, dit-il, visiblement ennuyé.

— Marie-Rosalie a quand même pris des précautions, expliqua Julie. Elle a isolé ses enfants dans une partie de la maison et soigne les malades dans une autre. Et elle accepte seulement les cas les plus urgents.

— Rien n'empêche qu'elle met en péril la vie de sa famille, répondit Papineau. Son premier devoir est d'assurer la sécurité des siens. Tous ces indigents qui frappent à sa porte... Elle n'est pas une sœur de charité que je sache ! »

Papineau enchaîna sans que l'on puisse dire s'il était sérieux :

« Je l'ai toujours dit, on ne peut pas laisser les femmes seules à leur gouverne. Elles ne comprennent pas la nécessité de l'isolement le plus strict. Des mendiants frappent à leur porte pour recevoir l'aumône ? Elles ouvrent. Leurs enfants s'échappent, s'amusent avec d'autres et c'est à peine si elles les grondent. L'église sonne ses cloches et les dévotes y courent. »

Julie sentit que les dernières remarques de son mari lui étaient destinées. Décidément, il y avait de la tension dans l'air. Marie-Anne Bruneau ne savait plus à quel saint se vouer.

« Et votre père ? demanda-t-elle, faussement décontractée. Ne me dites pas qu'il est encore à Montréal ?

— Ah ! mon têtu de père, répondit Papineau en hochant la tête. Il est encore pire que Julie. La ville est quasiment déserte, mais il s'obstine à y rester. La semaine dernière, lorsque la température est tombée brutalement, il a attrapé un rhume. Il s'est soigné à l'ail, en disant que ça lui ferait le même effet que le camphre et, par mesure de précaution, il s'est procuré de l'*opium urbanum*.

— C'est très efficace contre les vomissements, confirma la veuve, qui s'y connaissait en médicaments.

— Maintenant, il se sent mieux, ajouta Papineau. Il passe des heures devant la fenêtre, emmitouflé dans sa redingote d'hiver, à regarder les gens transporter leurs morts.

— Il y en a tant que ça ?

— Belle-maman, les gens sont tellement pressés de se débarrasser des malades qu'ils les enterrent vivants. Le docteur Nelson me l'a confirmé.

— Voyons donc, fit la veuve Bruneau, incrédule.

— C'est vrai, maman, renchérit Julie. Il y a une femme du faubourg, la dénommée Hervieux, à qui le docteur Arnoldi avait donné de l'opium pour soulager ses douleurs et qui est tombée en léthargie parce que la dose était trop forte. Eh bien ! on l'a crue morte et on l'a enterrée vivante. Quelques jours après, en creusant la fosse pour faire de la place à d'autres victimes, ils ont découvert que la malheureuse avait réussi à défoncer un des côtés de sa bière avec son coude. Elle avait une partie du bras tout rongé.

— Dieu merci ! À ce jour, notre famille a été épargnée, soupira la veuve en faisant son signe de croix. Moi qui avais pour mon dire que la peur faisait plus de mal que le choléra.

— Voyons, maman, comment pouviez-vous penser ça ? fit le curé, qui trouvait déplacée la réaction de sa mère. L'hécatombe frappe le monde entier, maman. Les journaux rapportent qu'au moins trois millions de personnes ont péri de Cadix à Moscou. Le choléra fauche tout sur son passage : la Pologne, la Bohême, l'Autriche. En février dernier, c'était le tour de l'Angleterre. Puis, celui de la France. Il paraît qu'à Paris seulement, il y aurait eu près de 20 000 victimes.

— Le bon Dieu m'a tout l'air déchaîné », constata Papineau d'un ton narquois.

Le curé Bruneau ignora le sarcasme et son beau-frère poursuivit sur sa lancée :

« Le pire, c'est que les familles donnent n'importe quoi aux malades.

— Il ne faut pas en vouloir à ces pauvres gens dont la naïveté est bien grande, observa sèchement le curé Bruneau, comme s'il n'attendait que l'occasion de laisser échapper de nouveau sa colère. Même les plus intelligents en perdent leur sens critique.

— Je ne leur en veux pas, corrigea Papineau. Ce sont les autorités que je blâme. Et le gouverneur est le premier responsable. Il est tellement complaisant vis-à-vis des marchands anglais ! Il a permis aux bateaux infestés de débarquer leurs passagers malades à Québec et à Montréal sans s'arrêter à la Grosse-Isle pour être décontaminés. Pourtant la loi les y oblige. Mais un pot-de-vin au fonctionnaire de service et le tour est joué. Pas d'examen médical. La peste a pu entrer chez nous et moissonner nos citoyens. Du moment que les commerçants recevaient leurs marchandises d'outre-mer... »

René-Olivier Bruneau déposa sa serviette sur la table et se leva. Il caressa son ventre arrondi, comme chaque fois que sa digestion s'annonçait laborieuse, et dit d'un air indigné :

« Vous n'allez tout de même pas accuser les autorités d'avoir fait venir ici des immigrants malades pour décimer la population canadienne ? Ce serait aberrant !

— Je les accuse de négligence, répondit Papineau sur le même ton ferme. Quand les Anglais ont vu que ces pauvres Irlandais étaient atteints d'un mal contagieux, ils auraient dû ralentir l'immigration. Au lieu de ça, ils les ont entassés dans des voiliers insalubres. À leur arrivée, ils étaient dans un état lamentable, sans le sou, réduits à mendier. Nos gens se sont montrés généreux, quelquefois au prix de leur vie. »

La veuve Bruneau en échappa sa cuiller. Ils n'allaient pas recommencer à se chamailler comme des enfants d'école ! Heureusement, le départ de Papineau pour Montréal ramena vite la paix autour de la grande table bien approvisionnée du curé de Verchères.

CHAPITRE III

La librairie Fabre

Papineau n'avait décidément pas l'âme d'un célibataire. À Montréal, sans sa Julie, il trouvait la maison vide. Les mois du dernier hiver passés au Parlement de Québec « à se battre contre des moulins à vent », comme il se plaisait à répéter, avaient été particulièrement éprouvants pour l'un et l'autre. Il avait bien mérité de retrouver sa femme et ses enfants pour la belle saison. Mais ce plaisir lui était maintenant refusé à cause du satané choléra.

Il ne craignait rien pour lui-même, car il avait confiance en son bon tempérament. Il n'avait d'ailleurs ressenti aucun malaise pendant qu'autour de lui des hommes costauds tombaient. Il avait tant à faire au Bureau d'hygiène qu'il ne s'arrêtait guère à penser au danger. Certains jours, il avait envie de piquer une colère contre les citoyens inconscients qui n'obéissaient pas aux règles sanitaires les plus élémentaires. Malgré l'interdiction de jeter les ordures ménagères dans les décharges, les rues étaient si malpropres que les rats circulaient librement de jour comme de nuit.

Au plus creux de l'épidémie, Papineau avait eu maille à partir avec les responsables des hôpitaux de fortune installés dans des hangars où l'on entassait les immigrants malades. Certains d'entre eux ne recevaient pas les médicaments prescrits par les médecins. La nourriture disparaissait aussi des garde-manger, privant les plus démunis de l'essentiel, et l'on revendait ouvertement les objets personnels des victimes. La vue de ce commerce assez lucratif, ajouté aux privations infligées aux pestiférés, l'avait amené à réclamer la présence d'inspecteurs qui, par la suite, assurèrent une surveillance quasi policière.

Tout doucement, la métropole reprenait vie. Si bien qu'en août, l'épidémie montra des signes d'essoufflement et Papineau commença à espacer ses visites au Bureau d'hygiène. Les Montréalais, moins inquiets, sortaient de nouveau de chez eux. Ceux qui avaient fui à la campagne regagnaient le faubourg. Les tavernes rouvraient et partout on recommençait à parler de venger la mort des trois victimes de la place d'Armes. La peste n'avait fait qu'endormir la colère des Canadiens, laquelle s'exprimait maintenant que le danger était passé.

En rentrant à pied chez lui, un soir d'orage, Papineau se remémorait le fil des derniers événements. Le lendemain de la fusillade, en mai, il avait assisté à l'autopsie des cadavres et aux funérailles célébrées en l'église Notre-Dame. Il s'était alors juré d'obtenir justice et il attendait beaucoup du procès ordonné contre le colonel Mackintosh et le capitaine Temple, qui commandaient les troupes ce jour-là.

Comme il s'était bercé d'illusions ! Ce semblant de procès était une farce. Le juge en chef Jonathan Sewell passait son temps à comploter avec les deux militaires, qu'il avait d'ailleurs remis en liberté sous une modeste caution. On aurait cru qu'il était chargé de leur défense plutôt que de rendre justice ! Outré, Papineau demanda le désistement du juge. Devant son refus, il acquit la conviction que rien de bon ne sortirait de cette mascarade.

Papineau décida alors de faire sa propre enquête. Il voulait savoir de quel droit le colonel Mackintosh avait ordonné de tirer sur des innocents. La lettre qu'il lui écrivit resta sans réponse. Ce mépris, souligné par la presse canadienne, ouvrit la porte à toutes sortes d'hypothèses. Le bruit courait en effet que les autorités anglaises préparaient un rapport mensonger sur les circonstances de l'attaque sanglante. Plusieurs Canadiens n'étaient pas loin de croire que la fusillade avait été préméditée dans l'unique but de nuire au candidat patriote Daniel Tracey. Peu avant les élections, les bureaucrates anglophones n'avaient-ils pas placardé les murs d'affiches proclamant qu'ils préféraient soutenir un nègre plutôt que d'élire un Irlandais ?

Toutefois, Papineau s'efforçait de garder son sang-froid. Il invita le gouverneur à venir à Montréal pour enquêter lui-même. Lord Aylmer n'était pas le courage incarné, mais si son passé d'honnête diplomate était garant de l'avenir, Papineau avait de sérieuses raisons de croire que le gouverneur souhaitait voir éclater la vérité. Or seule une véritable enquête publique pouvait lever le voile sur cette affaire. Pas un simulacre de procès comme celui qui venait de se terminer devant le juge Sewell.

Obligé de rester à Montréal à la disposition du Bureau d'hygiène, tant que l'épidémie n'était pas complètement enrayée, Papineau confia à Louis-Michel Viger la mission d'aller à Québec convaincre le gouverneur de l'urgence d'agir. Le beau Viger, comme on l'appelait,

était son cousin, son meilleur ami, presque un frère. Ils étaient inséparables depuis leurs années d'études au séminaire de Québec,
n'avaient pas de secrets l'un pour l'autre, se comprenaient à demi-
mot et partageaient la même passion dévorante pour la politique.

Viger prit donc le *stagecoach* pour Québec. Trois jours passèrent.
En rentrant à la maison, le quatrième jour, Papineau ne s'étonna pas
de trouver la lettre de son ami qui lui rendait compte de ses
démarches. Sans prendre le temps d'enlever ses vêtements détrempés,
il déplia la missive et lut :

> *Mon cher Papineau,*
> *Je suis allé chez le gouverneur après le dîner. Il avait reçu le*
> *rapport officiel du colonel Mackintosh. Je lui ai remis ta lettre*
> *qu'il a lue deux fois avec attention, en disant qu'il sentait*
> *l'importance de tes avis et qu'il ne se laisserait pas guider par*
> *quelque impression que ce soit.*

C'est bien la moindre des choses, ronchonna Papineau en déposant la feuille sur la table, le temps d'enlever sa veste humide. Puis
il reprit sa lecture :

> *Lord Aylmer n'a pas voulu préciser quelle mesure il allait*
> *adopter, mais il m'a assuré qu'il réfléchirait mûrement en me*
> *répétant qu'il voulait rendre justice. Ensuite il s'est étendu sur le*
> *sort malheureux des infortunés et m'a paru en être affecté. J'ai*
> *cru bon de lui confier que nous étions convaincus de ses meil-*
> *leures intentions et que nous espérions qu'il prendrait les moyens*
> *nécessaires pour qu'une enquête ait lieu.*
> *Tu dois savoir que des bruits odieux circulent à Québec où*
> *l'on prétend que les Montréalais ont porté en triomphe les corps*
> *des victimes en criant vengeance. Il est impossible de calculer*
> *jusqu'où ira la malice et la méchanceté de certains. Le gou-*
> *verneur m'a demandé si la ville était tranquille à mon départ. Je*
> *lui ai répondu qu'elle n'était qu'affligée et que, s'il y avait eu du*
> *trouble, je n'y aurais pas abandonné ma famille.*
> *Il a montré de l'humeur contre* La Minerve, *qui a publié un*
> *long article affirmant que du vin avait été distribué aux troupes*
> *pour les récompenser d'avoir massacré des citoyens paisibles. Il*
> *prétend que le journal cherche ainsi à influencer les jurés.*

Papineau arrêta sa lecture. Dans un geste d'impatience, il frappa
du poing le coin de la table. Le soir de la tuerie, les soldats avaient

bel et bien reçu pour récompense non pas du vin mais une ration supplémentaire de rhum, et cela, de la main des sentinelles. Il y avait des témoins et il les ferait parader devant le gouverneur. Il continua :

Je lui ai répondu que c'était une raison de plus de venir à Mont-réal, où sa présence rassurerait la population, et d'y mener une enquête. Il m'a répété qu'il ne pouvait pas s'engager encore, qu'il devait délibérer, qu'il attendait le rapport du coroner... D'après ce qu'on m'a dit, il ne songerait pas réellement à venir.

Papineau replia la lettre. Le gouverneur allait-il lui faire faux bond ? Était-il trop lâche – ou trop corrompu – pour assurer un minimum de justice en ce pays ? Allait-il laisser les meurtriers impunis ? Il eut alors une pensée pour Julie, qui lui avait fait jurer de tenter l'impossible afin que les coupables passent en jugement. Sa douce colombe croyait que les malheureuses victimes n'auraient de repos qu'après avoir obtenu réparation. Elle avait ajouté presque en colère : « Si seulement j'étais un homme ! Comme je les vengerais. Comme je les secouerais aussi, ces Canadiens trop soumis au joug anglais. »

Mais Julie, tout comme lui, gardait confiance en lord Aylmer qui, contrairement aux précédents gouverneurs, s'était toujours montré juste envers les Canadiens. Papineau imagina sa déception lorsqu'elle apprendrait son peu d'empressement à les défendre. Il enfila une veste sèche, mit la lettre de Louis-Michel Viger dans sa poche et se rendit à la librairie Fabre afin d'y retrouver ses amis patriotes.

▼

L'arrière-boutique de la librairie, rue Saint-Vincent, était enfumée. Derrière son bureau en acajou, Édouard-Raymond Fabre alignait des colonnes de chiffres sans perdre un mot de la conversation animée qui se déroulait à côté de lui. Tous les soirs, c'était la coutume, le gratin politique traversait chez lui en sortant du palais de Justice ou après avoir dîné en face, à l'hôtel Richelieu.

Le libraire était fier de son magasin qui occupait le premier étage d'une imposante maison de pierre, laquelle avait pignon sur l'une des rues les plus achalandées de Montréal. Il avait pour voisin un magasin de menus articles, *Beaudry Dry Goods*, qui lui attirait une certaine clientèle. Lui qui avait appris son métier à Paris, à la librairie

Bossange, il avait aménagé l'intérieur de son commerce à la française. Les comptoirs, les étagères, la décoration – il avait un faible pour l'acajou –, tout chez lui était du plus pur style parisien, ce que les visiteurs européens ne manquaient pas de remarquer, lorsqu'ils entraient pour acheter les gazettes françaises.

Au fond, derrière son bureau, il avait fait construire une petite chambre forte à l'abri du feu, dans laquelle il gardait ses livres de comptes et ses papiers légaux.

« Qu'est-ce qu'il fait ? marmonna-t-il, un tantinet ennuyé, en ramenant de nouveaux documents de la chambre forte. Il devrait être arrivé depuis longtemps,

— Qui ça ? demanda Jacques Viger, le cousin de Louis-Michel et de Papineau, et l'un des habitués de la librairie.

— Monsieur Papineau. Vous ne l'auriez pas vu, en venant ici ? Le Bureau d'hygiène est fermé depuis deux bonnes heures. Il n'a pas l'habitude de nous faire attendre. »

De treize ans le cadet de Papineau, le libraire, un petit homme obèse, lui vouait une profonde admiration. Il n'avait ni la prestance ni l'éloquence du chef, mais on l'estimait pour son érudition. À vingt ans, il avait séjourné à Paris, ce dont il n'était pas peu fier, lui, un fils de menuisier, qui n'avait pas eu la chance d'user ses fonds de culottes à l'école. Il adorait lire. Dès qu'un nouvel ouvrage traversait l'Atlantique, il s'en emparait. Lorsque le *Cromwell* de Victor Hugo était arrivé à Montréal, il en avait réservé un exemplaire pour son ami Papineau avec qui il aimait aussi discuter de Rousseau et de Voltaire. Le libraire n'avait pas quitté Montréal de l'été, s'étant borné à fermer boutique au plus creux de l'épidémie. Heureusement, les rendez-vous de fin de journée avaient maintenant repris et les discussions retrouvaient leur animation.

« Êtes-vous sûr qu'il soit à Montréal ? demanda Ludger Duvernay, le jeune rédacteur en chef de *La Minerve*. Il a peut-être filé à Verchères pour embrasser sa femme.

— Il nous aurait prévenus, répondit le libraire, en recommençant son dernier calcul. »

Édouard-Raymond Fabre aurait préféré s'asseoir autour du poêle avec ses amis pour parler de politique en fumant une bonne pipe, mais il n'avait pas le choix : « Un inventaire, ça ne se fait pas tout seul », maugréait-il. Minutieusement, il inscrivit sur une feuille lignée : Livres vendus : 51 % d'ouvrages religieux. « Tiens, c'est un peu plus que l'an passé, pensa-t-il. 12 % de manuels scolaires et 10,3 % de livres d'histoire. Combien d'almanachs ? 20 %. Ah ! bon, ça a baissé. » Lorsqu'un client entrait, monsieur Fabre se dirigeait vers le comptoir à regret, le servait rapidement et revenait en disant :

« Répétez donc ça, j'en ai manqué un bout.

— Vous, occupez-vous de votre bilan, lui lança Ludger Duvernay. Et aussi des curés qui viennent acheter vos images pieuses. D'ailleurs, je vous trouve pas mal affable quand il s'en pointe un ici.

— Le clergé, c'est la plus grosse partie de ma clientèle, répondit le libraire. En plus des livres, je leur vends du papier à écrire, des fournitures d'école...

— Des calices, des ciboires, des ostensoirs, des bénitiers, alouette... », ricana Ludger en imitant la voix nasillarde et chantonnante des religieux qui récitent des litanies.

Le journal de Ludger Duvernay avait ses bureaux à deux pas de la librairie. Plus que des camarades, Fabre et lui étaient des associés, depuis que le libraire confiait au journaliste ses travaux d'impression, notamment son précieux catalogue. Naturellement, *La Minerve* figurait en bonne place sur les rayons réservés aux journaux. Les deux voisins qui passaient beaucoup de temps ensemble se taquinaient copieusement. Duvernay n'avait rien de l'homme d'affaires averti qu'était Fabre, mais il cultivait le petit côté fantasque de l'entrepreneur. D'une élégance étudiée mais sobre, tout le contraire de son ami au physique disgracieux, Duvernay était cabochard. Ses yeux pétillaient de malice lorsqu'il se querellait avec le libraire, ce qu'il aimait par-dessus tout.

Les autres habitués, des avocats en vue, venaient aussi aux nouvelles à la librairie. Parmi les plus assidus, il y avait le tout jeune député de Terrebonne, Louis-Hippolyte LaFontaine, que l'on appelait « la grosse tête », depuis ses années de collège, tant sa mémoire était prodigieuse. Les politiciens plus âgés, surtout les « papineauistes », appréciaient sa compagnie, même s'ils le trouvaient vantard et lui reprochaient ses prises de bec avec le chef. Il y avait aussi Jacques Viger, l'historien du groupe, qui passait des heures à fouiller dans les archives et arrivait toujours avec une anecdote truculente à raconter, et Charles-Ovide Perrault, le beau-frère du libraire et son confident. C'était un jeune avocat promu à un brillant avenir. Pendant la dernière campagne électorale, il avait été le bras droit du candidat Daniel Tracey et la mort de ce dernier, au début de l'épidémie, l'avait bouleversé.

Avec le temps, cette élite nationaliste en était venue à s'approprier le nom de patriotes, affublant ses adversaires politiques canadiens du sobriquet de Chouayens par référence aux soldats de Montcalm qui avaient déserté le champ de bataille à Chouagen, en 1756. La lâcheté du haut clergé, à qui ils reprochaient de sympathiser avec les Anglais, et les mesures vexatoires du gouverneur Aylmer étaient aussi des sujets de prédilection.

En cette fin d'été, la fusillade soulevait toutes les passions et la moindre déclaration du gouverneur Aylmer ou du parti tory, qui regroupait tous les marchands anglais, déclenchait un tollé de protestations. Dans l'intimité de l'arrière-boutique d'Édouard-Raymond Fabre, il n'était pas rare non plus qu'ils se missent à quatre ou cinq pour écrire un article qui paraissait dans *La Minerve* sous un pseudonyme.

Ce soir-là, la conversation était particulièrement animée, lorsque la clochette suspendue à la porte d'entrée se fit entendre.

« Ah ! mon cher Papineau, fit Édouard-Raymond Fabre, le visage soudainement radieux, vous voilà enfin ! Sans vous, nos soirées ne sont pas les mêmes. Content de votre journée ?

— Bonjour tout le monde, lança Papineau à la ronde, en se tirant une chaise. Ça pourrait aller mieux. Nos mesures pour enrayer l'épidémie ne donnent pas les résultats escomptés. »

Le docteur Robert Nelson, qui était arrivé presque en même temps que Papineau, l'approuva :

« Ce sont maintenant les Indiens de Caughnawaga qui sont frappés. J'ai eu connaissance d'une soixantaine de morts, ce qui est énorme pour une population qui a peu de contacts avec la grande ville.

— Vous continuez à les soigner ? demanda Charles-Ovide Perrault. Est-ce bien prudent, docteur ?

— Aucun autre médecin n'est prêt à se déplacer. Je ne les blâme pas, nous avons suffisamment à faire à Montréal. Mais moi, j'ai pris les Indiens en affection et je ne les laisserai pas tomber.

— Je ne voulais pas interrompre votre conversation, remarqua Papineau, mais vous aviez l'air très concentré à mon arrivée. De quoi parliez-vous au juste ?

— Du clergé, comme d'habitude ! ironisa Ludger Duvernay. Notre ami Fabre me trouve irrévérencieux.

— Pas du tout, objecta celui-ci. J'ai seulement dit que les religieux sont d'excellents clients. D'ailleurs les communautés commencent à acheter leurs livres directement à Paris et c'est catastrophique pour mes affaires. J'ai intérêt à bien les servir. Mais vous, Ludger, dans vos articles vous pourriez vous montrer plus mordant et dénoncer leur servilité.

— À propos, mon cher Duvernay, coupa Papineau, saviez-vous que mon honorable cousin, monseigneur Lartigue, a l'intention de fonder un journal qui fera concurrence au vôtre ? Il va y mettre toutes ses économies.

— Ah oui ? Vous me l'apprenez, monsieur Papineau. C'est sérieux ?

— Notre évêque a même annoncé qu'il paierait cher pour combattre les diatribes révolutionnaires de *La Minerve*.

— Il a dit ça ? Eh bien ! il n'a rien vu encore. Surtout lui, qui traîne dans l'antichambre du gouverneur pour quêter une nomination qu'il n'aura jamais. Une vraie honte ! Il ne se rend pas compte que lord Aylmer le méprise ? Mais je vous demande pardon, Papineau, ironisa tout à coup le journaliste. Je sais que monseigneur fait partie de votre famille... »

Ludger Duvernay s'excusait pour la forme, car les intrigues de monseigneur Lartigue pour se faire nommer évêque en titre de Montréal, lui qui dépendait hiérarchiquement de l'archevêque de Québec, étaient un secret de polichinelle. Le cousin de Papineau était d'ailleurs l'une des têtes de Turc préférées des habitués de la librairie Fabre.

« Je vous en prie, ne vous excusez pas. Je me méfie autant que vous des prêtres trop complaisants à l'égard du pouvoir. Mon cousin Lartigue ne fait pas exception à la règle.

— Changement de sujet, mon cher Papineau, avez-vous eu des nouvelles de Louis-Michel Viger ? demanda le libraire. Est-il encore à Québec ? »

Papineau sortit de sa poche la lettre de son ami et raconta ses récents déboires auprès du gouverneur avant de conclure :

« Lord Aylmer ne lèvera pas le petit doigt pour nous aider. Mais je n'ai pas dit mon dernier mot. »

▼

Les démêlés de Papineau avec les gouverneurs passionnaient la province entière. Tout avait commencé à l'époque de lord Dalhousie, l'un des prédécesseurs de lord Aylmer. Le chef des patriotes menait alors une lutte acharnée contre l'union des deux Canadas que réclamaient les commerçants anglophones de Montréal. Il s'agissait d'une mauvaise affaire pour les Canadiens, dont la langue serait interdite à l'Assemblée législative. De plus, le Bas-Canada serait forcé de payer les dettes du Haut-Canada, ce qui était tout simplement inique.

Papineau s'était rendu à Londres pour convaincre le gouvernement anglais de retirer son bill. Les parlementaires britanniques à qui il avait expliqué les dangers du projet d'union l'avaient écouté poliment. Son succès avait été plus mitigé qu'on ne l'avait cru de ce côté-ci de l'Atlantique. Mais, comme le bill avait été remis aux calendes grecques, il était rentré au pays en sauveur.

Le gouverneur Dalhousie n'avait pas prisé le triomphe réservé au chef canadien, à son retour. Calviniste jusqu'au bout des doigts et autoritaire à en faire trembler ses subalternes, l'Écossais s'emportait chaque fois que le nom de Papineau était prononcé en sa présence. Dans son bureau du château Saint-Louis, qui dominait le cap Diamant, on l'avait entendu hurler : « Papineau est un vulgaire avocat qui tient le peuple à la gorge. »

Les deux hommes avaient ensuite fourbi leurs armes dans un acrimonieux débat sur les finances publiques. Papineau voulait mettre fin aux sinécures des fonctionnaires nommés par Londres et grassement payés à ne rien faire. Il avait accusé l'administration coloniale de gaspillage et d'emploi illégal des deniers publics. À preuve, le receveur général John Caldwell avait pigé allégrement dans la caisse... à des fins personnelles. Le chef du Parti canadien n'avait pas manqué de tenir lord Dalhousie responsable du déficit occasionné par ce vol qui, avait-il insisté, justifiait l'Assemblée de réclamer le contrôle des finances. Le gouverneur avait explosé : le peuple n'avait pas à imposer ses vues au représentant du roi !

Il avait le mépris facile, lord Dalhousie. Et il ne cachait pas la piètre opinion qu'il avait des Canadiens français : envieux, mesquins, médiocres, passifs... Des gens sans éducation, dominés par l'influence ténébreuse des prêtres.

Dans cette querelle, c'est monseigneur Lartigue qui avait le plus perdu. Le gouverneur s'était promis que le cousin germain de Louis-Joseph Papineau ne recevrait pas de faveurs de lui. « Son titre d'évêque de Montréal, il ne l'aura jamais ! avait-il juré à son secrétaire. Il peut toujours se pavaner devant moi. Il est et restera le suffragant de l'archevêque de Québec, même si cela le mortifie. »

Un beau jour, on avait appris que lord Dalhousie avait été muté aux Indes. Bon débarras ! L'arrivée de lord Aylmer, à bord du *Herald*, le 13 octobre 1830, avait été saluée par les Canadiens. Le successeur de Dalhousie inspira tout de suite confiance aux Canadiens, qui lui trouvaient une tête sympathique. Toute sa carrière politique était inscrite sur sa poitrine décorée d'innombrables médailles et rubans. Vétéran des guerres napoléoniennes, il s'était distingué en Espagne et au Portugal. En le nommant au Canada, Londres avait espéré que sa bonne connaissance du français compenserait pour son inexpérience diplomatique. Il avait cinquante-six ans et les parlementaires s'étaient remis à espérer. Mais ils avaient vite déchanté.

▼

La soirée se prolongeait chez le libraire. On n'en finissait plus de rappeler les coups bas des gouverneurs anglais. Les amis de Papineau ne pardonnaient pas à lord Aylmer, lui qui leur avait semblé différent des autres, moins arrogant et plus équitable, de les décevoir une fois de plus.

« Si lord Aylmer ne veut pas ordonner une enquête publique sur la fusillade du 21 mai, lança Papineau, eh bien, nous enquêterons nous-mêmes. Notre procès, nous le ferons au Parlement de Québec. Et ce sont les élus qui interrogeront les témoins. Je vous donne ma parole d'honneur que les coupables seront punis ! »

Le chef des patriotes ne pouvait pas s'adresser à des auditeurs plus enthousiastes. Les hommes qui l'entouraient n'avaient plus confiance en une justice qui faisait preuve de complaisance vis-à-vis de ceux qui avaient ordonné le bain de sang. Tous lui offrirent leurs services. Le jeune notaire Thomas Chevalier de Lorimier, qui était resté coincé au milieu de l'échauffourée, brandit l'armature de son parapluie d'une main et le manche de l'autre :

« C'est une balle anglaise qui l'a brisé en deux, tonna-t-il. Ça tirait de partout, on se serait cru au milieu d'un champ de bataille. Vous pouvez compter sur moi, monsieur Papineau. Vous les aurez, vos témoins.

— Thomas a raison, les militaires étaient déchaînés, confirma Louis-Hippolyte LaFontaine, qui, malgré ses vingt-cinq ans, jouissait déjà d'un certain prestige. J'ai tout fait pour les convaincre de rentrer à leurs casernes. Je leur disais de s'en aller et qu'il n'y aurait pas de trouble, mais ils ne voulaient rien entendre. »

Chevalier de Lorimier n'avait jamais rien vu de pareil :

« Les *bullies* étaient assermentés pour garder la paix, mais ce sont eux qui frappaient les gens avec leurs bâtons.

— On devrait rebaptiser la rue Saint-Jacques, rue du Sang, proposa Ludger Duvernay, comme cela, personne n'oublierait jamais ce massacre. »

Chacun y allait de ses suggestions. Papineau griffonnait des notes tout en écoutant la conversation. Au bout d'un moment, il tendit sa feuille à Duvernay :

— Tenez, Ludger, j'ai écrit un petit article pour *La Minerve*. »

Le rédacteur prit la feuille et lut la fin du texte à haute voix :

J'accuse le juge de paix d'avoir outrageusement abusé de sa charge et d'avoir fait répandre par les militaires le sang innocent de citoyens désarmés.

« Vous n'y allez pas de main morte, fit le journaliste en rangeant l'article dans son cartable. Je le publierai dès demain. »

Papineau proposa ensuite que chacun se mette à la recherche d'éléments prouvant que l'attaque avait été préméditée. Les noms fusaient de toutes parts. Le dernier jour de l'élection, un certain Tancrède Boutheiller avait parlementé avec les magistrats pour faire déclarer le scrutin clos avant que les derniers citoyens aient pu enregistrer leur vote, ce qui était contraire à la loi. On tâcherait de le convaincre de témoigner. Boutheiller avait beau être un sympathisant *tory,* sa conscience lui commanderait sûrement de dire la vérité Un autre se chargerait de retracer un dénommé Larocque qui, à en croire la rumeur, aurait entendu plusieurs *tories* armés de bâtons tenir des propos incriminants à la Banque de Montréal. Ils auraient dit : « On va aller provoquer les maudits patriotes ! *Come on !* »

« Quant à moi, conclut Papineau, j'aurai bientôt l'occasion de fouiller à la bibliothèque du Parlement. Si je ne me trompe pas, la Chambre des communes de Londres a déjà rendu une décision qui interdisait à l'armée de s'immiscer dans les élections. Quand j'aurai mis la main sur ce texte, nous pourrons faire porter des accusations contre le gouverneur et les militaires. »

CHAPITRE IV

Le curé Bruneau

L'été coulait trop lentement à Verchères. Loin de Louis-Joseph qui se faisait de plus en plus rare, Julie se sentait comme dans une prison dorée, entre sa mère qui la surprotégeait et son frère, un peu plus excédé chaque jour, qui implorait le ciel de faire redescendre la paix sur son presbytère. Les enfants, il est vrai, n'avaient jamais été aussi insupportables. Julie ne trouva donc rien à redire lorsque le curé décida de resserrer la discipline à table. Mal lui en prit : le silence imposé pendant les repas eut le don de les pousser aux pires mauvais coups : fou rire déplacé d'Amédée, lait renversé sur la nappe par Gustave, foie de veau recraché par Lactance...

La veuve Bruneau n'était pas de tout repos non plus. Elle confondait tout. Elle appelait Amédée du nom de son propre fils Théophile, ce qui était sans conséquence, mais chaque fois qu'elle prononçait le nom Aurélie au lieu d'Ézilda, Julie ressentait un petit pincement au cœur. Il y avait deux ans qu'elle avait perdu sa fille chérie et la blessure restait toujours aussi aiguë. Marie-Anne Bruneau, qui devinait son chagrin, s'en mordait les lèvres. Julie s'interdisait tout reproche, mais la veuve souffrait en silence de sa bévue.

Et Louis-Joseph qui sautait un dimanche de visite sur deux. Dans ses lettres, il attribuait ses absences à l'enquête sur la fusillade qui l'accaparait. Mais justement, Julie mourait d'envie de suivre de près ce procès. Pourquoi fallait-il qu'elle restât enfermée à la campagne ? Elle ne raffolait pas de la vie champêtre, préférant le mouvement de la ville, et elle suppliait Louis-Joseph de la ramener à Montréal. Mais il l'exhortait à la patience, jugeant prématuré le retour des enfants. Tant que le Bureau d'hygiène n'aviserait pas clairement la population que tout danger était définitivement écarté, il valait mieux jouer de prudence.

De la patience, il lui en fallait aussi avec René-Olivier. Le curé insistait, jusqu'à en devenir déplaisant, pour qu'elle fasse comprendre à Papineau que son anticléricalisme, qu'il affichait comme un trophée, pouvait être fort dommageable aux enfants. Elle avait fini par le laisser dire sans se donner la peine de répondre.

Un vendredi après-midi, alors qu'ils faisaient ensemble leur habituelle promenade dans le village, pendant la sieste obligée des enfants, le curé revint à la charge.

« J'ai reçu une lettre de monseigneur Lartigue, dit-il en refermant derrière eux la porte du presbytère.

— Ah oui ? » répondit-elle sans plus.

Ils firent quelques pas en direction du fleuve. Chaque jour, ils suivaient le même itinéraire. Ils passaient devant l'école de la fabrique pour saluer mademoiselle Cadorette qui, pendant les vacances, fabriquait sur sa galerie les fleurs artificielles pour l'oratoire à ciel ouvert de la Fête-Dieu.

« Bonjour, monsieur le curé, beau temps pour la marche, disait la joyeuse Normande aux joues rouges comme ses fleurs. Vous alliez au fort ?

— Eh oui, mademoiselle Cadorette, comme d'habitude, répondait le curé sans s'arrêter. Bon courage à vous. La fête approche. Tâchez de finir à temps. Si vous avez besoin d'aide... »

Il n'écoutait pas la réponse. Déjà, ils arrivaient devant le manoir seigneurial de François-Xavier Mailhot, qui était en pierre brute, comme le presbytère. Les deux maisons formaient un ensemble harmonieux avec leurs toits percés de lucarnes et recouverts de bardeaux peints en ocre-rouge qui n'étaient pas sans rappeler les tuiles de la vieille France.

« M'écoutes-tu, Julie ?

— Mais bien sûr que je t'écoute...

— La lettre de monseigneur... Tu ne veux pas savoir ce qu'il m'écrit ?

— Je suppose qu'il t'envoie une autre de ses épîtres à n'en plus finir pour nous convaincre d'endurer notre sort en silence ?

— Julie, lui reprocha-t-il. Tu deviens blessante comme ton mari !

— Papineau n'a pas tous les torts. À t'entendre...

— Je ne dis pas qu'il a tous les torts, coupa le curé. Simplement sa façon cavalière de traiter le clergé est insupportable. »

Ah non ! se dit Julie en se murant une nouvelle fois dans son silence. Le curé n'allait pas lui rebattre les oreilles avec ce pôôôvre monseigneur Lartigue qui écopait chaque fois que Papineau ouvrait la bouche.

« Ça n'a aucun sens, Julie, s'entêta le curé Bruneau qui ignora le geste d'impatience de sa sœur. Ton mari met monseigneur dans l'eau bouillante. S'il continue d'indisposer le gouverneur Aylmer, notre évêque restera toute sa vie subordonné aux ordres de l'archevêque de Québec. Il mérite pourtant plus d'égards, me semble-t-il.

— Papineau n'est pas obligé de taire ses opinions pour ne pas déplaire à monseigneur Lartigue. Tout de même ! Il doit être capable de se défendre, ton évêque. »

Julie avait déballé son sac d'un coup sec. Elle commençait à être excédée de voir qu'on blâmait son mari – qu'elle appelait Papineau dans ces moments-là – pour tout ce qui n'allait pas dans la vie de son cousin.

« Je vais te parler franchement, reprit le curé. Monseigneur m'a demandé d'implorer ton aide. Il croit que tu as suffisamment d'influence sur Papineau pour le convaincre d'être, comment dirais-je...

— Je t'arrête, René-Olivier, monseigneur Lartigue m'a déjà servi lui-même son sermon. Inutile de ressasser tout cela de nouveau.

— Ah ! oui ? fit le curé, surpris. Tu l'as vu récemment ?

— Figure-toi qu'il m'a reçue à déjeuner, chez lui rue Saint-Denis. Il voulait être dans les bonnes grâces du gouverneur et a organisé une rencontre entre lady Aylmer et moi. Il m'avait adressé une invitation écrite de sa main qui disait : " *Cette réception toute simple vous permettra, ma chère cousine, de faire la connaissance de mon invitée de marque qui brûle de vous rencontrer.* " »

Trop contente d'échapper aux doléances de son frère, Julie entreprit de lui raconter sa visite. Ce matin-là, elle s'était mise sur son trente-six et était arrivée chez monseigneur à l'heure dite. Il était tout sourire, lui habituellement sombre.

« Quel bonheur, ma cousine, de vous accueillir dans ma modeste demeure ! » avait-il minaudé en serrant la main qu'elle lui tendait.

Il avait revêtu son rabat à la française sur lequel brillait une croix pectorale d'apparat. Sur sa tête grise, il portait une calotte violette. Même lorsqu'il souriait, il avait la bouche dédaigneuse. Il lui avait paru encore plus frêle qu'à l'accoutumée.

C'était la première fois qu'elle mettait les pieds dans sa maison, à côté de la nouvelle église qu'il venait de faire construire sur le terrain que les familles Papineau et Viger lui avaient offert. Contrairement à ce qu'il donnait à entendre, cette demeure n'avait rien de modeste. D'ailleurs, à peine arrivée, lady Aylmer s'était émerveillée de la décoration qui lui avait paru « très chic ».

Louisa Anne Aylmer était élégante et plutôt jolie, avec ses cheveux brun foncé, relevés en un très haut chignon, ce qui la faisait paraître plus grande qu'elle ne l'était en réalité. Sous le nez qu'elle avait très mince, un grain de beauté saillant faisait ressortir la blancheur de son teint.

À l'approche du quai de Verchères, le curé Bruneau interrompit le récit de sa sœur pour s'enquérir de la santé de l'évêque.

« Il avait mauvaise mine, l'informa-t-elle. Il avait les traits tirés. Cela donnait à son visage fin un air encore plus autoritaire que d'habitude.

— Tu sais qu'il relève de maladie ? fit le curé, qui se vantait d'être le confident de l'évêque. Il m'écrit souvent », ajouta-t-il, comme pour la convaincre de l'amitié qui le liait à son évêque.

Julie s'assit sur un banc, devant le fleuve. Tout près d'eux, des matelots empilaient des sacs de blé sur un bateau à voile en partance pour Québec. Les terres de la vallée du Saint-Laurent étaient parmi les plus fertiles du Bas-Canada. Le soleil commençait à taper et Julie ouvrit son ombrelle pour se protéger des rayons. René-Olivier Bruneau se laissa tomber lourdement à côté de sa sœur et poursuivit :

« Confidentiellement, Julie, monseigneur a eu une attaque d'apoplexie. Le docteur Nelson l'a saigné trois fois. Il lui a recommandé d'éviter le confessionnal, de travailler moins et de faire de longues promenades. »

Julie sourit. À elle non plus, l'évêque ne manquait jamais de confier son bulletin de santé. La dernière fois, il ne lui avait pourtant pas semblé à l'article de la mort. Avait-il exagéré son état lorsqu'il avait laissé entendre à son frère que le docteur Nelson avait craint pour sa vie ? Elle ne crut pas utile de le contredire. Il paraissait si fier d'être dans le secret des dieux.

« Si tu n'es pas trop fatiguée, on va pousser une pointe jusqu'au fort », fit le curé, subitement attentionné.

Julie acquiesça. En réalité, le fort n'existait plus depuis belle lurette. Mais c'est ainsi qu'on nommait l'endroit où, d'après la tradition, l'héroïne du village, Madeleine de Verchères, avait tenu en échec une bande d'Iroquois, en courant d'une embrasure de la palissade à l'autre, d'où elle avait tiré autant de coups de fusils, ce qui avait laissé croire aux Indiens que la garnison était impressionnante. Aujourd'hui, il ne restait plus qu'un moulin à vent, à l'embouchure du fleuve et du ruisseau qui s'y déversait. Julie enleva ses bottines et, en marchant pieds nus dans le sable chaud, elle poursuivit son récit. Le curé voulait savoir ce que l'évêque avait bien pu lui dire, en présence de la femme du gouverneur. Elle reprit :

« Lady Aylmer et moi sommes ensuite passées au réfectoire où monseigneur avait fait dresser la table... »

Comme il savait faire les choses, le cousin Jean-Jacques ! Le repas qu'il avait fait préparer était somptueux : bifteck, saucisses, ragoût... Lady Aylmer avait paru déconcertée devant tous ces mets servis à neuf heures du matin, mais elle avait été complètement rassurée lorsqu'elle avait vu apparaître le dernier chariot :

« *Oh ! toasts and coffee ! My favorites.* »

À chacune de ses exclamations, Julie s'était retenue de rire. L'épouse du gouverneur parlait un français ravissant qu'elle avait perfectionné à Nice, où elle avait séjourné l'été précédant son arrivée au Canada. Mais ses *Oh my god !* et ses *How gorgeous !* manquaient un peu trop de naturel. Quant à Julie, c'est plutôt l'enthousiasme qui lui faisait défaut. Lorsque la conversation tombait à plat, monseigneur, embarrassé, tentait de la réamorcer :

« Heu... vous avez fait bon voyage depuis Québec, *dear lady Aylmer* ?

— Ne m'en parlez pas, monseigneur, nous avons dû retarder notre départ d'un jour, avait répondu lady Aylmer en esquissant une moue dégoûtée. Il y avait tellement d'immigrants sur le *British America* que nous avons demandé au *Captain* Airey de nous ramener au château Saint-Louis. C'était pire le lendemain, mais enfin ! il fallait bien respecter nos engagements. »

Lady Aylmer avait soupiré avant de continuer :

« Ils étaient étendus sur chaque parcelle du *steamer*. Je n'aime pas m'exposer au contact de ces Irlandais des classes inférieures. Ils sont sales et leurs vêtements sont répugnants. Ne risque-t-on pas de contracter le choléra ou quelqu'autre microbe ? »

Agacée par le mépris affiché de l'épouse du gouverneur, Julie n'avait pas pu s'empêcher de lui répondre :

« Ce n'est pas leur faute, chère lady Aylmer, s'ils en sont réduits au plus grand dénuement.

— Je sais, *dear*, je sais. Tout cela est pitoyable. Mais il faut quelquefois penser à notre propre santé. »

La discussion en était restée là. Après, elles étaient passées aux choses anodines, lady Aylmer se pâmant à tout moment sur la vie au Bas-Canada :

« Tout est si pittoresque dans votre beau pays et les gens ont l'air plus heureux que partout ailleurs. Et puis les salaires sont immensément élevés et les provisions, bon marché.

— Vous n'avez pas trouvé l'hiver canadien trop rude ? avait demandé monseigneur, que le silence de Julie énervait.

— Au contraire, dans vos chaumières, vous tenez vos poêles si chauds que nous, Européens, avons du mal à le supporter. Et avec vos fourrures, il faut le faire exprès pour prendre froid. J'adore aussi me promener en... comment dites-vous en français, *well*, en *sleigh* ? En fait, je comparerais votre climat à celui de la Russie. Si j'avais une seule critique à formuler, ce serait à propos de vos routes. Elles sont tellement impraticables que je préfère me promener à cheval. »

Cette femme irritait Julie, ce qui n'avait pas échappé à l'évêque. Lady Aylmer n'avait pas manqué non plus de raconter, sans doute en les exagérant, les exploits militaires de lord Aylmer pendant les campagnes napoléoniennes, leur vie en Suisse et les regrets qu'elle avait parfois d'être éloignée de Londres et de ses charmantes nièces à qui elle écrivait religieusement. Puis, elle avait ramené la conversation sur l'épouse du chef des patriotes :

« Parlez-moi de vous, madame Papineau. Comme je vous trouve courageuse d'élever seule vos enfants. Monsieur Papineau a une profession tellement accaparante. Lui à Québec, vous à Montréal...

— C'est la vie que j'ai choisie, chère madame. Ici, toutes les épouses de députés sont dans la même situation. »

Louisa Anne avait insisté :

« Mais la belle société est à Québec. Ne regrettez-vous pas parfois de ne pas accompagner votre beau mari au bal ?

— Monsieur Papineau a peu de temps à consacrer aux mondanités, avait répliqué Julie un peu trop sèchement..

— Quand même, *dear*, nous apprécions beaucoup sa compagnie au château. Ne saviez-vous pas qu'il était de presque toutes nos réceptions ? avait-elle insinué avec un brin de perfidie, pour se venger sans doute de la froideur de Julie à son endroit.

— Il s'y rend par devoir, madame, soyez-en certaine, avait ajouté Julie en pinçant les lèvres.

— Ah ! vous croyez, *dear* ? » avait gloussé lady Aylmer qui étudiait sa réaction.

Julie n'avait pas voulu répondre à l'allusion et la femme du gouverneur était repartie sur sa lancée :

« Vous êtes de Québec, je pense, ma chère ? Vous avez fait vos études chez les ursulines. Elles m'ont parlé de vous, d'ailleurs.

— Ah oui ? avait fait Julie, qui en doutait.

— Vous avez laissé un excellent souvenir de vos années de couventine. Ah ! quelles femmes fascinantes, les ursulines. Leurs élèves passent naturellement du français à l'anglais en conversant. C'est une bonne habitude à leur inculquer ! Vous n'avez jamais remarqué ? »

Monseigneur s'était cru obligé de mettre son grain de sel, pour suppléer à la réserve de Julie :

« Vous savez sans doute qu'elles accueillent aussi les protestantes dans leur institution.

— C'est ça qui est extraordinaire, avait renchéri lady Aylmer, car en plus, elles n'essaient pas de les convertir. Il faut y voir les bons effets de la parfaite tolérance exercée par les autorités anglaises dans ce pays. »

Lady Aylmer ne s'était même pas rendu compte de cette nouvelle indélicatesse que Julie ne releva pas. Après le repas, ses *Oh !* et ses *Ah !* avaient repris de plus belle pendant la visite de l'église neuve qui n'était pas encore décorée et dont seul l'orgue, fabriqué au Bas-Canada, pouvait véritablement l'impressionner. Monseigneur les avait ensuite conduites à l'école pour enfants pauvres qu'il venait de fonder.

« Une œuvre admirable, avait jugé lady Aylmer, avant de prendre congé. Vous avez beaucoup de mérite, monseigneur. Malgré vos nombreuses occupations épiscopales, c'est bien de penser aux petits démunis.

— Ma chère lady Aylmer, avait répondu l'évêque d'un ton énergique, l'éducation est la responsabilité de l'Église. J'ai à cœur que nos Canadiens ne grandissent pas dans l'ignorance. »

Lady Aylmer enfin partie, Julie avait ressenti une certaine gêne devant l'évêque. Elle s'était franchement montrée hostile. Était-ce les opinions écervelées de la femme du gouverneur qui l'avaient agacée ? N'était-ce pas plutôt ses allusions à la vie mondaine de Louis-Joseph ? Elle avait préféré ne pas aller plus loin dans sa réflexion. Au moment où elle s'apprêtait à son tour à tirer sa révérence, monseigneur l'avait retenue :

« Julie, restez un instant, je vous prie. J'aimerais vous entretenir d'un problème grave. »

Elle l'avait suivi presque à regret dans son bureau. Son petit doigt lui disait qu'il allait se plaindre de son anticlérical de mari plutôt que de sa froideur vis-à-vis de lady Aylmer. Elle n'avait pas tort. Il en avait toujours eu contre Papineau, qui le mettait dans l'embarras en fustigeant le clergé aussi bien en Chambre que dans les journaux.

« En quoi cela sert-il votre mari de tirer à boulets rouges sur moi ? lui avait-il demandé d'entrée de jeu.

— Vous exagérez, monseigneur », s'était défendue Julie. Ce n'est pas vous qu'il blâme mais l'Église pour son manque d'appui à la cause des patriotes.

— Mais l'Église... enfin l'Église, c'est moi, ma chère... »

Pauvre monseigneur ! Bientôt dix ans qu'il faisait de l'anti-chambre auprès des gouverneurs ! Chacun lui avait promis son appui, mais tous étaient repartis, qui vers Londres, qui vers les Indes, sans tenir parole. Julie savait aussi que les sulpiciens, dont il était pourtant un éminent membre, faisaient tout pour l'humilier. Ils venaient d'inaugurer en grande pompe leur nouvelle église Notre-Dame sans daigner l'inviter, lui, l'évêque suffragant de Montréal. Elle avait alors eu droit aux confidences de son cousin par alliance et elle avait pressenti qu'il profiterait du déjeuner avec lady Aylmer pour lui servir une nouvelle litanie de plaintes.

« Votre mari me persécute », avait-il maugréé en arpentant la pièce.

Puis, dans un geste de découragement, il s'était laissé tomber sur une chaise à haut dossier et, le corps bien droit, il avait condamné les propos irrévérencieux du chef patriote, qu'il avait découpés dans les gazettes.

« Ce n'est pas convenable, Julie, votre mari prétend que le clergé veut dominer l'autorité civile.

— Vous lui prêtez des déclarations qu'il n'a jamais faites.

— Lisez ceci, ma chère, c'est du plus pur Papineau », lui avait-il dit en lui tendant une feuille.

Julie avait lu l'extrait de presse à haute voix : « Le clergé a abusé de ses pouvoirs. Après en avoir été dépossédé, il ne doit jamais en redevenir le possesseur...

— J'en suis tout abasourdi », avait lâché le prélat, comme s'il s'agissait d'une hérésie !

Monseigneur Lartigue s'était pris la tête à deux mains et, pendant deux longues minutes, il s'était apitoyé sur son triste sort.

« Qu'ai-je fait au bon Dieu pour mériter un cousin aussi irréligieux ?

— Holà, monseigneur, vous y allez un peu fort, l'avait arrêté Julie. Papineau proteste quand l'Église ne tient pas sa place, qu'elle se conduit comme si elle était au-dessus de l'autorité civile...

— Vous avez l'esprit aussi mal tourné que votre mari, ma parole. Ah ! la famille. Avec une mentalité comme celle-là... »

Julie avait été incapable de l'apaiser. Ses gémissements l'avaient exaspérée.

« Écoutez, monseigneur...

— Mais appelez-moi Jean-Jacques, voyons, chère Julie, avait-il insisté, comme s'il réalisait qu'il était allé trop loin. Nous sommes parents et je viens à vous comme à une sœur. »

Et l'évêque avait entrepris de dénoncer le *bill* des fabriques que Papineau avait défendu à Québec et qui allait forcer le clergé à répondre de ses finances devant les élus :

« Ce bill est un fléau qui nous menace sérieusement. Il est absurde dans son principe comme dans ses détails. La législature s'immisce dans les affaires ecclésiastiques. Et votre mari pêche par irrespect du clergé.

— Monseigneur..., Jean-Jacques, puisque vous insistez... Comprenez donc ma situation. Vous condamnez mon mari qui n'est pas là pour se défendre et moi, sa femme, je ne peux vous donner raison sans le trahir. »

Monseigneur avait paru confus devant sa ruse :

« Je ne voulais pas vous embarrasser, ma chère enfant, et je vous en demande pardon. Je me suis laissé emporter, je n'avais pas le droit de vous importuner avec cela. »

Il s'était levé et avait pris ses mains dans les siennes :

« Enfin ! Me ferez-vous la grâce de glisser un mot de mes soucis à monsieur Papineau ? Sait-on jamais ?

— Je ferai davantage, Jean-Jacques, dit-elle, avec aplomb, cette fois. La semaine prochaine, Louis-Joseph et moi recevons le gouverneur Aylmer à dîner. Permettez que je vous invite. Vous serez des nôtres, j'espère. Vous pourrez alors vous entretenir à loisir avec lui et avec ce Papineau qui vous fait si peur. »

Elle lui avait alors décoché un sourire moqueur. Il le lui avait rendu, trop heureux de succomber, ne serait-ce qu'un instant, au charme de cette femme dont la médiation auprès du chef des patriotes pouvait l'aider à obtenir enfin le titre d'évêque de Montréal.

▼

« Voilà, je t'ai tout raconté, dit Julie en regardant son frère qui n'avait pas perdu un mot de son récit. Comme tu vois, j'ai fourni à ton évêque l'occasion de s'expliquer avec le gouverneur. »

Le curé Bruneau admit qu'elle s'était bien tirée de la situation et jura qu'il ne l'avait jamais soupçonnée de ne pas savoir se conduire, bien au contraire. Néanmoins, il surveillait fraternellement son évolution.

« Mais ces derniers temps, on dirait que tu te durcis, ma petite sœur. Cela ne te va pas du tout. »

Le temps filait et le curé suggéra de prendre le chemin du retour. C'était le premier vendredi du mois et il devait confesser tout l'après-midi. Ils marchèrent en silence. René-Olivier jugeait inutile d'insister, mais il pensa en lui-même que sa sœur n'était plus la petite fille fragile qui l'attendrissait jadis et qu'un rien faisait fondre en larmes. Il soupira. La situation politique était explosive et on ne pouvait pas blâmer les êtres sensibles de se cuirasser devant les événements.

Devant le presbytère, il prit le bras de Julie et la dirigea vers la tourelle. Il avait chaud et il voulait se rafraîchir quelques instants avant de passer au confessionnal. L'abri ajouré était recouvert d'un épais feuillage de vignes parsemées de petits fruits sauvages qui ne ressemblaient en rien aux grosses grappes de raisins français, mais qui procuraient de l'ombre. Julie ferma son ombrelle qu'elle déposa à côté de sa chaise.

Les enfants qui venaient de se lever arrivèrent à la queue leu leu pour la collation. La bonne suivait avec un plateau rempli de terrines de lait caillé saupoudré de sucre d'érable. Elle servit ensuite le thé au curé et à madame Papineau. Dans les arbres, les tourtes piaillaient. Un nuage de pigeons voyageurs rôdaient autour du colombier.

« Ils ont encore dévasté les moissons dans mes champs », fit le curé, que les ravages des oiseaux mettaient hors de lui.

Il donna des directives à son jardinier pour qu'il en attrape quelques-uns au filet et les enferme dans sa maison d'oiseaux.

« Les enfants, dit-il en se levant, nous les mangerons rôtis pour le souper.

— Hum hum, fit Amédée, qui se léchait déjà les babines.

— Moi, je les aime mieux en ragoût », protesta Lactance qui se fit naturellement un devoir de dire le contraire.

▼

Tout compte fait, le curé Bruneau s'accommodait assez bien de la situation. L'arrivée à Verchères de cette ribambelle d'enfants avait certes bouleversé la vie habituellement monastique du presbytère. Il ne trouvait rien à redire à propos d'Ézilda : la petite passait des heures suspendue aux jupes de sa mère et c'est à peine s'il l'entendait jacasser. En revanche, les pleurs et les gazouillements de Gustave compliquaient la lecture de son bréviaire et il devait parfois s'enfermer dans la sacristie pour se recueillir et méditer à son aise.

Mais le curé était bien forcé d'admettre que la présence d'Amédée et de Lactance était vivifiante. Convaincu que l'esprit des enfants de onze et treize ans ne devait pas sommeiller durant les vacances et qu'il fallait plutôt stimuler leur goût du savoir, il veillait à ce que chaque jour ses neveux acquièrent des connaissances nouvelles.

L'oncle ne fut pas long à comprendre que les deux gamins étaient comme chien et chat et qu'il valait mieux les éduquer séparément. L'aîné, Amédée, plutôt sûr de lui et assez fanfaron, aimait en imposer à Lactance, un enfant sensible et d'une jalousie maladive.

Les deux frères étaient aussi différents au physique qu'au moral. Le premier avait une épaisse crinière bouclée, d'un brun tirant sur le roux ; le second avait le cheveu fin, d'un châtain clair voisin du blond. Ils étaient aussi élancés l'un que l'autre mais Amédée paraissait solide sur ses jambes, tandis que Lactance avait quelque chose de fragile dans la démarche. L'aîné était tout le portrait de son père et le cadet ne ressemblait à personne dans la famille, ce qui faisait dire à ceux qui le rencontraient pour la première fois : « D'où sort-il, celui-là ? » Mais sa grande sensibilité le rapprochait de sa mère qui s'émouvait facilement, elle aussi.

Le curé, qui ne tolérait pas les disputes, trouva donc plus judicieux de partager son temps libre entre les deux. Avec Lactance, l'après-midi, il se promenait dans les champs en quête d'herbes et de fleurs sauvages que l'enfant cueillait et faisait sécher, aplaties entre les pages d'un album, les jours de pluie. Son herbier commençait à être assez impressionnant et l'oncle s'étonnait de la facilité avec laquelle son jeune neveu assimilait le nom latin des plantes.

Amédée était féru d'histoire. Après le souper, pendant que sa mère et mémé Bruneau sirotaient leur thé au salon, il sortait ses soldats de plomb de leur boîte et les plaçait en position de combat, sur la grande table à peine desservie, en criant :

« Oyez, oyez, la bataille des plaines d'Abraham commence. »

Ce soir-là, comme d'habitude, le curé dirigeait la manœuvre :

« Tu places les Anglais en bas du cap Diamant et les Français sur les plaines, recommandait le curé. Il nous faut aussi une flotte de navires battant pavillon britannique qui remonte le fleuve. »

Il fut naturellement décidé que le neveu serait Montcalm et l'oncle René-Olivier, Wolfe.

« Et mon arrière-grand-père, qu'est-ce qu'il faisait là ? » demanda Amédée.

Le curé sourit. À tort ou à raison, l'ancêtre Guillaume Bruneau faisait figure de héros dans la famille. Après une hésitation qui n'échappa pas à Marie-Anne Bruneau, il répondit :

« C'était un vaillant militaire français venu en Nouvelle-France à la tête d'un régiment, en 1754, et qui s'est distingué sur les rives du Saint-Laurent. Mon père avait l'habitude de dire qu'il était très courageux et que, si Montcalm avait eu l'intelligence d'en faire son second, sur les plaines d'Abraham, le Canada serait toujours français. Il prétendait que le marquis l'avait écarté par jalousie et que son manque de flair avait changé le cours de l'histoire. »

Amédée fit tomber un à un les soldats de bleu vêtus, puis quelques-uns parmi ceux qui portaient le costume rouge. Ensuite, il imagina la scène finale : les deux commandants militaires à cheval, l'un en face de l'autre. Montcalm mourut le premier. Et Wolfe, griè-vement blessé, fut transporté sous un arbre où il rendit l'âme.

« Vous y étiez, vous, mémé, à la chute de Québec ? demanda le garçonnet.

— J'avais deux ans, répondit Marie-Anne Bruneau. Autant dire que je n'ai rien vu. Mais je sais que tous les bâtiments de la place Royale, y compris notre maison, ont été détruits par le feu. Les bom-bardements ont été terribles. »

Le curé raconta la reddition de Québec. Le siège avait duré tout l'été 1759. La basse-ville avait reçu quarante mille boulets tirés des canons anglais et dix mille bombes incendiaires.

« Dix mille bombes, fit Amédée, impressionné. Après ? Qu'est-il arrivé au père de grand-papa ? »

Après la défaite, son ancêtre avait troqué l'uniforme contre le négoce et s'était établi à Québec, non loin du port. Son magasin général était florissant, mais l'ancien militaire français avait le mal du pays, et peut-être aussi la nostalgie des armes, puisqu'en 1786 il avait regagné son Poitiers natal, à temps pour joindre les rangs des révolutionnaires français.

« Ah ça ira, ça ira, chanta Amédée, les aristocrates à la lanterne... »

C'était reparti. D'un geste brusque, Amédée repoussa ses soldats de plomb qui se retrouvèrent pêle-mêle au bout de la table. Il s'in-venta un nouveau champ de bataille plein de citoyens en colère. C'était Paris avec ici un foyer d'incendie, là une bataille de rue. L'oncle René-Olivier décrivit l'arrivée des sans-culottes et la prise de la Bastille.

« Des sans-culottes ? coupa Lactance, qui voulait se mêler au jeu. Quel drôle de nom ! Qu'est-ce qu'ils faisaient, les sans-culottes ?

— Ils se battaient pour l'égalité, répondit le curé. Tiens regarde. »

Le curé dessina un bonhomme sur une feuille de papier :

« Tu vois, il ne porte pas de culotte. Là, je lui fais une chemise puis une veste très courte et un bonnet rouge. Tu sais ce qu'il lui manque ?

— Ses culottes ?

— Son sabre, voyons, corrigea Amédée, qui connaissait l'histoire par cœur. Oncle René-Olivier, c'était quand, la Révolution française ?

— Il y a cent ans, répondit Lactance, sûr de son fait.

— Imbécile, fit Amédée, hautain. Maman nous a toujours dit qu'elle était née en 1796, un an, jour pour jour, après l'exécution du roi Louis XVI. Ça voudrait dire qu'elle aurait... quatre-vingt-dix-neuf ans ! »

Amédée s'esclaffa.

« Les enfants, si vous vous querellez, on s'arrête tout de suite, trancha le curé d'un ton ferme.

— Mais je n'ai rien fait, moi, fit Lactance, prêt à fondre en larmes.

— Lactance, laisse ton frère tranquille, ordonna Julie. Ton oncle, tu l'as eu pour toi tout seul, cet après-midi. »

Lactance sortit de la pièce en tapant du pied :

« Vous êtes toujours de son bord, lança-t-il à sa mère avant de disparaître.

— On continue, mon oncle, dit Amédée, comme si rien ne s'était passé. Alors, en quelle année c'était, la Révolution française ?

— En 1789, mon garçon, répondit le curé.

— Et mon arrière-grand-père qui était reparti en France, est-ce qu'il s'est battu ? »

Marie-Anne Bruneau regarda Julie d'un air complice. René-Olivier allait-il lui inventer, comme son père le faisait jadis, des faits d'armes qui n'avaient ni queue ni tête ? À croire que Guillaume Bruneau et ses frères avaient pris la Bastille, arrêté Robespierre, conseillé Condorcet pour ensuite faire la campagne d'Italie, sous les ordres de Napoléon Bonaparte.

L'intarissable curé Bruneau opta plutôt pour une version plus officielle de l'histoire. Et quand, d'une voix grave, il raconta l'exécution du roi Louis et de sa femme Marie-Antoinette, Amédée en eut des frissons.

« Pendant ce temps-là, à Québec... bifurqua soudain René-Olivier Bruneau, qui aimait créer un effet théâtral au beau milieu du récit.

— Oui, oui, à Québec... qu'est-ce qui se passait ? demanda Amédée qui mordait au jeu.

— Eh bien, mon petit, les Canadiens étaient occupés à tout rebâtir. Ton grand-père Pierre Bruneau a repris le magasin général de son père, sur la Place du marché, dans la grande maison de pierre où ta mère et moi sommes nés.

— Pépé Bruneau n'a pas fait la révolution ? fit Amédée, l'air déçu.

— Disons qu'il était révolutionnaire dans l'âme, répondit le curé. Il était contre l'esclavage et les privilèges réservés aux riches. Et il rêvait de liberté, d'égalité et de fraternité. Il répétait souvent : " Si seulement le Bas-Canada avait, lui aussi, sa Charte des droits de l'homme. "

— Qu'est-ce qu'il voulait dire ? »

C'est Marie-Anne, qui répondit :

« Ton grand-père pensait au triste sort fait aux Canadiens après la Conquête. »

Longtemps, son mari avait cru en effet que la France de Napoléon, dont les armées victorieuses déferlaient alors sur l'Europe, viendrait reprendre le Canada à l'Angleterre. Mais Pierre Bruneau avait fini par laisser mourir en lui son grand rêve d'un retour des Français au pays. Comme ses compatriotes, il était devenu un citoyen modèle, poussant la fidélité jusqu'à signer le manifeste loyaliste imposé par les autorités britanniques qui craignaient que le vent révolutionnaire ne souffle de ce côté-ci de l'Atlantique.

« Au lieu de faire la guerre, ton grand-père a fait de la politique. Comme ton père », dit la vieille dame remplie de fierté.

CHAPITRE V

L'excursion à Maska

Pour échapper à la mélancolie qui la gagnait un peu plus chaque jour, Julie décida d'emmener les enfants à Saint-Hyacinthe chez sa belle-sœur. Depuis le temps que Marie-Rosalie Dessaulles l'invitait ! La fête d'Amédée approchait et elle voulait que son fils se souvienne longtemps de son treizième anniversaire. Elle avait son plan. Elle songea un moment à laisser bébé Gustave aux bons soins de sa mère, mais les Dessaulles se languissaient de voir son cadet, le plus beau et le plus joyeux de tous ses enfants. Le petit avait en effet les traits délicats de Lactance mais une force extraordinaire pour ses trois ans et le sourire, le joli sourire d'Aurélie, sa petite fille morte.

À sept heures pile, un matin ensoleillé, le curé Bruneau fit atteler la calèche qu'il mettait à la disposition de Julie. Ézilda s'assit à côté de sa mère, tandis que Lactance prit place à l'avant avec le cocher. Derrière, dans la charrette anglaise du voisin, la gouvernante, mademoiselle Douville, s'installa avec bébé Gustave sur les genoux et, à côté d'elle, son beau grand Amédée. La veuve Bruneau, qui avait autrefois planté des noyaux de prunes dans son potager, récoltait ses premiers fruits qu'elle mit dans un panier pour tromper la faim des enfants et les faire patienter jusqu'à Maska, comme les vieux appelaient encore Saint-Hyacinthe.

De Verchères à Saint-Antoine, tout alla comme sur des roulettes. Les enfants chantaient « À la claire fontaine, j'allais me promener... » La route côtoyait de belles fermes prospères. Lorsqu'ils apercevaient un cultivateur autour de ses bâtiments, les enfants agitaient leurs mouchoirs en entonnant « V'là l'bon vent, v'là l'joli vent, ma mie m'appelle... » Au quai de Saint-Antoine, tout le monde descendit de calèche. Les deux cochers aidèrent les petits à monter dans les chaloupes pour traverser le Richelieu, avant de rebrousser chemin et de rentrer immédiatement à Verchères, comme le leur avait recommandé le curé. Ils reviendraient les cueillir au même endroit le lendemain, à la tombée du jour.

À Saint-Denis, de l'autre côté de la rivière qu'ils franchirent en un quart d'heure, une grande voiture, tirée par deux magnifiques chevaux canadiens, les attendait. Les Dessaulles ne faisaient jamais les choses à moitié.

La joyeuse équipée prit la direction de Saint-Hyacinthe. De loin, Julie aperçut, enveloppée dans une chaîne de nuages blancs, la seigneurie que Jean Dessaulles avait héritée de son cousin Hyacinthe de l'Orme. Il s'était écoulé trois heures depuis le départ de Verchères quand ils s'engagèrent dans l'allée en fleur, bordée de peupliers. La voiture s'immobilisa devant l'imposante maison en pierre de taille à trois étages dont le toit était agrémenté d'une rangée de lucarnes. Jean Dessaulles, qui avait entendu le bruit des sabots, s'élança à leur rencontre.

« Ah ! Julie ! s'exclama-t-il. Toujours aussi belle !

— Bonjour, mon Seigneur », fit celle-ci, non sans ironie.

Dans la famille, on se moquait gentiment de Jean Dessaulles qui, avant d'être coiffé du titre de seigneur, avait été laboureur. Il avait gardé de ses origines suisses et paysannes une simplicité chaleureuse qui le rendait irrésistible. Il avait un front large et haut, des yeux pénétrants, un teint de rose et une fossette au milieu du menton. Ses cheveux gris, taillés très courts, étaient poudrés. Il portait un habit de drap bleu à boutons dorés. Les enfants l'appelaient « mon oncle ventru », à cause de son ventre rebondi qui l'obligeait à retenir son pantalon à l'aide de bretelles. Jamais il ne se déplaçait sans sa pipe hollandaise. Malgré sa carrure, il était, à soixante-six ans, d'une agilité peu commune et arriva à la calèche à temps pour offrir son bras à Julie et l'aider à mettre pied à terre.

« Julie, enfin ! te voilà, fit Marie-Rosalie qui arrivait à son tour, tout essoufflée. Tu n'as pas laissé ton bébé à Verchères, j'espère ?

— Bien sûr que non, répondit Julie. Je n'allais pas priver Gustave des caresses de sa tante Dessaulles. Mais, dis donc, toi, ajouta-t-elle en examinant sa belle-sœur, tu approches de ton terme ? »

Marie-Rosalie se tenait le ventre. Elle portait une robe de cotonnade ample qui l'écrasait, elle qui n'était déjà pas très grande.

« Il me reste six semaines, si mes calculs sont bons, fit-elle. Mais ne t'inquiète pas, mes préparatifs sont terminés. Mon monde est habillé pour l'automne, mes abeilles ont essaimé et mes couvées de canards et de poulets sont écloses. Mes vignes sont attachées et édrageonnées, mes plates-bandes sont sarclées... »

Jean Dessaulles s'appuya sur sa canne de jonc à tête d'or, avant d'enchaîner, en levant les yeux au ciel :

« Son grand ménage est terminé, sa layette est en ordre et le ber, tout rafraîchi.

— Ouf ! tu n'as pas chômé, dit Julie. Tu dois être à bout de souffle ? »

Jean Dessaulles prit sa femme par le cou et répondit à sa place :

« Vous connaissez ma douce moitié. Elle pense qu'elle a toujours vingt ans et ne suit aucun de mes sages conseils, moi qui ai atteint un âge vénérable. Je voudrais qu'elle reste étendue, à lire en attendant la fin de sa maladie.

— Jean a toujours peur que j'en fasse trop, dit-elle en s'appuyant contre l'épaule de son mari. Que veux-tu ? Je n'arrive pas à me reposer tant que tout n'est pas à mon goût. Et comme ça, si le bon Dieu me rappelle au paradis pendant l'accouchement, mon petit monde se souviendra de moi pendant au moins six mois, le temps d'épuiser les provisions que j'aurai préparées. »

Julie embrassa sa belle-sœur à qui elle vouait un attachement qui ne s'était jamais démenti. De huit ans son aînée, Marie-Rosalie était une sorte de grande sœur. Elle adorait son frère Louis-Joseph, à qui d'ailleurs elle ressemblait comme une goutte d'eau ressemble à une autre : même regard profond, même sourire mystérieux mais aussi, hélas ! même nez aquilin qui lui mangeait une partie du visage. Chez un homme, cela allait toujours, mais sur la physionomie plus délicate d'une femme, c'était moins réussi. Qu'importe, Marie-Rosalie était la chaleur incarnée et l'on oubliait vite ses traits, tant elle savait envelopper de tendresse ceux qu'elle prenait en affection. Elle ne connaissait pas Julie avant son mariage avec Papineau mais elle l'avait tout de suite prise sous son aile protectrice.

À quarante-quatre ans, Marie-Rosalie en était à sa cinquième grossesse mais seuls trois de ses enfants avaient survécu. Julie jugea qu'à moins de deux mois de l'accouchement, sa belle-sœur aurait dû se montrer plus raisonnable.

« Jean a raison, tu devrais être prudente. »

Marie-Rosalie s'était mariée tard avec Jean Dessaulles, un veuf ayant lui-même perdu deux enfants à leur naissance. Comme ils n'avaient pas été baptisés, ses bébés avaient été enterrés en dehors du cimetière catholique, ce dont il ne s'était jamais remis. Pour lui, comme pour sa deuxième épouse, la famille était sacrée. Marie-Rosalie prit Gustave dans ses bras en s'extasiant :

« Qu'il est adorable ! Regardez comme il est potelé. Il sourit à sa tantine. Je le croquerais. »

Julie pénétra dans le hall d'entrée, suivie de ses enfants et de leurs cousins Dessaulles qui les avaient rejoints. Elle cherchait du coin de l'œil sa belle-mère, Rosalie Papineau.

« Mais où est madame Papineau ? s'enquit-elle. Les garçons ont hâte d'embrasser leur grand-mère.

— Je suis là, fit une voix grave, dans la pénombre au fond du salon. Approchez les enfants. Je ne peux pas me déplacer, mes yeux me font trop souffrir. »

L'un après l'autre, Amédée, Lactance et Ézilda s'étirèrent pour permettre à leur grand-mère de déposer un baiser sur leur front. Après une hésitation, Julie fit quelques pas vers la vieille dame, qui se contenta de lui tendre la main sans sourire. Puis, d'un signe, elle invita Lactance à s'asseoir à côté d'elle sur la causeuse.

« Ce petit est trop maigre, remarqua-t-elle en palpant l'enfant.

— Lactance a pourtant bon appétit », répondit Julie en articulant bien le prénom de son fils.

Jamais Rosalie Papineau ne s'était résignée à appeler Lactance autrement que mon filleul ou le petit. Elle avait une sainte horreur de ce prénom ridicule qui avait été la cause de sa première querelle avec Julie. La mère de Louis-Joseph n'avait jamais apprécié les excentricités de sa bru. À la première naissance, elle avait consenti à ce qu'on baptise l'aîné Amédée à condition qu'il soit aussi inscrit au registre sous le nom de son père, Louis-Joseph. Mais prénommer un enfant Lactance, quelle idiotie !

Ce jour-là, contrairement à son habitude, Rosalie ne sursauta pas en entendant Julie articuler Lac-tan-ce. La vieille dame avait l'air mal en point. Certes, elle était toujours belle, malgré ses soixante-seize ans. De magnifiques cheveux gris acier ornaient une tête patricienne au visage osseux. Mais elle avait le regard éteint et elle paraissait amaigrie, elle qui n'avait déjà que la peau et les os. Julie l'interrogea sur sa santé :

« Je vais cahin-caha », répondit celle-ci, sans plus.

Marie-Rosalie vint à la rescousse :

« Maman a eu un mauvais rhume au début de l'été et elle n'arrive pas à reprendre le dessus. Sa vue a beaucoup baissé aussi. Mais je la dorlote. Bientôt, ça ira mieux, j'en suis sûre. Surtout qu'elle m'a promis son aide après la naissance du bébé.

— L'enfant risque d'arriver plus vite qu'on pense, vu les excès de sa mère, remarqua Jean Dessaulles, pince-sans-rire.

— Tu ne vas pas recommencer ! fit Marie-Rosalie. Allez, à table, les enfants, vous devez avoir une faim de loup. Surtout, n'écoutez pas votre oncle. Il n'entend rien aux femmes. »

▼

Le lendemain matin, Amédée se leva tôt, dégringola l'escalier et atterrit dans la cuisine où sa mère et sa tante surveillaient la préparation du pique-nique qu'ils allaient faire à la montagne de Rouville.

« Bonjour, tout le monde », dit-il, le visage affublé d'un large sourire.

Personne ne fit attention à lui et c'est à peine si sa mère lui demanda s'il avait passé une bonne nuit. Surpris, il avala son petit pain et but son chocolat chaud en silence. Se pouvait-il que sa maman ait oublié son anniversaire ? Le matin de ses treize ans, il s'attendait à une avalanche de baisers. Rien, pas même une allusion à la princesse Victoria, née deux mois avant lui, ce qui lui avait toujours valu une ou deux plaisanteries. Penaud, il sortit de la pièce en annonçant d'un air résigné qu'il allait attendre dehors.

« C'est ça, mon grand, laisse-nous ranger le goûter dans les paniers », dit Julie, tandis qu'Amédée s'éloignait tristement.

Assis sur les marches du perron, il vit s'approcher son cousin, Louis-Antoine Dessaulles. Ce dernier lui raconta comment, la veille, à la pêche, il avait attrapé une grosse barbote. Puis, sur le ton de la confidence, il parla de la jolie fille qu'il reluquait au village et qu'il n'avait pas encore osé embrasser. Mais à propos de son anniversaire, rien. Amédée n'osa pas en faire le reproche à son cousin qui avait deux ans de plus que lui, de peur de passer pour un bébé.

À huit heures, les voitures s'avancèrent dans l'allée fleurie. Ça sentait bon. En tout une quinzaine de personnes étaient de l'excursion. Il fallut deux heures pour atteindre le pied de la montage de Rouville qu'on appelait aussi le mont Belœil. De là, ils continuèrent à pied jusqu'à un petit lac où ils allaient prendre le goûter et les rafraîchissements.

Pendant que les femmes étendaient les nappes sur l'herbe, l'oncle Jean Dessaulles s'approcha avec un immense gâteau tout décoré. C'était le signal.

« Faut-il féliciter le héros de la fête ou sa jolie maman ? » demanda-t-il, tandis que tout le monde entourait Amédée en battant des mains et en criant hourra. Tout à sa surprise, le garçon courut se jeter dans les bras de sa mère en disant :

« Je croyais que vous aviez oublié mon anniversaire.

— Oublier un jour aussi important ? fit Julie en lui donnant un gros baiser. Tu n'as pas honte, Amédée Papineau ? Treize ans, déjà ! Et moi qui te vois encore comme un tout petit garçon. »

Amédée avait été un enfant délicat. Sa dentition ayant été lente, il avait mis du temps à parler de sorte que l'on s'était imaginé, sans oser se le dire, qu'il était muet. Même le docteur Nelson en avait perdu son latin. Lorsque le petit avait enfin commencé à prononcer quelques syllabes, sa langue était si liée qu'il balbutiait plus qu'il ne parlait. Ses premières semaines à l'école des demoiselles Waller avaient été éprouvantes : les autres enfants se moquaient de son débit. Cela l'avait tellement humilié qu'il s'était appliqué à bien parler et avait même dépassé en adresse les autres écoliers.

Les convives dévorèrent le gâteau, après quoi les plus vigoureux partirent avec des guides pour gravir le pain de sucre. Par groupes de deux ou trois, ils empruntèrent le chemin de la côte de pierre qui avait l'allure d'un escalier raide. Sac au dos et chaussé de souliers ferrés, Amédée s'approcha le premier du sommet, suivi de son cousin Louis-Antoine. Lactance, qui leur collait aux fesses, s'écorcha le genou en accélérant, pour ne pas se laisser distancer.

« Attendez-moi, cria-t-il, avant que les deux autres ne franchissent les derniers pieds qui les séparaient encore du faîte.

— Ah ! laisse-nous ! Lactance, tu es comme un pot de colle », s'impatienta Amédée, qui avait envie d'être seul avec son cousin.

Lactance rebroussa chemin en ravalant ses larmes, tandis que les autres continuaient sans faire de cas de lui. Du plus haut pic, qui dominait la montagne, quel spectacle ! Au loin, la rivière Richelieu suivait son cours jusqu'au lac Champlain et, à mi-distance, le lac où Julie et Marie-Rosalie se reposaient, au pied d'un érable géant. Amédée sortit un mouchoir de sa poche et l'agita en criant : « Ohé ! Maman, ohé ! » Julie l'aperçut et fit de même. Le regard d'Amédée se porta ensuite sur un îlot de fermes groupées autour d'un étang, puis sur les autres, disséminées dans la plaine. Il remarqua les clôtures bien droites, les chemins zigzaguant le long des collines et, de part et d'autre, les vergers de pommes. Mais ce qui l'impressionna le plus, ce furent les toits reluisants de Montréal, au loin, et devant, le grand fleuve Saint-Laurent qu'il repéra à l'aide de sa lunette d'approche. Tout à coup, le tonnerre gronda. Amédée s'en étonna. Le ciel était d'un bleu clair et il n'y avait aucune apparence de pluie. Un deuxième crépitement se fit entendre.

« Mais... qu'est-ce qui se passe ? » demanda-t-il.

Son cousin Louis-Antoine le rassura :

« Ce n'est pas l'orage, ce sont les troupes stationnées au fort de Chambly qui s'exercent.

— Cela me rappelle un drôle de souvenir, raconta Amédée. Je devais avoir quatre ans. C'était à Chambly chez une de mes tantes. Son homme engagé m'avait amené au fort. Pendant qu'il faisait les courses, j'attendais seul dans la voiture. Brusquement, des soldats s'étaient mis à tirer et le cheval était parti à l'épouvante. Je n'avais pas peur parce que j'étais entouré de grosses poches remplies de céréales. Au contraire, je riais. Mais le cheval affolé a traversé le village et a galopé jusque chez mémé. Il a enfilé la porte cochère et est allé s'arrêter dans un banc de neige, au fond de la cour, devant l'écurie. C'est là que ma tante m'a découvert, dans un nuage tout blanc. »

Le tir des canons continua à gronder quelque temps puis s'arrêta. Amédée sortit son canif et commença à graver son nom et celui de son cousin dans l'écorce d'un bouleau. Louis-Antoine traça en gros caractères la date du jour et les deux cousins firent le serment de revenir en ce lieu mystérieux, à l'occasion de leur vingtième anniversaire. Ils étaient convaincus que la montagne de Rouville était un volcan éteint et résolurent de se renseigner auprès d'un géologue.

Tourmentés par un essaim de mouches minuscules qui les avaient pris d'assaut sur le sommet du pain de sucre, les deux jeunes garçons redescendirent vers le lac pour en sonder le fond avec une perche, croyant dur comme fer qu'il s'agissait d'un cratère dont jadis s'échappaient les laves volcaniques.

▼

Lactance avait rejoint sa mère sous l'arbre. La tête appuyée sur ses genoux, il ne broncha pas quand le bruit des manœuvres militaires s'accentua au point d'inquiéter les dames qui étaient en train de replier les nappes et de ranger les assiettes, en attendant que l'on sonne le départ. Marie-Rosalie Dessaulles, qu'on avait exemptée de corvée, vu son gros *belly*, se demanda tout haut si ce bruit n'était pas une autre des manigances du gouverneur Aylmer pour inquiéter le monde.

« Saviez-vous que le colonel Mackintosh et l'autre militaire impliqué dans la fusillade du 21 mai ont été acquittés ? dit-elle. Ça dépasse l'entendement.

— Non seulement ont-ils été acquittés, enchaîna Julie, mais le gouverneur Aylmer leur a même fait parvenir ses félicitations.

— Ça ne se peut pas, explosa Jean Dessaulles.

— Puisque je vous le dis, assura Julie. C'est Louis-Joseph qui me l'a appris. Le gouverneur n'a que mépris pour les Canadiens. D'abord, il a fait relâcher les meurtriers sur simple *warrant* et ensuite, après un semblant de procès, il a poussé l'outrage jusqu'à les complimenter. Heureusement que Papineau n'a pas attendu la fin de cette mascarade pour amorcer sa propre enquête.

— Papa va lui faire son affaire à ce gouverneur de malheur ! lança Lactance, frondeur.

— Va jouer ailleurs, mon chéri, lui dit Julie, tu ne vois pas qu'on parle sérieusement ? »

L'enfant n'eut même pas le cœur de protester. Il se leva et s'éloigna. Seul au bord du lac, il lança des cailloux plats qui faisaient des ronds dans l'eau. Jamais il ne s'était senti aussi triste. Sa mère ne l'aimait pas. Elle ne voyait qu'Amédée. Lui, il ne comptait pas à ses yeux...

Mais Julie ne remarqua rien, toute à sa conversation avec Marie-Rosalie.

« Toi qui connais le gouverneur, le croyais-tu capable de nous insulter ainsi ? demanda celle-ci. De deux choses l'une : ou bien il est stupide ou alors il manque de jugement.

— Au début, j'avoue que j'avais du respect pour lui, répondit lentement Julie, comme si elle voulait être bien certaine que ses paroles ne dépasseraient pas sa pensée. L'été dernier, je l'ai même reçu chez moi avec tous les honneurs, poursuivit-elle avec plus d'assurance. D'ailleurs, cette réception a bien failli tourner à la catastrophe. Tu connais Louis-Joseph ? Il a trouvé le moyen de se mesurer à monseigneur Lartigue et ce, devant le gouverneur.

— Comment ça ? Allez, Julie, raconte », supplia Marie-Rosalie.

▼

Ce bal, Julie ne l'oublierait pas de sitôt. Elle en gardait des impressions confuses.

C'était en juin de l'année précédente, par un temps suffocant. Toute la semaine, le thermomètre avait indiqué quatre-vingt-seize degrés à l'ombre et, à partir de onze heures, Julie n'avait plus une once d'énergie. Elle dormait mal, la robe de nuit collée à la peau. Louis-Joseph lui avait demandé d'organiser une réception en l'honneur du gouverneur et de son épouse qui étaient de passage à Montréal pour quelques jours.

Lord Aylmer amorçait alors son mandat et, malgré quelques bavures, il jouissait encore d'une bonne réputation auprès des Canadiens. Après Dalhousie, il apparaissait comme un redresseur de torts. Papineau avait déjà compris que le nouveau gouverneur, militaire de carrière, n'entendait rien à la politique mais il pensait qu'il fallait lui donner sa chance. L'homme, se disait-il, était plus maladroit que mal intentionné. En tant que chef du Parti canadien, il se devait d'organiser cette soirée qui eut lieu à la maison qu'il avait louée sur le mont Royal, à l'extrémité du faubourg Saint-Antoine.

Julie n'avait jamais aimé cette demeure qu'elle occupait avec sa famille pendant que les ouvriers achevaient les travaux d'agrandissement de sa propriété de la rue Bonsecours. Tous ceux qui l'avaient habitée avaient connu le malheur. D'ailleurs, dans le voisinage, on chuchotait qu'elle était hantée. Son premier propriétaire, Simon McTavish, ne l'avait pas achevée, sa femme étant morte avant la fin des travaux de construction. Son neveu, William McGillivray, le grand patron de la Compagnie du Nord-Ouest, qui en avait hérité, avait dû la céder peu après sa faillite. Il venait de mourir quand les Papineau avaient emménagé. Et c'est là que, peu après, la petite Aurélie était morte.

Le jour de la visite de lord et lady Aylmer, la pluie avait tombé comme des clous dès l'aurore. Et voilà que le tonnerre s'était mis à gronder. Julie aurait donné son âme pour apercevoir un pâle rayon de soleil dans le ciel désespérément bouché. Elle pestait contre le mauvais sort qui s'acharnait sur sa mystérieuse maison. Venue expressément de la Petite-Nation pour l'occasion, tante Victoire, la marraine de Louis-Joseph, essayait de l'encourager :

« Puisque je te le dis, ma nièce, que le temps va tourner. Foi de vieille fille, un orage qui commence en lion finit en queue de poisson.

— Vous pensez, ma tante ? Et lady Aylmer qui déteste nos chemins boueux.

— Qu'elle vienne à cheval, si ça lui chante ! avait répondu tante Victoire. Ou mieux, qu'elle ne vienne pas. Je vais prendre soin de son beau Matthew, moi.

— Vous ne changerez jamais, tante Victoire », lui avait répondu Julie, avant de retourner aux cuisines où deux servantes achevaient de polir l'argenterie. Il y avait tant à faire. Louis-Joseph souhaitait un dîner debout et un service à la russe. Elle avait donc fait libérer les buffets pour y déposer les hors-d'œuvre et préparer les ustentiles en nombre suffisant puisqu'on allait les remplacer après chaque service. Pour prendre le coup d'appétit, une liqueur de fruits macérés dans du rhum, le petit salon attenant à la salle à manger était tout indiqué.

À l'écurie, Joseph Papineau, le père de Louis-Joseph, maugréait contre le sale temps qui venait toujours compliquer la vie des Canadiens.

« En hiver, pas moyen de sortir à cause de la satanée poudrerie, faut s'encabaner. En été, un jour sur deux, il mouille. De quoi faire pourrir le blé, puis l'avoine. Une vraie pitié. »

Entre deux sautes d'humeur, il donnait des ordres à Doudou qui nettoyait la voiture et préparait les chevaux. Il avait été entendu que l'homme engagé passerait prendre le gouverneur à sa résidence, sur le coup de huit heures.

« Doudou, arrangez-vous pour arriver chez lui cinq bonnes minutes avant le rendez-vous », l'avait-il prévenu d'un ton autoritaire, en lui rappelant aussi qu'il devait s'endimancher pour la circonstance. « Et que la calèche brille comme un sou neuf. Assurez-vous aussi qu'il n'y ait pas de crottes de moineau. »

Après avoir vérifié les sièges, Joseph Papineau avait quitté l'écurie en criant à son fils :

« Papineau ? »

C'était ainsi qu'il l'appelait toujours. Mais ce dernier n'avait rien entendu, occupé à toutes sortes de besognes depuis tôt le matin.

« Voyons donc, où est-ce qu'il est encore passé ? Il n'est jamais là quand on a besoin de lui », avait tempêté le vieil homme.

En dépit de la pluie, Papineau avait aidé ses ouvriers à fixer les lanternes de couleur sur la galerie. Ensuite, il était descendu dans la cave à vin pour vérifier si le rhum des Antilles avait été livré et choisir les vins de Bordeaux. Il avait aussi prévu des vins de Madère et de Porto, pour accompagner les viandes chaudes. Il était loin de s'imaginer que son père s'époumonait à cause de lui.

Mais l'humeur grincheuse de Joseph Papineau avait mis sa sœur Victoire dans tous ses états. Elle avait noué son grand tablier blanc autour de son imposante taille et elle s'affairait dans la cuisine. On avait fait appel à ses talents d'artiste pour décorer les gâteaux et elle avait besoin de toute sa concentration pour dessiner en sucre du pays les armoiries de lord Aylmer sur les pièces montées que la cuisinière lui apportait l'une après l'autre.

« Qu'est-ce que je ne ferais pas pour un bel homme comme lui ! » soupirait la vieille demoiselle de temps à autre.

Mais chaque fois que son frère Joseph criait, sa spatule glissait et elle s'impatientait.

« Veux-tu bien rester tranquille, Joseph de malheur. Tu es comme une queue de veau depuis le matin. Au lieu d'aider, tu nuis. »

▼

Tante Victoire avait du nez. À onze heures pile, la pluie avait cessé comme par enchantement. Et à midi, les nuages avaient commencé à se disperser lentement. Une heure n'avait pas encore sonné que toute trace de gris avait disparu du ciel. Le soleil avait déjà asséché la pelouse, mais il avait fallu attendre deux heures pour vraiment croire que le temps avait tourné pour de bon.

« Quelle journée magnifique, mes aïeux ! » s'était alors écrié Joseph Papineau, qui avait retrouvé sa bonne humeur comme par enchantement.

« Le bon Dieu est miséricordieux », avait enchaîné Victoire.

Tout était fin prêt bien avant l'arrivée des premiers invités. Julie était montée s'habiller en même temps que Louis-Joseph. Le calme olympien de son mari l'horripilait, elle qui n'arrivait pas à maîtriser sa nervosité.

Assise devant sa table de toilette, elle se brossait les cheveux pendant qu'il enfilait son pantalon. Sa robe de satin jaune mouchetée de motifs verts était soigneusement étendue sur le lit. Louis-Joseph, qui ne portait pas attention à ce genre de choses, s'était assis sur la jupe par mégarde. Elle n'avait pas pu s'empêcher de sursauter :

« Attention, mon amour ! »

Louis-Joseph s'était confondu en excuses, avant d'aller s'asseoir à l'autre bout du lit pour mettre ses chaussures. Ensuite, il s'était levé pour boutonner sa chemise et attacher son jabot de dentelle. Julie lui avait alors fait remarquer que celui qu'il avait choisi n'allait pas du tout, qu'il n'était pas de la bonne couleur.

« C'est moi qui le porte », lui avait-il répondu.

Sa placidité l'exaspérait. Elle avait insisté pour qu'il en mît un autre :

« Tu vas avoir l'air ridicule. »

Louis-Joseph avait soupiré. Il l'avait laissée choisir un jabot à son goût et, docilement, l'avait mis à son cou. Elle avait une petite voix aiguë qui l'agaçait et il lui en avait fait la remarque. C'était la nervosité et n'importe quel époux digne de ce nom ne se serait pas cru obligé de le mentionner, avait-elle rétorqué. Il avait éclaté de rire :

« Tu te rends compte ? On se comporte comme un vieux couple de radoteux. Je descends t'attendre au salon.

— C'est ça, laisse-moi toute seule.

— Julie, tu sais bien que je ne te suis pas d'une grande utilité pendant que tu t'habilles, tandis qu'en bas...

— Et qui va m'aider à choisir mes bijoux ? Au fait, comment est mon chignon, vu de dos ?

— Impeccable », avait-il fait en examinant les torsades savantes de sa coiffure. Puis il avait ouvert son coffret à bijoux et, attrapant la chaîne en or qu'il lui avait rapportée de Londres, il l'avait attachée à son cou en lui embrassant l'épaule :

« Tu seras la plus belle, ma chérie, j'en suis sûr. Tu es éblouissante dans cette robe. »

▼

Comme un enfant capricieux, le soleil qui s'était laissé désirer toute la journée avait refusé de se coucher, le soir venu. Julie était tout à fait rassurée. Ses invités pourraient se promener librement, sans se mouiller les pieds, autour de l'étang où se baignaient les canards et dans le magnifique jardin orné de fontaines. Les pêchers et les abricotiers étaient couverts de fleurs tandis que dans les pommiers, on pouvait déjà apercevoir des fruits minuscules. Les pelouses fraîchement coupées avaient l'apparence d'un immense tapis de verdure.

L'horloge indiquait huit heures trente à l'arrivée de la première calèche. Il faisait encore jour et la luminosité était grandiose. Du portique, on pouvait apercevoir, sur la rive sud du fleuve, Longueuil et même La Prairie, au loin.

Lord et lady Aylmer étaient arrivés les premiers, comme il sied aux invités de marque. Leur entrée dans le portique joliment décoré de girandoles de couleur fut soulignée avec éclat par la fanfare du 15e régiment. Tante Victoire, qui se déplaçait comme un ballon dirigeable dans sa robe de taffetas lilas gonflée par de trop nombreuses crinolines, s'était approchée pour être présentée au gouverneur.

« Ma parole, Victoire, tu es énorrrrrrrrrme », avait laissé échapper Joseph Papineau, en voyant sa sœur s'avancer dans le hall d'entrée.

Victoire avait salué lady Aylmer comme il se devait et avait gardé plus longtemps que nécessaire sa main potelée dans celle de lord Aylmer. Sa tenue militaire lui conférait une carrure qu'il n'avait peut-être pas et ses décorations de toutes les couleurs ne manquaient pas d'impressionner. Il avait dû être un fort bel homme.

Lord Aylmer paraissait enchanté d'être là et il avait remercié Papineau pour son aimable invitation. Sans doute voyait-il dans ce geste une main tendue. Les parlementaires canadiens avec qui il avait eu des frictions au cours des derniers mois se montraient plutôt distants avec lui.

« Madame Papineau, vous êtes ravissante, avait-il dit d'une voix chantante, en s'approchant de Julie qui s'avançait pour lui souhaiter la bienvenue. Votre mari m'a souvent parlé de vous. Je suis très heureux de faire enfin votre connaissance.

— Excellence, tout le plaisir est pour moi, avait-elle répondu avec élégance.

— Lady Aylmer, que vous avez rencontrée chez monseigneur Lartigue, m'a dit que vous respiriez un parfum d'ancienne France. Je constate qu'elle a vu juste.

— C'est très aimable de sa part », avait fait Julie, avant de lui demander s'il se plaisait au Bas-Canada. Après la Côte d'Azur...

C'est lady Aylmer qui avait répondu en lui tendant la main :

« Ce n'est pas si différent, chère madame Papineau. Prenez cette soirée où tout se passe en français, j'adore. Je ne comprends pas toujours le langage des classes populaires mais leur accent très Louis XIV est ravissant. D'autant plus qu'à Québec, en société, on parle généralement l'anglais.

— Je sais, fit Julie, vous m'avez dit chez monseigneur Lartigue combien vous appréciiez la belle société de Québec.

— Et je suis toujours d'avis que vous devriez être des nôtres, vous aussi, *dear*... »

Louisa Anne Aylmer avait alors exprimé le souhait de rencontrer les sœurs de Julie qui arrivaient avec leurs maris. Celle-ci s'était empressée de confier la femme du gouverneur aux bons soins de Vévette et de Luce, toutes à leur surprise de voir une femme de son rang s'extasier devant leurs robes de mousseline. Lady Aylmer les avait aussi interrogées sur la provenance des surtouts espagnols de leurs escortes qui faisaient alors fureur à Paris et à Londres. Julie en avait profité pour retourner auprès de lord Aylmer.

Quel parfait homme du monde ! Il s'exprimait dans un excellent français, ce qui avait amené Julie à le féliciter d'avoir, depuis son arrivée à Québec, remis l'accent parisien à la mode. Cela avait fait sourire le gouverneur :

« Je n'ai pas de mérite, j'ai appris le français dans une prison de France.

— Vous voulez rire, Excellence ?

79

— Mais non, mais non, je suis sérieux. En 1798, vous n'étiez sans doute pas encore née, chère madame, mais moi, j'étais déjà un jeune militaire qui combattait à Ostende. J'ai été capturé et enfermé pendant six mois dans une geôle française. Il n'y a pas, croyez-moi, meilleure école pour apprendre une langue. »

Le gouverneur prétendait que cette réclusion involontaire l'avait servi puisque sa connaissance du français lui avait valu d'être nommé commandant des troupes britanniques en Amérique du Nord et gouverneur.

« On ne m'a pas choisi pour mon expérience politique, mais parce que je suis francophile. À mon arrivée ici, j'avoue d'ailleurs que tout ce qui touche le Bas-Canada m'était parfaitement étranger.

— Après ces quelques mois, que pensez-vous de notre pays ? avait risqué Julie.

— Je suis enchanté. Il n'y a pas de sujets britanniques plus loyaux et fidèles que les habitants d'ici. »

Il paraissait sincère et Julie avait enchaîné :

« Vous nous avez touchés en fournissant l'argent pour que l'on pose une plaque à l'endroit où reposent les restes du commandant Montcalm, sur les plaines d'Abraham. »

Lord Aylmer avait souri de nouveau :

« J'y ai vu l'occasion d'exprimer ma profonde sympathie au peuple vaincu. »

Julie s'était bien gardée de relever sa maladresse, toute à sa joie de recevoir chez elle le gouverneur de la colonie.

▼

Dans la grande salle, l'orchestre avait attaqué une valse et le gouverneur avait invité Julie à ouvrir le bal. Elle s'était laissé guider par ce cavalier expert et le temps lui avait paru trop court. Lorsque la musique s'était interrompue, elle s'était éloignée de lui pour voir à ses autres invités pendant qu'il allait rejoindre sa femme, Louisa Anne.

Jacques Viger, le voisin des Papineau, rue Bonsecours, et l'ami de toujours, l'avait arrêtée.

« Halte-là, jolie voisine. »

Julie avait cru qu'il allait l'entraîner sur la piste, mais il l'avait emmenée au petit salon où les attendait un jeune Français qui l'accompagnait. Il l'avait rencontré la veille, dans la diligence de Québec, et il avait pensé que cette soirée dansante lui ferait un beau souvenir, une fois rentré chez lui. C'était un aristocrate normand qui s'appelait Alexis de Tocqueville. L'un de ses ancêtres avait combattu à Hastings, sous les ordres de Guillaume le Conquérant. Ses parents avaient été condamnés à mort par les révolutionnaires français mais avaient miraculeusement échappé à l'échafaud, le jour de Thermidor. Alexis revenait des États-Unis où il avait séjourné en mission officielle, pour étudier le système pénitentiaire américain. Il devait avoir environ vingt-six ans, mais en paraissait six de moins.

« Votre voyage vous a-t-il plu ? avait demandé Julie en lui serrant la main.

— Et comment ! J'ai passé quinze jours magnifiques au sud des Grands Lacs. Il m'en reste des images semblables à celles décrites par Cooper dans *Le Dernier des Mohicans*. Vous avez lu ? »

Elle avait fait signe que oui et le jeune homme avait poursuivi avec enthousiasme :

« Mais je vous avoue que celui qui m'a vraiment donné envie de venir en Amérique pour voir comment se porte la démocratie, c'est un ami de mes parents, François René de Chateaubriand. »

Julie avait ouvert grands les yeux. Captant son étonnement, il avait ajouté :

« Oui, oui, le grand Chateaubriand. Un soir, chez moi, à Cherbourg, il m'a longuement parlé de son séjour en Amérique. Après, je n'ai plus eu qu'une idée : partir. »

Ce jeune homme n'avait rien des aventuriers des terres nouvelles, tels que Julie les avait toujours imaginés. Il était maigre, d'apparence chétive, et portait ses cheveux trop courts. Elle n'aurait pas été étonnée d'apprendre qu'il avait passé le plus clair de sa vie le nez dans les livres.

« L'Amérique est fascinante, avait-il poursuivi, mais ce que j'ai vu au Bas-Canada est cent fois plus intéressant. Chez nous, en France, on sait peu de choses des Français du Canada.

— Là, vous m'étonnez, avait remarqué Julie.

— Prenez la langue et, en particulier, l'affichage. La population ouvrière de la ville de Québec est française. Dans les rues, on n'entend que du français. Cependant toutes les enseignes des commerçants et des aubergistes sont rédigées en anglais.

— C'est que, voyez-vous, monsieur de Tocqueville, la richesse et le commerce sont entre les mains des Anglais, lui avait expliqué Jacques Viger.

— Maintenant je suis convaincu que le plus grand et le plus irrémédiable malheur pour un peuple, c'est d'être conquis. »

81

Julie était restée sans voix mais, en bon historien qu'il était, Jacques Viger s'était empressé de lui préciser que la haine du peuple canadien se dirigeait depuis la Conquête contre les représentants du gouvernement britannique au Canada, et non contre les Anglais dont plusieurs appuyaient d'ailleurs la cause des patriotes. Tocqueville, qui avait observé des inégalités entre les Français, qui seuls se disaient Canadiens, et les Anglais, qui étaient plus riches, avait cru détecter de la jalousie chez les uns et de l'animosité chez les autres.

« Cela est fort compréhensible, lui avait encore expliqué Jacques Viger. Car depuis quelque temps, certains Anglais s'approprient les terres qui, jusqu'ici, revenaient aux Canadiens. »

Ils étaient assis dans le coin du petit salon qui donnait sur le jardin. L'aide de camp du gouverneur Aylmer, qui suivait leur conversation, avait grimacé en entendant le dernier commentaire de Jacques Viger. Tocqueville, qui l'observait, s'empressa de lui demander s'il pensait que les Anglais avaient quelque chose à craindre des Canadiens. L'aide de camp l'avait regardé d'un air hautain et lui avait répondu :

« Non, puisque presque toute la richesse est entre nos mains. D'ailleurs, la population canadienne n'a pas de passion politique. »

Alexis de Tocqueville avait alors suggéré que cette population sans passion pourrait bien en avoir demain. Mais l'aide de camp avait opposé, sûr de son fait :

« Notre nombre augmente tous les jours. Nous n'aurons bientôt rien à craindre de ce côté. Les Canadiens ne nous aiment pas, mais ils détestent encore plus les Américains. »

L'homme s'était éloigné. Julie avait fait mine de ne pas entendre pour ne pas indisposer son jeune invité, mais son sang bouillait.

« Madame Papineau, avait murmuré celui-ci, au moment où l'aide de camp tournait les talons, cet homme méprise les Canadiens.

— Voilà où nous en sommes, monsieur, depuis que votre pays, la France, a été vaincu par les armes », lui avait-elle répondu tristement.

Après un silence, Alexis de Tocqueville avait conclu, en parlant de l'aide de camp du gouverneur :

« Il est rare qu'on parle avec autant de haine de ceux dont on ne redoute rien. Ne trouvez-vous pas, madame ? »

Julie l'avait quitté à regret. En s'éloignant, elle l'avait vu sortir un carnet de sa poche et griffonner des notes à la hâte. Elle aurait voulu savoir à qui étaient destinés ses gribouillages, mais Papineau lui avait fait signe de se presser car monseigneur Lartigue montait les marches du perron et il tenait à ce qu'elle soit à ses côtés pour l'accueillir.

« Bonsoir, monseigneur », lui avait-elle dit en lui présentant son front sur lequel il avait déposé un baiser tout monastique.

Après s'être enquis de la santé de son cousin, Papineau l'avait entraîné vers le buffet où les invités avaient déjà commencé à se servir. Les domestiques faisaient circuler les radis au beurre, les anchois et le thon mariné et autres entrées. Les pâtés d'huîtres avaient du succès, comme d'habitude.

Monseigneur Lartigue avait commis, ce soir-là, quelques péchés de gourmandise. Il s'était régalé de dinde rôtie à la broche et s'était fait servir deux fois de pâté de pigeons sauvages. L'arrivée de Ludger Duvernay, près de la grande table, avait mis fin à ses excès. L'évêque ne voulait pas engager la conversation avec le journaliste qui lui avait toujours été antipathique. Il n'aimait pas *La Minerve*, mais l'endroit était mal choisi pour interpeller son directeur. Aussi l'avait-il salué sèchement avant de s'esquiver. Il avait évité la véranda, lieu de prédilection des hommes politiques, qui y discutaient d'un ton animé et joyeux, et était passé au salon où le gouverneur, son épouse et les Viger devisaient gentiment.

« Venez, monseigneur, avait insisté Jacques Viger. Joignez-vous à nous. »

L'invitation n'était pas tombée dans l'oreille d'un sourd. L'évêque avait espéré un tête-à-tête avec le gouverneur depuis le début de la soirée. Finalement, il s'était résigné à aborder l'épineuse question de sa nomination devant Jacques Viger. C'était un autre de ses cousins qui, Dieu merci ! était discret. Il avait choisi un fauteuil de cuir, près de la fenêtre ouverte et, tout en s'épongeant le front, il s'était lamenté copieusement, déplorant les nombreux appels qu'il avait lancés aux gouverneurs successifs mais qui n'avaient jamais été entendus.

« Soyez patient, monseigneur, l'avait interrompu lord Aylmer. J'ai déjà acheminé votre demande à Londres. J'aurai bientôt des nouvelles...

— Puissiez-vous dire vrai ! avait coupé le prélat. On m'a si souvent fait des promesses. Enfin ! nous verrons bien. »

Depuis un bon moment déjà, les hommes fumaient sur la grande galerie où le café avait été servi. Monseigneur Lartigue, qui supportait difficilement la chaleur, avait hésité à se joindre au groupe même s'il avait grand besoin d'air. Le jour était tombé et le temps lourd annonçait de nouveaux orages, mais celui qui avait éclaté n'avait rien d'une perturbation atmosphérique. Il couvait d'ailleurs depuis le début de la soirée.

Le prélat avait fait de son mieux pour éviter les discussions politiques. N'eût été la présence à cette soirée du gouverneur avec lequel il tenait absolument à s'entretenir en terrain neutre, comme il aimait à le préciser, il n'aurait jamais mis les pieds chez son cousin Papineau en même temps que ses amis exaltés. Mais il était trop tard pour se repentir de sa décision et, tout au long de la soirée, il avait fait contre mauvaise fortune bon cœur jusqu'à ce que la conversation s'engage sur le *bill* des fabriques.

C'était Ludger Duvernay qui avait allumé la mèche.

« En démocratie, la liberté de presse est sacrée, avait-il lancé haut et fort, en passant la main dans son épaisse chevelure noire. Même le clergé le reconnaît puisque, si j'en crois mes sources, il s'apprête à fonder un journal qui s'opposerait au mien. Est-ce juste, monseigneur ?

— J'y songe, en effet, pour contrecarrer vos diatribes révolutionnaires, avait admis le prélat. La récente affaire du *bill* des fabriques, cet... avorton affreusement mal préparé, en a fait ressortir la nécessité. D'ailleurs, monsieur l'éditeur, votre feuille a publié n'importe quoi. C'est intolérable !

— Vous appelez n'importe quoi les déclarations de notre hôte, monsieur Papineau ? avait remarqué le journaliste toujours aussi cabochard.

— Sachez, monsieur, que je contredis mon cousin Papineau quand j'estime qu'il erre. J'ai peu d'autorité sur ses décisions politiques, mais il ne saurait être question que je me taise lorsque la vérité le commande. Et quand monsieur Papineau veut empiéter sur les droits spirituels et temporels de l'Église...

— J'ai déjà dit et je répète, monseigneur, que cette lutte du clergé contre les droits du peuple est odieuse, l'avait coupé Papineau, piqué par les remarques de son cousin. Les Canadiens veulent connaître de quelle manière le clergé dépense leur argent. L'autorité ecclésiastique n'est valide que pour autant qu'elle lui vienne de l'autorité civile. L'Église n'est qu'une aide du pouvoir civil dans le domaine temporel. Elle n'est indépendante que par rapport au dogme.

— Tout de suite les grands mots, mon cher cousin ! Vous n'êtes pas à la Chambre ici, inutile de pérorer. Évidemment, pour vous, l'évêque n'est qu'un zéro, mais je vous ferai humblement remarquer que les fonds des fabriques ne proviennent ni de taxes, ni de cotisations, mais de contributions volontaires. La législature n'a point de juridiction sur les matières dont il est ici question. Mais vous êtes mon hôte et je m'en voudrais d'abuser de votre hospitalité. »

Monseigneur Lartigue avait jeté un regard inquiet du côté du gouverneur, qui suivait la conversation avec intérêt. Il savait que lord Aylmer ne le tenait pas en odeur de sainteté et il n'aimait pas se donner en spectacle devant lui. Il avait pris un air offusqué, s'était levé pour partir mais, comme s'il n'avait pas pu s'en empêcher, avait apostrophé Ludger Duvernay :

« J'ajouterai, monsieur, que, dans votre *Minerve*, la révolution est hautement proclamée et la trahison n'est déguisée sous aucun voile. D'ailleurs nos journaux canadiens deviennent plus révolutionnaires que jamais. Se trouvera-t-il quelqu'un pour avertir charitablement notre gouverneur qu'il est de son devoir de veiller à ce que le solliciteur général poursuive vigoureusement les auteurs de pareils écrits ? »

Il avait regardé lord Aylmer en prononçant sa dernière harangue mais, sans attendre sa réaction, avait ajouté :

« Quant à moi, je crois que si le clergé avait une presse indé-pendante, un journal ecclésiastique, il réussirait peut-être à bâillonner cette... cette canaille. »

Sur cette envolée, monseigneur Lartigue s'était éclipsé, blême de colère. Gêné, son jeune vicaire boutonneux s'était levé lui aussi de son fauteuil pour suivre l'évêque qui se dirigeait à vive allure vers sa calèche.

« C'est bien fait, avait alors lancé Ludger Duvernay. Les lois éco-nomiques défendent aux curés de s'occuper des choses temporelles et il serait temps qu'ils le comprennent.

— Le *bill* des fabriques passera ! avait tranché Papineau d'un ton grave, avant d'ajouter, narquois : À une époque où les miracles ont cessé, il faut bien que la raison finisse par l'emporter ! Les sceptres, les mitres et les parchemins sont des hochets livrés à la risée. »

Julie avait jugé la scène déplacée, surtout en présence du gou-verneur. Elle en avait voulu à Papineau. Son ton était insupportable et ses remarques, indignes d'un hôte. Mais elle n'était pas au bout de ses peines. Car c'était maintenant au tour de lady Aylmer de faire son numéro.

« Venez, monsieur Papineau, avait-elle dit de sa voix mielleuse. Faites-moi danser. Assez parlé politique, ce soir, amusons-nous. »

Elle l'avait entraîné dans le salon. Papineau avait fait signe à l'orchestre qui avait commencé à jouer une contredanse. Julie les avait observés tandis qu'ils virevoltaient sur la piste, sans se quitter des yeux. Lady Aylmer avait même remonté son bras jusqu'à effleurer la nuque de Papineau, qui avait l'air aux anges.

C'était le bouquet ! Voilà que Louisa Anne lui faisait le coup du charme ! Entre les accords, Julie avait entendu son petit rire prétentieux et ses insupportables *my dear*. Aux grands maux, les grands remèdes, elle n'allait pas faire tapisserie ! Elle s'était approchée de Ludger Duvernay, qui ne s'était pas fait prier pour la suivre sur la piste. Il s'était débrouillé pour se retrouver à deux pas de Papineau et de sa partenaire. Comme il avait compris les intentions cachées de Julie, il avait accentué ce sourire moqueur qui le rendait si séduisant.

« Mais vous dansez divinement, ma chère, s'était-il exclamé à la fin de la danse.

— Et vous, cher monsieur Duvernay, vous êtes un parfait cavalier », avait soupiré Julie en jouant la coquette.

Les Aymer avaient enfin annoncé leur départ. Papineau avait cherché à les retenir encore un peu. Louisa Anne s'était approchée de lui, le temps de lui souffler à l'oreille qu'elle avait passé une merveilleuse soirée.

« Je vous attends au château, avait-elle insisté. Ne me décevez pas, monsieur Papineau. Sans vous, mes soirées manquent de piquant. »

Elle lui avait pris la main, qu'il avait retenue dans les siennes. Puis, elle s'était adressée à Julie :

« Merci encore, madame Papineau. Je ne vous dis pas à bientôt, je sais que vous n'aimez pas la société de Québec. Enfin, nous essayerons de nous amuser sans vous...

— Je vous fais confiance, avait répondu Julie du tac au tac en s'efforçant de dominer son irritation. Vous saurez prendre soin de Papineau. »

Lord Aylmer avait regardé la scène en souriant, amusé. Enfin ! Il avait salué ses hôtes et entraîné sa femme qui n'avait pas l'air pressé de quitter son beau seigneur canadien...

▼

Une fois son récit terminé, Julie conclut :

« Ma chère Marie-Rosalie, tu sais maintenant ce qui s'est passé. Depuis, les événements se sont précipités. Je ne peux plus avoir confiance dans un gouverneur qui ferme les yeux quand on assassine les nôtres, tout gentleman qu'il ait été lors de ce bal mémorable. »

Le soleil déclinait. Jean Dessaulles sonna le départ au moment même où les promeneurs revenaient de la montagne. Julie et les enfants n'avaient que le temps d'embrasser les Dessaulles et de reprendre la route de Verchères, sans quoi le curé Bruneau allait s'inquiéter.

CHAPITRE VI

Joseph Papineau

Août tirait à sa fin. Montréal avait retrouvé son entrain d'avant l'épidémie. Les consignes de prudence étaient toujours de rigueur, mais le choléra ne faisait plus que de rares victimes.

Au coin de la rue Bonsecours, Joseph Papineau s'arrêta pour reprendre son souffle. À quatre-vingt-un ans, le père de Louis-Joseph était toujours droit comme un chêne. « Je suis encore vert, se vantait le colosse de six pieds. Hélas ! mes jambes ne suivent plus comme avant. »

Joseph n'avait pas le temps de s'apitoyer sur son sort : il allait chercher sa femme à Saint-Hyacinthe. Le docteur Nelson l'avait assuré que tout danger était maintenant écarté et que Rosalie Papineau pouvait rentrer à Montréal.

Le vieil homme n'était qu'à demi rassuré. Il se faisait du mauvais sang car la santé de Rosalie périclitait. Elle s'en allait sur ses soixante-dix-sept ans et elle dépérissait à vue d'œil. Elle manquait d'appétit et se sentait toujours fatiguée. Son moral aussi laissait à désirer. Elle n'avait jamais eu bon caractère et ses petites mesquineries qui le chagrinaient tant allaient en augmentant. Elle vieillissait mal, toujours d'humeur acariâtre. Surtout avec Julie, sa bru, qu'elle n'avait jamais portée dans son cœur.

Joseph avait espéré qu'un séjour prolongé à Saint-Hyacinthe la remettrait sur pied. Mais Marie-Rosalie avait eu beau traiter sa mère aux petits oignons tout l'été, elle n'avait pas retrouvé son entrain. « Tu ferais mieux de venir me chercher », avait-elle écrit à son mari, qui s'en inquiétait d'autant plus qu'elle avait toujours eu une santé de fer.

« Ma pauvre Rosalie ! pensa-t-il. Voilà soixante ans qu'elle est à mes côtés. Pour le meilleur et pour le pire. »

En plus de Louis-Joseph, l'aîné, elle lui avait donné quatre enfants, dont un prêtre, Toussaint-Victor, ce qui la remplissait de bonheur. Avoir un fils religieux, c'était la clé qui ouvrait la porte du paradis, comme disait un dicton.

« Je lui en ai fait voir de toutes les couleurs », pensa Joseph, non sans remords. Surtout au début, lorsqu'il avait fait l'acquisition de la seigneurie de la Petite-Nation, qui n'était rien d'autre qu'un modeste camp de bûcheron perdu dans la forêt, où ils avaient passé des mois entiers à vivre comme des ermites. Il fallait compter trois jours pour se rendre jusqu'à la cabane qu'il avait fait construire sur l'île Aroussin. Une année, ils s'étaient fait prendre par l'hiver précoce et avaient été forcés d'y rester cinq longs mois.

Ce temps-là lui paraissait bien loin. « Le compte à rebours est commencé ! » soupira le vieil homme, qui voyait les gens de son âge passer l'arme à gauche, les uns après les autres.

« Assez pleurniché ! » se dit-il en entrant en trombe chez son fils Louis-Joseph, sans sonner, comme s'il arrivait chez lui. C'était plus fort que lui, il avait élevé sa famille dans cette maison construite là où son père, le tonnelier du faubourg, avait érigé la sienne sur le terrain de son grand-père. Quand Louis-Joseph avait épousé Julie, il lui avait cédé la maison paternelle, comme son père l'avait fait avant lui. C'était la coutume et c'était bien ainsi. Mais il ne fallait pas lui demander de se comporter en visiteur dans une maison qui avait été témoin de plus de soixante ans de sa vie.

À la cuisine, Louis-Joseph sirotait lentement son café, même s'il savait que son père, d'une ponctualité exemplaire, ne tarderait pas. Comme il s'en allait à la rencontre de Julie, au quai du bout de l'île, il avait proposé à son père de faire route dans la même voiture jusqu'au traversier. Après, Joseph poursuivrait son chemin jusqu'à Maska, pendant qu'à l'auberge il attendrait le bateau qui devait ramener Julie et les enfants de Verchères. Lorsqu'il entendit claquer la porte, il esquissa un sourire.

« Une chance que Julie n'est pas là », pensa-t-il.

Julie ne s'était jamais habituée à voir son beau-père entrer sans frapper. Elle détestait cette façon qu'avaient ses beaux-parents de s'introduire chez elle comme dans un moulin. Elle les soupçonnait, surtout sa belle-mère, de faire en sorte qu'elle ne puisse jamais se sentir tout à fait chez elle, rue Bonsecours. Louis-Joseph avait beau lui répéter que c'était faux, elle ne voulait pas en démordre.

« Papineau, es-tu là ? » demanda Joseph.

Jamais il ne disait Louis-Joseph en parlant de son fils.

« Ici, répondit celui-ci. Mais vous êtes essoufflé, papa. Prenez le temps de vous asseoir.

— Vite, on va être en retard.

— Ce n'est pas une course, insista-t-il. Assoyez-vous une minute et reprenez votre souffle.

— Pas question, trancha Joseph. Ta mère m'attend. Et ta femme s'impatiente.

— Et comment ! fit Papineau en avalant à la hâte une gorgée de café. Dans sa dernière lettre, Julie menace d'écrire à Rome pour faire annuler notre mariage si je ne la ramène pas tout de suite à Montréal !

— Avec ses quatre enfants, ça m'étonnerait que le Saint-Père se laisse convaincre que le Saint-Esprit y est pour quelque chose !

— Elle va invoquer l'abandon parce que ça fait trois semaines que je ne suis pas allé à Verchères.

— Je la comprends d'avoir envie de plier bagage. Le curé Bruneau ne doit pas être drôle tous les jours.

— Peut-être, fit Papineau, mais j'aime mieux croire que c'est l'ennui de moi qui la fait se languir. »

Papineau prit sa veste sur le portemanteau et sortit de la maison, suivi de son père. Dehors, il faisait anormalement frais pour un début de septembre. Dans le jardin qui s'étirait jusqu'à la rue Saint-Paul, en face de la maison, les fleurs avaient souffert pendant la nuit.

« Vous n'êtes pas habillé assez chaudement, dit Papineau à son père. Voulez-vous qu'on arrête chez vous pour prendre votre gilet ?

— J'ai ce qu'il me faut », fit le vieillard en montant dans la calèche de son fils.

La voiture traversa la rue Notre-Dame et se dirigea lentement vers les portes de la ville qui tombaient en ruine. Joseph Papineau fit la grimace.

« Quelle désolation ! » laissa-t-il échapper.

Aussitôt la rue Craig passée, ils empruntèrent un pont de bois au-dessus d'une rivière boueuse.

« Tu te rappelles ? fit Joseph en hochant la tête, dans le temps, c'était un joli lac poissonneux.

— L'été, je m'y baignais, répondit Papineau. Et à l'automne, vous veniez avec moi tuer des canards sauvages dans les marais. »

Joseph Papineau avait le sentiment que tout s'en allait à la dérive. Le choléra était peut-être vaincu, mais la pauvreté gagnait du terrain. Jamais il n'avait vu autant de maisons à l'abandon, de clôtures pourries, de déchets épars. Tout était à la traîne. Il en concluait que les gens n'avaient plus de fierté. Dans son temps...

« Ça doit être l'âge, fit-il en soupirant avant de changer de sujet. As-tu pensé à demander à Julie de ramener des œufs de

Verchères ? Au marché à foin, ils sont à vingt sols, ça n'a pas de bon sens. »

Papineau n'eut pas le temps de répondre que déjà son père enchaînait :

« Tandis que j'y pense, ton enquête, ça avance ? »

Quand les Papineau, père et fils, se retrouvaient plus de cinq minutes ensemble, c'était immanquable, ils parlaient politique. Ancien député, Joseph continuait à s'intéresser aux affaires du pays et il lui arrivait encore de s'emporter, comme dans le bon vieux temps. Quant à Louis-Joseph, malgré l'opposition systématique de tous les gouverneurs anglais qui s'étaient succédé depuis une dizaine d'années au Bas-Canada, il avait réussi à conserver son poste d'*orateur* de la Chambre, ce qui était remarquable.

« Mon enquête ? Eh bien, elle est à l'eau, fit Papineau. Je n'ai jamais eu de nouvelles du gouverneur.

— Il ne te répondra pas.

— Je le sais. Pendant ce temps-là, les coupables en mènent large. Le colonel Mackintosh s'en tire sans une égratignure. J'ai suivi le procès du juge en chef Jonathan Sewell. Quelle mascarade !

— Comment veux-tu qu'il en soit autrement ? Avec seulement sept Canadiens sur les vingt-quatre jurés, ce n'est pas étonnant que les coupables aient été acquittés. Le contraire m'aurait surpris.

— Quand je pense que le gouverneur Aylmer leur a envoyé ses félicitations ! ajouta Papineau avec dédain. Dorénavant les militaires savent qu'ils peuvent intervenir impunément dans toutes les élections. »

Près du bout de l'île, Joseph délaissa la politique pour faire ses recommandations à son fils.

« N'oublie pas de dire à Julie d'arrêter de s'en faire pour tout un chacun. Elle va se rendre malade. Il y a bien assez de ta mère qui n'en mène pas large.

— Maman ? Vous me cachez quelque chose ?

— Elle file un mauvais coton, la pauvre, répondit Joseph. J'ai l'impression qu'elle n'est plus capable de tenir maison, c'est trop d'ouvrage pour une femme de son âge. Il y a toujours des parents qui nous arrivent de Saint-Denis ou de Maska. Ils viennent pour deux jours, pis ils restent une semaine. Elle n'a plus la résistance qu'il faut.

— Ça fait longtemps que j'y pense, moi aussi, confia Papineau. Ne vous creusez pas la tête avec cela, je pourrais bien avoir une solution. »

▼

Sur le quai de la Pointe-aux-Trembles, il faisait frisquet. La journée était maussade et Julie regrettait de ne pas avoir enfilé sa cape à capuchon. Le bateau qui l'avait ramenée de Verchères était arrivé à l'avance et elle avait dû faire descendre ses bagages sur le trottoir de bois, près du débarcadère. Louis-Joseph n'arrivait toujours pas et le petit Gustave avait déjà eu le temps de salir sa culotte bleu pâle. Julie avait demandé à mademoiselle Douville de le changer, mais la gouvernante ne se souvenait plus dans quelle malle elle avait rangé le linge du petit. C'est à ce moment-là qu'Ézilda s'était mise à pleurer :

« Maman, j'ai froid.

— Tiens, ma chérie, prends mon châle et couvre-toi bien. Papa ne va pas tarder. »

Elle enveloppa sa fille dans sa grande écharpe de cachemire et recommença à faire du sur-place en ronchonnant contre Louis-Joseph qui arrivait toujours à ses rendez-vous à la dernière minute. Un groupe de soldats qui revenaient de l'île Sainte-Hélène descendaient d'un vaisseau militaire. Le mouvement de la troupe excita Lactance et Julie lui interdit de s'éloigner.

« Maman, maman, regardez qui vient », fit Amédée tout bas.

Malheur ! Julie réalisa que le gouverneur et son état-major se dirigeaient vers elle. À sa descente de bateau, lord Aylmer, qui l'avait aperçue, avait fait un crochet pour venir lui dire bonjour. Afin d'échapper à ce désagréable tête-à-tête, elle fit semblant d'avoir perdu son gant, ouvrit son sac, le referma, mais elle sentait confusément que son petit jeu était cousu de fil blanc. Aussi décida-t-elle de saluer le gouverneur de loin, froidement, en espérant qu'il comprenne le message. Mais il l'avait déjà rejointe et lui tendait la main qu'elle serra de bien mauvaise grâce.

« Madame Papineau, j'ai l'impression que vous cherchiez à m'éviter. Je me trompe ?

— On ne peut rien vous cacher, monsieur le gouverneur.

— Je suis désolé. Moi qui croyais que nous étions amis !

— Milord, je ne peux pas être l'amie d'un gouverneur qui laisse Montréal entre les mains de brigands qui rouent de coups les paisibles citoyens.

— Ces paisibles citoyens ne sont pas aussi innocents que vous voulez le croire. Ils provoquent....

— Quand vos loyalistes pourchassent dans les rues des citoyens qui s'en vont voter, je me demande qui provoque qui ! Vous avez la singulière habitude, Excellence, de confondre les victimes et leurs assaillants.

— La loi est la même pour tous, chère madame Papineau. Les coupables sont poursuivis.

— Permettez-moi d'être sceptique, fit-elle d'un ton sec. Votre magistrature est une honte. Dans ce pays, vos juges condamnent à mort un homme pour avoir volé une vache et acquittent le militaire qui tue de sang-froid. Milord, nous n'avons plus rien à nous dire.

— Madame Papineau, je vous en prie, calmez-vous. La colère est mauvaise conseillère...

— Je ne suis pas en colère, milord. Je suis atterrée par votre façon de gouverner. »

Julie s'éloigna la tête haute, suivie de la bonne et des enfants, laissant là le gouverneur sidéré par son franc-parler.

« Maman, vous tremblez ? » dit Lactance qui la tenait par la main, tandis qu'Amédée répétait : « Bien dit, maman, bien dit. Je hais les tyrans. »

Sans trop comprendre comment cela était possible, Julie se retrouva dans les bras de Louis-Joseph qui, après avoir reconduit son père au traversier, s'était faufilé dans la cohue jusqu'à elle.

« Enfin te voilà, fit-elle en le serrant très fort. Ce n'est pas trop tôt. Vite, partons d'ici.

— Tu as l'air bouleversé. Que s'est-il passé ?

— Je viens de dire ma façon de penser au gouverneur.

— Eh bien, dis donc, tu n'as pas fini de me surprendre, toi... »

▼

Ce soir-là, dans sa grande maison de la rue Bonsecours, et malgré la fatigue du voyage, Julie était au septième ciel. Jamais absence ne lui avait paru aussi longue. Elle se promenait de pièce en pièce, afin d'apprécier la métamorphose que la maison avait subie en son absence. Dans ses lettres, Louis-Joseph l'avait tenue au courant des travaux jusque dans les plus petits détails, mais de voir le tout terminé, c'était assez impressionnant.

Elle voulut d'abord examiner l'extérieur de la maison et traversa la rue pour mieux apprécier la seconde rangée de lucarnes qui agrémentait maintenant le toit. L'idée était d'elle et cela donnait un cachet particulier à la maison dont la façade avait été recouverte de larges panneaux de bois rectangulaires, assemblés en biseau de façon à imiter la pierre de taille.

Au rez-de-chaussée, le bureau de Louis-Joseph, occupé la plupart du temps par son père qui exerçait toujours sa profession de notaire, était demeuré inchangé. Julie emprunta l'imposant escalier muni d'une rampe sculptée datant de la construction de la maison, en 1785, et s'arrêta dans le hall d'entrée éclairé par un puits de lumière. Les ouvriers avaient déplacé la cloison entre la salle à manger et le salon, maintenant beaucoup plus grand, installé des portemanteaux, encastré des armoires en noyer... Elle s'émerveilla de la tapisserie qui représentait Constantinople : des Turcs enrubannés, dans des tons de rouge et d'orangé, flânaient au pied des cyprès et des palmiers tout verts. Louis-Joseph avait fait poser des panneaux de bois de style régence aux fenêtres et les boiseries étaient fraîches peintes. Elle trouva les rideaux blancs légèrement grisâtres, ce qui donna à son mari l'occasion de constater que sa manie de propreté était toujours bien vivante. D'un geste de la main, elle en souleva un pan pour regarder par le carreau. Au coin de la rue Saint-Paul, deux vieilles dames entraient à la chapelle Notre-Dame-de-Bonsecours.

En face, chez les Viger, il n'y avait qu'un mince filet de lumière. Julie espérait que son amie Marguerite viendrait prendre le thé le lendemain. Il y avait si longtemps qu'elles n'avaient pas bavardé. Puis elle se laissa tomber dans l'un des deux fauteuils en acajou, que sa belle-mère lui avait offert en cadeau de noces.

« Il faudrait absolument les faire recouvrir, fit-elle. Je déteste ce revêtement de crin noir. C'est sinistre. »

Elle ouvrit la porte du petit boudoir où elle aimait se retirer, le soir, une fois les enfants couchés, s'avança lentement jusqu'à son piano qu'elle caressa du bout des doigts, jeta un coup d'œil à son récamier et quitta la pièce sans refermer derrière elle.

Dans sa chambre à coucher, le plancher de chêne avait été verni et les murs rafraîchis. Elle ouvrit la porte de son cabinet à vitraux dans lequel étaient rangés les grands classiques : Molière, Corneille, Shakespeare... Rien n'avait bougé. Louis-Joseph n'avait pas eu le temps de lire. Elle se jeta sur son lit à baldaquin, passa et repassa sa main sur l'édredon à petites fleurs et attendit son mari qui ne tarda pas.

« Mon amour, promets-moi que tu ne me quitteras plus jamais. »

Elle l'embrassa, dans le cou, sur la joue, sur la bouche. Ils firent l'amour avec passion, comme s'ils avaient eu peur de se perdre. Longtemps, ils restèrent blottis l'un contre l'autre en silence. Puis, elle ralluma la lampe, voulut le voir, le toucher, l'embrasser de nouveau.

« Jure-moi que tu ne repartiras pas. »

Toute sa vie n'avait été que séparations déchirantes et retrouvailles exaltantes. Elle ne voulait plus vivre loin de lui.

« Et mon travail à Québec, qu'en fais-tu ? demanda-t-il en lui caressant les cheveux qu'il avait dénoués.

— Eh bien, tu m'emmèneras. J'ai pensé à tout. On louera la grande maison où j'ai grandi place Royale. Maman n'a pas trouvé de locataires.

— Que fais-tu des enfants ?

— Ils viendront avec nous. Ce ne sont pas les chambres qui manquent. Les garçons seront pensionnaires au séminaire, comme toi jadis. Ézilda ira chez les ursulines, comme moi.

— Tu n'y penses pas !

— Et moi, je t'accompagnerai dans les bals.

— Mais tu as horreur des mondanités.

— Pas tant que ça. Et puis, pour être vue au bras de l'honorable Papineau, je ferais n'importe quoi, répondit-elle, un rien moqueuse. Il est temps que les belles courtisanes de Québec, lady Aylmer en tête, perdent leurs illusions et sachent que madame Papineau n'est plus au bout du monde. »

Julie hésita puis, tel un magicien, sortit de sa manche son dernier argument pour le convaincre de l'amener quelques mois à Québec.

« Mon chéri, si tu savais comme j'aimerais assister à l'enquête sur la fusillade.

— C'est impossible, voyons.

— Pourquoi ? Je pourrais même être interrogée puisque j'ai tout vu.

— Julie, sois sérieuse. La femme de l'*orateur* de la Chambre ne peut pas témoigner.

— Mais puisque tu cherches des témoins et que j'y étais, moi, à la place d'Armes.

— Laisse tomber, tu veux ? »

Louis-Joseph se souleva d'un coude et replaça son oreiller de manière à s'asseoir dans le lit. Puis, il attira Julie tout contre lui et dit bien innocemment :

« Tu sais ce que je souhaiterais, moi ? J'aimerais faire construire une rallonge à la propriété pour y loger mon père et ma mère. Ils n'ont plus l'âge de tenir maison et ça leur coûte cher.

— Ils habiteraient chez nous ? fit-elle, étonnée.

— Dans un petit logement bien à eux, plus étroit, où ils ne recevraient personne, car c'est ce qui épuise maman. Mais nous demeurerions maîtres chez nous et ils seraient maîtres chez eux.

— Tu ne trouves pas que j'en ai assez sur les épaules comme ça ? Avec quatre enfants... »

Il ne répondit pas. Elle s'enhardit :

« Évidemment, tu ne peux pas comprendre, tu n'es jamais là.

— Bien sûr que je comprends, ma chérie. Je sais comme tu te désâmes. Mais mes parents ne sont pas dépourvus. Ils ne seront pas à notre charge.

— Que tu dis ! coupa-t-elle, les yeux subitement en feu.

— Et quand bien même ils le seraient, gronda-t-il, nous aurions l'obligation morale de les aider. Tu n'ignores pas que c'est notre devoir de leur épargner une fatigue qu'ils ne sont plus en mesure de supporter.

— Maman ne sera pas d'accord avec cette idée.

— Laisse ta mère en dehors de cette affaire, veux-tu, et tout ira bien, dit Louis-Joseph, qui déplorait la trop forte influence qu'exerçait la veuve Bruneau sur sa fille.

— Tu es injuste ! explosa Julie. Après tout ce que maman a fait pour nous ! De toute façon, il n'y en a jamais que pour toi. L'honorable Papineau promène son élégante silhouette de bal en bal, à moins qu'il ne se prélasse dans les jardins du gouverneur. Et pendant qu'il triomphe à Québec, moi, pauvre idiote, je porte ses petits que j'élève seule. »

Julie s'arrêta, espérant sans doute qu'il proteste. Mais comme il restait coi, elle reprit :

« Quand Aurélie est tombée malade, je l'ai soignée seule, j'ai eu peur seule, j'ai perdu la tête seule. Tu ne peux pas savoir, tu ne l'as pas vue suffoquer. Son petit visage qui s'inondait de sueur pour ensuite tourner au violet. Tu n'as pas tenu dans tes bras son corps inerte, léger comme une plume... Je l'ai enterrée seule aussi, ma belle Aurélie. Et tu exiges maintenant que je soigne tes vieux parents malades ? »

C'en était trop. Louis-Joseph lui reprocha sans ménagement son emportement :

« Tu y vas un peu fort. Rien dans la vie que tu mènes ne justifie cette amertume. Ni cette méchanceté. Aurélie était aussi ma fille. Ce que tu es égoïste, ma pauvre amie. Et injuste. »

Le ton glacial secoua Julie, qui fondit en larmes :

« Je serais la plus malheureuse des femmes si tes parents venaient demeurer avec nous. Je ne veux plus en entendre parler. »

▼

Louis-Joseph éteignit la bougie sur la table de chevet et se tourna face au mur. Il n'avait pas l'intention de poursuivre cette conversation mal engagée. Mais Julie n'était pas du genre à ronger son frein seule dans son coin. Elle tenait à vider la question une bonne fois. Aussi entreprit-elle un long monologue. Elle se doutait que Louis-Joseph ferait semblant de ne pas l'écouter, mais elle savait aussi qu'il ne perdrait pas un mot de ce qu'elle allait dire. L'important, c'était de ne pas hausser le ton, ni de recourir aux larmes qu'il ne supportait pas.

« Tu sais comme je t'aime, tu sais que je donnerais ma vie pour toi, Louis-Joseph, mais...

Il ne répondit pas, ne bougea pas.

— ... mais ce que tu proposes n'est pas envisageable, dit-elle doucement. D'ailleurs, comment peux-tu croire un seul instant que ta mère y consentirait ? Tu oublies qu'elle ne m'a jamais aimée. Moi, je l'ai senti dès notre première rencontre. Rappelle-toi, nous venions tout juste de nous marier. Un mariage, soit dit en passant, auquel elle n'a pas daigné assister. »

Ce n'était pas tout à fait exact et Julie le savait. Ses beaux-parents n'avaient pas fait le voyage jusqu'à Québec parce que les routes, en cette année 1818, étaient complètement défoncées à la fin d'avril. Tout le monde admettait que c'était risqué de se marier si tôt au printemps. Il eût mieux valu attendre en mai, alors que les bateaux à vapeur reprenaient leur course régulière entre Montréal et la capitale. Mais Louis-Joseph avait refusé de reporter son mariage, bien décidé à rentrer chez lui, à Montréal, après la session, sa nouvelle épousée à son bras.

Devant autant de précipitation, les mauvaises langues avaient été jusqu'à soupçonner le jeune couple d'avoir fêté Pâques avant les Rameaux. Même monseigneur Plessis avait eu des doutes. L'évêque de Québec avait d'abord refusé de bénir la cérémonie à la cathédrale avant que les bans n'aient été publiés, comme la loi l'exigeait. Devant l'insistance de Papineau à réclamer les dispenses requises, il avait laissé échapper : « Ne me dites pas que mademoiselle Julie serait... Non ! ce n'est pas possible ! Je l'ai connue au berceau. »

Comme aucun enfant n'avait vu le jour dans les mois qui avaient suivi, la rumeur s'était éteinte d'elle-même. Mais Julie n'avait jamais pardonné à ses beaux-parents de lui avoir fait faux bond, eux qui, beau temps mauvais temps, prenaient la route de l'Outaouais pour se rendre à leur seigneurie. Ils l'avaient humiliée devant tout le monde.

Avec le temps, elle avait oublié. Toute à son bonheur, elle avait mis les petites mesquineries de Rosalie Papineau sur le compte de la jalousie. Une mère ne supporte pas de se faire ravir son fils. Encore moins s'il s'agit de son préféré. Mais entre elles, les choses ne s'étaient pas arrangées par la suite. Rosalie Papineau ne ratait pas une occasion de déplorer la fragilité de sa bru qui manquait de coffre, n'avait pas de santé, contrôlait mal ses émotions...

« Tu n'imagineras jamais tout ce que ta mère a fait pour m'être désagréable », dit Julie, qui espérait que Louis-Joseph ait un geste de tendresse envers elle. Il resta de glace, feignant toujours le sommeil.

Alors Julie reprit son monologue : Rosalie Papineau ne lui avait jamais témoigné de compassion pendant ses grossesses toujours difficiles. Même incompréhension quand elle accouchait après d'atroces douleurs. Cela ne rentrait pas dans la tête de sa belle-mère qu'on puisse souffrir en mettant un enfant au monde. Alors que Julie se serait contentée d'un peu de sympathie, Rosalie Papineau passait des commentaires désobligeants sur son compte devant la sage-femme. Elle poussait l'affront jusqu'à vanter le courage de sa fille Marie-Rosalie qui savait se tenir : « On ne l'entend pas crier à l'autre bout de la ville, elle. »

Julie eut envie de confier à Louis-Joseph combien elle aurait aimé qu'il fût à ses côtés à la naissance d'un de leurs enfants. Mais elle n'osa pas lui reprocher ses absences et se surprit même à l'excuser, oubliant ses récriminations antérieures. Après tout, ce n'était pas sa faute si elle accouchait toujours en hiver, alors que ses responsabilités le retenaient à Québec.

« Aux yeux de ta mère, ajouta Julie, je n'ai jamais été une vraie Papineau. »

Comme Louis-Joseph restait de marbre, elle se détourna de lui et s'endormit.

CHAPITRE VII

Rosalie

Ni l'un ni l'autre ne reparla de l'incident. Julie avait fini par se convaincre que son mari avait abandonné son projet d'installer ses parents rue Bonsecours, et Papineau pensait que le temps arrangerait les choses. Sa femme finirait bien par entendre raison.

La vie reprenait son cours normal, comme avant l'épidémie. Julie faisait montre de patience, car les enfants lui donnaient du fil à retordre. Ils étaient très agités, comme chaque année avant la rentrée des classes.

Tout le faubourg d'ailleurs était en effervescence depuis qu'une baleine était venue s'échouer dans les îles de Boucherville. Elle avait réussi à s'approcher de la baie d'Hochelaga et s'était débattue dans l'eau, en face de la rue Water, près du quai Molson, sans pouvoir regagner le large. Des marins qui s'y connaissaient en pêche à la baleine, munis de lances et de harpons, avaient réussi à s'emparer du cétacé qu'ils avaient tiré jusqu'aux grèves.

La baleine avait rendu son dernier souffle sur la berge, près de la Pointe-à-Callières, mais les autorités de la ville l'avaient ensuite vendue à un aventurier qui l'exhibait dans une longue baraque, au pied du courant Sainte-Marie, dans le faubourg voisin. Amédée et Lactance avaient supplié leur père de les y conduire. Papineau avait fini par acquiescer sans grand enthousiasme, car le mammifère était en état de putréfaction avancée et l'odeur qui s'en dégageait était insupportable, malgré les cuves de goudron qu'on faisait brûler en permanence.

Ce matin-là, les enfants s'en allèrent avec leur père, en promettant à Julie de lui rapporter un beau gros morceau de baleine... pour le dîner.

« Que je ne vous voie pas toucher à ce monstre, fit-elle d'un air dégoûté, ce qui, évidemment, enhardit Amédée.

101

— De quoi avez-vous peur, maman ? Elle ne mord pas, elle est morte. Venez donc avec nous.

— Jamais de la vie ! Vous ne me verrez pas dans ce hangar puant, répondit-elle. D'ailleurs, j'ai trop à faire. Il faut bien que quelqu'un prépare vos effets pour le collège. Dans cette maison, il n'y a qu'une adulte et une bande de garnements qui n'ont pas l'air d'avoir l'âge de raison. Toi compris, Louis-Joseph. »

▼

Une fois le joyeux trio parti, la maison retrouva son calme. Julie put s'occuper tout à son aise des uniformes d'Amédée et de Lactance qui devaient rentrer au Collège de Montréal le surlendemain. Il fallait marquer chaque chaussette, chaque camisole. Mademoiselle Therrien, la couturière, venait tous les après-midi depuis une semaine. Amédée avait grandi de deux pouces durant l'été et elle fut chargée de lui confectionner un nouveau costume. Lactance aurait pu se contenter de l'ancien habit de son frère qui lui allait comme un gant. Mais il avait fait une telle colère, hurlant qu'il n'allait jamais porter cette guenille usée jusqu'à la corde, ce qui du reste était faux, que Julie avait cédé et, pour avoir la paix, lui avait commandé un uniforme neuf.

Lactance lui causait du souci. La perspective d'aller pensionnaire le terrorisait. Il était inconsolable à l'idée d'être séparé d'elle. C'était un enfant capricieux qui pleurait pour un rien et cherchait toujours querelle à Amédée, après quoi il tenait grief à sa mère de chouchouter son frère.

Il arrivait à Julie de se montrer trop sévère envers lui pour ensuite se reprocher d'avoir perdu patience. Mais c'était plus fort qu'elle, Lactance était tout simplement insupportable. Elle n'avait jamais su s'y prendre avec lui, alors qu'Amédée avait été un bébé sans problème, puis un petit garçon raisonnable.

Julie se persuadait que le collège ferait du bien à Lactance. La suggestion venait de Rosalie Papineau, qui avait toujours reproché à sa bru de trop le couver.

Tout en préparant sa malle, elle ressassait dans sa tête ses prises de bec avec Rosalie Papineau. Depuis sa querelle avec Louis-Joseph, le soir de son arrivée à Montréal, on aurait dit qu'elle le faisait exprès pour noircir le portrait de sa belle-mère. Les deux femmes n'avaient pas d'atomes crochus, mais dans son for intérieur, Julie savait qu'elle déclenchait elle-même la plupart de leurs mésententes, sauf peut-être la première qui remontait justement à la naissance de Lactance. C'est Rosalie Papineau qui l'avait assistée pendant l'accouchement.

« Si ça a du bon sens de crier comme ça, avait ronchonné Rosalie. On dirait que je l'égorge. »

Rosalie Papineau avait espéré que, cette fois-là, ce serait une fille et qu'elle porterait son prénom.

« Rosalie, c'est joli, non ?

— Jamais de la vie, avait répondu Julie. Et, pour la narguer, elle avait ajouté : si c'est une fille, elle s'appellera Marie-Anne, comme ma mère. »

Ç'avait été un autre garçon, que Julie avait baptisé Lactance.

« Lac quoi ? s'était écriée Rosalie, qui n'en croyait pas ses oreilles. Mais c'est votre vache que vous devriez appeler ainsi. »

Depuis, les deux femmes se crêpaient le chignon à cœur de jour, ce qui ne surprenait plus personne. Après chaque accrochage, c'était devenu un rituel, la vieille dame tournait les talons et gagnait la sortie dignement, sans se retourner. Ses petits pas menus glissaient sans bruit sur le plancher de bois franc, de sorte qu'on ne s'apercevait de son départ qu'en entendant la porte claquer au vent. Sa belle-mère n'abaissait jamais la clenche en sortant, forçant Julie à se lever pour réparer son oubli bien volontaire.

« Vous êtes pires que des enfants, toutes les deux », disait souvent Louis-Joseph.

Ces dernières années, l'une et l'autre s'étaient montrées moins belliqueuses. À croire que le temps faisait son œuvre. Mais de là à vivre sous le même toit... Julie savait qu'elle ne s'y résignerait jamais.

▼

« Excusez-moi, madame... »

Julie sursauta. Plongée dans ses rêveries, elle n'avait pas entendu la bonne venir. Elle releva la tête.

« Madame, répéta celle-ci, monsieur Papineau père vous demande en bas. Il... il n'a pas l'air dans son assiette. »

Joseph Papineau la demandait ? Mais pourquoi ne montait-il pas ? C'était bien la première fois qu'il se faisait annoncer. Julie se précipita à l'étage :

« Qu'est-ce qui vous arrive, beau-papa, je ne savais pas que vous étiez de retour de Saint-Hyacinthe. Ça ne va pas... ?

— C'est Rosalie, votre deuxième maman...

— Elle n'est pas revenue avec vous ?

— Elle est morte, on l'a enterrée hier matin à Saint-Denis.

— Ah ! non. Pauvre pépé », dit-elle en serrant Joseph contre elle.

Julie se laissa tomber sur une chaise. La nouvelle l'avait assommée. Le vieillard à la belle crinière blanche semblait si abattu.

« Venez vous asseoir près de moi, suggéra-t-elle doucement. Racontez-moi ce qui est arrivé. »

Une larme coulait sur la joue du vieillard. Une toute petite larme qui suffit à embuer les yeux de Julie. Ils pleurèrent tous les deux en silence. Joseph se ressaisit le premier et entreprit de lui raconter la mort de sa chère Rosalie. Il avait la manie des détails et il n'en ménagea aucun en évoquant pour elle l'agonie de sa femme.

« Comme vous savez, je suis allé la chercher à Maska, commença-t-il de sa voix chevrotante. En revenant, on a piqué une pointe jusqu'à Saint-Denis. Une de ses sœurs venait de mourir de la maudite peste et elle voulait prier sur sa tombe. Pas moyen de la raisonner. C'est là qu'elle a attrapé le virus. Je lui avais pourtant dit de ne pas boire d'eau crue. »

Joseph s'arrêta, puis, regardant tendrement Julie, ajouta en la tutoyant :

« J'espère que tu sais, ma petite Julie, qu'il faut faire bouillir l'eau et boire des tisanes, beaucoup de tisanes, ça purifie le sang. Et manger du bouilli ou de la soupe, mais pas trop de viande. »

Le vieillard ferma les yeux :

« Une nuit, elle s'est sentie attaquée. Elle a eu un gros frisson, puis des crampes dans les jambes. À l'aurore, la fièvre est montée d'un coup. Elle faisait pitié à voir. Elle avait le souffle court, saccadé. Puis elle a commencé à vomir. Je ne te mens pas, elle a évacué au moins vingt fois. J'ai appelé le docteur, mais il n'a pas pu venir tout de suite.

— Les médecins sont tellement occupés, dit Julie, pour l'apaiser.

— J'ai tout fait de travers, reprit Joseph en repliant son grand mouchoir blanc, l'air découragé. Je lui donnais des bains de pieds bouillants et j'appliquais une rôtie trempée dans du vin chaud sur son estomac. C'était plus mauvais qu'utile. L'humidité était à déconseiller, mais le docteur avait oublié de me le dire.

— Ce n'est quand même pas ça qui lui a été fatal, dit Julie qui voulait le rassurer.

— Pour ses crampes, le docteur m'avait recommandé de lui frictionner le ventre et les cuisses avec de l'esprit de térébenthine, puis de la garder au chaud pour la faire transpirer.

— Cela a dû la soulager.

— Ma Rosalie ne digérait même pas son bouillon de sagou. Quand la fièvre a diminué, elle était épuisée mais elle avait tous ses esprits. Je lui ai donné des *crackers* et je lui ai fait prendre du sucre brûlé pour l'aider à digérer. Je pensais qu'elle s'en remettrait. Mais à soixante-seize ans...

— Pauvre madame Papineau ! fit Julie.

— La dernière nuit, elle avait la tête appuyée sur un monceau d'oreillers. Elle ne parlait plus. Je m'étais assoupi quand elle a échappé un râle. Je l'ai regardée. C'est bien simple, elle avait le visage violet. Je lui ai pris la main, mais elle n'a pas réagi. La bougie qui brûlait sur sa table de chevet s'est éteinte. Quand j'ai rallumé, elle était partie... »

Joseph s'essuya les yeux. Il expliqua qu'il avait fallu l'enterrer tout de suite, à cause des risques de contagion.

« Louis-Joseph va avoir tout un choc, dit Julie. Nous allons l'attendre ensemble. Je vais vous donner quelque chose pour vous remonter, ajouta-t-elle en se levant.

— Non, assoyez-vous Julie, j'ai autre chose à vous dire, reprit Joseph qui la vouvoyait de nouveau. Il faut que vous sachiez que Rosalie vous aimait. Malgré les apparences. »

Joseph fouilla dans le fond de sa poche. Julie pensait qu'il cherchait son mouchoir et lui offrit le sien.

« Tenez, pépé, prenez celui-ci.

— Attendez, fit-il en sortant une minuscule boîte en velours bleu foncé. Tenez prenez. »

Elle l'ouvrit et découvrit la broche en or blanc ciselé, ornée d'une émeraude, que sa belle-mère portait au cou les jours de fête.

— Elle est à vous. C'est ce que ma femme voulait. »

Julie le regarda droit dans les yeux et demanda d'une voix sceptique :

« Vous êtes sûr que ce n'est pas votre idée ?

— Julie, reprocha Joseph en lui serrant le bras. Rosalie avait du cœur. Tu n'as jamais retenu que ses maladresses. »

▼

« Maman, maman, la baleine avait la bouche grande ouverte, fit Amédée. Vous auriez dû la voir. Elle était toute repliée sur elle-même, avec de petits yeux, gros comme un poing.

— Oui et puis elle a une langue charnue et des dents barbues. ajouta Lactance, surexcité. Vous avez bien fait de ne pas venir, maman, ça puait tellement dans le hangar que vous vous seriez évanouie.

— C'est la graisse déjà rance qui dégage une odeur infecte, expliqua Papineau qui, en parlant, prit soudainement conscience que quelque chose n'allait pas. Mais qu'avez-vous tous les deux ? »

Julie et Joseph Papineau se regardèrent sans rien dire.

« Maman ? Où est maman ? demanda Papineau. Il est arrivé un malheur à maman ?

— Oui, mon fils, répondit Joseph, sans lever les yeux. Ta mère nous a quittés pour de bon. Il te faudra du courage. Beaucoup de courage. »

Julie n'avait pas vu Louis-Joseph aussi effondré depuis la mort de leur petite Aurélie. Son chagrin faisait peine à voir. Chaque mort ravivait en elle le souvenir de ses chers disparus. Perdre un parent ou un enfant, c'est comme se faire couper un membre. On le garde toujours en soi et pourtant, lentement, insidieusement, la distance s'installe. Non pas l'oubli, le vide. Douze ans plus tôt, son père, Pierre Bruneau, avait rendu l'âme dans les bras de Louis-Joseph et pour elle, c'était comme si cela s'était passé la veille. « Aujourd'hui, c'est à mon tour de le consoler », songea-t-elle tristement.

▼

Lactance avait espéré que la mort de grand-mère Rosalie retarderait le moment fatidique de la séparation, mais Papineau avait décidé que, malgré le deuil qui frappait sa famille, ses fils rentreraient au collège comme prévu.

Au matin du départ, Lactance regardait Julie avec de grands yeux désespérés. Il n'avait pas voulu déjeuner, prétextant qu'il avait une « barre » à l'estomac. À huit heures, Papineau le somma de se presser. Comme un condamné, il souleva sa petite valise noire et se dirigea vers la porte.

Pauvre Lactance ! Il était engoncé dans son costume tout neuf. Sur son capot de drap bleu, sa ceinture de laine verte était trop serrée à la taille. À la main, il tenait sa casquette déjà toute froissée. Encore deux minutes et il allait quitter sa maman pour ce qui lui semblait être l'éternité.

« Prends soin de toi, mon chéri, lui recommanda-t-elle en le serrant très fort. »

Il s'accrocha à sa mère, la suppliant de ne pas lui faire ça.

« Allons, Lactance, fais un petit effort. Tu verras, tout ira bien.

— J'ai oublié mon certificat de bonne conduite, dit l'enfant dont la nervosité était croissante.

— Mais non, fit Julie. C'est ton père qui l'a dans la poche de sa veste. Il le remettra lui-même au supérieur. »

Amédée n'était pas aussi vaillant qu'il voulait le laisser croire. C'était sa deuxième année au collège, mais il ne s'habituait pas à la discipline rigoureuse. Devant Lactance, il ne voulait pas passer pour une mauviette. D'une voix presque normale, il demanda :

« Vous viendrez nous voir dimanche ?

— Promis, mon chéri », fit Julie.

Elle était fière de son aîné, si grand, si raisonnable aussi.

« Maintenant, tu es un homme, dit-elle en replaçant son col. Comme le temps passe vite ! Je te perds déjà.

— Vite, Amédée, vite, Lactance, on va être en retard », ordonna Papineau, pour couper court aux adieux de sa femme, toujours encline à s'attendrir.

Figée derrière la vitre, Julie regarda s'éloigner la voiture. Un morceau d'elle s'envolait. Amédée était, de tous ses enfants, celui qui lui avait donné le plus de satisfaction. Depuis peu, il est vrai, il paraissait se détacher d'elle. Elle mettait ce nouveau comportement sur le compte de la gêne qui s'empare d'un petit garçon devenu trop grand pour chercher les câlins. Elle avait donc cessé de le cajoler devant les autres, réservant ses baisers pour les moments intimes qu'il leur arrivait encore de partager. Elle s'inquiétait aussi pour Lactance, si maigrelet, si fragile. La veille, elle avait demandé à Amédée de garder un œil sur son petit frère. Amédée avait promis, il tiendrait parole.

▼

La calèche ralentit au coin de la rue du Collège, franchit au pas la haute grille et s'arrêta devant l'imposant portail du petit séminaire de Montréal. Le seigneur Papineau descendit de la voiture, suivi de ses deux fils dont le cadet paraissait affublé de légers tics.

Lactance ne remarqua ni les jardins soignés ni les cours de jeux. Il n'avait d'yeux que pour la muraille de pierre, haute de quinze pieds, et les grosses barres de fer qui barricadaient les fenêtres du rez-de-chaussée. Il eut l'impression d'entrer en prison.

« Courage, Lactance ! » dit Papineau. Lorsqu'ils eurent traversé le portique du majestueux édifice en H, Amédée retrouva son aplomb et chercha ses camarades de classe parmi les arrivants. Lactance demeurait silencieux, accroché à son père. Papineau posa une main rassurante sur son épaule pour le guider jusqu'au parloir, à travers les corridors dont les planchers étaient recouverts de dalles brutes. Devant le bureau du directeur, Amédée les quitta alors pour aller rejoindre les autres pensionnaires. Papineau lui serra la main et rentra avec Lactance dans une pièce sombre et mal aérée. À peine avaient-ils eu le temps de s'asseoir, le père au fond de sa chaise, le fils sur le bout de la sienne, comme s'il attendait le moment propice pour déguerpir, que Jean-Alexandre Baile fit son apparition.

« Mes hommages, monsieur Papineau, dit le directeur d'un ton froid. Nous sommes honorés que vous ayez décidé de nous confier l'éducation de votre second fils, Lactance. »

Monsieur Baile avait cet air détestable qu'ont les hommes hautains et méprisants. Il ne cachait pas sa mauvaise humeur. Les fils d'un incroyant déclaré comme Papineau dans son établissement, quel boulet ! Ils avaient heureusement grandi auprès d'une mère croyante, mais l'influence d'un père révolutionnaire avait assurément perturbé leur développement intellectuel. De là à refuser de les inscrire au collège, il y avait un pas que le directeur refusait de franchir. Le chef du Parti canadien jouissait d'une trop grande popularité pour que les sulpiciens se le mettent à dos. Comble de malheur, Amédée et Lactance étaient aussi les petits-neveux de monseigneur Lartigue avec qui son ordre était en froid.

« Vous avez fait le meilleur choix, ajouta le directeur, qui semblait pressé d'en finir et qui, tout en parlant, rangeait quelques feuilles sur sa table de travail.

— Je sais que Lactance étudiera avec application, dit Louis-Joseph Papineau, que les grands airs du directeur n'impressionnaient nullement. Comme son frère, d'ailleurs, dont les notes sont satisfaisantes.

— Amédée pourrait faire mieux, siffla le sulpicien. Enfin. Je ne vous promets pas que vos fils seront savants en nous quittant, mais soyez assuré qu'ils emporteront la clé de la science, c'est-à-dire la manière de s'en servir. S'ils le veulent bien, naturellement. »

La voix du directeur portait. À l'évidence, il s'écoutait parler, comme si chacune de ses paroles avait eu une résonance mémorable.

« J'ai confiance en eux, dit Papineau. J'ai moi-même fait une partie de mes études à votre ancien collège, dans le Château Vaudreuil.

— Je sais, répliqua le sulpicien, presque agacé. Mais vous avez quitté notre établissement très tôt pour le séminaire de Québec. »

Le directeur, qui avait ignoré Lactance jusque-là, le regarda droit dans les yeux et ajouta, menaçant :

« Vous savez, jeune homme, que la discipline du collège est sacrée et que nous ne tolérons aucune incartade. M'avez-vous bien compris ?

— Oui, monsieur, bégaya Lactance en cherchant son père du regard, comme pour le supplier de ne pas le laisser seul avec ce religieux autoritaire.

— Souvenez-vous de ce que je viens de vous dire, Lactance Papineau », dit monsieur Baile à l'enfant qui en blêmit.

Lorsque la porte se referma sur Louis-Joseph Papineau, son fils se sentit plus que jamais abandonné. Comme un condamné, il se dit qu'il avait une longue peine à purger.

CHAPITRE VIII

L'enquête

L'automne ramena Louis-Joseph Papineau à Québec pour la session. L'horaire s'annonçait particulièrement chargé à cause de l'enquête sur la fusillade du 21 mai qu'il avait décidé d'instituer devant la Chambre. Levé à l'aurore, il mettait les bouchées doubles jusqu'à tard le soir, non sans se répéter qu'il ne pourrait pas continuer indéfiniment à écourter ses nuits par les deux bouts.

Ce matin-là, il avait les traits plus tirés qu'à l'accoutumée. La veille, il était resté jusqu'aux petites heures devant sa table de travail, dans la chambre qu'il occupait à la pension Dumoulin, rue Sainte-Ursule, à fignoler le discours qu'il devait prononcer en Chambre. Il aurait voulu dormir une demi-heure de plus, puisque la séance ne commençait qu'à neuf heures, mais il s'était promis d'écrire à Julie.

Il enleva sa robe de chambre de flanelle qu'il suspendit au crochet derrière la porte et s'habilla rapidement. Pour échapper au bavardage des autres pensionnaires de la maison, il décida d'aller prendre son petit déjeuner au *London Coffee Shop,* place du Marché. Retiré dans un coin, il pourrait à loisir écrire sa lettre sans devoir continuellement répondre aux questions de mademoiselle Dumoulin, dont il était le pensionnaire préféré et qui s'enquérait de sa santé au moins trois fois par jour.

La vie en pension ne l'avait jamais enthousiasmé, mais il s'y était résigné puisque le Parlement siégeait à Québec.

Mademoiselle Dumoulin était une charmante vieille fille qui louait des chambres à trois ou quatre marchands anglais et à plusieurs députés. Si Papineau aimait la compagnie de son ami Jacques Viger, qui y prenait pension quand il venait à Québec, s'il appréciait aussi les joueurs d'échecs avec qui il passait des heures agréables, il s'ennuyait de Julie et des enfants. Rien que de penser au délicieux babil de son adorable Ézilda ou aux bouffonneries de bébé Gustave, il se sentait triste. « Je devrais peut-être réfléchir au plan de Julie et la ramener près de moi, se disait-il dans ses moments de vague à l'âme. Elle a raison, ce n'est pas une vie. Ni pour elle ni pour moi. »

La plupart du temps, il déclinait l'invitation à veiller au salon avec les autres pensionnaires et s'enfermait dans sa chambre où il lisait jusqu'à ce qu'il tombe de sommeil. Meublée modestement, la pièce était bien éclairée et le lit de plume confortable. Ces derniers temps, il empilait trois ou quatre oreillers sur le traversin et passait des heures, assis sur sa couche recouverte d'un édredon de duvet d'oie, à examiner les documents qu'il empruntait à la bibliothèque du Parlement. Il notait tout ce qui concernait l'interdiction faite aux troupes de l'armée britannique de s'immiscer dans les campagnes électorales anglaises. « Deux poids, deux mesures, pensait-il. Là-bas, les lois sont respectées ; ici, c'est le *free for all*. »

Mademoiselle Dumoulin, qui craignait toujours que Papineau ne déménage dans une pension plus moderne, avait changé le tapis de sa chambre et acheté un nouveau miroir mural, la surface de l'ancien étant dépolie. Elle avait remplacé le secrétaire exigu par une table de travail en bois de merisier « plus logeable », comme elle disait, en observant d'un air découragé les documents épars qui s'empilaient un peu partout et les brouillons de textes qui jonchaient le plancher. L'installation convenait parfaitement aux besoins de Papineau, qui n'avait à se plaindre de rien. Son beau-frère, le député Jean Dessaulles, lui avait suggéré de venir habiter avec lui chez madame Châteauvent, au milieu de la côte, en face du Parlement, mais en y réfléchissant bien, il avait préféré rester là où il avait ses habitudes.

Il descendit sans faire de bruit et sortit de la pension à la hâte, comme s'il allait à un rendez-vous urgent. Dehors, il ralentit le pas. Il ne détestait pas marcher le matin. L'air était frais et le temps gris. En passant devant le couvent, il entendit le chœur des ursulines qui chantait la messe des morts. Déjà, en se rapprochant du port, il sentit que la ville commençait à s'animer. Devant lui, au loin, le *New Lauzon* faisait sa navette quotidienne depuis la pointe de Lévis. Il n'était pas encore sept heures et le traversier qui s'avançait dans le brouillard menait un train d'enfer. Le courant était fort et le bateau ballottait, ce qui devait être bien inconfortable pour les voyageurs. Il faisait étonnamment sombre, comme aux jours les plus courts de l'année. Bientôt ce serait l'hiver. Papineau resserra son foulard sur sa gorge.

Craignant les marées si violentes à ce moment de l'année, des matelots chaussés de grosses bottes rouges à courroie ramenaient leurs bateaux sur la rive, devant la rue du Cul-de-sac. Plus tard, ils les hisseraient sur des échafaudages pour les protéger des glaces et de l'humidité.

Papineau longea le quai, croisant sur son passage des militaires à l'uniforme écarlate. Au large, le *Switsure* s'apprêtait à prendre la mer. Il lèverait l'ancre au plus tard le lendemain. Au moindre retard, il risquait de rester pris dans les glaces. Des blocs encore fragiles s'entrechoquaient déjà sur le fleuve. Bientôt, un pont de glace relierait les deux rives. Dès que la température serait suffisamment basse pour que l'eau fige en un miroir, on en dessinerait le tracé sur la surface luisante du Saint-Laurent.

Dans les tavernes, les paris allaient bon train : le « chariot » s'arrêterait-il plus tôt que l'an dernier ? Allait-on battre tous les records ? Ce que les gens de Québec appelaient le chariot, c'était la glace mouvante qui montait ou descendait le fleuve au gré des marées. Dès que des plaques se formaient sur la surface de l'eau, cela devenait dangereux. Il fallait parfois secourir les voyageurs téméraires qui, ayant entrepris de traverser prématurément, se retrouvaient à la dérive sur une île de glace flottante.

Papineau entra au *London Coffee Shop* où deux Irlandais bavardaient devant une tasse fumante. Ils portaient l'habit vert de leur pays, avec sa culotte courte typique boutonnée sur la jambe, et avaient sur la tête la tuque canadienne. Il commanda un déjeuner à l'anglaise, avec des œufs et du jambon, et s'installa près de la fenêtre qui donnait sur la rue Champlain. Puis il demanda à la tenancière, Elizabeth Andrews, de lui apporter une plume et un encrier et il commença sa lettre :

Ma chère Julie...

Sa plume glissait sur la feuille blanche de papier fin. Il s'excusa d'abord de lui avoir écrit trop brièvement depuis quelques semaines. L'enquête l'accaparait et c'était à peine s'il réussissait à avaler trois repas par jour. Il la gronda un peu de ne pas tenir sa promesse de lui envoyer une lettre tous les dimanches, mais il s'empressa d'ajouter qu'il comprenait que les enfants ne lui laissaient guère de répit, (même si, au fond de lui-même, il pensait qu'une épouse devrait abandonner à ses domestiques certaines corvées de nettoyage – l'obsession de Julie –, pour consacrer une heure à son mari absent). Il écrivait tout en avalant son petit déjeuner, arrêtant de temps à autre pour prendre une gorgée de café :

Tu me manques terriblement, plus que les autres années, sans doute parce que nous avons été séparés tout l'été. Je suis condamné à vivre dans un état de guerre perpétuel, alors que j'aspire à la vie familiale auprès de toi, ma chère Julie, et de nos enfants. Je vous aime plus que tout au monde. L'obligation de servir mon pays, au milieu des risques, des déboires et des dégoûts, me retient loin de toi, mon amour, et cela m'attriste.

J'ai consulté mes collègues sur la pertinence de te faire venir à Québec pour témoigner à l'enquête. Les opinions divergent. Certains voient mal l'épouse du chef à la barre. D'autres estiment qu'on ne doit pas se priver d'un témoin aussi précieux. J'incline désormais à penser comme ces derniers. Viens vite, mon amour, je me réjouis déjà de t'avoir à mes côtés pendant quelques jours.

Ton époux aimant qui t'embrasse,

Louis-Joseph

▼

Papineau plia la lettre qu'il glissa dans sa poche. Au parlement, il trouverait quelqu'un qui retournait à Montréal le jour même et se chargerait de la remettre à Julie. Il quitta le *Coffee Shop* et monta la côte de la Montagne jusqu'au sommet où se trouvait la chapelle du Palais épiscopal convertie en hôtel du Parlement. L'archevêque de Québec louait aux élus cet édifice désaffecté, construit près des jardins du séminaire vers la fin du XVIIᵉ siècle et lourdement endommagé pendant la guerre de la Conquête. Papineau se désolait de voir l'état pitoyable des lieux, en particulier les murs délabrés et les fondements fissurés, souvent rafistolés mais jamais réparés selon les règles. Il déplorait aussi l'exiguïté de la salle principale : pour loger tous les participants aux assemblées délibérantes, il aurait fallu une pièce deux fois plus grande que celle mise à leur disposition et qui n'avait que soixante pieds de long.

« Cela fait trente ans que les députés craignent que la chapelle ne s'effondre. Trente ans que les élus du peuple sont entassés comme des sardines », soupira-t-il en jetant un coup d'œil sur le terrain d'à côté, où les travaux de construction du nouvel hôtel du Parlement avaient repris, après avoir été interrompus pendant l'épidémie de choléra, lorsque les ouvriers apeurés avaient fui la ville. Au mieux, on pouvait espérer un déménagement dans un an.

Papineau franchit le portail, tout de pierre et de marbre brut, qui avait dû être majestueux jadis, et se dirigea vers l'arrière de la chapelle tenant lieu de salle d'assemblée et ornée des armoiries royales britanniques. Le jubé était rempli de citoyens venus assister aux délibérations. Il sourit intérieurement. Son appel avait été entendu : ses amis de Montréal s'étaient démenés pour retrouver des témoins du drame et, surtout, ils avaient réussi à les convaincre de venir à Québec pour y raconter sous serment ce qu'ils avaient vu, ce jour-là, dans la rue du Sang.

D'un bout à l'autre du Bas-Canada, cet automne-là, on ne parlait que de la tuerie et du simulacre de procès que les autorités avaient fait aux officiers responsables du massacre. Une sinistre farce ! Papineau n'avait pas eu de mal à convaincre ses collègues de la nécessité de reprendre l'enquête du début. Il était d'ailleurs sur le point de réussir le tour de force de démontrer la collusion des bureaucrates avec le gouverneur Aylmer pour étouffer l'affaire.

Comme *orateur* de la Chambre, Papineau jouissait d'une grande popularité. Ayant passé sa plus belle redingote, il prit place dans l'enceinte et appela le premier témoin de la journée. Le docteur Robert Nelson s'avança.

« Le jour de la tragédie, raconta le médecin anglais avec son flegme habituel, je me suis précipité place d'Armes dès que j'ai entendu les coups de feu.

— Qu'avez-vous vu sur les lieux de l'émeute ? demanda Papineau.

— Des blessés à qui j'ai donné les premiers soins. Après, en tant que coroner, j'ai examiné le corps des trois victimes.

— Voulez-vous nous remettre une copie de votre rapport, je vous prie. »

Le docteur Nelson ouvrit sa mallette et en sortit des feuilles qu'il tendit à l'*orateur* tout en résumant ses conclusions d'une manière concise mais énergique :

« Je suis en mesure d'affirmer que la balle de mousquet qui a frappé Pierre Billet à un pouce de la clavicule a causé sa mort instantanément, tandis que la blessure au front et la fracture du nez se sont probablement produites dans sa chute. François Languedoc, lui, a été mortellement atteint d'une balle au thorax qui a percé le lobe supérieur du poumon droit et endommagé l'aorte. Enfin, Casimir Chauvin, le jeune typographe de vingt ans, a eu le crâne fracturé et est tombé raide mort. »

Après lui, d'autres témoins défilèrent, les uns affirmant la main sur l'Évangile que les connétables spéciaux, assermentés pour garder la paix, étaient les premiers à avoir pourchassé à coups de bâton les passants tranquilles, les autres au contraire jurant que les soldats avaient fait preuve de patience et ne s'étaient résignés à tirer que parce que leur vie était en danger.

L'arrivée à la barre d'Antoine Voyer qui, du haut de ses six pieds et demi, avait envoyé un *bully* dans les pommes, suscita un immense intérêt dans la salle d'audience. Le grand Voyer, comme on l'appelait, était un citoyen paisible, mais qui ne s'en laissait pas imposer. Il tenait auberge au coin de la rue Saint-Laurent. C'était un homme qui ne tolérait ni rixes ni bagarres entre ses clients éméchés. Il lui était même arrivé d'expédier par la fenêtre de son établissement des marins trop bruyants.

Mais le colosse avait des manières et, au parlement de Québec, il impressionna. Très mince, malgré sa taille imposante, il portait un costume élégant et était rasé de frais. Jamais il n'avait caché ses sympathies pour le Parti canadien et, bien avant les élections, il avait signé la lettre d'appui au candidat Daniel Tracey que le député LaFontaine avait fait circuler.

« Le premier jour, dit-il, les fiers-à-bras qui traînaient autour du bureau de vote empêchaient les Canadiens de s'approcher. J'mettrais ma main au feu qu'ils étaient payés par Stanley Bagg.

— Monsieur l'*orateur*, objection, fit un député tory, avocat de son état, monsieur Voyer n'était pas dans les environs, ce jour-là.

— Monsieur Voyer, fit Papineau, tenez-vous-en aux faits dont vous avez été vous-même témoin. »

Le grand Voyer expliqua que c'était justement parce qu'il avait eu vent de l'incident qu'il venait de raconter, qu'il avait décidé de faire le guet le lendemain. Ignorant sa présence, de même que celle de Jos Montferrand, autre géant à la force herculéenne, les *bullies* avaient recommencé leur manège. C'est alors qu'il s'était manifesté pour rosser les bagarreurs.

« Je me suis approché d'eux et, d'un coup de poing, j'ai fait tomber le premier venu. C'était Bill Collins. »

Tout le monde connaissait ce redoutable boxeur qui avait été condamné pour homicide, quelques années plus tôt. Le coup bien amené du grand Voyer l'avait assommé. On l'avait transporté dans une auberge de la place du Marché à foin où il avait rendu l'âme peu après.

« Monsieur Voyer, venons-en au 21 mai », insista Papineau, qui n'aimait pas qu'on s'éternise sur la mort du boxeur bureaucrate dont le grand Voyer devait répondre sous peu devant les tribunaux.

« Ce jour-là, j'ai eu moins de chance, répondit-il avec son franc-parler qui fit sourire les sympathisants patriotes. J'ai quitté le bureau de vote vers cinq heures. Je voulais raccompagner le docteur Tracey chez lui, au faubourg Saint-Antoine. C'est moi qui étais chargé d'assurer sa protection. Il le fallait bien, il avait reçu des menaces... Toujours est-il qu'à la fermeture du *poll*, le docteur avait trois votes d'avance sur Bagg. Je m'souviens qu'en le voyant sortir du bureau, les gens l'ont acclamé. C'est ça qui a fait enrager les bureaucrates qui ont commencé à nous lancer des pierres. »

Tout s'était passé très vite :

« Nous approchions de la rue Saint-Jacques quand j'ai entendu un officier crier *Fire,* poursuivit-il calmement. Tout de suite après, les soldats se sont mis à tirer sur nous. J'ai vu tomber un homme juste à côté de moi. Je l'ai pris dans mes bras et j'ai couru jusqu'à un abri. C'est à ce moment-là que je me suis aperçu que j'étais blessé. J'avais une partie de la lèvre arrachée et je saignais sans bon sens. »

Ainsi s'acheva son témoignage.

▼

Le lendemain, quand le lieutenant-colonel Alexander Fisher Mackintosh se présenta à la barre, un silence lourd régnait dans l'enceinte. Tête haute, allure militaire, il portait un dolman rouge avec col et parements jaunes, garni de boutons et de galons dorés. Son regard froid défiait l'assemblée, comme pour lui signifier que rien ni personne ne réussirait à lui faire perdre son sang-froid. Il avait été acquitté de l'accusation de meurtre. S'il condescendait à se prêter à cette enquête publique, c'est parce qu'il le voulait bien, qu'il avait la conscience en paix.

Le député patriote Charles-Clément Sabrevois de Bleury se leva de son siège et, le regardant dans les yeux, lui demanda :

« Colonel Mackintosh, expliquez-nous, je vous prie, pourquoi vous avez ordonné de tirer sur la foule. Vous vous rappellerez sans doute que je suis arrivé l'un des premiers sur les lieux, après la fusillade, et que je vous ai posé cette même question à laquelle vous n'avez pas daigné répondre.

— *Sir*, je ne suis intervenu qu'après avoir tout essayé pour calmer la populace, dit-il dans un français maladroit. J'ai agi à la demande expresse des magistrats qui s'inquiétaient de la tournure des événements.

— Colonel, avez-vous été témoin de la violence que vous prétendez avoir voulu arrêter ? demanda Papineau d'un ton narquois, en prenant la relève de son collègue.

— Écoutez ! Des pierres ont été lancées sur mes soldats, répondit-il sèchement, comme s'il n'avait pas apprécié la question biaisée. J'ai moi-même été atteint à plusieurs reprises. C'est alors, et seulement alors, que je me suis avancé vers la foule pour la prévenir que j'allais sévir contre les récalcitrants. Je leur ai crié : " Si vous ne cessez pas, je vais ordonner de faire feu. " Mais on ne m'a pas entendu. »

Son collègue, le capitaine Henry Temple, qui était toujours à la tête du 15ᵉ régiment, vint ensuite corroborer les dires du colonel Mackintosh. Militaire de carrière, il paraissait âgé avec sa chevelure grise clairsemée et gommée sur son crâne, un long nez et des lèvres très minces. Il avait servi à Halifax et à Kingston, avant d'être muté à Québec, puis à Montréal. Ses hommes étaient formés pour mater les soulèvements populaires. C'est pourquoi on avait fait appel à eux, le 21 mai 1832.

« J'ai souvent été appelé pour pacifier des émeutes, précisa-t-il à la fin de son témoignage, mais jamais auparavant je n'ai vu une foule assaillir les militaires d'une manière aussi violente. »

Des bureaucrates se succédèrent ensuite pour affirmer que, sans la troupe, l'échauffourée aurait été plus sanglante. Ils décrivirent les *riotors* comme une masse déchaînée de Canadiens et d'Irlandais de basse classe.

« Nous nous étions réfugiés dans l'épicerie de monsieur Henderson, tout près de la banque, raconta l'un d'eux. Le chemin venait d'être réparé et les manifestants ont ramassé sous nos yeux les pavés fraîchement posés pour en faire des projectiles. »

▼

Au matin du cinquième jour, un témoin-surprise se présenta à la barre. En costume bourgogne, et avec pour seul bijou sa chaîne en or, cadeau de son mari, madame Louis-Joseph Papineau s'avança dignement jusqu'à l'avant de la salle. Fraîchement débarquée du *John Molson* qui venait d'entrer en rade au port de Québec, elle paraissait détendue et ne semblait nullement intimidée par les murmures de protestation qui s'élevaient à l'arrière, tandis qu'elle déclinait ses nom et lieu de résidence.

« Julie Bruneau Papineau, trente-six ans, domiciliée au 2 rue Bonsecours à Montréal.

— Madame Papineau, articula Louis-Joseph Papineau, l'œil pétillant de malice, où étiez-vous le 21 mai 1832 lorsque la fusillade a commencé ?

— J'étais à la place d'Armes. Je sortais du bureau de vote.

— Objection, monsieur le président, fulmina le conseiller exécutif Louis Gugy qui, en tant que shérif de Montréal, avait été au cœur des événements. Je proteste contre la présence de votre épouse à l'enquête. Nous sommes en Chambre, ici. Faut-il vous le rappeler ? On se croirait au beau milieu d'une séance de fin d'année dans un quelconque couvent de province !

— Monsieur le député, répondit Julie sans attendre que Papineau lui donne la parole, je n'ai pas fait le voyage depuis Montréal pour me faire insulter par le premier venu.

— Je suis le shérif de Montréal, madame Papineau. Je tiens mon grade du gouverneur lui-même. Je ne suis pas le premier venu, comme vous dites !

— Et moi, je suis une citoyenne de Montréal, monsieur le shérif. Je suis majeure, j'ai droit de vote. Or j'ai vu de mes yeux un soldat tirer à bout portant sur un passant. Il était de mon devoir de venir témoigner et ce n'est pas vous qui m'en empêcherez. Surtout pas vous, monsieur le shérif ! Vous avez fermé les yeux sur les excès des tories, ce jour-là, à la place d'Armes...

— Vous auriez dû rester chez vous, aussi bien le 21 mai qu'aujourd'hui, madame, cria quelqu'un dans la salle. La place d'une femme respectable n'est ni dans la rue ni au Parlement. »

Le président Papineau donna un coup de marteau pour ramener l'ordre :

« Silence, messieurs. Laissez parler le témoin. »

Julie respira profondément avant de continuer son témoignage :

« Il y avait beaucoup de monde sur la place. Tant que les habits rouges sont restés immobiles devant l'église, tout alla très bien. Mais lorsqu'ils se sont élancés derrière un groupe de patriotes, ils ont déclenché la panique. Vous comprenez, monsieur le président, les loyalistes se cachaient derrière les militaires pour lancer des pierres aux patriotes.

— Pouvez-vous identifier le militaire qui a donné l'ordre de tirer ?

— Oui, c'est le colonel Mackintosh, répondit Julie sans hésitation, en le désignant du doigt. Il a crié *Fire !* Autour de moi, tout le

119

monde cherchait refuge sous les galeries, derrière les arbres, dans les magasins... Le jeune typographe courait, lui aussi, lorsqu'il a été atteint d'une balle en plein front. Je l'ai vu tomber, la tête ensanglantée... »

Julie regagna son siège. À côté d'elle, le docteur Robert Nelson s'aperçut qu'elle tremblait. Il lui prit la main :

« C'était parfait », lui glissa-t-il à l'oreille.

Elle lui sourit. Les témoins suivants corroborèrent ses dires : ils avaient vu, eux aussi, le colonel Mackintosh donner son ordre funeste. Il avait baissé son épée en regardant ses soldats, qui avaient immédiatement mis leurs fusils en joue et les avaient déchargés sur les manifestants en fuite.

« Je parlais avec le pauvre François Languedoc, près du marché à foin, lorsque j'ai entendu une décharge de fusil, raconta l'un d'eux, William Lyman. Les balles sifflaient au-dessus de mes oreilles, alors je m'suis caché près du trottoir. C'est là que j'ai vu mon ami François couché à terre. »

Vinrent ensuite des éclopés, dont Charles Mongrain, blessé à la cuisse, et André Dubé, écorché à l'épaule, pour raconter leur version des faits. On interrogea rapidement ceux qui avaient eu plus de peur que de mal, comme Ernest Hébert, le tailleur de pierre, dont le chapeau avait été traversé par une balle, de bord en bord, et Benjamin Tardif qui avait été poussé à terre et roué de coups par un connétable qui l'insultait en le frappant. Enfin, Thomas Chevalier de Lorimier exhiba le manche de son parapluie sectionné en deux par une balle.

Nul doute ne subsistait dans l'esprit de la Chambre, c'était bien le lieutenant-colonel Mackintosh qui avait déclenché l'émeute en ordonnant à ses soldats de tirer sur la foule.

▼

À son tour, le député de Terrebonne, Louis-Hippolyte LaFontaine, se leva pour interroger un autre manifestant, George Doyle, qui avait vu Casimir Chauvin mourir, au coin des rues Saint-Jacques et Saint-Pierre.

« Monsieur Doyle, demanda calmement le jeune et fringant député patriote, en passant sa main libre sur ses cheveux coiffés à la mode Napoléon, l'autre étant glissée dans l'ouverture de sa redingote, comme le petit caporal, avez-vous vu le militaire qui a tiré sur la victime ?

— Oui, monsieur le député.

— Sauriez-vous le reconnaître ?

— Évidemment, on n'oublie pas ce genre de choses.

— Est-il présent dans cette enceinte ? »

Le député tory Charles Ogden, des Trois-Rivières, se leva pour protester vigoureusement :

« Monsieur LaFontaine, vous étiez vous-même à la tête de la canaille. Comment osez-vous inculper les autres ? Vous êtes un félon et vous pourriez être pendu ! »

Les objections fusèrent de toutes parts. Dans le jubé, les spectateurs se mirent à taper du pied. Ils n'arrêtèrent leur vacarme que lorsque le service d'ordre menaça d'évacuer les gradins. L'*orateur* de la Chambre s'en mêla enfin :

« L'honorable LaFontaine n'a pas craint de s'exposer à perdre la vie en voulant empêcher le désordre, déclara Papineau en pesant ses mots. Il doit donc poursuivre cette enquête avec ardeur. »

Une salve d'applaudissements s'ensuivit. Papineau attendit que le tumulte se soit tu avant d'attaquer :

« Les reproches du député Ogden s'adressent plutôt au gouverneur, dont c'était le devoir de se rendre à Montréal pour enquêter lui-même et veiller à ce que la loi soit administrée comme elle devrait l'être. »

Nouvelle ronde de hourras. Le député Ogden des Trois-Rivières dut s'avouer vaincu. Il n'eut d'autre choix que de présenter ses excuses à son honorable collègue de Terrebonne et de jurer ses grands dieux qu'il n'avait jamais eu l'intention de l'offenser. Et le témoin Doyle put nommer le militaire sans grade qui avait mis Casimir Chauvin en joue.

▼

Le dernier matin de l'enquête, Papineau pénétra dans l'ancienne chapelle sur le coup de neuf heures cependant que Julie s'installait au jubé à côté du docteur Robert Nelson, qui avait suivi toutes les délibérations avec elle. Les députés des deux partis avaient déjà pris leurs sièges et ils attendaient fébrilement l'*orateur*, qui devait faire le discours de clôture. Un silence de plomb envahit la pièce quand il se leva enfin.

« Messieurs, dit-il, notre enquête tire à sa fin. Je remercie les témoins qui se sont déplacés pour venir faire toute la lumière sur la fusillade du 21 mai 1832 que nous ne sommes pas prêts d'oublier. »

Il s'arrêta, tourna la page de son discours rédigé à la main. D'un geste de la tête, il parcourut la salle.

« Vous avez vu comment s'est terminée notre élection dans le quartier ouest de Montréal. Nos adversaires se sont levés contre tout ce qui est canadien et contre tous ceux qui sont attachés aux libertés du pays. »

Sa voix puissante, d'une inébranlable fermeté, résonnait dans l'enceinte. Son port altier, ses traits nets, tout chez lui respirait la force d'âme et la supériorité. Et comme il maniait bien le verbe ! Julie, qui ne le quittait pas des yeux, en était émue. Les envolées exaltées de Papineau, ponctuées de sarcasmes mordants et d'explosions de colère imprévisibles, inspiraient le respect et l'admiration.

« En ne consultant que leur force numérique, poursuivit-il, les Montréalais auraient sans doute pu repousser les assommeurs qui parcourent nos rues. Mais notre force apparente est diminuée par l'hostilité de la magistrature, de l'armée et de tous les hommes en autorité. »

Plus son discours avançait, plus il devenait évident que le gouverneur Aylmer serait le grand perdant de ces audiences. Sa conduite dans cette affaire avait été inqualifiable. Mais Papineau l'attaqua d'abord sans le nommer :

« Avec un semblant d'impartialité, notre administration corrompue a protégé les orgies de la faction dont elle fait partie et nous sommes sûrs qu'on nous fusillerait de nouveau au moindre prétexte. »

Emporté par sa propre fougue, l'impétueux orateur multipliait les métaphores habiles pour accuser le gouverneur d'injustice. Après un silence calculé, il lança :

« Milord Aylmer a mis le pays à feu et à sang... »

Il n'y avait là rien de bien nouveau, si ce n'était que la formule était lapidaire. Pour le reste, les journaux patriotes avaient déjà accusé le gouverneur d'avoir laissé la cour de justice absoudre les auteurs du crime. Lord Aylmer était dénoncé de toutes parts, car les bureaucrates anglais commençaient, eux aussi, à être agacés par son indécision chronique. Comme l'avait dit Papineau à Julie le matin même, il était méprisé et malmené autant par ceux qu'il croyait ses amis que par ceux dont il s'était fait des ennemis.

Papineau tourna la dernière page de son discours et déposa ses feuilles sur le trépied devant lui. Il n'en avait plus besoin pour conclure.

« Notre enquête n'a malheureusement pas le mandat de condamner les coupables, même s'il ne fait aucun doute qu'ils ont assassiné

des innocents. Devant ces crimes impunis, notre indignation est justi-
fiée. Mais si nous sommes impuissants devant la loi, nous pouvons
néanmoins formuler des recommandations afin qu'une telle tuerie ne
se reproduise jamais... »

L'*orateur* de la Chambre exhiba un document, avant de continuer :

« C'est pourquoi, en m'appuyant sur une décision de la Chambre
des communes de Londres, je blâme énergiquement l'intervention des
militaires, lors des dernières élections. En 1741, le Parlement britannique a en effet décrété, et je cite le document d'archives qui en fait
foi : " que la présence d'un corps important de soldats armés dans une
élection est un empiétement sur la liberté des sujets, une violation
manifeste de la liberté des élections et un défi ouvert aux lois et à la
constitution du royaume ".

« Au Canada, comme en Angleterre, le peuple a le droit d'élire
librement ses représentants. »

La séance fut levée. Papineau rassembla ses papiers et quitta la
pièce. Dans l'antichambre, il retira sa redingote noire qu'il suspendit
dans son vestiaire et alla rejoindre Julie qui l'attendait à la sortie.

« Tu as été suberbe », lui chuchota-t-elle en montant dans la voiture qui les attendait devant l'édifice.

CHAPITRE IX

Les ursulines

Le même soir, dans la salle à manger du *Neptune Inn*, une auberge fréquentée par les étrangers de passage à Québec, Julie était plutôt fière de son numéro. Elle avait cloué le bec au shérif de Montréal. Les patriotes avaient une dent contre lui depuis l'élection de Montréal-ouest, car il s'était montré partial dans le recomptage des votes, favorisant ouvertement le candidat tory au détriment du docteur Tracey. C'est lui, aussi, qui avait choisi le jury à majorité anglophone qui avait acquitté le colonel Mackintosh et le capitaine Temple. Mais il était puissant, riche et conseiller exécutif de surcroît, donc intouchable. Or voilà que madame Papineau l'avait forcé à retraiter.

« Tu m'étonneras toujours », dit Papineau qui n'en revenait pas de son audace, en rattrapant sa main qui cherchait la sienne au-dessus des plats.

Il n'aurait pas pu lui faire un plus joli compliment. Elle releva l'épaule de sa robe verte à pointe aiguë, froncée sur la poitrine. Dans sa chevelure, elle avait glissé un gros peigne d'écaille qui retenait ses boucles. Elle lui sourit :

« J'ai tout appris de toi », répondit-elle, émue.

Elle lui devait en effet son éducation politique qu'il avait entreprise alors qu'elle avait quinze ans à peine. Le jeune député Papineau allait dîner régulièrement à la maison de ses parents. Elle restait assise dans la salle à manger pendant des heures, sans dire un mot, suspendue à ses lèvres, alors qu'il décortiquait les pièges de l'union du Bas et du Haut-Canada qui suscitait alors des passions contradictoires. Il lui avait appris à débusquer les traîtres parmi les Canadiens et à refuser de plier l'échine devant les gouverneurs anglais.

« Tu m'éblouissais déjà par ton savoir », dit-elle, un rien flatteuse.

Comme deux amoureux célébrant leur commune victoire, Julie et Louis-Joseph évoquaient de vieux souvenirs. Ils avaient tant de choses à se dire, comme si, au cours des derniers mois, ils avaient oublié de se parler.

« Tu te souviens ? demanda Louis-Joseph, quand j'allais veiller chez vous, tes parents s'éclipsaient après le repas, pour nous laisser seuls.

— Eux qui étaient toujours comme chien et chat, pour une fois ils disparaissaient comme deux complices. Mon père pensait qu'un député, ce qu'il était aussi, ferait un bon mari pour sa fille. »

À quarante-sept ans, Pierre Bruneau avait abandonné son commerce de la place Royale à la bonne gestion de sa femme pour se faire élire député du comté de Kent, dans la basse-ville. « Le temps est venu de m'occuper des affaires de l'État », claironnait-il. Dès lors, à la maison, il ne fut plus question de rhum ou de *capot d'chat* à vendre le gros prix, mais plutôt des dépenses exorbitantes de l'armée et des conflits d'intérêt des juges qui cumulaient des fonctions incompatibles.

« On n'osait pas le dire tout haut, mais on savait bien que les affaires marchaient plus rondement avec maman aux commandes, dit Julie, qui n'avait jamais oublié que son père avait fait une faillite retentissante peu avant son entrée en politique.

— Le soir, ton père trouvait toujours un prétexte pour me ramener avec lui de l'hôtel du Parlement, enchaîna Louis-Joseph. Je ne me faisais pas prier, la cuisine de ta mère était plus copieuse que celle de la pension.

— Et nos repas, mieux arrosés, avoue-le.

— Tu sais bien que je n'y allais que pour toi...

— Mon chéri ! Tu ne serais pas en train de me conter fleurette ? »

Après le repas, ils rentrèrent à pied, main dans la main. Toute cette affaire de fusillade les avait rapprochés finalement. Ça lui faisait tout drôle de marcher dans sa ville natale qu'elle n'avait pas revue depuis son mariage, quatorze ans plus tôt. La soirée était douce et ils flânèrent dans les rues. Lorsqu'ils se couchèrent sur le coup de minuit, ils étaient tous les deux morts de fatigue. Lassitude qui ne les empêcha pas de s'aimer passionnément, dans le grand lit trônant au milieu de la tanière de célibataire de Louis-Joseph.

Au matin, Julie alla pieds nus jusqu'à la fenêtre, contempla un moment les toits de la ville et, au loin, les majestueuses Laurentides de son enfance. Ses yeux s'arrêtèrent sur le Couvent des ursulines, sa cour et son jardin fermés par le haut mur de pierre qui isolait les religieuses et les pensionnaires.

« J'irai cet avant-midi, se promit-elle. Mais auparavant, il faut absolument que je revoie notre maison. »

Julie se sentait attirée comme un aimant vers la place Royale. Elle voulut y entraîner Louis-Joseph, mais il avait rendez-vous au parlement. Elle partit seule et descendit la côte reliant la haute-ville et la zone des quais. L'air marin lui rappela ses jeunes années. C'était jour de marché. Elle déambula nonchalamment dans le port grouillant d'activité en respirant fortement les odeurs de varech auxquelles se mêlaient celles des légumes et des viandes. Jamais elle n'avait vu autant d'étals de carottes et de navets frais, de pommes, de bœuf en quartiers et de volaille, en cet automne tardif, comme si l'animation avait quintuplé depuis son enfance. Les cultivateurs étaient plus nombreux que jadis et les matelots encombraient les comptoirs plus que généreux. La famine de l'année précédente semblait oubliée.

Elle pensa tout à coup à sa mère, si méfiante des étrangers qui rôdaient dans le port. Pauvre maman ! pensa-t-elle. Elle ne voulait pas que ses chers petits se laissent accoster par le monde pas très catholique qui traînait dans le quartier, même de jour, et qui se livrait à des scènes de débauche devant les cabarets qui poussaient comme des champignons. Les frayeurs de sa mère avaient si bien réussi à piquer la curiosité de Julie qu'elle montait au grenier pour guetter, à travers les carreaux de la lucarne, l'arrivée des femmes de mauvaise vie devant lesquelles sa mère avait l'habitude de se signer.

Julie se dirigea lentement vers la belle chapelle Notre-Dame-Des-Victoires, en pierre de Beauport, avec son nouveau clocher, installé une trentaine d'années plus tôt, alors qu'elle n'était encore qu'une couventine. Les dimanches, elle y accompagnait son père.

Toutes ses pensées allaient maintenant vers lui, d'ailleurs. C'était un rituel : en rentrant dans le sombre portique de la chapelle, Pierre Bruneau plongeait cérémonieusement la main dans le bénitier et d'un geste délibérément maladroit arrosait sa fille d'eau bénite, en s'excusant tout aussi gauchement. Elle cherchait alors à cacher son fou rire en s'essuyant le visage pour que le stratagème échappe à sa mère, qui ne tolérait pas les espiègleries à l'heure des dévotions.

À l'intérieur, ses yeux se portèrent sur la chaire avec son imposant escalier à rampe droite couronné d'un ange à la trompette. Elle crut entendre son père qui, le regardant, imitait le bruit de l'instrument jusqu'à ce que sa femme lui donnât un coup de coude dans les côtes. À droite du retable, près de la balustrade, des ouvriers décrochaient le tableau de Notre-Seigneur descendu de la croix, qui avait si souvent ému la petite fille qu'elle était, pour le remplacer par une Nativité.

Elle se recueillit quelques instants, se signa et quitta la chapelle. Dehors, elle vit droit devant elle le magasin général de son père qui n'avait pas changé ; même devanture, même enseigne, même toit pointu. C'était une maison mitoyenne, à trois étages, faite de grosses roches provenant de l'ancien rivage du fleuve. Comme les habitations voisines, elle avait été construite en hauteur, à cause du manque d'espace dans le voisinage du port. Ses cheminées massives et ses murs coupe-feu, qui dépassaient la toiture, surprenaient le visiteur peu habitué à l'architecture française. Sur le pas de la porte, Julie hésita, puis entra. À l'intérieur, tout était disposé comme avant. Outre les chaudrons en cuivre, les poêles en terre cuite accrochées au mur et les chandelles en cire placées en rangs d'oignons sur les tablettes, il y avait bien en évidence les vins d'Espagne, les pichets d'Allemagne, la porcelaine de Chine, le tabac des Antilles et le café de Turquie. Sur le comptoir, les fromages de Hollande voisinaient toujours le gruyère de Suisse.

Ah ! ces arômes exotiques que Julie retrouvait instinctivement en s'approchant des grosses poches de jute remplies de toutes sortes d'épices indiennes. Derrière le comptoir, le marchand, occupé à ranger de nouvelles marchandises, avait le dos tourné. Tant mieux ! Car c'est Pierre Bruneau que Julie imaginait là, avec ses joues rouges, son nez couperosé, et son bagou qui faisait la joie des clients.

« Vous connaissez ma fille Julie ? leur demandait-il. Cet enfant-là, c'est mon cadeau du ciel ! »

Son père n'était pourtant pas le genre d'homme à rendre grâce à Dieu, lui qui se tenait plutôt loin des sacristies. Mais elle était la première fille de la famille et, à sa naissance, le champagne avait coulé à flots.

Julie regarda l'escalier qui montait à l'étage. Jadis, elle attendait son père, assise sur la dernière marche, à la fin de sa journée de travail. Il éteignait et montait lentement, sa grosse main potelée enserrant la rampe de pin blond. Puis, en attendant le souper, installé près du feu, il délaçait ses chaussures, allumait sa pipe et, prenant sa fille sur ses genoux, il lui demandait de raconter ses mauvais coups au père Fouettard.

Comme il lui manquait, ce père tant aimé, aux allures de provincial français. Tout bedonnant et un peu lourdaud dans ses manières, il avait été un joyeux fêtard.

Julie acheta du papier à lettres et sortit du magasin en se promettant d'y amener Amédée et Lactance, un jour prochain. Elle aurait tant aimé qu'ils connaissent leur grand-père. Mais son cher papa avait écourté sa vie en abusant de la bonne chère et du bon vin. C'est ainsi qu'il avait toujours mené sa barque.

Dehors, elle éprouva l'irrésistible envie de marcher jusqu'au vieux quai et de regarder l'horizon devant elle. Elle se revoyait parcourant le même trajet avec Pierre Bruneau, qui la prenait par la main pour traverser la place publique et lui parlait de son propre père, reparti en France pour ne plus jamais revenir. Elle lui demandait alors, ses grands yeux noirs écarquillés :

« C'est loin, la France, papa ? »

Pierre Bruneau attendait d'être rendu au bout du quai. Là il pointait du doigt les navires amarrés :

« Tu vois le gros voilier, là ? disait-il. Eh bien ! il faut le prendre, voguer sur le fleuve jusqu'à l'océan et naviguer pendant des jours et des jours. Tout au bout, il y a la France. »

L'enfant qu'elle était alors se promettait d'y aller un jour...

▼

La voiture qu'elle avait louée sur la place Royale remontait la côte de la Montagne. Le cocher bifurqua rue des Jardins et s'arrêta devant le Pensionnat des dames ursulines, caché derrière un mur de pierre. Elle descendit et resta quelques instants immobile sur le trottoir.

Elle sonna enfin. Une religieuse qu'elle ne connaissait pas lui ouvrit. Elle la conduisit au parloir où elle attendit mère Saint-Henri, qui lui avait enseigné vingt ans plus tôt et qui était maintenant la supérieure du couvent. Le parquet ciré luisait comme une patinoire et les chaises de bois sombre étaient alignées côte à côte tout autour de la pièce. Une odeur de soupe au chou montait des cuisines. Au mur, une peinture de Marie de l'Incarnation, la fondatrice. Un mélange de sons de piano et de harpe parvenait jusqu'à elle et créait une cacophonie fort disgracieuse. Des petites filles en uniforme de Coburg gris, et qui portaient des coiffes de mousseline, défilaient en silence dans le corridor. Elles s'étiraient le cou, en passant devant les fenêtres grillagées du parloir, pour apercevoir la dame élégante qui se tenait bien droite sur sa chaise au siège en petits points. Julie eut tout à coup envie de rire en constatant qu'elle se tenait le corps raide, qu'elle avait les mains posées l'une dans l'autre, un pied légèrement en avant, le talon de l'autre glissé dans le creux de l'arche, exactement comme les sœurs lui avaient enseigné à le faire au cours d'économie domestique. L'une des couventines, deux longues nattes brunes, une frimousse espiègle, remontait gauchement son jupon de coton qui dépassait. La plupart des fillettes avaient les cheveux courts ou relevés sur le dessus de la tête et retenus par un peigne. Julie pensa que le règlement ne permettait toujours pas de les porter roulés dans des papillotes. Les petites avaient remplacé leurs bas de coton par des bas plus épais.

Un bruit d'étoffe se fit entendre. Mère Saint-Henri entra. Filiforme et d'une pâleur surprenante, elle paraissait sans âge. Julie imagina que, sous sa cornette d'un blanc immaculé, ses cheveux devaient être aussi blancs que son visage.

« Julie, s'exclama-t-elle en lui prenant les deux mains. Madame Papineau, devrais-je dire. Je suis si heureuse que vous ayez pensé à venir me saluer.

— Pour vous, je suis toujours Julie, ma sœur. Je ne vous ai pas oubliée. Mes années ici sont si chères à mon cœur.

— Dire qu'à l'époque, vous ne songiez qu'à sauter le mur pour aller retrouver votre maman. »

Julie avait été une petite fille sensible que les sœurs ne pouvaient gronder sans qu'elle fonde en larmes, mais qui pourtant n'en faisait qu'à sa tête.

« Je revois quelquefois vos consœurs de Québec ; Marguerite Panet, Angélique Cuvillier, Françoise Sabrevois de Bleury... La plupart sont mariées comme vous. Bien mariées. Et Amélie, la petite Amélie, vous saviez qu'elle était religieuse ? Moi, j'avais deviné qu'elle avait la vocation. Comme d'ailleurs je me doutais que vous étiez destinée à un grand avenir.

— Ce ne sont pourtant pas mes notes d'arithmétique qui vous impressionnaient, fit Julie.

— Ni vos ouvrages à l'aiguille, c'est vrai. Mais vous aviez de meilleurs résultats en grammaire et composition française. Et, si j'ai bonne mémoire, vous avez remporté haut la main le prix d'excellence en anglais. »

Mère Saint-Henri invita Julie à revoir la chapelle. Alors qu'elles déambulaient côte à côte dans les longs corridors au parquet luisant, la voix des professeurs qui enseignaient dans les classes arrivaient jusqu'à elles. Des mots comme devoir et pénitence, des explications qui semblaient familières à son oreille.

« Une belle écriture coulée est absolument nécessaire à une demoiselle, disait sœur Amélie dont elle crut reconnaître la voix et qui articulait exagérément chaque syllabe. Les lettres bâtardes, biscornues et souvent illisibles appartiennent exclusivement aux artistes et non à des personnes du sexe. »

Julie regarda la sœur ;

« Rien n'a changé ici, fit-elle. Les maîtresses ne souffrent toujours pas les pattes de mouche de leurs élèves.

— Avez-vous l'intention de nous confier l'éducation de vos filles ? demanda la sœur en montant l'imposant escalier datant du XVIIe siècle.

— J'ai perdu ma fille aînée il y a quelques années, dit Julie. Elle s'appelait Aurélie et nous nous ressemblions comme deux gouttes d'eau. J'aurais aimé que vous la connaissiez.

— Je suis navrée. Cela a dû être une terrible épreuve pour vous. »

Elles passèrent devant le cabinet de physique et de sciences naturelles. Julie jeta un coup d'œil aux nouveaux instruments.

« J'ai une autre fille, Ézilda, qui a six ans, ajouta-t-elle après un moment de silence. Elle est beaucoup trop jeune pour être pensionnaire. Mais je lui inculque déjà le goût de la lecture.

— Le catéchisme aussi, j'espère. Ne négligez pas l'histoire sainte non plus. »

Deux coups de cloche tintèrent et la salle de récréation se vida. Julie pensa que ce devait être l'heure de la récitation des leçons. Dans son temps, les vendredis, les élèves devaient déclamer une demi-page de la versification française de Le Tellier. Parfois, c'était son tour de lire à haute voix les vers qu'elle avait composés sur un sujet donné. Lui revint aussi à l'esprit la fable de La Fontaine qu'elle avait dû réciter de mémoire devant la classe. Elle s'était levée et, dans un silence intimidant, avait prononcé trois mots : « Le cochet, la chat et le souriceau... » Aux prises avec un trou de mémoire terrible, elle avait été incapable de se rappeler la suite. Elle la connaissait pourtant sur les doigts de la main, cette fable, mais les mots restaient bloqués dans sa gorge. Humiliée, elle avait dû se rasseoir cependant que ses compagnes riaient de ses déboires. Jamais par la suite on ne l'avait choisie pour tenir un rôle important dans les pièces de théâtre qui étaient présentées au début de l'été, un jour en anglais, le lendemain en français. Heureusement qu'elle épatait la classe avec ses compositions sur les changements qui s'opéraient dans la nature ou sur les beautés de la campagne. Mère François-Xavier, sa maîtresse d'écriture, la citait comme modèle à ses camarades.

Sa dernière année de couventine avait été marquée par un incident qui avait failli la faire renvoyer. Le jour de la fête de sainte Anne, la patronne de sa mère, elle s'était mis dans la tête de faire une fugue pour aller l'embrasser au magasin général. Les affaires de la famille allaient plutôt mal. Pierre Bruneau avait effectué des transactions hasardeuses et s'était retrouvé acculé à la faillite, avec des dettes dépassant les 6 351 livres sterling. « Tu fais le malheur de ta famille », lui répétait alors Marie-Anne Bruneau, qui avait été forcée de retourner travailler au magasin. Après avoir élevé ses sept enfants, elle avait donc recommencé à piquer des peaux de fourrure, jusqu'à en avoir les doigts meurtris. Lorsqu'on la prenait en pitié, elle relevait la tête et disait, non sans flegme, « J'ai repris le collier, c'est arrivé à d'autres avant moi. »

À douze ans, Julie s'en voulait d'être au couvent alors qu'elle aurait dû donner un coup de main à sa mère. Rien n'aurait pu l'empêcher de courir jusqu'à elle, le jour de la fête de sa sainte patronne. La petite copine à qui elle avait confié son plan n'avait pas tenu sa langue et c'est ainsi qu'en escaladant le mur de pierre, au fond de la cour du couvent, elle avait vu s'approcher nulle autre que mère Saint-Henri.

« Vous imitez les singes, mademoiselle Bruneau ? avait-elle dit, cinglante. Voilà qui vous rend fort intéressante. Descendez ! »

Le ton de la religieuse ne laissait aucune place à la discussion. Julie s'était exécutée sans mot dire. Il n'y avait eu ni fouet ni férule, les punitions corporelles étant depuis peu interdites. Mais elle avait été privée de l'uniforme et, humiliation suprême, forcée de manger seule, à la table de bois du réfectoire, pendant toute une semaine. L'idée de récidiver ne lui avait jamais effleuré l'esprit.

Dans la salle de musique qu'elles traversèrent ensuite, Julie observa quelques élèves occupées à répéter leurs gammes.

« Nous aurons bientôt des pianos sourds, ce qui permettra à la maîtresse de donner ses leçons à six élèves à la fois », annonça fièrement la supérieure, trop contente d'exposer les progrès de son établissement. La chapelle où Julie s'agenouilla un moment était restée intacte. Même statue de la Vierge tenant son fils ensanglanté sur son sein, même chemin de croix aux images bouleversantes pour une petite fille sensible comme elle.

La religieuse raccompagna Julie jusqu'à la sortie. Elle lui fit promettre de revenir la voir plus souvent et de lui amener sa petite Ézilda. Dans la cour de récréation, quelques couventines jouaient au croquet. Julie se rappela qu'à l'âge de la puberté les sœurs l'avaient fait courir dehors, sur le trottoir de bois qui traverse la pelouse, en lui expliquant secrètement qu'il était important de faire de l'exercice au grand air pour que son sang s'écoule.

En ce temps-là, les petites filles n'avaient pas le droit de boire du thé, jugé poison mortel pour les personnes du sexe. Elle s'enquit auprès de la supérieure s'il en était toujours ainsi. Celle-ci, qui refermait la grille derrière elle, s'arrêta brusquement, surprise par la question :

« Évidemment, fit-elle. Surtout pris à jeun, le thé est dangereux, vous vous en souvenez, j'espère. Il nuit à la digestion et provoque les maladies hystériques car il s'attaque aux nerfs. »

Julie ne répondit rien. Elle pensa que bientôt des sœurs comme mère Saint-Henri empliraient la tête de sa fille Ézilda de toutes sortes d'idées dépassées. La voiture était garée le long du trottoir et le cocher l'aida à y monter. Il retira son chapeau pour saluer la religieuse, qui envoyait la main à Julie du portail.

Et la voiture démarra sans que Julie songe à se retourner, toute à ses souvenirs ; l'odeur de la soupe, le chant pointu des sœurs qui répétaient dans la chapelle, la cloche qui provoquait toujours un remue-ménage chez les pensionnaires...

▼

Le jour du départ, Julie avait la mine triste. Elle aurait aimé prolonger son séjour aux côtés de Louis-Joseph avec qui elle venait de vivre une deuxième lune de miel. Il s'était montré attentif et amoureux comme elle ne l'avait pas vu depuis longtemps. Mais il valait mieux profiter du redoux passager pour retourner à Montréal plutôt que de risquer que les glaces lui interdisent de rentrer par bateau. Papineau la reconduisit au *John Molson* qui appareillait à neuf heures. Le docteur Nelson l'attendait sur le quai. Il se chargerait de la raccompagner à Montréal.

« Alors, monsieur Papineau, vous êtes satisfait de votre enquête ? demanda le médecin.

— Mon enquête ? répéta Papineau. Elle aura eu ceci de bon : le gouverneur Aylmer a commencé à réaliser qu'il se roulait dans des draps sales.

— Il vous a finalement remis les rapports reliés à la fusillade qu'il avait en sa possession ?

— Il n'avait pas le choix. Refuser eût été s'inculper trop directement.

— Voilà une bonne chose de faite, conclut le docteur Nelson en lui serrant la main. Venez, Julie, il est temps de partir. »

Papineau l'embrassa en l'inondant de recommandations et lui fit promettre de lui écrire deux fois par semaine. Enveloppée dans une chaude pèlerine à capuchon, elle resta sur le pont à regarder la voiture de son mari devenir de plus en plus minuscule avant de disparaître pour de bon. Ce n'est qu'à ce moment-là qu'elle se laissa conduire à la chambre des dames et plaça sa petite valise sous le lit à deux étages qui lui était réservé.

Il y avait moins de voyageurs qu'en tout autre temps de l'année et ils étaient confinés à l'intérieur, car la pluie mêlée de grêle avait commencé à tomber dès le départ du bateau. Julie passa donc le plus clair de ses journées dans le salon, tantôt à lire *L'Abeille Canadienne* et les gazettes, tantôt à converser avec le docteur Nelson. À l'heure des repas, ils partageaient leurs paniers de victuailles.

« Qu'est-ce qui vous fait sourire, lui demanda-t-il soudainement, en l'observant du coin de l'œil.

— Je suis en train de lire un poème d'amour, répondit-elle en lui tendant la *Gazette des Trois-Rivières*. Vous savez qui a écrit ce petit chef-d'œuvre ? Nulle autre que ma voisine, Marguerite Viger. C'est très beau. Elle a vraiment du talent. Et vous ? Vous tournez les pages de votre gros livre depuis au moins une heure. Ça a l'air passionnant.

— J'étudie une nouvelle façon de dépister la syphilis, répondit-il. Il y a une recrudescence de cas à Caughnawaga. Savez-vous que l'épidémie de 1826 ne s'est jamais complètement résorbée ?

— Non, je l'ignorais.

— Les malades qui ont des irruptions cutanées essaient de se soigner eux-mêmes, quand ils ne vont pas tout bonnement voir des charlatans.

— Les Indiens vous occupent toujours autant.

— Eh oui ! Après le choléra, la syphilis. Après les immigrants de la Pointe Saint-Charles, les Indiens de Saint-Régis et du Lac-des-Deux-Montagnes, voilà mon lot. »

Dans le Bas-Canada et même à l'étranger, le docteur Robert Nelson était connu comme l'homme des cas difficiles. Il avait fait parler de lui en France quand, au cours d'une importante opération, il avait osé interrompre un éminent chirurgien sur le point d'effectuer un geste malheureux. C'est lui qui avait dû terminer l'intervention sous les applaudissements des médecins et étudiants qui assistaient. Ici, il avait sauvé des vies considérées comme perdues, particulièrement chez les «sauvages» qu'il soignait volontiers, contrairement à certains de ses collègues dont les préjugés étaient plus forts que le serment d'Hippocrate qui les obligeait à porter secours à tout être humain quel qu'il fût.

Il ne vivait d'ailleurs que pour ses malades. Quelques années plus tôt, son frère aîné, Wolfred, médecin comme lui, avait réussi à l'attirer dans l'arène politique sous la bannière du Parti canadien ; après un mandat, il s'était retiré. Il sympathisait avec les patriotes, mais demeurait convaincu qu'il était plus utile à soigner ses malades.

Il avait donc abandonné la politique, ce qui ne l'empêchait pas d'avoir maille à partir avec le gouverneur anglais et ses sous-fifres qui avaient toujours refusé de le nommer chirurgien en chef des Indiens, poste qu'il réclamait avec insistance. Il ne s'entendait guère mieux avec les sœurs de l'Hôtel-Dieu qui lui avaient fait des difficultés lorsqu'il avait exigé d'urgentes améliorations à l'hôpital. Devant leur refus obstiné, il avait remis sa démission, même si cela ne se faisait pas. Robert Nelson n'en était plus à une audace près.

« Vous leur avez fait la vie dure », le gronda Julie.

Il admit volontiers ne pas être un homme facile et reconnut même qu'il déroutait ses interlocuteurs par sa façon d'aller droit au but, sans ménagement. Mais, à trente-neuf ans, il n'allait pas changer. Julie admirait cet homme tout d'une pièce. Elle sentait plus ou moins confusément qu'il se plaisait en sa compagnie. Parfois, ses yeux cherchaient les siens et elle en était troublée. Il devenait disert et pouvait lui raconter tout ce qu'il savait sur les us et coutumes des Indiens, lui habituellement si peu loquace. Peu à peu, sa retenue tombait.

« Vous n'avez jamais eu la partie facile, constata-t-elle, sans chercher à trop le flatter.

— La vérité, ma chère Julie, c'est que les médecins sont sous le contrôle absolu du gouverneur. Les hôpitaux manquent de place et nous sommes forcés de soigner chez eux des malades qui devraient être hospitalisés. Pendant l'épidémie de choléra, par exemple, j'en aurais sauvé beaucoup plus si j'avais pu les hospitaliser.

— À votre manière, lui dit Julie sur un ton persuasif, et bien que vous vous en défendiez, vous faites, vous aussi, de la politique, cher docteur. »

▼

La fin du voyage l'enchanta moins. Le capitaine avait pris la gageure d'arriver à Montréal en un temps record. Julie, qui n'avait pas l'habitude de naviguer à bord des *steamers* faisant la navette entre les deux villes, ignorait tout du petit jeu qui égayait tant les voyageurs à partir des Trois-Rivières. C'était à qui stimulerait le plus l'ardeur du capitaine en criant des hourras quand son embarcation franchissait la distance entre deux points plus rapidement que prévu.

« Plus vite ! capitaine Roach, plus vite ! »

Lorsque le bois ne suffisait pas à alimenter le feu des fournaises, les matelots jetaient de la résine et des graisses dans la cuve. À Berthier, le combustible vint à manquer et le capitaine Roach acheta d'un cultivateur des carcasses de cochon qu'il engloutit dans la fournaise. Julie se réfugia dans la chambre des dames pour échapper à l'odeur de viande grillée.

En débarquant à Montréal, les passagers félicitèrent le capitaine pour son exploit ; jamais ils n'avaient fait le voyage aussi rapidement. Julie et le docteur n'étaient pas mécontents d'arriver, eux non plus. Ils sautèrent dans une voiture de louage qui les conduisit rue Bonsecours. Robert Nelson en descendit le premier pour aider Julie avec ses bagages. Puis il l'embrassa ;

« Voyager avec vous est un plaisir, chère Julie. Je n'ai pas vu le temps passer.

— Moi non plus, Robert ; j'ai beaucoup apprécié votre compagnie, répondit-elle en l'embrassant à son tour. Surtout, ne laissez pas votre médecine vous éloigner trop de la politique. Notre cause est juste, ne l'oubliez pas... Nous avons besoin de vous.

— Ne craignez rien. Le gouverneur Aylmer me trouvera toujours sur son chemin s'il bafoue les droits des Canadiens. »

Nelson remonta dans la voiture qui s'éloigna.

CHAPITRE X

La jalousie

Rue Bonsecours, le salon ne désemplissait pas depuis le retour de Julie. L'après-midi, ses amies arrêtaient pour prendre des nouvelles de son voyage et il leur arrivait souvent de bavarder jusqu'à l'heure du thé qu'elles prenaient ensemble dans le petit salon aux rideaux bleus, en haut de l'escalier. Julie s'étendait sur son récamier en soie cramoisie, un livre à la main, jusqu'à l'arrivée des dames qui, la trouvant ainsi, la comparaient au grand vizir d'Orient accordant des audiences sur son sofa ou à madame de Sévigné – Marie-Chantal, pour les intimes – organisant des séances de lecture dans ses appartements particuliers.

Parfois, sa voisine, Marguerite Viger, la femme de Jacques, lisait à haute voix une pièce de Molière. D'autres fois, Julie s'installait au clavecin en bois d'acajou satiné et jouait quelques airs à la mode tandis que ses cousines Viger chantaient. C'est encore Marguerite qui avait la plus jolie voix. Lorsqu'elle entonnait « Comment veux-tu que je vive ? », elles devenaient sentimentales.

Mais comme le cercle s'élargissait de jour en jour, Julie décida de recevoir ses invitées dans le grand salon adjacent à la salle à manger. Habituellement les portes demeuraient fermées à clé à cause des enfants qui avaient la manie d'y jouer à cache-cache, les jours de pluie, et qui laissaient tomber leur tartine de confitures sur le tapis de Bruxelles, émaillé de guirlandes de fleurs. Julie fit ouvrir la pièce, mais en interdit l'accès à Ézilda et à Gustave, sous peine d'être sévèrement punis, et demanda qu'on y installe son sofa. Tout autour, on disposa les fauteuils en acajou solide à sièges recouverts de crin noir et la bergère Louis XV. Elle avait aussi prévu quelques chaises droites, foncées de jonc, pour les retardataires.

Un jour de la fin de novembre, Julie insista pour que Marguerite Viger fasse profiter leurs amies de ses talents d'actrice. Issue d'une

vieille famille de Saint-Luc, les Lacorne, elle avait des manières raffi-
nées, de l'esprit et une culture hors du commun. Elle jouissait d'un
certain prestige auprès des dames depuis que la *Gazette des Trois-
Rivières*, la seule à faire une place à l'écriture féminine, avait publié
quelques-uns de ses poèmes d'amour. Les autres revues jugeaient
qu'une honnête femme ne s'exprime pas sur la place publique.

Marguerite Lacorne Viger n'était ni laide ni belle, mais sa forte
personnalité, dénuée de toute prétention, la rendait attachante.
Appuyée à la cheminée de bois, peinte en blanc pour imiter le marbre
de Carrare et surchargée d'arabesques rococo en plâtre, elle jouait
tour à tour le rôle du malade imaginaire et celui de sa femme Béline
dont elle connaissait les répliques par cœur.

> Argan
> Ah ! ma femme, approchez.
> Béline
> Qu'avez-vous, mon pauvre mari.
> Argan
> Votre coquine de Toinette est devenue plus insolente
> que jamais.

Dès le début de la scène, Marguerite remarqua que les respec-
tables dames manquaient d'attention. On aurait dit qu'elles se laissaient distraire par tout et par rien.

« Allons, allons, mes amies, fit-elle en tapant des mains, un peu
de silence. Je reprends le dialogue.

> Argan
> Elle m'a fait enrager, mamie.
> Béline
> Là, là, tout doux.
> Argan
> Et a eu l'effronterie de me dire que je ne suis point malade.

Marguerite s'arrêta sans que personne s'en aperçût. Elle fut bien
obligée de se rendre à l'évidence : les lamentations du pauvre Argan
laissaient ses amies froides, comme d'ailleurs les effronteries de
Toinette. Déçue, elle perdit patience :

« Mais vous ne m'écoutez pas ? »

Honteuses, les dames voulurent se faire pardonner. Mais oui, elles
étaient tout ouïes et l'imploraient de poursuivre. Sans grand enthousiasme, Marguerite acquiesça en précisant qu'elle faisait une dernière

tentative. Mais le chuchotement eut tôt fait de reprendre. Incapable de se concentrer, elle trébucha sur les mots les plus simples, elle qui, habituellement, jouait divinement, ce qui mit fin à sa récitation.

Julie s'efforça de la réconforter.

« Marguerite, vous n'y êtes pour rien. Nos amies se pensent au couvent et attendent la récréation.

— Dites plutôt qu'elles ont la fièvre de la politique », lui répondit Marguerite.

Les invitées de Julie avouèrent enfin qu'elles mouraient d'envie de parler de l'enquête qui venait de se dérouler à Québec et où Julie avait témoigné. *Le Malade imaginaire* pouvait toujours attendre. Jamais auparavant elles ne s'étaient montrées aussi enflammées par la cause des patriotes. Au point qu'elles décidèrent de former un cercle où il ne serait question que d'affaires politiques.

L'idée trottait dans la tête de plusieurs depuis que la rumeur voulant qu'on enlève aux femmes le droit de vote avait commencé à circuler. Elles avaient été nombreuses à voter, lors de l'élection dans Montréal-ouest, mais certains députés soutenaient qu'étant donné la brutalité du dernier scrutin, il était peu recommandable d'exposer le sexe faible à des scènes aussi disgracieuses. Elles n'allaient pas laisser faire ça. Si les Anglais se préparaient à asseoir Victoria sur le trône d'Angleterre, elles ne voyaient pas pourquoi les hommes de ce pays décideraient que la nature les avait conçues trop faibles ou trop imparfaites pour voter.

Mais cet après-midi-là, les membres du cercle étaient à cent lieues de penser à la menace qui planait sur leur droit de vote. Dans le salon rempli à craquer, la fusillade faisait l'objet des conversations. Les unes dénonçaient les mensonges des bureaucrates à l'enquête, les autres applaudissaient le grand Voyer qui avait envoyé au tapis le dangereux boxeur anglais. Henriette Chevalier de Lorimier, une toute jeune femme avec qui Julie s'était liée d'amitié, raconta comment le parapluie qu'elle avait offert à son mari avait été sectionné par une balle, sans même qu'il s'en aperçoive. Et Adèle LaFontaine délaissa un peu ses bonnes œuvres pour prendre la défense de son mari, Louis-Hippolyte, accusé en Chambre d'avoir fomenté la révolte.

« Imaginez ! dit-elle, mon Hippolyte s'est avancé sur la place d'Armes au milieu des tirs, il a tout fait pour convaincre les gens de rentrer chez eux, et voilà qu'on le traite en vulgaire émeutier ! »

Marguerite Viger, elle, fustigeait les députés des districts de Montréal qui ne s'engageaient pas suffisamment dans le déroulement de l'enquête :

« C'est une honte ! Ils ont déguerpi malgré le mot d'ordre de Papineau, s'écria-t-elle. Quel manque de patriotisme ! Quelle inconséquence ! »

Le nom Papineau était sur toutes les lèvres. On vantait son courage et on le hissait sur un piédestal. Depuis son fameux discours de clôture en Chambre, dans lequel il s'en était pris au gouverneur, les dames répétaient qu'il avait vengé les Canadiens de la défaite des plaines d'Abraham. Elles insistaient aussi sur son inestimable contribution à la survie de la nation.

« Le gouverneur Aylmer vient enfin de rencontrer son Waterloo, et c'est bien fait pour lui », dit Luce, la femme du libraire Fabre, en distribuant les portraits du « grand Papineau » que son mari avait fait imprimer.

▼

Ce concert d'éloges remplissait Julie d'orgueil, mais certaines flatteries avaient tout de même le don de l'agacer. Des commères envieuses qui s'étaient infiltrées dans le groupe maniaient avec finesse l'art du sous-entendu et la narguaient effrontément.

« Madame Papineau, votre mari, quel bel homme ! susurra l'une. Ça ne vous inquiète pas de le laisser seul à Québec ? Surtout pendant le temps des fêtes ? »

Julie laissa filer l'allusion en se persuadant qu'elle n'était pas mesquine. Mais cette Antoinette Bédard ou Bérard, qu'elle accueillait chez elle pour la première fois et qui venait apparemment de quitter la capitale pour s'établir à Montréal, devenait impertinente :

« Être l'épouse d'un homme si puissant et si charmant ! Quel dommage que vous soyez cloîtrée ici, à Montréal, alors que votre mari a le champ libre à des lieues d'ici...

— Que voulez-vous insinuer ? demanda Julie, visiblement contrariée.

— Si le siège du gouvernement était à Montréal, vous pourriez garder un œil sur lui, tandis qu'à Québec...

— Vous ne finissez donc jamais vos phrases ? remarqua Julie sèchement. Permettez que je vous le dise : vous êtes insolente.

— Allons, ne vous emportez pas, chère madame Papineau, reprit l'autre, mielleuse. Vous me comprenez, toutes ces femmes qui tournent autour de votre mari pourraient aussi lui tourner la tête. Mais ne faites pas attention à ce que je dis, vous qui avez la chance de ne pas être une épouse jalouse. »

Quelle chipie ! pensa Julie. Elle détesta l'effrontée dont les insinuations perfides la troublaient. Elle prétexta une mauvaise chute de son fils Gustave dans l'escalier pour écourter la réunion du cercle. À peine ses invitées avaient-elles eu le temps d'avaler les petits gâteaux que la bonne venait d'apporter qu'elles se sentirent obligées de tirer leur révérence.

Une fois seule, Julie chercha à chasser de son esprit les allusions à peine voilées de madame Bédard. Mais les racontars les plus saugrenus, glanés au hasard de ses récentes sorties et chassés de sa mémoire, refirent surface. Ne répétait-on pas, à droite comme à gauche, que Louis-Joseph avait été vu en charmante compagnie au bal de l'Assemblée ? Avec une certaine demoiselle Doucet, une jolie blonde aux yeux bleus qui faisait des malheurs à Québec.

Lady Aylmer ne lui avait-elle pas, elle aussi, affirmé que son mari ne ratait jamais les réceptions du gouverneur ? Qu'il assistait aux soirées du juge en chef ? « La dernière fois, il a tellement complimenté madame Moquin sur ses atours qu'elle en a rougi », lui avait glissé à l'oreille une envieuse. « Et quel costume élégant il portait chez les Drapeau, où il accompagnait la veuve Plamondon... », avait renchéri une autre.

Toutes ces phrases tournaient dans sa tête. Julie sentait monter la colère en elle. N'était-ce là que vile calomnie ou cherchait-on tout bonnement à la mettre en garde ? Louis-Joseph lui était-il infidèle ? Saisie par le doute, elle monta à sa chambre, ouvrit son secrétaire dans lequel elle gardait toutes ses lettres. Elle les relut les unes après les autres, cherchant, en craignant de le trouver, un indice compromettant pour lui.

Mais rien. Pas l'ombre d'une piste pour appuyer ses soupçons. À longueur de pages, il lui répétait qu'il mourait d'ennui dans cette ville terne et sans âme, qu'il l'aimait plus que tout au monde, qu'il rêvait au jour où il la prendrait dans ses bras.

« *Depuis ton retour à Montréal, je n'ai été à aucune fête* », lui avait-il juré. Il prétendait qu'il veillait sagement à la pension : « *Il y a eu une réunion chez monsieur Desbarrat. Mais ce soir-là, nous sommes sortis de Chambre à huit heures et ma paresse m'a prêché qu'il était trop tard pour faire ma toilette et y aller. Comme de coutume, j'ai joué aux échecs.* »

Pourtant, un nom revenait plus souvent que les autres sous sa plume. Celui de sa propre cousine, Rose Amyot-Plamondon, qui avait épousé un camarade de collège de Louis-Joseph. Louis Plamondon était mort quelques années plus tôt et avait demandé par testament que Papineau s'occupât de ses affaires au nom de sa femme. Ce dont il semblait s'acquitter avec zèle.

« *Demain, je mène Madame Plamondon à Lorette...* lui avait-il annoncé. » Puis, dans sa toute dernière lettre : « *N'envoie pas de soie pour ma veste, madame Plamondon m'en a acheté.* » Et encore : « *J'accompagne madame Plamondon au bal, elle a insisté...* »

Plus Julie se répétait que c'était impossible, plus le doute s'installait en elle. Sa cousine Rose avait été bien malheureuse en ménage. Son défunt mari, un coureur de jupons sans pareil, avait fait d'elle un objet de dérision tant ses liaisons amoureuses étaient connues et ses mensonges, cousus de fil blanc. À sa mort, survenue alors qu'il était encore jeune et beau, ses amis avaient répété qu'il avait brûlé la chandelle par les deux bouts. Personne n'avait songé à plaindre sa femme pour qui, laissait-on entendre, cette perte devait être une délivrance. Louis-Joseph se serait-il mis en frais de consoler la séduisante veuve de son ami de collège ? Julie n'osait le croire.

« Pas Rose, pas ma cousine, jamais elle ne me ferait ça, pensat-elle, à demi convaincue. N'empêche qu'elle est drôlement belle, Rose. Et aguichante en plus. On ne lui donne même pas trente ans. »

Julie soupira. Une chose était certaine, du vivant de Louis Plamondon, son mari n'avait pas toujours le nez fourré chez lui. Mais elle n'allait quand même pas lui faire étalage de ses soupçons. Elle avait son orgueil. Néanmoins, sa curiosité – ou ses doutes – l'emporta. Elle plongea sa plume dans l'encrier et, mine de rien, demanda à Louis-Joseph de lui décrire dans le menu détail ses sorties mondaines et ses loisirs. Elle voulait, lui écrivit-elle, pouvoir l'imaginer où qu'il fût, à toute heure de la journée et de la soirée.

Mais elle fut plutôt déçue de ses réponses. Contrariée même. Tantôt il lui parlait de la dernière tempête de neige, accompagnée d'un impétueux vent du nord-ouest qui avait considérablement réduit les activités des Québécois, en plus d'enterrer les maisons jusqu'au toit. Tantôt il lui narrait dans le détail sa visite chez le lieutenant-gouverneur, un vieil homme malade, affligé d'un rhume négligé qui menaçait de dégénérer en fluxion de poitrine. Une autre de ses lettres faisait état de son agacement d'être obligé de dîner au séminaire avec l'évêque, un prêtre terne, et tout son clergé ennuyeux comme la pluie. Il lui racontait enfin sa visite « *plaisante et instructive* » chez un certain monsieur Chasseur qui possédait une collection de cinq cents oiseaux empaillés. Mais pas de noms de femmes... ni aucun bal !

« *Et le temps des fêtes qui approche*, insista-t-elle par retour du courrier. *Penses-tu venir passer quelques jours à Montréal avec nous ?* »

« *Non*, répondit-il, comme si la question était superflue. *J'ai trop à faire, tu le sais, ma chère Julie.* »

Mais alors, elle voulut savoir comment il comptait passer le réveillon, seul à Québec, loin des siens. Il ne lui en avait pas glissé un seul mot, ce qu'elle lui reprocha à son tour. Un oubli sans doute qu'il s'empressa de corriger : « *Ma bonne amie, je souhaite que tout Québec, en sortant du temps des fêtes, échappe à l'empire du diable et de la folie qui, comme de coutume, va agiter les habitants pendant quinze jours. L'influence contagieuse gagne les plus raisonnables et pendant que tu t'ennuies de trop de solitude, je ne m'ennuie pas moins de trop de dissipation et de brouhaha...* »

Le chat était sorti du sac ! Louis-Joseph allait faire la fête ! Et le pauvre chéri aurait voulu qu'elle le plaignît « *d'être forcé de prendre part aux folies qui ne sont plus de mon âge, jusqu'à une heure ou deux du matin, et cela quatre soirs de suite* ». Et avec Rose Plamondon, je suppose, accusa-t-elle en relisant sa dernière missive. Quel culot ! Julie déchira la lettre en mille miettes et la mit au feu.

« Je vais lui en faire, moi, des « *ma belle Julie, qu'il me sera doux de te retrouver* ». Ou des phrases creuses comme : « *L'ennui de toi m'accable...* » Comble d'audace, il lui parlait de la confiance qui régnait entre eux et qui contribuait à adoucir les misères de la vie. « *Tu as toute la mienne* », avait-il ajouté.

Et quoi encore ? Il la laissait seule avec quatre enfants sur les bras. Amédée qui avait des problèmes de discipline au collège, Lactance que les sulpiciens lui avaient renvoyé parce qu'il souffrait des hémorroïdes et le petit Gustave qui n'avait rien trouvé de mieux que de débouler dans l'escalier tandis qu'elle était au chevet d'Ézilda, laquelle avait attrapé la coqueluche. Comme si elle avait le temps de penser à batifoler ! Il n'avait pas grand mérite, son bon mari, de lui faire confiance. Tandis qu'elle avait de sérieuses raisons de douter de lui.

Non, elle n'allait pas pleurer. Ni de rage ni de désespoir. Au fil des ans, la douce Julie s'était endurcie. « Il me le paiera », décida-t-elle tout simplement, en fermant l'œil, ce soir-là.

CHAPITRE XI

La naine

Julie tint parole. Elle était de nature rancunière et, sans autre explication, elle cessa d'écrire à son mari. Joseph Papineau, qui s'était réinstallé chez elle depuis qu'il était veuf, sentait bien que ça ne tournait pas rond entre sa bru et son fils. Cela l'attristait d'autant plus que les fêtes approchaient, les premières depuis la mort de sa Rosalie.

Il n'avait pas le cœur à rire, Joseph, sauf avec ses petits-enfants. Comme ça ne dérougissait pas à son étude de notaire, où les clients défilaient comme au confessionnal, il travaillait dans ses papiers jusqu'aux premières lueurs du jour. Il faisait ensuite la grasse matinée, ne se levant qu'à l'heure où le barbier arrivait pour le raser, le peigner et attacher sa longue chevelure en couette, pour ensuite la poudrer.

Le petit Gustave ne manquait pas d'assister au cérémonial. Il entrait dans la chambre de son grand-père à pas de souris et, accroupi dans un coin, attendait sagement que le dernier coup de peigne soit donné. Alors, Joseph Papineau prenait sa voix grave et disait :

« Allons, Gustave, c'est à ton tour de te faire faire la barbe. Approche. »

Le petit s'avançait en battant des mains. Joseph le soulevait au bout de ses bras et le couvrait de baisers, en frottant ses joues rudes à celles de Gustave jusqu'à ce qu'elles rougissent. Puis il le posait par terre et se dirigeait vers une armoire, en menaçant de bâtonner les méchants enfants. Il tirait un impressionnant trousseau de clés de sa poche, ouvrait le tiroir du haut et en sortait une cassette qui, disait-il, était remplie de trésors. C'étaient des bâtons odorants et des boules de toutes les couleurs. Gustave prenait une poignée de bonbons pour lui-même et une autre pour sa sœur Ézilda, qui avait « un gros bobo », et il filait à toute allure montrer ses cadeaux sucrés à sa maman.

À midi, Joseph Papineau descendait prendre son déjeuner. Julie faisait manger les enfants à la même heure, dans l'espoir d'égayer un peu le vieil homme taciturne. Elle s'occupait elle-même de la toilette des petits et ce, en dépit des protestations de la gouvernante, qui préférait frictionner elle-même son Gustave tout joufflu.

« Madame, vous vous éreintez pour rien. Je sers à quoi, moi ? »

Marie Douville était au service des Papineau depuis si longtemps qu'elle faisait maintenant partie de la famille. Orpheline en bas âge, elle avait d'abord été bonne à Maska, chez ses oncles maternels, des fermiers bourrus qui la traitaient durement. C'est la seigneuresse Dessaulles qui l'avait recommandée à sa belle-sœur Julie. Avec son infirmité – elle avait une jambe plus courte que l'autre –, mademoiselle Douville savait que ses oncles, qui passaient leur temps à lui mettre sur le nez qu'elle était une bouche de plus à nourrir, elle qui mangeait comme un oiseau, finiraient par la placer à l'auberge. Elle n'avait pas peur de la « grosse » ouvrage, loin de là, mais elle avait suffisamment d'éducation et de savoir-faire pour souhaiter travailler chez des bourgeois.

« Mademoiselle Douville, vous savez bien que je ne pourrais jamais me passer de vous », lui répondit Julie, tout en continuant à savonner les mains de Gustave.

En apercevant son beau-père qui venait s'attabler, elle replaça une mèche rebelle dans son chignon et lui sourit :

« Vous avez bien dormi ?

— Comme un loir, répondit-il, selon son habitude. Et Lactance ? Ça va mieux ? C'est tout de même curieux cette inflammation du fondement.

— Je lui ai mis des cataplasmes de graines de lin, dit-elle. Ça le soulage. Mais il ne veut toujours pas se lever. Je le laisse faire. Franchement, je m'inquiète surtout pour Ézilda.

— Arrêtez donc de vous en faire. Tous les enfants attrapent la coqueluche.

— Peut-être, répondit-elle en soupirant. Mais je ne veux courir aucun risque et j'ai fait appeler le docteur Nelson.

— Et... et Papineau ? demanda-t-il après une hésitation. Lui avez-vous donné des nouvelles des enfants ?

— Vous lui avez écrit, vous. Je suppose que vous le tenez au courant de ce qui se passe à la maison, répondit-elle sèchement.

— Julie, ça fait deux semaines que vous boudez, vous savez bien qu'il se morfond. Cessez vos enfantillages. Vous ne devriez pas le laisser dans l'inquiétude. »

Elle fixa Joseph avec l'air de dire : de quoi vous mêlez-vous ? Il comprit et ajouta, comme pour s'excuser :

« Il est tout à l'envers. Ça n'a pas d'allure. »

Julie avala une cuillerée de potage. Malgré les supplications de Louis-Joseph, elle n'avait pas flanché. Il avait beau lui écrire que l'incertitude était un tourment bien déchirant et que son silence était une privation trop grande, rien ne l'avait ébranlée.

« Qu'est-ce qui ne va pas entre vous ? insista Joseph en passant la main dans sa crinière blanche.

— Demandez-le-lui, si ça vous démange de le savoir ! » rétorqua Julie en durcissant le regard. Puis après une pause, elle ajouta plus doucement : « Écoutez, pépé, vous et moi, on s'entend bien, n'est-ce pas ? Alors occupons-nous chacun de nos affaires et ça ira. »

La repartie laissa le vieil homme bouche bée. À son âge, il n'avait pas l'habitude de se faire parler de la sorte. Il passa à un cheveu de remettre sa bru à sa place. Mais il était bien forcé d'admettre qu'elle avait raison : cette querelle de ménage ne le regardait pas. Il termina sa tasse de thé en silence, se leva mais, au moment de passer la porte, il ne put s'empêcher de bougonner :

« Ah ! les femmes, elles ne guériront jamais. Chez elles, la fantaisie fait toujours taire la raison. »

▼

Lorsque le docteur Nelson arriva, Julie était en train de replacer les couvertures d'Ézilda. Il passa d'abord examiner Lactance, qu'il trouva encore faible, mais ne s'en inquiéta pas outre mesure. L'enfant avait sans doute pris froid, ce qui avait provoqué la dilatation des veines de l'anus, suffisamment en tout cas pour que les sulpiciens refusent de le garder à l'infirmerie du collège. Et comme il s'alimentait peu, les forces ne revenaient pas.

« Mon cher Lactance, je t'ai apporté de la lecture, fit-il en sortant un petit livre de sa trousse. Ta mère m'a confié que tu aimais les récits des grands combats. Eh bien, voici une plaquette qui raconte les faits d'armes de mon ancêtre, l'amiral Nelson.

— Le héros de Trafalgar ? fit Lactance pour avoir l'air savant. Est-ce vrai qu'il a perdu un œil et un bras au combat ?

— Oui, mais ça ne l'a pas empêché de remporter une grande victoire qui donna le contrôle des mers à l'Angleterre », dit Robert Nelson en lui tendant l'ouvrage.

Il prit ensuite le pouls et la température du petit garçon.

« Tu ne me jouerais pas une comédie pour ne pas retourner au collège, n'est-ce pas ?

— Je déteste être pensionnaire, répondit le garçonnet. Le dortoir est lugubre et mon paillasson, dur comme de la roche.

— Tourne-toi sur le ventre, fit le médecin. Je veux examiner ton hémorroïde. »

La tumeur ne désenflait pas et cela le surprit :

— Mais où diable as-tu pris froid ?

— Au lavabo du collège, répondit l'enfant. Les robinets distillent l'eau au compte-gouttes et nous sommes trente à faire notre toilette en même temps. Comme je suis l'un des plus petits, mon tour vient en dernier. Alors il faut que j'attende pieds nus sur le carrelage glacé. Ensuite, on s'en va à la chapelle qui n'est pas chauffée.

— Sais-tu que tu ferais un bon acteur ? constata le docteur. À t'entendre, on croirait que tes parents t'ont enfermé dans un donjon du Moyen Âge. »

Tout en parlant, Robert Nelson rédigea une ordonnance qui ressemblait plutôt à un menu :

« Tu vas me promettre de vider ton assiette à chaque repas, ordonna-t-il.

— Eurk, du foie de veau ? dit Lactance en lisant sur la feuille au-dessus de son épaule. Je ne suis pas capable.

— Eh bien, mon vieux, il faudra t'y faire, si tu veux retrouver tes forces et poursuivre tes études.

— Je veux être externe. C'est le pensionnat qui me rend malade. Voulez-vous savoir ce qu'on mange ? Le matin, on a droit à une écuelle de café d'orge et une tranche de pain. Le midi, de la soupe qui a l'air de l'eau de vaisselle, de la viande ou de la morue salée. Et le soir ? Les restes du midi. Quand je me couche, je suis tellement affamé que j'en ai des crampes.

— Allons, fit le docteur en se levant. Ne dis pas de bêtises. Sois raisonnable, tu n'es plus un bébé. Pense à ta maman. Tu ne trouves pas qu'elle a assez à faire ? Elle passe ses journées à courir du lit d'Ézilda au tien. »

Robert Nelson se leva tandis que l'enfant ouvrait la plaquette et commençait à lire. Il dit au revoir au docteur. Dans sa tête, il était bien déterminé à ne pas avaler une seule bouchée de foie de veau, fût-ce sous la torture.

▼

La porte de la chambre d'Ézilda était entrebâillée et Julie se retourna en entendant les pas du médecin.

« Bonjour, Robert, c'est gentil d'être accouru.

— Eh bien, tu en fais une tête, fit-il en examinant le petit visage d'Ézilda rougi par la fièvre. »

La fillette se cacha la tête dans les oreillers.

« Elle a des quintes de toux épouvantables, dit Julie sans la quitter des yeux.

— On va regarder ça. Ouvre la bouche, ma belle Ézilda. »

Le docteur lui examina la gorge et confirma qu'il s'agissait bien de la coqueluche. Il recommanda de tenir Lactance et Gustave éloignés d'elle.

« Elle ne doit être en contact avec aucun enfant pendant quelques jours, insista-t-il. Je vais lui prescrire des médicaments assez forts. Faites attention de bien respecter la dose. »

Après l'examen, Robert Nelson consentit à s'asseoir quelques instants dans le petit salon de Julie. Il avait compris que le fantôme d'Aurélie planait sur la maison et il voulait la rassurer : non, Ézilda n'allait pas subir le même sort que sa sœur.

« Ne vous inquiétez pas, dit-il en lui prenant les mains. Ça n'a rien à voir avec la variole et, en plus, Ézilda a reçu son vaccin. »

Julie se raidit en entendant le médecin parler d'inoculation.

« Écoutez-moi, insista le docteur, Ézilda a une bonne santé et je vous assure qu'elle va s'en tirer. Mais je ne peux pas non plus vous cacher la gravité de son état. »

Julie écouta ses explications : il mit des gants blancs pour la prévenir qu'il pourrait y avoir des séquelles. Lesquelles ? Il était trop tôt pour le savoir. Elle posa mille questions et parut se calmer. Elle avait pleine confiance en lui. Du moment que la vie de sa fille n'était pas menacée, c'est tout ce qu'elle demandait.

Le docteur Nelson parla ensuite de Lactance :

« Il a son franc-parler, celui-là. C'est habituellement un signe de rétablissement.

— Il est tellement malheureux au collège, remarqua Julie. Avant qu'on me le renvoie à la maison, il m'écrivait des lettres bouleversantes qui finissaient toujours par : " ma petite maman, je vous en supplie, venez me chercher ". J'avais l'impression d'être un bourreau d'enfants.

— Qu'en pense le supérieur ? s'enquit Robert Nelson.

— Il a l'air plutôt satisfait de lui. Il s'est classé quatrième de sa classe. Au bas de son bulletin, son professeur m'a écrit que Lactance se réfugie dans un monde imaginaire au lieu de participer à la vie du collège.

— Il n'est jamais facile de grandir, conclut le docteur en vidant sa pipe dans la cheminée. Il faut penser à vous aussi, ajouta-t-il affectueusement en s'approchant d'elle. Je vous trouve bien pâle. J'ai l'impression que vous ne vous reposez pas assez. »

Il avait le visage sévère, comme s'il était fâché. Il parlait peu mais d'un ton énergique.

« Comment voulez-vous que je me repose ? lui répondit-elle du tac au tac. C'est un véritable hôpital, ici. Et puis, j'ai toujours mal à la tête.

— Mais vous restez enfermée dans la maison. Vous devriez sortir au lieu de vous apitoyer sur votre sort. Le grand air, ça nettoie les poumons. Et l'esprit aussi.

— Je n'ai pas d'énergie. Ma vie est monotone. Tout m'ennuie, il n'y a que la politique qui m'amuse et m'intéresse.

— Cessez de vous plaindre comme une petite fille gâtée. Vous avez un mari que tout le monde admire, de bons enfants qui vous donnent des satisfactions. Et un ami qui se fait du souci pour vous.

— Vous n'allez pas me réprimander ? fit Julie, le visage barré par une tristesse soudaine. Je me sens tellement seule, Robert. Vous êtes mon unique confident. À part ma voisine, Marguerite Viger, bien sûr. »

Robert Nelson hocha la tête en signe d'incrédulité. Elle savait si bien jouer la corde de la pitié. Il n'était pas dupe, mais il la laissait dire parce qu'il la trouvait émouvante.

« D'accord, je ne vous ferai aucun reproche, mais vous allez m'obéir à la lettre. Je vous ai, je vous tiens.

— Dites toujours.

— Premièrement vous allez mettre fin à cette rage de propreté qui vous obsède. Votre maison est impeccable, inutile de frotter davantage. Ensuite, vous allez cesser de broyer du noir du matin au soir et vous sortirez tous les jours. Allez marcher au Champ-de-Mars ou encore, si vous préférez, promenez-vous en voiture.

— Bien, docteur », répondit-elle faussement résignée.

Robert Nelson savait comment s'y prendre avec Julie. Venant des autres, les blâmes ne passaient pas, mais lui pouvait s'en permettre avec elle. Il n'abusait pas de son pouvoir et lorsque, subtilement, elle fit bifurquer la conversation sur sa personne, il s'y plia docilement.

« Vous êtes mal placé pour me reprocher d'en faire trop, soupira-t-elle en le regardant dans les yeux, comme pour échapper aux remontrances.

— Nous avons chacun nos faiblesses, concéda-t-il de bonne grâce, en soutenant son regard. Vous, c'est la politique, moi, c'est la médecine. »

▼

L'avant-veille du jour de l'An, Julie en avait plein les bras. Fallait-il préparer une ou deux dindes ? Elle ignorait si la famille de Verchères viendrait comme prévu. Seule tante Victoire avait confirmé son arrivée de la Petite-Nation. Mais Julie ne savait toujours pas si sa mère traverserait le fleuve maintenant qu'il semblait gelé pour de bon.

Mais l'était-il vraiment ? Un habitant de Longueuil avait failli se noyer vis-à-vis de l'île Sainte-Hélène quand la glace s'était brisée sous les pas de son cheval, qui avait miraculeusement réussi à ramener son cavalier plus mort que vif sur la terre ferme. Lorsque le curé Bruneau eut vent de l'accident, il écrivit à Julie pour l'aviser que sa mère ne viendrait pas à Montréal. Il préférait qu'elle réveillonne avec lui à Verchères. Julie en fut presque soulagée. Les enfants étaient si mal en point qu'elle préférait un réveillon tout simple. De toute manière, sans Louis-Joseph et sans Rosalie Papineau, la fête serait terne. Elle irait sans doute à la messe avec Amédée, mais ses autres enfants resteraient à la maison, comme l'avait recommandé le docteur Nelson.

Lactance, que les fêtes rendaient habituellement très agité, passait ses journées recroquevillé sur le sofa. La petite Ézilda n'était plus fiévreuse ni contagieuse et elle commençait à vouloir se lever pour aller jouer avec Gustave qui, lui, avait attrapé un vilain rhume. Il fallait donc les tenir séparés, de gré ou de force. Julie était si occupée à voir aux besoins de chacun qu'elle n'avait pas encore eu le temps de regarder le bulletin d'Amédée qui l'avait prévenue, en rentrant du collège, qu'il avait une mauvaise note de conduite.

Le soir de la traditionnelle guignolée, les enfants enfin réunis avaient insisté pour attendre les quêteux au salon avec elle. Ils avaient soupé tôt pour ne pas rater la sérénade aux flambeaux qui, une fois la nuit tombée, allait faire le tour de la ville, comme chaque année à pareille date. C'est Ézilda qui entendit leurs voix, alors qu'ils tournaient le coin de la rue Notre-Dame en chantant :

Bonjour le maître et la maîtresse,
Et tous les gens de la maison...

Amédée, Lactance et Ézilda se précipitèrent à la porte pour accueillir la bande de joyeux fêtards qui tenaient grandes ouvertes leurs besaces :

La guignolée, la guignoloche,
Mettez du lard dedans ma poche...

Surexcités, les enfants coururent à la cuisine chercher les provisions qui avaient été préparées pour la quête. Mais quand Gustave entendit le dernier couplet, et vit les guignoleux encercler sa mère, il figea net.

Si vous voulez rien nous donner,
Dites-nous lé.
Nous prendrons la fille aînée
Nous y ferons chauffer les pieds.

Il crispa les poings en s'avançant brusquement vers eux :
« Non ! non ! vous ne prendrez pas ma maman. Je vous battrai », lança-t-il avant d'aller se jeter dans les bras de Julie qui le consola.

Leurs besaces pleines, les faux ravisseurs repartirent bientôt, ce qui acheva de convaincre Gustave que tout danger était écarté. L'incident amusa Marguerite Viger, qui prit le petit sur ses genoux. Elle était en train de lui demander ce qu'il espérait pour ses étrennes lorsque le gong de la porte d'entrée se fit entendre de nouveau. Croyant au retour des méchants hommes, Gustave retourna se blottir au creux de sa mère tandis que la bonne allait ouvrir.

« Jacques ? s'écria Marguerite éberluée en apercevant son mari. Je te croyais encore à Québec.

— Bonjour, ma chère belle, dit-il en l'embrassant. N'ayez pas peur, je ne suis pas un filou, je suis un amoureux qui ne supportait plus d'être séparé de sa jolie moitié. »

Jacques Viger avait lancé sa tirade comme s'il récitait un poème. Il adorait les mises en scène théâtrales et Julie l'accueillit avec le sourire. Lui, il lui trouva la mine triste et devina qu'elle pensait à Louis-Joseph qui ne viendrait pas fêter le jour de l'An avec elle.

« Ah ! ma voisine préférée, toujours aussi éblouissante, fit-il en s'approchant de Julie pour lui baiser cérémonieusement la main. Vite qu'on m'emmène mon filleul. Léonidas ? Où est mon Léonidas ? »

Jacques Viger était le parrain de Gustave-Léonidas qu'il persistait à appeler du nom de son héros, le glorieux vainqueur de Châteauguay. Gustave sortit de sa cachette et sauta dans les bras de tonton *Visé*.

« Dis donc, tu as la guedille au nez, toi ? Mon pauvre filleul ! Ça ne fait rien, reste près de moi si tu veux devenir un enfant de lumière.

— Un enfant de lumière ? répéta Gustave sans comprendre.

— Oui, mon bonhomme. Et je verrai personnellement à ce que ton père n'y mette point son éteignoir, ajouta Jacques Viger avec une pointe d'humour.

— Son nez n'arrête pas de couler, dit Julie en déposant doucement un baiser sur le front du petit.

— Permettez que je garde dans mes bras ce futur grand homme. Il aura les talents d'orateur de son père, mais ne sera pas comme lui un cavaleur ! » conclut l'historien gauchement.

Julie tourna la tête pour ne pas laisser voir sa contrariété. Jacques Viger devina son trouble.

« Ma belle voisine, je... je suis navré.

— Laissez, Jacques, je suis à fleur de peau. Ce n'est rien, ça passera. »

Jacques Viger s'en voulait. Pour meubler le silence, il parla de Québec qui avait des airs de Sibérie et ajouta qu'il était rentré parce qu'il n'en pouvait plus de vivre entouré de banquises et de glaces flottantes.

« Dieu que les gens de Québec sont ennuyeux ! ajouta-t-il, toujours emphatique. Qu'ils sont fatigants avec leurs politesses ! »

Puisqu'il n'était pas, comme ce pauvre Papineau, retenu par les travaux parlementaires, il avait réservé une voiture de louage traînée par deux chevaux gris et avait décampé à la première occasion. Il avait passé trois jours sur les routes glacées. À mi-chemin entre Québec et Montréal, une grosse tempête de neige l'avait forcé à s'arrêter dans une auberge crasseuse, « pour se réchauffer en dehors comme en dedans ». Il en était reparti aussitôt remis, car il n'avait qu'une hâte : retrouver le lit conjugal. Et revoir Finfin, son chien, plus fidèle qu'une femme, ricana-t-il.

Julie s'efforçait de sourire en l'écoutant. Les enfants étaient retournés à leurs jeux. On n'entendait plus les cris des guignoleux et la soirée s'annonçait tranquille.

« Tu es chargé comme un mulet, dit Marguerite à son mari qui avait les bras pleins de paquets. Qu'est-ce que tu nous apportes ?

— Toujours aussi curieuse, ma belle. Tiens, prends celui-ci, il est pour toi. C'est un habit de chamois que j'ai fait faire expressément pour ta petite personne. Tu dois le porter du côté de la peau. Et je te garantis qu'il aura plus d'effets sur tes rhumatismes goutteux que tous les médicaments de ton Esculape.

— Si le docteur Nelson t'entendait, fit Marguerite en caressant le cuir jaune clair du vêtement.

— Et celui-ci, c'est pour vous, Julie. De la part de votre mari. C'est une paire de raquettes pour les garçons. »

Julie parut indifférente. Elle lui dit de les remettre à la bonne qui les rangerait jusqu'au jour de l'An.

« Il aurait pu en envoyer deux paires, ajouta-t-elle en n'essayant même pas de cacher sa déception.

— Il en avait commandé une pour chacun de ses fils, répondit Jacques Viger, mais la sauvagesse qui les fabrique est repartie dans son village avant d'avoir achevé la deuxième paire. Il s'est dit que les garçons pourraient se les partager.

— Il connaît bien mal ses enfants pour penser ça, répondit-elle d'une voix lasse. Mais comment pourrait-il en être autrement ? »

▼

Une fine neige tombait sur le faubourg redevenu silencieux. Le docteur Nelson achevait ses visites. Avant de rentrer chez lui, il décida de faire un dernier arrêt chez les Papineau. Il était maintenant certain de son diagnostic et il devait prévenir Julie de ce qui attendait Ézilda. Sa voiture avançait au pas dans la rue Notre-Dame.

« Neuf heures et demie, cria le *watchman* d'une voix caverneuse. *All is right.* »

Robert Nelson observait le gendarme tandis qu'il poursuivait son chemin en titubant. Depuis les troubles du 21 mai, les autorités avaient doublé la garde. Armés d'un bâton bleu long de cinq pieds, les *watchmen* portaient à la ceinture un fanal et tenaient à la main gauche une crécelle qu'ils agitaient s'ils voulaient appeler un confrère à l'aide. Mais comme il ne se passait pas grand-chose, la nuit venue, et qu'ils ne se promenaient jamais sans leur fiole de whisky...

Le docteur pensa que le représentant de l'ordre qu'il venait de croiser était déjà dans les vignes du Seigneur et qu'il faudrait proba-blement le ramener chez lui sur une civière avant la fin de son quart de garde.

« Plus ça change, plus c'est pareil », se disait-il en arrêtant sa voiture devant la porte cochère des Papineau. Par la fenêtre, il vit que le salon était tout éclairé et sonna sans hâte.

« Tiens, Esculape en personne, fit Jacques Viger qui s'apprêtait à tirer sa révérence. »

Le voisin enfilait son pardessus. Fatigué du voyage, il avait décidé, plutôt que de bâiller au nez de ces dames, de regagner ses quartiers. Marguerite se leva pour suivre son mari. Dans le hall d'entrée, Robert Nelson lui fit un signe en se penchant vers elle :

— Restez, madame Viger, je vous en prie, lui glissa-t-il à l'oreille. Elle aura besoin de vous. »

Robert Nelson serra la main de Jacques Viger et lui demanda des nouvelles de leurs amis communs à Québec. Puis il s'approcha de Julie. Il bourra sa pipe qu'il alluma.

« Chère Julie, dit-il sans autre préliminaire, j'ai une mauvaise nouvelle à vous annoncer. J'aurais pu attendre un jour ou deux mais...

— Gustave...

— Ce n'est pas de Gustave qu'il s'agit, observa-t-il en se levant. Il n'a qu'un mauvais rhume. »

Il arpentait la pièce comme s'il ne savait pas comment s'y prendre. Le silence était insupportable.

— C'est Lactance alors ? fit-elle d'une voix vacillante. Ses hémorroïdes ? »

Le docteur Nelson hocha la tête gravement :

« Non, il ne s'agit pas de Lactance. Écoutez, Julie...

— Alors, c'est la petite ? coupa Julie. Elle a pourtant l'air mieux Elle est restée avec moi toute la journée à jacasser comme une pie. Et ce soir, elle a avalé tout son bouillon. »

Il acquiesça d'un signe de tête. Il s'approcha de Julie, plongea ses yeux noirs dans les siens et lui dit, en lui prenant les mains :

« Oui, Ézilda va mieux. Mais je vous ai prévenue que les médicaments que je lui ai administrés étaient très forts.

— Et alors ? fit Julie qui le regardait sans comprendre. Si ces médicaments l'ont guérie.

— C'est-à-dire qu'ils lui ont sauvé la vie. Mais j'ai bien peur qu'il y ait des séquelles. Je vous en avais parlé l'autre jour.

— Que... que voulez-vous dire, Robert ? demanda-t-elle, folle d'inquiétude.

— Je veux dire qu'elle ne grandira pas normalement, qu'elle restera toute petite. Comme une naine. »

Sa fille, naine ! Julie oscillait entre l'incrédulité et le désespoir.

« C'est... c'est impossible. Vous n'avez pas le droit...

— Julie, ce n'est pas moi qui décide, vous le savez bien.

— Excusez-moi, je suis bouleversée. Je n'arrive pas à y croire. Il doit bien y avoir un remède, je ne sais pas, moi, quelque chose qui agirait sur sa croissance. Promettez-moi d'essayer, je vous en suplie, Robert, promettez-moi. »

Elle éclata en sanglots. Marguerite Viger la prit dans ses bras pour la consoler.

« Pas ma fille, c'est trop injuste, hoquetait-elle. Et Louis-Joseph qui ne sait pas. »

Le docteur Nelson lui donna quelques gouttes de laudanum pour la calmer et sa voisine monta avec elle à sa chambre. Elle la déshabilla et la mit au lit. Julie se laissa faire comme une enfant. Elle était assommée autant par la nouvelle que par le médicament à base d'opium qu'elle avait avalé.

CHAPITRE XII

Jour de l'An 1833

Le bouchon sauta dans un bruit explosif, atteignit le plafond, pendant qu'une belle mousse blanche s'échappait du goulot et glissait le long de la bouteille.

« Champagne », lança Joseph Papineau, un peu trop gai au goût de sa sœur Victoire qui trouvait que, pour un veuf de fraîche date, il était bien pressé de s'ébaudir. Mais enfin, ce n'était pas tous les jours le premier de l'An. Il remplit les verres à pied disposés sur un plateau d'argent.

« Levons notre verre à l'avenir, lança-t-il, après avoir déposé la bouteille. Et que le diable emporte 1832 qui n'a été que misère, tourment et chagrin ! »

Julie tendit sa coupe pour qu'il la remplisse.

« Bonne et heureuse année, mon beau-papa, dit-elle en trinquant. Que 1833 vous apporte... de la patience ! »

Elle avait la jambe un peu molle, mais elle était tout sourire et Joseph n'y fit pas attention. Pour une fois, sa bru avait le cœur à la fête.

« Et vous, Julie, je vous souhaite de cesser de tout voir en noir ! » dit le vieil homme sur le même ton.

La maîtresse de maison était ravissante dans sa robe pêche en soie anglaise. Tout le jour, parents et amis avaient défilé à la maison pour offrir leurs vœux. Profitant de l'absence du mari, les hommes lui avaient réclamé un baiser sur la bouche, comme le voulait la coutume anglaise, et non l'embrassade sur les deux joues, héritage français par trop démodé.

« Allez, madame Papineau, encore un petit bec », quêtait l'un d'eux plus audacieux que les autres.

La jeune femme envoyait promener les soupirants, non sans leur offrir son plus beau sourire. Mais on aurait dit qu'elle forçait la note. Comme si elle voulait avoir l'air de s'amuser follement. Pas une seule fois elle ne parla de Louis-Joseph qui, elle en aurait mis sa main au feu, devait festoyer à Québec. Et avec qui ? Ce qui ne l'empêcherait pas de jurer dans sa prochaine lettre qu'il lui avait été fidèle et qu'elle lui avait manqué terriblement.

Tout se passa bien jusqu'au soir. Le matin, après la grand-messe, Joseph Papineau avait donné sa bénédiction paternelle à Julie et à ses petits-enfants. La scène avait été émouvante, car, pour la première fois, grand-mère Rosalie n'était pas là. Il n'avait pu s'empêcher de leur dire que, du haut du ciel, leur mémé les bénissait aussi. Ensuite, ce fut le moment tant attendu des étrennes et du « nanane », et toute la famille avait retrouvé la joie.

Comme prévu, Amédée et Lactance s'étaient disputés à propos de l'unique paire de raquettes et Julie avait failli fondre en larmes quand Ézilda avait aperçu, au fond d'un panier d'osier bien recouvert, un petit chat angora tout gris. Gros-minou avait disparu pendant l'été, alors que la famille était à Verchères, et la petite avait eu beaucoup de chagrin. Elle avait passé des heures sur la galerie à crier en vain : « Gros-minou, minou, minou. Reviens. »

« Oh ! maman, ma petite maman, s'était-elle exclamée en serrant le chaton sur son cœur, vous êtes la plus fine du monde. Je vais l'appeler Gris-gris. C'est joli, hein ? »

À midi, Julie avait servi la traditionnelle dinde aux atocas. La famille n'était pas nombreuse, cette année-là. Papineau était à Québec, les Bruneau fêtaient chez le curé, à Verchères, et les Dessaulles, qu'on avait espérés jusqu'à la dernière minute, étaient finalement restés à Maska. Seuls les Viger étaient venus, accompagnés des trois filles que Marguerite avaient eues d'un premier mariage et qui avaient donné un coup de main à Julie à la cuisine. Il y avait aussi la tante Victoire qui entourait son frère Joseph d'attention comme s'il relevait de maladie.

Mais la gaîté sonnait faux. Il y avait trop de places vides autour de la table. L'année 1832 avait laissé d'horribles souvenirs. Joseph avait perdu sa Rosalie, et Marguerite Viger, son fils aîné, John, terrassé lui aussi par le choléra, à trente ans. Et Julie, inconsolable depuis la mort de sa fille Aurélie, vivait dans la crainte qu'un autre de ses enfants ne lui soit arraché par la grande faucheuse. Julie qui, ce midi-là, garda pour elle son terrible secret.

Jacques Viger exagérait sa bonne humeur. Après un toast à son filleul Gustave-Léonidas, il leva son verre à la maman :

« À Julie, belle à damner un saint Antoine, fraîche comme une rose. Venez que je vous croque. »

Il s'approcha de sa voisine, l'embrassa sur la joue gauche, puis sur la joue droite et reprit son manège en effleurant ses lèvres au passage.

« Holà ! fit tante Victoire, vous ambitionnez sur le pain bénit, monsieur le voisin.

— Erreur, chère demoiselle Papineau. Jamais je n'empiéterais sur les droits sacrés du mari, même si les lèvres de corail légèrement entrouvertes de mon adorable voisine laissent apercevoir deux rangées de perles qui invitent pourtant à s'y arrêter au passage...

— Il me semble que vous avez passé l'âge de faire la cour aux dames ! enchaîna Victoire en se grattant le menton.

— Mais puisque la belle Julie a autorisé mon action. Mon petit doigt me dit qu'elle ne déteste pas se venger un peu de son amant qui, hélas ! lui fait faux bond.

— Jacques, vous y allez un peu fort, fit Julie, intimidée.

— Ce n'est pas une raison pour profiter de la situation, protesta à son tour tante Victoire, feignant d'être scandalisée.

— Vous là, tante Victoire, vous vous attirez des bosses..., menaça le voisin. »

C'était un secret de polichinelle que la tante ronde regrettait amèrement de ne pas avoir trouvé chaussure à son pied. Elle avait longtemps cru que les hommes préféraient les grosses, ce qui aurait dû jouer en sa faveur mais, hélas ! aucun ne lui avait proposé le mariage. Même à soixante-seize ans, elle se plaisait à dire qu'elle ne finirait pas ses jours vieille fille et montait sur ses ergots quand son frère Joseph prétendait qu'il valait mieux en prendre son parti.

« Vous ne seriez pas un petit peu jalouse, par hasard ? » demanda Jacques Viger, l'œil malicieux.

▼

Après le dîner, on avait poussé les meubles et roulé le tapis afin que les danseurs puissent s'avancer sur la piste improvisée. Julie s'était retirée pour la sieste avec son petit Gustave, encore légèrement grippé. Une heure plus tard, elle redescendait au salon alors qu'au piano Marguerite jouait une contredanse, accompagnée par Jacques Viger au violon. Leurs filles, les trois demoiselles Lennox, virevoltaient avec leurs escortes. Comme il fallait être huit partenaires pour exécuter les figures du quadrille, tante Victoire s'avança avec son frère Joseph, qu'elle tirait par la manche.

Marguerite Viger observait Julie du coin de l'œil, tout en jouant ses dernières notes. Son amie était taciturne. La contredanse terminée, elle céda sa place au piano à l'une de ses filles et alla s'asseoir près de Julie sur le canapé. Joseph aussi se souciait de la mine de sa belle-fille où se lisait la mélancolie. Tout au long de la journée, elle avait eu des moments de surexcitation, suivis de moments de langueur. Minuscule au creux des coussins, le visage renfrogné, elle promenait un regard vide sur tout ce beau monde qui avait l'air de l'ennuyer. Soudain, elle reprenait la conversation avec un aplomb qui le sidérait.

À neuf heures du soir, les invités commencèrent à tirer leur révérence. C'était tôt pour un premier de l'An. Dans le boudoir, Joseph fumait sa pipe, entouré de la ribambelle d'enfants. Du champagne, il était passé au rhum.

« Pépé, racontez-nous l'histoire du fantôme, demanda Lactance qui adorait les contes à faire peur.

— Elle n'est pas drôle, mon histoire, dit Joseph, et il faudrait penser à aller vous coucher.

— Je vous en supplie, fit le petit garçon aux yeux charmeurs. »

Lactance, Ézilda et Gustave firent cercle autour de leur grand-père pour mieux écouter. Amédée, qui se disait trop vieux pour les histoires à dormir debout, fit semblant de ne pas suivre le récit.

« Cet hiver-là, commença Joseph en puisant dans le répertoire d'un conteur de l'époque, il faisait un froid de canard. Des avalanches de grêle et de neige aveuglante rendaient la traversée difficile entre Québec et Lévis. Le fleuve charriait des montagnes de glace du matin au soir. Pitre Soulard qui avait la tête bien dure décida de traverser quand même. Il voulait rentrer chez lui à tout prix.

— Pour passer le jour de l'An avec ses enfants ? demanda naïvement Lactance.

— C'est ça, oui. Toujours est-il qu'il partit dans son canot en criant aux autres : "Vous êtes des poules mouillées !" Mais le courant était tellement violent qu'il chavira. Il se débattait dans l'eau glacée, en essayant de s'agripper à l'épave, quand un gigantesque bloc de glace acéré comme du verre et tranchant comme l'acier le décapita sous les yeux horrifiés des voyageurs restés à quai. On aurait dit le couperet de la guillotine. Or, il paraît que depuis ce temps-là, les jours de brume ou de poudrerie, le fantôme de Pitre Soulard apparaît aux canotiers effrayés qui osent défier la tempête et traverser le fleuve. Malheur à ceux qui l'aperçoivent, ils meurent par accident dans l'année.

— Ce n'est pas une histoire pour les petits enfants, bougonna tante Victoire. Julie, faudrait les coucher.

— Laissez-les donc veiller un peu, ma tante, répondit-elle. C'est fête. Il y a bien assez qu'ils sont privés de leur père.

— Une autre histoire, pépé ? insista Amédée. Moi, j'aime mieux celle de Catherine Papineau. »

Quand on lui réclamait l'histoire de sa courageuse aïeule, Joseph Papineau ne se faisait pas prier. Chaque fois qu'il la racontait, il ajoutait de petits détails piquants qui faisaient la joie des enfants.

« Mon arrière-grand-père, Samuel Papineau, est né à Montigny, dans le Poitou, en France, commença le vieil homme en tirant sur sa pipe. Il vint en Nouvelle-France comme soldat et trouva le pays tellement beau et tellement grand qu'il décida de s'y marier et d'y fonder une famille.

— Et Catherine ? coupa Amédée, pressé d'arriver au clou du récit, parlez-nous de Catherine.

— Patience, Amédée, j'y arrive. Mon ancêtre ayant du goût en matière de jolies femmes, il dénicha dans le voisinage une jeune fille belle comme le jour et d'un courage exceptionnel. Tous les voyageurs qui passaient par la Pointe-aux-Trembles demandaient à rencontrer Catherine Quévillon, qui avait eu une enfance malheureuse à jamais célèbre.

— Pourquoi ? demanda Lactance.

— À douze ans, les Iroquois l'avait volée à ses parents, elle et sa petite sœur de sept ans. Ils avaient emporté les deux fillettes sous leurs bras, à cheval. Rendus à leur campement, ils avaient attaché Catherine à un arbre, devant le feu. Sous ses yeux, ils avaient fait rôtir sa petite sœur sur des braises ardentes. Mais Catherine n'avait pas bronché. Pas une larme, pas un cri.

— Ououou, fit Ézilda en se cachant la tête dans la poitrine de son grand-père.

— Les Iroquois, qui considéraient le courage comme la plus noble des vertus, décidèrent de la garder et de l'élever comme une sauvagesse. Ils se disaient que, plus tard, elle mettrait au monde des enfants courageux comme elle. Mais après quelques années de vie à l'indienne, ses parents la rachetèrent et c'est comme ça qu'elle a fini par rencontrer mon aïeul.

— C'est à cause d'elle que notre papa a tant de courage, dit Lactance, admiratif. Plus tard, je serai un héros, comme lui.

— Un héros ? fit Julie en sortant tout à coup de sa sombre rêverie.

— Assez, les enfants ! coupa tante Victoire d'un ton autoritaire, vous avez promis de venir vous coucher gentiment. »

161

Elle prit le petit Gustave à moitié endormi dans ses bras et, tenant Ézilda par la main, elle grimpa l'escalier non sans jeter un regard réprobateur à Julie, qui demeurait comme absente dans son fauteuil.

« Toi aussi, Lactance, viens ! » appela encore la tante.

Pendant que Lactance suivait à reculons, en insistant pour qu'Amédée montât aussi et se plaignant de l'injustice qui lui était faite, Julie se leva langoureusement et alla jusqu'au bahut bleu où elle se versa une autre coupe de champagne.

« Un héros ! éclata-t-elle, la bouche un peu pâteuse. Et moi, je serais la femme de ce héros ? »

Sa voix était vibrante et l'effet surprit son beau-père. Elle enchaîna, tout aussi amère :

« Vous savez, beau-papa, ce qu'est l'épouse d'un héros ? Une femme seule. Condamnée au célibat forcé. Seule à Noël, seule au jour de l'An, seule pour accoucher, seule tout le temps... »

Elle avala une gorgée de champagne et continua.

« Qu'est-ce qu'il fait, mon héroïque mari ? Eh bien, il fait le joli cœur dans les salons de Québec.

— Julie ! la gronda Joseph.

— Naturellement, il refuse de m'emmener vivre avec lui dans la capitale. Il préfère que je meure d'ennui ici.

— Julie, répéta Joseph mais en adoucissant le ton, cette fois. Vous n'avez aucune raison d'être jalouse. Votre mari vous est fidèle et vous le savez...

— Moi, jalouse ? coupa-t-elle en le dévisageant durement.

— Allons, calmez-vous », fit Marguerite Viger, tandis que Jacques, entraînant Amédée, quittait la pièce en bénissant le remue-ménage dans le grand salon où l'on replaçait meubles et tapis, ce qui enterrait les éclats de voix de Julie.

Celle-ci resta seule avec son beau-père et son amie Marguerite, attristée de la voir dans cet état.

« Vous n'êtes pas la femme de n'importe qui, remarqua Joseph, maussade, lorsqu'ils se retrouvèrent à peu près seuls. Ne l'oubliez pas. »

La colère emporta de nouveau Julie :

« Rassurez-vous, beau-papa, je ne l'oublie jamais. Je suis l'épouse d'un homme qui m'abandonne dans les pires moments. Qui n'est jamais là lorsque j'ai besoin de lui. Qui fait la cour aux dames de Québec pendant que je m'étiole dans une maison où il ne fait que passer...

— Vous divaguez, Julie, je vous en prie, tenez votre rang ! »

Joseph Papineau la regardait avec une sympathie toute parternelle. Comment pouvait-elle se mettre dans cet état ? Il fallait qu'elle soit terriblement blessée pour lui faire cette scène ridicule et pour avaler tout ce champagne, elle d'habitude si peu portée sur l'alcool.

« Monsieur Papineau a raison, fit Marguerite doucement, en se rapprochant de Julie. Reprenez vos sens. Vous savez bien que Louis-Joseph vous aime. »

Julie se laissa tomber dans le grand fauteuil et éclata en sanglots. Elle enfouit son visage dans son mouchoir.

« Si vous saviez..., Marguerite, comme je me sens seule avec ce chagrin que je porte en moi depuis quelques jours..

— Je sais, belle Julie, la consola Marguerite. C'est une épreuve terrible mais...

— Quelle épreuve ? demanda Joseph Papineau, soudainement inquiet. »

Julie essuya ses larmes, se redressa et dit :

« C'est Ézilda...

— Elle est guérie, Ézilda, dit Joseph. Vous avez vu comme elle s'est amusée toute la journée.

— C'est terrible, Joseph, ce qu'il lui arrive.

— Quoi ? Qu'est-ce qu'elle a ? Parlez, bon Dieu !

— Elle ne grandira plus, lâcha-t-elle, la voix étranglée. Le docteur Nelson a fait tout ce qu'il a pu, mais elle sera naine...

— Ma pauvre enfant ! » fit Joseph, complètement désarçonné devant ce nouveau drame qui frappait sa famille et lui brisait le cœur, à lui aussi.

▼

Au petit matin, complètement dégrisée, Julie n'osa pas sortir de sa chambre. Elle avait un peu honte d'elle-même. Les couvertures tirées jusqu'au menton, elle se remémorait chaque détail de sa scène de larmes. Les mots blessants qu'elle avait eus contre Louis-Joseph. Son ton mordant avec Joseph. Elle aurait donné cher pour effacer d'un trait le souvenir amer de cette soirée ratée. Ce vilain rire qui lui avait échappé et qui sonnait faux, l'oublier aussi.

Elle se leva. Au pied du lit, elle remarqua sa robe sur le plancher. Ses bas de soie traînaient aussi par terre. Elle avait bu tellement de champagne qu'elle ne se rappelait plus s'être mise au lit. Elle versa un peu d'eau fraîche sur une serviette avec laquelle elle épongea son front douloureux.

« Ma pauvre tête », soupira-t-elle.

À contrecœur, elle s'habilla et descendit. Joseph se berçait devant la cheminée. La maison était étonnamment silencieuse. Dehors, la neige tombait mollement.

« Les garçons ne sont pas levés ? demanda-t-elle.

— Voyons donc, Julie, il est dix heures passées. Ils jouent dehors. Je pense qu'ils se chamaillent encore pour les raquettes.

— Il aurait pu en trouver une deuxième paire, dit-elle, amère. Il connaît ses fils.

— On vous a expliqué que la sauvagesse qui les fabrique avait décampé.

— J'ai la migraine, dit Julie en passant la main sur son front.

— Ce n'est pas la migraine, c'est le lendemain de la veille. »

Julie se sentit honteuse :

« Je me suis très mal conduite hier.

— On ne peut pas dire que vous aviez le vin gai, fit Joseph qui voulait dédramatiser la situation. Quant à ce qui arrive à la petite, vous auriez dû m'en parler. Il faut savoir partager ses chagrins avec ceux qui vous aiment.

— Je suis désolée, Joseph, mais si vous saviez comme j'en veux à Louis-Joseph de me laisser seule la moitié de l'année.

— Seule, seule, je suis là, moi.

— Bien sûr, je ne voulais pas vous faire de peine. Tout ce que je dis se retourne contre moi.

— Que je ne vous voie pas aller vous en confesser pour que tout le faubourg le sache ! » marmonna Joseph, avant d'ajouter qu'il n'était pas très vaillant, lui non plus.

Chapitre XIII

Lactance

Peu après les fêtes, Papineau apprit que Julie cultivait un nouveau penchant de veuve joyeuse. C'est Jacques Viger qui vendit la mèche en lui écrivant que le dîner du jour de l'An qu'elle avait donné, rue Bonsecours, avait été fort bien arrosé. L'occasion était trop belle pour qu'il la laisse passer et, dans sa lettre à Julie, il joua au mari délaissé :

Le voisin Jacques m'a raconté que tu t'amusais chez nous pendant que ton mari s'ennuie loin de toi. C'est une consolation de savoir que tu supportes mieux que moi l'absence, qu'à une heure du matin tu fais voler le bouchon pour boire à ma santé, alors qu'il ne m'est pas arrivé ici de boire à la tienne après dix heures du soir. Si nos dîners sont courts, c'est pour avoir plus de temps à consacrer à notre travail.

Julie ne répondit pas à cette lettre, ni à la suivante. Troublé, Papineau envoya un mot à son père, qui lui répondit que Julie filait un mauvais coton. Il jugea préférable d'attendre son retour pour lui parler de l'infirmité d'Ézilda et s'étendit plutôt sur la vilaine maladie de sa femme : la jalousie.

Chère Julie ! Louis-Joseph souriait tristement en pensant à sa femme jalouse. Que s'imaginait-elle donc ? Les seules infidélités qu'il lui faisait, c'était à la bibliothèque du parlement où, bien innocemment, il passait tout son temps libre.

Il se sentait si seul à Québec. Le gouverneur ne se décidait pas à clore la session. On aurait dit qu'il attendait qu'un certain nombre de députés soient repartis dans leurs comtés pour faire voter ses lois impopulaires. Ceux qui devaient gagner leur vie, puisque les élus ne recevaient aucun salaire, avaient déjà déserté la capitale. En tant qu'*orateur* de la Chambre, Papineau ne pouvait pas s'éclipser comme les autres. Il se résignait donc à attendre le bon vouloir du gouverneur.

Tout de même, il n'était pas déplaisant de penser que sa femme s'inventait des chimères parce qu'elle avait peur de le perdre. Eût-il été moins souvent loin d'elle, il aurait sans doute encouragé ce penchant qui était aussi un signe d'amour. Mais Julie lui semblait si malheureuse et cela le chagrinait tant qu'il n'avait qu'un désir : la rassurer. Il s'empressa de lui écrire :

Non, mon amour, ce n'est pas après les plaisirs que je cours à Québec. Même en plein carnaval, je peux m'y distraire sans t'oublier. Et au milieu des amusements dans lesquels tu me supposes, je n'ai de pensées que pour toi et je brûle du désir de t'être bientôt rendu.

Je travaille beaucoup, je dors peu, je mange bien. Durant mes insomnies, je me demande si tu as quelque repos, si tantôt l'un, tantôt l'autre des bambins ne te réveille pas et si cette fatigue t'empêche de te rétablir. Je m'inquiète toujours des poêles qui, en chauffant, dégagent de la fumée dans la maison, comme tu me l'as écrit – lorsque tu m'écrivais encore – et je me demande si les ouvriers qui sont en retard dans leurs travaux t'énervent. Tu n'es pas patiente, toi qui n'as pas lu, comme moi, les sages préceptes de Sénèque sur la question.

Ah ! la patience ! Dieu lui était témoin qu'il avait pratiqué cette vertu plus que toute autre, ces derniers mois. Il avait vécu les fêtes les plus monotones de sa vie.

« *Que veux-tu que je te dise ?* insista-t-il dans sa lettre. *Je ne vois absolument personne. Depuis que lord Aylmer a félicité les assassins du 21 mai, j'ai refusé toutes ses invitations et je n'ai pas remis les pieds au château.* »

Il déposa sa plume et regarda par la fenêtre. Le temps se donnait des airs de printemps et il se sentait comme un collégien à la veille des vacances. Un collégien en retenue.

Au Parlement, le climat était empoisonné. Le gouverneur avait qualifié les Canadiens d'ingrats et claironné que l'influence britannique dominerait coûte que coûte au Bas-Canada. Lorsqu'on lui avait objecté que les gens d'ici ne se laisseraient pas traiter en citoyens de second ordre, il avait pris un ton menaçant, presque hautain, pour dire que ceux-ci finiraient bien par accepter leur sort. L'ultimatum avait choqué. Le maire et les échevins de la ville de Québec avaient décidé de ne pas se présenter au château Saint-Louis pour lui offrir leurs vœux. Et le bal qu'il avait donné pour ouvrir la nouvelle année n'avait attiré que l'état-major, les officiers de la garnison et le haut clergé. De la centaine de Canadiens qui avaient été invités, à peine une trentaine avaient fait acte de présence. Et depuis, c'était la guerre d'usure entre lord Aylmer et les Canadiens.

Papineau soupira. Il secoua sa plume au-dessus de l'encrier et termina sa lettre en répétant qu'il espérait être libre avant une semaine et qu'il accourrait par le premier *stagecoach*.

Sa lettre enflammée demeura sans réponse comme les autres. Louis-Joseph jugea l'entêtement de Julie puéril. Mais il saurait bien la convaincre qu'il disait la vérité sur sa vie d'ascète et attendit patiemment son départ de Québec en comptant les jours.

▼

À la fin de mars, Papineau put rentrer chez lui. D'habitude, il voyageait en diligence, laissant aux gros bonnets le plaisir d'emprunter l'Extra, voiture plus confortable qui grillait les lieues en un temps record. Mais comme rien, pas même les bons mots de Sénèque, n'avait réussi à apaiser son impatience, il avait opté cette fois pour la voiture de luxe, convaincu qu'il gagnerait du temps puisque les relais seraient moins nombreux. Le prix du trajet était naturellement plus élevé car les voyageurs argentés avaient préséance sur la route. Il suffisait que le cocher crie « Rangez-vous ! » pour que les autres voitures s'écartent.

Quand l'Extra arriva enfin devant l'hôtel Rasco de Montréal, deux jours plus tard, Papineau échappa un soupir de soulagement. C'était l'entre chien et loup. Place du Marché, le brouhaha était incessant. Les cultivateurs remballaient leurs produits invendus et quittaient les lieux, leurs charrettes presque vides. Il y vit un signe d'amélioration. Ce n'était pas la prospérité, mais les affaires reprenaient.

Il donna des ordres pour que ses bagages soient livrés chez lui, mais déclina l'invitation du cocher à le reconduire. Il préférait se délier les jambes après un aussi long voyage. Il marcha donc d'un bon pas dans la rue Saint-Paul, salua au passage les demoiselles Waller, passa devant le Théâtre royal qui présentait ce soir-là *Le Barbier de Séville*, et tourna au coin de la rue Bonsecours qu'il remonta lentement, comme s'il s'inquiétait de l'accueil que Julie lui réserverait. Il remua la poignée de la porte et, avant même qu'il ne le réalise, elle lui sautait au cou. Il en eut le souffle coupé.

« C'est toi, enfin ! » dit-elle simplement en le couvrant de baisers.

Toute sa rancune s'était évanouie en le voyant. Il avait l'air penaud et elle avait flanché. Il avait refermé ses bras autour d'elle, l'avait serrée très fort sur sa poitrine, et elle avait senti ses yeux se mouiller. À ce moment précis, elle sut que, même s'ils allaient encore se disputer, elle lui pardonnerait toujours tout. Il ne lui vint pas à l'esprit que lui aussi pouvait avoir des choses à lui pardonner.

▼

Julie brûlait d'impatience de se retrouver seule avec Louis-Joseph. Ils feraient l'amour à la lueur d'une seule chandelle. Il la prendrait doucement. Elle fermerait les yeux, toute à son plaisir. Elle oublierait les enfants, la routine, les ennuis, suspendue à ses lèvres qui la caresseraient avec passion. Elle en avait si souvent rêvé.

Après, ils resteraient étendus l'un contre l'autre à se raconter les derniers mois. Sans rancune ni colère. Elle avait tant de choses à lui confier. Elle n'était pas du genre à s'excuser, encore moins à demander pardon. Mais elle voulait qu'il comprenne qu'il avait la meilleure part de leur vie à deux. Elle en viendrait à lui parler des mauvaises notes d'Amédée et de ses problèmes de discipline au collège. Ensuite, forcément, elle trouverait le courage de lui dire qu'Ézilda ne grandirait plus. D'abord, il refuserait de la croire. Il essayerait de la convaincre qu'un remède devait bien exister quelque part en ce bas monde, en Europe ou ailleurs. Ce n'est qu'après avoir pleuré ensemble qu'ils verraient comment il fallait aborder avec la petite la question de son infirmité. Tout ce qui angoissait Julie, quand elle était seule, lui paraîtrait limpide et les solutions s'imposeraient d'elles-mêmes.

Enfin, il la serrerait dans ses bras et ils sombreraient lentement dans le sommeil, légers et amoureux.

Mais avant, il fallait penser à la famille. Dans le grand salon de la rue Bonsecours, Papineau trônait, entouré des siens. Sa Julie enfin retrouvée était assise tout contre lui sur le canapé et il tenait sur ses genoux le petit Gustave qui ne l'avait pas reconnu et qui suçait son pouce, tandis qu'Ézilda lui jouait dans les cheveux en répétant qu'il était tout décoiffé. Dans un fauteuil, Amédée avait l'air d'un jeune adulte. Il suivait la conversation en mettant de temps en temps son grain de sel. Seul Lactance manquait. Encore miné par la fièvre, il dormait dans la chambre des garçons et ne s'était même pas rendu compte que son père était passé l'embrasser en arrivant.

« Quoi de neuf dans le faubourg ? interrogea Papineau.

— Sais-tu ce que le gouverneur a inventé pour nous narguer ? demanda son père. Il a fait venir un détachement d'artillerie et six compagnies d'un régiment écossais pour renforcer la garnison. Ils passent leurs grandes journées sur la place d'Armes.

— Ils font des exercices sur le Champ-de-Mars, enchaîna Julie. On n'ose plus aller s'y promener tant c'est insultant.

— C'est de la mauvaise foi crasse pour provoquer les patriotes, bougonna Joseph.

— Pendant ce temps, la lune de miel entre le gouverneur et les évêques se poursuit, fit Papineau irrité. Lord Aylmer multiplie les louanges aux ceinturons rouges pour mieux se les attacher. »

La gouvernante entra en claudiquant, avec un plateau de beignes et des tasses. Les enfants bondirent à sa rencontre.

« Holà, fit mademoiselle Douville. Vous allez me faire renverser tout le chocolat chaud sur le tapis. »

Elle versa la boisson brûlante dans les tasses. Papineau saisit l'occasion pour chasser le spectre du détestable gouverneur qui s'était insinué dans la pièce et vanta les talents de cordon-bleu de la bonne en avalant un, puis deux beignes.

« Mais monsieur, fit celle-ci, fière du compliment, c'est pour vous que je les ai faits, ce n'est certainement pas pour ces mauvais garnements. »

L'atmosphère se détendit aussitôt. Personne n'avait envie de gâcher une aussi belle soirée.

« Comme ça, Louis-Joseph, tu as rencontré le célèbre monsieur Gay-Lussac, dit Julie sur un ton plus mondain.

— Le physicien français ? s'étonna Joseph, qui n'avait pas été mis au courant. Tu l'avais connu à Paris, si je me souviens bien.

— Maman, qui est Gay-Lussac ? demanda tout bas Amédée, ses yeux noirs devenus soudainement très grands.

— C'est un grand savant. Il a inventé un baromètre à siphon et a déjà fait deux voyages en ballon. Il est venu à Québec cet hiver.

— Papa, est-ce que vous êtes monté en ballon avec lui ?

— Non, mon Amédée, répondit Louis-Joseph en s'esclaffant. Tu imagines ce que ta maman aurait pensé s'il avait fallu que je me promène en ballon ? Déjà qu'elle me croyait perdu dans les nuages... »

▼

Louis-Joseph ne fut pas long à comprendre que chez lui, le train-train quotidien n'était pas de tout repos, comme s'en était plainte Julie.

« Tu as raison, on se croirait dans un hôpital », lui concéda-t-il en se rendant au chevet de Lactance, le lendemain de son arrivée.

Le petit homme, toujours alité, lui parut bien faible. Il ne s'était pas levé depuis le jour de son douzième anniversaire, au début de février. Ses hémorroïdes guéries, il avait attrapé un rhume de cerveau, suivi de troubles intestinaux. Sa sensibilité excessive inquiétait Julie. Il faisait des cauchemars qui tenaient les autres enfants éveillés. Très tôt, ce bel enfant blond aux yeux gris-bleu avait manifesté des signes de déséquilibre émotif. Julie, qui ne savait trop distinguer les symptômes réels des maux imaginaires, avait jugé plus prudent de le garder à la maison.

Papineau passa un bon moment avec lui dans le boudoir. Malgré le temps doux, l'enfant avait une grosse couverture de laine sur les épaules et d'épaisses chaussettes aux pieds.

« Alors, Lactance, tu te laisses gâter par ta maman ? » murmura son père en s'approchant du sofa.

Le petit malade faisait la sourde oreille.

« ...

— Tu n'es pas très bavard, dis donc ? Il paraît que tu bâilles quand Julie te fait réciter ton *pater noster* ?

— C'est maman qui vous a dit ça ? Je bâille parce qu'elle m'ennuie, répondit Lactance en rougissant.

— Comment ça ? je t'ennuie, moi ? intervint gentiment Julie qui suivait en retrait la conversation.

— Ben oui, bafouilla Lactance, qui ne l'avait pas encore aperçue.

— En tout cas, mon petit bonhomme, on peut dire qu'il y a une singulière correspondance entre les muscles de tes genoux et ceux de ta mâchoire, remarqua Papineau.

— Hein ? fit l'enfant intrigué, qui ne comprenait rien.

— Mais oui puisque lorsque tu plies les genoux, ta mâchoire se détend. Et tu bâilles. »

La plaisanterie amusa Lactance. Louis-Joseph se tourna vers Julie qui souriait et ajouta, pince-sans-rire :

« Ça va faire un excellent homme politique. On ne le traînera jamais à genoux devant les grands de la terre, car il ne pourra pas se pencher sans grimacer, ce qui les fera fuir. »

Papineau lui caressa le visage en s'écriant :

« Vive mon petit patriote ! Je vois que la patrie aura des défenseurs quand nous n'y serons plus.

— Maman aussi est une vraie patriote, fit Lactance. L'après-midi, quand les dames de son cercle viennent à la maison, elle s'enflamme.

— Comment le sais-tu ? Tu l'as entendu ? demanda Papineau d'un air complice. Est-ce qu'elle fait des discours comme moi ?

— Pas comme vous. Elle... »

Lactance hésitait. Ses yeux allaient de son père à sa mère qui se demandaient ce qu'il allait sortir. Oserait-il finir sa phrase ? Il osa :

« Je vous assure qu'elle ne mâche pas ses mots.

— Tu écoutes aux portes, maintenant, fit Julie avec une moue. Petit écornifleur !

— Ta maman n'a pas grand mérite, fit Papineau. Toute la rue Bonsecours est patriote. On y serait lapidé si on ne l'était pas.

— Ouais, acquiesça Lactance. Avec mon oncle Viger d'un côté, vous de l'autre, et maman au milieu, les Anglais sont mieux de filer doux.

— Eh bien, tu as de qui tenir, Lactance ! fit Julie. Tu n'as pas la langue dans ta poche. Je n'ai plus à m'inquiéter de ton avenir ! »

▼

N'empêche qu'il y avait de quoi en perdre son latin. L'*huile de ricin* et les lavements, qui généralement guérissaient les coliques, n'avaient aucun effet sur Lactance, qui n'avait rien avalé de solide depuis trois jours. Papineau, qui ne voulait pas déranger le docteur Nelson, décida d'éplucher les livres de médecine qui se trouvaient dans sa bibliothèque. L'un des manuels recommandait l'ipécacuana, un traitement à base d'herbes brésiliennes.

« Tu es fou ? protesta Julie, l'ipécacuana agit contre les irruptions cutanées. C'est sa digestion qui fait problème. Il faut plutôt lui donner de l'arrow-root, pas de ce vomitif brésilien. »

Malgré ses protestations, Papineau prépara pour le malade une infusion composée de quatre grains d'ipécacuana. La condition de Lactance ne s'améliorait pas. Le médecin malgré lui ajouta quatre autres grains aux demi-heures. Comme les effets se faisaient attendre, il interrompit la médication, de peur d'abîmer l'estomac de l'enfant. Il lui appliqua alors des mouches de moutarde sous la plante des pieds et lui donna aussi de la rhubarbe. Malheur ! la rhubarbe avalée en trop grande quantité provoqua une diarrhée.

« Il est perdu ! il est perdu ! » répétait Julie.

Sans plus attendre, elle prit les choses en main. Assez de cette médecine de sorcier ! Elle fit mander l'homme qui avait toute sa confiance, le docteur Nelson.

« Le moindre aliment lui donne mal au cœur et il vomit », lui expliqua-t-elle, en l'implorant des yeux.

Robert Nelson mit sa main sur le front du petit garçon, puis sur sa joue et soupira :

« Toujours cette fièvre maligne. »

Il ferma sa trousse et quitta la chambre d'un pas décidé.

« Monsieur Papineau, je peux vous parler à part ? »

Dans le hall d'entrée, les deux hommes discutèrent à voix basse. Le docteur Nelson avait l'air sûr de lui :

« Voici ce que je vous recommande : enveloppez l'enfant dans une couverture et promenez-le dehors. Courez les champs avec lui. »

▼

Papineau enveloppa chaudement Lactance dans d'épais édredons et demanda à son palefrenier d'avancer la voiture.

« Pour l'amour du ciel, Louis-Joseph, tu vas lui donner son coup de mort ! » objecta Julie en lui barrant le chemin.

Elle était affolée. À croire qu'il avait perdu la tête. Sans se soucier de ses cris, Papineau prit l'enfant dans ses bras et descendit l'escalier.

« Tu ne vas pas le sortir dehors par un temps pareil, protesta encore Julie, qui dévala les marches derrière lui. Au beau milieu d'un orage ? As-tu pensé à sa fièvre ?

— J'exécute les ordres du docteur Nelson », répondit-il.

Lactance pesait une plume. Il n'avait pas la force de lever la tête, qui retomba sur l'épaule de son père. Avec soin, Papineau l'installa à côté de lui dans la voiture et donna à Doudou l'ordre de filer au galop. Tandis qu'il battait la campagne, Julie se mourait d'inquiétude, se demandant si le docteur Nelson avait encore tous ses sens.

Dehors, la pluie avait cessé, mais un vent frisquet s'était levé. Seul le bruit agaçant des sabots et des roues rompait la monotonie. Blotti contre son père, Lactance ne se plaignait pas. Au bout de deux lieues d'abominables chemins, ils regagnèrent la maison. Julie courut jusqu'à la voiture sans même prendre le temps de se couvrir. Elle transporta l'enfant dans sa chambre.

« Maman, souffla-t-il d'une voix à peine audible, j'ai faim. Je veux du pain bis et de la viande. »

Fort de son étonnant succès, Papineau recommença le même manège les jours suivants, tantôt sous le soleil printanier, tantôt sous la pluie torrentielle. Lactance prit du mieux à vue d'œil. Bientôt, on ne parla plus que de sa guérison miraculeuse que s'attribuait Louis-Joseph. Julie, elle, regrettait d'avoir douté de son cher docteur Nelson.

▼

Après un bref congé en famille, arraché au supérieur du collège à l'occasion du retour de son père, Amédée avait repris sa place en classe sans grand enthousiasme. Jaloux de son frère Lactance qui restait à la maison à se faire chouchouter par sa mère, il avait essayé en vain de la convaincre qu'il réussirait beaucoup mieux s'il était externe.

Sa bonne nature aidant, il s'était tout de même acclimaté à la vie de collégien. Il portait maintenant des lunettes car sa myopie allait en augmentant, ce qui lui conférait un petit air sérieux qui tranchait avec son comportement cabotin. En fait, il posait de sérieux problèmes de discipline à ses maîtres, notamment en critiquant les interminables heures de dévotion imposées aux collégiens. De quoi les dégoûter pour le reste de leurs jours ! Il prétendait aussi que les prières apprises par cœur et répétées sans cesse étaient une insulte plutôt qu'un hommage à Dieu. Il aurait voulu développer davantage ses muscles. Or, avec seulement deux heures de récréation par jour, dont une seule dehors, il était convaincu que sa croissance retardait. Quant à la course aux barres, seul jeu disponible, elle se pratiquait sur un terrain traversé par un ruisseau qui servait d'égout à tout le faubourg. Fin de la litanie !

Un jour, il osa entonner *La Marseillaise*, dans la cour de récréation, ce qui était interdit, comme d'ailleurs tous les chants révolutionnaires.

Enfants de la patrie/Contre la tyrannie/élevons nos voix/
Contre les Français/Qui nous traitent en despote...

Il n'était certes pas le seul étudiant indiscipliné. Cette année-là, la révolte couvait au collège où les jeunes combattaient les sulpiciens français, qu'ils avaient surnommé dérisoirement « les suppliciens » parce qu'ils se montraient outrageusement autoritaires. Les étudiants en avaient en particulier contre les punitions corporelles qui leur étaient infligées.

Amédée chanta un nouveau couplet, en forçant sa voix, tandis que ses camarades reprenaient le refrain en chœur :

« *Tous du même pas/Renversons à bas/Ces rebuts de la France*
— Monsieur Papineau ! »

Interpellé par le surveillant, Amédée sursauta tandis que les autres, prenant leurs jambes à leur cou, se faufilaient dans les corridors jusqu'à la salle d'étude. Ni vus ni connus. Seul Amédée écopa.

« Veuillez monter immédiatement au bureau du directeur », fit le surveillant d'un ton cassant.

Monsieur Baile l'attendait sur le pas de la porte. Amédée entra dans l'austère bureau qui sentait le renfermé et se plaça devant son juge. Au mur, au-dessus de l'impressionnante table d'acajou, un crucifix menaçant laissait présager qu'il ne sortirait pas vivant de la pièce. Il respira profondément pour se donner meilleure contenance et attendit la punition qui n'allait pas tarder. Le directeur ferma la porte derrière lui et la verrouilla à double tour avant de remettre la clé dans la poche de sa soutane.

« Je vous avais prévenu, dit-il en s'emparant de sa lanière de cuir.
— Monsieur Baile, je...
— Taisez-vous », ordonna le prêtre de sa voix de stentor.

Forcé de baisser sa culotte, Amédée reçut cinq coups de *strap* sans broncher.

Humilié, il quitta le bureau du directeur les dents serrées et fila droit au dortoir. Étendu sur son lit étroit, il se jura que personne ne lèverait jamais plus la main sur lui, même pas monsieur Baile ! Dans sa tête, lui revenaient les paroles de la chanson qui lui avait valu ce châtiment : « Renversons à bas/Ces rebuts de la France. »

▼

Comme la plupart des sulpiciens du Canada, monsieur Baile était originaire de France et n'avait que mépris pour les Canadiens. Bon nombre de ses confrères plus âgés étaient arrivés au pays au moment de la Révolution française. Dans leur patrie d'adoption, ils avaient toujours affiché bien haut leurs convictions royalistes. Ici, ils prêchaient une soumission aveugle à l'autorité et répétaient à leurs étudiants qu'il fallait souffrir les injustices sans se plaindre.

Monsieur Baile dirigeait le collège de Montréal sans cacher son dédain pour ce peuple vaincu qui se mêlait de faire ses propres lois et se soulevait contre le vainqueur. Pas question donc de faire cause commune avec ces gens, même si parfois le gouvernement anglais abusait de sa force. De toute façon, les sulpiciens dont la mission était d'éduquer cette jeunesse attardée et sans culture avaient tout intérêt à rester en bons termes avec le gouverneur.

Or monsieur Baile en avait plein les bras avec la révolte de ses étudiants qui avaient déterré la hache de guerre, peu avant la semaine sainte, lorsque le préfet, monsieur Séry, avait eu le malheur de qualifier les Canadiens de « bande d'ignorants ! »

« Polignac au gibet », scandaient les étudiants, tout au long de la rituelle promenade autour du collège. Copiant la révolte des jeunes Français qui avaient tout saccagé dans les rues de Paris, ils avaient ainsi affublé leur professeur du nom d'un ministre tyrannique de Charles X. Puis ils le pendirent en effigie sur la façade de l'édifice, orné de drapeaux tricolores, et placardèrent les murs de leurs récriminations.

Surnommé Charles X depuis le début de la révolte, le directeur Baile fut forcé de convoquer le conseil du collège, qui se résigna à accéder aux demandes des étudiants concernant l'allongement des récréations et l'abolition des punitions corporelles. Monsieur Baile se plia apparemment aux exigences des révoltés, mais dans son for intérieur il rageait : « Ils ne l'emporteront pas en paradis ! »

▼

En dépit de l'engagement du supérieur, il n'y eut pas de congé à Pâques. Les étudiants en furent quitte pour consacrer leurs vacances ratées à préparer les examens de fin d'année. Monsieur Baile imposa une retraite fermée à tous les collégiens. Au cours d'une prédication consacrée à la nécessaire punition des pécheurs, Amédée fut pris d'un fou rire incontrôlable. D'une voix caverneuse, le directeur l'interpella :

« Monsieur Papineau, vous riez des choses saintes ? Vous resterez à la chapelle pour méditer sur votre avenir. »

L'incident rehaussa le prestige dont jouissait Amédée auprès de ses camarades. Un matin, alors qu'il répétait sa leçon d'histoire du Canada, comme c'était la coutume à la veille de l'oral, il s'amusa à mimer les tics du préfet de discipline :

« Monsieur Duquet, dit-il d'une voix nasillarde, c'est bien cela, n'est-ce pas ? Quels noms à coucher dehors dans ce pays ! »

Son camarade Duquet s'esclaffa tandis qu'Amédée gardait son sérieux :

« Venons-en au fait, élève Duquet. L'année 1763, ça vous dit quelque chose ? Non, bien sûr. Un cancre ! Vous n'êtes qu'un cancre ! Élève Papineau, répondez ! »

Amédée se métamorphosa en élève Papineau et enchaîna :

« C'est l'année où notre pays a eu le malheur d'être cédé à l'Angleterre par la France.

— 1778 ?

— Les Américains ont conquis leur indépendance. Seul le Canada demeura sous le joug britannique.

— 1786 ?

— Ah oui ! papa naquit le 7 octobre 1786, à une heure trois quart...

— Nous nous moquons éperdument de la naissance de votre patriarche, pauvre idiot. »

Le petit Horace Nelson, fils du patriote Wolfred Nelson, et neveu de Robert Nelson, entra dans le jeu :

« Et en 1832, élève Papineau, que s'est-il passé ?

— Les soldats de Sa majesté assassinèrent trois paisibles citoyens, répondit Amédée en haussant le ton. Et le gouverneur Aylmer les en félicita personnellement. Si j'avais eu un fusil, je...

— Continuez, monsieur Papineau, continuez. Vous semblez avoir appris votre leçon auprès de ceux qui fomentent la révolte. »

Monsieur Séry observait la scène depuis un bon moment. Petit et osseux, il avait l'air d'un cadavre ambulant. Il levait le menton pour parler et il articulait chaque syllabe, de sorte que ses interlocuteurs pouvaient à loisir examiner son abominable dentition.

« Je vous ai coupé le sifflet, monsieur Papineau, pour employer un jargon qui vous est familier ? »

Amédée, qui n'avait pas vu venir son professeur, resta figé tandis que celui-ci poursuivait, sarcastique :

« N'est-ce pas votre honorable père qui, l'automne dernier, a couvert le Bas-Canada de ridicule en faisant parader les hauts gradés militaires à son enquête de pantins et de marionnettes ? Quoi que vous en pensiez dans votre petit cerveau, cela aura des répercussions sur votre pays et ses habitants, croyez-moi.

— Non, monsieur Séry, mon père est un héros. Il a lavé le peuple de l'injure.

— À vos pupitres, messieurs, nous verrons demain si cette grotesque partie de plaisir vous amusera encore à l'heure de l'examen. Et vous, monsieur Papineau, vous ne vous en tirerez pas à si bon compte. »

▼

Amédée n'eut d'autre choix que de se tenir tranquille jusqu'à la fin de l'année scolaire. Il ne voulait surtout pas mettre en péril ses vacances d'été. Il travaillait très fort ses mathématiques, car il n'avait pas d'aptitudes particulières pour les chiffres et il lui arrivait même de se priver de la partie de pêche du dimanche pour réviser ses équations.

En fait, il ne se permettait plus qu'un seul accroc à la sacro-sainte discipline. Un élève externe lui apportait chaque semaine les journaux qu'il lisait aux toilettes. Tant pis pour son fragile odorat ! Après sa séance de lecture sur le trône, comme il disait à la blague, il se débrouillait pour glisser la gazette sous sa chemise ou dans la manche de sa veste, le temps de revenir à la salle d'étude où il se débarrassait du papier incriminant.

Il finit par se faire pincer. Il était en classe et le professeur rabâchait aux élèves son sempiternel refrain à propos de l'obéissance obligée au clergé. Amédée laissa alors entendre qu'au contraire la soumission menait directement à l'esclavage.

« À quel penseur vous référez-vous pour lancer une telle affirmation ? demanda le professeur surpris.

— À Félicité de Lamennais, répondit Amédée.

— Et où avez-vous entendu parler de ce libre-penseur ?

— Dans les journaux.

— Ah ! bon, vous lisez les journaux, monsieur Papineau. Auriez-vous l'obligeance de me dire lesquels ?

— *La Minerve*, monsieur.

— Bien sûr, bien sûr. Vous allez monter chez le directeur et vous expliquer avec lui ! » conclut le prêtre.

Monsieur Baile était hors de lui. Il condamnait la liberté de presse et il n'allait certainement pas laisser pénétrer des feuilles de chou dans les murs de son collège. Il avait le visage cramoisi et le geste rapide. Il décrocha sa lanière de cuir, suspendue à la patère, et pria Amédée de baisser son pantalon. Celui-ci refusa de se soumettre à pareille humiliation. Ayant remarqué que le directeur avait omis de verrouiller sa porte, comme il le faisait habituellement, avant de se jeter sur ses victimes, il décampa, décidé à ne plus réapparaître au collège de Montréal de sa vie.

▼

La lettre du directeur du collège avisant Louis-Joseph Papineau qu'il suspendait son fils indéfiniment, pour insubordination et grossièreté à l'égard d'un professeur, arriva avant même qu'Amédée ait pu s'expliquer. Papineau lui donna partiellement raison, car il n'admettait pas qu'un homme, fût-il un religieux, lève la main sur un enfant. Secrètement, il se reconnaissait en ce fils qui n'avait pas froid aux yeux. Alors qu'il était lui-même âgé de douze ans, les sulpiciens avaient exigé de lui des excuses parce qu'il lisait pendant l'étude des livres signés Voltaire, Diderot et d'Alembert, empruntés à la bibliothèque de son père et que les prêtres ne lui auraient jamais mis entre les mains. Il s'y était refusé, jugeant qu'un élève qui a fini ses devoirs et ses leçons ne perdait pas son temps en lisant les classiques.

« Dans mon temps, dit-il à Amédée, les professeurs avaient aussi le culte de l'aristocratie. Ils voyaient la société comme une pyramide, les grands en haut, les petits en bas. »

Amédée, qui avait craint les remontrances de son père, n'était pas peu fier de son appui. En revanche, Julie était perplexe. Elle était d'avis qu'un garçon de son âge ne devait pas mettre son avenir en péril pour des peccadilles.

« Mais maman, le professeur a attaqué papa...

— Ce n'est pas une raison pour se montrer impoli. »

Julie n'avait pas tout à fait tort et Papineau songea qu'il s'était peut-être montré trop clément à l'égard d'Amédée, dont la conduite n'était pas sans reproches.

« Tu peux te compter chanceux que ta mère ne soit pas aussi sévère que la mienne, lui dit-il. Sais-tu qu'elle m'a envoyé au petit séminaire de Québec pour me punir d'avoir tenu tête aux sulpiciens ? Été comme hiver, j'ai passé mes vacances au collège, sans jamais retourner chez moi. Et j'ai eu tout le temps de méditer la devise du séminaire : *Les jours fuient comme des ombres*. En janvier, la nuit. il faisait tellement froid au dortoir qu'on se serait cru en Sibérie. »

Le ton demeurait indulgent et Julie changea de tactique.

« Amédée, écoute-moi. Tu ne dois pas compromettre ton avenir pour une question d'orgueil mal placé. Je t'en prie, va t'excuser.

— Jamais, répondit le jeune entêté. Maman, vous savez bien qu'on ne s'excuse pas d'une faute que l'on n'a pas commise.

— Va au moins à la distribution des prix, insista Julie. Tes bonnes notes te mériteront des récompenses, j'en suis sûre. »

Amédée se laissa fléchir et se rendit au collège pour la cérémonie de fin d'année. Dans la salle et sur les gradins, les élèves attendaient fébrilement que leur nom soit appelé. Les premiers de classe s'avancèrent les uns après les autres pour recevoir leur décoration. Amédée, lui, ne fut pas appelé. On l'ignorait tout bonnement, même s'il avait obtenu les meilleurs résultats dans plusieurs matières. Désappointé, il quitta la salle avant la fin.

Sur le chemin du retour, alors qu'il flânait dans la rue, hésitant à affronter ses parents avec sa mauvaise nouvelle, son camarade Joseph Duquet le rattrapa au pas de course pour lui remettre un colis. Intrigué, Amédée l'ouvrit. C'était son prix de version latine et de composition française. Il eut envie de retourner le paquet à son expéditeur, l'impitoyable monsieur Baile, mais n'en fit rien. Car au fond de lui-même, une question surgissait : qu'allait-il devenir ?

CHAPITRE XIV

La Petite-Nation

Un mois, deux mois... Déjà le muguet et ses petites clochettes blanches. L'été s'installait doucement et Papineau était tout feu tout flamme, comme s'il n'avait plus cure de la politique.

« Julie, on ne se quitte plus, avait-il juré. Nous irons en vacances où tu voudras. À Verchères, à Saint-Hyacinthe... Je te suivrai jusqu'à Kamouraska, si c'est ton désir. »

Eh bien, ils allèrent plutôt au royaume de Papineau, à la Petite-Nation, comme il le souhaitait. Pour Julie, c'était l'arrière-pays, le bout du monde. L'idée d'aller s'y enterrer pendant la belle saison ne l'emballait pas. Elle n'avait de seigneuresse que le nom et préférait sa maison de Montréal à la cabane rustique que, là-bas, on appelait dérisoirement le manoir.

Seulement voilà ! Joseph Papineau n'arrêtait pas de répéter que son autre fils, Denis-Benjamin, en avait plein les bras avec la scierie, les moulins et les colons qui ne payaient pas leurs redevances. Qu'il revenait à Papineau, le seigneur, de faire la loi, et non à son frère, l'agent des terres. Et puis, il y avait Amédée et Lactance qui mouraient d'envie d'aller à la pêche et de faire des excursions avec leurs cousins Papineau et Dessaulles et qui se promettaient tout un été à la Petite-Nation. Tout le monde avait mis tant d'ardeur à la persuader que Julie avait fini par croire que cette idée était la meilleure.

« Tu es sûre que c'est ce que tu veux ? avait insisté Papineau, qui jouait le bon apôtre. Je ne t'impose rien ? »

Mais non, mais non, il ne lui imposait rien. Comme toujours ! Julie se réjouissait du bonheur des siens. Papineau avait fini par se convaincre qu'elle n'y allait pas à contrecœur quand il l'avait surprise à chantonner en préparant les bagages.

La veille du départ, mademoiselle Douville eut un malencontreux accident qui faillit tout compromettre. À l'aube, le livreur de glace avait oublié de refermer la trappe de la glacière et la gouvernante, qui furetait sans chandelle dans le garde-manger, avait piqué une tête dans le trou noir.

« À l'aide, à l'aide... »

Personne n'avait entendu dans la maison encore silencieuse. Au bout d'une demi-heure, mademoiselle Douville, toujours incapable de se sortir de là, n'avait plus qu'un filet de voix quand la bonne Anna, qui préparait le petit déjeuner, entendit des cris étouffés. Elle se précipita vers la trappe ouverte et tomba à son tour dans le trou. Julie qui s'impatientait de la lenteur d'Anna, au matin d'une journée aussi chargée, passa par là et entendit des ayayaïlle ! et des ouille ! ponctués de rires.

« Anna ? Mais où êtes-vous donc ?

— Dans la glacière, madame. Je suis avec mademoiselle Douville. Aidez-nous à sortir de là. »

Julie mit Amédée et Lactance à contribution. Ils tendirent une petite échelle aux deux femmes, qui réussirent à grimper en s'aidant mutuellement. Elles avaient eu plus de peur que de mal, encore qu'elles portassent des ecchymoses, l'une au bras et l'autre à la cuisse. Julie leur donna congé pour le reste de la journée. Le lendemain, mademoiselle Douville était fin prête pour le départ, bien que toujours sous l'effet du choc. Il fut convenu qu'Amédée serait son ange gardien jusqu'à l'arrivée à la Petite-Nation.

Deux voitures les conduisirent jusqu'au quai de Lachine où ils attendirent le reste de la famille, avant de monter à bord du pyroscaphe, bateau à vapeur pouvant contenir une trentaine de passagers. Le curé Papineau les rejoignit bientôt à l'embarcadère. Toussaint-Victor était le frère cadet de Louis-Joseph et le seul prêtre de la famille Papineau.

« Ah ! mon oncle le géant », lança Amédée, toujours émerveillé par sa taille inusitée.

— Mon vieux Toussaint-Victor, il paraît qu'il y a du nouveau dans ta vie sacerdotale ? » interrogea Papineau en lui serrant chaleureusement la main.

Long et bedonnant dans sa robe noire, le plus jeune des fils Papineau venait de perdre son titre de curé de Rouville. Avant de rendre l'âme, l'évêque de Québec, monseigneur Bernard-Antoine Panet, lui avait retiré sa cure. Nul ne connaissait les raisons exactes de cette démotion et Toussaint-Victor cultivait le mystère.

« En tout cas, échappa-t-il, il y en a un qui se réjouit de me savoir en permission.

— Notre cousin Lartigue, je suppose, suggéra Papineau qui n'ignorait pas que l'évêque de Montréal entretenait de sérieux doutes sur la vocation de son frère.

— Je n'ai vraiment pas de chance, fit le curé d'un ton jovial. Tu sais, Louis-Joseph, ta réputation me fait un tort considérable au sein du clergé. Les méchantes langues prétendent que je suis atteint du mal qui frappe toute ma famille. Il paraît que je suis aussi radical que toi et que mes opinions sont tranchées au couteau. Que de médisances pour accabler un saint homme comme moi !

— Au moins, tu as fini de me quêter de l'argent, soupira Joseph Papineau qui n'avait jamais su rien refuser à Toussaint. À trente-cinq ans, il était temps ! Je n'ai pas digéré les soixante piastres que tu as dépensées en étourdi, depuis six mois.

— Voyons donc, papa, vous savez bien que j'avais besoin d'une soutane et d'un chapeau, objecta Toussaint qui, malgré son jeune âge, avait déjà le front dégarni.

— Des caprices, avoue-le franchement, répliqua Joseph. Tu achètes tous tes effets chez les marchands les plus fripons de Québec.

— Comment va Marie-Rosalie ? Est-ce qu'elle vient avec nous à la Petite-Nation ?

— Ta pauvre sœur a perdu son bébé, dit Joseph Papineau. C'est un bien grand malheur. Heureusement qu'elle s'est rétablie. Mais elle a beaucoup de chagrin. Elle viendra nous rejoindre si elle retrouve son entrain.

— Et Augustin ? »

Augustin, le troisième fils de Joseph, aurait dû être arrivé au quai depuis un bon moment, mais il brillait toujours par son absence.

« Où est-ce qu'il brette encore, celui-là ? s'impatienta Joseph, qui se méfiait des frasques de son fils, notaire comme lui, mais un peu trop original à son goût.

— Il arrive de Maska, en passant par Sorel, répondit Louis-Joseph. Le bateau a peut-être subi des avaries. »

Le capitaine du pyroscaphe consentit à retarder le départ d'un quart d'heure, mais pas plus.

« Le voilà, s'écria Amédée en se tordant de rire. »

Toute la famille se retourna pour voir Augustin Papineau qui s'avançait lentement vers eux, vêtu d'une simple robe de chambre en tissu éponge. Sa silhouette élancée se frayait un chemin à travers la cohue où se croisaient les arrivants et les partants. Les uns et les autres pointaient le doigt vers le curieux spécimen qui ne se rendait compte de rien. En l'apercevant, tante Victoire faillit s'évanouir.

« Pour l'amour du ciel, Augustin, qu'est-ce qui t'arrive ? demanda Joseph. Es-tu malade ? »

Augustin était d'un calme olympien et ne semblait pas se soucier du fait qu'il était responsable du retard.

« Je ne suis pas malade, sacrament, répondit-il d'un ton glacial.

— Mais alors ! Qu'est-ce que tu fais dans cet accoutrement ?

— J'ai fait une sieste sur le vapeur. Pendant que je dormais dans une cabine, sacrament, des voleurs sont partis avec mon sac. Ils ont débarqué à Varennes, avant que je me réveille, sacrament. J'ai perdu tout mon butin.

— Tu aurais quand même pu t'acheter un pantalon, lui reprocha Louis-Joseph. Il y a deux ou trois marchands à côté de l'hôtel Rasco.

— Non, j'avais des courses importantes à faire et je n'ai pas eu le temps de penser à ma toilette. Je vais faire le voyage en robe de chambre. Que ça vous plaise ou non, sacrament. »

Amédée et Lactance se bidonnaient en entendant leur oncle jurer comme un charretier. Lui qui avait des manières si distinguées, il avait aussi la mauvaise habitude de blasphémer, ce qui offusquait son frère le curé, mais laissait Louis-Joseph totalement indifférent.

La sirène du vapeur hurla. Augustin monta à bord du bateau dignement, devant les autres qui le suivaient en se lançant des regards complices. Le départ se déroula sans anicroche et la joie se lisait sur tous les visages. Seul Augustin ne se dérida pas. Il s'installa dans un coin avec son journal et exigea le silence autour de lui.

« La paix ! C'est tout ce que je demande, sacrament. »

Papineau entraîna ses fils vers la proue. Au moyen de sa lunette d'approche, il les aidait à repérer les villages sur la carte du géographe Bouchette, qu'il avait pris soin d'emporter dans ses bagages. Il ajusta les lentilles des jumelles pour permettre à Amédée et à Lactance de voir défiler les hameaux à l'horizon. Il était d'une patience d'ange. « Ça doit être l'influence de Sénèque », pensa Julie qui souriait intérieurement, son gros Gustave sur les genoux.

Joseph Papineau était particulièrement en verve. Il n'avait pas été d'humeur aussi riante depuis longtemps. Il se moquait copieusement de tante Victoire, tandis qu'il tirait sur ses bottes Waterloo qu'il voulait enlever pour se reposer les pieds avant la prochaine escale.

« Victoire, tu devrais prendre la résolution de te tenir loin des dangers de la séduction », lui rabâchait le vieil homme qui riait à fendre l'âme.

Sa sœur, c'était son souffre-douleur. Avec ses allures de vieille fille, elle avait toujours prêté flanc aux turlupinades de Joseph et on aurait dit qu'elle y prenait plaisir. Elle replaça d'une main le pli de sa jupe de cotonnade que soulevait le vent et tint de l'autre son chapeau de paille.

« Je comprends qu'il est difficile de résister aux hommes, enchaîna Joseph en s'esclaffant. Surtout chez nous où il y en a tant et des plus séduisants. Regarde comme Augustin est élégant, en robe de chambre. Au lieu de passer ta vie à bourrer le crâne des sauvages de la Petite-Nation, tu aurais dû courir les hommes à marier à Montréal. Des fois que... Maintenant, il est trop tard. À ton âge, tu peux toujours danser le rigodon en semelles de bas, le sort en est jeté. »

Nouveau rire homérique. Victoire, elle, ne bronchait pas. Son zarzais de frère pouvait faire le pitre tant qu'il voulait, elle n'allait pas tomber dans le panneau et se choquer. Rusée, elle décida plutôt d'en rajouter :

« C'est la fatalité, fit-elle en levant les yeux au ciel. Lorsque le grand amour est passé, je regardais ailleurs. »

Victoire avait eu jadis un béguin pour Jean Dessaulles qui faisait maintenant partie de la famille, mais qui alors était un veuf fort convoité. Tout un chacun convenait qu'il avait fière allure. Son père était un militaire suisse huguenot envoyé en Nouvelle-France avant la Conquête. Jean l'avait suivi dans la carrière et était devenu officier de milice. Il venait alors d'hériter de la Seigneurie de Saint-Hyacinthe, à la mort de son cousin Hyacinthe-Marie de l'Orme, ce qui ajoutait à son charme. C'était donc un parti en or, malgré ses quarante-huit ans et ses cheveux clairsemés, et tante Victoire, qui avait déjà soufflé ses cinquante chandelles depuis belle lurette, n'était hélas ! pas la seule à faire les doux yeux au seigneur d'âge mûr. Mais elle n'avait que peu d'occasions de se laisser courtiser puisque, durant l'année, elle enseignait aux petits aborigènes, dans le village éloigné de Makina, et passait tous ses étés chez son frère Joseph à la Petite-Nation.

Ce qui devait arriver arriva : le charmant veuf lui avait préféré sa nièce Marie-Rosalie Papineau, « une jeunesse » de vingt-huit ans. À l'annonce de leurs fiançailles, Victoire s'était trouvée mal et avait réclamé des sels. Entre deux évanouissements plus ou moins feints, elle avait répété à toute la parenté qu'elle aurait fait avec Jean Dessaulles un mariage mieux assorti que son étourdie de nièce, qu'il était bien trop vieux pour une sorteuse comme elle, qu'un homme de presque cinquante ans ne pouvait pas suivre une donzelle dans ses folles escapades...

Tante Victoire avait refusé d'assister au mariage de sa nièce, mais elle lui avait tout de même envoyé un mot à la naissance de son premier fils, Louis-Antoine. Avec le temps, elle avait fini par faire contre mauvaise fortune bon cœur.

« Le mariage, le mariage... qu'est-ce que j'aurais fait dans cette galère ? se demandait-elle, comme s'il s'agissait de la pire calamité. Tenir maison, diriger les domestiques... Au moins, comme maîtresse d'école j'ai été utile. D'ailleurs, ma malheureuse nièce ne l'admettra jamais mais les veufs, il n'y a pas pire race. Au fond, je l'ai échappé belle. Et j'en remercie le bon Dieu tous les jours.

— Vous ne perdez jamais votre bonne humeur, ma tante, constata Julie, qui trouvait Victoire attendrissante.

— C'est parce qu'on s'entend tellement bien, vous et moi, répondit la vieille dame, qui baissa le ton pour ajouter, en montrant Joseph du menton : et lui, il est ce que j'ai de plus cher au monde. »

La journée était divine. Le *steamer* avançait sur les eaux bleutées du Saint-Laurent qui refusaient de se marier à celles rougeâtres de la rivière Ottawa, de sorte qu'elles coulaient en des sillons distincts. Quand Julie lui en fit la remarque, Louis-Joseph répondit que les deux courants n'étaient pas faits pour se mêler, pas plus que le Bas-Canada n'avait d'affaire à s'unir au Haut-Canada. Elle pensa alors qu'il n'avait pas tout à fait décroché de ses préoccupations politiques. Il lui faudrait encore quelques jours avant de revêtir complètement son habit de grand propriétaire terrien.

À midi, ils avaient déjà dépassé Vaudreuil. Le soleil dardait ses rayons. Les passagers du vapeur flânaient sur les chaises au milieu du pont à demi recouvert. Le temps invitait à la paresse. Augustin s'était rapproché de Papineau avec qui il discutait des bourdes à répétition du gouverneur Aylmer. Lorsque les enfants s'agitaient un peu trop au goût des adultes, l'abbé Toussaint-Victor les avertissait :

« Du calme, les enfants, sinon, je vous mets à genoux pour réciter le chapelet les bras en croix.

— Nonnnnnnnn », répondaient-ils en chœur, nullement effrayés par la menace de leur oncle.

Vers les six heures, tout le monde avait l'estomac dans les talons, comme s'ils arrivaient d'excursion. Julie déballa les paniers de victuailles sur une petite table et invita chacun à se servir. Toussaint-Victor, qui n'avait rien apporté pour se sustenter, restait à l'écart, non sans rôder autour de la table.

« Approche, l'abbé, qu'est-ce que tu attends ? insista Joseph. Tu ne vis pas de l'air du temps que je sache ? »

L'interpellé ne se fit pas longtemps prier.

« Sans vous, Julie, je ne pourrais pas me lester la bédaine, dit-il. Dieu vous le rendra au centuple.

— C'est ça, dit Joseph. Mais en attendant le grand jour, laisses-en quand même aux autres. »

Ce fut un bon souper composé de mouton et de petites saucisses et Toussaint-Victor mangea comme un Gargantua, tout en faisant mine de résister à tout ce que Julie lui proposait.

« Monsieur l'abbé, vous êtes comme le malade imaginaire, dit-elle affectueusement. Vous refusez de la bouche ce qu'on vous offre, mais vous tendez la main pour le recevoir.

— Hélas ! répondit-il comme s'il était fort éprouvé, Dieu m'a pourvu d'une panse de chanoine et je me fais un devoir de la garnir. »

À dix heures du soir, le bateau les déposa au pied des rapides du Long-Sault. Ensuite, pendant quatre lieues, ils longèrent le canal en voiture. Entre Carillon et Grenville, ils croisèrent des campements d'aborigènes, regroupés autour des feux dont les flammes servaient de repère à la caravane de voyageurs car la nuit était sombre. À minuit et demi, ils furent invités à se dégourdir les jambes avant de monter à bord d'un second pyroscaphe amarré au quai de Granville, à la tête du Long-Sault. Petits et grands tombaient de sommeil et la nuit s'acheva sans qu'ils en aient connaissance.

▼

Au petit matin, le soleil à peine voilé annonçait une nouvelle journée magnifique. Le vapeur avançait lentement, traînant derrière lui treize barges, ce qui retardait sa course. Joseph Papineau, qui ne tenait plus en place, s'en plaignit au capitaine mais celui-ci confessa son impuissance : il suivait les ordres.

Pour tromper l'impatience de ses passagers, le capitaine offrit de l'eau minérale à la ronde. Elle provenait de la source de Calédonie. Joseph Papineau connaissait l'endroit pour y être allé souvent avec Rosalie qui avait des problèmes de digestion. Situé à trois lieues de la Petite-Nation, ce large puits d'eau sans gaz carbonique commençait à se tailler une réputation. On songeait même à y établir une station thermale.

L'oncle Augustin goûta le premier, en faisant tourner le liquide dans son verre, comme s'il s'agissait d'un grand cru. Son tour venu, Toussaint-Victor grimaça :

« J'aime encore mieux le vin de messe », dit-il en déposant son verre.

Amédée posa aussi au fin connaisseur. Il trouva l'eau trop sulfureuse et s'enquit de la quantité de sel qu'elle contenait.

« De six gallons d'eau, on a retiré une pinte de sel », répondit le capitaine qui, tout en reconnaissant qu'elle laissait un arrière-goût dans la bouche, en vanta les vertus thérapeutiques. Ce que Joseph confirma.

Le carillon de l'église de la Petite-Nation sonna l'angélus de midi au moment même où le bateau franchissait la ligne seigneuriale qui comptait quinze milles de front. Les vagues frappaient le rivage escarpé à certains endroits. Le paysage était majestueux. La forêt dominait. Une mine d'or que ces pins en parasol, ces innombrables érables et ces chênes centenaires.

Encore un peu de temps et ils accosteraient au quai Parker où Denis-Benjamin Papineau les attendrait avec sa ribambelle d'enfants. La dernière lieue devait être parcourue en canot. Ils eurent toutes les peines du monde à y installer la plantureuse tante Victoire, qui n'avait plus la souplesse de ses belles années.

« Mais aide-toi, Victoire, au lieu de rire, grommela Joseph. On voit que ce n'est pas toi qui forces.

— Je ne vais quand même pas pleurnicher parce que je suis trop grosse, fit-elle en touchant du pied le fond du canot, flanquée d'Amédée et de Lactance qui lui tenaient chacun un bras. Je vais y arriver, si mes deux escortes ne me lâchent pas. »

Au quai Parker, Denis-Benjamin vint à sa rescousse et l'aida à sortir de l'embarcation. Des quatre fils de Joseph Papineau, c'était le plus délicat d'apparence. Il n'avait ni les épaules carrées de Louis-Joseph ni le ventre impressionnant de Toussaint-Victor. Élancé comme Augustin, il était néanmoins bâti pour les grands espaces. Un amant de la nature. Reçu avocat quelques années plus tôt, il avait troqué la pratique du droit pour la coupe du bois et gérait la seigneurie qui comptait maintenant plus de cinq cents âmes. À quarante-quatre ans, il était respecté des colons, aimé même.

« Mon beau Benjamin ! se pâma Victoire en lui donnant un gros baiser sur la joue. Ta vieille tante s'est tellement ennuyée de toi depuis six mois.

— Dis-lui donc qu'on ne s'est pas occupé de toi ! » marmonna Joseph Papineau, redevenu grognon. Puis, hochant la tête, il ajouta : « Comme si on l'avait abandonnée dans un coin tout l'hiver !

— Ne faites pas attention à lui, ma tante, dit Benjamin en l'embrassant à son tour sur ses deux joues bien en chair. Venez plutôt avec moi, ma femme vous attend à la maison. À nous deux, on vous fera oublier toutes les misères que mon père vous a fait endurer. »

Benjamin aida ensuite mademoiselle Douville à débarquer du bateau. En voyant ses ecchymoses, il demanda :

« Qui est-ce qui vous a battue, mademoiselle Douville ? Vous êtes pleine de bleues.

— Parlez-moi-z-en pas, je suis tombée dans la glacière.

— Ces choses-là n'arrivent qu'à vous, mademoiselle. Laissez-moi vous porter. »

Il la souleva sans plus attendre. Elle pesait une plume et se retrouva vite sur la terre ferme. Vint ensuite le tour de Julie qu'il embrassa chaleureusement en la déposant sur le sol.

« Quel bon vent vous amène, ma chère belle-sœur ? », fit-il moqueur.

Dans la famille, tout le monde savait que Julie fuyait la Petite-Nation comme la peste.

« Je vous apporte le soleil, répondit-elle, le visage radieux, en jouant le jeu. Vous n'êtes pas gâtés par ici. Alors j'ai apporté mes provisions. C'est écrit dans le ciel, il fera beau tout l'été.

— Ravi de vous l'entendre dire, Julie. »

Les enfants étaient surexcités, tout à la joie de se retrouver plus vieux et plus nombreux que les années précédentes. Le cousin Louis-Antoine Dessaulles, venu lui aussi passer l'été chez son oncle, était à peine plus grand qu'Amédée qui, bien que deux ans plus jeune, le talonnait de près. Émery et Nicolas, les fils de Denis-Benjamin, avaient le teint cuivré des garçons qui grandissent en plein air.

« Vous avez l'air de peaux-rouges », s'écria Amédée en les voyant.

À côté de ses cousins, Lactance paraissait bien pâlot et gringalet. Il restait un peu en retrait, comme s'il était gêné de les retrouver si grands.

« Nous voilà à la butte à maringouins ! s'exclama Amédée en tuant un moustique sur le bras de Lactance, qui hurla de douleur comme si son frère lui avait arraché un membre.

— Arrête de crier, idiot, je t'ai sauvé d'une morsure, fit Amédée. Cette affreuse bestiole allait te sucer le sang. »

C'est Julie qui avait affublé la Petite-Nation de ce surnom loufoque de butte à maragouins. Et pour cause ! Chaque année, à pareille date, des nuages d'insectes envahissaient la région. Impossible de rester dehors à la tombée du jour. Et malgré toutes les précautions, il était bien difficile d'échapper aux innombrables piqûres qui gonflaient la peau et provoquaient d'irritantes démangeaisons.

« Surtout ne te gratte pas, Lactance, dit-elle doucement, sinon ça va piquer encore plus. »

Elle s'approcha de l'enfant, mit un genou par terre et prit le petit bras pour sucer le sang qui s'échappait de la piqûre. Ensuite, elle appliqua sur la plaie rougie des feuilles de cassis qu'elle avait apportées dans sa trousse de premiers soins. Elle les écrasa en les frottant pour en extirper le suc qui pénétra dans la chair.

« Ça va mieux maintenant, mon chéri ?

— Oui, maman », fit Lactance, qui repartit en courant pour rejoindre ses cousins et cousines.

Joseph s'approcha de son fils :

« Ah ! Benjamin, si tu voyais les beaux taureaux que j'ai marchandés à l'encan de mademoiselle Truteaux. Un tout noir et deux barrés. Ça m'a coûté une fortune. Tu les auras la semaine prochaine.

— M'avez-vous apporté des graines pour le jardin ?

— Évidemment. M'as-tu déjà vu oublier quelque chose ? » répondit-il.

Joseph ne s'adressait jamais à son fils autrement qu'en le rembarrant. Il le trouvait paresseux, ce qui n'était pas le cas, bien au contraire. Et comme, la plupart du temps, Benjamin ignorait ses réprimandes, cela avait le don de l'exacerber. Il examina sa voiture et lâcha : « Tu aurais dû peinturer ta charrette, comme je te l'avais demandé. Tu laisses nos biens se détériorer. »

Tante Victoire n'aimait pas cette façon qu'avait son frère de minimiser la tâche de Benjamin, son neveu préféré.

« Il a trop d'ouvrage aussi ! répliqua-t-elle.

— Trop d'ouvrage ? s'emporta Joseph. Benjamin passe ses journées à tourner en rond comme un pou dans le goudron. J'aimerais donc ça qu'il prenne ses affaires en main ! »

C'était reparti. Benjamin par ci, Benjamin par là... Sur le chemin qui les conduisait jusqu'au manoir, le vieil homme ne lâcha pas prise :

« Ne laisse pas tes hommes faucher sous le soleil ardent, ça va brûler tes prairies... Tu paies ton blé trop cher... Tu ne t'occupes pas assez de la culture champêtre...

— Bon, c'est assez là, Joseph, fit Victoire d'un ton décidé. On vient à peine d'arriver que déjà tu radotes. »

▼

La maison de Denis-Benjamin Papineau était située sur la pointe d'une presqu'île, dans la partie la plus éloignée de la seigneurie appelée Plaisance. Construite en grosses pièces de bois rapidement ébauchées, elle avait l'allure d'une habitation rustique. Son toit aigu était percé de trois lucarnes qui regardaient les eaux de l'Ottawa se marier à celles de la rivière de la Petite-Nation. L'intérieur était divisé en deux, de sorte que lorsque la famille débarquait comme une armée, Denis-Benjamin et les siens n'étaient nullement dérangés dans leur train-train quotidien.

On installa Papineau et Julie dans la partie est, habituellement réservée à Rosalie et à Joseph. Puisqu'il était maintenant veuf, ce dernier avait réclamé une petite chambre à l'étage où dormaient les enfants. Tante Victoire avait repris ses quartiers dans la partie ouest, chez Denis-Benjamin, où elle laissait ses affaires en permanence. Augustin et Toussaint-Victor occupaient ensemble une maison voisine que des colons avaient récemment abandonnée. Ils voulaient avoir leurs aises et, surtout, ne pas se faire réveiller à l'aurore par leurs neveux et nièces turbulents.

Le lendemain de l'arrivée, une odeur de brioches à croûte dorée tira justement les enfants du lit bien avant l'heure. Le ventre rempli de grosses fraises vermeilles fraîchement cueillies et de pain tartiné de crème douce et de sucre du pays, ils disparurent jusqu'au repas suivant qu'ils réclamèrent en frappant bruyamment sur la table avec leurs cuillers et en répétant qu'ils avaient une faim d'ogre.

Tous les jours se ressemblaient à la Petite-Nation. Amédée était toujours le premier levé pour aller à la pêche. Il sortait ses cousins Louis-Antoine Dessaulles et Denis-Émery Papineau du lit sans ménagement et le trio partait bras dessus bras dessous en direction de la rivière. Ils étaient les aînés et s'appelaient les trois mousquetaires. Quelquefois, ils emmenaient leurs jeunes frères, Nicolas, les deux Casimir (Dessaulles et Papineau) et Lactance, mais la plupart du temps, ils préféraient pêcher « entre hommes ». Ils empruntaient la chaloupe de l'oncle Toussaint, amarrée à l'embouchure des deux rivières, et ramaient jusqu'à la pointe du Petit Chenail où ils lançaient leurs lignes. En fin d'avant-midi, ils revenaient à la maison en sifflotant. Dans leurs sacs, une trentaine de perchaudes, un ou deux brochets et quelques crapets gigotaient encore.

D'autres fois, ils allaient à la chasse avec leurs pères et leurs oncles. Les barques se suivaient sur l'Ottawa, en direction du Haut-Canada ; ils se remplaçaient à l'aviron, entre la baie Noire et la traverse, et débarquaient sur une petite île rocheuse où ils pouvaient tirer à leur aise sur les oiseaux. Un jour, Amédée vit passer un aigle à tête blanche, mais il ne réussit pas à l'attraper. En revanche, il abattit une corneille, ce qui représentait tout un exploit. À son retour, alors qu'il exhibait fièrement sa prise, Lactance, qui n'avait pas la permission de chasser, s'était moqué de la minceur de son gibier.

« Tu aurais mieux fait de rester ici, le nargua-t-il, les pigeons ont passé l'avant-midi à voler au-dessus de nos têtes.

— Ici, c'est pour les gamins qui n'ont pas le droit de s'aventurer plus loin que la clôture », lui répondit Amédée dédaigneusement.

Julie ne s'était pas trompée, Lactance recouvrait miraculeusement ses forces. Il avait maintenant douze ans et demi et il s'étirait en longueur. Mais comme disait le cruel Amédée, il était maigre comme un échalas.

Toujours aussi passionné de botanique, Lactance n'avait rien oublié de ce que son oncle Bruneau lui avait appris l'été précédent à Verchères. Il collectionnait tous les spécimens de la nature pour compléter son herbier commencé là-bas. Il se vantait d'avoir cueilli la plus grosse feuille d'orme au monde ; il avait aussi ramené de ses excursions sur les rochers avoisinants de la mousse velouteuse qui, en séchant, avait perdu sa verdeur. Il avait écrit au curé Bruneau pour s'informer des raisons scientifiques de cette malheureuse métamorphose. Il partageait sa grande passion avec sa cousine Honorine, qui avait quelques années de plus que lui mais qui passait des heures enfermée avec lui à disséquer des grenouilles ou à chercher l'origine des plantes rares qu'ils cueillaient dans la région. Julie avait d'ailleurs remarqué les regards éperdus qu'il lançait à sa cousine, plus intéressée à ses découvertes qu'à son jeune cousin. Qu'importe, ils paraissaient si heureux, tous les deux.

Ézilda, la plus mignonne des petites filles, donnait aussi de la joie à Julie. En quittant Montréal, elle avait confié son chat Gris-gris à Marguerite Viger, non sans la bombarder de recommandations : il fallait lui donner son lait bien tiède, le faire entrer dans la maison à la brunante et chasser les gros matous qui rôdaient aux alentours car, ô surprise, Gris-gris était une « minoune », malgré son nom.

Le lendemain de son arrivée, l'oncle Denis-Benjamin lui avait fait cadeau d'un minuscule chat sauvage qui s'était laissé apprivoiser. Il avait une tête de renard et la démarche d'un ourson miniature. Seule sa queue longue et mince rappelait celle du chat. Son poil gris souris était coloré de bandes noires. C'était une bête bien curieuse qui amusait aussi les grands en faisant des bonds dans les airs et en avançant de travers et à reculons.

Julie en avait presque oublié que sa fille ne grandirait plus. Grand-père Joseph qui, chaque été, mesurait ses petits-enfants, avait attendu qu'Ézilda soit partie en promenade pour appeler les autres à la remise et cocher le mur au-dessus de leur tête avec son couteau de chasse. Julie n'avait pas encore prévenu la fillette que sa croissance était terminée. Pour l'instant, elle était à peine plus petite que sa cousine France-Louise, qui avait le même âge. Le docteur Nelson s'était peut-être trompé...

▼

Quelle paix ! Julie aurait voulu que le temps s'arrête. Il y avait si longtemps qu'elle ne s'était pas sentie aussi bien.

Ironie du sort, c'est à la Petite-Nation qu'elle connaissait ce grand bonheur. Jusque-là, la seigneurie avait été pour elle synonyme de désolation et d'intempéries. La forêt perpétuelle. Ayant grandi à Québec, elle avait pourtant l'habitude des rigueurs de l'hiver. Mais le froid sec qui, dans la capitale, vous râpait le visage n'était en rien comparable à l'humidité outaouaise qui vous transperçait jusqu'à la moelle.

Sa première visite à la Petite-Nation, six mois après son mariage, lui avait laissé un souvenir épouvantable. D'après les vieux de la place, ça avait été d'ailleurs le pire automne, de mémoire d'hommes. Les vents avaient été si violents que la charpente du manoir en craquait. Jour et nuit, les jalousies battaient au vent comme si elles allaient être arrachées de leurs gongs. On avait eu beau calfeutrer les fenêtres avec de l'étoupe, l'air froid pénétrait comme si de rien n'était. Impossible de mettre le nez dehors. Car en plus il y avait des traces de coyotes et de rats musqués, ce qui n'était pas pour rassurer la citadine qu'elle était.

Après une semaine exécrable, la pauvre Julie, recroquevillée au pied du poêle de fonte qui occupait le milieu de la maison, s'étiolait sous le regard réprobateur de sa belle-mère Rosalie, qui n'avait pas manqué l'occasion de déplorer une fois de plus ses airs de chien battu, tout en vantant la vaillance d'Angelle, la femme de Benjamin. À la première accalmie, la jeune seigneuresse était repartie à Montréal.

Elle était souvent retournée à la Petite-Nation par la suite mais, comble de malchance ! à chacune de ses visites, il avait fait un temps de chien. Louis-Joseph s'était finalement résigné. Il n'insistait plus pour qu'elle l'accompagnât, préférant y aller seul ou avec Amédée.

Mais l'été de 1833 s'annonçait fort différent. Il allait d'ailleurs rester dans les annales comme le plus chaud depuis des décennies. Angelle, que les hasards de la vie avaient conduite sur les rives de l'Ottawa, et qui ne jurait que par ses grands espaces, sa nature sauvage et son ciel étoilé, était aux anges. Non seulement le soleil brillait-il de tous ses feux le jour de l'arrivée de Julie, mais le beau temps ne leur avait pas encore fait faux bond depuis.

Native de Québec, comme Julie, Angélique Cornud, surnommée, Angelle, était devenue orpheline à cinq ans. Ses parents qui avaient immigré de Suisse au tournant du siècle, avaient tenu une bijouterie au pied de la côte, dans la basse-ville. Tous deux avaient péri lors de la terrible épidémie de typhus. Le notaire Joseph Papineau avait été chargé d'exécuter les dernières volontés des Cornud. Il avait accepté d'être le tuteur de la fillette qu'il avait ramenée chez lui, à Montréal, et avait élevée comme l'une des siennes. Depuis ce temps, sa propre fille, Marie-Rosalie, et sa fille adoptive, Angelle, étaient deux inséparables. Autant la nature avait défavorisé la première, qui avait hérité du nez aquilin des Papineau, autant la seconde avait un petit air angélique, qui convenait bien à son prénom. Elle avait conservé de ses parents suisses un léger accent chantant qui était ravissant.

À vingt-quatre ans, Angelle avait épousé Denis-Benjamin Papineau, qui avait le même âge et avec qui elle avait grandi. Ce presque frère n'avait jamais laissé transpirer ses sentiments pour la belle Angelle et lorsqu'il avait fait sa grande demande à son père, Joseph avait failli tomber en bas de sa chaise. Quant à la jeune fille, toute la famille savait qu'elle avait toujours eu un faible pour Benjamin. Dès l'âge de quinze ans, elle ne le quittait pas des yeux.

Julie appréciait la compagnie de sa belle-sœur, qui d'ailleurs était la coqueluche de la famille. C'était une belle femme au teint rose et aux cheveux châtains clairs, attachante comme pas une. Cet été-là, donc, elles se reposaient sur la terrasse, les après-midi, tandis qu'une brise tiède faisait danser l'herbe tout autour. Parfois leur tête-à-tête durait des heures, grâce à l'oncle Toussaint-Victor qui avait pris l'habitude d'amener les enfants se baigner au pied du rocher de la baie Noire, à quelques minutes de marche de la presqu'île.

Un parfum de menthe flottait dans l'air. À côté de la maison, qui paraissait enveloppée dans les montagnes, le potager bien sarclé d'Angelle était interdit « aux gros pieds maladroits ». Il regorgeait de plants de concombres, de tomates, de cresson et de carottes. Dans un coin spécialement aménagé pour les herbes poussaient le basil doux, le lavendar, la moutarde blanche et le rosemarie.

« Mais dites-moi, Angelle, vous avez été très malade cet hiver ? dit Julie. Denis-Benjamin nous a écrit que vous aviez failli y rester.

— C'est un peu exagéré mais quand même, j'avoue que j'ai passé un mauvais quart d'heure entre les mains d'un charlatan. »

Angelle qu'on avait toujours cru à l'abri des défaillances physiques, tant elle respirait la santé, se remettait à peine d'une infection qui avait failli mal tourner. Tout avait commencé par un abcès au sein gauche, accompagné d'une inflammation purulente. Il n'y avait pas de médecin à la Petite-Nation, ni dans les environs, et il aurait sans doute mieux valu qu'elle se rende à Bytown, comme elle l'avait fait lorsque son bébé Casimir avait eu la coqueluche. Mais ce genre de déplacement était compliqué à la fonte des neiges et elle avait décidé de se confier aux bons soins d'une espèce de docteur non diplômé qui, sans prendre les précautions les plus élémentaires, avait crevé la poche en dessous du sein.

« D'un coup de lancette, expliqua-t-elle à Julie, il a percé l'enveloppe. Le sang a fusé et le pus jaunâtre s'est répandu. La douleur a été si vive que le cœur m'a manqué. J'étais blanche comme un drap. Benjamin s'est presque évanoui lui aussi. »

Julie ne put s'empêcher de grimacer. Elle n'avait jamais été très courageuse devant les plaies ou les blessures des autres. Sans son cher docteur Nelson, comment se serait-elle tirée d'affaire cette année ?

« Je ne sais pas comment vous faites, sans médecin.

— Quand on habite au bout du monde, on finit par savoir se débrouiller dans toutes les circonstances », répondit Angelle.

Julie trouvait que sa belle-sœur avait tous les talents. Car en plus de soigner les maux, elle avait admirablement réussi à transformer la vie à la Petite-Nation. En deux ans, sa grande maison, qui tenait en réalité de la mansarde plus que du manoir, s'était métamorphosée. Chaque pièce avait maintenant une âme. Les murs peints en couleurs pastel s'harmonisaient avec les carpettes tressées, posées sur les planchers en pin blond. Il y avait des rideaux de dentelle aux fenêtres et sur les tables, des fleurs coupées. Rien de luxueux dans le mobilier plutôt rustique, mais il y avait beaucoup de grâce et de féminité dans l'aménagement. Sur la véranda où s'achevait l'après-midi, Angelle avait disposé ses pots de géraniums en fleurs, mais c'était encore les pivoines qui dégageaient les odeurs les plus agréables.

« Vous ne vous ennuyez jamais ? Même les soirs d'hiver ?

— M'ennuyer ? Êtes-vous folle ? Je n'ai pas le temps d'y penser, l'assura Angelle dans son français chantonnant. Avec six enfants, un mari qui part à l'aurore et qui passe ses journées au moulin ou dans les concessions. Et je fais l'école au village.

— Vous enseignez en plus du reste ? » laissa tomber Julie.

Angelle s'était laissé convaincre de passer quelques heures chaque après-midi à montrer aux enfants des colons à écrire et à compter. Le curé, lui, s'occupait du catéchisme.

« J'ai pris la succession de Rosalie Papineau, répondit-elle. Vous comprenez, Julie, ces enfants-là ont besoin de nous. Tout ça pour vous dire qu'on n'est jamais seuls à la Petite-Nation. L'été, le manoir ne désemplit pas et on ne fournit pas aux fourneaux. L'hiver, je reconnais que c'est plus calme. Mais on a de quoi s'occuper. Et puis, d'habitude, on a tante Victoire pour nous désennuyer. Elle nous a manqué, cette année.

— Et moi qui espérais la ramener avec nous à l'automne » fit Julie déçue.

Les deux belles-sœurs parlèrent forcément du vide laissé par la mort de Rosalie Papineau, un an plus tôt. Angelle avait beaucoup aimé cette mère qui l'avait chérie comme sa propre fille. Par testament, elle avait hérité de ses effets personnels, ce qu'elle avait interprété comme un gage de son attachement. Elle s'en ouvrit à Julie qui fit une moue, comme chaque fois qu'il était question de la grandeur d'âme de Rosalie Papineau.

« Je n'ai pas connu la femme que vous me décrivez, dit-elle froidement. Moi, elle ne m'a jamais regardée que de haut. Comme si je n'avais pas l'étoffe d'une vraie Papineau.

— Julie, vous exagérez », la semonça Angelle, qui trouvait ce jugement excessif.

Il n'y avait pas d'artifices entre elles. Tout était dit franchement. Julie lui avoua qu'il lui était même arrivé de penser que madame Papineau détestait jusqu'à son apparence physique et qu'elle n'avait que dédain pour les gens issus de la classe commerçante. Son père avait beau être le député de Kent, il était aussi marchand et, par conséquent, il n'avait pas le fini des bourgeois. Aujourd'hui, elle avait fait la paix avec sa belle-mère décédée. Mais elle n'allait tout de même pas prétendre que ça avait été la lune de miel.

« Vous, Angelle, vous ne savez pas ce que c'est que d'entrer dans une famille où l'on doit se montrer sous son meilleur jour pour que l'on vous accepte.

— Mais tout le monde vous a aimée au premier coup d'œil, protesta Angelle. Je me rappelle, vous paraissiez si timide, vous aviez l'air d'une biche effarouchée.

— Je l'étais. Ma belle-mère me scrutait de la tête aux pieds. Je sentais que je n'étais pas le type de femme qu'elle aurait souhaité pour Louis-Joseph.

— Toutes les mères sont réticentes lorsqu'une jeune et jolie femme vient leur enlever leur fils aîné. Vous verrez, vous ne serez pas différente quand le tour d'Amédée sera venu. »

▼

Le curé de la Petite-Nation ayant fait faux bond à ses paroissiens, l'abbé Toussaint-Victor Papineau décida d'assurer lui-même le ministère dominical, à la chapelle du village, du moins pendant l'été. Il exigea que tous les membres de la famille assistent à la grand-messe. Ses trois frères accueillirent l'annonce comme un caprice de curé en mal de paroissiens et tentèrent de se dérober en rouspétant. Toussaint-Victor se mit en colère :

« Tout ce que je vous demande, c'est d'occuper les premiers bancs dimanche prochain. Ce n'est pas la mer à boire !

— D'accord, on ira, mais ce dimanche-ci seulement, finit par consentir Joseph. Tes frères viendront aussi. »

Ce qui de prime abord ressemblait à un pensum tourna en partie de plaisir, du moins pour les enfants. Car leur oncle Augustin, le plus original des Papineau, s'organisa pour qu'on se souvienne de son passage à la chapelle. Julie se demanda même s'il n'était pas tombé sur la tête.

Tirés à quatre épingles, les Papineau arrivèrent un peu avant l'heure. Angelle s'étant portée volontaire pour garder les plus petits à la maison, c'est donc Julie qui moucha les nez et distribua les chapelets cependant que les hommes attachaient les chevaux aux poteaux devant la chapelle. Habitué aux frasques d'Augustin, Louis-Joseph observait du coin de l'œil son arrivée, avec plus de curiosité que d'inquiétudes. Qu'est-ce qu'il allait encore inventer ? Rien ne le surprenait plus de la part de son frère. Malgré sa taille élancée et ses manières distinguées, il frappait partout par ses excentricités. Il faisait le désespoir de son père, qui avait cru qu'une fois devenu notaire à Saint-Hyacinthe, il s'assagirait. Pas du tout. Au lieu de s'occuper de contrats notariés, il s'était mis dans la tête d'ouvrir un magasin général, mais il faisait un bien piètre vendeur. Passionné de politique et d'actualité, il s'installait derrière le comptoir quand le journal de la semaine arrivait et interdisait à quiconque de le déranger. Si par malheur un client se présentait, il l'expédiait chez son concurrent d'en face et verrouillait la porte derrière lui.

Au moment même où l'un des marguilliers fermait la porte de la chapelle, Augustin descendit de voiture, affublé d'une perruque qu'il avait héritée d'un client incapable de payer ses honoraires. L'ennui c'est qu'elle était modelée pour une grosse tête ronde. Comme la sienne était plutôt étroite, la perruque ne restait pas en place. Avant d'avoir franchi le portique, il la retrouva par terre, ce qui eut le don de le vexer.

« Sacrament... », échappa-t-il.

Tout autour, les paroissiens riaient à ventre déboutonné.

« Mais pourquoi, grands dieux ! porte-t-il une perruque ? demanda Louis-Joseph, qui n'en revenait pas. Il a tous ses cheveux que je sache.

— Il s'est rasé au crâne hier soir, répondit Joseph sans prendre la peine de baisser la voix. Il prétend qu'il faut laisser reposer les racines des cheveux. »

Augustin se dirigea vers le bénitier où il se signa. Puis, presque cérémonieusement, il retira sa perruque qu'il déposa sur le rebord de la vasque de faux marbre et sortit de sa poche deux gallons de coton gris qu'il fixa au canevas de la perruque avec des épingles, avant de la replacer sur sa tête. Il passa ensuite les cordons devant et derrière ses oreilles et les attacha à ses bretelles à la hauteur des épaules. Satisfait du résultat, il marcha dignement jusqu'au premier banc où l'attendait le reste de la famille. Joseph se retenait pour ne pas rire tandis que tante Victoire, dont la pression montait à vue d'œil, s'épongeait le front.

Lorsque la grand-messe commença, Augustin se leva toujours aussi dignement et bougea légèrement la tête à gauche puis à droite, après quoi il se pencha par en avant : la postiche ne bougea pas. Dieu soit loué ! marmonna-t-il, soulagé de voir que, grâce au système saugrenu qu'il avait imaginé, ses faux cheveux lui collaient parfaitement au crâne. Puis, sans se soucier le moindrement de son frère qui entamait l'introït, il étala sur son prie-Dieu le contenu de sa trousse de toilette : ciseaux, pinces... Le tout, à côté de son gros missel et de sa tabatière.

« Il exagère, grommela Louis-Joseph, tandis que le curé improvisé se retournait vers l'assistance.

— *Dominus vobiscum*, articula Toussaint en étendant les bras.

— *Et cum spiritu tuo*, répondit Augustin un peu trop fort. »

Les paroissiens s'étiraient le cou pour voir l'énergumène qui trônait dans le banc d'honneur. Dehors, les chevaux hennissaient, ce qui augmentait la distraction. Les enfants avaient le fou rire, surtout les neveux et nièces de l'oncle Augustin qui, sans se soucier de rien, entreprit de faire sa toilette. D'abord, il prit les ciseaux et commença à se tailler la barbe. Voyant les poils qui tombaient sur son costume, il ouvrit son missel devant lui pour les attraper au vol. Tante Victoire, qui le surveillait de biais, était au supplice. Lui, il continuait son cirque comme si de rien n'était. Se regardant dans un petit miroir, il arracha les poils follets avec sa pince. Ensuite, il huma une prise en reniflant fort.

Augustin interrompit son théâtre le temps de l'Évangile mais, sitôt rassis, il reprit ses activités tandis que son frère, ayant retiré sa chasuble, commençait son prône. Il recommanda aux prières des fidèles une pauvre femme qu'il avait visitée la veille, ce qui déclencha un murmure, la malade étant adultère (elle avait trois maris vivants, dont deux dans la paroisse). Toussaint-Victor couvrit les protestations de sa voix tonitruante en exhortant les paroissiens à la charité chrétienne, ce qui, reprocha-t-il sévèrement, faisait cruellement défaut dans le voisinage. Quelqu'un toussota dans l'assistance et le célébrant s'en montra agacé. Il remit sa chasuble et poursuivit sa messe, non sans se demander s'il n'allait pas refuser la communion à son frère Augustin, s'il s'avisait de se présenter à la sainte table. Dieu merci ! son frère resta à sa place.

« Ce n'est pourtant pas les manières que sa mère lui a apprises », pensa Joseph Papineau en observant son fils qui en était à se curer les ongles. Malgré le ridicule de la scène, il n'arrivait pas à s'en offusquer.

L'abbé Papineau bouillait de colère au moment de la consécration du pain et du vin. Il leva les bras haut et prolongea ce moment de recueillement, priant le Ciel de lui redonner son calme. Son calvaire s'acheva quand vint le moment de prononcer l'*Ite missa est,* encore qu'il fût obligé d'enterrer le bruit que faisait alors son frère Augustin qui croquait un bonbon dur.

« Toi, tu ne l'emporteras pas en paradis ! » marmonna-t-il en quittant le sanctuaire d'un pas rageur.

CHAPITRE XV

Le château de rêve

Joseph Papincau avait chaussé ses bottes Waterloo. Il respirait fort comme après un gros effort.

« Ma bru, je suis paré, lança-t-il à l'intention de Julie. Papineau est parti rencontrer ses colons et il en a pour la matinée. Venez, j'ai fait atteler, je vous emmène voir la seigneurie. »

Julie ne se fit pas prier. À chacun de ses séjours à la Petite-Nation, c'était un rituel, ils faisaient ensemble le tour du propriétaire.

« Greyez-vous d'un châle, recommanda-t-il avant de sortir. Je ne veux pas vous entendre rouspéter.

— Un châle en plein jour ? objecta-t-elle.

— En forêt, on ne sait jamais quand le vent va se lever. Frileuse comme vous êtes... »

Joseph traitait sa bru rondement. Il la trouvait un peu fragile pour la vie campagnarde, mais cela lui donnait une raison de plus pour en prendre soin.

« Madame la seigneuresse », dit-il en s'inclinant pendant qu'elle s'appuyait à son bras pour monter dans la voiture tirée par deux magnifiques chevaux de trait.

« Allons visiter votre paradis terrestre ! » lança Julie d'un air moqueur, pour donner le ton à la conversation qui allait suivre.

Car entre eux, c'était devenu un jeu. Julie mettait délibérément l'accent sur les aspects insupportables de la vie de colonisateur, tandis que Joseph insistait sur la nature délicate de sa bru qui tranchait avec l'allure robuste des Papineau. Il exagérait ses travers. Pour lui donner le change, elle disait des énormités. Ainsi, elle ne parlait jamais de la seigneurie mais plutôt de « ce bout de terre perdu ». Si les richesses naturelles que le domaine recelait trouvaient grâce à ses yeux, elle répétait que cet ancien poste de traite aurait dû conserver sa vocation initiale, le commerce des pelleteries étant plus à son image que la colonisation. Ce à quoi Joseph rétorquait : « Évidemment... » Il ne finissait pas sa phrase, laissant entendre que si la responsabilité de développer la seigneurie lui était revenue, celle-ci serait restée à l'état sauvage. Et ce n'est pas Julie qui l'aurait contredit là-dessus !

Ils s'éloignèrent du manoir en ressassant les mêmes lieux communs, mais en y prenant un réel plaisir. À la sortie de la presqu'île de Plaisance, ils rejoignirent le chemin de terre battue qui longeait la côte de la baie Noire et s'enfoncèrent dans l'arrière-pays. De chaque côté de la route plutôt mal entretenue, des noyers tordus s'inclinaient. Ils traversèrent un champ de culture, à l'entrée de la côte Papineau. Des censitaires fauchaient. Ils étaient en sueur.

« C'est sottise de couper l'herbe au soleil ardent, remarqua Joseph subitement de fort mauvaise humeur. En pleine sécheresse, par-dessus le marché !

— Pourquoi ? demanda Julie, curieuse.

— Parce que le soleil tue la plante et détruit la prairie, répondit-il. On fauche tôt le matin ou en fin de journée, afin que la fraîcheur ranime le pied de l'herbe coupée. »

Plus ils avançaient, plus les clairières devenaient rares. On aurait dit qu'à chaque année la forêt gagnait sur les champs, comme une menace, alors que cela aurait dû être le contraire. Obéissant à la loi naturelle, les broussailles poussaient dans tous les sens. Ici et là, des flaques d'eau et de la boue, preuve que jamais le soleil ne réussissait à percer l'épais feuillage. Le bord du littoral était rongé par la rivière de la Petite-Nation dont les eaux inexorables déracinaient lentement d'énormes érables guettés par l'asphyxie.

« C'est sans fin, observa Julie, après qu'ils eurent roulé pendant une heure sur les chemins de fortune sillonnant la propriété. Jamais vous ne réussirez à dompter ce pays !

— Ça prend grand, répondit Joseph. Il y a au-dessus de 800 âmes sur la seigneurie, sans compter les protestants. C'est du monde à nourrir. Il faut de l'ouvrage pour tout un chacun.

— Il me semble que nos censitaires n'arriveront jamais à prendre le dessus sur la nature sauvage, objecta encore Julie.

— Malgré les apparences, la terre est propre à la culture, répondit Joseph. Il n'y a pas de roche et elle est bien drainée. La pomme de terre pousse bien. L'avoine et le blé aussi. Pas encore en quantité suffisante mais ça viendra, malgré votre pessimisme, Julie.

— C'est qu'il y a tant à défricher, beau-papa. De quoi décourager même les pionniers les plus vaillants. »

La seigneurie Papineau comptait près de 200 000 arpents de terres en bois debout, entrecoupées de minces clairières et traversées par la rivière de la Petite-Nation, avec ses neuf chutes d'eau qui servaient pour l'exploitation forestière, et la rivière au Saumon, nettement moins impressionnante. Joseph Papineau l'avait acquise au début du siècle des prêtres du séminaire de Québec, qui l'avaient eux-mêmes obtenue de monseigneur de Laval. Il l'avait ensuite vendue à Louis-Joseph, l'année de son mariage.

La voiture passa devant la chapelle, dont les portes étaient closes. La paroisse n'avait jamais su garder ses prêtres. Le curé Paisley avait plié bagage en se plaignant à l'évêque qu'il en avait assez de courir les bois et de gratter les souches pour manger. Les paroissiens qui lui avaient pourtant promis de subvenir à ses besoins étaient trop endettés pour le faire, ce qui avait aussi indisposé son successeur, l'abbé Power. Sa décision de solliciter une autre cure n'avait surpris personne, car il était à couteaux tirés avec l'agent seigneurial Denis-Benjamin Papineau, à qui il reprochait de ne pas fréquenter les sacrements. Il ne lui pardonnait pas de prendre la défense des colons qui trouvaient toujours quelques sous au fond de leurs poches pour aller boire au cabaret, mais n'avaient jamais un rond pour le nourrir décemment. Las de toutes ces querelles, monseigneur Lartigue avait prévenu son cousin Papineau qu'au lieu d'un curé, il devrait se contenter d'un missionnaire itinérant.

Depuis, le dimanche, les colons franchissaient les cinq ou six lieues les séparant de la chapelle pour se frapper le nez sur la porte verrouillée. Le missionnaire venait dire la messe quand cela faisait son affaire. Les paroissiens repartaient, convaincus que le bon Dieu les avait abandonnés.

« Pensez-vous que Toussaint-Victor ferait un bon curé pour les colons de la seigneurie ? demanda Julie.

— Pourquoi pas ? Pourvu qu'Augustin ne vienne pas faire ses simagrées trop souvent. De toute manière, les colons n'ont pas vraiment l'embarras du choix. Ils commencent à être tannés de voir leurs curés déguerpir comme s'ils avaient le diable aux trousses. Ils disent que ça va mal depuis que Fletcher s'est pendu à un arbre.

— Fletcher ? fit Julie, intriguée.

— Oui, l'Américain qui avait acheté le tiers de ma terre en 1809. »

Robert Fletcher était un riche homme d'affaires de Boston qui était venu faire fortune au Canada.

« Il a engagé une centaine de bûcherons de la Nouvelle-Angleterre, raconta Joseph. Ensuite, il a entrepris d'importants travaux de construction qui lui ont coûté les yeux de la tête.

Malheureusement, la vente du bois n'a pas rapporté ce qu'il espérait. La rivière est trop sinueuse. Toujours est-il que ses hommes étaient obligés de passer la journée les pieds dans l'eau jusqu'aux genoux, pour remettre les troncs dans le bon chemin. Complètement ruiné et endetté, Fletcher s'est suicidé plutôt que d'avoir à affronter le déshonneur et la prison. »

Joseph Papineau avait alors récupéré sa terre, avec les maisons, les granges et les étables construites par l'Américain. Il avait hérité de sa scierie, de ses chiens et de ses pinces de fer. Les *New Englanders* avaient repris le chemin des États-Unis aussi pauvres qu'à leur arrivée. Seuls une trentaine d'entre eux avaient accepté l'offre de Joseph Papineau et avaient acquis un lot.

« Aujourd'hui, conclut Joseph, je n'ai pas de misère à croire qu'ils sont bien contents d'être restés ici. »

De l'autre côté d'une petite rivière, la voiture de Joseph gravit lentement une pente abrupte qui menait au sommet d'une colline appelée le calvaire, d'où la vue sur les environs était remarquable. Julie s'enthousiasma soudain, comme si elle découvrait pour la première fois la beauté de son domaine. À une lieue de là, un bruit d'enfer annonçait les chutes du Sault de la Chaudière.

« Regardez à votre gauche, Julie, c'est le premier moulin à scie que nous avons construit, s'écria Joseph. Il m'a coûté 2000 louis, mais c'était le meilleur endroit, à cause des chutes de quatre-vingts pieds de haut qui se déversent dans la rivière de la Petite-Nation. J'ai vingt-cinq hommes qui travaillent ici. La scierie produit de la planche, des madriers et des bardeaux pour le marché de Montréal. Plus bas, voyez, c'est le petit moulin à farine. »

Joseph ordonna au cheval de s'arrêter sur le bord de la route pour permettre à Julie de cueillir quelques mûres. Un nuage de poussière les enveloppa soudain. C'était la voiture de Toussaint-Victor qui venait de s'immobiliser devant eux.

« Pour l'amour du bon Dieu, où vas-tu comme ça à l'épouvante ? s'enquit Joseph, qui croyait son fils cadet bien tranquille à la maison, en train de peindre la charrette, comme il le lui avait demandé.

— Je m'en vais donner l'extrême-onction à une agonisante, dit l'abbé, avec l'expression grave du médecin courant au chevet d'un malade. Je me dépêche, il paraît qu'elle n'en a plus pour longtemps, la pauvre... »

Le colossal abbé claqua son fouet et repartit à toute vitesse. La chaleur devenait excessive. Julie retira son châle avant de remonter dans la voiture. Au loin, elle apercevait des chaumières disséminées qui avaient l'air misérables. La vie de leurs habitants ne devait pas être de tout repos, songea-t-elle.

« Ces petites cabanes en bois rond, elles appartiennent aux colons ? demanda Julie.

— À ceux qui ont pris une concession, oui.

— Une concession ?

— Une concession, c'est un contrat signé par le colon qui stipule ses servitudes. Il faut qu'il fasse mesurer sa terre par un arpenteur, qu'il l'égoutte, creuse des fossés, participe aux corvées.

— C'est tout ? demanda la seigneuresse, qui ne s'était jamais intéressée au dur labeur de ses censitaires.

— Nos colons s'engagent à cultiver leur terre, à se clôturer pour empêcher leurs animaux d'errer, à construire des chemins de travers et naturellement à payer leur rente annuelle en nature et en argent.

— Ils ne doivent pas s'amuser souvent, remarqua Julie, qui trouvait très lourdes leurs responsabilités.

— Bien... moyennant notre permission, ils ont le droit de chasser et de pêcher, dit Joseph, qui semblait voir là un grand privilège. C'est comme le bois sur leur concession, ils peuvent en tirer profit. Sauf le chêne et le pin qui nous reviennent.

— C'est pour cela qu'ils construisent leurs maisons en bois ?

— Ça coûte moins cher que la pierre. Et du bois, il y en a à revendre sur leurs terres. Mais les censitaires n'obtiennent pas leurs titres de propriété tant qu'ils n'ont pas défriché six arpents et bâti une maison.

— Vous êtes durs, dit Julie.

— C'est la loi, répondit-il. Il faut bien que le seigneur touche ses rentes. On a des dépenses, nous autres aussi. Il y a des gens de mauvaise foi qui coupent le meilleur bois et le vendent avant de déguerpir. Nous, ce qu'on cherche, ce sont des colons sérieux. Par contre, dès qu'ils ont fait leurs preuves, on signe un contrat.

— Mais ils sont tellement pauvres, se désola Julie en voyant l'aspect délabré des maisonnettes devant lesquelles la voiture filait sans s'arrêter.

— S'ils ont du cœur à l'ouvrage et s'ils persistent, un jour, ils feront des profits, l'assura Joseph. Toutes les terres que vous voyez, ce sont nos colons qui les ont défrichées. »

Julie remarqua deux hommes pauvrement vêtus qui, sac au dos et hache à l'épaule, s'enfonçaient dans la forêt. Ils saluèrent le vieillard d'un signe de la main. Joseph en profita pour déplorer que la coupe des arbres avançât trop lentement. Il aurait fallu ouvrir des sentiers et contourner la rivière pour organiser le flottage des troncs jusqu'à Montréal.

« Si je ne m'étais pas entêté à rester en politique aussi longtemps, les choses auraient avancé plus rondement, se lamenta-t-il. Quel temps perdu !

— Louis-Joseph pense comme vous, remarqua Julie. Mais il a tellement de travail à Québec.

— Lui au moins, il a son frère qui gère le domaine à sa place. Denis-Benjamin n'est pas aussi efficace, c'est sûr, mais il est fiable. Moi, dans le temps, j'étais seul pour tout faire. »

Joseph Papineau tira les rênes et les deux chevaux de trait firent demi-tour. Il était temps de rentrer. Julie regardait à la dérobée le vieil homme qui était son complice depuis la mort de Rosalie et qui tout à coup était devenu silencieux.

▼

« Vous ne parlez plus, beau-papa ? Vous pensez à elle ? » dit Julie doucement, alors que Joseph ralentissait en passant devant l'île Arowsen.

Il ne répondit pas tout de suite. Il fixait au loin deux cheminées blanches qui semblaient placées là comme des phares, pour guider les voyageurs. C'était tout ce qui restait du premier manoir, détruit par le feu dix ans plus tôt. Deux cheminées bien droites et un bout de mur mangé de lierres. Sa maison était en bois rond plus ou moins équarri, avec un toit aigu. Il l'avait construite en bordure de l'Ottawa, sur la pointe de l'île que les Algonquins avaient appelée Arowsen parce qu'elle était couverte de noyers.

« Je ne comprends pas comment ma femme a pu tenir le coup », laissa-t-il échapper soudain en sortant de sa rêverie. Puis, se tournant vers Julie, il ajouta : « Vous trouvez qu'il faut du courage pour vivre ici en 1833 ? Imaginez-vous ce que c'était au début du siècle ! »

Joseph Papineau plongea de nouveau dans ses souvenirs. Il revoyait Rosalie, toute menue, qui le suivait dans les périples les plus périlleux.

« Anciennement, raconta-t-il d'une voix chargée d'émotion, on se déplaçait en canot d'écorce de bouleau. Ça prenait huit jours pour venir de Montréal jusqu'ici. Huit jours de portage. On ramait jusqu'à l'épuisement. La nuit, on couchait à la belle étoile. Quand les chemins étaient défoncés et qu'on ne pouvait pas aller à Rigaud pour faire nos provisions, on mangeait des racines, comme les Indiens. Vous ne pouvez pas imaginer les inondations épouvantables qu'on subissait.

— Mais pourquoi l'aviez-vous construite sur une île, cette maison ? C'était difficile d'accès, non ? demanda Julie.

— Pour s'isoler des bêtes sauvages. Mais c'est vrai qu'on était coupé de tout pendant des mois. Heureusement il y avait du bois en masse pour se chauffer ! »

Julie écoutait sans rien dire et Joseph, qui avait toujours été extrêmement attentif aux petits détails de la vie quotidienne, décrivait les corvées auxquelles ils étaient jadis astreints.

« Il n'y a rien qu'elle n'a pas fait, Rosalie. Elle soignait même les Indiens. Il le fallait bien, il n'y avait pas de médecin dans les parages.

— C'est guère mieux aujourd'hui, fit Julie en pensant à Angelle qui avait dû se laisser charcuter par un charlatan.

— Ma femme enseignait le catéchisme, ondoyait les bébés, montrait à écrire... Elle faisait tout.

— Madame Papineau n'a jamais regretté une minute de ces années-là, ajouta Julie en passant son bras autour des épaules du vieil homme, qui parut revenir sur terre.

— Et vous, Julie, fit-il, est-ce que vous regrettez d'être venue ?

— Jamais de la vie, protesta-t-elle. Vous savez bien que j'aime me promener avec vous. J'adore vous voir monter sur vos ergots...

— Non, je vous demande si vous regrettez d'être venue passer l'été à la seigneurie que vous détestez tant .

— Vous savez bien que non. Louis-Joseph n'est plus le même homme quand il arpente son royaume. Est-ce que je pourrais m'en vouloir d'être venue alors que je le sens si heureux ? C'est grâce à vous, d'ailleurs. Si vous n'aviez pas insisté pour que je mette de côté mes appréhensions, je me languirais seule à Montréal, loin de lui encore une fois. »

Depuis leur arrivée à la Petite-nation, Louis-Joseph s'adonnait avec entrain à ses occupations terriennes. Il revenait parfois à la maison pendant la journée en disant qu'il s'ennuyait de « sa petite femme chérie », qu'il voulait lui voler un baiser, et il repartait en chantant un air d'opéra pour rejoindre ses frères Denis-Benjamin et Toussaint-Victor (Augustin était retourné à ses affaires à Maska). La fusillade de la place d'Armes et les manœuvres de lord Aylmer semblaient loin ! D'autres fois, il s'assoyait dans l'herbe pour raconter aux enfants l'histoire de la région, découverte par Champlain et longtemps peuplée d'Algonquins que les pères Brébeuf et Lalemant avaient évangélisés, avant d'être martyrisés par les féroces Iroquois, les ennemis irréductibles des Français.

Le soir, les hommes rentraient fourbus et, jusque tard dans la nuit, ils discutaient des améliorations à l'étable, de la construction d'une autre scierie ou de la réparation de la digue. Louis-Joseph semblait avoir tout oublié de la politique. Julie le sentait plus libéré, comme si la chape de plomb qu'il portait sur ses épaules avait fondu.

Il y avait bien les escarmouches coutumières entre Joseph et Denis-Benjamin, son bouc émissaire, mais elles ne manquaient pas de piquant. La veille encore, Louis-Joseph avait dû arbitrer leur querelle :

« Si tes hommes ne veulent pas charroyer ce qu'on leur demande, mets-en d'autres à leur place, avait tempêté le père qui trouvait les censitaires paresseux. Tu manques de poigne.

— Voyons donc, papa, avait poliment répondu Denis-Benjamin, je ne voudrais pas vous choquer, mais vous ne trouvez pas que vous y allez un peu fort ? Ce ne sont pas des bêtes. »

Joseph avait failli s'étouffer. Il n'appréciait pas ce ton.

« Et toi, tu devrais te conduire en homme, justement. Tu te laisses manger la laine sur le dos. Tout est prétexte à ne pas payer les redevances. Les arrérages représentent une petite fortune.

— Vous n'allez pas recommencer, avait soupiré Louis-Joseph. Tous les soirs, c'est pareil. J'ai dit et je le répète : il n'est pas question de poursuivre les récalcitrants. Papa, vous n'imaginez pas le coût de tels procès. Ni leurs effets sur ma réputation.

— Laisse-moi parler, avait rétorqué le père sèchement. Si les colons ne peuvent pas payer leur dû, au moins qu'ils travaillent. Et toi, Benjamin, tu devrais savoir qu'un intendant doit se faire obéir. Ceux qui veulent aller prendre un coup et négliger leur besogne en paieront le prix. Tu n'as qu'à leur retrancher leur ration de rhum. Un point, c'est tout. C'est clair ?

— Vous exagérez, papa, avait répliqué Benjamin, tout coulant, il y a peut-être un ou deux flancs-mous et puis encore...

— Tutt, tutt, tutt. Ça m'a été rapporté par quelqu'un de sûr. Tu ne gagneras rien à me faire des cachotteries. »

Il était inutile de plaider sa cause. Denis-Benjamin s'était levé, il avait fait un clin d'œil à Angelle et avait ajouté en bâillant :

« Bon bien, on va aller se coucher, nous autres. »

Julie, qui repensait à cette conversation de la veille, regarda son beau-père dans le blanc des yeux et lui dit :

« Je vous trouve injuste envers Denis-Benjamin. Si la seigneurie est en progrès, c'est grâce à lui. Permettez que je vous le dise.

— C'est déjà fait, marmonna Joseph, qui encaissa sa critique.

— Benjamin et Angelle ont fait des merveilles en peu de temps, insista-t-elle. Vous devriez les encourager au lieu de...

— Ma fille, je sais ce que j'ai à faire. »

Puis après une hésitation, il ajouta :

« Si ton mari s'occupait mieux de sa seigneurie, on n'en serait pas là. Après tout, le maître des lieux, ce n'est pas Benjamin. »

Une veine palpitait à la tempe de Joseph Papineau. Il avait tutoyé Julie, comme chaque fois qu'il perdait patience.

— Mais Louis-Joseph est député, protesta-t-elle. Il est l'orateur de la Chambre. Il passe la moitié de l'année à Québec. Il doit aussi penser à ses électeurs montréalais. Ce n'est pas de la mauvaise volonté, mais il ne peut pas vivre à l'année à la seigneurie.

— Eh bien ! il n'aurait pas dû l'acheter, s'il n'avait pas le temps de s'en occuper !

— Je vous répète que Denis-Benjamin fait un travail remarquable, répliqua Julie, dont les joues s'empourpraient.

— Ce n'est pas ce que tu disais tout à l'heure quand tu te plaignais que tout ici n'était que misère et désolation, répondit-il plus calmement. Enfin ! Ne prends pas la mouche. On n'est pas là pour se chicaner. »

Il s'arrêta et, comme s'il avait l'intuition brusque d'une vérité, il ajouta :

« D'ailleurs, les choses pourraient bientôt changer. Je sens que Papineau se prend au piège. Sa seigneurie, il l'a dans la peau. Et je ne serais pas étonné que l'idée de s'y consacrer pleinement ne lui trotte dans la tête. Si tu apprenais à l'aimer comme ton mari l'aime, le domaine, peut-être que ça l'aiderait à se décider. »

▼

Joseph Papineau avait un flair de diable, mais Julie ne voulut pas s'arrêter à ce qu'elle considérait comme une lubie. Non, Louis-Joseph n'abandonnerait jamais sa carrière politique pour s'établir à la Petite-Nation. Sa voie était toute tracée, sa mission incontournable. Le pays avait besoin de lui et il n'était pas homme à se défiler.

Un matin pourtant, elle nagea tout à coup dans l'incertitude.

C'était un lundi brumeux de la fin d'août. Louis-Joseph lui promettait toute une surprise.

« Ce que j'ai à te montrer va te couper le souffle, lui annonça-t-il sans plus. »

Ils se levèrent à l'aurore et, sans faire de bruit pour ne pas réveiller les enfants, ils se faufilèrent jusqu'à l'écurie où Doudou avait sellé deux chevaux. Ils traversèrent le jardin, pour ensuite filer au trot jusqu'à l'allée étroite et sinueuse qui menait à la rivière. Le sentier était broussailleux et ils devaient parfois incliner la tête pour éviter une branche.

Julie adorait les promenades à cheval qui lui rappelaient ses escapades de naguère, le long du fleuve, au pied de la côte de Beaupré. Insouciante, elle se laissait alors courtiser par un jeune homme de bonne famille, Marc-Pascal de Sales Laterrière, fils du seigneur des Éboulements, auprès duquel elle était devenue une parfaite écuyère.

Ce qu'il était beau, Marc-Pascal. Il n'avait d'yeux que pour elle et rêvait de l'épouser. Mais Julie ne l'aimait pas d'amour. Le flamboyant député Louis-Joseph Papineau lui avait déjà tourné la tête.

Un soir qu'elle accompagnait son père au bal du gouverneur, elle avait aperçu Louis-Joseph dans la salle où les invités jouaient aux cartes. Interrompant le temps d'un sourire sa conversation avec un groupe de députés, il s'était incliné en la regardant. Elle avait agité exagérément son éventail et avait rougi à la pensée qu'il allait remarquer sa nervosité. Après avoir pris congé de ses amis, il avait traversé la pièce pour l'inviter à danser. Tous les deux s'étaient avancés jusqu'au milieu de la piste, alors que les musiciens attaquaient une valse à la mode. Ils avaient tourné, tourné... en souhaitant que la musique ne s'arrêtât jamais. En fin de soirée, il avait jeté sa cape sur les épaules de la jeune fille, pour la reconduire à la voiture de son père. Pendant que Pierre Bruneau s'éternisait sur la galerie – avec lui, les soirées n'en finissaient plus –, Louis-Joseph avait demandé à Julie d'être sa fiancée. Les amoureux avaient scellé leur entente par un baiser qui n'avait pas échappé à monsieur Bruneau. Il avait d'ailleurs choisi ce moment pour regagner sa voiture, comme s'il avait voulu laisser au jeune Papineau juste assez de temps pour déclarer son amour.

« À quoi penses-tu ? » demanda Louis-Joseph à Julie, tandis qu'il pressait sa monture pour rejoindre la sienne qui avait pris les devants.

L'allée s'était élargie un peu avant la courbe. Tandis qu'ils avançaient côte à côte, il l'observait à la dérobée. Elle était superbe. Le corps bien droit, elle regardait devant elle et ses longs cheveux bruns noués sur la nuque bougeaient légèrement. Elle semblait perdue dans ses pensées.

« J'étais au bal du gouverneur, fit-elle en le regardant tendrement. Tu te rappelles ? Le jour où nous nous sommes fiancés.

— Quinze ans déjà ! Et moi qui me disais justement que tu étais toujours aussi belle !

— Avec quelques pattes-d'oie en plus », répondit-elle en soupirant. Tu te rends compte ? Je n'avais pas encore vingt-deux ans. »

Les chevaux enjambèrent un petit ruisseau et ils continuèrent leur promenade jusqu'à un haut plateau. La forêt de conifères s'arrêtait là comme par magie. Au milieu d'une clairière ensoleillée, Louis-Joseph descendit de cheval. Il attacha sa bride à un arbre et, après avoir caressé le cou de la bête, revint aider Julie à mettre pied à terre.

Le brouillard s'était complètement dissipé et aucun nuage ne venait obscurcir le ciel d'un bleu saisissant. Le cri strident des cigales annonçait la chaleur. Louis-Joseph prit la main de Julie et l'entraîna sur la pointe du cap, devant la rivière aux reflets argentés.

« C'est ici que je veux construire notre manoir, lui annonça-t-il. Je l'imagine en pierre de taille, avec un toit anglo-normand et des murs de deux pieds d'épaisseur. Peut-être aura-t-il une tour d'inspiration médiévale ? J'ai vu ce genre de petits châteaux dans la campagne française et je rêve de t'y installer un jour, ma chérie... »

Julie trouva l'emplacement féerique. Adossé aux montagnes recouvertes de pins et d'épinettes, dont les sommets légèrement arrondis formaient des mamelons, le plateau paraissait suspendu dans les airs, au-dessus de l'Ottawa qui y avait creusé son lit à travers l'argile et le sable.

« Nous aurons un puits juste à côté de la maison, ajouta-t-il en pointant le doigt vers l'endroit où il faudrait creuser. Et plus bas, là où s'arrêtera le chemin, nous construirons l'étable.

— Je pourrai décorer le manoir à mon goût ? demanda-t-elle. Je voudrais des planchers de chêne, des murs en plâtre avec des moulures ornementales et des plafonniers.

— Bien sûr, puisque tu en seras la châtelaine. »

Il l'embrassa fougueusement. Puis tout doucement, ils glissèrent au pied d'un orme géant sur lequel ils s'appuyèrent. Blottis l'un contre l'autre, ils parlèrent de leur château de rêve. Papineau caressait des doigts sa main, son bras, son épaule.

« Louis-Joseph, jure-moi que cet orme, au-dessus de nous, ne sera pas abattu. Je veux qu'il reste comme le témoin de cette journée. »

Ils s'étreignirent de nouveau. Après un long baiser, Louis-Joseph suggéra que l'endroit était idéal pour faire une petite sœur à Ézilda qui devait être bien malheureuse avec trois frères et insinua qu'il était inutile de remettre à plus tard ce qui pouvait très bien être fait sur-le-champ. Julie eut, pour la forme, quelques hésitations que Louis-Joseph s'empressa d'apaiser en lui rappelant qu'il n'y avait pas âme qui vive à des lieues à la ronde. Elle s'abandonna, tandis que les longs doigts de son mari déboutonnaient le col de sa chemise et glissaient sur sa poitrine.

▼

Après l'amour, il lui exposa ses projets en long et en large. Sa voix était douce et son regard enveloppant.

« Je t'ai souvent parlé de mon souhait de vivre auprès de toi, dit-il. J'en ai assez de ces absences qui nous déchirent. Toi à Montréal, qui élèves seule nos enfants, et moi à Québec, à me battre pour rien, la plupart du temps.

— Ne dis pas ça, reprocha Julie.

— J'aime la paix et je suis condamné à vivre en conflit perpétuel, tout simplement parce que j'ai des principes.

— Je sais, tu as l'impression de tenir le pays à bout de bras. Je sais aussi que tu subis toutes sortes d'attaques personnelles.

— Et des coups bas, renchérit-il.

— Oui, je me demande où tu trouves le courage de supporter autant d'hypocrisie et de mesquinerie. Mais sans ta ténacité, t'es-tu seulement demandé ce que deviendrait le Bas-Canada ? Des hommes aussi désintéressés que toi et prêts à sacrifier leurs intérêts à ceux des Canadiens, je n'en connais pas. C'est pour cela que je t'admire. »

Ils se levèrent, remirent de l'ordre dans leur toilette et marchèrent à pas lents le long du sentier qui menait au rivage. Louis-Joseph prit de nouveau la main de sa femme pour la guider à travers les branchailles. Une fois rendus au bas du promontoire, ils s'adossèrent à une pierre. Louis-Joseph reprit le fil de la conversation :

« Ce que tu viens de me dire me touche, crois-moi. Ton appui, tes encouragements me sont précieux. Sans toi, je me serais plus d'une fois découragé. Mais si j'osais...

— Vas-y, mon chéri.

— Il me semble que tu pourrais quelquefois me dire que tu m'aimes. »

Elle baissa les yeux et dit :

« C'est ce que je fais lorsque je te dis que je n'en peux plus de passer des mois sans toi. Pourquoi penses-tu que je veux déménager à Québec, sinon pour être toujours à tes côtés ?

— T'entendre dire " je t'aime ", cela ferait de moi l'homme le plus heureux du monde.

— Eh bien, je te le dis, je t'aime plus que tu ne l'imagineras jamais ! Quand tu es loin et que je me couche dans des draps glacés, quand je cherche en vain le sommeil, c'est à toi que je pense. C'est ta chaleur qui me manque, ta peau contre mon dos et ton bras qui m'enveloppe jusqu'à ce que je m'assoupisse. Le vide est si intense. Le lendemain et les jours qui suivent, pour tout et pour rien, c'est ton sourire qui m'apparaît, ta voix qui m'indique les bonnes décisions à prendre. Qui me gronde parfois quand je m'emporte.

— Tu verras, ce manoir que je vais t'offrir sera tellement beau que tu n'auras plus envie de vivre ailleurs.

— Tu pourrais t'en repentir, fit-elle en riant. Tu crois que ce sera drôle de m'entendre réprimander les enfants pour des pacotilles, comme tu dis souvent...

— Ça ne me fait pas peur. Moi qui idolâtre la liberté, ne me suis-je pas de plein gré enchaîné dans les liens du mariage ? Et, ma foi, je les supporte plutôt bien. »

Il était temps de rentrer. Ils remontèrent sur le plateau et se mirent en selle. Les chevaux galopèrent sur le chemin battu qui menait à la maison de Denis-Benjamin. Non loin de la grille, ils ralentirent tandis que les chiens, qui les avaient entendus venir, donnaient l'éveil. Les enfants accoururent en riant et en criant :

« Ah ! voilà les amoureux, voilà les amoureux. »

CHAPITRE XVI

Monsieur le maire Viger

L'été avait passé en coup de vent. Julie dut bientôt songer à rentrer à Montréal. C'était bien la première fois qu'un séjour à la Petite Nation se terminait trop tôt. Les jours de bonheur tranquille qu'elle venait de vivre avec Louis-Joseph lui avaient fait voir d'un œil plus favorable cette forêt perdue aux confins de la rivière Ottawa.

Ézilda n'avait pas grandi d'un pouce. Chaque fois qu'elle demandait à son grand-père de la mesurer, il trouvait toujours une excuse : il manquait de temps, ses rhumatismes le faisaient souffrir, il y avait trop de maringouins... Elle avait fini par soupçonner qu'on lui cachait quelque chose.

C'est Julie qui lui annonça que sa croissance s'était arrêtée et qu'elle resterait toute petite. S'efforçant de minimiser la chose, elle évita le mot naine, qu'elle n'arrivait pas à prononcer.

« Tu seras mon petit poucet », lui dit-elle, les yeux un peu humides. L'enfant de cinq ans pleura en voyant les larmes de sa maman car, pour le reste, elle ne saisissait pas très bien en quoi il était si important d'être grande et si triste d'être minuscule. Son père, lui, aimait lui répéter que c'était dans les petits pots qu'on trouvait les meilleurs onguents. Mais ses frères, qui poussaient comme de la mauvaise herbe et ignoraient le fin fond de l'histoire, ne manquaient jamais de rétorquer : « Dans les grands, les excellents. »

Un jour, Ézilda annonça à toute la famille qu'elle ne voulait plus entendre parler de sa petite taille. Jamais. Après, elle ne quitta plus sa mère d'une semelle, comme si elle venait inconsciemment de donner un sens à sa vie. Rarement par la suite les revit-on l'une sans l'autre.

Les préparatifs du départ donnèrent lieu à des scènes loufoques. Non, fit Julie catégorique, il n'était pas question de ramener à Montréal le chat sauvage d'Ézilda, pas plus d'ailleurs que la mouffette que l'oncle Toussaint-Victor avait empaillée. Lactance pouvait rapporter son herbier, mais il devait laisser les cailloux de toutes tailles et couleurs qu'il collectionnait aussi. Malgré ses directives, il fallut se rendre à l'évidence : il y avait beaucoup trop de malles. Après l'inspection de chacune d'elles, Julie élimina les sculptures qu'Amédée avait taillées au couteau dans des branches d'arbres et les nids d'oiseaux que Lactance avait glissés dans les bagages, à l'insu de sa mère. Quant aux poupées que mademoiselle Douville avait fabriquées à même des poches de jute, il fut convenu qu'Ézilda en choisirait une seule et laisserait les autres à ses cousines.

Le jour du départ, Lactance fit encore des histoires. Il ne voulait pas se départir de la bouteille dans laquelle il avait enfermé une *bacteria trophinus*, insecte extrêmement rare qu'il avait déniché sur le tronc d'un orme. La bestiole tropicale, qui avait sans doute voyagé dans un baril de cassonade ou un ballot d'épices ramené des pays chauds, inspirait du dégoût à Julie, qui força son fils à la confier à son cousin Émery jusqu'à son retour, l'été suivant. Persuadé une fois de plus que sa mère ne l'aimait pas, il lui lança :

« Si c'était Amédée qui avait trouvé la bibite, vous lui auriez permis de la rapporter à Montréal. »

Lactance prit ses jambes à son cou et disparut dans la nature. À l'heure du départ, personne ne savait où il se trouvait. Amédée alla voir dans la hutte qu'il avait construite avec des branchailles, derrière la remise, pendant que Louis-Antoine grimpait à l'arbre où il avait l'habitude de se cacher. Mais il n'était nulle part.

« Lactance ? criait Julie qui commençait à s'affoler.

— Cet enfant est insupportable, fit Papineau, qui n'avait aucune patience avec son imprévisible fils. On ne va pas se laisser mener par le bout du nez par ce petit colérique. »

Julie mit un doigt devant sa bouche pour signifier à Papineau de ne pas parler ainsi. Lactance se cachait probablement autour de la maison et s'il réalisait que son père était fâché, il ne sortirait pas de sa cache de sitôt. Il était brillant, ce petit, qui éblouissait son entourage par ses connaissances en botanique. Mais il était excessif en tout. D'une sensibilité à fleur de peau, il s'efforçait d'attirer l'attention, comme pour mesurer les sentiments qu'on lui portait. Devant l'indifférence qu'il croyait déceler autour de lui, il concluait habituellement qu'on ne l'aimait pas et se renfrognait. Ou alors, il perdait tout contrôle sur lui-même et faisait des crises qui bouleversaient sa mère.

Le vieux Joseph n'était pas d'une grande utilité. D'humeur exécrable depuis que tante Victoire avait annoncé son intention de rester quelque temps encore à la Petite-Nation, il boudait lui aussi, comme un enfant qui se sent abandonné. C'est lui pourtant qui retrouva le fugueur sur la grève où il s'était réfugié. Il lançait des cailloux à plat sur l'Ottawa et pleurait doucement.

« Viens, mon garçon, donne-moi la main, nous allons remonter ensemble. Il est temps de partir. »

Tout penaud, Lactance prit la main de son grand-père, qui ne le lâcha pas jusqu'à ce qu'il soit bien assis dans la voiture. Personne ne reparla de l'incident. Pendant le voyage en bateau, Papineau, qui se retenait de punir Lactance pour les avoir retardés inutilement, se concentra sur sa partie d'échecs avec Amédée pendant que Louis-Antoine Dessaulles, installé dans un coin avec le coupable, profitait des longues heures à ne rien faire pour lui décrire la vie de pensionnaire au séminaire de Saint-Hyacinthe qu'il fréquentait et où son cousin allait bientôt le rejoindre. Il voulait, disait-il, qu'il n'ait pas de mauvaises surprises en arrivant.

▼

C'est Jacques Viger qui accueillit « les revenants » à Montréal. Il n'était pas peu fier d'avoir été, pendant l'été, élu maire sans opposition. Pensez donc ! une ville de 27 000 habitants. Il avait la tête pleine de projets qu'il aimait expliquer en long et en large. Il annonça triomphalement à Papineau que son conseil municipal venait d'acheter de la pierre concassée pour macadamiser les chaussées principales et peut-être même la rue Bonsecours.

Le nez collé à sa fenêtre, Marguerite Viger, qui surveillait l'arrivée de ses voisins, ne fut pas étonnée de voir Ézilda traverser chez elle en courant sitôt la voiture des Papineau arrêtée devant la maison. Elle ouvrit la porte avant même que la petite n'ait frappé et la conduisit à la cuisine où Gris-gris ronronnait très fort, dans un panier d'osier placé à côté de la grande armoire. La chatte ne bougea pas. À peine ouvrit-elle les yeux.

« On dirait qu'elle ne me reconnaît pas, constata Ézilda, déçue.

— Viens plus près, fit Marguerite, mais ne la touche pas.

— Pourquoi ? demanda l'enfant soudainement triste.

— Regarde bien, chuchota-t-elle, en levant doucement la patte de la chatte grise.

Une toute petite tête blanche tachetée de noir apparut. Ézilda ouvrit grands les yeux :

— Oh ! Un pirate ! »

217

La chatte remua pour laisser voir trois autres petites boules qui firent entendre des cris à peine perceptibles, en cherchant à retrouver leur tétine. En plus du pirate, il y avait un chaton tout noir, une petite espagnole blanche et jaune, ainsi qu'une minuscule souris gris-bleu, copie conforme de sa maman. Ézilda aurait voulu les ramener tout de suite à la maison, mais tante Marguerite suggéra d'attendre quelques jours pour ne pas effrayer Gris-gris dont c'était la première portée.

« Tu viendras les voir aussi souvent que tu le désires, dit-elle à Ézilda.

— Et Finfin, il est jaloux ? demanda la fillette méfiante, en regardant le chien jaune qui faisait mine de dormir sous la table et dont seul le bout de la queue bougeait.

— Figure-toi que mon Finfin se prend pour le papa de tes chatons, dit Marguerite. Il ne les quitte pas d'un poil et ne laisse personne s'en approcher. Sauf toi, bien sûr. »

Ézilda décida que l'arrangement lui convenait parfaitement. Elle repartit en annonçant qu'elle reviendrait avant l'heure du souper.

▼

Le lendemain, Marie-Rosalie et Jean Dessaulles arrivèrent pour le quarante-septième anniversaire de Louis-Joseph. Julie avait organisé un souper d'huîtres. À part les Dessaulles, elle avait invité les Viger qui étaient des amateurs de mollusques. Il y en avait des monticules placés dans de grands plateaux sur la table et entouré de carafes de vin d'Espagne. À terre, on avait disposé les cuves pour recueillir les écailles. Un vieil ami de Joseph Papineau, Louis Dulongpré, qui s'était présenté à l'heure du repas pour faire une partie de trictrac avec lui, fut invité à passer à table avec les autres.

Plus les carafes se vidaient, plus les histoires de Jacques Viger devenaient gaillardes. Il enfilait huître sur huître, après quoi il chantait une chanson de la douce France que monsieur Dulongpré lui soufflait à l'oreille. Ce dernier était un Français venu en Amérique avec le général La Fayette se battre pour l'indépendance des États-Unis, et qui n'était jamais reparti. Il connaissait par cœur les chansons à répondre, lui qui avait donné des leçons privées de musique et de danse à l'Académie pour les Jeunes Demoiselles de Montréal, avant de devenir portraitiste de renom.

Marie-Rosalie Dessaulles était particulièrement en verve. Jamais elle ne ratait l'anniversaire de son frère et elle fit rire Julie aux larmes en lui racontant qu'un jour de 1812, Louis-Joseph, alors capitaine du cinquième bataillon de milice de Sa Majesté le roi George II, lui avait écrit de son campement militaire à Coteau-du-Lac.

« Il était déprimé, le pôvre, dit Marie-Rosalie moqueuse en regardant son frère. Il tempêtait contre le règlement qui l'obligeait à se lever à quatre heures et demie le matin et soupçonnait son entourage d'espionnage et d'intrigue. Dans son style déjà ampoulé, il ajouta au bas de sa lettre : " il serait nécessaire que je te visse ". »

Autour de la table, l'on se moqua allégrement de cet imparfait du subjonctif sous la plume du jeune militaire déprimé. C'est Papineau qui poursuivit le récit. Il préparait sa petite vengeance.

« Ce que ma sœur ne vous raconte pas, c'est qu'elle s'ennuyait tellement de moi qu'elle prit son cheval et galopa jusqu'à mon campement. Imaginez la tête de mes camarades lorsqu'ils virent une jeune et jolie femme s'accrocher à mon cou.

— Ne ris pas de moi, Louis-Joseph Papineau, fit Marie-Rosalie en rougissant. Tu oublies de dire que je n'étais déjà plus très jeune. J'avais déjà coiffé sainte Catherine.

— Remercie le bon Dieu que je sois arrivé dans ta vie sur les entrefaites », ajouta Jean Dessaulles, qui ne pouvait pas s'empêcher de mettre son grain de sel.

Le repas tirait à sa fin lorsque Papineau demanda le silence.

« Pour mon anniversaire que vous avez l'amabilité de fêter avec moi, je me suis fait un cadeau. Si vous voulez bien me suivre au salon. »

Julie se débrouilla pour retenir Joseph dans la salle à manger pendant que les autres faisaient cercle autour d'un mystérieux chevalet recouvert d'une toile, au centre de la pièce. Le moment venu, elle prit le bras de son beau-père pour entrer au salon. C'est alors que Papineau dévoila le tableau.

Joseph Papineau en resta d'abord muet. Puis, se ressaisissant, il dit :

« Mais... c'est moi ? Vous savez pourtant que je déteste les portraits. Qui a fait ça ? »

Il se tourna vers son ami Dulongpré.

« C'est vous qui avez commis ce... ce tableau ?

— Eh oui ! mon cher Joseph. Comme vous ne vouliez pas en entendre parler, malgré les demandes répétées de votre fils, j'ai été forcé d'user de subterfuges. Rappelez-vous comme je trouvais toujours des excuses pour venir jouer au trictrac avec vous. Eh bien ! la partie terminée, je courais à mon atelier où je vous dessinais de mémoire.

— Toutes mes félicitations, monsieur Dulongpré, dit Julie en l'embrassant. C'est un véritable chef-d'œuvre.

— Il ne faut quand même pas exagérer, ronchonna Joseph Papineau, qui hésitait entre l'envie de se fâcher et le plaisir qu'il éprouvait à se voir en peinture. Ma foi, je ne suis pas trop mal, il est vrai, finit-il par dire en forçant le sourire.

— Pour ne pas rendre ma sœur jalouse, fit Papineau, j'ai demandé à monsieur Dulongpré de faire une copie pour elle. »

Amédée tenait le second portrait de son grand-père qu'il tendit à sa tante.

« Là, vous exagérez, les enfants, protesta Joseph. Ma Rosalie va se retourner dans sa tombe. »

▼

Amédée et Lactance comptaient les jours qui restaient avant leur départ pour le séminaire de Saint-Hyacinthe. Plus le moment fatidique approchait, plus ils avaient des têtes d'enterrement. Dix mois de prison, soupiraient-ils l'un après l'autre. Lactance blâmait Amédée, dont l'inconduite au collège de Montréal, l'année précédente, était responsable de leur exil à Maska.

La veille de leur départ, on se disputa ferme à la maison. La pomme de discorde : l'exécution d'un marchand de nouveautés bien connu de la rue Saint-Paul, qui devait être pendu au matin du 30 août. Tout le faubourg avait suivi le procès d'Adolphus Dewey, accusé d'avoir égorgé sa femme, Euphrasine Martineau, qui avait vingt ans et était d'une beauté remarquable.

Jacques Viger avait raconté le drame aux fils de Papineau, sans omettre les détails scabreux. Après deux ans d'enfer, la belle Euphrasine avait quitté son mari dont la jalousie était maladive et il avait juré de se venger. Un dimanche, après la messe, il l'avait attirée au magasin, sous un faux prétexte. Là, il l'avait frappée d'un coup de hache puis, avec son rasoir, lui avait tranché la gorge avant de s'enfuir aux États-Unis, la laissant baignant dans son sang. Elle avait réussi à se traîner jusqu'à la fenêtre pour appeler au secours. Elle avait survécu trois jours mais le docteur Nelson ne pouvait plus rien pour elle.

Ce vendredi-là, donc, Amédée annonça le premier son intention d'assister à la pendaison qui se déroulerait en public. Julie grimaça mais ne dit mot. Après tout, son fils aîné avait quatorze ans et déjà quelques poils au menton. Lorsque Lactance déclara à son tour qu'il ne manquerait pas l'événement pour tout l'or du monde, elle s'y opposa : il était trop jeune et trop excitable ; sa convalescence à la Petite-Nation l'avait remis sur pied mais il était encore fragile. Plus tard, il aurait bien l'occasion d'assister à toutes les exécutions macabres qu'il voudrait. L'enfant eut beau trépigner, crier une fois de plus à l'injustice, elle ne voulut pas en démordre. Louis-Joseph s'impatienta alors et reprocha à sa femme de couver démesurément ce grand garçon de douze ans. Pour clore la discussion, il décida d'accompagner ses deux fils et leur cousin Louis-Antoine au Champ-de-Mars où devait avoir lieu la lugubre mise à mort.

Lorsqu'ils arrivèrent devant la prison, à côté de l'hôtel de ville, où avait été construit l'échafaud, des milliers de Montréalais y étaient déjà agglutinés. Le maire Viger se fraya un chemin jusqu'à eux. Tout près se tenait le docteur Robert Nelson, chargé de constater le décès après la pendaison.

Il y eut quelques minutes d'attente, puis, chaînes aux pieds, le condamné s'avança d'un pas sûr jusqu'à la plate-forme. Il avait insisté pour porter son habit de gala, c'était sa dernière volonté. Debout au-dessus de la trappe, il s'écria :

« J'aimais ma femme à la folie mais maintenant il ne me reste plus qu'à mourir. Je suis content de payer pour mon crime. Je demande au Christ de prier pour mon âme. »

Sur ces mots, la trappe se déroba sous ses pieds et le corps se balança dans l'espace. Lactance s'évanouit. Papineau lui épongea le front en maugréant, tandis que l'enfant, revenant à lui, répétait que ce n'était pas sa faute, que les cris de la foule l'avaient énervé. Il jurait que cela n'avait rien à voir avec le corps qui ballottait dans les airs. Son père se taisait. Il n'aimait pas être pris en défaut et imaginait déjà la tête de Julie lorsqu'il devrait bien admettre qu'elle avait eu raison.

« Ramène-le à la maison, dit-il sèchement à Amédée, lorsque Lactance eut repris ses sens.

— Viens, poule mouillée, fit Amédée à voix basse, furieux d'être obligé de s'occuper de son frère.

— Je vais avec vous », dit Louis-Antoine.

La foule commença alors à se disperser. Après avoir constaté le décès, le docteur Nelson rejoignit Jacques Viger qui conversait avec Papineau.

« Vous revoilà, docteur. Je disais à Papineau que je ne m'habitue pas à voir tout ce beau monde délaisser leurs occupations pour venir regarder un homme perdre la tête sous leurs yeux. »

C'était en effet la coutume. Chaque fois qu'un condamné recevait son châtiment, les gens du faubourg se déplaçaient en nombre. Les voleurs de grand chemin et ceux qui avaient dérobé une vache, un mouton ou tout autre objet valant plus de deux louis sterling, risquaient la mort qui était donnée dans la cour de la prison.

« Depuis l'accession de George IV au trône d'Angleterre, continua Viger, il me semble que le juges condamnent moins souvent les coupables au supplice du fer rouge. »

Le maire avait toujours trouvé sadique ce geste du bourreau posant son instrument brûlant marqué GR (pour Georgius Rex) dans la paume de la main du supplicié jusqu'à ce qu'il crie « Vive le roi ».

« Vous avez raison, on utilise moins le fer rouge, confirma Robert Nelson. En revanche, il y a de plus en plus de petits voleurs et de propriétaires de maisons malfamées qui reçoivent des coups de fouet. J'en vois souvent au pied de la colonne Nelson, les mains attachées au pilori.

— Ils s'en tirent habituellement avec quelques coups de lanière de cuir bien amenés sur le derrière, fit Jacques Viger. Si seulement les gamins ne leur lançaient pas des œufs pourris au visage.

— On se croirait revenu au temps des Romains, poursuivit Papineau. Notre Champ-de-Mars est la version moderne du Colisée de Rome. Nous avons nos condamnés. Il ne nous manque que les bêtes prêtes à surgir de leurs cages et à bondir dans l'arène pendant le spectacle.

— Que voulez-vous, les gens ont soif de violence, soupira le docteur. Moi qui ai été appelé au chevet de la pauvre madame Dewey, après le crime sadique, je vous avoue que la nature humaine ne me surprend plus guère. »

Les trois amis se dirigèrent vers l'hôtel Donegani, à l'angle de Notre-Dame et Bonsecours. Le long du parcours, le maire Viger leur annonça le début des travaux de nettoyage de la petite rivière Craig, dont le marécage verdâtre, paradis des ouaouarons, dégageait des odeurs nauséabondes.

« C'est ni plus ni moins qu'un égout collecteur qui charrie des immondices. Les gens y déversent leurs vieilles paillasses et leurs rebuts ménagers. Il faut que cela cesse. »

Il avait à cœur l'assainissement de sa ville. À peine élu, il avait interdit aux cochers de stationner leurs calèches sur la place du vieux marché qui était trop achalandée, ce dont ses amis le félicitèrent. Désormais, toutes les voitures devaient attendre plus bas, au bord de l'eau. Il avait aussi entrepris d'agrandir la place d'Armes et surveillait au jour le jour la construction du nouveau marché Saint-Anne, au pied de la rue McGill.

Devant les ruines du théâtre Royal et du *British American Hotel*, qui venaient de brûler, ils s'arrêtèrent un instant.

« Heureusement qu'il n'y a pas eu de victimes, fit le maire en hochant la tête. Ça aurait pu être une hécatombe. »

Les flammes s'étaient propagées à la vitesse de l'éclair, de la cave aux combles. Les voisins avaient entendu le *watchman* donner l'alarme, mais ils avaient cru à un feu de broussailles dans un terrain vacant. Lorsque le bedeau était finalement monté dans le clocher de la cathédrale pour frapper une des cloches avec son marteau, il était déjà trop tard pour sauver quoi que ce soit. Sans blâmer les pompiers, le maire Viger croyait qu'il y avait eu négligence et il comptait mettre au point un système pour répondre plus rapidement aux alertes.

Attablés autour d'une bonne bouteille, dans la salle à manger de l'hôtel Donegani, les trois hommes qui ne s'étaient pas vus de l'été poursuivaient leur conversation à bâtons rompus. C'était le plus riche établissement de l'Amérique britannique. Sa façade était ornée d'une superbe colonnade dorique donnant rue Notre-Dame et l'on venait de partout pour admirer le magnifique panorama de Montréal, depuis le petit salon aménagé sous le dôme. Meublé richement, l'hôtel était aussi réputé pour sa table et sa cave à vin impressionnante. De la fenêtre, ils apercevaient le Champ-de-Mars maintenant désert.

Jacques Viger sirotait son apéritif en donnant des nouvelles des uns et des autres : son cousin Michel, dit le beau Viger, avait pris du lard à la ceinture durant la belle saison, le gouverneur « Matthew Aylmer », comme il l'appelait en forçant l'accent anglais, s'était déniché un cuisinier français, le libraire Fabre alignait toujours des colonnes de chiffres, monseigneur de Telmesse, qu'il avait affublé du sobriquet « d'évêque de belle-messe », s'impatientait...

— Pourquoi donc ? demanda Papineau.

— Parce qu'il s'est mis les pieds dans les plats, répondit Jacques Viger. Il a indisposé le gouverneur dont il attend sa nomination.

— En tout cas, cette fois, notre éminent cousin ne pourra pas me rendre responsable de ce qui lui arrive, plaisanta Papineau. Voilà deux mois que je suis disparu de la carte. Je viens à peine de rentrer à Montréal.

— Pas si vite, voisin, fit le maire. Si j'en crois ma dernière conversation avec lui, votre fantôme continue de le hanter. »

Jacques Viger raconta à Papineau comment il s'y était pris, lui, le grand défenseur de l'instruction publique devant l'Éternel, pour convaincre leur cousin Lartigue de l'urgence de créer de nouvelles écoles primaires. Mais l'évêque, c'était le comble !, venait de se prononcer contre l'instruction obligatoire. Ce qui lui importait, c'était que les écoles soient catholiques. Quant au reste, il considérait que les parents devaient être libres d'y inscrire ou non leurs enfants.

« J'avais beau lui rappeler que les enfants des étrangers fréquentent les maisons d'enseignement alors que les petits Canadiens traînent dans les rues ; que les protestants détournent nos enfants vers leurs écoles pour les angliciser ; que les auberges se comptent par centaines, alors que l'on manque de collèges d'enseignement supérieur, rien à faire. C'est à peine s'il m'écoutait. »

Monseigneur Lartigue était dans tous ses états. La veille, il s'était rendu au séminaire de Saint-Hyacinthe où il avait assisté à la remise des prix aux étudiants de philosophie. Il s'était fait accompagner du gouverneur à qui il voulait montrer comment, dans nos établissements catholiques, on préparait l'élite de demain. Mais la cérémonie à saveur anti-royaliste avait indisposé lord Aylmer et monseigneur n'était pas loin de croire qu'en l'invitant à la présider, le supérieur, un sympathisant patriote, lui avait tendu un piège.

Jacques Viger hocha la tête en signe d'impuissance avant de poursuivre :

« Dire que j'allais le voir pour le convaincre d'ouvrir de nouvelles écoles ! »

Mais l'évêque n'avait pas décoléré depuis son retour de Maska. Dans son bureau de la rue Saint-Denis, il avait exposé à son cousin Viger toutes les ramifications du complot ourdi contre sa sainte personne. Pourquoi cherchait-on à le perdre ? À le faire glisser sur une pelure de banane ? On avait tort de le traiter en adversaire, lui qui ne voulait qu'une chose : s'assurer que les écoles du Bas-Canada restent catholiques. Car, fallait-il le répéter encore ?, l'enseignement était la responsabilité de l'Église et non celle de l'État.

Devant un Jacques Viger sans voix, il s'était vidé le cœur. Que les sulpiciens de Montréal s'acharnent contre lui, il commençait à s'y habituer. Ses ex-confrères français n'avaient jamais digéré qu'un Canadien s'élève au-dessus d'eux pour prendre la tête du diocèse. Par contre, il ne comprenait pas que le supérieur du séminaire de Saint-Hyacinthe l'ait entraîné dans un guet-apens.

Car c'était bien de cela qu'il s'agissait. Sinon pourquoi monsieur l'abbé Prince lui aurait-il suggéré d'assister aux exercices littéraires en compagnie du gouverneur ? Il ne pouvait pas ignorer que certains travaux étudiants embarrasseraient lord Aylmer.

Monseigneur Lartigue avait poursuivi son long monologue en levant de temps à autre les bras au ciel. Depuis sa maladie, il paraissait plus frêle encore. Sur son visage au teint livide, on pouvait lire l'irritation qui grandissait au fur et à mesure qu'il parlait. Il avait qualifié cette invitation de sournoise.

« Sour-noi-se », avait-il répété en martelant chaque syllabe.

D'abord, un étudiant maigrelet avait lu à haute voix son analyse des *Verrines* de Cicéron. Il avait délibérément insisté, lui avait-il semblé, sur la culpabilité de Verrès, prêteur romain qui avait dépouillé les citoyens de leur argent, en plus de les écraser sous des impôts illégaux. Encore un peu et le jeune homme aurait comparé ce fonctionnaire sans scrupules aux administrateurs dépêchés par Londres au Bas-Canada. Monseigneur Lartigue avait déploré l'orientation biaisée de cette copie médiocre, mais n'avait pas jugé à propos de s'en ouvrir à lord Aylmer, qui était demeuré impassible pendant l'exposé.

Puis, et c'est surtout ce qui avait choqué le gouverneur, un diplômé s'était avancé pour recevoir son prix d'excellence, obtenu pour un mémoire consacré au philosophe Lammenais.

« Un travail d'un goût questionnable, avait commenté l'évêque à son cousin Viger. Je ne comprends pas que les professeurs du séminaire enseignent la doctrine mennaissienne qui prône la révolte. Ce Lammenais affirme sans faire les nuances élémentaires que tous les hommes sont égaux et qu'il faut balayer les rois. C'est condamnable ! »

« Vous pensez bien que je riais dans ma barbe, fit Viger à l'intention de Papineau et du docteur Nelson. Je n'ai pas osé lui dire que les idées de Félicité de Lammenais étaient très appréciées des Canadiens. Ni que je me souvenais d'un temps où lui-même leur trouvait certaines vertus. »

Depuis la publication dans *La Minerve* des extraits de son *Essai sur l'indifférence,* le phisosophe français s'était en effet attiré un fort courant de sympathie en Amérique. Sa Cité de Dieu, où tous seraient égaux et forts parce qu'unis, faisait rêver la jeunesse. L'évêque, qui avait sans doute deviné les pensées de son cousin Viger, avait repris avec plus de fougue :

« C'est de l'utopie révolutionnaire, mon cher cousin. Or il est criminel de tourner la tête des jeunes gens. Écoutez bien, je vous prédis que le pape condamnera sous peu ce dangereux religieux. »

Mais l'intarissable évêque avait délaissé les préceptes révolutionnaires de Lammenais pour ramener la conversation sur lord Aylmer,
qui avait eu du mal à avaler la couleuvre. Dans la voiture qui les avait
ramenés à Montréal, le gouverneur avait opposé un mutisme gênant à
monseigneur Lartigue, qui avait déployé tous les efforts imaginables
pour l'intéresser à son dossier sur la pauvreté des écoles, que lui avait
préparé son secrétaire, l'abbé Ignace Bourget.

« Vous connaissez l'intérêt que je porte à la question, mon cher,
avait-il dit à Jacques Viger. Vous auriez volontiers fait vôtre le portrait
de la situation que je lui ai tracé. Mais il m'a rabroué. Oh ! rassurez-
vous, il n'a pas perdu son calme. Simplement, il m'a fait voir son
mécontentement sans ménagement. »

Le gouverneur avait en effet pris un air hautain pour lui lancer
qu'il ne voyait pas pourquoi, lui, le représentant de Sa Majesté au
Canada, verrait à débloquer des fonds pour créer des établissements
où l'on enseignerait la désobéissance civile.

« J'ai protesté, vous pensez bien, cousin, avait assuré l'évêque,
tout en marchant de long en large dans son bureau. J'ai argué qu'on
enseignait Cicéron non pas pour sa pensée mais bien pour ses leçons
d'éloquence. Vous admettrez que les *Verrines* constituent un chef-
d'œuvre que d'éventuels plaideurs ont intérêt à fréquenter. Mais, et
j'ai insisté là-dessus, les arguments qu'elles contiennent n'ont jamais
fait l'unanimité. »

Le gouverneur n'avait pas réagi. Il s'était de nouveau réfugié dans
le silence. Peu avant la traverse de Longueuil, le chemin s'était rempli
d'ornières et la calèche aux coussins mal rembourrés était devenue
inconfortable, ce qui avait ajouté à l'irritation que le gouverneur ne se
donnait même plus la peine de contenir. Il avait tout de même consenti
à descendre de voiture sur le traversier. Il avait marché d'un pas
militaire sur la grande plate-forme ovale qui accommodait une dizaine
de charrettes à foin et quelques calèches poussiéreuses et s'était arrêté
sur l'estrade où les piétons avaient l'habitude de se tenir, au centre du
traversier. L'évêque qui aurait préféré rester dehors, le long du bastingage, l'avait suivi.

Dans la rotonde, une affreuse odeur d'écurie montait au nez. Par
la porte ouverte, monseigneur Lartigue avait aperçu la douzaine de
chevaux décharnés, aux membres tordus, attelés à la roue horizontale
et qui avançaient péniblement sous les coups de fouet répétés. Les
hommes engagés s'acharnaient sur les carcasses des pauvres bêtes qui
faisaient avancer péniblement le traversier. Il avait détourné le regard
et fait quelques pas vers l'extérieur, suivi du gouverneur qui ne
semblait pas non plus supporter les odeurs.

C'est alors que lord Aylmer s'était enfin décidé à lui dire le fond de sa pensée :

« Monseigneur, je constate avec regret que vous faites le jeu de monsieur Papineau en tolérant que l'esprit de révolte se propage chez nos jeunes. »

L'évêque avait nié avec véhémence. Il s'était toujours élevé contre Papineau lorsque ses propres principes, ou les excès de son cousin, l'y avaient forcé. Il pouvait fournir des preuves et il était extrêmement chagriné de voir que le gouverneur lui retirait sa confiance. Les deux hommes s'étaient quitté sur ces paroles, sans que ni l'un ni l'autre n'essaie d'arranger les choses.

Jacques Viger avala sa dernière gorgée et dit à Papineau :

« Je ne vous parle pas de cet incident pour faire du commérage. En vérité, je trouve que le gouverneur est fort habile. Il essaie de manipuler l'évêque de la même manière qu'il a tenté de vous soudoyer.

— Que voulez-vous dire ? demanda le docteur Nelson, qui ne comprenait pas où le maire voulait en venir.

— Notre ami Viger fait allusion au singulier marché que le gouverneur m'a offert, répondit Papineau. Il m'a demandé de convaincre mon parti de faire quelques concessions politiques, en échange de quoi il verrait alors à ce que mon cousin Lartigue obtienne rubis sur l'ongle son titre d'évêque de Montréal. Naturellement, j'ai refusé de céder au chantage. »

Voilà donc ce que le maire avait à relater à ses amis, en ce début de l'automne 1833. Papineau prit congé le premier. Il traversa la rue et rentra à la maison, non sans penser à monseigneur Lartigue qui continuait de se mettre à genoux devant le gouverneur au détriment même des intérêts des Canadiens.

CHAPITRE XVII

Lord Aylmer

Après la pendaison de Dewey, la vie reprit son cours normal dans la maison de la rue Bonsecours. Le temps était maussade, tout en pluie et même en verglas, ce qui d'ailleurs convenait parfaitement au climat social explosif de la ville.

L'affaire du cochon graissé allait faire monter la pression dans tout le Bas-Canada. Un dimanche, à la rivière Saint-Pierre, non loin des Trois-Rivières, des soldats britanniques avaient tué un patriote pendant une course. Le jeu était simple : des militaires enduisaient de graisse un cochon dodu et les participants devaient l'attraper par la queue toute huileuse. Le vainqueur repartait avec l'animal bien gras en guise de trophée.

Mais ce jour-là, les militaires passablement ivres avaient déclenché une rixe en refusant de remettre son dû au Canadien qui avait gagné. Pis, ils s'étaient mis à quatre pour lui donner une raclée. Ses amis étaient venus à sa rescousse, pendant que les soldats en profitaient pour dégainer leurs baïonnettes. Il y avait eu des blessés. L'un d'eux, un dénommé Barbeau, était mort des suites de ses blessures.

En lisant la nouvelle dans *La Minerve*, Joseph Papineau, qui mettait de l'ordre dans les actes notariés accumulés sur son bureau, bondit :

« Encore du sang ! » grommela-t-il en se précipitant à l'étage, le journal sous le bras.

Julie n'allait jamais oublier la tête que son beau-père faisait en entrant dans la bibliothèque.

« C'est épouvantable ! s'exclama-t-il en lançant *La Minerve* sur la table. Avez-vous lu la dernière ? »

Le vieil homme s'assit sur la première chaise pour reprendre son souffle; il s'épongea le front avant de continuer de plus belle :

« Je vous avais prévenus qu'il y aurait d'autres meurtres. Ah ! J'en ai des chaleurs. Julie, vite, ouvrez la fenêtre. »

Elle poussa le carreau pour laisser entrer la brise. Mais c'était l'été indien et il n'y avait pas un souffle d'air. Le vieillard respira profondément avant de poursuivre à l'intention de son fils qui venait de s'emparer de *La Minerve*.

« Papineau, tu ne vas pas les laisser faire ça ? »

Julie lut la nouvelle par-dessus l'épaule de son mari. Le sentiment de révolte qui l'avait envahie après la fusillade du 20 mai refit surface.

« Je suppose qu'il y aura une enquête, répondit Papineau à son père, mais sans grande conviction.

— Tu sais bien, Louis-Joseph, qu'en ce pays il n'y a pas de justice », répliqua Julie.

Quelques jours plus tard, la colère monta d'un cran, quand les gazettes annoncèrent que le colonel Mackintosh, le grand responsable de la tuerie de la place d'Armes, venait d'être sacré Chevalier de l'Ordre du Bain par Sa Majesté britannique. Rien de moins ! Cette nomination humiliante pour les Canadiens, ajoutée à l'assassinat de Barbeau, n'allait certes pas ramener la quiétude. Papineau grimaça avant de lâcher :

« L'heure n'est plus aux enquêtes stériles. »

Julie acquiesça :

« Les vrais coupables, martela-t-elle, tout le monde les connaît ! On ne peut plus simplement se contenter de démasquer ceux qui ne sont que leurs instruments serviles !

— Oui, il est plus que temps de mettre de l'ordre dans ce pays à la dérive », renchérit Papineau.

Le chef des patriotes passa le reste de l'automne à noircir du papier. Il avait décidé d'établir la liste des griefs des Canadiens. Le système judiciaire était tordu, à commencer par le choix des juges qui auraient dû être élus démocratiquement plutôt que nommés par le gouverneur. La répartition des terres de la couronne défavorisaient les Canadiens aux profit des immigrants, sans compter que les finances publiques étaient dans le plus profond marasme... Rien dans l'administration coloniale ne trouvait grâce à ses yeux. Au train où allaient les choses, prévenait-il Julie, les députés ne seraient bientôt plus qu'un gouvernement fantoche à la solde des autorités impériales.

Malgré sa vision pessimiste de l'avenir, Papineau paraissait serein. Du moins Julie aimait-elle le croire. Tous les jours, il allait en promenade avec la petite Ézilda. Il lisait des contes à Gustave pendant qu'elle s'occupait de la collecte de fonds destinés aux veuves et aux orphelins des trois patriotes assassinés le 21 mai, auxquels s'ajoutait maintenant la pauvre madame Barbeau de Sorel. Chaque après-midi, après le départ des dames patriotes venues faire le décompte des sommes recueillies, Louis-Joseph se moquaient gentiment du cercle féminin :

« Comme je voudrais être un petit oiseau pour me glisser dans le salon et assister aux explosions qui ne manquent sûrement pas d'éclater aux réunions de ton club patriotique. Hélas ! pauvre de moi qui suis condamné à m'en aller à Québec pour vaquer aux choses sérieuses.

— Il vaut mieux que tu t'en tiennes éloigné, répondit Julie du tac au tac. Cela t'indisposerait sûrement de voir comme les femmes de ce pays savent se tenir debout alors que tant d'hommes sont à plat ventre devant le gouverneur. »

Papineau cessa ses moqueries. Il savait que Julie lui en voulait de s'être prononcé contre le vote des femmes. Elle avait fait une colère qu'il n'était pas prêt d'oublier, lorsqu'il avait écrit dans *La Minerve* qu'il était odieux de voir traîner aux *hustings* des femmes par leurs maris, des filles par leurs pères, souvent contre leur volonté. Il considérait que la décence, la modestie du sexe et même l'intérêt public exigeaient que ces scandales ne se répètent plus. Après sa sortie, Julie ne lui avait pas parlé pendant une semaine et depuis elle ne ratait jamais une occasion de lui remettre sur le nez son opinion rétrograde.

▼

Des choses sérieuses attendaient justement Papineau à Québec. Il aurait dû normalement partir le 2 janvier 1834, mais une grosse bordée avait laissé des bancs de neige de dix pieds de haut sur Montréal. Pas un seul traîneau ne s'était hasardé sur les chemins impraticables depuis l'avant-veille du jour de l'An. Jusqu'au courrier qui avait cinq à six jours de retard.

Julie nourrissait secrètement l'espoir que dure ce temps volé à la routine. À la fin de l'automne, lorsque les journées avaient commencé à raccourcir et que les premiers flocons de neige étaient tombés, elle avait sorti les vêtements chauds des coffres de cèdre. Puis la grosse malle de Louis-Joseph avait fait son apparition dans la chambre, sous la fenêtre qui donnait sur la cour. Bien avant le jour de l'An, qu'il passa avec elle et les enfants, ce qui ne s'était pas vu depuis des lunes, tout était fin prêt et ses valises bouclées. Papineau n'attendait plus que le retour du beau temps pour se mettre en route. Agacé par ce contretemps, il décida de partir à l'aurore du 7 janvier, peu importe l'état des chemins. Mais alors là, rien, pas même la tempête du siècle n'aurait pu le retenir.

Julie le trouvait téméraire, mais il eût été bien inutile de lui recommander d'attendre un jour de plus. Elle fit préparer des victuailles pour la durée des travaux parlementaires : un petit baril de lard, des porcs frais rôtis, des pommes de terre, du pain de ménage et de la mélasse. Papineau retournait à la pension de mademoiselle Dumoulin, qui fournirait le reste.

À cinq heures du matin, Doudou avança la carriole qui devait se frayer un chemin jusqu'à l'hôtel Rasco d'où partait la diligence Montréal-Québec. Enveloppée dans un peignoir serré à la taille, Julie avait reconduit Papineau au vestibule. Elle aurait aimé l'accompagner jusqu'à l'embarquement des voyageurs, mais il préférait qu'ils se quittent à la maison. Il la serra très fort en lui jurant qu'il serait vite de retour et sortit avec Doudou. L'homme à tout faire de Papineau manœuvrait habilement pour ouvrir le chemin complètement recouvert de neige. Il mit du temps à franchir la distance qui séparait la rue Bonsecours de la place du Marché.

« J'vous l'avais dit de rester chez vous, monsieur Papineau, grogna le cocher. Les chemins sont pas allables. C'est le pire lendemain des Rois que j'ai vu de ma vie !

— Je vous répète, Doudou, que je suis attendu au Parlement au plus tard lundi. »

Le jour tardait à se lever. Il faisait noir comme chez le loup et la route était déserte. Ici et là, dans les boutiques de la rue Saint-Paul, quelques chandelles scintillaient faiblement. Les commerçants déverrouillaient leurs portes sans hâte, pressentant que les acheteurs ne seraient pas nombreux à mettre le nez dehors. La journée s'annonçait longue, surtout pour ceux qui n'avaient pas de poêle. Pour se réchauffer, ils s'emmitouflaient dans leur capot d'chat, les mains au creux d'un manchon en peau d'ours et un baril de rhum bien plein au fond de la pièce. Si par chance un passant entrait, quand bien même ce ne serait que pour se réchauffer, le commis l'entraînerait à l'arrière où il lui offrirait un p'tit coup qui n'était jamais de refus. Une fois bien pompette, il lui vendrait sans peine un habillement complet !

« La neige n'est pas tapée une miette, bougonna encore le fidèle Doudou. Ça prendrait des bêtes à cornes pour élargir le passage, comme par chez nous, à la campagne.

— Cessez donc de vous plaindre, sermonna Papineau. Nous n'allons pas au bout du monde. Je comprends que vous aimeriez mieux avoir les deux pieds sur la bavette du poêle, mon cher Doudou ! »

Piqué à vif, le cocher fouetta le cheval avec une vigueur rageuse. Mais dans son for intérieur, il se répétait que jamais il n'oserait s'aventurer sur la route de Québec par un temps pareil. Il déposa son patron devant l'hôtel et, sans se dérider, hissa ses malles sur le porte-bagages, à l'arrière de la caisse de la diligence.

À six heures pile, la trompette sonna le départ. Papineau avait déjà pris place sur le siège recouvert de peaux de castor quand Louis-Michel Viger arriva avec ses valises, flanqué du jeune Louis-Hippolyte LaFontaine. Enveloppés dans des manteaux lourds, la tête couverte et une écharpe de laine enroulée autour du cou, les deux hommes d'impressionnante stature ne passaient pas inaperçus. Le premier était aussi grand que corpulent tandis que le second, de taille moyenne, avait de larges épaules et un visage carré, rougi par le froid, qui exprimait l'énergie et la fermeté. La voiture pouvait accommoder cinq ou six personnes mais les trois députés étaient les seuls passagers. Ils jetèrent les robes de buffalo à leurs pieds et étendirent sur leurs genoux d'épaisses couvertures de laine.

▼

La diligence avançait péniblement. La poudrerie aveuglait les chevaux qui, à tout moment, manquaient de perdre la piste. De la Pointe-aux-Trembles à Saint-Sulpice, ils se frayèrent difficilement un chemin sur la glace du fleuve recouverte d'une épaisse couche de neige, parfois balayée par le nordet. La suspension amortissait tant bien que mal les chocs. Le traîneau de la malle qu'ils n'avaient pas vu venir, et qu'ils croisèrent dans une courbe, faillit se renverser, un peu avant le bout de l'île, malgré ses patins bas et pleins. Le vieux cocher de la diligence n'en finissait plus de maugréer contre le mauvais état de la route.

« Anciennement, expliquait-il, on plaçait les chevaux en flèche, l'un devant l'autre, tandis qu'aujourd'hui, avec des bêtes attelées en tandem, il faudrait des chemins doubles. »

Personne ne portait attention à ses jérémiades. Occupés à refaire le monde, sur la banquette arrière de la voiture, les trois Louis en oubliaient la tempête. C'est à peine s'ils entendaient siffler le vent et ils étaient à cent lieues d'imaginer que les chevaux s'esquintaient dans la neige.

Ils passèrent la première heure à commenter les dernières nouvelles :

« Les conseillers de la ville de Québec ont eu raison de refuser d'aller au château Saint-Louis pour présenter leurs vœux du Nouvel An au gouverneur », fit Papineau qui se promit de les en féliciter.

Le beau Viger mentionna que la ville de York allait être rebaptisée Toronto, mais semblait plus intéressé à parler de l'exploit du *Royal William* :

« C'est impressionnant, s'exclama-t-il en prenant ses amis à témoins. Le premier vapeur construit à Québec a réussi à traverser l'Atlantique. »

Doté d'une mémoire prodigieuse, Viger énuméra dans l'ordre les principaux voiliers français qui, depuis les expéditions de Jacques Cartier, avaient remonté le fleuve.

Papineau ouvrit ensuite sa mallette de cuir et en retira un carton rempli de feuilles manuscrites. Il expliqua à ses collègues que c'était là le fruit de ses réflexions des derniers mois. Il avait en effet jeté sur papier ce qu'il appelait les doléances des Canadiens.

« Ce n'est qu'un brouillon, insista-t-il. Plus précisément, il s'agit d'une base à partir de laquelle la discussion peut s'organiser. Mais je vous préviens, je suis bien décidé à faire voter ce cahier de griefs par l'Assemblée, qui l'enverra ensuite à Londres. »

Il racla le chat qu'il avait dans la gorge et lut à haute voix.

« Il me semble opportun de rappeler d'entrée de jeu au gouvernement anglais que le peuple du Bas-Canada a non seulement résisté à l'invitation des colonies du sud à se joindre à elles, au moment de l'indépendance américaine, mais qu'il a aussi repoussé leur tentative d'invasion du Canada, en 1812. »

D'emblée, Viger approuva cette déclaration de loyauté et de fidélité à la couronne britannique.

« Ce texte devrait même chapeauter les résolutions, fit LaFontaine, enthousiaste. Nous pourrions aussi en profiter pour vanter le régime américain.

— Peut-être faudrait-il aller jusqu'à laisser entendre que les Canadiens pourraient éventuellement revendiquer leur indépendance ? risqua Papineau en observant la réaction des autres à sa proposition.

— Ce serait prématuré, argumenta Louis-Michel Viger. Laissons plutôt la question en suspens jusqu'à Québec afin d'en débattre avec nos collègues. »

Viger impressionnait toujours par son jugement éclairé et ses invitations à la prudence faisaient réfléchir. Papineau se rallia. Il aborda ensuite l'épineuse question du contrôle des fonds publics qui, en toute légitimité, revenait à l'Assemblée. Londres n'allait pas dépenser selon ses vœux l'argent des Canadiens. Aucun ne s'y opposa. Naturellement, il fallait aussi rapatrier les droits de douane. Enfin, il protesta contre le traitement réservé aux Canadiens français dans la fonction publique :

« Sur une population de 600 000 habitants, nous sommes 525 000, soit les quatre cinquièmes, et pourtant nous n'occupons que 47 des 194 postes. Ça n'a aucun sens. »

Louis-Michel Viger saisit au vol l'occasion d'enfourcher son dada et de faire bifurquer la conversation sur la nécessité de créer une banque qui appartienne en propre aux Canadiens français, puisque les établissements existants ne les traitaient pas équitablement.

« Prenez la Banque de Montréal, dit-il, eh bien ! elle aide seulement les gros commerçants anglais. C'est discriminatoire.

— L'argent appartient aux Anglais, ajouta le député LaFontaine en glissant sa main gauche sous son manteau, à hauteur de poitrine. (Il avait contracté cette habitude depuis qu'on lui avait mentionné qu'il ressemblait à s'y méprendre à Napoléon.) Leurs banques financent l'élection de leurs amis, les tories.

— Je vous l'accorde, fit Papineau, ces banques-là sont un puissant engin pour nuire aux intérêts du pays.

— Ça fait longtemps que je le répète, enchaîna Viger, il ne nous reste qu'une chose à faire : fonder notre propre banque.

— Ah ! Ta fameuse Banque du Peuple, fit Papineau en hochant la tête. Je n'approuve pas ce projet. Ça va être un échec et nous allons nous mettre toutes les banques tories à dos. Comment veux-tu qu'on s'y prenne sans leur soutien ? Elles ont l'appui du gouvernement. Je te préviens, Louis-Michel, ce sera le tombeau de notre popularité. »

Viger était considéré par les hommes publics comme l'éventuel grand argentier des Canadiens et LaFontaine était prêt à le suivre dans cette aventure :

« Mais non, Papineau, corrigea ce dernier, sûr de son fait. Ce serait la seule façon de s'en sortir. Et d'écraser du même coup cette rapace... »

C'était dans la nature du jeune député LaFontaine d'employer des épithètes choquantes. À vingt-sept ans, il avait toutes les audaces. Tant pis si parfois il devenait blessant. Papineau ne releva pas l'excès de langage et poursuivit sa pensée.

« Je vois une autre solution. Les Canadiens français devraient aller à leurs banques et réclamer des pièces d'or et de l'argent en échange de leurs billets. Les gros débiteurs britanniques seraient forcés de rembourser les emprunts qu'ils ont contractés et le commerce passerait à nos mains. »

Viger et LaFontaine n'étaient qu'à demi convaincus. Leur projet de banque était cent fois plus exaltant. Surtout depuis qu'il avait l'appui de plusieurs personnalités influentes du parti patriote et aussi de quelques Américains.

« Il ne faudrait quand même pas être pris au dépourvu en cas de soulèvement populaire, argua LaFontaine.

— On n'en est pas là », trancha Papineau, qui refusait d'envisager pareille éventualité.

Un bruit de grelots annonça le passage d'un traîneau plus léger qui les doubla sans difficulté. Mais en cédant le passage, les chevaux de la diligence perdirent leurs traces et s'enlisèrent dans la neige molle qui recouvrait la glace du fleuve. En moins de deux, la voiture chavira et ses honorables passagers se retrouvèrent sens dessus dessous.

« Aouch ! cria Papineau en se frappant la tête contre la paroi de la cabine. Louis-Michel, lève-toi, bon Dieu, tu m'écrases. »

Dans la chute, Louis-Michel avait atterri de tout son poids sur son ami Papineau, qui, paralysé, hurlait de douleur. Les éclats de rire de ses camarades, que la situation burlesque amusait, n'aidaient pas les choses. Chaque fois que Viger essayait de se relever, il s'esclaffait et retombait sur sa malheureuse victime.

Il fallut un quart d'heure d'efforts pour que le cocher et Louis-Hippolyte LaFontaine réussissent à tirer de là celui qu'on appelait de moins en moins le beau Viger et de plus en plus le gros Viger. Car non seulement faisait-il de l'embonpoint, depuis sa récente attaque d'apoplexie qui lui avait valu deux mois de repos, mais il avait aussi un début de calvitie assez prononcée. Lorsque Papineau émergea enfin du fond de la caisse, il avait les membres engourdis et une bosse au front.

« Mon Louis-Michel, fit remarquer Papineau, le moins qu'on puisse dire, c'est que le mariage ne t'a pas fait maigrir ! »

Viger prit un air résigné pour lui donner raison :

« Depuis que j'ai fait le saut de la carpe, comme dirait notre cousin Jacques, j'ai gagné en gras ce que j'ai perdu en cheveux. C'est dire comme ma belle Hermine me nourrit bien et... me donne du fil à retordre.

— Le voyage s'annonce tumultueux ! ironisa LaFontaine en aidant le cocher, que l'accident rendait maussade, à remettre la voiture sur ses patins et à replacer les bagages. J'espère qu'il ne s'agit pas là d'un avant-goût de ce que nous réserve la prochaine session. »

Les joyeux députés n'avaient encore rien vu. Trois fois avant d'arriver à Berthier, leur carriole allait perdre de vue les balises d'épinettes et trois fois, ils allaient se retrouver pêle-mêle sur le chemin tantôt glacé, tantôt recouvert de neige folle.

Après une nuit passée dans un lit bien propre (ce qui n'était pas toujours le cas durant ce genre de voyage), à l'hôtel le plus élégant des Trois-Rivières, ils reprirent la route de bon matin. Le terrible nordet ne lâcha pas prise de la journée, mais le fleuve partiellement dégagé était propice au mouvement des chevaux qui filèrent à une vitesse quasi normale, encore qu'à Champlain il fallût remplacer une des bêtes que les efforts de la veille avaient affaiblie. Ils firent halte chez un ingénieux boutiquier qui avait transporté sur la glace une cabane en madriers, munies de patins, où il offrait à boire aux voyageurs. Un pèlerin, qui avait obtenu une faveur de la bonne sainte Anne et qui, pour tenir sa promesse, revenait à pied du sanctuaire de Beaupré, les avertit qu'un froid encore plus perçant sévissait aux abords de Québec.

« Raison de plus pour se réchauffer les boyaux », lança LaFontaine en avalant une gorgée d'alcool.

Après cette pause, la discussion des trois compères, que l'effet du rhum rendait plus animée, tourna autour du gouverneur Aylmer. Fallait-il oui ou non le mettre en accusation ?

« Je vous propose de conclure avec un dernier grief qui réclamerait la tête de lord Aylmer, dit Papineau, intransigeant. C'est un lâche qui corrompt les juges et se moque des lois les plus sacrées.

— Connaissez-vous la dernière ? On prétend qu'il a congédié sans raison une femme de chambre pour ensuite refuser de se défendre en cour lorsqu'elle a voulu le poursuivre, raconta LaFontaine, qui tenait l'histoire d'un ami, avocat à Québec.

— Mais quel prétexte peut-il invoquer pour échapper à la justice ? demanda Viger.

— En tant que gouverneur, il se croit à l'abri des procédures judiciaires.

— Tout cela me semble secondaire, commenta Viger, qui n'était pas prêt à se laisser convaincre de la pertinence de mêler le gouverneur à cette affaire. Revenons-en à ta proposition, Papineau. Il me semble que tu te répètes : ce sont les mêmes accusations que tu portais jadis contre le gouverneur Dalhousie. Ça ne fait pas sérieux.

— Au contraire, insista LaFontaine, toujours aussi radical. Il faut vilipender lord Aylmer, ce... ce reptile venimeux. »

Fier de sa trouvaille, il défia les autres du regard.

« Ce serpent à sonnette », renchérit Viger, en éclatant de rire.

C'était à qui inventerait l'injure suprême. Le pauvre gouverneur était paresseux comme un âne rouge et méritait d'avoir des coups de pied au cul. On devrait l'écrapoutir comme un crapeau. Ou le pendre à un arbre comme un vulgaire brigand. Au bout d'un moment, les trois compères convinrent qu'ils commençaient à avoir les idées moins claires et que les fatigues de la journée, et peut-être aussi le rhum, altéraient leur jugement et leurs facultés.

« Je pense qu'il vaudrait mieux biffer nos dernières remarques du compte rendu, suggéra Papineau en retrouvant ses sens. Nos collègues du parti pourraient ne pas nous prendre au sérieux. »

Cette nuit-là, l'air était froid et sec, comme l'avait annoncé le pèlerin rencontré sur le fleuve. La neige avait complètement cessé et le clair de lune était superbe. Peu après minuit, ils s'arrêtèrent à Cap-Santé pour se dégourdir. L'auberge Beaudry était pleine de voyageurs étendus sur le sol. Non loin de l'entrée, un homme obèse, couché sur le côté, présentait son postérieur aux arrivants. À cause de l'obscurité, Louis-Michel Viger trébucha sur ce qu'il prit pour un paillasson replié sur lui-même. Il recula de deux pas en pestant. Le colosse, Modeste Mailhot, un cultivateur, qui mesurait six pieds et sept pouces et pesait 436 livres, se réveilla en sursaut.

« Chu pas invisible, grogna-t-il, à moitié endormi. Faites donc attention où vous mettez le pied. »

Viger se confondit en excuses. Le géant ne semblait pas lui en tenir rigueur. Il avait plutôt envie de jaser et lui confia en se redressant que, malgré sa physionomie bon enfant, les gens qui le trouvaient sur leur passage avaient rarement envie de vérifier la dureté de ses muscles.

« Je vous crois sur parole », répondit Louis-Michel Viger, qui était pourtant costaud lui aussi.

Après avoir fait boire ses chevaux, le cocher vint prévenir ses passagers qu'il était temps de repartir. Bien enveloppés dans des peaux d'ours, les trois hommes s'assoupirent pour ne rouvrir l'œil qu'à quatre heures du matin, alors que la diligence passait devant la nouvelle église de Saint-Augustin. L'on fit reposer les bêtes une demi-heure avant de reprendre la route pour la dernière étape. Quand, sur le coup de six heures, ils arrivèrent à Québec par le chemin de la petite rivière Saint-Charles, ils étaient gelés et complètement épuisés. On ne les revit plus de la journée.

▼

Heureusement que Papineau et ses amis avaient fait le plein de bonne humeur sur les chemins d'hiver car la session de 1834 s'annonçait houleuse. Elle allait d'ailleurs rester célèbre à cause des quatre-vingt-douze résolutions.

Chauffés à bloc, Papineau et ses députés présentèrent leur manifeste révolutionnaire à l'Assemblée. La Déclaration d'indépendance américaine comptait vingt-sept articles; celle des Droits de l'homme, quinze. Les patriotes n'allaient donc pas être en reste. Dans ce long réquisitoire, ils dénonçaient vertement le mauvais usage des fonds publics et accusaient le gouverneur Aylmer de tous les maux.

Le débat qui s'ensuivit fut orageux, car les députés du parti anglais y virent un chef-d'œuvre de démence. Ils dénoncèrent le ton provocant de ce « torchon » qui laissait entendre que bientôt toute l'Amérique serait républicaine. L'éloge du régime américain leur parut blessante pour les loyalistes qui avaient émigré au Bas-Canada plutôt que de trahir la monarchie. Papineau était naturellement leur cible préférée : ils le comparèrent à un don Quichotte obligé d'édifier des moulins à vent pour mieux les combattre.

Les plus modérés convenaient qu'une réforme était nécessaire, mais sans précipitation. Ils craignaient que ces résolutions incendiaires n'engendrent des troubles sérieux. Londres n'avait-elle pas promis de mettre fin aux abus les plus criants ? Il fallait de la patience, ce dont les députés patriotes semblaient dépourvus. Pendant une semaine, la Chambre scruta les quatre-vingt-douze résolutions à la loupe. Malgré l'opposition du parti anglais, elles furent votées par la majorité canadienne-française, ce qui amena le chef tory, Conrad Gugy, à appeler Papineau et ses partisans, les nouveaux Danton et Robespierre.

« Tout cela sent la Révolution française, conclut-il. On commence par le règne de la liberté, on finit par celui de la terreur. »

Papineau s'amusa de la comparaison. Il envoya à Julie le texte du long discours qu'il avait prononcé et dans lequel il en appelait au gouvernement de Londres. Julie en souligna un passage qui concernait lord Aylmer qu'elle ne portait plus dans son cœur :

Sous la férule d'un soldat qui nous gouverne avec ignorance, passion et partialité en faveur des militaires, au point de les protéger quand ils massacrent nos compatriotes, il est nécessaire de nous adresser une fois de plus au Parlement britannique.

Et plus loin :

Le plus grand bonheur serait le départ des hommes qui ont été le fléau de cette colonie. Nous sommes gouvernés par une faction corrompue.

À l'évidence, et cela ne surprit guère Julie, Papineau en profitait pour régler ses comptes avec le gouverneur :

Craig jetait seulement les gens en prison, Aylmer les massacre.

▼

Le château Saint-Louis baignait dans l'obscurité. Érigée au plus haut point du Cap-Diamant, la demeure du gouverneur était exposée aux grands vents de janvier, qui, cette nuit-là, soufflaient du nord, en rafale.

À l'étage, lord Aylmer marchait dans sa chambre aux rideaux tendus comme un prisonnier dans sa cellule. Pour rien au monde, il n'aurait jeté ne serait-ce qu'un coup d'œil sur les éléments qui se déchaînaient derrière la vitre. Il était trois heures du matin et il n'avait pas encore fermé l'œil. Une autre nuit d'insomnie. Le sifflement continu du vent lui tapait sur les nerfs et, comme pour ajouter à son exaspération, d'insupportables douleurs à l'estomac le tenaillaient. Lady Aylmer, que son va-et-vient avait tirée du sommeil, lui avait fait prendre de l'eau distillée de sel. Cela l'avait soulagé un peu, mais à peine s'était-elle assoupie qu'il était de nouveau debout à se frictionner la poitrine en allant d'un bout à l'autre de la pièce.

Non, ce n'était pas sa digestion laborieuse qui provoquait cette indisposition, mais les soucis qu'il ruminait du soir au matin depuis que l'Assemblée débattait des fameuses quatre-vingt-douze résolutions.

« Les Canadiens me méprisent, se répétait-il. Ils refusent d'apprécier tout ce que j'ai fait pour eux. »

Le gouverneur ne cachait plus son dépit. Il lui arrivait même de donner libre cours à sa colère, lui habituellement si gentleman. L'Assemblée était devenue un théâtre de comédie et il avait perdu le contrôle sur ses membres. Il n'avait plus d'interlocuteurs valables en face de lui. Ce Papineau de malheur avait envoûté les députés du Parti canadien, qui n'osaient même plus le contredire. Les moins expérimentés, comme le jeune LaFontaine, laissaient leur bon sens au vestiaire et dénonçaient à coup de formules vitrioliques ses recommandations les plus pacifiques.

Il ne supportait pas davantage leurs menaces. C'était exaspérant à la fin d'entendre les patriotes se vanter de vouloir faire l'indépendance. Mais avaient-ils seulement réfléchi avant de lancer en l'air une idée aussi lourde de conséquences ? Comme si l'Angleterre allait laisser sa colonie se rebeller sans sévir.

On ne pouvait pas balayer ainsi près de soixante-quinze ans d'histoire. Ni oublier que la Nouvelle-France avait été conquise par les armes et que le vainqueur aurait pu subordonner les vaincus, les assimiler même. Au lieu de cela, l'Angleterre les avait accueillis comme ses enfants. Elle leur avait permis de conserver leur langue, leur culture, leur religion.

Il était prêt à reconnaître que les motivations de Londres n'avaient pas toujours été innocentes. Au moment où ses colonies du sud mijotaient leur indépendance, elle avait eu tout intérêt à cultiver la soumission de ses nouveaux sujets. Mais cela n'enlevait rien au fait que la politique coloniale de son pays n'avait jamais opprimé les Français du Canada.

« Qu'ils regardent ce qui se passe ailleurs, *for God's sake !* Ils me reprochent d'ouvrir les portes à l'immigration de langue anglaise, mais comment faire autrement ? Faudrait-il refouler les Irlandais qui traversent massivement l'océan pour fuir la famine et la désolation ? »

Sa femme se retourna en poussant un léger soupir. Il s'approcha du lit et remonta l'édredon jusqu'à son cou. La nuit était polaire et même si la pièce était bien chauffée, on sentait l'air plus frisquet qu'à l'accoutumée. Il replaça sa tresse qui avait glissé sur sa joue. Comme elle dormait paisiblement !

« *My dear, dear Louisa Anne*, soupira-t-il, je ne t'offre pas la vie que tu mérites et jamais tu ne te plains. »

Elle avait le regard triste, depuis peu, un petit air résigné qui traduisait bien son état d'esprit. Dire qu'elle avait été si heureuse dans le sud de la France. Si au moins il lui avait fait des enfants, elle se serait sentie moins seule au Canada. C'était, à ce jour, le seul échec d'une vie par ailleurs bien remplie : ils n'avaient eu ni le fils ni la fille qu'ils avaient tant souhaités. Mais lady Aylmer avait traversé l'épreuve avec dignité et était demeurée, au fil des ans, une compagne exemplaire.

Jamais Louisa Anne ne se serait immiscée dans les affaires du gouvernement. Elle n'osait pas non plus remettre en question ses décisions. Mais à chaque nouvelle session, elle venait au Parlement pour entendre son discours d'ouverture. Elle prenait sa place, près du siège du gouverneur, un peu en retrait, et elle l'observait d'un air serein, tandis qu'il présentait le programme des travaux parlementaires. Après la cérémonie, elle lui serrait le bras, au-dessus du coude, pour lui signifier combien elle était fière de lui.

Quelquefois, quand il n'en pouvait plus, il lui confiait ses tourments. Il lui parlait alors de ses efforts pour satisfaire ce peuple ingrat. Il mettait tant d'acharnement à essayer de corriger les abus qui, il fallait tout de même l'admettre, dataient d'avant son règne. Elle comprenait, l'implorait de ne pas perdre courage et, surtout, de ne pas se blâmer pour tout ce qui n'allait pas.

Une fois, il avait critiqué devant elle ses conseillers qui faisaient passer leur propre intérêt avant celui des citoyens. Il lui avait avoué qu'il se sentait isolé, surveillé. À part elle, il n'avait personne à qui demander conseil. Certes, c'était lui qui commandait, mais on ne suivait pas toujours ses directives. Et Londres ne l'appuyait que bien tièdement.

Jamais sa femme ne lui avait suggéré de demander son rappel. Elle aurait sans doute quitté ce pays avec un pincement puisqu'elle y avait des amies chez les ursulines et qu'elle se dévouait pour les petits orphelins irlandais, mais ce ne serait rien comparé au bonheur de retrouver à Londres ses nièces adorées.

Ce soir-là, il songea pour la première fois à solliciter une mutation. Il ne rêvait ni des Indes occidentales ni même de Terre-Neuve, mais avait envie de rentrer dans sa baronnie irlandaise. À soixante ans, et après tant d'années de service, il aspirait à une vie paisible. Peut-être retournerait-il en vacances en Italie, avec Louisa Anne, comme au temps de leurs premières amours, lorsqu'il venait d'être fait chevalier ?

Il s'assit sur le bout d'une chaise et, le coude sur la table, se gratta le menton. Il était bien forcé d'admettre que cette solution était prématurée. Londres ne comprendrait jamais ce départ précipité. Il n'avait pas encore rempli son mandat et sa santé ne s'était pas dégradée au point de justifier son rappel. Avant tout, il était un homme de devoir et le Parlement anglais avait placé sa confiance en lui.

Il n'était pas insatisfait de son bilan. Il avait mis de l'ordre dans les lois françaises et britanniques qui se chevauchaient et qu'on utilisait les unes contre les autres, au risque de commettre des injustices. C'est lui aussi qui avait augmenté le nombre de magistrats canadiens et il s'était fait un devoir de distribuer équitablement les commissions de juges de paix entre les Français et les Anglais. Aucun gouverneur avant lui n'était allé aussi loin. Au point que certains de ses compatriotes doutaient de son intégrité. N'avait-on pas laissé entendre que Papineau le tenait entièrement sous sa coupe ?

En revanche, et c'était là le nerf de la guerre, il devait se montrer intraitable quant à la gestion des finances publiques. Londres tenait mordicus à en garder le contrôle. Pour cela, les conseillers législatifs devaient être choisis par le gouverneur et non élus, comme le voulait l'Assemblée. Il prit sur sa table la dernière lettre du ministre des colonies, Edward Stanley, qui lui rappelait qu'en changeant les règles du jeu, on sacrifierait les droits de la minorité anglaise. « Je ne doute pas que l'union des deux Canadas, qui donnerait aux populations anglaises la supériorité du nombre, ait lieu bientôt, écrivait son supérieur, avant d'ajouter : c'est la seule mesure propre à assurer l'empire des principes anglais et à réduire la législature rebelle de Québec. »

Matthew Aylmer bâilla. Sentant que le sommeil le gagnait enfin, il replia la missive, la rangea dans son porte-documents et retourna se coucher. Il avait les paupières lourdes et, étendu sous les draps, tout contre Louisa Anne, il sombra doucement.

▼

Était-ce cette nuit-là ? Ou la suivante, pendant laquelle il ne dormit pas davantage ? Toujours est-il qu'à l'aurore, après une heure ou deux d'un sommeil agité, le gouverneur se réveilla en sursaut. Ça sentait le roussi. Il se leva d'un bond, vérifia l'âtre mais il s'était éteint de lui-même. Presque imperceptible d'abord, l'odeur de brûlé se répandait rapidement. Il ouvrit la porte de sa chambre qui donnait sur un corridor qui lui parut enfumé. Il ordonna à son valet qui dormait dans la pièce d'à-côté de sonner l'alerte, puis il referma la porte et alla jusqu'à sa femme, que ses éclats de voix avaient réveillée.

« *Wake up, Louisa Anne, the house is on fire.*

— *Oh, my God ! Matthew !* »

Tous deux enfilèrent à vive allure robe de chambre et pantoufles, puis la main sur la bouche, en retenant leur souffle, ils coururent jusqu'à l'escalier principal qu'ils dévalèrent avant de sortir par la porte du devant.

Les pompiers, aidés des militaires, s'activèrent pendant les heures qui suivirent, mais le froid excessif rendit leur tâche difficile. Le cuisinier français, le jardinier, les femmes de chambre, enfin tous les employés réussirent à sortir le mobilier, les toiles et les effets personnels du gouverneur et de son épouse, mais une aile complète du bâtiment où avaient logé tous les gouverneurs, depuis le régime français, et qui rappelait les plus jolis palais européens, fut totalement ravagée.

« *Thank God*, fit lady Aylmer en larmes, les serres et les écuries sont épargnées. »

Lord Aylmer l'ignorait alors mais, contre tout bon sens, on allait le tenir personnellement responsable du désastre inestimable puisque le château n'était pas assuré. En ces temps où la révolte couvait sous la braise, le pauvre gouverneur avait le dos large.

Chapitre XVIII

Azélie

Pendant que le tout-Québec était sur les dents, tant à cause des querelles qui agitaient l'Assemblée que de l'incendie qui avait détruit une partie du patrimoine national, à Montréal Julie se préparait à la naissance d'un nouvel enfant, celui-là même qui avait été conçu sous le grand orme à la Petite-Nation.

Le jour de la délivrance arriva enfin. Julie s'était résignée à accoucher sans l'aide de sa mère, qui ne pouvait pas traverser le fleuve encore à moitié gelé. Mais devant son désarroi, Marguerite Viger prit les affaires en main. Elle avait elle-même accouché sept fois en douze ans, et avec deux maris différents, ce qui lui avait tout de même appris à faire les choses.

D'abord, il fallait à tout prix éviter à la future mère la fatigue des yeux. Pendant tout le temps qu'allait durer le travail, on devait la maintenir dans l'obscurité la plus totale. Marguerite fit accrocher aux fenêtres des couvertures de laine qui ne laissaient passer aucune lumière. Elle glissa elle-même d'épais châles dans les fentes afin d'empêcher tout courant d'air de s'infiltrer dans la pièce. Le moindre écart de température pouvait être fatal à la mère comme à l'enfant.

Mademoiselle Douville était naturellement de corvée. Comme la voisine, elle en avait vu d'autres, tant dans son village natal, non loin de Maska, où elle remplaçait jadis la sage-femme, que chez les Papineau, où elle avait accueilli les premiers cris de tous les enfants, depuis l'aîné, son trésor Amédée, qu'elle avait pris en affection, jusqu'à bébé Gustave, qui était pour elle une source de bonheur quotidien.

« Madame, je vous ai apporté un grand verre de jus, ça va vous retaper dans le temps de le dire.

— Vous pensez à tout, mademoiselle Douville, répondit Julie que d'insoutenables tiraillements avaient ramenée à son lit.

— Avec un *belly* rond comme un gros ballon, c'est à peine si vous tenez sur vos jambes, ajouta la gouvernante.

— Il faut vous détendre, Julie, lui recommanda Marguerite Viger, qui s'approcha à son tour pour l'aider à se glisser sous les couvertures. Et n'oubliez pas de respirer profondément quand vous sentez que ça pousse...

— Je n'y arrive pas, articula-t-elle en inspirant gauchement.

— Essayez encore, Julie. Vous êtes tendue comme une corde de violon, comment voulez-vous que le bébé descende ? »

Marguerite Viger était une véritable peau de soie. Il y avait tant de douceur dans sa voix. Tant de bonté aussi. Sa présence rassurait Julie. Depuis une semaine déjà, au moindre appel, elle accourait et restait là avec elle pendant de longs moments. Assise sur une petite chaise droite, elle la priait de se calmer, tout en lui racontant la naissance de chacun de ses enfants.

« Je n'ai pas de mérite, confia-t-elle, je mets bas comme une chatte ! La première fois, quand John est né, j'étais en train de balayer ma galerie. J'ai crié et, le temps d'atteler le cheval à la voiture, mon défunt mari filait à l'épouvante jusque chez la sage-femme qu'il a ramenée à la maison sans même lui permettre de changer de bonnet.

— Et alors ? demanda Julie.

— Trop tard, répondit Marguerite, un sourire en coin. À son retour, je l'attendais, mon petit John lavé, bichonné et bien au chaud à côté de moi dans le grand lit.

— Mais qui avait coupé le cordon ombilical ?

— Moi, puisque je vous dis qu'il n'y avait personne. »

Julie voyait bien que Marguerite cherchait à lui donner du courage. Mais elle avait tellement peur. Ses accouchements étaient toujours difficiles. Chaque fois, elle avait supplié le ciel que ce fût le dernier, au grand désespoir de sa mère et de sa belle-mère, qui répétaient que c'était sacrilège de penser ainsi.

Parfois, quand les douleurs devenaient trop atroces, elle pleurait sur l'oreiller et se laissait consoler par son amie. Le reste du temps, elle tâchait de dompter la souffrance, en pensant à Rosalie Papineau qui, lors de ses accouchements précédents, trottinait autour de son lit en maugréant. Elle l'entendait lui répéter de sa voix rauque : « Arrêtez donc de geindre, vous n'êtes pas la première femme à enfanter. Il y a toujours des limites ! »

▼

L'enfant n'était pas pressé de voir le jour. Il accorda à sa mère une accalmie de quelques heures qui lui permit de refaire ses forces. Marguerite Viger lui suggéra de fermer les yeux et de dormir un peu, mais Julie refusa :

« Non, je vous en supplie, restez. J'aime bien quand vous me racontez vos souvenirs. Et soyez gentille, allumez une petite chandelle, même si ce n'est que pour deviner votre ombre.

— Soit, fit-elle. Mais prévenez-moi si vous avez sommeil ou si je vous ennuie avec mes sornettes. »

Marguerite Viger, comme son mari, n'était jamais à cours d'histoires. Sa vie avait été riche en rebondissements. Elle n'aimait pas dévoiler son âge, mais elle parlait volontiers de la grande famille dont elle était issue et qui comptait parmi ses illustres membres mère Marguerite d'Youville, le sieur de La Vérendrye et les Boucher de Boucherville.

À dix-neuf ans, elle avait épousé le major John Lennox de l'armée britannique avec qui elle avait ensuite parcouru le monde. Il l'avait amenée en voyage de noces en Angleterre où vivait encore son père, lord Alexander Lennox. Le jeune couple avait ensuite passé quelque temps à la Barbade où les fonctions militaires de John l'avaient conduit, puis à la Jamaïque, où il était mort subitement, le 24 juin 1802.

Veuve à vingt-sept ans, elle avait repris le bateau avec son chagrin et ses quatre enfants, trois filles et un garçon. Après un long voyage sur des mers déchaînées, elle était enfin rentrée à Montréal. Jugeant qu'elle s'était assez apitoyée sur son sort, elle s'était alors reprise en main, soucieuse de procurer à ses enfants une vie normale.

De son séjour dans les Antilles, elle avait conservé un goût très prononcé pour la banane. Elle était aussi restée attachée à certaines habitudes de vie contractées là-bas, comme la sieste, et d'autres qui, assurait-elle, convenaient parfaitement au climat bas-canadien. Elle avait enseigné à Julie l'art de préparer une boisson délicieuse composée d'esprit de la Jamaïque, de lait frais et de sucre. « Il n'y a rien de meilleur pour affronter les grands froids », disait-elle.

La vie en Jamaïque l'avait aussi rendue sensible au problème de l'esclavage. Les Anglais qui avaient pris possession de l'île au milieu du XVIIe siècle y exploitaient toujours les descendants des esclaves ramenés d'Afrique, au temps de Christophe Colomb. Marguerite avait confié à Julie le malaise qu'elle avait ressenti lorsque, à son arrivée, on lui avait amené ses *boys* enchaînés les uns aux autres. De retour au pays, elle s'était passionnée pour les tentatives américaines d'abolir l'esclavage. À Montréal, il n'y avait plus qu'une seule famille bourgeoise, les McGill Desrivières, qui avait à son service un esclave noir, mais il était traité comme un enfant de la famille et Marguerite Viger ne s'en scandalisait pas trop. Les après-midi, elle se promenait avec Julie au cimetière d'esclaves, à l'angle des rues Saint-Jacques et Saint-Pierre. C'était le seul vestige rappelant encore l'existence de cette pratique courante au siècle précédent.

À trente-trois ans, la jeune et riche veuve s'était remariée avec l'historien Jacques Viger. Il avait douze ans de moins qu'elle et ne payait pas de mine, avec son nez démesurément long. Mais il était excentrique, poète à ses heures, et avait de l'humour à revendre. Ce couple insolite ne passait pas inaperçu. Dès après leur mariage, ils avaient acheté la maison en face de celle des Papineau, au milieu de la rue Bonsecours. Les Viger y habitaient déjà avec les quatre enfants de Marguerite lorsque Julie s'y était fixée, au printemps de 1818.

Que de soirées ils avaient passées, tous les quatre, à jouer au whist. Julie n'avait pas de don particulier pour les cartes, mais l'entrain qui régnait dans son petit salon jaune, grâce au bagou de Jacques, était irremplaçable. Ce dernier dénichait toujours dans ses recherches historiques de sinistres aventures, dont celle de la femme qui avait été achetée par un homme, en échange de son chien, ce qui immanquablement faisait rire Julie. À tout moment, l'original ponctuait son récit de phrases intempestives comme : « On lit tout Racine, mais on choisit dans Voltaire », qui n'avaient rien à voir avec le sujet de la conversation.

« Vous rappelez-vous, Marguerite, reprit Julie, tout ce que vous avez pu me raconter pour me faire supporter l'absence de Louis-Joseph, lorsqu'il était en mission à Londres ? »

Leur amitié s'était scellée à ce moment-là. C'était en 1823 et le chef du Parti canadien avait été envoyé en Angleterre pour expliquer au Parlement britannique pourquoi les Canadiens s'opposaient à l'union du Bas et du Haut-Canada. Marguerite Viger, qui avait vécu à Londres avec son premier mari, lui avait alors décrit en long et en large la campagne anglaise, avec ses donjons féodaux que l'on apercevait de la route, depuis le port de Liverpool jusqu'à la capitale.

« Vous vouliez tout savoir, lui rappela Marguerite. Je me souviens de votre colère lorsque je vous ai appris que les enfants anglais commençaient à travailler à dix ans.

— Ça me scandalise toujours ! Dire qu'ils appellent cela la révolution industrielle. Vous vous rendez compte ? Si cette pratique traversait l'Atlantique, des petits garçons comme Amédée et Lactance passeraient dix-sept heures d'affilée debout devant des machines, à filer la laine. »

Sur la table, la bougie faiblissait. L'horloge sonna dix coups. Il commençait à se faire tard et Marguerite décida de rentrer chez elle pour se reposer un peu. À cinquante-huit ans, elle devait sans doute au climat humide des îles Britanniques les rhumatismes qui hypothéquaient lourdement ses déplacements. Elle se leva péniblement, se tourna vers Julie et lui dit, avant de passer la porte :

« Si le petit se décide enfin, vous allez me promettre de m'envoyer chercher, même au milieu de la nuit. »

▼

À minuit, le vent se leva en bourrasques. Marguerite n'avait pas fermé l'œil. Elle remonta la couverture jusqu'à son cou et resta immobile dans le noir. Tous ces souvenirs épars, éveillés en une seule soirée, pour distraire Julie, l'avaient aussi ramenée à de sombres pensées. La mort de ses trois derniers enfants, peu après leur naissance, l'avait laissée inconsolable. C'était ceux de Jacques Viger, son deuxième mari. Les médecins lui avaient dit qu'elle n'y était pour rien. Chez les Viger, sur quatorze enfants, seul Jacques avait survécu. Tous ses frères et sœurs étaient morts avant d'avoir atteint l'âge de deux ans. Et il en était de même de ses propres descendants.

Jacques avait toujours caché son chagrin. Jamais il n'avait reparlé de ses enfants. Dans son journal intime, il avait cependant noté : « Le berceau ne semble les recevoir que pour les endormir d'un sommeil éternel. »

Sur le coup d'une heure, Marguerite se leva d'un bond, enfila sa pèlerine sur sa chemise de nuit et traversa chez sa voisine, comme si elle sentait que le moment était venu. Son intuition ne la trompait pas. À peine eut-elle fini de délacer ses bottines que Julie lança un cri perçant. Son col se dilatait et ses eaux crevaient.

Mademoiselle Douville, qui était déjà à son chevet, poussa un soupir de soulagement en voyant la voisine arriver au milieu de la nuit. Elle se sentait incapable de mettre seule l'enfant au monde. Elle avait envoyé chercher madame Tavernier, mais la sage-femme avait été appelée chez une dame, dans le faubourg Saint-Antoine, et il était peu probable qu'elle en revienne à temps pour accoucher madame Papineau. Celle-ci lui paraissait si souffrante, avec ses grands yeux noirs qui la suppliaient. C'était bouleversant.

« Venez, la rassura madame Viger. À nous deux, mademoiselle Douville, on y arrivera. »

Marguerite avait la main sûre. Il n'y avait pas une minute à perdre. Elle fit préparer de l'eau chaude et des serviettes. Mais les cris de Julie redoublaient et elle s'en inquiéta. Ces douleurs n'étaient peut-être pas normales ? La gouvernante, qui épongeait le front de sa patronne, pensait plutôt que le moment était venu. Comme ni l'une ni l'autre n'était sûre de rien, elles firent demander le docteur Nelson ; celui-ci arriva juste à temps pour cueillir le gros poupon qui poussait des cris dignes de ceux de sa maman.

« C'est une belle fille ! s'exclama Robert Nelson en lui remettant l'enfant.

— Je le savais, dit Julie en la regardant tendrement. Elle s'appellera Azélie. Et ce sera la dernière.

— Vous dites cela chaque fois que vous accouchez, ma chère madame Papineau. Allez, dormez un peu. Je reviendrai demain. »

▼

Papineau rentra de Québec peu après. Il trouva sa petite fille adorable, mais s'inquiéta de la pâleur de sa femme et décida de s'occuper de sa santé.

« Je t'aime mieux un peu rondelette, lui soufflait-il à l'oreille, pour avoir le plaisir de la mettre à la gêne. Tu es fraîche à croquer quand tu as un peu de chair bien tendre sur les os. C'est tellement plus savoureux.

— Arrête ! Tu me fais rougir. »

Depuis qu'il était là pour s'occuper des enfants, Julie se donnait du bon temps. L'après-midi, elle allait se promener dans les allées du Champ-de-Mars avec son amie Marguerite. Elle retrouva bientôt l'appétit. Pourtant, elle ne réussissait pas à prendre du poids. Convaincu qu'aussi longtemps que sa femme donnerait le sein à Azélie, elle resterait anémique, Papineau décida de faire un aller-retour jusqu'à la Petite-Nation, d'où il ramènerait une vache qui donnerait suffisamment de lait pour tous les enfants.

Commença alors une aventure cent fois plus périlleuse que Papineau ne l'avait imaginée. Plus farfelue aussi. Car la vache qu'il traîna au bout d'une corde, de l'étable du fermier jusqu'au quai de la Petite-Nation, n'avait pas le pied marin. Il eut plusieurs fois envie de l'envoyer paître, au propre comme au figuré, mais il avait promis à

Julie de la lui ramener bien vivante et pleine de lait. Et ce que Julie voulait... il le voulait aussi.

Une fois palanquée sur la barge, la bête paraissait calme, encore qu'elle gigotât dans la péniche qui tanguait. Mais Papineau n'avait encore rien vu. Aux rapides, la pauvre vache prit peur et il fallut la redescendre sur la terre ferme pour faire à pied le trajet du Long-Sault jusqu'aux chutes où la barge l'attendait depuis une heure lorsque, enfin, il la rejoignit. Papineau était en nage et commençait à en avoir plein le dos de l'animal qui n'avait pas arrêté de mugir comme s'il était en train de l'égorger. Quand il arriva enfin, il était fourbu. Après l'avoir installée dans la grange adjacente à la maison, il monta les escaliers et entra chez lui par la porte de la cour.

« Mon pauvre amour, quelle mine tu as ! » s'exclama Julie en le dépoussiérant de son mieux, après l'avoir embrassé.

Il avait la barbe longue et elle l'aida à retirer ses vêtements sales tandis qu'il lui racontait son périple par le menu détail :

« À un moment donné, la satanée vache a failli prendre une plonge, dit-il. Et moi avec elle, puisque je la retenais en tirant sur la corde. »

Julie pouffa de rire. Tous ces efforts, pour elle !

« Je n'en demandais pas tant, fit-elle en lui passant la main dans les cheveux. Après tout, l'idée était de toi.

— Je sais, répondit-il, ce ne sont plus des amusements de mon âge. J'aurais dû envoyer Doudou à ma place.

— Mais c'est tellement plus romantique que tu y sois allé toi-même », fit-elle, un sourire en coin, tout en l'embrassant de nouveau.

C H A P I T R E XIX

La patriote

Une odeur de lilas embaumait le faubourg Saint-Antoine, le plus huppé de Montréal, qui ressemblait à un vaste jardin fleuri, en ce 24 juin 1834. Les riches marchands qui y vivaient nombreux aménageaient leurs terrasses avec orgueil et leurs jardiniers rivalisaient d'ingéniosité. Ils évitaient les géraniums, ces plantes communes que tout un chacun cultivait. Toutefois, le muguet qui poussait en mai comme du chiendent avait toujours sa place dans leurs arrangements floraux. Mais en juin, il avait disparu, de même que les arbres fruitiers n'étaient déjà plus en fleur. Les bourgeons des pêchers, des abricotiers et des pommiers laissaient présager une récolte exceptionnelle.

La journée s'annonçait tout aussi inoubliable. Julie, qui adorait les dîners en plein air, aurait tout donné pour que Louis-Joseph l'accompagnât au banquet organisé par Ludger Duvernay pour souligner la fête des Canadiens. C'était sa première véritable sortie depuis la naissance d'Azélie. Mais les élections avaient été déclenchées et le chef des patriotes se trouvait aux Trois-Rivières, sans doute en train d'électriser la foule comme lui seul savait le faire.

Elle irait donc sans lui à cette première fête nationale. L'idée revenait à l'éditeur de *La Minerve,* qui espérait ainsi fouetter l'ardeur des patriotes. Ludger Duvernay avait vu la flamme qui animait les Irlandais, chaque 17 mars, à l'occasion de l'anniversaire de leur patron, saint Patrick. Il était convaincu que les Canadiens adopteraient d'emblée saint Jean-Baptiste puisque la tradition existait déjà sous le régime français. Rien de tel qu'un banquet, aux premiers beaux jours de l'été, pour la ranimer. Le précurseur du Christ était d'ailleurs le modèle idéal. N'était-il pas venu sur terre pour prêcher l'égalité entre les hommes et les délivrer de l'esclavage ?

C'est ce que Ludger expliquait au gratin politique montréalais qu'il accueillait en parfait hôte, dans les jardins prêtés par son ami, l'avocat John de Bélestre McDonald, à l'extrémité ouest de la rue Saint-Antoine, là où la ville commençait à ressembler à la campagne. Il avait choisi ce site exceptionnel surplombant la plaine Saint-Gabriel, et d'où l'on apercevait, au milieu du fleuve, l'île Saint-Paul, parce qu'il correspondait parfaitement à l'idée qu'il se faisait d'un dîner champêtre. Il avait retenu les services du restaurateur Jehlen qui avait préparé un menu composé des meilleurs plats du pays, dont les pigeons sauvages farcis et la dinde rôtie à la broche. Le champagne et les vins, achetés chez l'ami Roy, étaient demi-secs.

Malgré la chaleur, Ludger Duvernay portait au cou son habituel foulard noué à double tour sur une chemise d'un blanc immaculé, et dont l'encolure effleurait les pattes de lapin qui s'avançaient sur ses joues. Ses longs cheveux noirs, très frisés, étaient soigneusement étalés sur la nuque. Vêtu d'un costume foncé, il serrait des mains comme un politicien en campagne.

Julie s'était rendue à la fête dans la calèche ouverte de son voisin Jacques Viger. Elle portait une coiffe de dentelle qui laissait deviner ses cheveux bouclés avec application. Sur sa robe, elle avait jeté un châle à motifs floraux et aux couleurs vives qu'elle portait en écharpe. Son léger décolleté faisait ressortir l'éclat de sa peau sur laquelle une délicate chaîne en or brillait. Joseph Papineau, qui l'accompagnait, avait noué coquettement sa cravate lavallière, ce que Jacques Viger ne manqua pas de remarquer.

Quand ils descendirent de voiture, les jardins étaient déjà bondés et on sablait le champagne. Les femmes, toutes aussi endimanchées, agitaient leur éventail avec grâce. À l'abri du soleil derrière leur ombrelle, elles allaient d'un groupe à l'autre, s'arrêtant au bord d'un étang ou à côté de l'une des fontaines de marbre qui enjolivaient le jardin. Ludger Duvernay s'avança avec empressement jusqu'à la calèche des Viger.

« Monsieur le maire, monsieur Papineau, mesdames, quel plaisir de vous accueillir. »

Il aida Marguerite à descendre, puis retint Julie un moment.

« Dommage que votre mari ne soit pas des nôtres, madame Papineau.

— Je sais qu'il le regrette aussi, répondit Julie, toute souriante. Quelle bonne idée vous avez eue de nous réunir ! »

L'éditeur leva les yeux au ciel. Les derniers mois avaient été très éprouvants pour lui. Les bureaucrates lui en voulaient à mort. Chaque fois qu'il s'exprimait dans son journal, on lui reprochait d'avoir la dent trop longue. Il avait passé quarante jours derrière les barreaux pour avoir traité le conseil législatif de « grande nuisance ». Il ne s'était pas excusé, préférant aller en prison plutôt que de taire ses opinions. Il répondit à Julie, en bombant le torse :

« Les Anglais ont John Bull, les Américains Jonathan, pourquoi les Canadiens n'auraient-ils pas, eux aussi, un instrument pour les aider à revendiquer leur liberté ? »

Julie et Marguerite s'éloignèrent pour aller rejoindre leur amie Adèle LaFontaine qui était en grande conversation avec Émilie Tavernier, veuve Gamelin. Depuis quelque temps, les deux inséparables s'occupaient des vieilles femmes abandonnées et, pendant la fête, elles espéraient intéresser quelques gros bonnets à leur cause. Elles étaient à court d'argent et le nombre de malheureuses qui frappaient à leur porte augmentait chaque jour.

« Bonjour, madame Papineau, dit la veuve, je suis vraiment contente de vous revoir.

— Madame Gamelin, fit Julie en lui serrant la main, tout le plaisir est pour moi. J'entends souvent parler de vous par mon amie Adèle. Il y a aussi monseigneur Lartigue qui n'en finit plus de dire combien vous lui êtes précieuse. »

Monseigneur Lartigue, qui l'avait connue enfant, était son directeur spirituel. Un jour, peu après la mort de son mari, il lui avait demandé si elle comptait se remarier. Comme elle lui avait répondu que non, il avait voulu savoir pourquoi, dans ce cas, elle portait toujours une alliance. Émilie avait hésité, puis lui avait remis ce bijou si cher à son cœur pour les pauvres du diocèse.

Depuis, l'évêque racontait l'histoire d'Émilie Tavernier, orpheline de mère à quatre ans et veuve à vingt-sept ans. Coup sur coup, elle avait perdu ses trois enfants. Elle portait toujours une robe sombre, même les jours de fêtes.

« Justement, répondit celle-ci, après une hésitation qui n'échappa pas à Julie, j'ai à vous parler. Mes malheureuses pensionnaires ont besoin d'aide. Une intervention de votre mari pourrait peut-être faire avancer les choses... »

Julie parut embarrassée. Elle savait que Papineau ne croyait pas que le gouvernement dût assumer de telles charges sociales.

Madame Gamelin releva son châle :

« Je pensais que votre mari pourrait peut-être convaincre l'Assemblée de nous voter quelques crédits.

— Je veux bien lui transmettre votre message, madame Gamelin, répondit Julie, mais je sais que mon mari est d'avis que l'aide doit plutôt venir de souscriptions volontaires.

— Nous avons commencé par solliciter les citoyens, ma chère dame. Si je m'adresse à vous, c'est que nos bienfaiteurs ont déjà vidé leurs goussets. »

Adèle LaFontaine vint à la rescousse de son amie.

« Julie, nos ressources sont épuisées. Le pire, et le docteur Nelson nous l'a confirmé, c'est que nous sommes à la veille d'une nouvelle épidémie de choléra. Il y aura encore plus d'indigents. Madame Rosalie Jetté accueille les pauvres filles-mères et nous prenons à notre charge les femmes âgées et infirmes dont personne ne veut. Notre asile est plein.

— Il faudra que vous veniez les visiter, un après-midi, dit madame Gamelin. Vous verrez, mes vieilles sont très attachantes. »

La veuve avait en effet converti une partie de sa maison de la rue Saint-Laurent en refuge. L'héritage que son mari lui avait laissé était en train d'y passer. Après l'épidémie de 1832, elle s'était chargée de trouver une famille aux orphelins ; elle avait aussi offert le gîte et le couvert aux veuves sans ressources. Elle hébergeait maintenant vingt-cinq personnes qu'il fallait aussi vêtir. Le chauffage lui coûtait une fortune car, comble de malheur ! l'aile nord de la maison se défendait mal contre le froid. Adèle poursuivit ses explications :

« Avec les vingt-cinq louis que nous avons recueillis au bazar du mois de mars, nous avons pu effectuer des réparations et engager une cuisinière. Mais nous sommes déjà tellement à l'étroit.

— Je suppose que le gouverneur Aylmer ne vous a pas donné un louis, fit Julie un peu sournoisement.

— Au contraire, madame Papineau, répondit la veuve Gamelin, comme si on l'attaquait personnellement. Monsieur le gouverneur a octroyé 150 louis aux œuvres de charité. Nous avons eu notre part. Il y a aussi monseigneur Lartigue qui nous aide beaucoup. Mais, que voulez-vous, cela ne suffit pas. »

On pria alors les invités de prendre leur place à table. Julie ne fut pas fâchée d'échapper à cette conversation qui commençait à lui peser. Elle se sentait toujours un peu coupable devant ces femmes qui se dévouaient pour les œuvres de bienfaisance. Sa voisine Marguerite Viger s'occupait de l'école des enfants pauvres de monseigneur Lartigue, à côté de l'église Saint-Jacques. Et la belle Adèle LaFontaine visitait aussi les malades de la paroisse, en plus de s'occuper des filles repenties.

Moi, pensa Julie, c'est la politique qui m'intéresse. Les bonnes œuvres m'indiffèrent. Pourtant, s'il s'agissait d'aider LA CAUSE des patriotes, elle était toujours prête à recueillir des signatures pour une pétition ou à effectuer quelque démarche auprès du directeur de *La Minerve*, au nom de Papineau. Elle était convaincue que c'est par le biais de la politique que les injustices finiraient par être enrayées et, par conséquent, qu'on soulagerait les malheureux.

▼

Les élégants invités papillonnaient autour des tables dressées dans les jardins en essayant de repérer leur nom inscrit sur le petit carton placé devant chaque couvert. Julie fut naturellement appelée à se joindre au maire qui occupait la table d'honneur, en compagnie de son vice-président, le jeune George-Étienne Cartier et de Ludger Duvernay, leur hôte. On avait prévu une place pour l'évêque, mais monseigneur Lartigue, qui ne tenait pas à s'afficher avec les patriotes, avait décliné l'invitation. Louis-Hippolyte LaFontaine et Adèle occupèrent donc les chaises restées libres. On ajouta quatre couverts pour le libraire Fabre, son beau-frère Ovide Perrault et leurs épouses.

Julie pensait à monseigneur Lartigue, qui n'avait pas eu tort au fond de rester sagement à son évêché. Il se serait senti en terrain miné. Tous les convives sans exception étaient des sympathisants de la cause patriote et considéraient ceux qui ne partageaient pas leur point de vue comme des traîtres ou des vendus. Dans les conversations, on contestait toute idée qui ne faisait pas partie de l'évangile patriote. Le « crois ou meurs » était de rigueur. La tolérance à l'égard des opinions des bureaucrates n'avait plus sa place. Pour tout dire, depuis l'adoption des quatre-vingt-douze résolutions, on ne dînait, on ne s'amusait, on ne se mariait qu'entre patriotes. Cela surprenait les observateurs de passage, habitués au gros bon sens des Canadiens qui avaient la réputation d'être ouverts et libéraux, pour ne pas dire complaisants, envers ceux qui les dirigeaient.

Plus que jamais donc, le vent patriotique soufflait dans les jardins de l'avocat écossais McDonald dont la mère, une Picoté de Bélestre, venait de l'une des grandes familles françaises. Derrière la table d'honneur, les organisateurs avaient suspendu une banderole sur laquelle on pouvait lire : *Espérance, patrie, union*. Au centre, sur la nappe blanche, le drapeau des patriotes, vert, blanc, rouge, était entouré des feuilles d'érable placées en cercle. À côté de Julie, Édouard-Raymond Fabre se frottait les mains : on lui avait confié la vente des billets pour le repas et une soixantaine de personnes, parmi les plus en vue, avaient accepté son invitation. Ce n'était pas si mal pour un mardi.

À tout seigneur, tout honneur, on demanda au maire de Montréal de prendre la parole. Jacques Viger leva d'abord son verre à leur hôte :

« À la santé de Ludger Duvernay, à qui l'on doit cette fête », lança-t-il haut et fort.

Le maire ajusta son lorgnon. Il tira une feuille de la poche de son veston, la déplia en annonçant qu'il allait lire quelques vers d'un illustre inconnu. Un semblant de sourire au lèvres, et pourtant le plus sérieusement du monde, il s'élança :

Les Français dont nous descendons.

Après le titre, il s'autorisa une courte pause qui eut un certain effet, avant d'enchaîner :

Ils ont frappé la tyrannie/Nous saurons l'abattre comme eux. /
Si le sort désignait une race ennemie, /
Veille sur nous, saint Jean, fais-nous victorieux.

Jacques Viger replia sa feuille et invita Ludger Duvernay à dire quelques mots. Celui-ci déclencha à son tour des cris d'enthousiasme :

« Je lève mon verre au peuple, source primitive de toute autorité légitime ! Peut-être qu'un jour, les Canadiens paisibles se lasseront-ils du joug pesant d'un roi étranger ? »

On entama le potage. Tandis que les plats se succédaient, les patriotes se levaient à tour de rôle pour offrir un toast de leur cru. Il y en eut pour tout le monde. Un pompeux « À l'Honorable Louis-Joseph Papineau, habile et zélé défenseur des droits du peuple », qui suscita des vivats bien sentis, ce qui remplit Julie de fierté. Un invité narquois but « au clergé canadien et à ses évêques, qui ne seront soutenus et respectés qu'en faisant cause commune avec le peuple ». Julie se montra plus nostalgique dans son toast :

« À Daniel Tracey et aux innocentes victimes du 21 mai », dit-elle d'une voix énergique, en levant sa coupe.

La conversation alla bon train tout au long du repas. Quelqu'un demanda si on avait des nouvelles de l'accueil que Londres avait réservé aux quatre-vingt-douze résolutions des Canadiens.

Personne ne pouvait répondre avec certitude. Chacun y alla de son hypothèse : les uns espéraient que le document ait à tout le moins sensibilisé les parlementaires au sort fait aux fidèles sujets canadiens de Sa Majesté, tandis que les autres souhaitaient des résultats plus concrets.

« Nous n'aurons que des promesses, comme d'habitude », fit Julie d'un ton pessimiste. Puis, surprise de sa propre audace, elle ajouta, comme pour s'excuser : « Je le dis comme je le pense.

— Vous n'êtes pas très optimiste, ma belle voisine, remarqua Jacques Viger d'un ton amical. Moi, j'attends beaucoup de la démarche des parlementaires canadiens à Londres. Jusqu'à preuve du contraire, je veux croire que les Britanniques sont des gens de bonne volonté.

— Eh bien moi, je suis convaincue de leur haine et de leur mauvaise humeur à notre égard, répliqua Julie. La métropole ne nous concédera rien, à moins d'y être forcée. Ce que nous obtiendrons nous sera toujours accordé comme un privilège et non comme un droit.

— Allons donc, Julie, reprocha Jacques Viger, vous dramatisez. »

Julie, qui détestait qu'on s'adresse à elle d'une manière condescendante, redoubla d'ardeur :

« Mais Jacques, vous devriez pourtant savoir que nos seules ressources sont nos propres capacités. Croyez-moi, il faut commencer par une ferme résistance. Et si nous ne pouvons pas obtenir les réformes demandées, il faudra avoir recours à la violence. C'est, hélas ! le triste sort qui nous attend.

— Attendez au moins la réaction officielle de Londres avant de nous annoncer les pires calamités, fit le maire », agacé par la tournure de la conversation.

Louis-Hippolyte LaFontaine vint à la rescousse de Julie :

« Madame Papineau a bien raison de dire qu'il nous faudra obtenir par la force ce qu'on nous refuse autrement. »

Julie regarda alors son voisin Jacques dans les yeux et lui lança sans ménagement :

« Je vous prédis qu'il y aura une réforme dans le Haut-Canada mais qu'ici nous resterons opprimés parce que nous sommes pâte à l'être. Nos ennemis le savent, qui nous connaissent mieux que nous nous connaissons nous-mêmes. »

Julie s'arrêta en s'apercevant de l'effet de sa tirade. Au lieu de la paralyser, le silence qui enveloppa la tablée la stimula. Elle prit une voix plus assurée et conclut :

« Je n'ai jamais cru que c'était par pure ignorance que nos ennemis tardaient à nous faire justice. Je pense plutôt qu'ils sont de mauvaise foi et qu'ils sont aveuglés par le désir de nous écraser. C'est triste à admettre, mais ils savent trop bien qu'ils réussiront puisque nous les aidons à river nos chaînes. »

C'était bien là le fond de la pensée de Julie Papineau, en ce début de l'été 1834 où les événements se liaient les uns aux autres dans une spirale dont le terme ne pouvait être que la violence.

▼

George-Étienne Cartier ne s'était pas mêlé de la conversation, mais il était tout ouïe. Il avait à peine vingt ans et n'était pas encore avocat. Toute cette ferveur nationaliste l'excitait. En sa qualité de secrétaire de la nouvelle Société Saint-Jean-Baptiste, il avait été invité à la table des dignitaires et s'apprêtait maintenant à prendre la parole. Jugeant que tout avait été dit, il annonça aux invités qu'il allait plutôt leur chanter une chanson de son cru.

« Je l'ai intitulée *Ô Canada, mon pays, mes amours.* »

Il fit signe à l'orchestre, qui se mit en branle. La tête haute, le jeune étudiant en droit qui se vantait, faussement d'ailleurs, d'être le descendant de Jacques Cartier, et dont le prénom, George, s'écrivait sans s final, comme celui du souverain britannique, entonna le premier couplet :

> Comme le dit le vieil adage,
> Rien n'est plus beau que son pays,
> Et de le chanter, c'est l'usage,
> Le mien, je chante à mes amis.

Les convives reprirent en chœur :

> Le mien, je chante à mes amis.

Après lui, d'autres « en poussèrent une », comme on disait alors, et l'atmosphère tourna à la fête. Les envolées patriotiques cédèrent bientôt le pas aux bouffonneries. Louis-Hippolyte LaFontaine se faisait appeler Napoléon ou, plus crûment, l'ogre corse, et Joseph Papineau, « le vieux sage au nez fourré partout ». L'œil fauve et oblique, Jacques Viger repêchait dans sa mémoire quelques fadaises propres à faire rire la compagnie. Il suggéra qu'on s'adresse à lui comme jadis on interpellait feu l'évêque de Québec, monseigneur Plessis, qui avait exigé qu'on l'appelle : « Sa Grandeur le révérendissime et illustrissime ». Quelqu'un somma poliment monsieur le maire de céder le crachoir à un autre lorsqu'il ramena sur le tapis son sempiternel éloge du grand Salaberry, le héros de Châteauguay, qu'il rabâchait un peu trop souvent au goût de ses amis.

Julie ne fut pas en reste. Le maire, qui n'en était pas revenu de l'avoir entendue parler politique « comme un homme », l'appelait « la patriote ». Cela l'amusa d'abord, mais finit par la gêner lorsqu'il prit de nouveau un ton condescendant pour lancer :

« Quand je pense que le mari de notre adorable patriote s'est prononcé en Chambre contre le droit de vote des femmes. Il a dû passer un mauvais quart d'heure en rentrant chez lui. Je n'aurais pas voulu être à sa place. »

▼

« Si tu savais comme tu m'as manqué, répétait Julie à Louis-Joseph en se serrant contre lui, au retour de sa tournée électorale. Tu te serais tellement amusé à la fête de la Saint-Jean.

— Je me suis laissé dire que tu deviens de plus en plus patriote, répondit-il à demi sérieux, en lui caressant la nuque. Tout le faubourg parle de l'envolée de madame Papineau. On commence à se demander si ce n'est pas toi qui écris mes discours. »

Julie se douta bien que son mari avait découvert le pot aux roses grâce à la complicité de Jacques Viger, qui ne savait jamais tenir sa langue. Il avait sans doute attrapé Papineau avant même qu'il ne soit descendu de voiture et lui avait raconté l'incident, sûrement en l'exagérant. Elle défia son mari du regard et dit, moqueuse :

« Ça te surprend ?

— Ma chérie, rien ne me surprend plus de toi, répondit-il en hochant la tête, comme si cela en était désespérant. Avant, je trouvais que tu frottais trop. Maintenant je commence à penser que tu parles trop.

— C'est étrange ! Ce que j'affirme, quand c'est toi qui le dis, tu trouves que c'est bien. Quand c'est moi, ça te semble déplacé.

— Allons, Julie, tu vois bien que je badine. Je ne changerais pas d'épouse pour tout l'or du monde. Pas même contre une femme plus silencieuse. Encore que... des fois un peu de silence ne fait pas de mal.

— Ce que tu es vieux jeu, mon pauvre chéri ! »

CHAPITRE XX

Le seigneur Dessaulles

L'euphorie patriotique dura tout l'été de 1834. Au début de l'automne, la campagne électorale donna lieu à des rassemblements impressionnants et plutôt joyeux. Mais à la mi-novembre, l'assassinat d'un Canadien à Sorel mit de nouveau le feu aux poudres.

Tout avait commencé lorsqu'un électeur du nom de Dumas s'était présenté aux urnes avec l'intention d'appuyer le candidat loyaliste John Jones. Or l'homme n'avait pas droit de vote puisqu'il ne tenait pas feu et lieu dans le comté de William Henry (Sorel), comme l'exigeait la loi. Sa maison était à moitié construite, mais elle n'avait pas encore de cheminée. Son nom n'apparaissait donc pas sur la liste électorale, ce que les représentants du candidat patriote ne manquèrent pas de souligner lorsqu'il réclama son bulletin de vote.

Pour que cet homme puisse voter, John Jones organisa avec ses frères une corvée afin de monter la cheminée en une nuit. Les patriotes se rendirent sur le chantier pour protester. Ils avaient, à leur tête, Louis Marcoux, un maître boulanger taillé comme une armoire à glace. L'un des frères Jones était armé et il avait tiré sur Marcoux, le blessant gravement à la tête. Appelé à son chevet, le docteur Wolfred Nelson de Saint-Denis, le frère de Robert, n'avait pu que constater le décès. Aux funérailles, il s'était juré que les assassins payeraient cher leur crime.

À Montréal aussi les escarmouches faisaient craindre un nouveau 21 mai. Rue Bonsecours, un Écossais ou un Anglais, on ne savait trop, lança une pierre dans la fenêtre du salon des Papineau, tandis que ses comparses sifflaient et hurlaient des injures à l'endroit du chef des patriotes. Papineau était au bureau de scrutin, à l'extrémité du faubourg, et son père Joseph, craignant que les manifestants ne défoncent la porte, sortit sur le balcon :

« Bande de lâches ! cria-t-il à tue-tête. Infâme canaille ! Vous profitez de ce qu'une mère est seule avec ses enfants pour l'attaquer. »

Julie, qui s'inquiétait toujours pour Louis-Joseph, reprocha à son beau-père son imprudence :

« Il ne fallait pas leur dire que Papineau était absent. Ils le chercheront ailleurs. Vous les connaissez, rien ne les arrête. »

Elle n'avait pas tort. Car après leur apparition sauvage chez les Papineau, les fiers-à-bras s'en allèrent à la taverne T.B. English de la rue McGill pour boire de la bière de Molson pendant une couple d'heures, après quoi ils aboutirent au bureau de vote, non sans avoir fait voler quelques vitres en éclats, chemin faisant. Ils brandissaient des manches de hache avec lesquels ils molestaient les piétons qui essayaient de les calmer. Lorsqu'ils se trouvèrent face à Papineau, qui se dressa devant eux pour leur interdire l'accès à la salle de scrutin en leur reprochant leurs « bacchanales ordurières », ils baissèrent leurs armes et personne n'osa s'approcher de lui, encore moins le toucher.

Quelques jours plus tard, le Parti patriote remporta les élections haut la main avec 77 des 88 sièges au Parlement de Québec. Papineau n'avait fait qu'une bouchée de son adversaire tory, tout comme son colistier, Robert Nelson, qui n'avait à peu près pas participé à la campagne. Tout son temps passait à soigner les victimes de la nouvelle et virulente épidémie de choléra qui recommençait à décapiter la population de la ville.

▼

Peu après les élections, Julie se rendit à l'archevêché pour y rencontrer monseigneur Lartigue. Assise au parloir, elle attendait. L'heure de son rendez-vous était largement passée et elle n'appréciait pas que l'évêque la laissât poireauter sans même se donner la peine de se faire excuser.

N'eût été de la mission que lui avait confiée Denis-Benjamin Papineau, elle serait repartie sans demander son reste. Mais son beau-frère avait insisté pour qu'elle intercède auprès de monseigneur Lartigue avec qui elle était en assez bons termes, contrairement au reste de la famille, afin qu'il signe une dispense qui permettrait à sa fille Honorine d'épouser un jeune médecin protestant du village de Buckingham.

Denis-Benjamin avait pris la peine de lui écrire une longue lettre pour lui expliquer pourquoi sa femme et lui tenaient tant à ce mariage.

Dites à notre cousin Lartigue que les bons partis sont rares à la Petite-Nation et qu'il ferait mieux de ne pas bousiller les chances de notre Honorine de trouver chaussure à son pied. Mentionnez-lui aussi que notre futur gendre, un jeune Anglais de Bristol, a promis d'élever ses enfants dans la foi catholique. (Mais ne le prévenez surtout pas qu'avec ou sans sa dispense, ils s'épouseront.)

Trois heures sonnèrent et toujours rien. La porte du bureau de l'évêque était entrebâillée, de sorte que Julie pouvait suivre sans effort la conversation du prélat avec son secrétaire. Au début, elle n'y prêta pas attention. Mais lorsqu'elle entendit prononcer le nom du boulanger Marcoux, assassiné à Sorel, puis celui du docteur Wolfred Nelson, elle sursauta.

« Monseigneur, disait son secrétaire, le curé Kelly de Sorel vous écrit pour vous demander vos directives. L'affaire est délicate. Le monument à Louis Marcoux est prêt et il semble qu'on veuille y graver une épitaphe que vous pourriez juger de mauvais goût.

— Plaît-il ?

— Oui, vous savez, Marcoux, c'est le patriote qui a été tué par on ne sait trop qui, au cours d'une bagarre, pendant les élections.

— Je vois, oui. Et quel est le problème ?

— Eh bien, Excellence, on hésite entre " Marcoux, mort pour la défense des droits de la patrie " ou " Marcoux est mort. Vive la patrie. "

— Non, non, non ! hurla l'évêque en tapant du pied. Je ne laisserai pas faire ça. Mais qui est derrière ce plan diabolique ?

— Le docteur Wolfred Nelson de Saint-Denis, Excellence. C'est lui qui paie le monument. Monsieur Marcoux était son homme de confiance et il a témoigné lors du procès des frères Jones.

— Encore un patriote qui ne recule devant rien pour attiser le feu, soupira l'évêque.

— Que dois-je répondre, Excellence ? »

Monseigneur Lartigue réfléchit un instant avant de décider :

« Dites au curé Kelly que j'autorise l'érection du monument à la condition que l'inscription soit sobre. Quelque chose comme : " Ci-gît Louis Marcoux, décédé le 8 novembre 1834. Il mourut en chrétien et pardonna. "

— Bien, Excellence.

— Précisez-lui que je ne tolérerai aucune allusion aux causes politiques de la mort de notre fils Marcoux, ajouta-t-il d'un ton sec.

N'y figureront que des paroles de paix. Est-ce clair ? Et faites entrer madame Papineau. »

▼

Monseigneur Lartigue était perplexe. Il ne comprenait pas pourquoi Julie Papineau se montrait hostile depuis le début de l'entrevue. Elle lui avait défilé d'un air pincé, voire hautain, le but de sa visite et semblait avoir hâte d'en finir. Elle était en colère contre lui, c'était évident, mais il n'arrivait pas à lui faire dire ce qui la mettait dans cet état. D'accord, il l'avait reçue en retard, mais il s'en était excusé. De toute manière, elle aurait dû comprendre qu'il n'avait pas qu'elle à voir. Encore heureux qu'il eût trouvé un peu de temps à lui accorder pour une simple question familiale.

« Julie, je vous trouve bien agressive, fit-il enfin. Permettez que je vous le dise, cela ne vous ressemble pas. Franchement, je me fais du souci pour vous.

— Mais il y a de quoi être scandalisée, monseigneur, répondit-elle tout de go. Votre porte était entrouverte, j'ai tout entendu. Louis Marcoux a été tué et vous voulez réécrire l'histoire de sa mort à votre façon. Vous n'ignorez pas que ses assassins ont été acquittés de l'accusation de meurtre qui pesait contre eux. Ils ont tiré à bout portant sur un homme sans armes, devant une dizaine de témoins, et ils sont libres. Blancs comme neige. Ça ne vous révolte pas, vous ?

— Ma fille, Dieu jugera leurs actes.

— Et la justice des hommes, qu'en faites-vous ? Je ne vous ai jamais entendu dénoncer les injustices dont les patriotes sont les victimes. Ni la conduite infâme des coupables. »

Julie laissa poindre son mépris et ajouta :

« Vous n'avez pas protesté non plus quand le gouverneur Aylmer a félicité les meurtriers des trois pauvres innocents abattus sauvagement par des soldats ivres, il y a deux ans. »

L'évêque se défendit mollement :

« Je n'ai pas caché ma douleur de voir des soldats percer les Canadiens de leurs baïonnettes.

— Vous l'avez fait bien discrètement, monseigneur, puisque vos protestations ne se sont pas rendues jusqu'à nous.

— Vous connaissez ma résolution ferme de me maintenir, ainsi que mon clergé, hors de l'agitation, répondit-il sèchement. Et je refuse qu'un parti politique quel qu'il soit nous entraîne sur ce terrain. Toute autre marche sèmerait la division, ce dont nous, prêtres, nous nous repentirions amèrement.

— Mais monseigneur, reprit-elle calmement, je ne vous parle pas de politique, je vous parle de crimes impunis. Il se trouve que les victimes sont des patriotes, mais je serais du même avis si elles étaient anglaises. Évidemment, cela ne risque pas, les nôtres n'ont pas l'habitude de tirer lâchement sur leurs adversaires sans armes. Un jour peut-être y seront-ils obligés.

— Julie, je vous interdis de dire de telles choses ! Allons, reprenez vos sens.

— Et moi, monseigneur, je ne comprends pas que le clergé de ce pays s'acoquine avec le pouvoir au lieu de se ranger avec le peuple. Croyez-moi, vous y viendrez forcément. Mais probablement à contrecœur. Et il sera trop tard. »

On frappa. Le secrétaire apportait la dispense que Julie était venue solliciter. Monseigneur Lartigue la signa en silence. Il aurait voulu dire à sa cousine par alliance qu'il l'aimait comme une petite sœur et qu'il s'inquiétait de la voir sur une mauvaise pente. La popularité des patriotes lui montait-elle à la tête au point de lui faire perdre la raison ? Il avait longtemps cru qu'une femme comme elle, sensible et équilibrée, arriverait à refréner les élans immodérés de son cousin Papineau. Hélas ! il était de plus en plus porté à croire que c'était plutôt lui qui l'influençait.

« Je vous remercie au nom de mon beau-frère, monseigneur », dit Julie d'un ton glacial.

Elle se leva, le salua et sortit du bureau sans un sourire. Il n'eut même pas le temps de s'avancer vers elle pour la bénir, comme il le faisait habituellement.

▼

Au début de l'année 1835, Julie reçut deux lettres de Saint-Hyacinthe. La première portait le sceau du séminaire et, sur la seconde, elle reconnut l'écriture toute en pattes de mouches de sa belle-sœur Marie-Rosalie.

« Dans quel pétrin Amédée s'est-il encore fourré ? » se demandait-elle en dépliant la missive qui était signée de la main du directeur.

Le ton était serein et l'affaire, assez anodine. Apparemment, Amédée devenait un peu trop fanfaron et ses professeurs jugeaient impérieux qu'il soit rappelé à l'ordre. Sa dernière incartade avait fait déborder le vase : au réfectoire, alors que le surveillant s'apprêtait à lire une page de l'histoire de la Grèce antique, il s'était mis à chanter un couplet de l'air à la mode *C'est la faute à Papineau*.

Il n'y avait rien là de sacrilège et le supérieur du séminaire était le premier à le reconnaître. L'ennui, c'est qu'Amédée avait choisi les strophes qui ridiculisaient le gouverneur.

Julie souriait en pensant à lord Aylmer qui était devenu la tête de Turc des jeunes. Même dans les collèges, on se moquait copieusement de lui depuis qu'il avait confié à un journaliste que la première question qu'il se posait en se réveillant, le matin, c'était : « Que pourrais-je faire aujourd'hui pour le bonheur des Canadiens ? » Les journaux patriotes prenaient depuis un malin plaisir à le provoquer. C'est ainsi que, lors de sa dernière visite à Montréal, ils avaient tracé un épais trait noir autour de la première page, en signe de deuil.

Julie imaginait Amédée qui faisait le pitre devant ses camarades réunis au réfectoire. Il avait un tel sens du théâtre ! Il avait dû se lever et, les épaules bien droites, avait probablement esquissé un geste du bras gauche, comme s'il rythmait une musique inexistante, avant de lancer d'une voix grave :

> Si le compère Mathieu /Doit bientôt quitter ce lieu,
> S'il ne pense aux patriotes, /Que quand il met ses culottes,
> Si nous fuyons le Château, /C'est la faute à Papineau.

Décidément, son fils était tout un spécimen. Il ne reculait devant rien pour exprimer ses convictions et chez lui, l'humour était comme une seconde nature. Il savait si bien passer son message, tout en faisant rire la galerie. C'était le digne fils de son père, se disait-elle en reprenant sa lecture :

Vous comprendrez, chère madame Papineau, écrivait le supérieur, que notre établissement ne peut permettre à ses étudiants d'insulter le gouverneur du Bas-Canada. J'ai donc dû semoncer votre fils, etc.

Il avait eu raison, naturellement, mais c'était si drôle que Julie n'arrivait pas à en vouloir à Amédée. Elle se promit de lui écrire un mot de douce réprimande et s'empressa de décacheter la seconde lettre :

Ma chère Julie,

Surtout, ne t'inquiète pas, tout va très bien. Tes fils, Amédée et Lactance, se portent à merveille.

Marie-Rosalie enchaînait sur la ferveur patriotique qui animait Saint-Hyacinthe :

Tu sais ce qu'on dit de ton mari ici ? Qu'il a mis les droits de l'homme à l'honneur. Pour cela, on l'appelle l'aigle olympique. Il faut bien reconnaître qu'en écrasant ses adversaires aux élections, il a cloué le bec à Matthew (c'est ainsi qu'ici on nomme le gouverneur). Le malheureux lord avait osé prétendre que le peuple ne souffrait d'aucun des maux énumérés dans les quatre-vingt-douze résolutions et que jamais les Canadiens ne suivraient Louis-Joseph Papineau dans « sa conduite immodérée ». Eh bien ! nous allons lui montrer de quel bois nous nous chauffons.

Comme tu vois, ma chère belle-sœur, moi aussi je deviens plus patriote de jour en jour. À croire que la passion qui anime cette famille est contagieuse.

Si je t'écris, c'est surtout pour te dire que Jean ne va pas très bien. J'ai peur que son mal ne soit plus grave qu'il ne veuille l'admettre. Il m'assure que je n'ai pas à me faire du mauvais sang, mais tu sais combien je suis mère poule.

Toujours est-il que Jean serait l'homme le plus heureux du monde si tu venais l'embrasser. Il voudrait aussi voir ta petite Azélie. (Comme dirait ma mère, où diable vas-tu chercher les prénoms de tes enfants ?) Nous avons tellement hâte de lui faire des caresses.

Ta Marie-Rosalie

▼

Julie ne fit ni une ni deux et décida de se rendre à Maska. Elle devinait entre les lignes que l'état de Jean Dessaulles inspirait de l'inquiétude.

Le lendemain, dans le hall de l'hôtel Rasco, elle s'assit sur un banc en attendant la diligence. Le patron lui offrit une boisson chaude qu'elle refusa. Elle n'avait besoin de rien. Dehors, le temps était froid et sec mais le soleil qui inondait les carreaux lui procurait une douce chaleur. Elle avait chaudement emmailloté Azélie qui gazouillait, pour la grande joie des autres voyageurs attendant aussi le départ.

Perdue dans ses pensées, un demi-sourire aux lèvres, elle préparait mentalement la semonce qu'elle réserverait à Amédée, lorsqu'elle le visiterait le lendemain, au parloir du séminaire. Le plus dur serait de garder son sérieux.

« *A penny for your thought ?* », dit une voix.

Julie sursauta. Robert Nelson, flanqué de son frère Wolfred, avait traversé le hall de l'hôtel pour venir s'arrêter devant elle.

« Vous voilà bien loin, Julie, vous boudez vos amis ou quoi ?

— Robert ! fit-elle honteuse, je ne vous ai pas entendu venir.

— Vous connaissez mon frère ?

— Bien sûr, je suis ravie de vous revoir, docteur. »

C'était la première fois que Julie voyait les frères Nelson côte à côte. Bien qu'ils eussent tous les deux le type *british*, Wolfred et Robert étaient fort différents. Le premier, médecin à Saint-Denis, mesurait plus de six pieds et avait l'air d'un gentleman-farmer, ce qu'il était aussi. Osseux, il avait la tête toute grise et ses lèvres minces lui donnaient un air faussement dédaigneux. Il avait conservé sa démarche militaire depuis son séjour dans l'armée britannique. Robert, son cadet de trois ans, faisait cinq pieds et onze pouces mais il était plus costaud. Au premier abord, il paraissait plus chaleureux que son frère Wolfred, plus timide aussi, mais il ne fallait surtout pas s'y laisser prendre, il ne donnait pas son amitié au premier venu. Pour le reste, les deux hommes étaient tout aussi irréductibles l'un que l'autre. Entêtés comme des mules, pensaient leurs proches.

Julie connaissait peu Wolfred Nelson, qu'elle avait rencontré brièvement quelques années plus tôt, alors qu'il était encore député de Sorel. Peu après, il avait quitté le pays. Il l'intimidait, mais elle aurait été incapable de dire pourquoi. Elle prit de ses nouvelles pour meubler le moment de silence qui la mettait à la gêne.

« Vous avez séjourné quelques mois en Europe, je pense. La vie là-bas vous a plu ?

— Oui, j'ai surtout passé mon temps dans les hôpitaux anglais pour voir comment on y pratique la médecine. Mais je ne vous cache pas que j'avais hâte de rentrer chez moi. Avec tout ce qui se passe ici... »

Wolfred Nelson avait longtemps été considéré comme un anti-Canadien. Mais il s'était converti au *credo* patriote en quittant l'armée anglaise pour s'établir à Saint-Denis, village prospère qui longeait le Richelieu, au sud de Sorel. Il y avait épousé une Canadienne,

Charlotte Fleurimont de Noyelles, qui lui avait donné sept enfants et sans doute aussi le sentiment d'appartenance au pays. Car depuis, il posait au défenseur de la cause patriote, même s'il avait gardé un léger accent quand il parlait le français.

À quarante-trois ans, six de moins que Papineau, le docteur était le notable le plus en vue de la vallée du Richelieu. Il possédait une ferme et avait fondé, en 1830, une distillerie qui employait une douzaine d'ouvriers. Mais c'est la profession médicale qui le passionnait surtout. Il ne semblait pas regretter la vie de député le moins du monde.

« Je voudrais bien être à la place de votre femme, fit Julie en poussant un soupir amusé. Mais ça ne risque pas. Papineau a la piqûre de la politique. »

Robert Nelson approuva d'un grand signe de tête. Il en profita pour demander des nouvelles du chef, qui était à Québec pour la nouvelle session. Puis il voulut savoir où Julie s'en allait comme ça avec sa poupée Azélie :

« Je vais chez mon beau-frère, Jean Dessaulles. Il n'est pas bien et je me fais du souci pour lui. Mais dites-moi plutôt ce que vous faites ici à cette heure matinale.

« Je suis venu chercher Wolfred, qui arrive de Saint-Denis. Figurez-vous qu'il a affaire à Montréal pour régler une question de monument.

— Ah ! oui, fit Julie, le monument à la mémoire de votre ami, Louis Marcoux.

— Justement, répondit Wolfred, surpris de la voir si bien renseignée. Après ce procès truqué, il faut tout de même rappeler à la postérité qu'un homme est mort injustement aux mains des barbares.

— Les choses avancent-elles comme vous le souhaitez ?

— Votre cousin Lartigue me met des bâtons dans les roues, répondit-il agacé. Il a des exigences inacceptables.

— Qu'allez-vous faire ?

— Passer outre, vous pensez bien.

— Monseigneur ne tolérera jamais que ses directives ne soient pas suivies à la lettre, fit Julie, qui n'osa pas lui avouer qu'elle s'était querellée avec lui à ce sujet. Le curé de Sorel non plus d'ailleurs...

— Qu'à cela ne tienne, trancha Wolfred Nelson, sans lui laisser la chance de finir sa phrase. Puisque ce monument n'est pas le bienvenu à Sorel, il sera érigé sur la place publique à Saint-Denis même.

— Et l'inscription ? Avez-vous décidé de l'inscription ?

— J'ai fait graver la phrase suivante : " Passant, rends hommage à la mémoire de Louis Marcoux, tué à Sorel le 8 novembre 1834, en défendant la cause sacrée du pays, à l'âge de 34 ans. Ses dernières paroles furent : Vive la patrie ! "

— Vous avez bien fait ! conclut Julie en se levant. Il ne faut jamais reculer devant la vérité. »

Les voyageurs avaient déjà pris place dans la diligence. Il ne manquait plus que madame Papineau. Robert Nelson prit Azélie dans ses bras tandis que Julie s'installait sur la banquette. Il lui remit son bébé en lui souhaitant un bon voyage.

Sur le trottoir, Wolfred Nelson leva son chapeau et s'inclina au moment où la voiture commençait à s'éloigner.

▼

Il faisait encore clair quand Julie arriva au manoir Dessaulles.

« Comment va Jean ? demanda-t-elle, en mettant pied à terre.

— Il ne va pas très fort, répondit Marie-Rosalie Dessaulles qui était accourue. Tu as bien fait de venir. Il dépérit à vue d'œil. »

Depuis cinq mois, la santé de Jean Dessaulles périclitait. Marie-Rosalie avait d'abord cru qu'une vie moins accaparante, sans responsabilités parlementaires, et qui permettrait à son mari, âgé de soixante-dix ans, de passer les mois d'hiver bien au chaud au manoir, lui redonnerait des forces. Aussi l'avait-elle convaincu de démissionner de son poste de député. Il ne s'était pas fait prier, car il était las de tous ces voyages à Québec sur des routes mal entretenues. L'été, ça allait toujours : il descendait le fleuve en goélette pour éviter les chemins raboteux. Mais pendant la saison froide, quelle expédition !

Les premiers mois de sa retraite avaient coulé doucement. Il paraissait heureux mais, en y repensant, Marie-Rosalie était forcée de reconnaître qu'il manquait d'énergie, jusqu'à en négliger sa seigneurie, lui qui s'était toujours montré si méticuleux.

« Il passe ses journées couché, avoua-t-elle à Julie. Parfois il ne se lève même pas à l'heure des repas. Il a toujours froid. J'ai beau alimenter les dix poêles du manoir, il n'est jamais assez couvert.

— Je voudrais le voir.

— Louis-Antoine est à son chevet, dit Marie-Rosalie. Prends le temps d'enlever ton manteau. »

Julie lui tendit Azélie.

« Viens voir ta tantine, fit celle-ci en levant la petite dans les airs. Ce qu'elle est rose et grasse ! Et regarde-moi sa petite main potelée. Elle ressemble à... Aurélie.

Marie-Rosalie avait hésité avant de prononcer le nom de la petite morte. Entre elles, le sujet était toujours douloureux, surtout depuis qu'elle-même avait perdu son dernier enfant.

« J'ai beaucoup pensé à toi quand...

Julie n'acheva pas sa phrase.

— Je sais, fit Marie-Rosalie. Ta lettre m'est allée droit au cœur. Tu as si bien compris ma souffrance. Tu as su trouver les mots pour me réconforter.

— Perdre un enfant, dit Julie soudainement lointaine, c'est ce qui peut arriver de pire. »

Les deux belles-sœurs se jetèrent dans les bras l'une de l'autre. Julie se sécha les yeux avec son mouchoir et dit :

« Il ne se passe pas un jour sans que l'agonie de ma fille ne vienne me tourmenter. Ah ! ses cris, et moi qui étais impuissante. J'aurais donné ma vie pour la soulager. Cela fait déjà quatre ans et j'ai l'impression que c'était hier. Je ne sais pas qui a prétendu que le temps arrangeait les choses...

— Pour moi, cela s'est passé différemment, dit Marie-Rosalie. J'ai pleuré, oui, mais sans cris, sans blasphème contre Dieu. J'ai pleuré doucement, comme elle est partie, sans faire de bruit, sans souffrir. Ma pauvre petite ! On aurait dit qu'elle s'était endormie.

— C'est tellement dur de se ressaisir. Les enfants n'ont pas à subir les deuils de leurs parents. Il ne faut surtout pas les étouffer avec nos peurs.

— Tu ne fais plus de cauchemars au moins ? demanda Marie-Rosalie.

— Au début, la nuit, quand le sommeil me fuyait, je voyais passer des ombres lugubres qui se balançaient mais je les chassais. Robert, je veux dire le docteur Nelson, m'a donné du laudanum qui m'a calmée. Lorsque je me sentais abattue, j'en prenais quelques gouttes. Maintenant ça va, je n'en ai plus besoin. »

Julie reprit Azélie des bras de Marie-Rosalie et ajouta :

« Des fois, c'est plus fort que moi, je regarde la petite et je deviens angoissée en pensant que je pourrais la perdre. »

Elle s'arrêta.

« Ne sois pas pessimiste, dit Marie-Rosalie. Moi, je me console en me disant que c'est peut-être mieux ainsi. Cette petite n'aurait jamais connu son père. »

Marie-Rosalie se cacha le visage dans les mains. Elle pleurait.

« Qui aurait cru, lorsque nous nous sommes quittées la dernière fois, après l'anniversaire de Louis-Joseph, qu'un si grand malheur allait nous frapper ? fit-elle. Nous étions tellement gaies. Et maintenant Jean, mon Jean qui... »

Elle essuya ses larmes.

« Il m'a suppliée de te convaincre de rester avec nous, poursuivit-elle. Il voudrait que tu habites ici avec les enfants pendant quelque temps. Il a raison, tu ne peux pas rester seule à Montréal avec tous ces voyous qui sèment la pagaille. »

Julie avait les yeux mouillés, elle aussi, et c'est Marie-Rosalie qui la consola. Elles montèrent à l'étage où Jean Dessaulles était alité. Louis-Antoine avait glissé un monceau d'oreillers derrière le dos de son père, ce qui le faisait paraître minuscule. Il était d'une blancheur cadavérique.

« Ah ! vous voilà enfin, dit-il d'une voix si faible que Julie en resta figée.

— Je suis venue vous montrer ma belle Azélie », fit-elle en tâchant d'avoir l'air naturelle.

Le malade posa ses lèvres sur le front du bébé. Puis il demanda :

« Et les autres, Gustave et Ézilda, vous ne me les avez pas amenés ?

— Non, je ne suis que de passage. Demain, j'irai embrasser Amédée et Lactance au séminaire et je reprendrai la route tout de suite après.

— Mais ça n'a aucun sens », répondit Jean Dessaulles en hochant lentement la tête.

Il chercha la main de Julie sur le drap blanc. Elle se rapprocha et il la serra très fort.

« Vous n'êtes pas prudente. Montréal est trop dangereuse pour une femme seule avec des enfants. Toutes ces émeutes dont on parle dans les journaux...

— Allons donc ! D'abord, je ne suis pas seule. Joseph Papineau ne s'éloigne presque jamais de la maison. Ensuite, il ne faut pas exagérer. C'est à peine s'il y a eu quelques accrochages impliquant la plupart du temps de jeunes écervelés.

— Mais vous êtes une cible de choix, Julie. Vous ne voyez donc pas que nos ennemis sont exaspérés ? Je vous en conjure, au lieu de nier, pour ne pas m'inquiéter, écoutez-moi. Ne vous exposez pas délibérément à la rage de fous malicieux qui ne cachent ni leur haine ni leur soif sanguinaire. »

Marie-Rosalie pria son mari de rester calme. Tout effort l'épuisait. Elle lui épongea le front, puis se tourna vers sa belle-sœur et ajouta :

« Julie, ce serait sage de te mettre à l'abri, du moins jusqu'au retour de Louis-Joseph. Ici, auprès de nous, tu pourrais suivre les progrès scolaires de tes aînés au séminaire. Gustave et Ézilda iraient en classe chez mademoiselle Williams et ta petite Azélie jouirait du grand air mascoutain.

— Quant à vous, chère belle-sœur, ajouta Jean d'une voix qui s'éteignait, vous serez ici comme chez vous. Vous choisirez les chambres qui vous conviendront. Un mot de vous et j'envoie chercher vos bagages.

— Je suis très touchée, Jean, et je vous remercie de tout mon cœur. Mais vous n'imaginez pas l'embarras que nous vous causerions, moi et ma marmaille.

— Je te défends de penser à cela, dit Marie-Rosalie. Vois plutôt notre bonheur de vous avoir tous avec nous.

— D'accord, je vais en parler à Louis-Joseph, promit Julie, à qui il répugnait pourtant de quitter sa maison de Montréal. Mais je n'aimerais pas qu'on dise que je me suis sauvée, ajouta-t-elle aussitôt.

— Qu'importe après tout ce qu'ils diront, répondit Marie-Rosalie.

— Soit. Je me déciderai d'après la volonté de mon mari. Naturellement, si nous sommes obligés de laisser la ville, c'est ici que j'aimerais venir.

— Papineau s'y opposera peut-être », dit Jean Dessaulles, les yeux subitement assombris.

Un léger malaise flotta alors dans la chambre. L'ombre de Papineau était apparue. Quelques mois avant sa maladie, Jean Dessaulles avait accepté la nomination de lord Aylmer au poste de conseiller législatif ; cela avait déplu au chef des patriotes, qui affichait un réel mépris pour les députés se mettant au service du gouverneur, ce qu'il interprétait ni plus ni moins comme une trahison. Il avait évité son beau-frère dans les corridors de l'hôtel du Parlement et lui en avait voulu de continuer à se présenter au château Saint-Louis tout cravaté, sa breloque d'or au gilet et ceint de son épée, alors que la consigne était d'éviter les salons du gouverneur.

« Je suppose que Papineau croit toujours que je me cachais pendant que l'assemblée débattait des quatre-vingt-douze résolutions, dit Jean Dessaulles tristement. Pourtant, Dieu m'est témoin que je n'ai jamais failli à mon devoir de député.

— Allons, Jean, ne t'énerve pas, conseilla Marie-Rosalie, qui n'aimait pas le voir dans cet état. Louis-Joseph sait que tu gardais le lit pendant les travaux parlementaires.

— Il ne m'a pas écrit depuis que je suis rentré à Maska.

— Il n'aura pas eu le temps, fit Julie, émue de voir son beau-frère déconfit. Vous savez bien qu'à Québec il n'arrête jamais. Moi non plus, il ne m'écrit pas très souvent.

— Alors soit, fit Jean à Julie, je veux bien vous croire. » Puis se tournant vers sa femme il ajouta : « Marie-Rosalie, écris-lui et tâche de le convaincre de nous confier Julie et les enfants. Et vous, chère belle-sœur, ne vous amusez pas à formuler des objections. Tout est prévu, pesé, discuté, entendu », conclut-il d'un ton qui avait retrouvé un peu de bonne humeur.

Il parut rassuré. Mais la conversation l'avait épuisé et il demanda à se reposer. Il ferma les yeux tandis que les deux femmes sortaient sur la pointe des pieds.

Le lendemain, Julie passa embrasser ses fils au collège et rentra à Montréal comme il avait été prévu. Elle n'eut pas le temps de mettre à exécution sa promesse à Jean Dessaulles qu'elle ne revit jamais. Son beau-frère s'éteignit peu après. Marie-Rosalie lui écrivit :

Jean supporta sa maladie avec calme et résignation. Sa patience fut admirable. Ton fils Amédée était avec nous, à la maison. Une heure et demie avant la fin, Jean lui a tendu la main en disant : « Adieu, Amédée, c'est fini. » Il m'embrassa, puis les enfants, et il rendit l'âme.

Ses funérailles ont eu lieu quatre jours plus tard. Tous les censitaires sont venus lui dire adieu. L'église était tendue de noir et le chœur soupirait des airs lugubres et plaintifs qui m'ont déchiré l'âme. Mais il y eut beaucoup de dignité dans la cérémonie. Un garde d'honneur, l'arme renversée, suivait le corps porté par quatre capitaines et deux marguilliers. Ses plus vieux amis soutenaient les coins du drap. On l'a enterré dans l'église, sous le banc seigneurial.

Il ne manquait que vous deux.

Marie-Rosalie

Julie sentit le reproche dans ces derniers mots. Elle replia la lettre comme on chasse un mauvais souvenir. Elle venait de comprendre que Papineau avait eu tort de prolonger sa rancune jusque dans la mort. C'était cruel et Jean Dessaulles n'avait pas mérité cela. Mais il était trop tard pour s'en repentir.

CHAPITRE XXI

Le comte de Gosford

À la citadelle de Québec, derrière la fenêtre de son bureau, lord Aylmer apercevait les cheminées à nu du château Saint-Louis, ses murs noircis par les flammes et ses ouvertures défoncées. C'était insupportable.

Voilà tout ce qui restait de sa vie à Québec. Quatre ans d'efforts réduits à néant, que sa demeure princière dévastée lui renvoyait. Que d'humiliations aussi. Sa carrière allait-elle s'achever sur un abominable échec ?

Son remplaçant, Archibald, comte de Gosford, était attendu le jour même. L'état-major en poste à Québec avait d'abord cru que la frégate du nouveau gouverneur mouillerait l'ancre l'avant-veille. Mais le commandant de bord, qui avait essayé de filer à Québec sans faire escale à la Grosse-Isle pour le dépistage du choléra, avait été rappelé à l'ordre. Il avait invoqué le prestige de ses passagers pour échapper à la consigne, mais avait finalement dû rebrousser chemin et se soumettre aux formalités médicales, avant d'être autorisé à repartir vers sa destination finale.

Au loin, derrière le château en ruine, lord Aylmer discernait maintenant la silhouette du *Le Pique* qui glissait sur les flots calmes. Il baissa les yeux, agacé. Il disposait d'une demi-heure à peine pour mettre de l'ordre dans ses papiers avant de se rendre au quai où il devait accueillir le comte de Gosford avec tous les honneurs dus à son rang. Il savait peu de chose de son successeur. C'était un Irlandais protestant qui approchait de la soixantaine. Contrairement à ceux qui l'avaient précédé aux commandes des Canadas, ce n'était pas un militaire de carrière. Lorsqu'il était député du Parlement britannique, il avait cependant manifesté des talents de conciliateur dans la lutte qui opposait les catholiques aux protestants en Irlande, et Londres espérait mettre à profit son savoir-faire en le nommant gouverneur en chef de l'Amérique du Nord britannique. Fait rare, il avait reçu sa délicate mission du roi Guillaume IV lui-même.

▼

La frégate *Le Pique* était sur le point de jeter l'ancre. Sur le pont du navire, le comte de Gosford appréciait derrière ses jumelles le contrefort de montagnes qui enveloppait la ville de Québec. Une lumière toute particulière inondait le port grouillant de petits voiliers. Il laissa tomber sa lunette d'approche sur sa poitrine et s'essuya le front et les joues avec son mouchoir. Août tirait à sa fin et jamais il n'avait imaginé que le temps puisse être aussi suffocant en ce pays. En Angleterre, on ne parlait que des froids polaires qui rendaient la vie si ardue au nord de l'Amérique. Il ne manquait que les bananiers pour qu'il se crût dans les îles du Pacifique.

Archibald Gosford était un administrateur-né. Il abordait son nouveau poste avec confiance et circonspection. Quelques jours avant son départ, il s'était rendu au palais de Buckingham pour recueillir les instructions du roi, qui l'avait chargé de trouver une solution au conflit qui s'envenimait au Bas-Canada. Guillaume IV avait été on ne peut plus clair :

« Jamais je ne consentirai à ce que les membres du Conseil exécutif soient élus. Il revient au gouverneur, en mon nom, de les choisir. Et je ne vous autorise pas à discuter de cette éventualité avec le gouvernement colonial. »

Le souverain s'était longuement entretenu avec lui des griefs des Canadiens. Il devenait évident que certains hauts gradés anglais avaient commis des maladresses et le roi avait semblé disposé à corriger les injustices.

« Cependant, milord, avait-il ajouté en pointant l'index dans sa direction, n'oubliez jamais que le Canada est un pays conquis. »

Avant de prendre congé, le roi lui avait rappelé qu'il était également hors de question que les terres non encore concédées de la couronne soient attribuées à des Canadiens. Quant au reste, il se disait prêt à tous les accommodements nécessaires pour rétablir le climat de paix.

Un officier en uniforme vint le prévenir que le débarquement allait commencer. Lord Aylmer l'attendait sur le quai en compagnie de son état-major. Les notables de la ville de Québec, ceux-là même qui avaient refusé d'offrir leurs vœux du Nouvel An au gouverneur, s'étaient déplacés pour souhaiter la bienvenue à son successeur, ce qui eut l'heur de déplaire souverainement au mal-aimé. La cérémonie d'accueil fut brève et le comte de Gosford prit immédiatement la route de la châtellerie de Coulonge, rebaptisée après la Conquête Powell Place, où les gouverneurs passaient l'été ; il devait y demeurer quelques semaines, en attendant que les travaux de réfection du château Saint-Louis soient terminés.

Le premier tête-à-tête de l'ancien et du nouveau gouverneur eut lieu à la citadelle, le lendemain. Le comte paraissait parfaitement décontracté. Il avait de grands yeux moqueurs et le sourire chaleureux. Il s'assit en face de lord Aylmer qui occupait son fauteuil de cuir brun, derrière l'imposante table d'acajou. En uniforme militaire, la poitrine couverte de médailles, le démissionnaire, de stature plus délicate que son remplaçant, multipliait les mises en garde. Il posait à l'expert, lui qui, à l'évidence, partait sur un échec. Il avait une dent contre les parlementaires canadiens et ne s'en cachait pas. Le comte de Gosford se garda bien d'approuver cette attitude, préférant lui exposer ses premières impressions, qui étaient des plus encourageantes.

Était-ce la trop grande confiance du nouveau gouverneur qui exaspéra lord Aylmer ? Ou plutôt l'agressivité affichée par ce dernier qui lui déplut ? Toujours est-il qu'il ne sortit rien de bon de la rencontre. Et les recommandations de lord Aylmer tombèrent à plat.

« Vous verrez, fit lord Aylmer impatient, dans une ultime tentative pour le convaincre, le peuple est composé d'esprits faibles qui sont aveuglés par des chefs déraisonnables. »

L'impertinence de Matthew Aylmer choqua le comte de Gosford : comment un homme de son rang pouvait-il insulter ainsi des gens qu'il était chargé de protéger ? On l'avait prévenu, à Londres, que le torchon brûlait entre les Canadiens et le représentant du roi. Aussi le nouveau gouverneur décida-t-il de garder ses distances jusqu'au départ de son prédécesseur. Mieux valait ne pas donner à penser aux Canadiens qu'il s'était compromis avec lui. Dans les jours qui suivirent, il s'appliqua à l'éviter. Mais il n'avait pas pu échapper au bal d'adieu qu'il avait bien fallu offrir en son honneur et auquel seuls les militaires avaient assisté, les Canadiens ne s'étant pas montrés le bout du nez.

▼

Le Pique repartit un mois plus tard avec, à son bord, lord et lady Aylmer qui retournaient dans leur baronnie anglaise. À son tour, le comte de Gosford regarda s'éloigner la frégate, tout en marchant tranquillement dans les jardins de la citadelle. Il n'avait pas jugé bon d'aller serrer la main au triste voyageur qui s'était embarqué presque seul.

À l'embarcadère, lady Aylmer regardait s'éloigner les trois ursulines venues l'embrasser avant son départ. Elle songea qu'elle allait perdre les rares amies qu'elle s'était faites à Québec. Une centaine de bureaucrates, peut-être un peu moins, s'étaient déplacés pour faire leurs adieux à son mari. Elle en était chagrinée. Lui regardait droit devant. Il n'attendait personne. Les dernières flèches empoisonnées de Louis-Joseph Papineau lui remontaient à la gorge. Le chef des patriotes, pour qui il avait d'abord eu de l'estime, était devenu son ennemi le plus irréductible.

À croire que lui, le gouverneur, était responsable de tout ce qui allait de travers au Bas-Canada ! Combien de fois Papineau n'avait-il pas fait son procès publiquement ?

« Votre peur des marchands vous a laissé entrer le choléra dans le pays, avait lâché un jour le chef des patriotes, à l'abri derrière son immunité parlementaire. Votre peur du militaire vous a laissé fusiller des électeurs. Et votre peur de paraître sympathiser avec eux a assuré l'impunité à leurs meurtriers. Tous ces crimes sont le fruit de votre indécision. »

Lord Aylmer n'avait pas répondu. À quoi bon ? Lui aussi avait perdu ses bonnes dispositions. Il n'avait pas digéré les quatre-vingt-douze résolutions, une machination que le peuple canadien, paisible et soumis, n'avait pas réclamé. Aucune modération, aucune urbanité dans ces griefs qui n'avaient rien à voir avec les préoccupations quotidiennes des bonnes gens. La dernière élection remportée par le parti de Papineau, en novembre 1834, avait été son chant du cygne. Quand les députés, forts de leur éclatante victoire, s'étaient encore une fois entêtés à refuser de voter le budget tant que l'administration complète de la province ne leur serait pas confiée, il n'avait eu d'autre choix que de puiser dans les coffres de l'Assemblée pour régler les affaires pressantes. Il savait qu'on ne lui pardonnerait jamais cette intrusion, mais cela n'avait désormais aucune importance. Le *Colonial Office* avait enfin compris que sa situation était intenable et l'avait rappelé. L'exacerbation des uns, l'hostilité des autres et, pourquoi pas, sa propre lassitude, l'avaient convaincu de lancer un SOS à Londres qui, le voyant irrémédiablement compromis, avait décidé de la date de son départ.

Les mois d'attente lui avaient paru désespérément longs. L'arrivée du comte de Gosford l'avait d'abord soulagé. Mais leurs rares conciliabules l'avaient vite indisposé. Lord Aylmer s'était cru obligé de justifier sa conduite auprès d'un homme qui ne lui manifestait aucune sympathie. Il avait même senti son agacement lorsqu'il avait reproché aux Communes britanniques leur lenteur à statuer sur les affaires coloniales, ce qui rendait difficile sa mission. Pendant des mois, il avait réclamé à cor et à cri cette commission d'enquête qui, il en avait bien peur, arrivait trop tard. Cela aussi, il l'avait mentionné au comte de Gosford qui était chargé de la diriger. Mais ce dernier avait hoché la tête d'un air sceptique, comme s'il doutait du jugement de ce gouverneur qui avait failli à la tâche.

C'était donc un homme amer qui s'embarquait à bord du *Le Pique*, le 23 septembre 1835. Le journal *Le Canadien* écrivit que ceux qui avaient approuvé la conduite de « l'autocrate du château Saint-Louis » avaient eu honte de se montrer sur le quai d'embarquement et qu'il y avait de quoi. « Encore un peu et l'on me tiendrait responsable de la famine en Irlande », se disait lord Aylmer en regardant le quai désert.

Ce jour-là, lady Aylmer, qui ne comprenait toujours pas ce qu'on pouvait reprocher à son mari, jeta un regard chagrin sur la côte, dans l'espoir de voir apparaître quelque ami retardataire. Matthew Aylmer, lui, ne se retourna pas. Tandis que le bateau s'élançait sur le fleuve, il ne put réprimer un cri :

« La crise est imminente. »

Mais le sifflet du bateau l'étouffa.

▼

Loin d'imaginer, comme lord Aylmer, qu'un danger menaçait le pays, Julie Papineau affichait plutôt une grande confiance en l'avenir. Les récents événements semblaient lui donner raison. L'administration coloniale injuste du gouverneur Aylmer avait conduit à son rapatriement à Londres, ce qui prouvait qu'enfin le Parlement impérial avait entendu l'appel des Canadiens.

Le comte de Gosford avait l'air bien disposé à leur égard. Sa commission d'enquête semblait peut-être futile aux patriotes qui avaient déjà exposé leurs griefs en long et en large dans les quatre-vingt-douze résolutions, mais du moins il faisait l'effort de comprendre la situation, ce qui n'avait pas toujours été le cas de ses prédécesseurs. Son premier geste avait d'ailleurs été d'ordre amical puisque, à peine installé dans ses quartiers de la citadelle, il avait invité les députés et la bonne société du Bas-Canada à une fête champêtre qu'il organisait à sa résidence secondaire de Powell Place.

Julie, qui n'avait pas mis les pieds à Québec depuis l'enquête sur la fusillade, y accompagna Papineau. Le voyage qu'ils effectuèrent sur le nouveau vapeur appelé *Le Patriote*, en compagnie de Jacques et Marguerite Viger, fut plutôt joyeux et la bonne humeur se poursuivit à la pension Dumoulin où les deux couples, qui occupaient des chambres voisines, allaient de l'une à l'autre tout en se préparant pour la réception.

Jacques Viger était dans tous ses états. En vérifiant sa tenue, il s'était aperçu que l'épingle qui retenait son jabot avait disparu. Le maire tenait à ce cadeau de Marguerite comme à la prunelle de son œil. Papineau chercha sous le lit, Julie fouilla tous les tiroirs, et Marguerite vida les valises, rien n'y fit. Comme il était inconsolable, sa femme dut lui promettre de lui racheter le même, dès leur retour à Montréal.

Papineau se mit ensuite en frais de critiquer les mouchoirs que Julie lui avait apportés.

« Julie, de quoi ai-je l'air ? dit-il en les dépliant l'un après l'autre, ils sont bien colorés. Tu sais pourtant que je n'aime que les mouchoirs importés des Indes.

— C'est vrai qu'ils font peut-être trop dandy pour un homme sévère comme toi à propos de sa toilette. Encore qu'une petite touche de fantaisie ne te ferait pas de mal.

— Que tu dis ! répliqua Papineau en examinant les mouchoirs. Les trois indiens sont à mon goût, mais les autres sont trop brillants. C'est bon pour les jolies femmes qui veulent être remarquées de loin. Ça ne convient pas à ma gravité. Prends-les. Ils sont parfaits pour toi. »

Les Viger, à leur tour, se moquèrent allégrement des Papineau. Il y eut encore quelques incidents comiques mais, finalement, les deux couples sortirent de leurs chambres dans leurs plus beaux atours.

▼

Tôt, ce matin-là, les élégantes voitures se suivaient sur la route menant au Bois-de-Coulonge, à l'extrémité de la voie royale, et s'arrêtaient à la queue leu leu devant l'entrée de la résidence secondaire du gouverneur, que l'on devinait à peine à travers l'épais feuillage.

Les invités en descendaient dans leurs toilettes dernier cri. On se saluait, on s'embrassait, on s'extasiait sur le temps superbe, plus clair

encore que tout ce qu'on avait pu espérer. L'été indien, exception-
nellement chaud, permettait ce qui allait être la dernière fête champêtre de la saison. Tout ce beau monde empruntait à la file le sentier
qui s'enfonçait dans une forêt savamment domestiquée.

Bras dessus bras dessous, Julie, Papineau et les Viger marchèrent
le long de la magnifique avenue. Le cottage perché sur le haut de la
falaise était entouré de bosquets. C'était une somptueuse demeure en
pierre, construite par un général anglais du nom de Powell à la fin du
siècle précédent. Elle surprenait par sa douzaine de fenêtres sur la
façade et sa serre chaude, l'une des premières de la région. Sa terrasse
en pente douce était garnie de fleurs et de jets d'eau. Des érables
taillés avec art faisaient de l'ombre ici et là. Devant le fleuve, sur une
plate-forme en madriers, des tables étaient dressées. Plus tard, elle
servirait de plancher de danse.

L'aide de camp du gouverneur les accueillit au pied de la véranda
et les invita à prendre place à l'une des tables encore inoccupées. Les
convives avalaient ce premier repas de la journée avant de céder leurs
sièges aux nouveaux arrivants pour aller se promener dans les jardins.
Il était à peine neuf heures du matin lorsque des domestiques en livrée
leur apportèrent des charcuteries, du pain, du beurre, du thé et du café.
Ils sirotaient leur boisson brûlante lorsqu'un orchestre invisible,
masqué par un rideau de peupliers, joua les premiers accords du *God
save the King*. Au même moment, le gouverneur, flanqué de son état-
major, sortit du cottage. Tout le monde se leva, les hommes se décou-
vrirent et, en silence, on écouta l'hymne national de la Grande-
Bretagne.

Pendant que les domestiques s'activaient aux tables, les invités
qui avaient fini de manger défilaient sur la galerie couverte où le
comte de Gosford avait pris place pour leur être présenté. Il y avait
dans sa tenue fort élégante quelque chose de criard qui n'échappa pas
à Julie. Était-ce le gilet à larges revers trop pâle sur une cravate de
soie noire lâchement nouée autour d'un col aux pointes rabattues ?
Elle en déduisit que le nouveau gouverneur était coquet, à tout le
moins qu'il soignait son apparence.

« Excellence, l'honorable Louis-Joseph Papineau et son épouse »,
articula l'aide de camp dans son plus pur anglais.

Lord Gosford serra chaleureusement la main du chef des patriotes
et baisa celle de Julie.

« Mes hommages, madame, monsieur Papineau, on m'a longuement parlé de vous, dit-il, un sourire ironique au coin de la bouche.
Même le roi vous connaît de réputation.

— J'espère que la commission d'enquête que Sa Majesté vous a confiée vous permettra de mieux connaître notre pays, répondit Papineau sur le même ton.

— C'est jour de fête, amusons-nous. Demain, il sera toujours temps de passer aux choses sérieuses. Je vous attends à la citadelle pour le déjeuner, monsieur l'orateur. »

L'aide de camp du gouverneur approcha le cornet de sa bouche et s'écria :

« *Gentlemen, take your partners.* »

Et le bal commença sur des airs du compositeur autrichien à la mode, Johann Strauss. Les couples se formèrent et l'on s'élança à tour de rôle sur la piste improvisée.

Sous un pin centenaire, un homme de haute taille observait Julie depuis un moment sans qu'elle s'en soit aperçue. Cheveux clairs, favoris poivre et sel, il avait un physique d'athlète mais le chic d'un homme du monde. Il ne la quittait pas des yeux, espérant sans doute que la force de son regard agirait tel un aimant.

Mais Julie était à cent lieues d'imaginer que l'homme dont elle s'était amourachée jadis, et qu'elle n'aperçut qu'au dernier moment, s'avançait vers elle. Il s'inclina :

« Madame Papineau, me ferez-vous l'honneur de m'accorder cette première valse ? demanda-t-il en lui offrant le bras.

— Pascal ? fit Julie, décontenancée par cette apparition-surprise. Pascal Laterrière ?

— Mais oui, Julie, c'est bien moi, avec quelques cheveux en moins, murmura l'homme en lui prenant la main qu'elle lui tendait.

— Cela fait des siècles que je ne vous ai vu, Pascal. Quelle joie ! »

Son cœur battait la chamade. Elle l'embrassa sur les deux joues et chercha chez ce grand bonhomme ce qui l'avait émue naguère. Elle retrouva ses larges épaules, son regard mystérieux, son sourire attachant.

« Toute la joie est pour moi, répondit-il en retenant sa main pour l'entraîner sur la piste. Venez, cet air me rappelle de merveilleux moments. »

Julie le suivit sur la plate-forme, laissant Papineau à sa propre surprise. Le docteur Laterrière, député du Parti canadien récemment promu membre du Conseil législatif par lord Aylmer, n'avait même pas pris la peine de le saluer, lui, un collègue. Il observa l'élégant valseur qui dévorait sa femme des yeux et remarqua qu'elle rougissait. Ils tourbillonnaient en silence, tout à leur bonheur de se retrouver après une si longue absence. Lorsque la musique s'arrêta, Pascal reprit le bras de Julie et la guida jusqu'à un joli bassin au milieu duquel jaillissait une fontaine de marbre.

« Vous me ramenez très loin en arrière, Pascal...

— Dix-huit ans déjà et vous êtes plus belle que jamais, Julie. Si vous saviez combien de fois j'ai souhaité que le hasard nous mette en présence l'un de l'autre.

— C'est la deuxième fois seulement que je reviens à Québec depuis mon mariage, remarqua-t-elle en ne relevant pas l'allusion de son premier amoureux. Et vous ? Vous êtes maintenant le seigneur des Éboulements ? »

Pascal Laterrière avait hérité de la seigneurie de son père, le docteur Pierre Sales Laterrière qui était mort quelques années plus tôt. Il avait tout à fait le style qui convenait à un seigneur. Plus grand que la plupart des hommes, il était connu pour sa force quasi herculéenne. Un jour, alors qu'il étudiait la médecine, il avait fracassé la mâchoire d'un marin ivre qui lui avait barré le passage dans le port. Il s'était empressé de transporter le malheureux blessé à l'hôpital des marins de la basse-ville où il lui avait lui-même replacé les os du menton de son mieux. Mais le matelot l'avait poursuivi en justice pour assaut. L'ingrat avait prétendu que, même si le médecin en herbe avait pris la précaution de soutenir son menton abîmé à l'aide d'un mouchoir noué au-dessus de la tête, il avait, depuis l'agression, le visage déformé.

L'affaire avait fait le tour de la ville car le matelot, oubliant d'avouer que la nature l'avait affublé d'une mandibule protubérante, avait plutôt insinué que le jeune docteur Laterrière ne s'était pas contenté de lui replacer les os du visage mais que, pour mieux le défigurer, il lui avait greffé un morceau de mâchoire arraché au squelette qu'il gardait dans son laboratoire. Julie et Pascal riaient en se rappelant ce procès farfelu.

« C'est votre faute, Julie, si je me suis retrouvé dans ce guêpier, fit Pascal en lui lançant une œillade. Je courais chez vous lorsque ce pauvre matelot a voulu ralentir ma course.

— Allons, Pascal, fit Julie en s'abandonnant un instant à la tendresse qu'elle avait éprouvée autrefois pour lui. Vous n'allez pas conter fleurette à une épouse respectable ? le gronda-t-elle. Dites-moi plutôt ce que vous avez fait ces dernières années. »

Pascal Laterrière ne désarma pas. Sans quitter Julie du regard, il répondit :

« Eh bien, lorsque vous m'avez éconduit, je suis allé noyer mon chagrin aux États-Unis, plus précisément à Philadelphie, où j'ai terminé mes études de médecine. Ensuite, à la mort de ma mère, j'ai hérité de la moitié de la seigneurie des Éboulements et j'y ai installé mon cabinet. Lorsque mon père est mort à son tour, j'ai acquis le reste du domaine. »

À l'époque de leurs amours, Julie avait été souvent invitée aux Éboulements, qui étaient coupés du reste du monde. C'était là, dans l'épaisse forêt aux multiples sentiers, que Pascal lui avait appris à monter à cheval.

« C'est étrange, lui confia Julie, saisie par un zeste de nostalgie. L'été dernier, à la Petite-Nation, alors que je galopais dans les prés avec Louis-Joseph, j'ai pensé à nos escapades le long du fleuve. Vous avez eu une patience d'ange avec moi. J'étais si maladroite, si craintive aussi.

— Vous étiez une véritable citadine », acquiesça-t-il.

Elle le regarda en songeant qu'elle était venue à un cheveu de l'épouser. Ses parents voyaient d'un bon œil ses fréquentations avec Pascal, tout comme d'ailleurs le seigneur Sales Laterrière et son épouse Catherine, qui attendaient beaucoup de ce mariage, étant eux-mêmes des amis de longue date de Pierre et Marie-Anne Bruneau. Ils avaient donc été déçus d'apprendre que les fiançailles ne se feraient pas. Julie leur avait semblé très attachée à Pascal quand, brusquement, sans qu'ils sachent pourquoi, elle avait rompu avec lui.

« J'aimais votre mère, dit Julie après un moment de silence. J'ai pleuré lorsque j'ai appris sa mort. »

Elle lui serra le bras. Les parents de Pascal étaient deux êtres attachants. Ils étaient tellement épris l'un de l'autre qu'ils avaient traversé des barrières insurmontables. Catherine, sa mère, était tombée follement amoureuse de Pierre alors qu'il n'était qu'un simple étudiant en médecine. La jeune fille avait seize ans quand son père, orfèvre à Québec, l'avait donnée en mariage à l'un de ses riches amis, directeur des forges de la rivière Saint-Maurice, qui était de vingt-sept ans son aîné. Loin de battre en retraite, le jeune Laterrière, qui lui avait juré un amour éternel, l'avait engrossée en l'absence du vieux mari qui voyageait par affaires aux États-Unis. À son retour, celui-ci avait séquestré son épouse indigne. Mais il n'avait pas réussi à l'empêcher de retrouver son amant et, vingt ans plus tard, ils s'étaient épousés, lorsque le mari cocu avait passé l'arme à gauche.

Le père de Catherine qui, au plus dur de la crise, avait déshérité sa fille, était revenu à de meilleurs sentiments en apprenant qu'entre-temps, son nouveau gendre avait été reçu médecin et était, depuis peu, le seigneur des Éboulements.

Pascal brisa le silence qui s'était établi entre eux :

« Dites-moi, Julie, vous qui rêviez d'un grand amour comme celui que ma mère avait connu, la vie vous a-t-elle comblée ? »

Julie savait combien Pascal l'avait aimée follement et que sa décision de rompre l'avait bouleversé. Mais elle avait rencontré Louis-Joseph et dès lors, plus rien n'avait compté pour elle à part lui. Par la suite, elle s'en était souvent voulu de sa cruauté envers Pascal. Elle avait eu peur aussi en pensant qu'on ne bâtit pas son bonheur sur le malheur d'un autre être.

« Louis-Joseph est toute ma vie, répondit-elle après une hésitation. Je pense que j'étais faite pour lui... C'était notre destin à tous les deux. Mais j'aurais préféré que les choses se passent autrement pour vous, cher Pascal.

— Rassurez-vous, je n'essaie pas de réveiller les vieux démons. Je voulais juste m'assurer que vous étiez heureuse. Je n'ai jamais souhaité autre chose pour vous...

— Parlez-moi de votre femme, coupa Julie en lançant la conversation sur un sujet moins brûlant. Car vous avez tout de même fini par vous mettre la corde au cou, comme moi !

— Antoinette est très jeune, répondit-il. Elle était apparentée à votre beau-frère Jean Dessaulles. Comme quoi nous sommes tous un peu parents en ce pays. »

Pascal fit quelques pas vers le fleuve. Au loin des voiliers somnolaient. Il dévisagea Julie et ajouta :

« Elle vous ressemble un peu. Cheveux noirs, teint laiteux, démarche gracieuse. Et elle aussi, elle a du caractère. Quand elle se fâche, je deviens doux comme un agneau.

— Doux ? Vous ? Allons donc, Pascal. Mais où est-elle ? J'aimerais la rencontrer.

— Elle n'a pas pu venir. Nous avons eu un fils il y a quelques jours et elle est encore souffrante. J'aurais voulu rester auprès d'elle, mais ma sœur Dorothée, qui n'a pas beaucoup de loisir ces temps-ci, m'a demandé de l'accompagner à la fête du gouverneur. Vous vous souvenez de Dorothée ?

— Si je m'en souviens ! Je partageais sa chambre lorsque j'étais en visite chez vous aux Éboulements.

— Figurez-vous que l'homme qu'elle a épousé l'a quittée. C'est aussi bien d'ailleurs puisqu'il la battait. On a découvert après coup qu'il aimait... enfin qu'il préférait les hommes aux femmes.

— Eh bien ! dites donc, Pascal, fit Julie, rien n'est jamais simple dans votre famille. Une chance pour Dorothée qu'elle soit sortie des griffes de cet homme. »

▼

C'est avec regret que Julie et Pascal rejoignirent les autres convives qui suivaient le gouverneur dans un nouveau sentier en zigzag, plus étroit que celui qu'ils avaient emprunté en arrivant à la fête, plus mystérieux aussi, et au bout duquel un banquet les attendait. Une immense table avait été dressée sous un dôme couvert d'une multitude de feuilles d'espèces différentes.

Papineau, qui trouvait le docteur Laterrière un peu trop entreprenant, n'eut d'autre choix que de l'inviter à se joindre à eux pour le repas puisqu'il restait là, planté à côté de Julie ; celle-ci ne semblait d'ailleurs pas pressée de le voir s'éloigner. Les deux hommes n'avaient pas d'atomes crochus. Le premier, Montréalais dans l'âme, était intransigeant, cassant même, lorsqu'il s'agissait de défendre les Canadiens contre les Anglais. Le second, un Québécois de la capitale, faisait preuve de cette modération si chère aux citoyens de la ville. Curieusement, alors que Papineau demeurait intraitable sur le plan des principes, il ne s'emportait guère dans la vie quotidienne. Un diplomate parfait. Laterrière, lui, était la patience incarnée en politique, mais agressif comme un taureau lorsqu'on le contrariait. Un froid s'était installé entre les deux hommes à la suite de la nomination du docteur comme conseiller législatif, en même temps que Jean Dessaulles. Papineau ne cachait pas son exaspération pour les membres de son parti qui faisaient le jeu du gouverneur en occupant des postes fantoches.

Jacques Viger, qui se vantait toujours de savoir se trouver au bon endroit, au bon moment, flaira l'affrontement latent. Il connaissait le tempérament fougueux du médecin et le caractère non moins intolérant de son voisin Papineau. Il se lança dans la mêlée, bien décidé à détourner la conversation sur des sujets plus légers. Grâce au ciel ! son sens de l'humour était encore plus aiguisé qu'à l'accoutumée. Il avait l'œil vif et passait ses commentaires sur la gent féminine qui, prétendait-il, se pavanait à qui mieux mieux devant les pôôôvres hommes de son espèce.

« Je trouve les dames pas mal écourtichées dans leurs cotillons, constata-t-il en les observant de son siège. Elles sont hautement montées en plumes aussi, ce qui ne les avantage pas toujours.

— Voilà que vous trouvez encore à redire, protesta Julie. Ne vous êtes-vous pas vous-même habillé de pied en cap pour être présenté au comte de Gosford ?

— Si vous voulez mon avis, voisine, le nouveau gouverneur n'a pas inventé la poudre à canon.

— Vous devez avoir un sens de l'observation particulièrement aiguisé pour porter un tel jugement après avoir échangé avec lui deux ou trois répliques mondaines tout au plus.

— Je fais confiance à mon flair.

— Vous êtes jaloux, reconnaissez-le », dit-elle en le toisant d'un air moqueur.

Le cuisinier français s'était surpassé et le service se fit de façon impeccable. Les poissons de l'Atlantique dégageaient un arôme délicieux. Ils furent suivis de gibier des forêts avoisinantes, accompagné de légumes du potager. Jacques Viger multiplia les calembours et l'on s'amusa ferme. Les convives attaquaient leur mousse à l'érable quand le gouverneur Gosford, qui allait de table en table, vint se joindre à eux.

D'entrée de jeu, Julie lui trouva un certain charme. Il avait les yeux rieurs et des fossettes bien apparentes lui creusaient les joues. Malgré son air jovial, les invités paraissaient sur leurs gardes. Le nouveau gouverneur était moins « french » que lord Aylmer. Plus direct aussi. Il n'y allait pas par quatre chemins pour exposer son point de vue. Autour de la table, certains se demandaient quelle attitude prendre devant sa commission d'enquête : fallait-il encore une fois faire patte de velours ? On n'en était plus depuis longtemps à gober sans s'interroger les belles promesses des Anglais.

« Excellence, dit Pascal Laterrière, vous êtes le bienvenu parmi nous. Vous n'ignorez pas que nous aspirons à vivre en paix, en toute quiétude.

— Et vous avez raison d'espérer que je vous aiderai à y parvenir, docteur, répondit le gouverneur. Ne craignez rien, je ne médite pas de troubler l'ordre de la société dans laquelle vous vivez heureux et content. »

Lord Gosford jeta un coup d'œil autour de lui avant de continuer :

« Considérez les biens dont vous pourriez jouir, sans vos dissensions. Vous êtes les enfants des deux premières nations du monde, vous possédez un vaste et beau territoire, vous avez un sol fertile, un climat salubre et le plus beau fleuve de la terre qui fait de votre ville un port exceptionnel pour les vaisseaux de mer.

— Vous avez raison, mon cher lord Gosford, admit Papineau, mais nous sommes en droit d'exiger ce qui nous est dû.

— Laissez-moi terminer, monsieur l'orateur. Votre revenu représente le triple des dépenses qui correspondent aux besoins ordinaires de votre gouvernement. Vous n'avez point de taxes directes, point de dette publique.

— C'est exact, Excellence, mais nous n'en déplorons pas moins vigoureusement l'octroi de postes à des fonctionnaires incompétents et étrangers, répliqua-t-il.

— Monsieur Papineau, fit le gouverneur en se levant, je suis justement ici pour mettre fin au cumul de fonctions. Je puis vous assurer en outre que les nominations seront impartiales. Aucun poste ne sera attribué suivant la nationalité. »

Voyant que le comte de Gosford allait partir, Julie lança :

« Monsieur le gouverneur, un mot encore, s'il vous plaît.

— Mais je vous en prie, madame Papineau. Que puis-je pour vous ?

— Beaucoup, monsieur le gouverneur. Vous n'êtes pas sans savoir qu'il y a une certaine agitation à Montréal depuis quelque temps. On ne se sent pas toujours en sécurité entre les quatre murs de sa maison. J'aimerais savoir si vous avez l'intention de rétablir la paix.

— Soyez rassurée, chère madame, vous pouvez dormir sur vos deux oreilles, j'y mettrai de l'ordre très rapidement. »

Lord Gosford baisa la main de Julie et salua à la ronde. Mais avant de se diriger vers la table suivante, il se tourna vers Papineau et ajouta :

« Je vous demande votre confiance. Et un peu de temps. »

Papineau ne cacha pas son agacement. Certes, lord Gosford avait une bonne tête d'Irlandais. Il ferait sans doute un excellent gouverneur. Ce qui était ennuyeux néanmoins, c'est qu'il portait deux chapeaux : il venait en ami mais il était aussi à l'écoute des marchands anglais.

« Une chose est certaine, dit-il après son départ, il n'est pas question que les députés patriotes reconnaissent sa commission d'enquête. Elle est une insulte aux Canadiens. Nous avons déjà exposé nos griefs et nous les avons remis officiellement au Parlement britannique.

— Papineau, vous manquez de souplesse, reprocha Pascal Laterrière en prenant les autres convives à témoin.

— Allons donc, docteur, soyez sérieux. Cette commission est insupportable. Je ne peux tolérer qu'on mette en doute notre sincérité et la pertinence de nos plaintes. Vous devez pourtant flairer le piège.

— Je pense au contraire qu'il faut collaborer avec les commissaires pour tirer profit de leur mission, répliqua Laterrière en jetant un coup d'œil à Julie, comme pour quêter son approbation. Mes amis les députés de Québec et des environs endossent d'ailleurs mon point de vue.

— Je veux bien que les députés aident les commissaires, mais qu'ils le fassent en leur nom personnel. Officiellement, il est hors de question de reconnaître cette commission. Et je vous assure que ceux de Montréal suivront la consigne. »

La discussion se poursuivit un bon moment. La rivalité entre Montréal et Québec avait trouvé là une nouvelle façon de s'exprimer. Les Québécois reprochaient aux Montréalais leur intransigeance ; ils étaient convaincus qu'on n'arrive à rien en montrant les dents à plus gros que soi. Ceux de la métropole n'hésitaient pas à taxer les élus de la capitale d'insignifiants. Ce que Papineau osa insinuer au détour d'une remarque.

« Surveillez vos paroles, fit le docteur Laterrière, offusqué.

— Il ne faut pas grand-chose pour vous faire monter sur vos grands chevaux, répondit Papineau, qui se défendit d'avoir accolé ce douteux épithète à son " cher collègue ". Allons, vous me connaissez mieux que ça !

— Justement, je vous connais et je vous sais capable de sous-entendus pires encore. »

Sentant monter la pression, Julie profita d'un bref silence, alors qu'on enlevait les assiettes, pour demander à son ex-fiancé, non sans une once d'humour :

« À propos de chevaux, Pascal, vous avez toujours la passion des courses ? »

Dans sa jeunesse, Pascal Laterrière avait fondé le Jockey Club de Québec avec son frère Pierre et leur ami commun, l'avocat Philippe Aubert de Gaspé. D'année en année, les courses de chevaux qu'ils organisaient sur une piste aménagée au milieu des plaines d'Abraham avaient gagné en popularité. Il apprécia la question et répondit qu'il avait depuis entrepris l'élevage des chevaux chez lui, aux Éboulements. Le médecin tournait de façon ostentatoire le dos à Papineau et s'adressait directement à elle. Les propos de Papineau l'avaient blessé, elle n'en doutait pas. Julie multipliait les questions, comme pour se faire pardonner l'écart de langage de son mari. Son ancien soupirant se plia de bonne grâce à ce tête-à-tête et enchaîna sur les travaux de colonisation qui se poursuivaient dans sa région :

« Vous vous souvenez sans doute, ma chère Julie, que l'hiver, nous étions coupés du monde, faute de chemins carrossables ?

— Je me rappelle, vous alliez à pied de cap en cap, en longeant le fleuve. »

Ignorant toujours Papineau, Pascal entreprit de raconter comment, jeune homme, il avait souvent escaladé les glaciers les plus dangereux, en bondissant comme un chamois, pour aller de Québec jusqu'à la seigneurie de son père. Des années plus tard, grâce à un octroi du gouvernement, il avait pris la tête d'une centaine de défricheurs avec qui il avait ouvert une belle route qu'ils utilisaient maintenant à longueur d'année.

« Mais c'est extraordinaire ! s'exclama Julie. La vie de vos colons doit s'être considérablement améliorée. Tant de progrès en si peu de temps... »

Julie était toute béate d'admiration devant les hauts faits de son premier fiancé. Papineau, qui ne manqua pas un mot de l'échange dont il avait été cavalièrement exclu, ne put s'empêcher de glisser dans le tuyau de l'oreille de sa femme que la colonisation de la Petite-Nation était tout aussi héroïque, qu'il n'y avait pas de quoi en faire un plat.

▼

On servit le thé et les invités commencèrent à se lever pour se délier les jambes. Bientôt les couples se formèrent pour regagner la piste de danse. Papineau invita Julie à valser pendant que leurs amis empruntaient les allées qui menaient au verger de pommes. Pascal Laterrière s'excusa à son tour et fit quelques pas en direction d'un groupe d'hommes qui discutaient ferme sur la galerie du pavillon de chasse niché au pic de la falaise. Après la valse, Papineau et Julie rejoignirent les Viger, qui observaient de loin le docteur Laterrière alors qu'il s'approchait du député Elzéar Bédard. Ils eurent à peine le temps d'échanger un regard entendu que, d'un geste qui leur parut délibéré, l'ex-amoureux de Julie écrasa le pied de l'honorable Bédard.

« Monsieur, fit celui-ci, stupéfait, le faites-vous exprès ou est-ce accidentel ?

— Tiens ! répondit le docteur Laterrière d'un ton goguenard en recommençant son manège, est-ce que cela vous fait mal ? Bien sûr que je le fais exprès, monsieur !

— Alors, je demande réparation, monsieur. Avant que la journée ne s'achève, vous recevrez mes témoins. »

Elzéar Bédard prit congé du groupe et se dirigea vers la piste de danse, comme si de rien n'était. En le regardant sautiller au son des valses et des contredanses, les invités ne parlaient plus que du duel inévitable. Papineau blâma le docteur pour un geste qu'il jugeait insultant.

« Le député Bédard a raison, dit-il. Son honneur a été bafoué publiquement.

— Quelle mouche a bien pu le piquer ? » demanda Jacques Viger.

Julie, qui connaissait le fond de l'affaire, s'empressa de lui expliquer ce qui avait déclenché le geste de colère du seigneur des Éboulements.

« Il y a quelques mois, au cours d'un procès, maître Bédard a insinué que Pierre Sales Laterrière, le défunt père de Pascal, était un usurier sans scrupules qui réclamait à ses emprunteurs des garanties matérielles beaucoup trop élevées. Comme vous voyez, Pascal défendait simplement la mémoire de son père.

— Remarquez avec quelle ardeur ma femme plaide en sa faveur, fit Papineau. Tout de même, Julie, reviens sur terre : un homme du monde ne se conduit pas ainsi. La vérité, c'est que ton ancien galant n'a jamais su contrôler son tempérament.

— Tu exagères, répondit Julie pour la forme.

— Permettez que je m'immisce dans cette querelle de ménage, dit Viger à Papineau, puisque j'ai l'intention de prendre position en faveur du mari.

— Dans ce cas, allez-y, répondit Papineau, de plus en plus amusé.

— Ma chère voisine, votre beau docteur est un vieux renard. Soyez en garde contre lui. »

Prenant sa femme par le cou, Papineau ajouta :

« En somme, tu l'as échappé belle, ma chérie. »

Julie sourit en l'entraînant avec elle sur la piste de danse.

CHAPITRE XXII

Le charivari

Julie regagna seule Montréal, à la mi-septembre. La veille de son départ, elle ne fut pas mécontente d'apprendre que son ex-fiancé avait survécu au duel. Ni vainqueur ni vaincu, il en était ressorti sans galon, l'affaire ayant tourné en queue de poisson. Les deux adversaires, aussi maladroits l'un que l'autre avec un pistolet, avaient raté leur cible à tour de rôle. Papineau profita de la déconvenue du beau parleur pour se payer sa tête, alors que Julie le défendit avec une ardeur exagérée, pour piquer son mari un tantinet jaloux.

Le voyage de retour qu'elle effectua sur *Le Patriote* lui parut interminable. « Nous traînons navire, avons vents contraires et marées à refouler, écrivit-elle dans son journal, un petit carnet qu'elle s'était procuré à Québec et dans lequel elle notait désormais toutes ses pensées. Papineau ne trouvait pas l'idée à son goût ; il craignait que ce passe-temps solitaire ne le prive des lettres de sa femme qui n'était déjà pas très fidèle à leurs rendez-vous épistolaires.

Il n'avait pas tout à fait tort. Chaque soir, après le souper, Julie s'imposait de griffonner ses réflexions, sacrifiant le reste de sa correspondance qui s'accumulait. Marie-Rosalie attendait en vain de ses nouvelles, Angelle aussi, mais surtout Louis-Joseph, qui devait compter sur l'assiduité de son voisin Jacques pour savoir ce qui se passait rue Bonsecours.

L'automne acheva puis l'hiver arriva en force avec tous les tracas qu'il apportait. Julie fit ramoner les cheminées, installer les doubles fenêtres et rentrer le bois. Ce n'est qu'une fois bien réinstallée dans son quotidien sans histoire qu'elle mit vraiment de l'ordre dans ses idées.

De tous les événements des dernières semaines, c'est sa courte rencontre avec le gouverneur Gosford qui l'avait le plus intriguée. Elle n'aurait pas su dire ce qui la chicotait, mais elle n'arrivait pas à donner le bon Dieu sans confession à l'envoyé du roi. Cela était d'autant plus ennuyeux qu'autour d'elle, on ne jurait que par lui.

Le comte de Gosford, il est vrai, multipliait les prévenances à l'égard des Canadiens, et leurs épouses, peu habituées à être reçues au château, ne tarissaient pas d'éloges. Au lendemain d'un second bal auquel le tout Québec avait été convié, celui de la Sainte-Catherine, elles étaient conquises : le comte était charmant, séduisant, chaleureux même... Tout le contraire de ses prédécesseurs.

Papineau aussi se laissait apprivoiser, lui qui pourtant avait toujours gardé ses distances vis-à-vis des gouverneurs. Après un, puis deux déjeuners intimes, copieusement arrosés de champagne – le péché mignon d'Archibald Gosford –, au cours desquels le gouverneur n'avait pas manqué de réitérer ses bonnes intentions, le chef des patriotes avait cessé de faire le gros dos. « Il ronronne comme un minet », écrivit Julie dans son journal. En fait, elle craignait qu'il ne consente finalement à collaborer à l'enquête royale, comme l'avait suggéré son ami Pascal Sales Laterrière. Elle trouvait, elle aussi, insultante cette démarche pour les Canadiens qui avaient déjà fait connaître leurs griefs au Colonial Office. Papineau finit par couper la poire en deux et avisa le gouverneur, en Chambre, que son parti n'aiderait pas officiellement les enquêteurs mais que, dans le particulier, chacun serait libre de fournir les renseignements qu'il jugeait opportun de transmettre.

Bon joueur, le gouverneur accepta cette décision sans faire d'histoire. Après avoir esquissé un geste d'impuissance, il serra la main de l'*orateur* et prononça, dans son meilleur français, une allocution chaleureuse qu'il répéta ensuite en anglais.

Il n'en fallait pas plus pour que Julie redouble de méfiance à son égard. Quel obscur dessein nourrissait ce gouverneur si complaisant à l'égard des Canadiens ? se demandait-elle. Autant de faveurs accordées après des années de mépris le rendaient suspect à ses yeux. C'était trop, trop vite. Il y avait au moins dix ans que les députés réclamaient la tête du grand argentier, ce voleur de Caldwell, qui pigeait dans la caisse sans scrupules. Eh bien ! à peine installé à ses bureaux de la citadelle, le comte de Gosford l'avait prié de démissionner. Il s'était ensuite empressé d'enquêter sur la fonction publique dans le but d'éliminer les cumuls de postes, une autre injustice que les Canadiens déploraient déjà vers 1820, lorsque son propre père, Pierre Bruneau, était député. Le gouverneur allait jusqu'à destituer des juges apparemment inamovibles. Et voilà qu'en plus ce sauveur irlandais se permettait de donner en Chambre la préséance au francais, ce qu'aucun gouverneur avant lui n'aurait osé faire. Toutes ces concessions n'étaient-elles que des mirages pour rentrer dans les bonnes grâces des sympathisants patriotes, pour mieux les posséder ?

Julie flairait une machination. Elle n'avait pas de preuves tangibles, seulement des impressions persistantes. Se pouvait-il que Papineau soit tombé dans un piège ?

Toutes ces idées lui trottaient dans la tête, au lendemain des Rois. Les fêtes lui avaient fourni l'occasion de tester ses convictions auprès de ses voisins Viger. Mais ceux-ci mettaient tous leurs espoirs en ce gouverneur si bien intentionné. Même son de cloche de son frère, le curé Bruneau, qui avait passé le jour de l'An chez elle, et qui avait répété après monseigneur Lartigue que le comte de Gosford était l'envoyé du Ciel. Quant à sa mère, Marie-Anne Bruneau, elle priait pour lui « qui en aurait bien besoin pour réaliser sa mission salvatrice ».

Bon ! Elle se retrouvait donc seule contre tous. Après un souper particulièrement animé – tante Victoire était en verve –, Julie se retira dans sa chambre, bien décidée à consacrer la veillée à écrire à Louis-Joseph pour lui confier ses soupçons. Tant pis s'il se moquait de ses instincts de patriote qui, disait-il, s'éveillaient à contre-temps. Peut-être n'était-elle pas aussi versée que lui en politique, mais elle était tout le contraire d'une urne qu'on pouvait remplir. Elle s'enferma donc plus tôt qu'à l'accoutumée et s'installa à son secrétaire.

Pour ne pas indisposer la fibre paternelle de son mari, elle lui donna d'abord des nouvelles des enfants. Amédée et Lactance étaient arrivés de Maska pour fêter les rois en famille. Elle avait hésité à les faire venir, les chemins étant si mauvais à ce temps de l'année, mais ils avaient insisté et Marie-Rosalie Dessaulles s'était chargée de trouver une voiture qui justement descendait à Montréal le jour de leur sortie du séminaire.

Alors j'ai donné ma permission, trop contente de les avoir avec moi un petit moment, écrivit-elle en soignant bien son écriture. *Tu aurais dû les voir engouffrer le gâteau des rois ! Blottie entre les bras d'Amédée, notre petite Azélie avait les joues beurrées de confiture jusqu'aux oreilles. Couronné roi, Gustave, lui, se promenait en se donnant des grands airs, sa reine Ézilda à son bras. Ça chantait et ça riait à tue-tête.*

De Gustave, elle dit qu'il s'ennuyait de son papa et avait décidé de ne plus jamais le laisser repartir à Québec. Enfin elle lui raconta qu'Ézilda avait rêvé à lui, la nuit précédente, et qu'au réveil, voyant qu'il n'était pas à ses côtés, elle s'était mise à pleurer.

Une fois épuisées les anecdotes de la vie quotidienne, Julie aborda le sujet qu'elle préférait entre tous : la politique. Elle le félicita d'abord pour sa fermeté. Il s'était montré loyal en refusant de reconnaître la commission d'enquête dont elle n'attendait rien de bon. À preuve : depuis qu'ils siégeaient à Montréal, les commissaires-enquêteurs n'interrogeaient que les commerçants anglais.

N'aie pas trop d'espérances, mon cher, écrivit-elle en posant au fin connaisseur, *vous êtes les premiers rendus au château où le gouverneur est assez adroit pour vous donner le change en s'adressant à vous en français, avant de répéter son boniment en anglais, contrairement à l'usage. Je souhaite que toutes ces petites faveurs et apparences de rendre justice aux Canadiens ne vous endorment pas.*

Mais assez parler de ce dont je ne connais pas. À des lieues de distance, j'entends ton rire moqueur...

Julie déposa sa plume. Dans la pièce d'à côté, elle distinguait des rires ponctués de petits cris joyeux. C'était bon de voir tante Victoire s'en donner à cœur joie. Elle jouait au whist avec Joseph et les garçons à qui elle réclamait toujours une nouvelle revanche. Elle retombait en enfance et c'était parfois hilarant de la voir s'empêtrer dans ses cartes.

« Fais attention, Victoire, fit Joseph, qui commençait à s'impatienter. Tu joues comme un pied.

— Ah bon ! s'étonna la vieille dame, incapable de garder son sérieux. Je me suis encore trompée de carte !

— Ma tante, laissez-moi vous aider, proposa gentiment Amédée.

— Petit coquin, va, répondit Victoire. Tu ne penses quand même pas que je vais te montrer mon jeu ? Tu ferais mieux de garder tes jolis yeux sur les cartes. »

Julie sourit intérieurement. Elle était triste pourtant. Les tracas de la vie quotidienne lui pesaient de plus en plus. Élever seule une grande famille, voir à ce que Joseph et Victoire ne se crêpent pas le chignon trop souvent, paraître gaie alors qu'elle avait le cafard, calme lorsque, dans le faubourg, les incidents violents devenaient quotidiens... Tout cela, elle aurait aimé le confier à Louis-Joseph. Mais à quoi bon ? Il ne comprenait pas sa mélancolie. Chaque fois qu'elle osait se plaindre de l'un ou l'autre de leurs enfants, ou qu'elle s'apitoyait le moindrement sur son sort, il s'emportait. Elle était comblée, lui répétait-il, et elle devait lutter contre ce détestable penchant qui l'amenait à craindre à l'avance des malheurs qui peut-être n'arriveraient jamais.

Lui, par contre, inondait ses lettres de jérémiades : il ne rêvait que de vie familiale, insistant sur les dégoûts qu'il éprouvait à faire de la politique depuis vingt-huit ans, sans répit, en butte à l'animosité des uns et aux contradictions des autres. Il répétait qu'il avait largement mérité de prendre sa retraite, mais qu'il ne s'y autoriserait qu'à la condition que cela ne nuise en rien à la cause qu'il servait depuis des années. Mais comme il se languissait en attendant le moment de tirer sa révérence !

Julie comprenait ses frustrations et ses sacrifices. Mais elle lui en voulait de ne pas lui manifester la même sympathie. Car sa vie n'était pas une sinécure. C'était tellement facile de l'abreuver de ses pointes d'ironie parfois trop acerbes. Elle aurait bien voulu le voir arbitrer les querelles des enfants, soigner leurs rhumes, lui qui prétendait être si patient, si compréhensif des besoins de chacun, mais qui perdait sa bonne humeur après deux jours consécutifs en famille.

Elle aurait bien aimé, elle aussi, rentrer à la maison comme une héroïne, après des mois d'absence ; distribuer des cadeaux à tout un chacun puis repartir le lendemain en campagne électorale à l'autre bout du pays. Comparée à sa vie monotone et frustrante, celle de Papineau lui semblait cent fois plus enviable.

Ah ! les hommes, fallait-il qu'ils soient égoïstes pour sans cesse choisir le meilleur des deux mondes !

▼

Des pas lourds et pressés dans l'escalier la tirèrent de ses amères rêveries. Le docteur Nelson ouvrit brusquement la porte de sa chambre et se précipita jusqu'au petit lit d'Azélie, qui dormait à poings serrés.

« Robert ? s'écria-t-elle en sursautant. Vous m'avez fait peur.

— Venez vite, Julie, ils arrivent, dit-il en soulevant la petite qu'il emporta, enveloppée dans sa couverture. Ils jurent qu'ils vont en finir avec Papineau.

— De qui parlez-vous ? » demanda-t-elle en le suivant dans la salle à manger où les joueurs de cartes paraissaient tout aussi consternés de cette intrusion.

Ils avaient bien entendu la sonnerie carillonner, ils avaient vu le docteur Nelson traverser en coup de vent et foncer chez Julie. Il la ramenait maintenant dans la pièce, en même temps que mademoiselle Douville sortait des cuisines en claudiquant :

« Madame, madame, ils sont là devant la porte...

— Mais qui ? Les soldats ? Parlez !

— Non, les carabiniers volontaires, madame. Ils sont au moins cent cinquante. Ils se sont fabriqué des lances avec des morceaux de bois... ils nous menacent. J'étais dans la cour, à cause de la chatte. Ézilda ne dort jamais sans sa chatte...

— Allons, calmez-vous, mademoiselle Douville, et reprenez votre souffle.

— Mais madame, vous ne voyez donc pas comme c'est grave ? Ils sont furieux. Ils ont couru après moi dans la rue et là, je les entends, je vous dis qu'ils vont briser les carreaux, il faut faire quelque chose. »

Dehors, les carabiniers chahutaient. Leurs vociférations et leurs sifflements parvenaient jusqu'à eux, même si la salle à manger était située à l'arrière. Heureusement, les doubles fenêtres atténuaient les bruits, de sorte que les petits qui dormaient déjà ne furent pas inquiétés.

Mademoiselle Douville implorait le docteur Nelson du regard, comme si elle attendait son secours. Il lui ordonna de s'asseoir.

« Ne craignez rien, tout va bien, j'ai prévenu les gendarmes avant de venir, ça ira maintenant. D'ailleurs, prêtez l'oreille, les voyous ont l'air de s'éloigner. »

Robert Nelson s'approcha de la fenêtre du salon située au-dessus de la porte cochère ; il écarta le rideau et vit la meute disparaître au coin de la rue Saint-Paul. Les rugissements n'étaient plus maintenant que de simples murmures. Le docteur déposa Azélie dans les bras de sa gouvernante et se laissa tomber à son tour dans un fauteuil.

« Ils se vengent, dit-il, irrité par cette manifestation odieuse.

— Mais on leur a rien fait ? lança Amédée, les yeux bouffis de colère.

— Ils se vengent du gouverneur, précisa le docteur. Ils n'ont pas digéré qu'il s'adresse en français aux parlementaires. La langue des vaincus ! Une langue qui, selon eux, aurait dû être proscrite après la Conquête.

— C'est la faute aux journaux tories, fulmina Joseph en hochant la tête. Ils les poussent à la violence.

— Et comment ! fit Robert Nelson. Avec des têtes chaudes

comme le journaliste Adam Thom. C'est lui qui a mis sur pied les carabiniers volontaires. Imaginez ! il les a convaincus que la couronne britannique était en danger sur les rives du Saint-Laurent. Ils sont actuellement huit cents hommes, mais leur objectif est d'en réunir plus de dix mille.

— Mais pourquoi s'en prendre à nous, alors ? demanda Amédée en essayant de cacher sa peur.

— À cause de ton père, répondit Joseph en plongeant ses yeux dans les siens. Ils l'accusent de louvoyer pour obtenir du gouverneur toutes sortes de faveurs jusqu'à ce que son bourgogne tourne en vinaigre. »

Julie observait le docteur tandis qu'il se relevait pour éponger le front de tante Victoire, qui avait la bonne habitude d'annoncer à l'avance ses évanouissements. Elle l'imagina, dans son cabinet, penché sur ses malades, des femmes pour la plupart, qui rougissaient en confiant d'une petite voix saccadée leurs malaises intimes. Elle pensa aussi à sa femme et à ses enfants, dont il ne parlait jamais, sauf de l'un de ses fils qui allait bientôt suivre ses traces dans la profession. Le bouillant docteur reprit sa place à côté de Joseph Papineau.

« Ils ont demandé au gouverneur de leur fournir des armes pour se défendre, ajouta-t-il sèchement.

— Se défendre contre qui ? objecta Amédée, ce sont eux qui nous attaquent.

— Cet Adam Thom est dangereux, fit Joseph. Ce que je vous dis là m'a été raconté plusieurs fois : le samedi, il paraît qu'il se tient dans les tavernes et que, dès qu'un ouvrier se pointe avec sa paie, il l'enrôle.

— Adam Thom ? répéta Julie, songeuse, c'est bien le journaliste écossais qui nous promet un bain de sang dans ses *anti-gallic letters* ?

— Oui, répondit le docteur. Le rédacteur du *Montreal Herald*. Un être amoral.

— Je n'ai pas l'habitude d'avoir peur pour rien, observa Julie, mais quand je pense à la rage et à la haine que les loyalistes nous portent, je me dis que la guerre est déclarée. C'est simple, ils veulent nous dominer ou nous écraser. Si nous n'avons pas l'énergie de nous défendre, ils trouveront, eux, le moyen de nous faire encore plus de mal. »

Elle avait parlé lentement, comme si elle mesurait la portée de chacune de ses paroles. Lactance alla s'asseoir sur le bras de sa chaise. Il sentait confusément la gravité du moment et sa nervosité

301

s'accroissait. Robert Nelson en profita pour exhorter Julie à une plus grande prudence dans ses allées et venues.

« Je ne sors jamais le soir, lui répondit-elle. S'il y avait un véritable danger, j'ai de bons amis qui m'avertiraient.

— Mais madame, enchaîna mademoiselle Douville d'un ton inquiet et avec un soupçon de reproche dans la voix, avez-vous seulement raconté au docteur ce qui s'est passé cet après-midi ?

— Voyons, c'est sans importance, il n'y a pas de quoi en faire une affaire.

— Que s'est-il passé, maman ? demanda Lactance, qui en profita pour se glisser sur le coussin contre sa mère. Vous aviez promis de ne jamais sortir sans moi.

— Lactance a raison, insista Joseph Papineau en chargeant sa pipe. Il ne vous arriverait rien de fâcheux si vous étiez toujours accompagnée.

— Puisque je vous répète que ce n'est rien, répéta Julie agacée. Enfin presque... Des jeunes blancs-becs m'ont craché au visage. Ce n'est jamais qu'une insulte de plus. »

Quoi ? Des voyous s'en étaient pris à Julie ? Dans la rue et en plein jour ? Robert Nelson se leva d'un bond et, s'approchant d'elle, exigea qu'elle lui raconte la scène sans omettre le moindre détail.

Julie essaya encore de se défiler, mais finit par lui obéir. Cela s'était passé en revenant de chez le portraitiste Antoine Plamondon, qui venait d'ouvrir un nouvel atelier à l'arrière du Café français, rue Notre-Dame, et dont Papineau avait retenu les services pour faire son portrait.

« Un peu avant de tourner dans Bonsecours, commença-t-elle, j'ai remarqué une bande de jeunes qui paraissaient excités. Je pensais qu'ils se chamaillaient, mais je me suis vite rendu compte que c'est moi qu'ils invectivaient dans la langue de Shakespeare. Arrivé à ma hauteur, l'un des mécréants cracha au sol, juste devant moi. Ézilda m'a serré la main très fort. Elle était figée de frayeur. Moi, j'ai poursuivi mon chemin, la tête haute, sans broncher. Vous pensez bien que je n'allais pas leur donner la joie de me voir trembler. »

L'incident mit le docteur hors de lui. Avant de partir, sur le coup de dix heures, il leur interdit de s'approcher des fenêtres. Il promit à Julie de revenir le lendemain, après ses visites aux malades, et jura que le gouverneur Gosford recevrait un rapport complet de ce qui se passait dans la métropole.

« Robert, fit Julie après une hésitation, ne dites rien à Papineau.

Cela l'inquiéterait inutilement. Puisqu'il ne peut rien pour nous, autant le laisser en dehors de tout cela.

— Au contraire, il doit être mis au courant. Il fréquente le gouverneur, peut-être réussira-t-il à lui faire entendre raison. Encore que... »

Le docteur Nelson n'osa pas dire le fond de sa pensée, de peur de blesser Julie. La vérité, c'est qu'il commençait à trouver que Papineau gobait un peu trop facilement les belles promesses du gouverneur. Il n'ajouta rien, fit demi-tour et gagna la sortie. Julie le raccompagna jusqu'au vestibule.

« Si vous n'aviez pas été là, Robert, si vous n'aviez pas prévenu les gendarmes, cet incident aurait pu mal tourner... »

Elle rougit. Elle ne savait plus trop comment finir sa phrase. Le médecin patriote vint à son secours.

« Mais vous savez bien que je serai toujours là, Julie. »

Il n'ajouta rien, gêné par son audace. Il l'embrassa sur les deux joues, tourna la poignée de la porte et disparut dans la nuit sombre. Après son départ, Lactance parut anormalement agité à Julie, comme chaque fois qu'un imprévu survenait.

« Allons, calme-toi, lui dit-elle en lui passant la main dans les cheveux. Tu vois bien que j'ai tous mes morceaux.

— Avez-vous eu peur, maman ? demanda Amédée, qui poursuivit sa pensée sans attendre la réponse. Je crois que c'est exactement ce qu'ils veulent : nous faire peur. Mais je suis convaincu qu'ils ne nous feraient pas de mal.

— Tu te leurres, mon grand, répondit Julie. Des gens capables de s'adonner aux pires excès n'ont qu'une envie : faire du mal. La haine qu'ils portent à tout ce qui est canadien anime leur esprit de vengeance.

— Maman a raison, dit Lactance en montrant le poing. Ils veulent notre peau. Surtout celle de papa. »

Replaçant la mèche de cheveux qui tombait sur sa joue, Julie lui sourit :

« Hélas ! oui, mon chéri, votre père est le plus exposé de nous tous. Il faudra lui écrire de ne pas courir de risques inutiles. »

Elle secoua la tête, comme pour chasser ses craintes, et décréta qu'il était grand temps d'aller au lit.

« Bonne nuit, mes amours. J'espère que le règne de la justice approche pour nous. »

Ce soir-là, Lactance, du haut de ses quatorze ans, écrivit à son père à la lueur d'une chandelle placée à la tête de son lit.

Montréal, le 15 février 1836

Cher papa,

Je crains qu'il y ait du danger à Montréal. Les loyalistes nous menacent. Je sais que la patrie a besoin de vous plus que jamais mais vous avez une épouse, des enfants. Je vous en conjure donc, cher papa, venez à Maska immédiatement après la session. Amédée et moi y serons déjà et maman nous y rejoindra. Vous savez bien qu'elle ne consentira jamais à se retirer à la campagne sans vous. Elle s'expose trop en restant ici. Pardonnez-moi si je vous donne ce conseil. Mais enfin, si vous pensez que votre devoir vous appelle à Montréal, au moins prenez vos précautions, ne sortez pas le soir, faites garder la maison et employez tels moyens que vous croirez propres à assurer votre sûreté et celle de maman.

Votre fils bien-aimé,
Lactance

▼

Le lendemain, Julie se prépara à retourner à l'atelier de monsieur Plamondon, accompagnée de ses deux fils qui ne voulaient plus la quitter d'une semelle. N'empêche qu'elle y allait à contrecœur.

Quelle idée aussi d'aller se faire portraiturer ? Plus l'heure du rendez-vous approchait, plus l'envie de se décommander la tourmentait ; mais monsieur Plamondon avait étudié à Paris auprès des plus grands maîtres et il jouissait d'une renommée telle qu'il eût été impoli de lui fausser compagnie, alors que son temps était précieux et que son carnet de commandes se remplissait des mois à l'avance. On lui devait déjà le portrait de monseigneur Octave Plessis de Québec et celui de son successeur, monseigneur Joseph Signay. Il venait de terminer un tableau représentant le député Denis-Benjamin Viger et devait entreprendre sous peu le nouveau chemin de croix de l'église Notre-Dame. Papineau, dont il avait signé le portrait quatre ans plus tôt, ne comprendrait pas que sa femme se défile. Il avait tant insisté.

S'habiller, se maquiller pour la séance la mettaient au supplice. Elle s'assoyait à sa commode et se concentrait sur ses rares cheveux gris qu'elle arrachait un à un, comme autant de victoires sur le vieillissement. Elle allait bientôt fêter ses quarante ans et s'affolait lorsque, ô malheur ! elle repérait les ridules qui apparaissaient au coin de ses yeux. Se pouvait-il qu'elle en soit là ? Déjà ?

En réalité, elle était encore très belle et n'avait à peu près pas pris de poids au fil des ans. Elle exagérait maintenant ses défauts physiques, elle qui pourtant n'avait jamais vraiment porté attention à ce genre de détails. Depuis sa rencontre avec son premier amoureux, Pascal Sales Laterrière, elle se surprenait à repenser à leur tête-à-tête. Il l'avait trouvée jolie et l'avait assurée qu'elle n'avait pas changé. Elle s'était sentie désirable. Mais Louis-Joseph avait gâché sa joie en insinuant que c'était pour renouer avec lui que le fiancé éconduit avait fait la cour à Julie, chez le gouverneur. Qu'en somme elle lui avait servi d'appât. Il l'avait trouvée bien naïve d'ailleurs d'être tombée sottement dans le panneau. Cela avait été dit à la blague, mais elle en avait été blessée.

Pourquoi fallait-il qu'il cherche toujours à la diminuer, lui qu'on ne complimentait jamais trop ? Elle s'était bien gardée de lui reprocher ce manque de délicatesse. Il ne s'était probablement aperçu de rien. Mais elle lui en gardait rancune. Après dix-huit ans de mariage, elle ne s'attendait certes pas à ce qu'il l'assomme de compliments, mais il eût mieux valu qu'il se taise plutôt que de dire des bêtises.

Sa domestique avait préparé sa robe de satin jaune mouchetée de brun qu'elle jugeait démodée, avec sa pointe baleinée tombant sur une jupe crinoline et ses manches gigot qui avaient disparu depuis belle lurette des catalogues français. Le portraitiste avait insisté pour qu'elle porte une toilette d'apparat. Toutes les dames qu'il immortalisait mettaient leurs plus beaux atours. Elle l'enfila sans enthousiasme. Cinq ans plus tôt, elle avait porté cette robe pour recevoir le gouverneur Aylmer. Elle aurait aimé en étrenner une flambant neuve, mais les finances de la famille ne lui permettaient pas cette dépense somptuaire. Aussi longtemps que le Parlement du Bas-Canada refuserait de signer la fameuse liste civile que réclamait Londres, les subsides resteraient gelés dans leurs coffres enfouis sous le château Saint-Louis et le salaire de Papineau demeurerait impayé, comme d'ailleurs celui de tous les députés.

Ézilda faisait aussi partie du tableau conçu par l'artiste. Mademoiselle Douville avait fini de l'habiller. Elle vint à la rescousse de sa patronne qui n'en finissait plus de recommencer sa torsade. Elle la trouva irréprochable et plaça un peigne sur le devant de sa tête, pour retenir une tresse de fleurs de nacre.

« Ça fait un peu prétentieux, vous ne trouvez pas ? objecta Julie en grimaçant. On dirait un diadème.

— Mais madame, monsieur Plamondon l'a fait livrer expressément pour vous. Ses portraits font le tour de la planète. Il doit bien savoir ce qui convient et ce qui ne convient pas. »

Julie soupira. Elle se sentait mal fagotée. Elle demanda à la gouvernante d'attacher sa chaîne en or à son cou et en passa une seconde, plus longue, avec une croix sertie de topazes. Puis, elle glissa machinalement une émeraude à l'index de sa main droite et un rubis au majeur, pendant que mademoiselle Douville déposait sur ses épaules une mantille en mousseline à motifs végétaux.

Ce rituel l'exaspérait. Comme d'ailleurs le style maniéré du peintre qui l'accueillait à la porte de son studio en se prosternant et en lançant des « mes hommages » gros comme le bras.

Antoine Plamondon paraissait plus vieux que son âge. Il portait une calotte sur le derrière de la tête et gesticulait en parlant. Jamais il ne manquait l'occasion de lui baiser la main. En arrivant au studio, elle lui présenta ses fils, qu'il accueillit froidement en les priant de revenir deux heures plus tard, car il ne dessinait jamais en présence de témoins. Cela gênait son coup de crayon.

« J'ai conçu un décor qui s'harmonise avec celui dans lequel j'ai eu l'honneur de peindre votre respectable mari, fit-il, lorsqu'ils furent seuls. Les diptyques sont très répandus en France. Les grands maîtres avec qui j'ai eu la chance de travailler ne jurent que par eux. J'ai pensé qu'un peu de décorum était de mise pour l'orateur de la Chambre et son épouse. »

Tout en parlant, monsieur Plamondon conduisit Julie devant un mur écarlate.

« Je demanderais à votre petite demoiselle de bien vouloir s'asseoir au piano. J'ai préparé une feuille de musique, elle fera des gammes. Vous, ma chère, veuillez prendre place dans ce fauteuil. Vous devez paraître, disons... admirative devant les progrès de votre enfant. »

Ézilda s'avança timidement jusqu'au piano. Elle portait une jolie robe crinoline, agrémentée d'une boucle au milieu du dos, et un pantalon tombant jusqu'à la cheville. D'exquises boucles brunes tournoyaient sur son corsage. Julie trouvait cette coiffure un peu trop sévère pour une fillette mais, comme l'avait fait remarquer sa gouvernante, après tout, la petite avait huit ans.

L'après-midi lui sembla sans fin. Lorsque le peintre rangea ses crayons, Julie se leva, trop contente d'abandonner sa posture figée. Ézilda ne tenait plus en place et c'est d'ailleurs ce qui avait convaincu l'artiste d'écourter la séance qu'il comptait reprendre le lendemain à la même heure. Il reconduisit madame Papineau jusqu'à la sortie où ses fils faisaient les cent pas depuis un bon moment.

CHAPITRE XXIII

Les quarante ans de Julie

Le comte de Gosford avait pris l'habitude de recevoir Louis-Joseph Papineau dans un minuscule salon attenant à son bureau qu'il réservait à ses intimes. Il l'invitait à s'asseoir dans un fauteuil de cuir sang-de-bœuf, devant le feu de cheminée qu'il alimentait lui-même ; il commandait une bouteille de champagne bien frais et remerciait ensuite son domestique en lui indiquant de refermer la porte derrière lui. La pièce, qui donnait sur la façade du château Saint-Louis nouvellement restauré après l'incendie, était lumineuse à souhait et l'hôte, absolument exquis. La conversation pouvait se poursuivre pendant une heure ou deux et le comte irlandais constatait toujours avec satisfaction que leurs vues touchant le Canada n'étaient jamais très éloignées. Les réformes que le chef patriote réclamait lui semblaient habituellement raisonnables et il était navré que les directives qu'il avait reçues de Londres ne lui permettent pas de procéder plus rapidement.

Mais ce jour-là, Papineau avait insisté pour que leur rendez-vous ait lieu à son bureau de la citadelle. Le gouverneur avait compris qu'il ne s'agissait pas d'une visite de courtoisie et, lorsqu'il aperçut le docteur Wolfred Nelson qui faisait les cent pas dans l'antichambre, il en fut tout à fait convaincu. Il demanda à son commissaire-enquêteur, sir Charles Grey, de bien vouloir assister à la rencontre et se dirigea prestement vers les deux hommes :

« Monsieur l'orateur, dit-il en tendant la main à Papineau, car je présume que c'est le chef politique et non l'ami qui vient me voir ce matin ? *Well, it's always a pleasure to chat with you, sir.* Entrez, je vous en prie. Et vous, docteur Nelson, quel bon vent vous amène à Québec ?

— Un temps d'orage, j'ai bien peur, répondit Wolfred Nelson d'un ton hautain qui n'échappa pas au gouverneur.

— Allons, fit celui-ci, rassurant. Il n'y a rien qui ne puisse se régler à l'amiable. Vous savez que Sa Majesté le roi m'a chargé d'une mission de conciliation. »

L'Anglais et l'Irlandais se jaugeaient. Mais alors que ce dernier gardait le sourire, Wolfred Nelson, lui, affichait sans retenue son mécontentement. Le gouverneur, qui était tout miel avec Papineau, cachait mal l'antipathie que lui inspirait le médecin de Saint-Denis, un ancien tory converti à la cause patriote. Comment diable un médecin qui avait servi dans l'armée britannique avait-il pu changer d'allégeance et devenir le champion des droits civils des Canadiens français ? se demandait-il en se grattant le menton. Sir Charles Grey, qui jusque-là s'était tenu en retrait, s'approcha. Il avait son habituel visage sans expression, tandis qu'il saluait les interlocuteurs du comte et prenait place à côté de son supérieur.

D'entrée de jeu, le docteur Nelson exposa le but de sa visite. Son frère Robert, médecin à Montréal, l'avait chargé d'avertir le gouverneur que des carabiniers volontaires, munis de manches de haches, saccageaient la propriété des citadins. Non contents de briser tout ce qui leur tombait sous la main, ils paradaient devant la résidence de mesdames Papineau, Viger et LaFontaine, des mères seules avec de jeunes enfants. C'était, dit-il sans ménagement, criminel.

« *Boyish tricks*, jugea sir Grey, *these are boyish tricks which must soon fall if they are unnoticed.* »

Lord Gosford protesta pour la forme, comme si ce que venait de dire le docteur Nelson était de la bouillie pour les chats. Jusque-là plutôt bien disposé, Papineau se sentit agacé par l'indifférence du gouverneur. Il haussa un peu le ton :

« Messieurs, je m'attendais à ce que vous soyez outragés comme moi par ce qui se passe à Montréal. Excellence, ne croyez-vous pas qu'il faudrait prendre d'urgence des mesures pour que cesse cette terreur ? Ne craignez-vous pas que la répétition de ces *boyish tricks*, comme dit le commissaire-enquêteur avec une certaine désinvolture, ne finissent par plonger le pays dans la guerre civile ?

— Qu'attendent nos cours de justice pour sévir ? renchérit le docteur Nelson. Un bain de sang ? Faut-il vous rappeler, monsieur le gouverneur, que ces fanatiques qui défilent sous nos fenêtres sont armés ? »

Le gouverneur était mal à l'aise. Il se souvenait que madame Papineau, lors de leur toute première rencontre au Bois-de-Coulonge, et alors qu'ils en étaient encore aux civilités d'usage, avait eu assez de front pour protester, devant lui, contre la présence des carabiniers volontaires à Montréal. Papineau prenait maintenant la relève de sa femme. D'une logique implacable, ce qui ne l'empêchait pas de respecter les opinions par trop émotives de ce dernier, Gosford jugeait qu'en anticipant les catastrophes, l'on rendait toute discussion laborieuse.

« J'ai déjà ordonné la dissolution de la British Rifle Corps qui est le point de ralliement de tous ces volontaires, annonça-t-il. Si la paix publique et le lien britannique sont menacés, croyez-moi, c'est au gouvernement et non à des particuliers qu'il incombe de les défendre. N'ayez donc aucune crainte, vos familles ne courent désormais aucun danger.

— La justice punira-t-elle ces têtes chaudes ? insista le docteur Nelson. Vous n'ignorez pas qu'une escalade de violence nous guette s'il prenait à Votre Excellence la mauvaise idée de temporiser.

— La justice fera son devoir, l'assura le comte de Gosford dont la patience commençait à s'effriter.

— Allons donc ! rétorqua Nelson, hautain. Vous savez comme moi que les tribunaux sont corrompus. En tout cas, ceux qui fomentent ces complots à Montréal ont compris qu'ils n'ont rien à craindre de votre magistrature. Les lois sont faites pour être respectées, gouverneur. »

Le ton était provocant, à la limite du tolérable. Le gouverneur, jusque-là retranché derrière une politesse toute étudiée, se leva et arpenta la pièce. La tournure de la conversation l'exaspérait. Lui habituellement calme, il n'était pas loin de s'emporter. Il avait déjà indiqué à ses invités qu'il avait pris les mesures nécessaires et cela aurait dû leur suffire. Il ne s'attendait certes pas à des remerciements mais tout de même... Or voilà maintenant que Papineau renchérissait sur son collègue :

« Nous vous avons apporté la liste des carabiniers les plus compromis dans les récents événements de Montréal.

— Laissez, répliqua le gouverneur en prenant néanmoins la feuille que Papineau lui tendait, je sais qui ils sont. Ils m'ont déjà remis une pétition de huit cents noms. »

Son secrétaire s'approcha pour s'emparer du document. Le gouverneur leva alors les bras, comme pour signifier à ses invités que l'entretien tirait à sa fin. Mais le docteur Nelson ne l'entendait pas ainsi :

« Si les coupables avaient été des Canadiens, il y a longtemps qu'ils auraient été arrêtés », fit-il remarquer d'un ton persifleur.

Ignorant carrément cette remarque, le comte de Gosford s'adressa à Papineau, qu'il espérait prendre par les sentiments :

« Écoutez, monsieur Papineau, vous n'appréciez pas correctement les obstacles qui sont sur ma route. »

C'est le docteur Nelson qui répondit :

« Excellence, je vous avertis : si les Canadiens continuent d'être insultés et injuriés sans que le gouvernement sévisse, les habitants se feront eux-mêmes justice. Ce serait le signal d'une guerre d'extermination.

— Monsieur Papineau, reprit sèchement lord Gosford, dites à votre ami que ses menaces sont de mauvais goût. Ou plutôt, ne lui dites rien, c'est inutile. En fait, j'aurais aimé vous parler seul à seul.

— Je vous en prie, Excellence, je n'ai rien à cacher au docteur Nelson.

— Eh bien soit ! fit-il, résigné. Vous savez toute la sympathie que j'ai pour vous. L'amitié, devrais-je dire. Je ne vous cache pas non plus combien me peine votre décision de paralyser les travaux de la Chambre. Tant que vous refuserez de voter le budget, les arrérages ne seront payés ni aux fonctionnaires ni aux députés. Cette attitude intransigeante crée un climat qui exacerbe les esprits et conduit aux abus qui vous amènent chez moi aujourd'hui et que je déplore autant que vous. »

Le docteur Nelson sursauta. Le gouverneur était-il en train de rendre les Canadiens responsables de la violence des loyalistes qui ne cherchaient qu'à protéger leurs privilèges et qui, à bout d'arguments, frappaient n'importe qui ? Autant de mauvaise foi exprimée dans l'élégance la plus parfaite, c'était à s'en arracher les cheveux. Décidément, rien de bon n'allait sortir de cette rencontre. Il se leva, indiquant son intention de prendre congé du gouverneur, qui avait tout à fait retrouvé son calme. Papineau imita son ami, sans esquisser le moindre sourire de convenance.

« *My dear Mr. Papineau*, dit le comte de Gosford le plus naturellement du monde, *whenever you are at leisure, call upon me. I'll be glad to see you.* »

Il ignora complètement le docteur Nelson, puis, se ravisant, le salua froidement.

Dehors un vent sec obligea les deux hommes à relever le col de leur pardessus. Il était midi. Un coup de canon tiré de la citadelle se fit entendre, tandis qu'ils regagnaient leur voiture en silence. La détonation déclencha une telle vibration qu'ils en furent saisis. Que diable se passait-il au pied du cap Diamant ? Ils songèrent d'abord à un tremblement de terre, mais cela eut été assez exceptionnel pendant d'aussi grands froids. Quelque chose d'anormal pourtant s'était produit, car des militaires basés à la citadelle couraient dans tous les sens. Papineau arrêta l'un d'eux au passage pour savoir ce qu'il en était. Ce dernier répondit sans ralentir sa course :

« Il y a eu une avalanche. La rue Champlain est engloutie. »

La voiture de Papineau et de Nelson se dirigea rapidement en bas de la côte. Le docteur voulait porter secours aux blessés. En arrivant sur les lieux, ils apprirent que deux enfants étaient ensevelis sous des tonnes de neige. Des hommes et des femmes arrivaient de partout pour aider les militaires à fouiller les décombres. En moins d'une demi-heure, les petis garçons furent dégagés, sains et saufs. Le vendeur de biscuits de la Maison Hassac qui s'était effondrée eut moins de chance. Quand on le retira de sous un amas de bois et de ferrailles, près de deux heures plus tard, il avait rendu l'âme.

▼

Pendant ce temps, ça bardait dans les rues de Montréal. Officiellement dissoute par le gouverneur Gosford, la British Rifle Corps était plus menaçante que jamais. Les carabiniers avaient une bien curieuse façon d'obtempérer à son ultimatum. Soir après soir, ils défilaient dans le faubourg en scandant « À bas les chiens de Français ! » La proclamation royale enjoignant les magistrats d'arrêter les fauteurs de troubles avait été accueillie avec rage. Les volontaires, obéissant aux ordres de leur chef Adam Thom, n'allaient pas se laisser humilier par un haut gradé irlandais qui les rabrouait comme des traîtres, et ce, dans une colonie conquise par les armées britanniques.

Si Julie pensait que, grâce aux bons soins du gouverneur Gosford, elle pouvait désormais dormir sur ses deux oreilles, elle se trompait. Que de promesses ronflantes ! Rien que d'y penser, elle enrageait. Elle avait d'abord cru, comme Papineau, que les ordres du gouverneur allaient être suivis. Mais la British Rifles Corp ne demeura silencieuse qu'une semaine ou deux, pour ensuite renaître de ses cendres sous un nouveau vocable. Le Doric Club faisait son entrée dans le faubourg. Ses membres, de plus en plus jeunes, descendaient quotidiennement la rue Bonsecours. Leurs défilés bruyants visaient les patriotes, mais ils étaient aussi une bravade insolente pour narguer le gouverneur.

L'agitation qui s'était propagée dans la métropole, et que les autorités ne contrôlaient plus, inquiétait Julie qui se sentait bien seule, avec Joseph, Victoire et les enfants, au milieu de ce cauchemar. Ce gouverneur de malheur n'avait pas de colonne vertébrale. Il pliait l'échine devant les agresseurs. Il n'avait aucune idée de ce que c'était que de vivre dans la peur de l'émeute. Il s'en fichait éperdument d'ailleurs, ses enfants à lui ne risquaient pas de recevoir un pavé en plein front. Dans ses lettres, elle tâchait de rassurer Papineau, mais il la sentait à fleur de peau.

« Donne-moi au moins la consolation de vous mettre en lieu sûr, toi et les enfants », l'exhortait-il.

Mais Julie tergiversait. Pourquoi fallait-il toujours qu'elle se sauve comme une coupable ? N'avait-elle pas, elle aussi, le droit de vivre paisiblement dans sa maison ? Elle refusa de partir, déterminée à faire face à la musique.

▼

Le jour de ses quarante ans, Julie était invitée à souffler ses chandelles chez les Viger. Elle attendit que la maisonnée soit endormie pour traverser. Il faisait noir comme chez le loup dans la rue et elle marchait à tâtons. L'immense terrain des Viger, qui allait jusqu'aux réservoirs de l'aqueduc, disparaissait complètement dans la nuit. La ville, à court de fonds, n'avait pas payé ses employés, qui protestaient en refusant de réparer les lanternes au coin des rues. Elle se laissa guider par l'unique lueur qui provenait d'une bougie placée dans le hall d'entrée de ses voisins d'en face et qui éclairait la porte vitrée. Elle repéra sans difficulté le gros marteau en cuivre et frappa lourdement pour annoncer son arrivée. La bonne l'ayant prévenue que madame en avait encore pour un petit moment dans la cuisine, elle alla rejoindre Jacques sans plus de cérémonie.

Seul dans la bibliothèque, à gauche de la salle à manger, le maire trônait au milieu de ses encyclopédies. Jamais il n'était plus heureux qu'entouré de ses livres. Des liasses de papier s'empilaient sur sa table. Épinglés au mur, des plans de la ville qu'il avait exécutés alors qu'il était inspecteur des chemins, ruelles et ponts de la cité, et qu'il avait coloriés avec soin, égayaient la pièce par ailleurs austère. Des portraits de famille ajoutaient une note personnelle au décor. Mais c'est le portrait du colonel de Salaberry, que Viger avait commandé au peintre new-yorkais Anson Dickinson, qui attirait le plus l'attention. En uniforme des Voltigeurs canadiens, un dolman vert avec collet et parements noirs, le vainqueur de la bataille de Châteauguay arborait fièrement ses médailles.

Au premier coup d'œil, toute cette paperasse donnait le vertige, mais Jacques Viger s'y retrouvait. Montréal n'avait plus de secrets pour lui ; il rapportait à la maison tout ce qui lui tombait sous la vue. Il notait ce qui se passait pendant les séances du conseil aussi bien que les confidences des vieux sur la vie du faubourg au siècle précédent. Plus que les temps modernes, ses recherches historiques le passionnaient. Il écrivait des lettres à des inconnus en leur demandant de lui faire le récit de la bataille d'Oswego où ils s'étaient illustrés. Il les implorait à genoux, écrivait-il avec humour. Au nom de la postérité. Avec le temps, certains en vinrent à lui confier des manuscrits anciens qui l'éclairaient sur l'administration de la justice ou l'esclavage en Nouvelle-France. Il vérifiait les faits, confrontait les versions, corrigeait les fautes d'orthographe avant de rédiger ses découvertes d'une belle écriture fine dans d'épais cahiers qu'il appelait affectueusement sa « saberdache ». L'idée lui était venue en découvrant que ce mot suisse était employé par les cavaliers qui servaient sous Napoléon, pour désigner le sac long et plat qui pendait à leur ceinturon.

Julie entra dans son étude. Le maire lui souhaita la bienvenue sans lever les yeux de son cahier. Ses lunettes sur le bout du nez, on l'aurait pris pour un rond-de-cuir, sans l'émerveillement enfantin qui le gagnait devant chaque découverte.

« Approchez, belle voisine, que je vous montre où j'en suis. »

Julie s'avança, piquée par la curiosité :

« Qu'est-ce que vous avez encore inventé ? demanda-t-elle en essayant de lire par-dessus son épaule.

— J'étais en train de décrire ma femme pour nos descendants. Voyez comment je la présente : une veuve est mon épouse. Elle n'est ni trop grande ni trop petite. Elle n'égale pas Vénus en beauté ; elle n'a point non plus la figure d'une sorcière...

— Vilain mari, fit Marguerite Viger, qui entrait justement avec la bouteille de champagne bien fraîche. Je vais vous montrer de quel bois se chauffe cette sorcière...

— Parlant du diable..., fit Jacques en retirant ses lunettes. Ne vous immiscez pas dans les travaux du chercheur que je suis. À vos chaudrons, femmes !

— Dites plutôt : à vos fours. Le gâteau d'anniversaire qui cuit pour notre jeune quadragénaire est fin prêt. Nous allons passer au salon pour que je vous fasse goûter à mon chef-d'œuvre. »

Sur la cheminée, à côté du grand miroir, Jacques Viger avait placé une miniature de son parrain, Joseph Papineau. Julie ne trouvait pas l'œuvre très ressemblante, mais son propriétaire y tenait comme à la prunelle de ses yeux.

« Ne vous avisez pas d'y toucher, voisine de malheur ! dit-il en la voyant s'approcher. Venez plutôt vous asseoir, que je vous parle de ma plus récente découverte. »

Viger venait en effet de mettre la main sur sept lettres inconnues du major général James Wolfe adressée à son oncle Walter Wolfe, à Dublin.

« Imaginez ! Des lettres datant de 1757 et de 1759. C'est tout à fait inédit. »

Ils burent ensuite un verre de champagne en écoutant les péripéties de la vie tumultueuse de l'aventurier français Cavelier de La Salle, que Jacques Viger venait de lire, après quoi il entreprit la lecture à haute voix des faits d'armes de son héros favori, Charles-Michel de Salaberry, qu'il avait réunis en une brochure (et que les dames connaissaient par cœur, tant il cédait souvent à l'irrésistible tentation de les raconter). Mais il fut bientôt distrait par des murmures venant de l'extérieur et qui allaient en s'accentuant. Nul doute, les voyous du Doric Club rôdaient de nouveau dans les parages.

« Ah non, pas encore ! » fit Julie, un peu plus excédée chaque jour. Ils sont déjà venus cet après-midi. Ils pourraient nous laisser un peu de répit.

— Une manière comme une autre de souligner votre anniversaire », dit Jacques Viger en levant son verre.

Il n'en fallut pas plus pour qu'elle décoche quelques flèches au gouverneur, trop faible pour se faire obéir et trop hypocrite pour admettre qu'il n'était qu'une marionnette expédiée de Londres pour regarnir les coffres de Sa Majesté. Elle le ridiculisait, lui qui parcourait les campagnes en serrant des mains et en répétant qu'il jouissait de tous les pouvoirs.

« Il pense nous impressionner avec ses grands airs de justicier, dit-elle. Maintenant que nous savons tous que son enquête est une farce, il aura à se lever de bonne heure pour nous convaincre de sa bonne foi. »

Julie faisait allusion au piège que des loyalistes venaient de tendre au gouverneur et qui l'avait plongé dans l'eau bouillante, au point de lui faire perdre le peu de sympathie qu'on lui vouait encore au Bas-Canada. Pour le punir de sympathiser avec les Canadiens français, ces loyalistes avaient rendu publiques les instructions secrètes que le comte de Gosford avait reçues de Londres et qu'il avait habilement cachées depuis son arrivée. Elles prouvaient hors de tout doute qu'il avait les mains liées.

« Dire qu'il prétendait avoir carte blanche pour corriger les injustices ! ajouta-t-elle, narquoise. C'est à peine s'il est autorisé à nous lancer des miettes, pour nous calmer. Des broutilles sans conséquence. »

Jacques Viger trouvait que la patriote exagérait sur le pain bénit.

« C'est entendu, le comte de Gosford a menti sur sa mission au Canada et vous n'avez pas tort de lui en tenir rigueur. Mais il nous tend la main, pardieu, il nous offre la paix. Pourquoi compromettre nos chances par trop d'intransigeance ?

— Vous ne savez donc pas lire, voisin ? protesta Julie, enflammée. Le gouverneur n'a ni le mandat ni l'intention de corriger les abus, même s'il claironne le contraire. »

Elle s'arrêta net. Elle allait toujours trop loin, pour ensuite s'en repentir. Elle n'aimait pas affronter Jacques. Il savait tout, avait réponse à tout et elle se sentait frivole en face de lui.

« Et vous, voisine, vous ne voyez pas que les journaux ont changé de ton et qu'ils attisent le feu ? »

Jacques Viger avala une bouchée de gâteau, en échappa un morceau qui atterrit sur la serviette qu'il avait nouée à son cou. Il rit de sa maladresse tandis que Julie refusait de se laisser distraire :

« Leurs gazettes, oui. Le *Montreal Herald* et son exalté d'Adam Thom qui jure à pleines pages de nous exterminer, oui, mais pas les journaux patriotes.

— Les nôtres aussi dépassent les bornes, reprit-il en la regardant avec une sympathie toute paternelle, vous ne pouvez pas le nier. Notre ami Duvernay n'y va pas de main morte dans sa *Minerve* où il n'est plus question que de tyrans, de sang et de guerre civile. Que de sottises ! Une douche froide, voilà ce qu'il faudrait pour qu'il retrouve un peu de bon sens.

— Du calme, on dirait deux coqs en colère », fit Marguerite Viger, qui pensait comme son mari mais n'osait pas en rajouter, de peur de gâcher le climat. Elle en profita pour offrir à Julie un second morceau de gâteau que Jacques attrapa au passage et engouffra, comme s'il n'avait pas mangé depuis trois jours.

— La politique me met en appétit », constata-t-il en réclamant une nouvelle coupe de champagne.

Mais Julie n'allait pas déclarer forfait. Pour une fois qu'elle avait la chance de discuter, elle comptait bien en profiter.

« Vous n'êtes pas un vire-capot, Jacques, insinua-t-elle, scandalisée. Pas vous ! Il y a déjà assez de Canadiens qui mangent dans la main du gouverneur. Oh ! ils cachent bien leur jeu et font les grands parleurs et les braves quand ils n'ont rien à craindre. Mais dès qu'on leur montre les grosses dents, ils sont tout à coup sans courage.

— Dites donc, ma très chère dame, l'arrêta Viger, vous n'y allez pas avec le dos de la cuiller ! On croirait entendre votre honorable mari.

— Sérieusement, Julie, dit Marguerite, que les propos enflammés de sa voisine n'impressionnaient guère, vous ne croyez pas qu'il faut d'abord penser au bien public ?

— Justement, rétorqua Julie, le bien public est compromis lorsque le gouverneur approuve la fermeture de plus de mille écoles primaires. Au nom de quelle logique agit-il ? La vérité, c'est qu'il obéit aveuglément à ses conseillers anti-canadiens qui lui ont fait miroiter quelques économies de bouts de chandelles. Résultat : quarante mille de nos enfants resteront ignorants. Et vous voulez que nous courbions l'échine ? »

Elle était plutôt fière de sa repartie qui laissa Jacques Viger sans réponse. Habituellement, c'était elle qui, devant ses raisonnements alambiqués, demeurait pantoise. Elle en venait même à douter de ses arguments.

« Mais il ne s'agit pas de cela, s'impatienta le maire. Le gouverneur ne peut pas voir à tout en même temps. N'est-il pas en train d'éliminer les sinécures grassement payées ? Il nous a aussi donné sa parole que le mérite seul, et non la nationalité, justifierait ses nominations. De plus, il a bel et bien reçu instruction de mettre les deux langues sur le même pied, ce qu'il a commencé à faire. Timidement, je le reconnais, mais quand même... soyez plus patiente, chère voisine ! Il s'occupera des écoles après.

— Que vous êtes naïf, mon pauvre Jacques !

— Je prétends simplement qu'il est inutile de faire ce procès injuste à un gouverneur dont les bonnes dispositions sont sans cesse compromises par les extrémistes des deux camps, dit calmement le maire. Ce qu'il nous propose, en somme, c'est d'enterrer la hache de guerre et de repartir sur de nouvelles bases. »

La trève que prêchait le maire ne valait rien aux yeux de Julie, tant que des agitateurs pouvaient sans être inquiétés troubler la paix. Elle s'apprêtait à lui renvoyer la balle lorsque des pétards tirés dans la rue la décidèrent à rentrer. Elle n'aimait pas laisser les enfants seuls avec Joseph Papineau quand il y avait de l'agitation dans le quartier. Son beau-père devenait de plus en plus sourd et il n'entendrait probablement pas les bruits venant de l'extérieur. Si Ézilda ou Gustave venaient à se réveiller, cela les affolerait de ne pas la trouver à la maison. Elle enfila sa pèlerine en remerciant ses voisins. Les heures passées en leur compagnie l'avaient ragaillardie.

« Pourquoi n'emmenez-vous pas les enfants à Verchères ? » demanda Marguerite en la rattrapant dans le vestibule, sans toutefois oser lui avouer que le climat de terreur la laissait elle-même sur le qui-vive.

— Pour que ces maniaques disent que j'ai décampé ? Jamais de la vie. C'est sûr que j'ai peur. J'en connais qui, à ma place, auraient pris leurs jambes à leur cou. Mais ils ne me verront pas trembler. »

Elle acheva de lacer sa bottine et ajouta en enfilant ses gants :

« N'empêche que c'est une honte que le gouverneur se laisse abuser par ces brigands. On a beau dire, le faubourg n'est plus en sûreté et les magistrats qui ferment les yeux au lieu d'interdire les rassemblements désordonnés sont tout aussi coupables. Je vous prédis qu'ils nous préparent des troubles sérieux. »

Elle les embrassa et traversa la rue qui avait tout à fait retrouvé son calme. Il était vingt-trois heures. Le *watchman* qui faisait sa ronde marcha jusqu'à elle d'un pas traînant et la salua.

« *All is right* », cria-t-il, par habitude, comme si le calme régnait réellement autour d'eux.

CHAPITRE XXIV

Monseigneur Lartigue

Le quai Molson était noir de monde. Refoulés au-delà de la rue Water, les badauds s'étiraient pour apercevoir la belle société anglaise de Montréal qui descendait des élégants landaus tirés par quatre chevaux, des coupés Brougham et des berlines de luxe aux portes sculptées. Les cochers repartaient ensuite vers l'espace réservé aux voitures pendant que leurs passagers continuaient à pied jusqu'au *Princess Victoria* qui s'apprêtait à lever l'ancre.

Le bateau à vapeur avait pris des airs de fête. Les matelots avaient lavé les ponts, repeint les mâts, graissé les machines jusqu'aux petites heures du matin, tandis que les musiciens du 15e régiment, celui-là même qui avait chargé la foule des patriotes sur le parvis de l'église Notre-Dame, quatre ans plus tôt, astiquaient leurs cuivres et ajustaient leurs trompettes.

Une véritable journée de canicule s'annonçait, ce jeudi 21 juillet 1836. Après le printemps maussade qui avait sévi jusqu'aux derniers jours de juin, le soleil pouvait taper fort, personne ne s'en plaindrait. Un nuage d'ombrelles flottaient dans le port. Les dames agitaient leurs éventails en marchant. Certains invités arrivés tôt, et obligés d'attendre que le cordon de la passerelle soit retiré pour monter à bord du bateau, reluquaient les rares places vides sur les bancs publics.

Le grand responsable de tout ce remue-ménage, l'homme d'affaires Peter McGill, était bien connu des Montréalais. Conseiller législatif, il était l'un des « vieillards malfaisants » que fustigeait Ludger Duvernay dans *La Minerve*. On lui en voulait en particulier d'avoir recommandé à la couronne de vendre un million d'acres de terres cultivables, dans les Cantons de l'Est, à la British American Land Company, dont l'un des propriétaires était comme par hasard son associé à Londres. Depuis la transaction, on redistribuait ces belles terres, en écartant les Canadiens. En outre, il sympathisait ouvertement avec les membres du Doric Club. S'il réprouvait du bout des lèvres leurs excès, il refusait obstinément d'user de son influence pour les mettre au pas.

Mais c'est surtout à titre de président de la Banque de Montréal qu'il s'était fait connaître. Comme il brassait de grosses affaires qui profitaient aussi aux Canadiens, on lui pardonnait plus facilement qu'à d'autres ses croisades anti-canadiennes. Et c'était jour de trêve puisqu'il inaugurait le premier tronçon de chemin de fer à jamais circuler au Bas-Canada. Il l'avait construit entre Laprairie et Saint-Jean, avec l'aide d'ingénieurs américains et d'une main-d'œuvre essentiellement canadienne.

Le gratin politique était naturellement invité à effectuer ce voyage inaugural sur des rails de bois recouverts d'une mince plaque de métal. Pour en faire l'essai, ses invités devaient d'abord traverser en bateau sur la rive sud du Saint-Laurent. Peter McGill ne douta pas un seul instant que les bureaucrates anglais les plus en vue répondraient à son invitation, mais jamais il n'avait soupçonné qu'autant de députés canadiens se déplaceraient pour l'occasion. Il accueillit cordialement, mais sans plus, Louis-Joseph Papineau et son épouse Julie au quai d'embarquement :

« Ah ! *Mister* Papineau, vous avez trouvé le temps de venir essayer mon train », dit-il.

Peter McGill n'ignorait rien des activités politiques de Papineau, qui sillonnait le Bas-Canada comme un sauveur. Il n'aurait pas détesté un face-à-face avec cet homme qui était en train de saboter l'économie canadienne, mais l'occasion ne s'y prêtait pas.

« *Would you excuse me* », dit-il simplement en s'inclinant devant Julie. Il se dirigea ensuite avec empressement vers le maire Viger qui arrivait, ses cartes de la région montréalaise sous le bras.

« *My friend, the mayor*, dit le banquier en ouvrant les bras. *Welcome aboard.*

— Ce sera une expédition historique », s'exclama Viger, trop content d'être le témoin privilégié du progrès dont sa ville, plaque tournante de l'économie, allait largement bénéficier.

Derrière le maire, Archibald Gosford s'approcha à son tour du *steamboat*, flanqué de son inséparable conseiller, sir Charles Grey. Le gouverneur était peu disert, lui habituellement jovial. Son étoile ne brillait guère depuis quelques semaines et il ne le savait que trop, hélas ! Les bureaucrates anglais lui reprochaient à tort sa trop grande tolérance vis-à-vis des vaincus et les Canadiens lui tenaient tout aussi injustement rigueur d'avoir cherché à les berner. Le temps aurait dû normalement calmer les esprits, mais les mois passaient et il devenait de plus en plus difficile de gouverner le Bas-Canada dans l'harmonie.

Son séjour à Montréal, depuis la mi-juin, lui avait permis de mesurer un peu mieux chaque jour l'animosité qu'il suscitait. Le jour de la Saint-Jean-Baptiste, au cours de sa promenade de santé sur la place du Marché, il s'était arrêté devant la colonne Nelson quand des jeunes gens portant feuille d'érable à la boutonnière l'avaient chahuté avant d'aller s'entasser dans le nouvel hôtel Rasco, rue Saint-Paul, pour chanter et boire jusque tard dans la nuit. Le lendemain, on lui avait rapporté que, pendant la fête, son nom avait été sur toutes les lèvres, mais... c'était pour lui suggérer de prendre le prochain bateau. Lorsqu'il avait rencontré le père Rasco, le lendemain, le grassouillet hôtelier lui avait semblé gêné ; il regrettait d'avoir toléré de tels débordements dans son établissement, mais il s'était empressé d'expliquer qu'il ramassait son argent pour aller finir ses jours dans son village natal, en Lombardie. Et comme il n'était plus très jeune, il prenait tout ce qui passait.

L'accueil que lui réservait maintenant Peter McGill sur le *Princess Victoria* parut singulièrement froid au gouverneur. Le banquier lui en voulait de l'ultimatum qu'il avait adressé aux carabiniers du Doric Club, des jeunes gens qui, répétait-il, étaient de bonne foi. Le comte de Gosford avait essayé de lui faire comprendre que, si leurs intentions étaient louables, leur comportement agressif était intolérable. Mais Peter McGill s'était montré intraitable et ce matin-là, devant le bateau, il ne cherchait même pas à dissimuler sa rancune.

Le gouverneur s'était attendu à plus de civisme de la part d'un Écossais. Il détourna la tête en pensant que ses alliés naturels ne comprenaient pas – ou ne voulaient pas comprendre – les difficultés imprévues qu'il rencontrait sur son passage. Il se sentait constamment pris entre les deux factions et savait qu'il ne pourrait jamais satisfaire l'une sans déplaire à l'autre. Autant dire que les dés étaient pipés.

Sur le pont, il s'avança lentement vers Papineau, que ses amis délaissèrent lorsqu'ils virent le gouverneur s'approcher. C'était le sort qui lui était souvent réservé désormais. On le fuyait, on n'aimait pas être vu en sa compagnie. Mais, contre toute attente, Papineau lui tendit la main. C'était un trait de caractère de ce politicien si féroce en Chambre, où il ne faisait qu'une bouchée de ses adversaires, de redevenir un gentilhomme courtois dès que le rideau tombait.

« Excellence, vous vouliez, vous aussi, être de ce premier voyage sur rails, dit Papineau sur un ton mondain mais néanmoins sympathique.

— Je savais que je vous y verrais, répondit le gouverneur, avant d'ajouter, ironique : comme je n'ai plus le bonheur de vous accueillir chez moi au château et, soit dit sans arrière-pensée, bien que l'on vous voie partout ces temps-ci, je suis très content de passer quelques heures en votre compagnie.

— Les circonstances de la vie nous éloignent, en effet, admit Papineau. Nos vues sont inconciliables, ce qui ne m'empêche pas d'apprécier nos rares tête-à-tête. Du moment que nous évitons de parler de votre enquête que je trouve, disons-le franchement, insultante.

— Mais c'est vous, mon cher Papineau, qui vous aventurez sur ce terrain. Et puisque vous le faites, laissez-moi vous dire que j'attends des nouvelles de Londres. Des nouvelles qui devraient amener un rapprochement entre nous. »

Papineau le regarda d'un air sceptique, mais sans rien ajouter. À quoi bon ? Les remarques qui lui venaient à la bouche étaient acerbes et le moment était mal choisi pour les faire. Le comte de Gosford lui prit le bras pour l'entraîner à l'écart. Il était d'une élégance trop étudiée. Ses cheveux, ramenés à l'avant comme le voulait la mode, s'arrêtaient au début d'un large front luisant, tandis que des favoris touffus mais soignés avançaient sur ses joues.

« Vous conviendrez qu'il n'existe aucun pays en ce bas monde où le confort soit aussi généralisé et les habitants aussi heureux et satisfaits », dit-il en jetant un regard circulaire.

Papineau reconnut volontiers que certains jours l'on pouvait en effet se réjouir d'être né au Canada. Les deux hommes s'arrêtèrent à quelques pas des machines, qui faisaient un tel vacarme qu'ils durent revenir sur leurs pas.

« J'ai à vous parler », dit le gouverneur en baissant le ton pour s'assurer que personne n'entendrait ses confidences.

Papineau remua la tête pour exprimer sa surprise plus que sa curiosité.

« Je voulais vous avertir que votre sécurité est menacée.

— Allons donc ! Qu'est-ce que vous imaginez là ?

— C'est sérieux, monsieur Papineau. La rumeur d'un complot contre vous court...

— Monsieur le gouverneur, coupa Papineau, que les allures mystérieuses du gouverneur commençaient à agacer, vous n'êtes pourtant pas de ceux que les rumeurs dérangent. »

Le comte de Gosford fronça ses épais sourcils. Il devint soudainement très grave pour reprendre sa phrase là où il avait été interrompu :

« Un complot pour nous assassiner, vous et moi, a été mis au jour. »

Papineau esquissa un sourire incrédule. Le comte de Gosford insista :

« Ne croyez pas que je vous fais du chantage. Mes sources sont dignes de foi. Je vous en conjure, ne sortez plus seul. »

La sirène se fit entendre et le bateau s'ébranla. Papineau voulut s'éloigner du gouverneur. Ses élucubrations ne méritaient pas qu'il s'y arrête. Ils se turent bientôt, leurs voix étant enterrées par la fanfare qui jouait des airs à la mode. En son for intérieur, il bénit le ciel que Julie n'ait pas assisté à cette conversation qui l'aurait sans doute affolée. L'agitation des derniers mois mettait ses nerfs à rude épreuve. Elle était là, à quelques pas de lui sur le pont, et elle l'observait discrètement, tout en écoutant sir Charles Grey lui raconter sa vie aux Indes où il avait été juge, avant d'être muté au Bas-Canada. Voyant que son mari cherchait à prendre congé du gouverneur, elle alla à son secours.

« Madame Papineau, vous ne trouvez pas le temps trop lourd ? demanda le comte nonchalamment.

— Mais non, fit Julie, un rien désinvolte et parfaitement consciente de répondre d'une manière insignifiante à une question qui l'était aussi. Cette brise sur le fleuve est absolument exquise. Mais nous approchons de Laprairie. Il faudra rouvrir nos ombrelles. »

Les manœuvres d'accostage commençaient en effet. La musique s'arrêta et les militaires en pantalon blanc et affublés d'impressionnantes épaulettes garnies de dorure aidèrent les invités à débarquer du vapeur. Ils les dirigèrent vers les hangars de la *Champlain and St. Lawrence Railroad Co.* où étaient garés les chariots qui devaient les conduire à Saint-Jean. Papineau et Julie, le gouverneur, monseigneur Lartigue et le maire Viger furent invités à suivre Peter McGill dans l'un des deux wagons de tête, tirés par une locomotive qui luisait comme un sou neuf, tandis que la plupart des députés et hommes d'affaires prenaient place dans d'autres véhicules sur rails traînés par de puissants chevaux.

Peter McGill assura ses invités que son engin était sécuritaire :

« La *Dorchester* a fait ses preuves », dit-il, avant de raconter la mésaventure de la locomotive américaine Tom Pouce, qui s'était essoufflée au milieu d'une course organisée six ans plus tôt pour mesurer son endurance.

« La pauvre ! ricana-t-il. Sa chaudière a rendu l'âme et c'est le cheval qui courait avec son attelage sur une route parallèle qui a gagné la course. »

Ses invités en oublièrent pour un instant les problèmes politiques qui les divisaient. Le train démarra, lentement d'abord, puis il accéléra jusqu'à sa vitesse de croisière, vingt-neuf milles à l'heure, ce que l'industriel montréalais ne manqua pas de faire remarquer à ses invités, qui l'applaudirent chaleureusement. Lorsqu'ils entrèrent en gare, à Saint-Jean, les exclamations fusaient encore. Ils avaient franchi les vingt-trois kilomètres en moins d'une heure. Tout un exploit ! « La vitesse idéale », jugèrent les hommes d'affaires, réjouis de n'avoir plus de raison d'envier les routes de fer de leurs voisins du sud. Désormais, ils pourraient acheminer leurs marchandises sans délais inutiles.

L'hôte de cette surprenante journée souligna enfin la contribution de son ami John Molson, brasseur et armateur montréalais bien connu en plus d'être son collègue au Conseil exécutif. On lui devait la fabrication des confortables wagons.

Les cinq cents invités se retrouvèrent ensuite dans l'immense hangar converti en salle de réception. Les murs étaient ornés de pavillons aux armoiries de Sa Majesté et les tables recouvertes de nappes blanches. Un buffet les attendait.

▼

Monseigneur Lartigue semblait ne pas être dans son assiette. Depuis son arrivée dans le hangar, il promenait sa mince silhouette d'ascète dans les coins les moins courus de la salle, comme s'il ne savait trop quelle attitude adopter. Il s'assit à une table en retrait et avala deux ou trois bouchées à peine. Puis il s'éclipsa en saluant distraitement les personnalités qui l'entouraient et fila à l'autre extrémité de la salle en laissant croire qu'il y était attendu. Il avait pris ses distances avec les députés patriotes et leur présence nombreuse au banquet l'indisposait. Il avait espéré que les plus compromis s'abstiendraient de se montrer à cette réception non politique. Au contraire, il n'en manquait pas un. Il chercha Jacques Viger et le trouva en grande conversation avec Julie Papineau. Il éprouva un certain soulagement à se joindre à eux, encore qu'il eût préféré que son cousin soit seul.

« Excusez-moi, Julie, j'aurais un mot à dire à mon cousin, si cela ne vous dérange pas », fit-il, un peu mal à l'aise de son audace mais en invitant Jacques Viger à faire quelques pas avec lui, à l'extérieur de la salle. Celle-ci, prétexta-t-il, commençait à s'enfumer.

Jacques Viger se rebiffa :

« Allons donc, monseigneur, vous ne voulez tout de même pas que nous laissions en plan une aussi jolie femme. »

Il donna le bras à Julie avant d'ajouter, pince-sans-rire :

« Elle serait capable de se laisser séduire par sir Charles Grey, qui a entrepris de lui faire la cour sur le bateau. J'ai tout vu et je me suis même demandé si elle n'était pas en train de virer son capot.

— Cessez donc de vous moquer de moi, Jacques. J'ai des manières, l'ignorez-vous ? Et laissez-moi me retirer puisque monseigneur me congédie. »

Cela mit monseigneur Lartigue dans l'embarras. Tant pis, se dit-elle, il l'a cherché. Jacques Viger trouvait lui aussi que l'évêque avait manqué de délicatesse.

« Pas question, insista-t-il. Vous nous accompagnez.

— Évidemment, chère Julie », renchérit monseigneur.

Le temps s'était assombri mais sans vraiment rafraîchir l'air. Monseigneur humait les odeurs de la campagne. Il parut tout à coup se détendre. Il ressentait l'irrésistible tentation de confier son secret, mais il n'osa pas. Devant Julie, c'était délicat. S'il fallait qu'elle s'en ouvre à son mari, Papineau serait bien capable de tout faire avorter, lui qui était le grand responsable de ses malheurs.

« Plaise à Dieu que la récolte soit riche, dit-il tout simplement, en admirant les champs avoisinants. Les cultivateurs en ont grand besoin. Après des années de disette, l'abondance serait bienvenue. »

Le maire acquiesça. Puis il enchaîna sur son dada :

« Alors, monseigneur, que pensez-vous de la décision du Conseil exécutif de fermer mille de nos écoles ?

— C'est une bonne chose », répondit l'évêque, comme si cela allait de soi.

Viger en resta interdit. Se pouvait-il que son éminent cousin défende une décision aussi lourde de conséquences pour les enfants ?

« Mais vous n'y pensez pas, monseigneur ? objecta Julie, tout aussi surprise.

— Comprenez-moi bien, expliqua le prélat, je dis que c'est heureux parce que cela donnera au clergé l'occasion de s'emparer du domaine de l'instruction. Nous pourrons ensuite ériger nos écoles paroissiales dans tous les villages de la province, sans exception.

— Vous allez vous heurter aux parlementaires, avertit Jacques Viger. Vous savez comme moi qu'ils préconisent le contrôle des écoles par des dirigeants laïcs.

— Préféreraient-ils vraiment que les écoles protestantes qui s'implantent partout continuent d'angliciser et de protestantiser nos enfants ? demanda sèchement l'évêque. Ces fanatiques qui exècrent tout ce qui est catholique nous accusent d'entraver l'éducation, alors que nous seuls la favorisons. Je vous défie de prouver le contraire. Quant aux écoles laïques, inutile de le répéter, vous savez que je m'y oppose vigoureusement. Dans ce monde barbare, seuls les prêtres savent enseigner les sciences, inculquer les principes de justice et les bonnes mœurs. »

Monseigneur Lartigue faillit trébucher sur un caillou le long du petit sentier qu'ils venaient d'emprunter. Il suggéra de rebrousser chemin, avant de poursuivre.

« Si, dès leurs tendres années, tous les enfants étaient instruits par les frères des écoles chrétiennes et les sœurs de la Congrégation Notre-Dame, quels fruits heureux n'en résulterait-il pas pour nos familles ? »

L'évêque devenait lyrique. C'était au tour de Julie de remercier le bon Dieu que son mari soit occupé ailleurs. Il aurait hurlé en entendant les arguments facétieux de son cousin.

« Mais, monseigneur, argumenta-t-elle, en attendant, nos enfants sont condamnés à l'ignorance. Vos écoles ne verront jamais le jour. Dans l'état actuel du pays, où trouverez-vous les ressources nécessaires ?

— Écoutez, ma chère enfant, pour ce qui est des fonds, c'est un autre problème que nous ne réglerons sûrement pas en ce bel après-midi de juillet. Néanmoins, je puis vous assurer que le diocèse de Montréal aura bientôt le poids nécessaire pour... »

Monseigneur Lartigue ne termina pas sa phrase. Ils étaient de retour à l'entrée du hangar et il buta, pour son plus grand malheur, sur Louis-Joseph Papineau, qui cherchait Julie et qui profita de l'occasion pour s'entretenir avec l'évêque d'un problème mineur mais néanmoins ennuyeux à la Petite-Nation.

« Surtout ne me parlez pas de vos frères », menaça le prélat en replaçant sa calotte sur le dessus de sa tête.

— Allez-vous enfin nous envoyer un curé à la Petite-Nation, monseigneur ? demanda Papineau en souriant de l'agacement de son cousin. Les colons de la seigneurie le réclament.

— Votre frère Denis-Benjamin a fait déplacer le cimetière dans une grenouillère sans mon consentement, commença-t-il. En plus, ce mécréant a réussi à se faire nommer marguillier, lui qui ne fréquente même pas les sacrements. Et encore, s'il n'y avait que ça... »

Il soupira avant d'ajouter :

« Il ne s'entend avec aucun des prêtres que je lui envoie. »

Papineau insista :

« Peut-être ferait-il bon ménage avec Toussaint-Victor ?

— Dieu m'en garde ! répondit l'évêque en un cri qui reflétait tout à fait ce qu'il pensait du frère cadet de Louis-Joseph Papineau. De toute manière, ajouta-t-il, comme pour faire oublier sa réaction impulsive, je ne peux rien faire pour l'abbé Papineau tant qu'il n'acceptera pas de se soumettre à mes ordres. »

Le prélat esquissa un geste d'impuissance avant d'ajouter, au moment de s'éloigner :

« Ah ! Si seulement je pouvais trouver un prêtre capable d'amener Denis-Benjamin, Toussaint-Victor et même mon oncle Joseph à se confesser ! Quant à vous, mon cher Papineau, je continue de prier pour le repos de votre âme. »

L'évêque, toujours gracieux dans sa démarche, s'envola en prétextant qu'il s'isolerait pour lire son bréviaire en attendant le départ du train. Il n'eut guère le loisir de faire ses lectures pieuses puisqu'il fut invité à partager la banquette du gouverneur pour le voyage de retour. Cela le mit d'ailleurs au comble de la joie. Le comte de Gosford était en effet le seul à connaître son grand secret.

▼

Monseigneur Lartigue grimpa dans le wagon en réfléchissant à sa stratégie. La situation était délicate et il devait éviter les faux pas. Fallait-il flatter le gouverneur ou se montrer le plus naturel possible en évitant simplement la question politique ?

Cela ne prenait pas un devin, en ces temps explosifs, pour remarquer que monseigneur Lartigue espaçait ses sorties officielles et, s'il était forcé d'assister à un baptême ou à une inauguration, il se faisait discret au point de susciter les moqueries de ses connaissances.

Et pour cause ! Ça sentait la révolution à plein nez. Montréal avait toutes les apparences d'une ville en état de siège, avec, d'un côté, les corps d'armée qui se déployaient exagérément dans les rues avoisinant le Champ-de-Mars et, de l'autre, les carabiniers volontaires qui narguaient le gouverneur en défiant ouvertement ses ordres. On pouvait d'ailleurs se demander si ce dernier avait encore un peu d'autorité.

Cette situation était d'autant plus fâcheuse que monseigneur venait de recevoir un pli confidentiel lui annonçant la nouvelle de sa nomination aux plus hautes fonctions sacerdotales. Après tant de vicissitudes temporelles, le comte de Gosford avait donné son accord :

Rome allait enfin créer le diocèse de Montréal et Jean-Jacques Lartigue en serait l'évêque en titre.

Il triomphait pourtant dans la solitude. L'honneur qui lui échouait arrivait bien tard. Il ne l'attendait plus et avait même sollicité la permission de se retirer. « Qu'on me délivre de cette gabarre qui n'est plus tenable pour moi, avait-il écrit à son supérieur. J'ai assez guerroyé... » On ne pouvait pas refuser cela à un homme de cinquante-neuf ans à la santé fragile. Il s'imaginait déjà retiré au collège de Yamaska, qu'il affectionnait et où il lui tardait de s'amuser à faire l'enfant au milieu de la jeunesse.

Qui aurait dit que, au lieu de cette vie paisible, il allait voir ses responsabilités quintupler ? Il reconnut dans sa nomination tardive la main juste de la Providence et en retrouva miraculeusement son enthousiasme attiédi par de trop nombreuses déceptions.

La nouvelle devait cependant demeurer confidentielle. La tradition voulait en effet que celui qui éventait la mèche avant que le pape ne fasse son annonce officielle n'accède jamais à ses nouvelles fonctions. Seuls les sulpiciens, ses ennemis jurés, étaient au courant et ils ne s'empresseraient pas de faire connaître une élévation qui n'avait aucune raison de les réjouir.

Ah ! les messieurs de Saint-Sulpice ! Que d'embûches ils avaient mises sur son passage. Lorsqu'il avait été nommé évêque auxiliaire, ils avaient refusé de le loger, le contraignant à demander l'hospitalité aux religieuses de l'Hôtel-Dieu. Oui, ils l'avaient chassé ignominieusement du séminaire de Saint-Sulpice, banni de sa famille spirituelle, renvoyé comme un chien errant...

Son crime ? Il était né canadien. Aux yeux de la confrérie sulpicienne, cela faisait de lui un être inférieur. Non contents de l'exclure, ils s'étaient moqués de lui. Il avait encaissé, comme le Christ à Jérusalem. Mais il y pensait tous les jours. Quinze ans après, la plaie ne s'était pas encore cicatrisée.

Il en resterait à jamais meurtri. Il n'oublierait pas non plus comment on l'avait ridiculisé le jour de sa consécration comme évêque de Telmesse, en 1821. La cérémonie avait été empreinte de sobriété. Tout de violet vêtu, il s'était agenouillé à la sainte table. Puis dans un geste digne, il s'était retourné pour bénir ses fidèles. Il avait tracé un immense signe de la croix à la mesure de son attachement. Les méchantes langues lui avaient reproché son allure martiale. Il avait, prétendirent-ils, une démarche qui eût mieux convenu à un général vainqueur sur le champ de bataille qu'à un ministre de Dieu.

Il n'était pas homme à s'enfouir la tête dans le sable. Toutes ces années, ne lui avait-on pas fait sentir que son statut d'évêque de Telmesse n'avait rien de ronflant ? Il n'était, après tout, qu'un simple suffragant de monseigneur Plessis de Québec, cela aussi on s'était fait un devoir de le lui rappeler. Une fois seulement, il avait protesté. Les sulpiciens complotaient alors pour qu'on l'expédie dans une paroisse de la campagne. L'injustice était trop flagrante et il s'était débattu jusqu'à Rome, où il avait alors appris que les évêques américains intriguaient aussi contre lui.

Il avait toujours été *persona non grata* à l'église Notre-Dame. Les marguilliers avaient été jusqu'à enlever le trône épiscopal du sanctuaire pour s'assurer qu'il n'y mettrait pas les pieds. Mortifié, il s'était résigné à bâtir la cathédrale Saint-Jacques, sur le modèle de celle qui l'avait vu grandir, à Saint-Denis, sur le bord du Richelieu.

« J'ai débarrassé le plancher, pensa-t-il en remuant ses amers souvenirs. Cela aurait dû apaiser leur hargne. »

Et pourtant, non, ses problèmes avec le clergé sulpicien d'origine française ne s'étaient pas réglés pour autant. Ces messieurs avaient continué à le regarder de haut. Ils étaient restés viscéralement français, sans jamais se canadianiser. C'était là leur péché. Ils dépensaient leur énergie et leurs richesses à faire venir à Montréal des sujets européens à qui ils pourraient éventuellement confier des postes de responsabilités. Car, et c'était là le nœud gordien, il était hors de question de nommer un Canadien à la tête d'une paroisse ou d'un collège. Ils ne se gênaient pas pour affirmer qu'aucun n'avait le talent pour diriger. Nul prêtre français d'ailleurs n'aurait accepté d'être assujetti à un évêque canadien, celui-ci fût-il sulpicien. Plutôt lui mettre des bâtons dans les roues, ce dont ils ne s'étaient jamais privés avec lui.

Monseigneur Lartigue s'était efforcé de se rendre aimable, encore que rien ne l'eût obligé à présenter l'autre joue jusqu'à la fin de ses jours. Aussi était-il convaincu que Dieu lui avait pardonné la colère qu'il avait faite lorsqu'on l'avait appelé dérisoirement « le grand vicaire mitré » et quand les messieurs de Saint-Sulpice avaient poussé l'outrecuidance jusqu'à faire croire à ses paroissiens que la messe du dimanche à Saint-Jacques ne revêtait pas la même valeur spirituelle que celle qui était célébrée à Notre-Dame.

Mais cette guerre fratricide s'achevait enfin. Les sulpiciens baissaient pavillon, pour le plus grand soulagement du pape Grégoire XVI qui n'attendait que ce moment pour signer la bulle d'érection du nouveau diocèse. Monseigneur Lartigue se rapprochait du but. Le

8 septembre, il prendrait officiellement possession de son siège épiscopal en présence de ses adversaires d'hier, dans un esprit de réconciliation. Il en était ému et, scrutant son âme, il pouvait d'ores et déjà
affirmer qu'il s'efforcerait de tout oublier.

Restait chez lui la crainte qu'à la dernière minute les sulpiciens
ne viennent l'empêcher de monter sur le trône épiscopal. Il avait aussi
en mémoire les crocs-en-jambe administrés par son cousin Papineau
et qui avaient eu pour conséquence de retarder sa nomination. Une
nouvelle déclaration malencontreuse du chef des patriotes et l'affaire
pouvait tomber à l'eau.

Il trouvait qu'en haut lieu on ne semblait pas pressé d'annoncer
la date de sa consécration. Pour mieux se protéger contre d'éven-
tuelles intrigues, il décida donc de s'en ouvrir au gouverneur. L'occasion était propice puisqu'ils partageaient la même banquette dans le
train qui les ramenait de Saint-Jean à Laprairie. Le vacarme de la
locomotive conjugué aux jacassements des passagers rendaient leur
conversation impénétrable.

« Excellence, je ne vous dirai jamais trop ma reconnaissance.

— Je sais, monseigneur, le mot que vous m'avez envoyé était
aussi éloquent qu'émouvant.

— Il vous a fallu moins d'un an pour faire accepter ma nomination par Londres, ce qui est tout à fait remarquable. D'autant plus
que mes liens d'appartenance à la clique des Viger et Papineau pouvaient gêner vos démarches.

— Croyez bien que je suis heureux d'avoir pu vous accorder ce
que mes prédécesseurs vous avaient refusé contre leur gré, j'en suis
certain.

— Puis-je me livrer à vous en toute confiance, Excellence ?

— Mais bien sûr, monseigneur, répondit le gouverneur, qui
observait deux bancs en avant Julie Papineau en grande conversation
avec Peter McGill, sans pour autant perdre un mot de ce que l'évêque
avait à lui confier.

— Eh bien, il me semble que le 8 septembre serait la date tout
indiquée pour la cérémonie qui, comme vous le savez, se tiendra en
la cathédrale Saint-Jacques, que je chéris particulièrement.

— Si ce jour vous convient, prenez les arrangements nécessaires
avec mon bureau et je me rendrai disponible, l'assura le gouverneur.

— C'est que monseigneur de Québec n'a pas encore confirmé la
date. Alors, si vous n'y voyez pas d'inconvénients, je pourrais prêter
serment à Sa Majesté devant vous aussitôt que possible. C'est la
coutume et cela accélérerait sans doute les choses.

— Comme vous voudrez, *Your Lordship*. »

Le comte de Gosford semblait bien disposé à l'égard de l'évêque, qui se sentait maintenant soulagé puisque ses affaires allaient enfin aboutir. Le train était sur le point d'entrer en gare lorsque leur conversation prit une nouvelle tournure.

« Permettez que je sollicite à mon tour une faveur, dit le gouverneur.

— Je vous en prie, Excellence, je vous en prie.

— Eh bien, il me semble qu'il serait opportun que l'évêque de Montréal appuie publiquement le gouverneur dans ses efforts pour rétablir la paix et la sérénité.

— Excellence ! lança monseigneur Lartigue, feignant d'être offusqué. J'ai toujours dénoncé la révolte contre l'autorité légitime. Je m'étonne que vous n'en ayez point pris acte.

— Vous m'avez mal compris, monseigneur. Je disais simplement qu'un mandement condamnant la désobéissance civile et signé de la main du nouvel évêque de Montréal ferait certainement réfléchir tous ceux qui sympathisent avec les rebelles sans mesurer les conséquences de leur appui.

— Je vois, je vois, répondit monseigneur Lartigue, songeur. J'ai presque envie de vous répondre : faites en sorte que je sois placé solennellement sur le trône épiscopal dans les meilleurs délais et je me chargerai du reste.

— Et si j'osais, moi aussi, je vous demanderais encore une chose. Les forces du roi déclinent. Il n'en a plus pour très longtemps. J'aimerais que la tradition soit maintenue, lors du sacre de Sa Majesté Victoria Ire.

— Vous voulez que les cloches de toutes les églises sonnent en chœur ? J'hésiterais à aller jusque-là. Nous ne voulons pas déclencher d'émeute, n'est-ce pas ? J'avais pensé laisser cette décision à la discrétion de chaque curé. Chacun seul peut évaluer la réaction de ses paroissiens. En revanche, j'avais l'intention d'ordonner que partout l'on chante le *Te deum*. Qu'en pensez-vous, monsieur le gouverneur ?

— Monseigneur, répondit ce dernier en lui serrant le bras, je sens que nous ferons bon ménage. »

C H A P I T R E XXV

Londres dit non

L'année 1837 commença dans la sérénité. Mais l'accalmie n'allait pas durer jusqu'à la fin du printemps. Amédée Papineau, qui l'ignorait encore, se faufilait dans la cohue, gai comme un pinson. Il humait l'air tiède d'avril, trop content de voir l'hiver basculer pour de bon. Enfin !

Les choses allaient plutôt bien pour le fils aîné de Julie. À dix-sept ans, il venait de passer son brevet de clerc-avocat et potassait ses bouquins pour obtenir un certificat de clerc-notaire. Après, il pourrait embrasser l'une ou l'autre profession, à son choix.

Il sifflotait en marchant dans la nouvelle rue baptisée Gosford. Il passa devant la boutique du marchand de poisson, qui le salua d'un geste en s'essuyant les mains sur son tablier blanc. Il s'étira le cou devant le magasin de nouveautés d'Alexandre Laframboise pour voir si l'importateur avait quelque produit inusité en vitrine, mais contiua son chemin. En face de l'hôtel de ville, il croisa un banquier de sa connaissance devant qui il s'inclina légèrement, comme le font les gentlemen. Son costume à rayures et son chapeau assorti lui en donnaient l'allure. Il retira de la poche de son veston un beau billet de cinq dollars neuf émis par la Banque du Peuple, le déplia et le regarda fièrement. La coupure portait l'effigie de Louis-Joseph Papineau ; à côté de lui, sur le fin papier, une déesse sur un char antique tenait à la main la clé symbolisant le triomphe de l'industrie.

Un an après sa fondation, la Banque du Peuple était prospère. Elle payait dix pour cent d'intérêt, ce qui lui attirait les dépôts des épargnants patriotes. L'un des fondateurs, Louis-Michel Viger, avait réussi à enrôler l'ami Édouard-Raymond Fabre, qui avait mis sa librairie à la disposition des clients. C'est donc rue Saint-Vincent que furent réalisées les premières transactions. Les plus anciennes familles du faubourg vinrent alors déposer des sacs de vieilles pièces d'or et d'argent français dans le trésor de leur nouvelle banque, ce qui constitua un bon capital de départ. Peu après, elle déménagea ses bureaux rue Saint-François-Xavier, à deux portes de la rue Saint-Sacrement. Amédée pensait que les négociants anglais étaient bien punis d'avoir si mal traité les Canadiens français dans leurs banques.

Longeant le Champ-de-Mars, Amédée croisa Horace, le fils de Wolfred Nelson, qui terminait sa philosophie au collège de Montréal. Il lui serra la main en demandant des nouvelles des « suppliciens ». Son ex-confrère lui raconta les dernières frasques des collégiens qui avaient la dent de plus en plus longue contre le directeur, l'indélogeable monsieur Baile.

« Figure-toi qu'on a fracassé les vitres de sa chambre, dit Horace. Ensuite on l'a dessiné en pendu, avec des oreilles d'âne.

— C'est bien fait pour lui, fit Amédée qui avait la rancune tenace. Il est tellement anti-canadien. »

Six heures. L'angélus rappela à Amédée qu'à la maison le souper allait bientôt être servi. Son père, qui était de retour de Québec depuis quelques jours, aimait bien avoir son petit monde autour de lui à l'heure des repas. Il promit à son ami Horace de lui faire signe prochainement et accéléra le pas jusqu'à la rue Bonsecours.

▼

Un silence de plomb régnait dans la salle à manger des Papineau, Ézilda et son petit frère piquaient du nez dans leur assiette. On n'entendait que le clapotis de Gustave qui avalait goulûment sa soupe.

« Que se passe-t-il ? demanda Amédée en prenant place. Ce n'est pas mon retard qui vous met dans cet état ?

— Non, ça n'a rien à voir, répondit Papineau.

— Ils viennent de nous déclarer la guerre, fit Julie, qui plongea la louche dans la soupière et lui tendit un bol fumant.

— Qui ça ? demanda Amédée.

— Les Anglais, répondit Papineau en montrant du doigt un document portant le sceau de la couronne britannique. C'est la réponse de Londres à nos quatre-vingt-douze résolutions. »

Papineau était consterné. Le Colonial Office rejetait toutes les plaintes des Canadiens. À croire que les commissaires-enquêteurs n'avaient rien compris. Ou, alors, ils avaient consciemment soumis un rapport biaisé de la situation au Bas-Canada. Quoi qu'il en soit, le ministre de l'Intérieur du Parlement anglais, lord John Russel, venait d'accoucher de dix résolutions comme autant d'insultes qui repoussaient toutes les demandes canadiennes.

« Ces messieurs de Londres prétendent que nous préparons l'indépendance, expliqua Papineau avec morgue, et ils ne veulent pas d'une république française au Canada.

— Mais je n'y comprends rien, papa, fit Amédée, vous m'avez toujours dit que les enquêteurs admettaient que nos plaintes étaient fondées ? Même le gouverneur vous en a donné l'assurance. Pourquoi ce revirement brusque ?

— On s'est fait avoir comme des imbéciles, fit Papineau en repoussant son assiette. Figure-toi que le gouverneur est désormais autorisé à puiser dans les coffres de la province, sans le consentement de la Chambre. C'est-à-dire sans le consentement des Canadiens.

— Ça ne tient pas debout ! s'exclama Amédée. Si je comprends bien, le gouvernement peut prendre notre argent, dans notre Trésor public, pour payer ses officiers, sans notre consentement. »

Il s'emporta :

« Ça revient à voler notre argent de notre poche. À présent, il faudra du sang pour régler cette affaire.

— Amédée, fais attention à ce que tu dis, le gronda Julie. Pense aux enfants. »

Gustave releva la tête. Il avait la lèvre supérieure ornée d'une moustache de lait et ne semblait pas comprendre ce qui se passait.

« Excusez-moi, maman, mais ils ne sont pas trop jeunes pour savoir que nos tyrans ne seront jamais justes. Il faudra leur arracher le Canada avec le fer et le feu et renverser le drapeau britannique avant que le pays puisse jouir d'un bon gouvernement.

— Amédée, je t'en supplie... »

Mais le jeune homme poursuivit sur sa lancée comme s'il n'avait pas entendu les protestations de sa mère. Il y mettait tant d'ardeur qu'il en devenait presque ridicule.

« Que dira la postérité de l'infamie du gouvernement anglais à notre égard ? Il suffira de prononcer quatre mots et l'Angleterre sera jugée : Amérique, Acadie, Irlande et Canada. »

Papineau refusa la mousse au chocolat que la bonne apportait. Il s'essuya la bouche avec sa serviette et se leva.

« Je vais à la librairie Fabre. Vous venez, papa ? demanda-t-il à Joseph, qui n'avait pas desserré les dents du repas.

— Vas-y sans moi, je suis trop courbaturé. Trop abasourdi aussi.

— Qu'allez-vous faire maintenant ? demanda Julie. Vous n'allez pas vous laisser manger la laine sur le dos ?

— Non, évidemment, répondit Papineau, pressé d'aller retrouver ses amis. Nous allons préparer la riposte. Ça ne se passera pas comme ça, tu peux me croire.

— Je vous accompagne, papa », décida Amédée, qui n'avait rien avalé.

Papineau fila vers la bibliothèque. Il parcourut les rayons où se trouvaient les livres d'histoire. Il cherchait un ouvrage qu'il ne trouvait pas. Il fouilla ensuite dans la section politique, sans plus de succès, et s'impatienta :

« Qui est-ce qui s'amuse à jouer dans mes affaires ? Ça fait deux jours que je cherche ce foutu livre et je n'arrive pas à mettre la main dessus. Julie, tu ne l'aurais pas vu ?

— Dis-moi au moins ce que tu cherches, demanda-t-elle en le suivant dans la bibliothèque.

— *Boston Massacre*, répondit-il. Il devrait être rangé avec les livres d'histoire, mais il n'y est pas.

— Regarde plutôt dans la section Bibliotheca Americana. »

Ce qu'il fit avec succès :

« Ah ! le voilà, tu avais raison, dit-il en l'embrassant, comme pour se faire pardonner son départ précipité. Que ferais-je sans toi ? Bon, viens Amédée, on n'a pas de temps à perdre.

— Mais qu'a-t-il de si précieux, ce livre ? demanda Julie tandis qu'il enfilait son pardessus.

— Il explique comment, pendant la révolution américaine, les Bostonnais ont coupé les vivres aux Anglais. C'était un excellent moyen, on pourrait peut-être s'en inspirer. »

▼

À la librairie de la rue Saint-Vincent, Papineau exposait son plan aux patriotes réunis. Louis-Michel Viger marchait de long en large dans la pièce enfumée. Le libraire Fabre et son beau-frère, Charles-Ovide Perrault, se relayaient derrière le comptoir pour servir les clients et Ludger Duvernay prenait des notes. Un peu en retrait, Jacques Viger suivait la discussion sans s'en mêler.

« Nous devons boycotter les produits anglais, proposa Papineau. Souvenez-vous du *Boston Tea Party*. L'histoire de la révolution américaine devrait nous servir de leçon.

— Tous les produits anglais ? s'enquit le libraire. Même le sucre et la farine ?

— Toutes les importations britanniques, répondit Papineau, et tous les établissements commerciaux des Anglo-Canadiens. L'or est le dieu qu'ils adorent. Tuons-le et nous les convertirons à un meilleur culte. Puisque Londres autorise le gouverneur à puiser dans le coffre public sans l'assentiment de la législature, tarissons les douanes.

— Excellente idée, dit Ludger Duvernay. D'ailleurs ce n'est que justice. Réalisez-vous tous les impôts qui vont dans la poche du gouvernement anglais ? 38 sous par gallon de Brandy, 18 sous par gallon de vin, 12 sous par gallon de whisky écossais et de mélasse.

— Vous devriez publier ces prix dans *La Minerve*, suggéra Fabre. Ça pourrait inciter les Canadiens à consommer des produits d'ici.

— Mais il n'y a pas que l'alcool, enchaîna Papineau. Il y a le thé, le café, le tabac, les tissus. Enfin, tout ce pour quoi on paie des droits de douane. C'est la seule façon de vider la caisse de ces voleurs.

— Papineau, dit Duvernay en riant, je vous imagine en Chambre, vêtu d'un habit confectionné en étoffe du pays.

— Pourquoi pas ? fit Papineau sans broncher.

— Il y a des produits importés qu'on ne peut pas remplacer par les nôtres, répliqua le rationnel Fabre.

— Ce que nous ne pouvons fabriquer nous-mêmes, nous l'obtiendrons grâce à la contrebande, assura Ludger Duvernay. Je n'aurai aucun scrupule. Aux grands maux, les grands remèdes. Les coffres se videront. Alors, seulement, l'Angleterre entendra raison.

— Il faudra expliquer cela clairement dans votre journal », suggéra le libraire, toujours pratique.

Duvernay notait les commentaires des uns et les explications des autres. C'était un secret de polichinelle que les écrits les plus mordants qu'il publiait dans sa gazette n'étaient pas de lui mais de ses amis. Comme la plupart des articles n'étaient pas signés, ceux-ci rivalisaient d'audace et d'accusations assassines. Mais c'était toujours lui, l'éditeur, qui récoltait aussi bien les fleurons que les poursuites. Ses séjours répétés en prison avaient augmenté son prestige, ce qui n'empêchait pas ses adversaires des journaux concurrents d'affirmer sous le manteau qu'il était incapable de tenir sa plume seul. C'était injuste, car Ludger Duvernay imprimait néanmoins sa griffe aux textes anonymes de ses amis.

« Et je pourrais conclure en écrivant que les ressources ne manquent jamais à un peuple qui vit à la frontière des États-Unis, renchérit-il.

— C'est tout à fait juste, enchaîna Robert Nelson, qui venait d'arriver et n'avait pas encore eu le temps de s'avancer une chaise. Les objets que nous ne pourrons pas produire ici, l'ami Jonathan nous les fournira. »

Jacques Viger n'avait pas perdu un mot de la discussion. Il semblait songeur. Lorsque Duvernay d'abord, puis Nelson ensuite suggérèrent que les patriotes s'adonnent à la contrebande, le maire de Montréal sursauta.

« Là vous allez trop loin, mes amis. Le boycott, j'en suis, mais on ne va tout de même pas sanctionner l'illégalité. Nous n'en sommes pas encore là.

— Oui, nous en sommes là, coupa le jeune frondeur Louis-Hippolyte LaFontaine. N'avez-vous pas lu les dépêches de Londres ? Vous n'avez pas entendu parler de ce lord Brougham qui nous appuie ? Il affirme que les Canadiens ont l'obligation morale de résister.

— Tout de même, insista Viger, aller contre les lois...

— Attendez, monsieur le maire, laissez-moi finir. Le bon lord a ajouté ceci : " Si le même sang que celui des Washington, Franklin et Jefferson coulait dans les veines des Canadiens, ils chasseraient les Anglais de leur pays, comme ils ont été chassés des anciennes colonies britanniques. "

— Je ne vois aucun intérêt à imiter les Américains, trancha Jacques Viger. N'oubliez jamais qu'après avoir affamé l'Angleterre, ils ont été forcés de prendre les armes. Une chose en entraînant une autre...

— Les Américains nous aideront, proclama le dragon LaFontaine, comme si cela était évident.

— Ils ne se mettront pas l'Angleterre à dos pour nos beaux yeux, ça, je vous le garantis, le contredit le maire sur le ton du maître qui fait la leçon à son élève. Ils n'ont aucune raison de le faire. Si vous vous imaginez qu'ils veulent du Bas-Canada dans leur union, eh bien, vous allez être bougrement déçus.

— Ils se sont pourtant battus pour le Texas, objecta encore LaFontaine qui n'en démordait pas.

— Mais les habitants du Texas sont leurs frères alors que nous sommes des étrangers. Notre langue, notre culture, nos lois sont différentes. De plus, nos terres ne sont pas aussi fertiles et notre climat nordique est loin d'être attirant. »

La mise en garde de Jacques Viger avait laissé tout le monde perplexe, même Papineau. On n'avait pas l'habitude de le voir aussi grave, lui dont on ne savait jamais s'il était sérieux ou s'il vous montait un bateau. Petit George (c'est ainsi qu'on appelait George-Étienne Cartier) se leva, versa de l'eau dans un verre et l'offrit au maire. Chevalier de Lorimier, qui exerçait les fonctions de secrétaire dans ces réunions improvisées, s'était arrêté d'écrire, curieux d'entendre la suite. Mais Viger se renfrogna. Il sentait depuis quelque temps que ses amis manquaient de réalisme. À croire qu'ils rêvaient de révolution, contre tout bon sens, et en dépit des conséquences qui en découleraient pour le Bas-Canada.

Il se tut pour le reste de la soirée, tandis que les autres, enthousiastes à l'idée d'atteindre les Anglais là où ça risquait de faire le plus mal, ne se souciaient plus des états d'âme de monsieur le maire.

▼

Assis dans son fauteuil, les deux pieds sur un tabouret, Joseph Papineau épluchait avec le plus grand soin le texte des dix résolutions de Londres. À tout moment, il hochait la tête :

« On n'a pas mérité ça, mes aïeux, on n'a donc pas mérité ça. »

Julie avait jeté une couverture de laine sur les jambes de son beau-père, qui se plaignait de rhumatismes. Par temps humide, on aurait dit que ses os étaient en compote.

« Non, ma fille, je n'arrive pas à comprendre les Anglais, répétait-il. Après ce qu'on a fait pour eux ! » Il laissa tomber le paquet de feuilles sur ses cuisses, en pensant à tous les Canadiens qui avaient défendu le drapeau britannique au péril de leur vie.

« Moi, le premier, ma petite Julie. Moi le premier. »

C'était au temps du gouverneur Carleton. Joseph devait avoir dix-sept ou dix-huit ans. Milord avait reçu de Londres des dépêches confidentielles qu'il fallait lui faire porter de Montréal à Québec. C'était assez périlleux parce que les Américains encerclaient la capitale.

« Comme j'étais un peu fanfaron, j'ai sollicité la mission. Vous comprendrez que les candidats ne se bousculaient pas. Alors j'ai été choisi sans difficulté. J'ai caché les papiers dans des bâtons creux et j'ai marché.

— Jusqu'à Québec ? demanda Julie.

— Oui et en plein hiver. Je m'en rappelle comme si c'était hier, ma mère m'avait tricoté un gros chandail de laine. J'ai longé le fleuve tout en glace pendant des heures et des heures. Il poudrait sans bon sens. Je m'arrêtais seulement pour manger et dormir d'un presbytère à l'autre. »

Joseph prenait un plaisir évident à remuer ses vieux souvenirs.

« Des fois, je me cachais dans les bois pour échapper aux patrouilles américaines. Il y en avait partout et elles me surprenaient au moment où je m'y attendais le moins. Pour traverser le fleuve, à Lévis, j'ai mis une chemise blanche par-dessus mes habits et je me suis couvert la tête d'un mouchoir. Comme ça, j'ai pu me glisser jusqu'à l'autre rive sans alerter les sentinelles. Le jour de mon arrivée, et malgré la fatigue du voyage, j'ai remis les documents au gouverneur en personne.

— Et après ? Qu'est-il arrivé, pépé ?

— J'ai passé le reste de l'hiver à Québec. On a défendu la ville contre les Américains. »

Joseph Papineau hocha la tête. Des histoires comme la sienne, tous les vieux Canadiens pouvaient en raconter. Des plus jeunes aussi. Son fils, Louis-Joseph, s'était battu contre les Américains, en 1812. Comme son filleul, Jacques Viger, et son autre neveu, Louis-Michel Viger. Tous ces fils de pionniers qui pourtant n'avaient pas connu le régime français ne demandaient qu'à défendre leur souverain britannique.

« Mon père était là, lui aussi, dit Julie. Si les États-Unis avaient remporté la victoire, nous serions américains aujourd'hui. Ce serait peut-être mieux...

— Et le français ? Pensez seulement aux Acadiens de la Louisiane. Dans cent ans, ils ne sauront même plus dire merci dans leur langue maternelle. »

Il y eut un nouveau silence. Julie croyait que Joseph Papineau avait repris sa lecture quand il ajouta subitement :

« Tout ce que les Canadiens demandent, ce sont les mêmes droits que les sujets britanniques. Mais les Anglais nous ont toujours considérés comme une bande d'ignorants. Des catholiques super stitieux. Ils pensaient réussir à nous angliciser et à faire de nous de bons protestants sans qu'on s'en rende compte. »

Joseph déposa le rapport sur le tabouret à côté de ses pieds. Il se frotta la jambe en grimaçant.

« Si ça ne vous incommode pas trop, je vais faire un somme. »

Et il ferma les yeux en pensant à Craig, Dalhousie, Aylmer et Gosford : du pareil au même ! De la graine d'hypocrites ! Il s'était déjà assoupi lorsque Julie reprit son journal. Pendant une heure, peut-être plus, elle éplucha les gazettes que Papineau avait rapportées. C'était l'un des moments les plus délicieux de la journée, tandis que la maison baignait dans le silence et qu'elle tournait les pages lentement, après s'être assurée que rien ne lui avait échappé. Des journaux français elle passa aux anglais. Seul le *Vindicator*, dirigé par le docteur O'Callaghan, qui avait remplacé le pauvre Daniel Tracey, était sympathique à la cause patriote. Les autres tapaient sur le dos des Papineau, Nelson et Viger.

Comme d'habitude, ce jour-là, Papineau défrayait les manchettes. Mais le héros des uns était le démon des autres. Pendant que *La Minerve* chantait ses louanges, le *Herald* le surnommait « l'auteur de tous les maux » et laissait entendre que ce « Cromwell » rêvait de devenir le dictateur de la nouvelle république. Elle ne sursautait même plus en découvrant de nouvelles injures.

Soudain, elle tressaillit en voyant une annonce au milieu d'une page du *Herald*. Joseph se réveilla en entendant le cri qu'elle n'avait pas réussi à étouffer.

« Pour l'amour du bon Dieu, Julie, êtes-vous en train de perdre connaissance ? »

Elle était si pâle qu'il se traîna jusqu'à elle. Ses yeux restaient fixés sur l'annonce, comme si elle était incapable de s'arracher à la vision qui lui faisait horreur.

« Qu'est-ce que cette feuille de chou a encore publié ? demanda-t-il en lui arrachant le *Herald* des mains. Ça doit être abominable pour vous mettre dans cet état. »

Il lut d'abord le titre à haute voix : TIR À LA CARABINE
Puis il poursuivit :

AVIS : Personnage en plâtre figurant un agitateur bien connu tiendra lieu de but dans les derniers jours du mois prochain. Un prix sera remis aux tireurs qui abattront la tête du personnage à 50 verges de distance.

« Mais... mais... c'est de la provocation », ragea le vieillard.

Joseph replia le journal qu'il jeta violemment sur la table devant lui. Ce n'était pas d'hier que Papineau était l'objet des pires attaques. Mais il fallait un sacré culot pour en faire une cible au propre comme au figuré...

« C'est un appel au meurtre, dit froidement Julie qui croyait, elle aussi, avoir tout lu, tout entendu, avant de tomber sur cette ignominie.

— Encore un coup du Doric Club, tempêta Joseph, qui trouvait que les mauvaises nouvelles étaient décidément trop nombreuses pour une seule journée.

— Je ne sais pas si Louis-Joseph a vu ce torchon haineux, dit Julie.

— Sûrement, répondit Joseph. Et je ne serais pas étonné qu'il nous en cache de bien pires. Bon, je vais aller me coucher. J'ai de la besogne demain. Comme j'ai l'intention d'aller mettre de l'ordre à la Petite-Nation à la fin de la semaine, je n'aurai pas trop des deux jours qui restent pour compléter mes actes notariés.

— Vous comptez rester longtemps à la seigneurie ? Pourquoi n'emmèneriez-vous pas Amédée ?

— Une semaine au plus, le temps de régler les problèmes dont Denis-Benjamin se plaint. Il paraîtrait que c'est quasiment la famine par là.

— Et Amédée ? Vous allez l'emmener ? insista Julie. Il pourrait vous aider. Je ne vous cache pas, beau-papa, que ça me soulagerait de le savoir loin de Montréal. Il se laisse emporter par ce qui arrive. Il y a des jeunes patriotes un peu trop exaltés à mon goût qui se regroupent en association prétendument pour se défendre. S'il fallait qu'Amédée s'enrôle !

— Voyons, Julie, Amédée n'est plus un enfant.

— Il n'a que dix-sept ans et il manque parfois de jugement.

— Vous êtes trop mère poule. Regardez comme Lactance profite depuis qu'il pensionne à Maska. Avant, il était toujours sous vos jupes. Vous pouvez catiner Ézilda ou Azélie si le cœur vous en dit, mais laissez vos garçons devenir des hommes... »

Julie était habituée à sa brusquerie qui cachait l'affection qu'il ressentait pour elle. Aussi insista-t-elle, convaincue de le fléchir.

« Bon, d'accord pour cette fois, je vais l'emmener, votre petit Amédée, finit-il par dire. Il sera mon bâton de vieillesse, s'il le veut, bien entendu. Je vous parie qu'il va faire des histoires. Il est à l'âge où l'on a soif d'action.

— Il aura bien le temps », conclut Julie.

Elle raccompagna son beau-père à sa chambre. Elle l'aida à enfiler de gros bas de laine pour tenir ses jambes endolories au chaud et attendit qu'il soit au lit avant de redescendre au salon. Elle n'avait plus envie de lire les journaux. Seule dans le noir, elle guettait le retour de son mari et de son fils.

CHAPITRE XXVI

Misère noire !

« Misère noire ! » soupira Joseph Papineau

Un violent dégoût envahit le vieil homme à l'issue de la première journée du voyage. Attablé à l'auberge du père Quesnel, à l'extrémité ouest de l'île de Montréal, il enfilait rhum sur rhum. À côté de lui, son petit-fils Amédée sirotait un verre en silence. Il était d'aussi mauvais poil. Ce séjour à la Petite-Nation – un coup monté par sa mère pour l'éloigner de Montréal –, il y avait consenti à reculons. Il s'était fait une joie d'assister à l'assemblée de Saint-Laurent qui devait avoir lieu le dimanche suivant, mais son père lui avait laissé entendre qu'en son absence, il avait le devoir de s'occuper de la seigneurie avec son grand-père. Il n'était pas loin d'en vouloir à sa mère qui avait tout manigancé. C'était, se disait-il, sa dernière trouvaille.

Près du bar, devant l'âtre qui brûlait doucement, Amédée cultivait son vague à l'âme.

« Quelle morne journée ! », laissa-t-il échapper à son tour, en passant la main dans son abondante tignasse brune tirant sur le roux.

Partis de bon matin, sous une abondante pluie, le vieillard et son petit-fils étaient arrivés au quai de Lachine à la brunante. Ils avaient eu des ennuis avec l'essieu de la voiture et avaient eu du mal à trouver quelqu'un pour le réparer. Joseph Papineau brûlait d'impatience.

« Tout ce temps perdu à cause des mauvais chemins qui vous massacrent votre butin », maugréait-il.

Si au moins il n'y avait pas eu cette pluie qui leur traversait le corps ! Les voyageurs s'étaient donc arrêtés de mauvais gré à la seule auberge du coin. Elle ne payait pas de mine, mais enfin ! puisqu'ils n'y pouvaient rien, autant se résigner.

« On va coucher ici, avait décidé Joseph. Demain matin, à bonne heure, on ira chercher les agrès, pis la barge. Comme ça, on pourra franchir le canal avant midi. »

C'est ainsi qu'ils s'étaient retrouvés dans cette salle bondée et enfumée. La plupart des clients avaient fini de manger, mais ils restaient là, cloués à leurs sièges, comme si la perspective de mettre le nez dehors par un temps pareil les rebutait. Il ne restait plus une seule place à table lorsqu'un squatteur déjà éméché entra et se dirigea vers le bar où il réclama un verre que le patron lui refusa.

« Vous voyez bien que c'est *full*. Allez ailleurs. »

Joseph Papineau fit signe au squatteur de venir s'asseoir avec lui et son petit-fils. Il se glissa sur le banc pour lui faire une place. Il n'aimait pas qu'on bouscule le pauvre monde. Il lui offrit un verre de rhum que l'homme accepta sans se faire prier.

« Qu'est-ce que vous faites par ici ? demanda Joseph Papineau.

— Je reviens de l'Outaouais, fit le squatteur encore intimidé. J'ai essayé de me placer comme homme à tout faire. Pas de chance. Là-bas, ils sont aussi pauvres que moi. »

Joseph Papineau le questionna. Il s'appelait Rémi Lavigne et vivait depuis quelques années dans les *Townships* de l'Est. Il avait des yeux à faire peur. On aurait dit des dards. Sa veste était râpée et sa culotte trouée avait été grossièrement rapiécée.

« Il ne me reste plus qu'à prendre le bord de la Nouvelle-Angleterre, ajouta-t-il amer, d'une voix à peine audible.

— Et votre femme, qu'allez-vous en faire ? demanda Joseph Papineau.

— Elle est morte, Dieu ait pitié de son âme. Elle n'a pas survécu à nos malheurs. Un jour, ils vont me le payer, ajouta-t-il en caressant de la main son vieux fusil de chasse. Ce n'est pas humain ce qu'elle a enduré. »

L'homme avala une rasade de rhum avant de commencer son histoire. Un peu en retrait, Amédée, qui l'avait d'abord pris pour un quêteux, se rapprocha pour mieux écouter.

« Quand on a décidé d'aller s'établir dans les *Townships*, on était convaincus que la terre était à nous. Mon père est un vétéran de 1812. Il s'est battu avec les Anglais contre les Américains. Après la guerre, ils lui ont attribué un lopin, comme aux autres, mais il n'a jamais demandé son dû. Ça fait que...

— Ça fait que vous l'avez réclamé à sa place, termina Joseph. C'était votre droit le plus strict.

— Apparemment non, mon bon monsieur, fit l'homme en hochant sa tête de misérable.

— Écoutez, fit Joseph Papineau, je suis notaire, je devrais le savoir.

— J'ai fait toutes les démarches prévues par la loi, mais je n'ai jamais pu obtenir les titres. À un moment donné, je me suis tanné, pis j'ai décidé de m'installer pareil. Après tout, c'était à nous autres, la terre. Ma femme avait vingt ans, moi vingt et un. On venait d'avoir un fils, Simon. »

Il s'arrêta, vida son verre d'un trait et cria :

« Eh ! Quesnel, apporte du rhum. »

Rémi Lavigne était intarissable. Il racontait sa vie de défricheur au fond des bois. Pas d'école pour le petit Simon, pas de médecin pour sa Sophie. Pas de confession ni de communion le dimanche, et pas de funérailles pour les morts...

« Ma femme, je l'ai enterrée au pied d'un arbre, comme un animal. Elle est morte en couches. Le petit était mort-né. Elle m'a dit avant de mourir : « Ça en fera un de plus qui ne sera jamais baptisé. » Elle avait dans la tête que le bon Dieu la punissait parce qu'elle élevait son fils quasiment comme un païen. Qu'est-ce que vous voulez que je vous dise ? Y en n'avait pas de curé. »

La vérité vraie, il la connaissait, lui, Rémi Lavigne. Sa femme était tombée malade le lendemain de la visite du huissier venu les avertir de déguerpir ou bien d'acheter la terre.

« Deux cents piastres. Où vouliez-vous que je trouve cet argent-là ? »

Les clients de l'auberge étaient suspendus à ses lèvres. Le patron offrit une tournée. Il servit les verres sans dire un mot, pour ne par déranger Rémi. Celui-ci avala une gorgée, puis une autre, avant d'ajouter plus bas, comme s'il avait honte :

« On avait trimé dur, on avait souffert de toutes les privations. Enfin, on l'avait, notre maison à nous autres, et une bonne terre à cultiver. Ben ils nous l'ont enlevée. »

Joseph aurait voulu le réconforter mais que pouvait-il dire à un homme qui avait tout perdu ? Il y eut un moment de silence. Puis les clients reprirent leurs conversations, comme si de rien n'était.

Rémi Lavigne se leva, essuya ses yeux mouillés sur le poignet de sa veste usée et sortit de l'auberge.

« C'est un scandale, dit Amédée en suivant l'homme des yeux.

— Des squatteurs comme lui, il y en a plus que tu penses, répondit Joseph Papineau. Depuis trois ans, l'agent des terres les évince par centaines. Il vend nos plus belles terres à de riches propriétaires anglais et américains qui font les morts pendant des années, jusqu'à ce qu'elles soient cultivées par ceux qui s'y installent et qui finissent par croire qu'ils sont chez eux. Quand ils ont tout défriché, ils sont chassés et remplacés par des immigrants importés, des *slums* de Liverpool ou de Bristol. Ça fait un demi-siècle que ça dure.

— Pourquoi les Canadiens endurent-ils ça ? » laissa tomber Amédée, que le stratagème des autorités révoltait.

▼

À l'aurore, le fils aîné de Julie était encore sous le choc. Il rêvait de vengeance et mijotait dans sa tête la lettre qu'il adresserait au gouverneur Gosford pour dénoncer cette injustice. Joseph Papineau l'avait prévenu que c'était inutile : les nouvelles directives de Londres, les fameuses résolutions Russell, entérinaient l'octroi des terres canadiennes aux immigrants. Tout de même, avait rouspété le jeune homme, il doit bien y avoir moyen d'empêcher ces vols.

« Grouille-toi, Amédée, ce n'est pas le temps de rêvasser », cria Joseph.

Le grand-père s'activait depuis l'aube. Il avait récupéré sa barge et essayait d'installer le mât avec l'aide de ses hommes. Il leur fallut deux heures pour y arriver et une autre pour mettre en place la voile, de sorte qu'ils n'atteignirent le haut du rapide Sainte-Anne qu'à la noirceur. Le lendemain, les bourrasques du nord-est, qui avaient compliqué leurs opérations de départ, les poussèrent jusqu'à la ligne qui sépare le lac des Deux-Montagnes de la seigneurie d'Argenteuil. Mais le vent tourna et la pluie reprit de plus belle.

« Maudit pays ! On va continuer à la perche jusqu'à l'embouchure de la baie de Carillon, ordonna Joseph Papineau à ses hommes. Il n'y a pas moyen de faire autrement, les vents nous sont contraires.

— Vous n'aimez pas mieux qu'on s'arrête ici ? demanda Amédée, qui voyait que son grand-père était à bout de forces.

— Non, on continue, dit Joseph d'un ton bourru, sans ça on n'arrivera jamais. »

La grêle tombait comme aux derniers jours de novembre quand ça sent l'hiver. L'humidité les imprégnait de bord en bord.

« Je n'ai jamais vu un mois de mai aussi laid, soupira Joseph. Comme dirait ta mère, c'est de mauvais augure.

— Vous n'allez pas vous mettre à imaginer le pire, dit Amédée. Il y a bien assez de maman qui voit toujours tout en noir.

— En tout cas, mon garçon, je ne voudrais pas avoir ton âge. »

En fin de journée, le soleil semblait vouloir percer, ce qui permit aux deux voyageurs et à leur équipage d'atteindre la rivière du Nord.

Ils convinrent de passer la nuit chez un cultivateur de leur connaissance, un dénommé Mailloux.

« J'aurais voulu vous donner à manger convenablement, s'excusa celui-ci, mais on est bien dépourvus. »

Sa femme leur servit de la soupe et du pain. Amédée était tellement fatigué qu'il ne sentait pas vraiment la faim.

« Je n'ai plus ni paille ni foin pour les bêtes, dit Mailloux.

— Heureusement qu'il y a la pêche, répondit Joseph.

— Bof ! il pleut tellement que l'eau monte, ça complique nos expéditions. On attrape de l'achigan dans le lac. Il y a aussi de la carpe à la rivière au Saumon mais ce n'est pas suffisant pour nourrir tout mon monde. Les enfants grandissent...

— Avez-vous semé ?

— Pas capable, c'est trop mouillé. S'il peut arrêter de pleuvoir et de faire froid, pour que les chaleurs prennent et que l'herbe pousse. »

Ce soir-là, Amédée dormit comme un loir. Joseph, lui, n'arriva pas à fermer l'œil. Sa paillasse n'était pas assez garnie et il avait l'impression d'être couché sur le plancher. Et comme pour mal faire, ses rhumatismes recommençaient à le faire souffrir. Il aurait donné cher pour être au chaud, dans son lit, à la Petite-Nation.

▼

Joseph Papineau n'était pas au bout de ses peines. Il s'était remis à pleuvoir, le dimanche matin, et un nouveau nordet les poussa jusqu'à un canal qu'ils franchirent à la voile. À partir de la chute à Blondeau, les choses allèrent de mal en pis. Il fallut baisser le mât pour passer sous les ponts. Mais l'équipement était en si piteux état que les hommes ne réussirent pas à le remonter une fois le deuxième pont dépassé. Après des heures de vains efforts, les hommes frigorifiés décidèrent de tirer la barge à la corde, à pied, jusqu'à la tête du canal suivant. Épuisés, ils se résignèrent à dormir au bord de la rivière au Saumon, vis-à-vis de chez madame Calvin, qui consentit à les accueillir sous son toit. Craignant que la pauvre vieille ne leur refile sa maigre ration, comme Mailloux la veille, Joseph Papineau préféra partager ses dernières provisions avec ses hommes.

Le moral du vieillard était au plus bas et Amédée évitait de le contrarier. Si au moins les vents avaient diminué. Au contraire, au moment où ils s'y attendaient le moins, ils redoublaient d'intensité. Toute la nuit, Amédée entendit claquer le volet contre le mur de pierre. Mais il n'avait ni la force ni le courage de se lever pour l'attacher. De temps à autre, il surprenait son grand-père qui geignait.

« Pays de malheur ! »

C'est le lundi seulement que l'équipage atteignit sa destination. Doudou les attendait au quai. La pluie fouettait les hommes tandis qu'ils déchargeaient les effets apportés de Montréal et les mettaient à l'abri. Après avoir donné à chacun son dû, le vieillard et son petit-fils prirent le chemin de la Petite-Nation dans la charrette que Denis-Benjamin leur avait envoyée. En montant une côte glaiseuse, le cheval glissa, la voiture tomba à la renverse et le timon se rompit.

« Misère noire ! » laissa encore échapper Joseph Papineau, qui demanda à Amédée d'aller chercher du renfort. Celui-ci courut jusqu'à l'habitation la plus proche et revint avec deux colons. Ils poussèrent et tirèrent la voiture sans succès et durent se résigner à dételer le cheval et à le laisser dans ses profondes ornières. Joseph et Amédée attendirent à la chaumière voisine Denis-Benjamin qui accourut dès que Doudou l'eut prévenu.

Sans même dire bonjour à son fils, Joseph, qui était d'humeur massacrante, l'apostropha.

« Veux-tu bien me dire ce que les bêtes font à l'herbe par un temps pareil ?

— Il n'y a plus de fourrage depuis le six avril, papa. Mais prenez au moins le temps de changer de vêtements. Vous êtes trempé. Je vous ai apporté un manteau sec. »

Denis-Benjamin se tourna ensuite vers son neveu et dit en voyant ses bottes crottées et le bas de son pardessus couvert de boue :

« Et toi, mon Amédée, tu n'as pas l'air d'un jeune notaire très prospère.

— J'ai connu des jours meilleurs », fit Amédée en retirant lui aussi sa veste.

Sur le chemin qui les ramenait à la maison, Joseph continua de maugréer :

« Avec le touage de la péniche, les gages et les vivres des hommes, j'ai dépensé tout mon avoir. On m'a fait payer le prix fort aux canaux. Je suis écœuré. »

En entrant, il embrassa sa bru à qui il fit tout de même l'aumône d'un sourire.

« J'ai de quoi vous remonter le moral, annonça la belle Angelle. Vous allez voir que je fais des merveilles avec pas grand-chose. On va vous traiter aux petits oignons, le beau-père. Je vous ai gardé une pièce de lard qui vous fera oublier votre voyage. »

C'est alors, juste avant le souper, que la ronde des visiteurs commença. Tous plus désespérés les uns que les autres, ils suppliaient Joseph Papineau de retarder leurs paiements et de leur laisser leur lopin de terre, même s'ils n'avaient pas les moyens de rembourser leur dette. Humblement, ils mendiaient un peu de nourriture que le vieillard n'avait pas la force de refuser.

« Papa, soyez raisonnable, vous êtes en train de promettre l'impossible, reprocha gentiment Denis-Benjamin, plus habitué que son père aux privations de son entourage.

— On ne peut même pas leur donner du biscuit ?

— Même pas, répondit tristement son fils. Vous savez bien que les dernières réserves sont épuisées. Et maintenant, avec la débâcle du printemps, on n'a toujours rien semé.

— Amédée, écris à ton père de venir s'occuper de son monde, ordonna Joseph. Moi, je ne peux rien faire de plus. Benjamin non plus.

— Mon frère ne fera pas de miracles, s'impatienta Denis-Benjamin, qui n'aimait pas qu'on insinue que Papineau serait capable de réussir là où il avait échoué.

— Au moins, qu'il apporte des grains de semence, insista Joseph.

— Il sera trop tard pour les grains, objecta Benjamin. S'il vient, ce qui est loin d'être sûr, il ferait mieux d'apporter du lard, des pois, de la farine.

— Et du biscuit. Dis-lui de faire vite. »

Le jour était tombé pour de bon quand Joseph Papineau se calma. Amédée avala tout ce que sa tante lui offrit, non sans penser à ceux qui n'avaient rien à se mettre sous la dent. Malgré la fatigue du voyage, il sentait la révolte gronder en lui.

« Papa a raison, le gouvernement britannique garnit ses coffres en affamant la population », pensa-t-il.

Ce périple lui en avait appris plus long sur le marasme économique qui sévissait dans le Bas-Canada que toutes les assemblées politiques auxquelles il avait assisté à ce jour. Lui toujours si prompt à condamner les ratés comme autant de fainéants, il était resté pantois devant ces grands gaillards qui mendiaient un peu de pain parce que leur garde-manger était vide. Son cœur se serrait devant tous ces enfants faméliques qui attendaient docilement que leurs parents aient arraché quelques provisions aux maîtres des lieux. Jamais il n'avait imaginé pareil dénuement. Le regard éteint d'une pauvre femme, muette de surcroît, il n'était pas près de l'oublier non plus. Elle était en guenilles et elle avait imploré son grand-père de ne pas la jeter à la rue. Le vieil homme en avait eu l'âme taraudée.

« Comment faites-vous pour nourrir vos enfants ? » lui avait-il demandé.

Elle griffonna sa réponse sur un petit carnet qu'elle tenait toujours à la main :

« On me fait parfois la charité. Oh ! je ne juge personne, il n'y a plus rien à manger. J'attendais votre arrivée. »

Après son départ, Joseph s'était renfrogné. Amédée l'observait du coin de l'œil. Il portait bien ses quatre-vingts ans passés, ce colosse à qui on n'en donnait même pas soixante-dix habituellement.

« Faut vraiment que ton père vienne à leur secours, sans ça... »

Amédée n'avait pas compris la suite que le vieillard avait marmonnée avant de se lever de peine et de misère et de gagner sa chambre, triste à en pleurer.

Il monta aussi se coucher et s'endormit en se répétant : « S'il faut se battre, je me battrai. »

▼

À Montréal, le dimanche suivant, Julie et Louis-Joseph Papineau, se rendirent à l'église Saint-Laurent pour la grand-messe. C'était la première belle journée depuis des semaines. Tout avait été prévu pour que le chef des patriotes prenne la parole après l'office. Une tribune rudimentaire avait été aménagée sur le parvis de l'église ; quelques affiches annonçaient sa visite et un porte-voix avait été mis à sa disposition. Depuis la publication des résolutions Russell, les patriotes multipliaient les assemblées d'information aux quatre coins du pays et celle du faubourg Saint-Laurent promettait d'être très courue, comme chaque fois que Papineau était l'orateur.

Mais c'était sans compter les manigances de monseigneur Lartigue qui, s'inquiétant de l'ascendant de son cousin Papineau sur les Canadiens, avait convaincu le curé Saint-Germain de chanter sa messe plus tôt que prévu. Lorsque les Papineau arrivèrent, il ne restait personne aux abords de l'église, sauf quelques maraîchers de la paroisse, à qui le changement d'heure avait échappé, et des sympathisants venus d'ailleurs. Caché dans la sacristie, derrière le sanctuaire, le curé savourait sa victoire.

Papineau n'en perdit pas sa verve pour autant. Il empoigna le porte-voix et prononça un discours haut en couleur. Il alla jusqu'à laisser entendre que le Bas-Canada devrait peut-être songer à s'annexer aux États-Unis. « Oui, entrer dans l'Union, sur un pied d'égalité et de fraternité avec les institutions les plus libres du monde », lança-t-il à l'assistance modeste d'abord, mais qui grossissait au fur et à mesure qu'il parlait. Ensuite, il s'en prit au gouverneur Gosford qui, répéta-t-il, volait l'argent des Canadiens. Et de lancer, dans un geste théâtral :

« Le gouvernement des aristocrates anglais vous hait à jamais. Payez-les de retour. »

Julie, qui trouvait Papineau taciturne depuis quelque temps, n'avait pas imaginé qu'il fouetterait ses troupes avec autant d'ardeur. Il l'épatait par ses phrases-chocs et ses effets de surprise qui mettaient du piquant dans son discours. L'assistance avait beau être moins nombreuse que prévu, Papineau déchaînait l'enthousiasme comme personne.

« Tu as vu comme ils t'acclamaient, lui dit-elle sur le chemin de retour.

— Notre cousin Lartigue va me le payer », lui répondit-il.

Papineau, pourtant satisfait de sa performance, n'en bouillait pas moins de rage contre l'évêque qui se mêlait de politique au lieu de s'occuper de son ministère religieux, comme c'était son devoir.

« Il n'y a pas plus anti-national et anti-patriotique que ce chouayen ! ajouta-t-il avec dédain. Il se pavane dans sa robe d'apparat et se réclame du droit divin pour tout diriger.

— Il t'en veut tellement ! fit Julie, tout aussi irritée. Il répète à tout vent que sans toi, il serait évêque en titre depuis dix ans déjà.

— Il a assez léché les bottes du gouverneur qu'il l'a eue, sa mitre ! »

En arrivant à la maison, Papineau s'enferma dans la bibliothèque. Il y resta tout l'après-midi. Quand Julie le rejoignit, sur le coup de cinq heures, il ne sembla pas remarquer sa présence. Il avait la tête ailleurs et dessinait des cercles sur une feuille blanche.

Julie l'observa un bon moment, sans trop savoir si elle devait se retirer ou lui demander ce qui n'allait pas. Il tenait à la main la lettre qu'il avait reçue de la Petite-Nation.

« Ah ! c'est toi, fit-il enfin, comme s'il revenait à lui.

— Tu as l'air tracassé. C'est à cause d'Amédée ? Il n'est pas content d'être à la Petite-Nation. Il m'en veut...

— Non, ce n'est pas de lui qu'il s'agit. D'ailleurs, tu as bien fait de l'envoyer là-bas. Mon père n'a plus l'âge d'entreprendre seul ce genre d'expéditions.

— Alors, qu'est-ce qui te chicote ?

— Rien ne va plus à la seigneurie, dit-il.

— Ton père te réclame ?

— Oui et je voudrais bien y aller, mais c'est impossible. J'ai donné ma parole que je participerais à toutes les assemblées. »

Julie le savait, des délégations de Varennes, de Sainte-Thérèse, de Deux-Montagnes, du Bas-du-Fleuve même, avaient déjà frappé à leur porte. Des patriotes de partout l'imploraient de venir dans leur village serrer des mains et parler à la foule.

« Ces gens t'adorent, dit Julie. Tu n'as pas le droit de les décevoir.

— J'enverrai des vivres à la Petite-Nation. De la farine, des pois, du riz et du lard. Enfin, tout ce que je pourrai trouver.

— Pourvu qu'il y ait encore des provisions en ville. Les magasins sont vides.

— C'est partout pareil, maugréa Papineau. Et nous, on est là, impuissants. »

La disette faisait rage jusque dans les coins les plus reculés. Rimouski était au bord de la famine. Après quatre mauvaises récoltes, les cultivateurs n'avaient même plus de patates. Aux enfants qui avaient faim, on donnait un peu de sucre dissous dans l'eau. Il n'était pas rare non plus que l'on fasse de la soupe avec des carcasses d'animaux trouvés morts le long du chemin. À Trois-Pistoles, des habitants en étaient réduits à manger leurs propres chevaux pour ne pas mourir de faim. La Beauce était aux prises avec une épidémie de fièvre scarlatine et il était impossible d'aller y porter du secours, tant les routes étaient inondées. Car, comble de malheur ! là aussi la débâcle avait fait des ravages.

« Ici, on se débat contre les sauterelles, là contre les chenilles, fit Papineau en se levant pour aller jusqu'à la fenêtre. Ailleurs, c'est la mouche charançon qui a détruit la dernière récolte de blé. Je viens d'apprendre qu'il a fallu importer 400 000 boisseaux à des coûts ruineux pour passer l'hiver.

— Si au moins les bonnes terres n'étaient pas fermées à la colonisation », dit Julie.

Papineau allait et venait maintenant dans la pièce. Plus rien ne fonctionnait dans l'économie et lui, le chef, il demandait aux braves gens de se serrer la ceinture sous prétexte qu'il fallait punir l'Angleterre. C'était insensé. Même dans les villes, l'avenir était bouché. Les chantiers étaient paralysés, on ne ramassait plus les déchets et les errants, plus nombreux que jamais, dormaient sur les trottoirs et quémandaient à l'entrée des auberges.

Papineau pensait que le pire était à venir. La panique financière qui ébranlait Londres depuis plusieurs mois gagnait maintenant l'Amérique. Des centaines de commerçants faisaient faillite.

« La Banque de Montréal suit l'exemple des institutions new-yorkaises et suspend les remboursements et les paiements en espèces.

— Je sais, dit Julie. Il ne nous reste qu'à espérer que ta consigne soit suivie. Le boycott des produits anglais devrait stimuler l'achat de produits canadiens. En tout cas, cela fournira des revenus aux cultivateurs. »

Papineau lui tendit la lettre de son père en disant, un pâle sourire aux lèvres :

« Lis, tu verras que ma consigne n'est pas la solution miracle que tu imagines. »

Julie déplia la missive de Joseph Papineau et lut :

Mon fils, ce n'est pas la peine de se bercer d'illusions, ici, à la seigneurie, il n'y a personne qui a entendu parler de ton mot d'ordre. Les cultivateurs n'ont pas le temps d'éplucher les gazettes, qui d'ailleurs coûtent trop cher. Et puis quels produits pourraient-ils boycotter, je te le demande ? Ils n'ont que les hardes qu'ils portent sur leur dos et il y a belle lurette qu'ils n'ont pas vu de sucre sur leur table. Ta campagne ne convaincra que les bourgeois de la ville. Si tu veux atteindre les petites gens, il faudra trouver autre chose. Ton père.

Trouver autre chose, oui, mais quoi ? se demandait Papineau. Le chômage touchait maintenant des jeunes gens. Un millier de diplômés fraîchement sortis des collèges classiques avec un solide bagage de connaissances n'avaient toujours pas de travail en perspective.

« Pourvu qu'on n'en vienne pas aux pires extrémités ! lâcha le chef patriote.

— Que veux-tu dire au juste ? demanda Julie. Je ne vois pas comment la situation pourrait empirer. »

Papineau faisait allusion aux récentes grèves qui avaient paralysé l'Angleterre. Les ouvriers agricoles avaient brisé leurs machines à battre pendant qu'à la ville les employés avaient détruit leurs *workhouses*, ces horribles maisons qui abritaient les pauvres.

« Tu sais ce qu'a fait le gouvernement anglais pour mater les révolutionnaires ? Il a exécuté les meneurs et déporté les moins compromis par centaines.

— C'est sûr que le moment est mal choisi pour demander de nouveaux sacrifices aux Canadiens, admit Julie. Il le faut pourtant. Va jusqu'en Beauce et même en Gaspésie s'il le faut. Les paysans ne savent pas ce qui se passe. Toi seul peux le leur dire. Ils comprendront alors qu'ils n'ont pas d'autre solution que de résister.

— J'ai mon plan, répondit Papineau tout bas, comme s'il éventait un secret. Pour que la population participe à la guerre économique dans laquelle je veux l'entraîner, il faut qu'elle voie les avantages que son économie locale en retirera. Je m'y emploierai même si c'est la dernière chose que je fais.

— Tu réussiras, mon amour. Tu réussiras », l'encouragea Julie.

Papineau lui versa un doigt de porto avant de se servir. Pour une fois qu'ils pouvaient passer une heure en tête-à-tête, sans que l'un ou l'autre des enfants s'accroche aux jupes de sa mère ou grimpe sur le dos de son père pour jouer au shérif et aux Indiens. Ils remercièrent le ciel de leur avoir envoyé la veuve Bruneau, elle qui n'avait pas trop de vingt-quatre heures par jour pour chouchouter « ses chers petits ».

« Revenons à nos moutons, dit Papineau en lui tendant son verre. Ai-je besoin de te prévenir que nos affaires personnelles sont en piteux état ? »

Non, bien sûr, c'était inutile. Elle le savait déjà puisque, en son absence, c'est elle qui gérait les finances familiales. Ce n'était pas encore la catastrophe, mais ils commençaient à sentir les effets des faibles rentrées d'argent des dernières années.

« Je finirai bien par encaisser mon salaire d'orateur de la Chambre, dit Papineau sans trop y croire. On me doit quatre ans d'émoluments. »

Il reprit alors les arguments que Julie connaissait bien :

« Si tu savais, ma chérie, comme j'ai hâte au jour où je pourrai accorder la priorité à nos finances. Je déteste être à la remorque de nos amis, comme maintenant.

— Bon ! Voilà qu'il joue son vieux refrain, fit Julie en mimant le violoniste promenant son archet. En attendant, si tu veux bien, nous allons chercher des solutions plus réalistes. »

Ils convinrent qu'il fallait emprunter de l'argent pour envoyer des provisions à la Petite-Nation. Julie proposa d'ajouter quelques louis que Joseph Papineau emploierait à l'achat de lin qui servirait à confectionner des chemises et des tailleurs puisqu'elle allait, elle aussi, bouder les textiles anglais.

« Ta femme et tes enfants ne vont quand même pas se promener vêtus à l'anglaise, dit-elle en avalant son porto.

— Je veux bien, mais par les temps qui courent les prêteurs se font rares », objecta Papineau.

Il s'en voulait un peu d'avoir dilapidé ses économies. Il avait lui-même prêté à des personnes plus mal prises que lui et il attendait toujours qu'elles le remboursent. Certains de ses débiteurs inventaient des prétextes pour retarder le paiement de leurs dettes et le plaçaient ainsi dans la gêne.

« Tu pourrais entamer des procédures, suggéra Julie.

— Je répugne à le faire. Les frais de cour sont exorbitants. Et puis, je crains toujours d'incommoder quelqu'un qui est réellement dans le besoin.

— As-tu pensé à demander à ta sœur ? Marie-Rosalie n'a jamais refusé de nous dépanner.

— Elle est dans l'embarras, elle aussi. Depuis la mort de Jean, elle a dû engager un intendant qui lui coûte les yeux de la tête. Elle a des traites pressantes qu'elle ne peut plus honorer parce que sa scierie de Saint-Pie mange tout son capital. Même si sa récolte a gelé, elle doit payer les salaires de ses ouvriers agricoles. Tu sais comme elle est fière ? Eh bien, elle m'a avoué qu'elle n'arrivait pas à s'en sortir.

— Et la banque ? Tu pourrais t'adresser à la banque de Montréal ? »

Et risquer d'essuyer un refus ? Jamais. Papineau songea plutôt à demander un prêt à son ami Louis-Michel Viger, qui consentirait à le sortir de l'impasse par l'entremise de la Banque du Peuple. Avec cet argent, il parerait au plus pressé, en payant d'abord les comptes en souffrance. Resteraient ses autres créanciers. Ils étaient peu nombreux et savaient qu'ils ne risquaient rien. Ils attendraient donc.

L'angélus sonna. Julie s'étira langoureusement et se leva.

« Je vais voir si tout est prêt pour le souper. Allez ! Ne te laisse pas abattre. On s'en tirera.

— Attends encore une minute, fit Papineau en la retenant par le bras. J'ai autre chose à te dire. »

Il vida le fond de la carafe de Porto dans les deux verres. C'était tout ce qui leur restait de vin importé.

« J'ai rédigé mon testament, lui annonça-t-il sans manières.

— Mais qu'est-ce qui t'a pris ? demanda-t-elle, surprise.

— Ça n'a jamais fait mourir personne de prendre ses précautions, répondit-il. Tu me remercieras sur ma tombe d'avoir pensé à faire de toi ma légataire universelle. »

Il s'arrêta, lui passa la main dans les cheveux et, en la regardant tendrement, il ajouta :

« Sérieusement, Julie, les temps qui viennent ne sont guère réjouissants. Parfois je pense que c'est sans issue. S'il devait m'arriver malheur, je voudrais que toi et les enfants n'en souffriez pas trop... »

CHAPITRE XXVII

L'étoffe du pays

Lorsque la belle Adèle LaFontaine arriva à la réunion des dames patriotes de la rue Bonsecours, vêtue de la tête aux pieds en étoffe du pays, elle fit sensation. Jacques Viger, qui de sa fenêtre l'avait vue descendre de la calèche et frapper chez les Papineau, ne put s'empêcher de traverser chez le voisin pour la voir de plus près.

« Ma parole, j'ai la berlue ! fit-il en s'étirant le cou dans la porte entrebâillée du petit salon de Julie. Que je brûle des feux éternels si ce n'est pas l'impératrice Joséphine en personne. Dites-moi, belle dame, que pense votre Napoléon de cet accoutrement dernier cri ?

— Mon Hippolyte l'adore, cher monsieur », répondit Adèle en faisant sa révérence.

Ces dames, Marguerite Viger comprise, chahutèrent l'intrus qu'elles sommèrent de quitter les lieux séance tenante.

« Vous n'êtes qu'un écornifleur, monsieur le maire, dit Julie, miséricuse, en le menaçant d'appeler les gendarmes.

— C'est entendu, je pars, fit Jacques Viger en reculant d'un pas. Mais comprenez que tout ce qui se passe dans ma ville me concerne. Vous n'ignorez pas non plus qu'il est de mon devoir de veiller sur les bonnes mœurs de ma voisine en l'absence de son mari.

— Votre voisine sait très bien défendre sa vertu », rétorqua Julie en le poussant gentiment vers la sortie.

Une fois le maire disparu, elle referma la porte pendant que les dames examinaient de près leur amie Adèle. Elles voulaient savoir où elle avait déniché un tissu aussi fin, et qui avait réussi cette petite merveille qui pouvait passer pour une toilette européenne. Elles étaient en extase devant le bleu pervenche des rubans du corsage et insistaient pour qu'Adèle lève sa jupe jusqu'aux genoux afin de voir ses bas. Henriette de Lorimier émit un doute quant à l'origine de ses gants, mais Adèle jura sur la tête de son mari qu'ils étaient en coton de la Louisiane. La contrebande figurait parmi les premiers devoirs de toute bonne patriote...

Julie raconta qu'elle recevrait bientôt du lin de la Petite-Nation, mais qu'elle doutait qu'il soit aussi délicat, cependant qu'Henriette faisait la moue. Elle était enceinte, donc forcée de porter ses robes amples de l'année précédente, qu'elle avait remisées après sa deuxième grossesse.

« Zut, zut, zut, fit-elle en tapant du pied comme une petite fille capricieuse privée de friandises.

— Allons, vous aurez bien le temps de vous pomponner après la naissance du petit, lui dit Marguerite Viger pour la consoler.

— Vous pensez qu'on pourra bientôt remettre nos jolis ensembles européens ?

— Et pourquoi donc ? observa Marguerite. Nos mères n'ont jamais porté que des étoffes canadiennes et, ma foi, elles n'en étaient pas moins élégantes. Ça fait à peine trente ans que nous nous habillons d'après les Anglaises et les Françaises. »

Elles échangèrent ensuite des patrons, puis le nom de couturières capables de confectionner du linge de maison. De plus, elles devaient désormais fabriquer leurs propres chandelles et du savon. Enfin, il fut entendu qu'aucune ne se présenterait à l'hôtel Nelson, pour fêter la Saint-Jean-Baptiste, habillée à l'européenne. Fini les jupes de velours et les châles en soie napolitaine. Elles allaient relancer les robes canadiennes.

Julie offrit le thé dans son joli service en porcelaine de Strafford-shire. Chaque pièce était décorée d'oiseaux du monde finement peints à la main et variant d'une tasse à l'autre. C'était un cadeau de Joseph Papineau, qui l'avait acquis au début du siècle, alors qu'on achetait encore la céramique d'Angleterre. Après la mort de Rosalie, il avait offert le service de table au complet à sa bru, qui le gardait pour les occasions spéciales.

« Je voudrais souhaiter la bienvenue à Sophie Masson qui nous fait l'honneur de sa visite aujourd'hui », dit Julie en accueillant son amie d'enfance.

Madame Masson, la seigneuresse de Terrebonne aux formes généreuses, venait de se joindre aux dames bien qu'elle ne fût pas officiellement membre du cercle. Elle ne manquait cependant jamais de rendre visite à Julie avec qui elle avait étudié à Québec chez les ursulines. Son mari, Joseph Masson, était le vice-président de la Banque de Montréal et il descendait souvent dans la métropole pour ses affaires. Elle l'y accompagnait toujours, mais c'était la première fois qu'elle arrivait au milieu d'une réunion. Marguerite Viger en profita pour lui demander des nouvelles de sa propre association patriotique, celle du comté des Deux-Montagnes qui, lui avait-on rapporté, était fort active depuis quelque temps.

« Et comment ! fit la rondelette seigneuresse. Nous nous réunissons chaque semaine chez madame Girouard, la femme du notaire. Devant sa maison, c'est assez particulier, flotte un drapeau portant trois têtes de mort et sur lequel est inscrit : conseil législatif.

— Épatant ! fit Henriette de Lorimier en battant des mains.

— À notre dernière assemblée, enchaîna Sophie Masson, fière de son effet sur les Montréalaises qui se croyaient toujours plus audacieuses que les autres, nous avons voté la résolution de concourir, autant que la faiblesse de notre sexe nous le permettra, à la réussite de la cause patriotique. »

Nouvelle ronde d'exclamations. Dire que les amies de Julie pensaient qu'il n'y avait qu'à Montréal que la flamme patriotique brûlait !

« À la maison, nous ne buvons plus aucun vin depuis huit jours, annonça Julie. Au début, ça nous manquait, mais on s'habitue à tout. Comme le dit Louis-Joseph, une poule au pot servie avec de la bière, c'est un vrai régal !

— Chez nous, c'est pareil, fit Luce Fabre, la femme du libraire. Je sers du cidre, même si mon mari, qui a longtemps vécu en France, a de la misère à s'y habituer.

— Comme ça, monsieur le libraire ne trouve pas cela drôle tous les jours », fit Julie, moqueuse.

Plusieurs admirent qu'elles avaient une sainte horreur du cidre. D'autres avouèrent que leurs maris, amateurs de rhum antillais, s'étaient jetés sur le gin canadien, ce qui ne faisait pas tellement leur affaire mais enfin... À la guerre comme à la guerre.

« Il n'y a que les jeux de cartes qui sont irremplaçables, fit remarquer Marguerite Viger. Si on perd son valet ou son roi, c'est tant pis ! Les cartes sont anglaises et le Canada n'en fabrique pas.

— Mais les États-Unis, oui », s'empressa d'ajouter Henriette, qui pouvait se priver de tout sauf de ses jeux de patience quotidiens.

Redevenues sérieuses, elles attaquèrent la question de fond que posa Adèle LaFontaine, sans soupçonner qu'elle allait déclencher une discussion passionnée :

« Que va-t-il nous arriver maintenant ? demanda-t-elle.

— Je ne serais pas étonnée qu'il y ait des troubles sérieux, lança Julie d'une voix qui laissait percer une profonde inquiétude. Peut-être même une guerre civile.

— Allons donc ! reprocha Marguerite. Voilà encore notre Julie qui imagine le pire.

— Elle a raison, madame Viger, corrigea Sophie Masson, qui partageait la crainte de son amie. Dans mon comté, nous en sommes toutes convaincues. Savez-vous que les femmes du voisinage ont sorti leurs pistolets au cas où il prendrait aux soldats l'envie de nous attaquer ? Moi la première.

— Non ! fit Henriette de Lorimier, incrédule.

— Ici, nous n'en sommes pas là, reconnut Julie. Mais il ne se passe pas une journée sans que des voyous nous lancent des roches ou nous insultent en pleine rue.

— Moi, en tout cas, enchaîna Henriette, je ne laisse plus mes filles jouer devant la maison.

— Vous imaginez comment je me sens lorsque Amédée se promène en ville ? confia Julie. Il a dix-huit ans, je ne peux quand même pas l'enfermer dans sa chambre, mais je vous jure que je donnerais cher pour que la paix revienne dans le faubourg.

— Écoutez ! articula d'une voix décidée Sophie Masson. Le gouvernement force des citoyens vertueux à se défendre. C'est lui, le responsable. »

Les dames acquiescèrent. Même Marguerite Viger fut forcée d'admettre qu'elle n'était pas très brave lorsqu'elle allait au marché. L'une ou l'autre de ses filles l'accompagnait toujours.

« Vous voyez bien, Marguerite, que je n'exagère pas, constata Julie. Vous êtes la première à grincer des dents lorsque les militaires défilent au pas pendant notre promenade quotidienne au Champ-de-Mars. »

Julie esquissa un geste d'impuissance. Avant, lorsqu'elles se promenaient toutes les deux l'après-midi, elles circulaient, insouciantes, dans un parc paisible. Mais depuis quelques semaines, elles se seraient crues dans la cour d'une caserne d'infanterie.

« Les soldats ont l'air sur le pied de guerre, ajouta-t-elle comme si cela dépassait l'entendement.

— C'est tout simplement pour nous faire peur, dit Marguerite Viger, qui refusait de sombrer dans pareille suspicion qu'elle jugeait exagérée.

— Peut-être, admit Julie. N'empêche qu'ils commencent à me tomber sur les nerfs. Ils se comportent comme s'ils étaient chez eux et qu'ils avaient le mandat de nous chasser d'ici. Il ne faut pas les laisser faire, je me tue à vous le répéter, Marguerite. Si nous ne prenons pas nos intérêts en main, qui d'autre s'en chargera ? »

C'était aussi l'opinion des citoyennes du comté des Deux-Montagnes et la seigneuresse de Terrrebonne en profita pour laisser entendre aux Montréalaises que, dans sa région, les femmes ne laisseraient certainement pas les Anglais se rendre maîtres des lieux.

« Nous sommes à confectionner un drapeau, dit-elle fièrement. On m'a d'ailleurs chargée d'en dessiner le modèle. »

Sophie Masson avait appris le dessin chez les ursulines et Julie se souvenait que son amie avait un réel talent. Dans le temps, les sœurs exposaient même ses travaux dans les corridors.

« Mon drapeau sera blanc et traversé d'une branche d'érable, comme on peut s'y attendre. Au centre, il y aura un poisson brun entouré d'une couronne de cônes et de feuilles de pin. J'ai l'intention de tisser les lettres C pour Canada et J.-Bte, pour Jean-Baptiste, qui représente la nation canadienne-française. »

Les membres du cercle trouvaient l'idée ingénieuse.

« Et nous ? demanda Henriette de Lorimier. Qu'allons-nous faire ? »

Elles allaient assurément poursuivre leur résistance passive en boudant tous les produits étrangers. Mais il leur sembla qu'elles devaient faire plus et elles décidèrent de voter une résolution qui exprimerait clairement la fermeté de leurs intentions. Henriette la formula timidement, en précisant qu'il s'agissait d'une simple ébauche :

« Que diriez-vous de ceci : les dames patriotes de Montréal promettent de repousser les ennemis de leur pays.

— Ça me semble un peu court, jugea Julie.

— Un peu flou aussi, constata Adèle LaFontaine. On pourrait ajouter quelque chose de plus original.

— Si votre intention est de confectionner des drapeaux, je ne pourrai pas vous aider, dit Henriette, déçue. Je suis tellement gauche de mes mains. »

Adèle la rassura, il ne saurait être question de copier les patriotes des Deux-Montagnes.

« J'ai une meilleure idée, annonça-t-elle. Nous allons conserver le début de la proposition d'Henriette, à savoir que nous promettons de repousser les ennemis de notre pays, mais nous ajouterons que nous donnerons la préférence et une place dans nos cœurs à ceux qui n'auront pas honte de porter les tissus que nous filerons de nos propres mains. »

Henriette de Lorimier, qui agissait comme secrétaire, consigna la proposition d'Adèle LaFontaine dans son cahier et la lut à haute voix : elle fut adoptée à l'unanimité. La réunion se termina dans la gaîté, même si chacune était consciente du danger qui menaçait les Canadiens.

▼

Bien avant que ne s'achève la réunion, derrière les portes closes du petit salon de Julie, Lactance arriva de Maska pour les vacances d'été. Il était agité et insistait pour aller rejoindre sa mère car, prétendait-il, il avait une nouvelle importante à lui communiquer.

Amédée, qui était rentré de la Petite-Nation la veille, lui barra le chemin :

« Impossible, fit-il placidement. Personne n'a le droit de déranger maman, c'est interdit.

— Mais puisque je te dis que c'est grave. Le roi Guillaume est mort.

— Que veux-tu que ça me fasse ? demanda Amédée de plus en plus calme. Je m'en fiche autant que si l'autocrate Nicolas avait rendu l'âme. Mais qui t'a dit ça ?

— J'ai vu que les pavillons du *Princess Victoria* étaient en berne dans le port. Alors j'ai demandé pourquoi.

— Ah bon ! Ça veut dire que la jeune princesse va être reine à dix-huit ans. Victoria première ! Bof, il n'y a rien là pour bouleverser ma vie. »

Amédée avait pris un air désabusé. Il s'attendait à ce que son frère pique une colère, comme il le faisait habituellement lorsqu'on le contrariait. Il fut surpris de voir que Lactance n'insistait même pas.

« Changement de sujet, comment trouves-tu mon costume ? demanda ce dernier en montrant ses culottes de drap gris. Elles ont été tissées à Chambly et valent bien les lainages anglais. Elle est géniale, cette idée de boycott. Elle est de papa ? demanda Lactance.

— Évidemment, répondit Amédée. De qui d'autre veux-tu qu'elle soit ?

— À Maska, la consigne est respectée à la lettre. Ça fait drôle, d'ailleurs, de voir les arpenteurs et les médecins habillés comme des paysans. Il y a encore quelques récalcitrants, mais ils commencent à être gênés, tant ils sont isolés. Mais dis-moi, ça se passe comment à la Petite-Nation ?

— C'est désespérant, fit Amédée. Il n'y a rien à boycotter puisque tout le monde crève de faim. Il grimaça : naturellement, le gouverneur s'en balance. Tu veux que je te dise ? Il va le payer, celui-là.

— Moi aussi, je sens que ça va barder. »

Amédée trouvait que son frère avait gagné en assurance. À quinze ans, il venait de terminer sa rhétorique au séminaire de Saint-Hyacinthe où les étudiants lui accordaient certains égards. Après tout, n'était-il pas le fils du grand Papineau ?

« Au collège, les professeurs nous disent qu'il n'y aura pas assez de travail pour tous les finissants. »

Amédée écoutait son frère. Ce n'était plus le petit garçon colérique qui l'avait toujours agacé. Il exprimait ses idées plus librement et elles étaient sensées.

« Je te promets un été mouvementé, lui annonça-t-il sans plus.

— Si jamais nous étions obligés de nous battre, insinua Lactance, nous pourrions toujours nous dire que nous avons d'abord épuisé tous les autres moyens.

— Lactance ! s'écria Julie en avançant dans le hall, suivie des dames de son club.

— Ben quoi, maman, fit Amédée, Lactance ne fait que répéter ce que je vous ai souvent entendue dire. »

▼

Amédée et Lactance étaient comme cul et chemise. Tous les jours, ils allaient flâner dans le faubourg. Ils avaient l'air de deux grands gamins mal dégrossis dans leurs accoutrements coupés un peu singulièrement. Si d'aventure quelqu'un osait se moquer d'eux, ils s'enhardissaient, annonçant haut et fort le jour prochain où les traîtres seraient confondus. Puis ils repartaient en chantant *La Marseillaise*.

Julie, qui ignorait tout de leurs audaces, s'attendrissait en les voyant s'éloigner. Ils étaient ses deux grands ! Amédée s'était remplumé ces derniers temps et il avait presque le physique d'un homme. Ses trop longs bras semblaient l'embarrasser et le gros bouton qui poussait sur le bout de son nez rappelait que sa croissance n'était pas tout à fait terminée. Lactance, toujours aussi pâle et nerveux, était plus beau que jamais, avec ses yeux doux et ses cheveux châtains aux reflets dorés. Il n'arrivait pas à rester longtemps en place et il sautillait constamment autour de son frère, jusqu'à en devenir agaçant. Mais Amédée ne s'en plaignait pas et Julie était soulagée de voir que ses fils avaient enfin fait la paix. Si elle avait su, la pauvre, ce qui se tramait dans son dos ! Car Amédée avait entrepris de faire l'éducation de son jeune frère.

La première leçon eut lieu à la fin de juin. Les joyeux lurons déambulaient comme deux âmes en peine, rue Saint-Paul, en s'appelant « citoyen », selon leur nouvelle habitude. Soudain, une affiche placardée à la porte de la chapelle de Bonsecours attira leur attention. De plus en plus myope, Amédée ne distingua d'abord que le titre imprimé en caractères gras : PROCURATION. Il rajusta ses lunettes qui glissaient sur son nez et lut la suite tout bas, après quoi il lança à l'intention de Lactance mais suffisamment fort pour que les passants l'entendent :

« Figure-toi, citoyen, que l'ineffable Gosford interdit les rassemblements. Il prétend que nos réunions sont séditieuses. De toute évidence, il veut nous museler.

— Le gouverneur jette de l'huile sur le feu », lâcha Lactance, que l'audace de son frère stimulait.

Autour d'eux, il y avait un début d'attroupement. Le milicien chargé de lire à haute voix la procuration du gouverneur était chahuté copieusement. Amédée et Lactance se mêlèrent aux autres.

« Que penses-tu de ça, citoyen ? demanda Lactance à son frère.

— Je dis que le gouverneur tolère les émeutes du Doric Club pendant des mois, mais qu'il bâillonne les Canadiens qui veulent se réunir paisiblement.

— *Silence !* » réclama le capitaine de milice qui s'égosillait en vain.

Il commença la lecture de la proclamation dans le désordre le plus complet. Les cris de protestation enterraient sa voix.

« *Who the hell are those goddammed Frenchmen ?* » fulmina-t-il, en ordonnant à ses militaires d'éloigner les manifestants trop bruyants et de relever le nom des agitateurs.

Il en fut quitte pour sa peine, ceux-ci ayant déguerpi avant d'être interpellés.

« Grand bien lui fasse ! » pérora Amédée, qui posait à l'intrépide.

Lactance Papineau riait trop fort, d'un rire nerveux, presque hystérique, qui attira l'attention sur lui. Une femme d'âge mûr qui passait par là l'apostropha :

« Dites donc, jeune homme, vous n'avez pas peur des bâtons loyalistes ? Il paraît qu'on va se faire maganer.

— Mais non, madame, soyez sans crainte, répondit Amédée à la place de son frère, comme s'il craignait que celui-ci ne se rende ridicule. Nous vous défendrons.

— Aux armes, citoyens », d'enchaîner Lactance pour se donner du courage.

▼

Vint le jour tant attendu où Lactance devait apprendre le maniement des armes. Mais Amédée commençait à déchanter. Il redoutait toujours quelque excès de la part de son étrange frère à qui il fit promettre de lui obéir pendant toute la durée de la séance de tir. Ainsi rassuré, il accepta de l'amener avec lui à une réunion secrète en lui faisant jurer, cette fois, de n'en rien dire à personne. Surtout pas à Julie.

Tels deux spartiates, et plus mystérieux que jamais, ils quittèrent la maison en coup de vent, en demandant à mademoiselle Douville, qui était toujours un peu complice de leurs escapades, de prévenir leur mère qu'ils sauteraient le souper.

Julie ignorait toujours qu'Amédée s'était joint aux Fils de la liberté qui regroupaient les jeunes patriotes bien décidés à se battre pour leur pays. S'inspirant des *Sons of Liberty* qui s'étaient couverts de gloire pendant la révolution américaine, une cinquantaine de jeunes médecins et avocats, fraîchement diplômés et la plupart sans travail, des commis de banques ou de bureaux, militaient en faveur de l'émancipation du Canada. Ces grands garçons dégingandés à peine sortis de l'enfance bombaient le torse pour se donner de l'allure. Devant l'hôtel Nelson, les lundis soir, ils se plaçaient derrière la fanfare qui exécutait des airs martiaux. De là, ils marchaient dans les rues du faubourg en scandant leur mot d'ordre : En avant ! Ils attiraient les curieux sur leur passage. Comme Amédée était d'une assiduité exemplaire à ces réunions, c'était vraiment un miracle que Julie n'ait pas encore été mise au courant.

Les rangs des Fils de la liberté grossissaient de jour en jour, sous les yeux fouineurs des jeunes Anglais qui formaient l'impressionnant et toujours bruyant Doric Club. La proclamation de lord Gosford qui interdisait tout rassemblement était affichée un peu partout dans la ville. Elle avait allumé la mèche dans les deux camps. Le gouverneur était devenu l'ennemi public numéro un des Anglais comme des Canadiens. Partout, on le pendait en effigie, et naturellement, on défiait son ordre. Une manifestion n'attendait pas l'autre et plus le temps passait, plus les slogans devenaient agressifs. Chez les Fils, les énormes banderoles disaient : « À bas le despotisme » ou « Exportation, puisse Gosford être la première ».

Mais ce lundi-là, les Fils avaient été convoqués au milieu de l'après-midi, à la Côte-à-Baron.

« Répète après moi, ordonna Amédée à son jeune frère, chemin faisant : L'autorité d'une mère patrie sur une colonie ne peut exister qu'aussi longtemps que cela peut plaire aux colons qui l'habitent. »

Amédée connaissait par cœur le manifeste des Fils de la liberté. Il confia à son frère qu'il en avait lui-même inspiré de larges pans, et c'est lui, prétendait-il, qui avait trouvé le nom de l'association. Lactance se doutait qu'Amédée crémait un peu trop le gâteau, mais il se garda bien de laisser deviner son scepticisme. Il répéta docilement les commandements du parfait révolutionnaire, non sans trébucher à tous les cinq ou six mots, mais sans jamais perdre patience. Il était tellement fier d'être admis aux réunions. En tant que membre-fondateur, Amédée avait obtenu la permission de l'amener, à condition qu'il ne fasse pas de vagues.

« Tu ne te mettras pas en colère, même si la tête de quelqu'un ne te revient pas. Compris ?

— Oui, chef. »

Lorsqu'ils arrivèrent en haut de la rue Saint-Denis, la pratique de tir à la carabine n'avait pas encore commencé. Dispersés un peu partout autour des cibles, les Fils de la liberté tenaient des conciliabules. Amédée et Lactance profitèrent de ce moment d'attente pour aider leurs camarades à fixer sur un long bâton un drapeau noir à tête de mort, posé sur deux os en croix, sous lesquels étaient écrits les noms des quatre gouverneurs les plus détestés : Craig, Dalhousie, Aylmer, Gosford. Ensuite, l'un des chefs, Rodolphe Desrivières, caissier à la Banque du Peuple, les entraîna au fond de la cour pour leur enseigner quelques rudiments de boxe.

Une fois terminée la période de réchauffement, les jeunes gens reprirent leurs rangs pour effectuer quelques exercices militaires, avant de passer au champ de tir. Il s'agissait de marcher au pas et d'obéir comme un seul homme en entendant le commandant crier :

« Présentez armes ! » ou « Tournez à gauche ! »

Les jeunes gens suivaient les ordres dans le plus grand sérieux. Ils défilèrent deux par deux sur le terrain vacant pendant une dizaine de minutes. Ce n'est qu'ensuite qu'ils furent priés de former six petits groupes afin de tirer à la carabine. Amédée fit bonne figure. Il rata ses premières cibles de peu et visa juste par après. Sa moyenne s'avéra plus qu'honorable. Lactance, par contre, échoua lamentablement l'examen. Il saisit sans difficulté le fonctionnement de l'arme, mais il tremblait tellement qu'il appuyait sur la détente à contretemps et le coup partait avant le signal. On lui laissa trois chances, après quoi il fallut lui enlever la carabine des mains.

« Ce bambin est un danger public », maugréa l'entraîneur, qui le somma de s'éloigner du champ de tir d'un ton méprisant.

Lactance bondit sur lui mais l'autre, qui était costaud, l'expédia dans un bosquet du revers de la main. Lorsqu'il se releva, son pantalon était déchiré. Il s'éloigna la tête basse, humilié. Il attendit Amédée à l'autre extrémité du champ de tir. À la fin de la journée, les Fils de la liberté furent appelés à rompre les rangs, mais il leur sembla qu'il était trop tôt pour rentrer chacun chez soi.

« Si on allait tous au théâtre ? » proposa Rodolphe Desrivières, qui était un rassembleur-né.

La plupart des jeunes patriotes le suivirent jusqu'à la grande salle du *Théâtre Royal* de la rue Saint-Paul qui pouvait accueillir un millier de spectateurs. Lactance boudait et Amédée s'impatienta :

« Ne fais pas l'enfant, sinon je te dépose à la maison. »

Lactance ne répondit pas, mais cessa de traîner les pieds. Arrivés à l'entrée du théâtre où l'on jouait *The Battle of Waterloo*, en anglais, Amédée paya deux places et entraîna son frère dans les gradins. Il y eut un court moment d'attente. Puis l'orchestre entonna le *God save the Queen* et les spectateurs enlevèrent leurs chapeaux en se levant. Rodolphe Desrivières, qui occupait un siège tout près de la scène, fit signe aux Fils de rester coiffés. Ils obtempérèrent.

« *Hats off !* » cria un spectateur outré.

Pas question. Rodolphe maintenait son mot d'ordre et personne ne broncha. Ce fut la bousculade. Amédée reçut quelques bons coups de poing tandis que Lactance, d'une agilité étonnante, échappait aux jambettes qui lui étaient destinées. Le directeur du théâtre ordonna alors le lever du rideau, ce qui eut pour effet de calmer les esprits. Les belligérants se rassirent et la pièce commença pour de bon. L'échauffourée n'eut pas de suite.

Ce soir-là, les deux spartiates rentrèrent à la maison en piteux état. Amédée avait l'œil tuméfié. Du sang collé tachait sa joue et lui donnait l'air d'un combattant vaincu. Lactance avait le pantalon déchiré et le genou éraflé.

« Mais d'où sortez-vous ? s'écria Julie alors qu'ils pénétraient dans le salon. Tu es blessé, Amédée. Toi aussi, Lactance. Qu'est-ce qui s'est passé ?

— Ne vous inquiétez pas, maman, rassura Amédée, il y a eu une petite bagarre au théâtre...

— Mais... mais vous vous êtes battus ? fit-elle, ahurie. Dites-moi que ce n'est pas vrai !

— Voyons maman ! nous ne sommes plus des bébés, protesta Lactance.

— Ni des lâches, renchérit Amédée. Je ne voudrais pas vous manquer de respect, mais il va falloir vous faire à l'idée que je suis le fils de mon père.

— Laissez-moi, j'en ai assez entendu. Vous vous expliquerez avec votre père. Moi, c'est comme si je parlais à un mur. »

Ils allèrent se coucher sans rien ajouter. Lactance était reconnaissant à son frère de ne pas avoir dévoilé la vraie raison de la déchirure de son pantalon et Amédée n'avait pas envie de se quereller avec sa mère.

Le lendemain, il n'y eut pas d'explication. Papineau refusa de voir un drame là où il n'y avait qu'un incident mineur. Il arrivait d'une tournée et était autrement plus intéressé à raconter ses propres exploits. À Berthier, Lachenaie, l'Assomption, il avait été acclamé comme un héros. Partout sur son passage les citoyens agitaient leurs petits drapeaux. À Missisquoi, où il s'était arrêté le 4 juillet, jour de l'anniversaire de l'indépendance des États-Unis, les organisateurs avaient hissé le drapeau américain à côté du beau drapeau des patriotes, avec ses bandes blanche, verte et rouge.

« Génial ! » dit Amédée, qui voulait savoir combien ils étaient, quels slogans ils criaient, ce qui était écrit sur les banderoles, tout, tout, tout.

Lorsque Papineau fut à court d'anecdotes, Amédée sauta au cou de sa mère en s'écriant :

« Maman, je sens que l'heure est venue de défendre notre pays. »

Julie faillit tomber dans les pommes.

XXVIII

Sir John Colborne

La journée s'annonçait longue pour le gouverneur du Bas-Canada. La veille, il avait regagné le château Saint-Louis, après un séjour à Montréal, et en son absence les requêtes s'étaient empilées sur son bureau. Il n'eut même pas le loisir de dépouiller son courrier avant son premier rendez-vous. À peine remarqua-t-il qu'une dépêche de Londres était arrivée. Il s'agissait sans doute des directives qu'il attendait impatiemment.

« Lord Grey est-il de retour à Québec ? demanda-t-il à son secrétaire qui lui apportait la liste de ses rendez-vous de la journée. Prévenez-le qu'il passe me voir après le déjeuner. Nous analyserons la situation ensemble.

— Mais, Excellence, votre agenda est déjà très chargé.

— C'est une priorité, répondit-il. Faites ce que je vous dis. »

Bien avant dix heures, une première délégation se présenta à son bureau. Il s'agissait d'un groupe de marchands anglais, dirigés par le journaliste Adam Thom, qui voulaient discuter avec lui de « *very serious matters* ». D'entrée de jeu, ils avertirent le gouverneur qu'ils ne repartiraient qu'avec des assurances fermes. Ils semblaient exacerbés, parlaient tous en même temps et avec outrecuidance, et indisposèrent ainsi leur hôte, qui n'était pas d'humeur à se faire marcher sur les pieds.

« Allons, messieurs, un peu d'ordre », les somma le comte de Gosford ; il finit par comprendre que ses interlocuteurs réclamaient purement et simplement l'arrestation des chefs patriotes.

« Jetez Papineau en prison, lâcha Adam Thom en le toisant. Débarrassez-nous de lui et de ses acolytes.

— S'ils ont transgressé la loi, fournissez-moi des déclarations assermentées et j'agirai, répondit calmement le gouverneur sans se laisser impressionner par le ton autoritaire du journaliste.

— Leurs assemblées sont séditieuses », répliqua Thom.

Lord Gosford écoutait poliment en se caressant le menton. Sa main cachait le semblant de sourire qui se dessinait sur sa bouche lorsqu'il voulait échapper à un piège ou se sortir d'une impasse.

« Puisque je vous dis que j'ai la situation bien en main, répéta-t-il d'une voix monocorde. À ma connaissance, personne n'a dérogé à la loi. On ne peut pas en dire autant de votre Doric Club. »

Adam Thom puait le scotch à plein nez. Le gouverneur se montra d'abord patient, préférant croire que l'alcool attisait la haine des *Frenchies* qu'il étalait sans retenue. C'était un ancien maître d'école, écossais comme lui, qui avait immigré au Canada pour faire fortune et ne s'en cachait pas. Jamais il n'avait soupçonné que les Canadiens seraient aussi encombrants et il ne se gênait pas non plus pour affirmer que la solution au problème canadien était de les balayer de la face de la terre, tout simplement.

Pour en finir avec eux, il avait d'abord organisé les Rifles et, après leur dissolution forcée par le gouverneur Gosford, il s'était occupé personnellement de recruter les membres du Doric Club. Sa plus récente trouvaille – l'invitation à tirer sur une statuette représentant Papineau – était du plus mauvais goût. Mais sa soif de bagarre était sans limites et ses provocations, toujours d'une extrême violence. Le gouverneur, qui avait horreur des fanatiques, se cambra lorsque, lui jetant un regard haineux, Adam Thom lança, la bouche pâteuse :

« Grand Dieu, lord Gosford, êtes-vous assez fou pour vous laisser humilier ? Assez dégradé pour accepter un cabinet à la française ? Mes carabiniers volontaires défendent les droits des vainqueurs alors que vous vous acoquinez avec les vaincus.

— Monsieur Thom, vos carabiniers, peu importe le nom que vous leur donnez, sont une formation illégale, répondit le gouverneur, sans relever les excès de langage du journaliste. Mon devoir est de défendre l'ordre et la justice.

— Le seul crime de mes carabiniers est de se soulever pour protéger leurs personnes et leurs biens puisque vous, le gouverneur mandaté par Sa Majesté pour ce faire, ne vous en souciez pas. »

Lord Gosford désespérait de se débarrasser de ce dégoûtant personnage aux vêtements malpropres. Il avait le cheveu gras et les épaules couvertes de pellicules. Le collier de barbe qu'il portait au menton était garni de poils hirsutes. Mais le rédacteur en chef du *Herald* se fichait éperdument de la mauvaise impression qu'il faisait. Il se leva et s'avança en titubant. Il respirait bruyamment.

« J'exige que vous assuriez notre protection, fit-il en posant de nouveau ses yeux injectés de sang sur Archibald Gosford, sans quoi nous en appellerons à Londres.

— Monsieur Thom, je vous prie de quitter mon bureau sur-le-champ. On ne menace pas le gouverneur du Bas-Canada, qui du reste n'a pas de leçon à recevoir de vous. »

Le gouverneur se leva et se dirigea vers la porte qu'il ouvrit d'un coup sec. Les marchands anglais, qui s'étaient contentés d'écouter l'acerbe dialogue, sortirent l'un derrière l'autre sans le saluer. Au moment de franchir le seuil à son tour, Adam Thom lança avec ressentiment :

« Je vous avertis, Gosford, nous sommes déterminés à résister à l'extension de la domination française. Avec ou sans votre aide. »

Le comte de Gosford referma la porte sans sourciller. Il les entendit ricaner dans le corridor. Sans doute étaient-ils fiers de la performance de leur chef. Mais peut-être aussi s'amusaient-ils bêtement à le tourner en ridicule, lui, le gouverneur ?

« Je n'ai pas à recevoir ce genre de grossiers personnages, se dit-il. À l'avenir, il faudra me montrer plus vigilant avant d'accueillir des visiteurs. »

▼

Sur le coup de midi, sir John Colborne se fit annoncer à son tour. Le commandant en chef des forces britanniques en Amérique du Nord avait fait le voyage depuis le Haut-Canada pour discuter avec le gouverneur de la situation politique au Bas-Canada. Sa courte missive annonçant sa visite laissait percer ses inquiétudes quant à la paix sociale.

Lord Gosford entrevoyait ce tête-à-tête avec agacement. Il avait le plus grand respect pour les qualités militaires du héros de la bataille de Waterloo qui, en 1815, avait vaincu Napoléon aux côtés du général Wellington. Mais il ne croyait pas que, sur ces rives-ci de l'Atlantique, la solution à tous les maux dût passer par les armes.

Avant le déjeuner, les deux hommes firent quelques pas dans les jardins du château Saint-Louis. Le temps était brumeux sur la pointe du cap Diamant ; on distinguait à peine le petit port de Lévis de l'autre côté du fleuve.

Le commandant marchait d'un pas militaire, forçant son hôte à allonger la jambe. Il avait le regard sévère et ses profonds silences, ponctués de hochements de tête, en disaient long sur sa réprobation quant à la manière utilisée par lord Gosford pour faire face à la crise.

« Oui, oui, la crise, répétait-t-il. Il n'y a pas d'autre façon de dire les choses. »

Sir John Colborne s'arrêta de marcher. De haute stature, il ressemblait d'ailleurs au général Wellington, avec ses cheveux blancs et son regard profond.

« C'est vous, le gouverneur, dit-il en pointant le doigt vers son interlocuteur. Il vous revient de prendre les décisions et je ne voudrais pas m'immiscer dans vos affaires. Mais permettez-moi de vous souligner que la situation est grave, voire alarmante.

— Commandant, je vous assure que je contrôle tout. Le pays est tranquille. J'ai déjà avisé Londres que je ne prévois aucune commotion sérieuse.

— Vous êtes trop optimiste. Je pense au contraire que si vous n'agissez pas, le Canada sera perdu pour l'Angleterre.

— Comme vous voilà alarmiste !

— Réaliste, mon cher, dites plutôt réaliste. »

Sir John avait plissé les lèvres comme pour montrer son irritation devant la désinvolture du gouverneur. Il s'était fait une idée précise du danger et n'était pas le genre d'hommes à tergiverser. En toute circonstance, il procédait avec célérité et efficacité. Il connaissait bien le pays et ses habitants pour y avoir vécu plusieurs années à titre de lieutenant-gouverneur du Haut-Canada. Une fois son mandat terminé, il avait demandé son rappel en Angleterre. Mais de nouveaux ordres étaient venus au moment même où il allait s'embarquer pour Liverpool. C'est ainsi qu'il avait repris du service, déçu par ce changement de programme qui contrariait son épouse Elizabeth, mais excité par le défi que représentait pour lui le commandement militaire des deux Canadas.

Le Colonial Office était embêté par la campagne de boycottage des produits anglais lancée par les patriotes et comptait sur lui pour mettre fin à cette guerre des nerfs. Londres, qui avait dû rappeler lord Aylmer avant la fin de son mandat, commençait à craindre que la faiblesse de son successeur n'entraînât un glissement fatal. Aussi Colborne jugeait-il impérieux de secouer ce gouverneur civil trop bonasse. Si sa démarche auprès de ce dernier s'avérait inutile, il serait forcé de mettre de l'ordre lui-même, à regret, bien entendu. Mais il n'en était pas encore là.

« Et leurs assemblées séditieuses ? reprit-il. Les patriotes se réunissent partout avec leurs drapeaux et leurs feuilles d'érable. Ils jurent vengeance. Vous ne voyez donc pas que tout cela porte des germes de violence ? Vous devriez interdire les rassemblements.

— C'est déjà fait, commandant.

— Il ne suffit pas d'émettre une proclamation, monsieur le gouverneur, encore faut-il s'assurer qu'on lui obéisse. Vous devez impérieusement faire arrêter les têtes dirigeantes. Votre Papineau est l'âme de ces contrebandiers. »

Les déclarations intempestives des patriotes, en particulier celles de leur chef, exaspéraient le gouverneur. Pourtant, dans son for intérieur, il savait que ceux-ci n'étaient pas les seuls coupables. Mais allez donc dire cela tout haut, devant le commandant en chef des forces armées britanniques !

« Les discours de Papineau encouragent peut-être la révolte, répondit-il prudemment, sans se départir de son sourire. Mais qui en a donné l'exemple sinon le gouvernement britannique lui-même en violant la constitution ? Si l'on devait arrêter les conspirateurs, il faudrait commencer par les ministres anglais.

— Le Colonial Office vous a recommandé à deux reprises de mieux protéger les citoyens contre les rebelles, rappela Colborne d'un ton sec, montrant par là qu'il ne se laisserait pas entraîner sur une voie de service.

— Je sais. Mais tout geste de ma part serait interprété comme une provocation et pourrait déclencher une escalade de violence. Vous-même, commandant, n'avez-vous pas toujours été contre l'idée de faire étalage de la force militaire ? »

Le commandant était sur le point de perdre patience :

« Lorsque la situation est maîtrisée, c'est vrai, précisa-t-il. Elle ne l'est plus.

— Du moment que les rassemblements se déroulent dans l'ordre et...

— Six cents personnes surexcitées qui défilent dans les rues, la nuit, en chantant des chansons révolutionnaires, ce n'est pas ce que j'appelle un rassemblement pacifique, c'est une incitation à la violence, coupa le commandant qui s'emportait. Mon cher gouverneur, vous n'avez qu'un mot à dire et je fais venir des régiments. Je dirais même plus : mes hommes n'attendent qu'un signal pour courir aux armes.

— Je ne crois pas qu'il soit utile d'augmenter les forces militaires pour l'instant. Je vous aviserai si cela s'avère nécessaire.

— Je ne vous recommande pas de les mettre sur un pied de guerre, je suggère simplement que la populations sente leur présence. Cela rassurerait les véritables pacifistes et calmerait les révoltés.

— Les révoltés, on les retrouve aussi bien dans les deux camps. Les membres du Doric Club sèment aussi la peur. Non, il est hors de question que j'ajoute au climat de terreur qui sévit actuellement.

— Permettez-moi de vous contredire. Je suis militaire, je connais mon métier. Et ce que nous vivons n'est pas sans me rappeler certaines de mes expériences passées. Toutes les révoltes se ressemblent.

— Moi aussi, je sais ce que j'ai à faire, trancha lord Gosford sans élever la voix mais d'un ton ferme. J'ai vécu le soulèvement de l'Irlande. Inutile d'en dire davantage. »

Le commandant médita cette réponse le temps d'un nouveau silence. Un domestique vint prévenir les deux hommes que le déjeuner était servi. Le gouverneur entraîna d'un geste son invité vers le château. Il regrettait sa brusquerie.

« Ne croyez pas que je sois resté les bras croisés, commandant. Je suis sur le point de destituer les juges de paix et les officiers de milice qui participent aux assemblées séditieuses. Papineau et le docteur Wolfred Nelson compris. »

Ils passèrent à table. Colborne rompit son pain et le beurra sans rien dire. Croyant avoir indisposé son invité, le comte de Gosford reconnut sa part de responsabilités. Il s'était montré patient avec le chef patriote. Trop peut-être. Il ne se passait pas une journée, en effet, sans que Papineau ne l'attaque. Il profitait de toutes les tribunes, le qualifiant ici d'ennemi du peuple, plus détestable encore que Dalhousie et Aylmer réunis, là de voleur corrompu entouré de paresseux et d'incapables. Parfois il devenait sarcastique et abusait de gros mots pour insinuer que le gouverneur avait le miel sur les lèvres et le fiel dans le cœur.

« J'ai essayé de mettre monsieur Papineau en garde contre ses propres excès, mais il n'a pas voulu m'écouter, admit finalement Gosford, pour montrer qu'il avait bel et bien tenté de conjurer la crise.

— Votre Papineau est accueilli en héros un peu partout et ça lui monte à la tête. Imaginez ! On compare le Canada à l'Irlande et lui, on l'associe au chef irlandais Daniel O'Connell.

— Quelle importance ? fit le gouverneur en entamant sa salade verte.

— C'est un bluff. Toute cette agitation n'a d'autre but que d'intimider le gouvernement d'Angleterre et de le forcer à battre en retraite, en lui faisant croire que le pays est sur le point de prendre les armes. NE TOMBEZ PAS DANS LEUR PIÈGE, vous m'entendez ? »

Il avait martelé chaque mot. Le gouverneur voulut le calmer.

« Il ne faudrait pas se laisser aller à conclure trop hâtivement...

— Ayez de la poigne, répondit le commandant qui devenait tranchant. DE LA POIGNE. Quelques bonnes arrestations préventives, voilà ce que je vous conseille.

— Écoutez ! rétorqua le gouverneur en pesant ses mots. Si Sa Majesté m'a confié le gouvernement du Bas-Canada, c'est qu'elle souhaitait des solutions civiles et non militaires aux problèmes actuels. Il y avait sur les rangs des hauts gradés qui n'auraient pas rejeté cette désignation. Or celle-ci m'est échue. Vous comprenez ? Ma solution ne passe pas par les armes, je vous l'ai déjà dit. J'ai soumis à Londres un plan d'action qui consiste en d'importantes améliorations aux conseils législatif et exécutif. Il n'est pas question de les rendre électifs, naturellement. Cependant je compte nommer des Canadiens, des hommes en qui nous pourrions avoir confiance, mais qui jouissent aussi d'une forte réputation auprès des leurs. J'attends des nouvelles du Colonial Office à ce sujet. Croyez-moi, mes réformes pourraient changer le cours des choses. »

Les deux hommes attaquèrent la côte de bœuf au jus servie avec des pommes de terre en purée. Craignant d'avoir irrité le commandant par son entêtement, lord Gosford multipliait les attentions. Il l'interrogea sans grand succès sur ses relations privilégiées avec le duc de Wellington. Puis il voulut connaître ses projets, une fois terminée sa mission canadienne.

« Lady Colborne a-t-elle hâte de rentrer ? demanda-t-il. Quel dommage qu'elle n'ait pu vous accompagner aujourd'hui à Québec.

— L'occasion ne s'y prêtait pas, fit Colborne sèchement. »

Il répondait à peine aux nombreuses questions de son hôte, tandis qu'il mordait à belles dents dans sa côte saignante. Dès qu'il le put, il revint sur le but de sa visite : il fallait que lord Grosford agisse avec plus de fermeté. Il ne s'avouait jamais vaincu. Il voulait maintenant savoir s'il était exact, comme on l'en avait informé, que, le 1er juin, monsieur Papineau avait été accueilli en sauveur à Sainte-Scholastique.

« On prétend que quatre-vingt-douze voitures sont venues au devant de lui. Son épouse, m'a-t-on dit, était vêtue d'une robe de lin du pays. Papineau aurait alors lancé un appel spécial aux Canadiennes pour qu'elles n'achètent plus sous aucun prétexte de produits importés.

— Ne vous fiez pas trop aux comptes rendus officiels, conseilla lord Gosford. Il y a tant d'exagération...

— N'est-il pas exact, insista le commandant, que les cavaliers qui entouraient sa calèche arboraient des pancartes sur lesquelles on pouvait lire « contrebande » au-dessus de l'illustration d'un baril de whisky ? »

Lord Gosford dut confirmer ces informations :

« C'est juste, en effet. Et puisque vous voulez tout savoir, il y avait d'autres bannières qui rappelaient les morts de 1832 et qui se lisaient ainsi : " Le sang innocent crie vengeance. " »

Le déjeuner tirait à sa fin et la conversation s'éparpillait en propos insignifiants. Sir John n'en continuait pas moins ses exhortations que le gouverneur, exaspéré, esquivait de son mieux, sans toutefois laisser trop transpirer son impatience. À peine buvait-il son thé plus rapidement que d'habitude.

« J'abuse de votre hospitalité, dit enfin Colborne, non sans un soupçon de moquerie.

— J'ai tout mon temps, répondit le gouverneur sans lever les yeux.

— Dites-moi, reprit le commandant, peut-on compter sur la collaboration de monseigneur... comment s'appelle-t-il déjà ?

— Lartigue, monseigneur Lartigue. Certainement. En lui, nous avons un allié. Je viens de lui accorder le titre d'évêque de Montréal qu'il convoitait depuis des années. J'ai déjà fait le nécessaire pour qu'il témoigne sa fidélité à la couronne.

— Mais pensez-vous vraiment qu'il puisse nous être d'un grand secours ?

— Si tant est que nous en ayons réellement besoin. »

La discussion s'enlisait de nouveau, chacun restant sur son quant-à-soi, et le gouverneur accueillit avec une joie à peine contenue l'annonce du départ de son invité. Colborne ne put s'empêcher de réitérer ses recommandations.

« Allez, faites confiance à un vieux militaire de carrière, ajouta-t-il, presque condescendant. Les journaux bureaucrates vous tournent en dérision. On vous accuse de complicité avec les agitateurs patriotes.

— Bon, dit enfin lord Gosford d'un ton résigné. Je vais renouveler mon appel au calme. J'espère que cela apaisera vos craintes.

— Et les forces militaires ? insista Colborne.

— Soit. Je ferai venir des régiments du Nouveau-Brunswick. Cela inquiétera moins la population que de voir des soldats traverser l'océan et se déployer un peu partout. »

Le commandant militaire se retira enfin, au grand soulagement du gouverneur. Celui-ci regagna son bureau et donna l'ordre qu'on ne le dérangeât sous aucun prétexte. Debout devant la fenêtre ouverte sur le fleuve qui renvoyait une douce brise, il respira profondément. Pendant un quart d'heure, il mesura l'âpreté de sa mission. Ce Papineau, quelle plaie ! Il referma la fenêtre, se dirigea lentement vers son bureau et sonna le secrétaire civil.

« Monsieur Walcott, avez-vous écrit à monsieur Papineau comme je vous l'avais demandé ?

— Oui, Excellence. Vous avez là une copie de la lettre dans laquelle je lui rappelle qu'en tant que major au 3e bataillon de milice de Montréal, il n'a pas le droit d'assister aux assemblées illégales et d'y prendre la parole. Je l'ai avisé qu'on avait porté à votre attention le fait qu'il aurait appuyé ou même signé une résolution recommandant de violer la loi. Je l'ai enfin prié de bien vouloir vous communiquer ses raisons, si les faits allégués sont exacts.

— Très bien, monsieur Walcott. Avez-vous reçu sa réponse ?

— Oui, Excellence, je l'ai reçue ce matin même. Je l'ai déposée dans votre corbeille avec le courrier. Vous n'avez sans doute pas encore eu le temps d'en prendre connaissance.

— Veuillez, je vous prie, me lire les explications de monsieur Papineau.

Le secrétaire civil fouilla dans la corbeille afin d'y trouver la missive, qu'il lut d'un trait :

Monsieur, la prétention du gouverneur de m'interroger sur ma conduite est une impertinence que je repousse par le mépris et le silence. Je ne prends donc la plume que pour dire au gouverneur qu'il est faux, comme dans son ignorance il a pu le croire, que quelques-unes des résolutions adoptées en assemblée recommandent la violation des lois.

Vous voudrez bien lui transmettre mon indignation.

Votre obéissant serviteur,
L.-J. Papineau

Archibald Gosford demeura impassible.

« Bon, fit-il enfin. Puisque c'est l'impasse, il ne me reste plus qu'à le destituer de ses fonctions. Veuillez l'en informer. »

▼

Lord Grey se présenta chez le gouverneur à l'heure dite. Lui avait eu amplement le temps de prendre connaissance de la dépêche en provenance de Londres et avait préparé un rapport qu'il remit aussitôt à lord Gosford.

« Je suis navré, Excellence, mais le Colonial Office ne vous autorise pas à procéder aux réformes que vous souhaitiez entreprendre. Pas encore, en tout cas.

— *Damned, damned, damned* », fit le gouverneur en frappant la table du poing.

Pour la première fois depuis son arrivée au Canada, il avait l'impression d'être seul contre tous. Lord Aylmer avait bien raison, se dit-il. Londres n'a aucune idée de ce qui se passe ici. C'était à se demander si les parlementaires anglais se donnaient la peine de lire ses notes de service. Les résolutions Russell en étaient la preuve. En repoussant toutes les prétentions des Canadiens, les Anglais devaient bien se douter qu'ils provoqueraient des remous. Il avait eu l'idée de nommer des Canadiens à de hautes fonctions de manière à en atténuer l'effet négatif. Rien de mieux, par exemple, qu'un député patriote devenant commissaire des terres de la couronne pour prouver les bonnes intentions de Londres à l'égard de sa colonie. Or voilà qu'après avoir attendu des mois l'autorisation de procéder aux nominations, il recevait des directives qui ne contenaient rien de concret. Le Colonial Office réclamait des précisions, soulevait des objections, exprimait des doutes.

« En d'autres termes, ils n'ont rien compris, constata-t-il sans cacher son dépit.

— Néanmoins, fit lord Grey en feignant l'enthousiasme, la jeune reine Victoria tend la main aux Canadiens. Pour souligner son accession au trône, elle a décidé de suspendre l'exécution des résolutions Russell.

— Voilà au moins une bonne nouvelle.

— Dans les circonstances, le Colonial Office vous suggère de convoquer le Parlement pour le mettre au courant de ce geste de bonne volonté de la souveraine. Naturellement, en contrepartie, elle s'attend qu'à son tour le gouvernement du Bas-Canada lui manifeste sa gratitude en votant le budget.

— Un cadeau piégé, en somme, grommela le gouverneur. En gros, Londres leur dit : soumettez-vous et nous n'exécuterons pas nos menaces. Jamais les députés patriotes ne consentiront à voter le budget dans ces conditions. L'astuce est cousue de fil blanc. »

Il décida pourtant de convoquer le Parlement à Québec. Il allait camoufler l'ultimatum de son mieux.

« Lord Grey, la session s'ouvrira le 18 août. Faites le nécessaire. »

Puis il leva les yeux au ciel et, en joignant les mains, dit pour lui-même :

« Si seulement on m'avait laissé libre ! Si Londres avait voulu m'écouter ! »

Cela faisait des mois qu'il inondait le Colonial Office de ses recommandations. Il était convaincu qu'avec quelques concessions, il se serait gagné la sympathie des chefs patriotes qui ne demandaient pas mieux que de voir les choses rentrer dans l'ordre. Mais le gouvernement anglais ne lui laissait plus aucune marge de manœuvre.

« J'ai les mains liées. Je n'ai pas les moyens de dénouer la crise. Le sort en est jeté ! »

CHAPITRE XXIX

Les noces d'Honorine

Comment recoller les morceaux de cette étrange fin d'été, porteuse d'espoir, mais qui a vu naître le doute dans les esprits ?

Il y eut d'abord, à la mi-août, le départ précipité de Papineau pour Québec qui chambarda les plans de Julie. Ce qui devait passer à l'histoire comme la session la plus courte jamais vue faillit du même coup compromettre le voyage de la famille à la Petite-Nation, où Honorine, la fille de Denis-Benjamin Papineau, devait épouser son beau docteur protestant, Dennis Sheppard Leman.

Papineau à Québec, Julie n'avait guère envie de partir seule avec ses enfants pour la seigneurie. Azélie trottinait déjà et elle réclamait une surveillance de tous les instants. Gustave était un petit diable de huit ans qui faisait des coups pendables dès que sa mère avait le dos tourné et la pauvre Ézilda pleurait sans arrêt : elle découvrait l'innocente cruauté des enfants du voisinage, qui l'appelaient la naine ou la punaise. Elle refusait de jouer dehors et ne laissait plus sa mère d'une semelle.

« Raison de plus pour que tu ailles à la Petite-Nation, dit Papineau en glissant dans son porte-documents tous les papiers dont il aurait besoin au Parlement. Entourée de ses cousins et cousines, elle oubliera. »

Julie se laissa convaincre. Papineau partirait le premier, à bord du *Canada,* ancré au quai Molson. Le vapeur devait faire escale aux Trois-Rivières où d'autres députés se joindraient aux Montréalais qui, pour une fois, voyageraient tous ensemble. Pendant le trajet, ils établiraient leur stratégie. Il emportait peu de choses, à part quelques chemises, des bas et des mouchoirs, convaincu qu'il serait vite de retour puisqu'il était déterminé à tenir tête au gouverneur. Tant que les réformes réclamées par les patriotes ne seraient pas en voie d'être réalisées, ils entendaient poursuivre leur grève parlementaire.

Lorsque Julie le vit enfiler son costume de voyage en drap de Manchester, elle sursauta.

« Louis-Joseph, tu n'y penses pas ! Et ta consigne ? »

Il ne répondit pas et elle insista :

« Je t'ai fait préparer un costume en toile du pays, l'as-tu oublié ? Il est couleur granit et convient parfaitement.

— Est-ce que je te dis quoi porter, moi ? lui répondit-il sans cacher son agacement.

— Oui, justement, rétorqua-t-elle effrontément. Non seulement tu me dis quoi porter, mais tu as ordonné à toute la province d'éliminer les vêtements importés.

— J'ai recommandé qu'on n'achète plus d'importations, mais il n'est pas interdit de continuer à porter nos vieux habits.

— Tu joues sur les mots, fulmina-t-elle. T'es-tu seulement demandé ce que penseront tes compatriotes lorsqu'ils réaliseront que leur chef n'a même pas assez de cran pour affronter le gouverneur habillé en canadien ?

— Assez ! »

Papineau était exaspéré. Un mot de plus et il explosait. Julie résista difficilement à l'envie de le pousser à bout. Elle était si déçue ! Jamais elle n'aurait cru qu'il pût manquer ainsi de solidarité. Il serra les dents, empoigna sa valise et sortit en claquant la porte, sans un au revoir.

Une fois Papineau parti, Julie s'en voulut, comme chaque fois qu'ils avaient une scène. Pourquoi n'arrivaient-ils plus à se parler sans s'emporter ? Elle ne se reconnaissait plus. Jadis si douce, voilà qu'elle sortait ses griffes pour tout et pour rien. Elle n'avait certes pas tous les torts. Le refus de Papineau de se conformer à son propre mot d'ordre était injustifiable. Dans son for intérieur, il l'admettait, sans quoi il ne se serait pas emporté aussi promptement. Mais elle n'aurait pas dû élever la voix. On ne convainc personne en criant, on provoque sa colère, c'est tout.

Il était parti sans l'embrasser, sans la serrer dans ses bras. Elle ne savait trop quand il reviendrait. Elle l'imaginait sur la route avec ses amis, discutant, riant même. Il n'aurait pas une pensée pour elle. Il était ainsi, Papineau. Il ne regardait jamais en arrière. Tant pis s'il laissait une grande tristesse dans son sillage. Il était le seul maître à bord et nul ne lui résistait impunément. S'ils en venaient de plus en plus souvent aux mots, elle et lui, c'était bien parce qu'il ne supportait pas l'idée qu'une femme lui tienne tête. Dès qu'elle ouvrait la bouche, il se gendarmait. Comme s'il trouvait intolérable qu'elle ait une opinion contraire à la sienne.

« Oui, j'ai changé, écrivit-elle dans son journal ce soir-là. Je ne suis plus la petite fille docile d'autrefois. Mais c'est lui qui me pousse à sortir de mes gonds. Lui et sa façon hautaine de me toiser lorsque j'ose le contredire. »

▼

L'arrivée impromptue du curé Bruneau délivra Julie de sa torpeur. Son petit drame domestique l'avait abattue et elle était seule dans son boudoir, à retourner la scène dans tous les sens, lorsqu'il sonna.

« René-Olivier, je suis si contente de te voir.

— J'arrive de chez monseigneur Lartigue, expliqua-t-il. Je pensais rentrer à Verchères ce soir, mais il est un peu tard pour traverser le fleuve. Alors je me suis dit que ma petite sœur m'hébergerait.

— Évidemment, tu dormiras ici. Mais que fais-tu à Montréal ? J'ignorais que tu devais venir. »

René-Olivier Bruneau expliqua à Julie que monseigneur Lartigue avait invité son clergé diocésain à une cérémonie religieuse, à l'occasion du sacre de son nouvel évêque auxiliaire, Ignace Bourget :

« Nous étions près de cent cinquante prêtres, raconta-t-il. Et je puis t'assurer que le banquet qui suivit ne laissa personne sur sa faim. Au propre comme au figuré. »

Le curé se frotta alors l'estomac, montrant par là qu'il digérait laborieusement. Julie lui offrit une tasse de camomille, mais il refusa.

« Non, ça ne passerait pas, répondit-il. Tu n'imagines pas ce qui nous arrive. »

Il s'arrêta de parler comme s'il hésitait à aller plus loin. Elle leva les épaules en signe d'impuissance.

« Je ne peux pas comprendre si tu ne me dis pas ce qu'il y a.

— Soit ! mais je compte sur ta discrétion. »

Le curé reprit son souffle avant de se lancer :

« Figure-toi qu'après le sacre, nous sommes passés au presbytère pour le banquet. Ce fut agréable, parfaitement détendu, et fort bien arrosé.

— Comme d'habitude tu as eu les yeux plus gros que la panse, fit Julie en pensant à la gourmandise de son frère.

— Non, je t'avoue que cette fois, c'est ce que j'ai entendu et non ce que j'ai avalé que je ne digère pas. »

Le curé cultivait le mystère comme chaque fois qu'il relatait un incident digne d'intérêt à ses yeux.

« Monseigneur Lartigue s'est levé pour porter un toast à la santé du pape et à celle de son auxiliaire. Jusque-là, ça allait. Ensuite, il a attendu que le silence soit complet pour nous annoncer son intention de tracer la ligne de conduite qu'il convenait de suivre en ces temps difficiles.

— Et alors ? demanda Julie, intriguée.

— Dans le style ampoulé que tu lui connais, il nous a recommandé d'informer nos ouailles qu'il n'est jamais permis de se révolter contre l'autorité légitime, ni de transgresser les lois du pays.

— Rien de neuf sous le soleil, remarqua Julie. Il y a belle lurette que tu connais son point de vue. Tu l'as si souvent défendu, ton évêque. Pourquoi t'en formalises-tu aujourd'hui ?

— Parce qu'il a émis des directives sévères à l'égard de ceux qui prônent la désobéissance civile. Il nous interdit d'absoudre au confessionnal quiconque enseigne que l'on peut se révolter contre le gouvernement sous lequel nous avons le bonheur de vivre. »

René-Olivier Bruneau semblait abasourdi par le peu de réactions de Julie.

« Tu comprends, cette ligne de conduite va nous couper de nos fidèles qui, pour la plupart, sont des patriotes, dit-il. Je veux bien prêcher la paix et l'ordre, mais de là à refuser l'absolution à ceux qui se confessent d'avoir encouragé la contrebande, par exemple, c'est une autre affaire. À ce compte-là, je ferais mieux de fermer boutique : il n'y aura plus personne dans mon église.

— Il a dit ça ? fit Julie sidérée par ce qu'elle venait d'entendre. Il a bien dit " le gouvernement sous lequel nous avons le bonheur de vivre " ? Tu en es sûr ?

— Julie ! Je ne m'amuserais quand même pas à inventer ce genre de choses.

— De toute évidence, il paie sa dette au gouverneur qui lui a donné son trône.

— Julie, ne l'injurie pas. Tu sais comme moi que monseigneur Lartigue méritait cette nomination. J'en ai contre son excès de zèle, mais je ne me permettrais pas de discuter ses mérites.

— Tu ne vas pas le défendre à présent ?

— Je pense simplement que ses directives arrivent à un mauvais moment. Les relations de l'Église avec ses brebis ne sont pas très sereines en ce moment et j'aurais préféré que nous soyons, disons...

plus discrets sur certaines questions. Mais enfin, monseigneur est mon évêque et je lui dois respect et obéissance.

— Les Canadiens ont besoin du soutien des prêtres. Au lieu de cela, leur évêque les menace des flammes de l'enfer. C'est scandaleux !

— Je suis ahuri, ma petite sœur. Complètement ahuri. Si tu nous avais vus, sur le parvis de l'église, après la réception. Nous restions là, des centaines de soutanes noires plantées comme des clous à commenter les propos de monseigneur qui venaient de tomber sur nous comme une mauvaise pluie d'automne. Ah ! Julie, tout cela ne me dit rien de bon. »

Il commençait à se faire tard et le curé bâilla.

« Je monte me coucher, décida-t-il. Demain, je partirai à l'aube. Ne te lève pas pour moi. Mais je veux que tu saches que si tu étais forcée de quitter Montréal, pour une raison ou pour une autre, ma maison est grande ouverte. Tu es chez toi au presbytère de Verchères. »

▼

Julie eut du mal à s'endormir. Le départ brusque de Louis-Joseph la désolait, mais c'est surtout la conversation avec son frère qui lui trottait dans la tête. Autour d'elle, on ne parlait plus que de désobéissance civile, de danger et de rébellion. Elle ne voyait aucune raison d'imaginer le pire. Les patriotes refusaient d'être traités comme des citoyens de second ordre, soit, mais rien dans la stratégie élaborée par leurs chefs ne permettait d'anticiper quelque violence que ce soit.

« Il faut absolument que je parle à monseigneur Lartigue, se dit-elle dans son insomnie. Il est en train de se fourvoyer. Je sais qu'il m'aime bien, il m'écoutera. Je lui exposerai calmement les faits du point de vue des patriotes. Il est intelligent, il comprendra. » Cette décision l'apaisa et le sommeil la gagna enfin.

Au matin, une fois les valises bouclées et les enfants prêts, elle grimpa dans la calèche, plaça tout son petit monde autour d'elle et demanda au cocher de passer à la cathédrale Saint-Jacques avant de prendre la route de la Petite-Nation.

« Attendez-moi dans la voiture, dit-elle aux enfants, lorsqu'ils s'arrêtèrent devant le presbytère. J'en ai pour une minute. »

Elle sonna et se fit annoncer à monseigneur Lartigue, qui ne cacha pas sa surprise de la voir de si bon matin.

« Chère Julie, que me vaut l'honneur ? dit le prélat en venant au devant d'elle. Vous venez m'emprunter un livre ? Les *Pensées* de Pascal, peut-être ?

— Non, monseigneur. Puis-je vous dire un mot avant de prendre la route de l'Outaouais ? répondit-elle en lui tendant la main.

— Venez, nous allons faire quelques pas dans le jardin. Le temps est magnifique aujourd'hui. »

Julie le suivit sans rien dire. Une fois assise sur un banc, elle rompit le silence :

« Monseigneur...

— Vous allez me gronder, je suppose, coupa l'évêque. Vous auriez voulu que je bénisse le mariage d'Honorine, n'est-ce pas ? La petite m'a écrit une jolie lettre mais, comprenez-moi, j'ai trop à faire ces jours-ci. Je ne vous cache pas non plus que les mariages mixtes embarrassent toujours le clergé et, vous êtes bien placée pour le savoir, j'ai consenti à cette union pour éviter un plus grand scandale. Mon cousin Denis-Benjamin se serait fait un malin plaisir de défier l'interdit.

— Non monseigneur, ce n'est pas d'Honorine que je voulais vous parler. Mon frère René-Olivier est venu chez moi hier soir, après vous avoir quitté.

— Le curé Bruneau aurait-il commis une indiscrétion ?

— Il était bouleversé, monseigneur. Moi aussi d'ailleurs. Vos directives sont injustes. Les patriotes ne méritent pas d'être traités comme des renégats.

— Qu'ils obéissent aux lois et l'Église, que je représente sur cette terre, les accueillera à nouveau en son sein.

— Mais nous ne faisons rien de mal, se défendit Julie en haussant légèrement le ton. Nous réclamons nos droits, c'est tout.

— Ma chère amie, ne me prenez pas pour le dernier venu, répondit l'évêque, qui n'était pas d'humeur à se faire faire la leçon par une Papineau. J'ai des yeux pour voir, figurez-vous. Les patriotes préparent la révolution et vous le savez aussi bien que moi. »

Julie le dévisagea d'une manière impertinente :

« Je vous mets au défi de le prouver, cher cousin. Jamais au grand jamais les patriotes ne sortent de la légalité. Dire le contraire est de la pure provocation.

— Ah ! vous croyez ? observa l'évêque en esquissant un sourire malicieux. Eh bien ! parlez-en donc à votre fils Amédée.

— Amédée ? Que vient-il faire dans cette histoire ?

— Vous a-t-il dit que toutes les semaines il passe devant chez moi, ici même, au presbytère ? Qu'il monte la rue Saint-Denis pour aller s'exercer au tir à la carabine à la Côte-à-Baron ? »

Il se retourna vers le plateau en pente douce qu'il désigna du menton :

« Vous voyez le champ, là-haut ? dit-il en indiquant le terrain vague au nord de son presbytère. C'est là, madame, que votre fils apprend le maniement des armes. Ils sont une centaine de jeunes gens à défiler sous mes fenêtres en rangs serrés pour se rendre à leurs exercices militaires. Ils font un vacarme qui réveillerait un mort. Et vous voudriez me faire croire qu'ils s'amusent sans arrière-pensée ? »

Julie était interloquée. Amédée, son Amédée qui tirait du fusil ? Qui s'armait pour la révolution ? Monseigneur Lartigue remarqua son trouble.

« Je ne voulais pas vous alarmer, ma chère enfant. Mais au lieu de venir ici me faire des remontrances, il vaudrait sans doute mieux que vous vous occupiez davantage de vos enfants. »

Julie recula en grimaçant, comme si l'évêque avait porté la main sur elle. Cet homme avait le don de la crisper. Il n'allait pas s'en tirer aussi facilement. Plus tard elle réglerait ses comptes avec Amédée mais, pour l'instant, elle ne songeait qu'à rendre la monnaie de sa pièce à monseigneur Lartigue. On pouvait lui reprocher bien des choses, mais certainement pas de mal élever ses enfants.

« Sachez, monseigneur, que si mon fils apprend à se défendre, c'est parce qu'il a vu sa mère attaquée par des voyous dans la rue. Il les a vus lui cracher au visage, l'injurier, briser les carreaux de ses fenêtres, mettant ainsi en péril la vie de ses frères et sœurs. Sachez aussi que je suis fière de lui. Et s'il m'arrive d'avoir peur pour lui, je me réconforte en pensant que le courage est une vertu. Tant qu'il y aura des hommes comme lui et comme Papineau, son père, pour défendre le pays, nous pouvons espérer survivre dans le respect de nos droits et de notre dignité. Il y en a tant d'autres qui le trahissent...

— Allons, allons, chère Julie, ne montez pas sur vos ergots ! siffla l'évêque, qui évita de relever l'étiquette de traître qu'elle venait de lui coller sur le dos, ce dont il avait l'habitude.

— Mais vous ne pouvez pas comprendre, reprit Julie. Vous êtes si loin de nous. Je vous laisse donc à vos vérités, monseigneur, ajouta-t-elle sans artifices. Je dirai à Honorine que vous êtes navré de rater son mariage. Inutile de la chagriner. Et puis, tout compte fait, il est préférable que vous ne veniez pas. Mieux vaut ne pas vous afficher chez l'ennemi. Adieu, monseigneur ! »

Julie ne prit même pas la main de l'évêque et celui-ci ne fit aucun mouvement pour la retenir. Les dés étaient jetés. Il avait choisi son camp, celui de l'obéissance aux lois britanniques. Il la regarda s'éloigner en pensant que les Papineau avaient, quant à eux, choisi celui de l'insoumission. Dieu les punirait.

▼

« Ma petite maman... vous n'allez pas bouder pendant tout le voyage ? implora Amédée. Monseigneur n'avait pas d'affaire à bavasser. C'est à lui qu'il faut en vouloir, pas à moi. »

La voiture roulait depuis une heure lorsque Julie s'était décidée à lui reprocher ses mensonges et ses cachotteries. Elle n'était pas fâchée, mais paraissait déçue.

« Je t'ai fait confiance, Amédée, dit-elle. Tu m'as bien roulée. »

Le jeune homme se sentait honteux et baissa la tête. On n'entendait que le bruit des sabots sur la chaussée. Il n'insista pas et se tut jusqu'au quai de Lachine. Au moment de descendre de la calèche, il la prit par le cou et l'embrassa sur la joue.

« Souriez ! maman. On ne va pas gâcher un si beau voyage avec des niaiseries pareilles ?

— Mais, mon chéri, je ne suis pas en colère. Simplement je t'en veux de m'avoir caché la vérité.

— Vous m'auriez interdit d'y aller.

— À juste titre. Tu es trop jeune pour tenir un fusil.

— On n'est jamais trop jeune pour être appelé sous les drapeaux, lança Lactance pour prendre la défense de son frère.

— Laisse ça aux grands, veux-tu ? Il y a bien assez de votre père qui me fait passer des nuits blanches.

— Je vous demande pardon, fit Amédée, penaud. De toute manière, depuis que Lactance s'est mis les pieds dans le plat au champ de tir, je n'y suis pas retourné.

— Parce que tu y as amené Lactance ? fit-elle, interloquée. Mais tu as perdu la tête ou quoi ? Il n'a que seize ans. Et tu sais qu'il ne contrôle pas toujours sa nervosité.

— Mais, maman, objecta Lactance, je suis un Papineau, moi aussi.

— Dis-moi donc comment tu t'es mis les pieds dans le plat, puisque c'est la journée des découvertes ?

— Amédée, si tu parles, je te tue.

— Ne t'inquiète pas, Lactance. Maman sait bien que tout cela n'était qu'un jeu. »

Il regarda sa mère et ajouta :

« Je reconnais que je n'aurais peut-être pas dû l'amener, maman. Mais je ne peux plus faire un pas sans l'avoir sur les talons.

— Toi alors, espèce de traître, tu vas me le payer, fit Lactance en se retournant pour ne plus voir son frère.

— Si vous saviez comme je m'inquiète pour vous deux ! soupira Julie en prenant ses deux aînés contre elle.

— Justement, cessez de vous faire du mauvais sang. Je suis un adulte et si mon frère m'accompagne quelque part, il ne court aucun danger. Je m'occupe de lui. Bon ! Assez de sermon pour aujourd'hui. Bientôt nous arriverons à la Petite-Nation et ce sera la fête. »

▼

En été, le voyage en Outaouais se faisait plus rapidement qu'en toute autre saison. Pendant la première partie du trajet, le bateau se laissa porter par le vent jusqu'à la rivière Ottawa. Après, Julie et les enfants poursuivirent en voiture sur des chemins de terre bien entretenus.

Ils arrivèrent donc, comme il avait été prévu, la veille du mariage d'Honorine, au beau milieu des préparatifs de dernière heure. Angelle était tout énervée. Elle venait de se rendre compte que le pantalon de son fils cadet, Casimir, était beaucoup trop court.

« Il a poussé tout l'été comme de la mauvaise herbe », dit-elle en constatant que le petit avait les chevilles complètement à découvert.

Elle n'avait plus le temps d'aller au magasin général pour acheter une pièce de tissu et se résigna à placer son patron sur un pantalon de son aîné, Émery.

« Ma chère Julie, dit-elle en l'embrassant, j'en ai plein les bras, comme tu vois. Tu veux voler au secours de Denis-Benjamin ? Il est enfermé dans le petit bureau avec le prêtre que monseigneur Lartigue nous a envoyé pour célébrer le mariage et Honorine sent qu'ils vont se prendre aux cheveux. Tu connais mon anticlérical de mari ?

— Ne t'inquiète pas, je m'en occupe », la rassura Julie en retirant son chapeau.

Devant la glace, elle mit de l'ordre dans sa toilette, avant de donner deux petits coups sur la porte du bureau.

« Ah ! voici ma belle-sœur, annonça Denis-Benjamin, ravi de la voir enfin. Vous tombez bien. Permettez que je vous présente l'envoyé de notre cousin monseigneur Lartigue. »

Julie s'avança vers le prêtre, qui la laissa s'approcher sans faire un geste. Il n'avait pas l'air commode. La soixantaine avancée, replet, il ne semblait pas du genre à apprécier les noces champêtres et aurait sans doute préféré se trouver à mille lieues de là. Il avait la main moite et ce premier contact fut plutôt désagréable. Mais Denis-Benjamin continuait sur sa lancée.

« Madame Papineau est la seigneuresse de la Petite-Nation. Elle vous dira elle-même que les censitaires sont naturellement invités à la noce.

— Monsieur Papineau, je vous répète que monseigneur insiste pour qu'il n'y ait pas de gloutonnerie au repas, ni danses lascives et bruyantes après, fit le prêtre aux manières de punaise de sacristie, sans faire attention à Julie. Le plus sage serait de fêter en famille, de manière à ne pas vous exposer à l'ivrognerie du petit peuple.

— Monsieur l'abbé, dit Julie d'une voix posée, à notre seigneurie, le petit peuple, comme vous dites, fait partie de la famille. Il est donc de la fête lorsqu'une demoiselle Papineau prend mari. »

Sa parfaite assurance ébranla le prêtre, qui ne sut plus s'il devait insister ou abandonner la partie.

« Du moment que vous me garantissez, madame Papineau, que ce qui est contraire à la décence et à la modestie chrétienne sera banni.

— Dormez en paix, monsieur l'abbé, tout sera conforme aux règles de la bienséance.

— Je ne veux pas de promenades nocturnes au cours desquelles les jeunes gens s'exposeraient à s'adonner à des familiarités que la concupiscence inspire trop souvent hélas ! »

Julie et Denis-Benjamin se regardèrent sans répondre cependant que le prêtre s'enhardissait de nouveau :

« Il ne saurait être question que la noce dure deux ou trois jours. Elle se terminera avant la nuit.

— Il y a bien trop d'ouvrage à faire par ici pour que la fête s'étire, l'abbé », répondit Denis-Benjamin, qui trouvait l'interdit superflu.

▼

Avant sept heures, le lendemain matin, le futur marié se présenta chez son beau-père pour le compliment à la mariée. Originaire de Bristol, en Angleterre, il n'avait pas réussi à convaincre ses parents d'entreprendre le voyage jusqu'à la Petite-Nation. Il s'était donc fait accompagner par un collègue, médecin à Bytown. Le temps était superbe et ils rejoignirent ensuite les invités qui arrivaient les uns après les autres et attendaient sur la terrasse, devant la rivière Ottawa. Tout le monde s'activait dans la maison. Tante Victoire s'était donné un mal de chien pour attacher son corset baleiné qui lui serrait trop le ventre et Joseph tempêtait contre Gustave, qui s'était assis sur son chapeau, pendant qu'Amédée s'appliquait à lui redonner sa forme.

« Où est passé Lactance ? demandait Julie à tous ceux qu'elle croisait. Vous ne l'avez pas vu ? »

Il n'était ni dans la chambre des garçons, où son costume était à plat sur le lit, ni dans la cuisine. Elle le trouva enfin dans le hangar, en train d'enfermer une grenouille dans un pot contenant une solution d'aldéhyde formique, sous les yeux fascinés de ses jeunes cousins.

« Lactance, laisse ça, tu vas être en retard.

— Maman, j'irai vous rejoindre plus tard. J'ai une dissection à pratiquer.

— Mon chéri, je t'en supplie, ne me fais pas cela. Pas ce matin.

— Mais...

— Sois gentil et viens te préparer. »

Julie l'implora si bien qu'il lâcha son pot et la suivit à la maison. Elle soupira d'aise lorsqu'elle vit toute sa tribu lavée, bichonnée et habillée un peu avant l'heure du départ. Le fiancé la complimenta sur sa jolie robe turquoise, tandis qu'elle recommençait le nœud de sa cravate qu'il avait raté.

« Hé ! tante Julie, l'apostropha Honorine, vous n'allez pas me voler mon fiancé ?

— Mais non, Honorine, je lui montre comment faire un nœud Byron. C'est la grande mode, à Paris. Tu verras, il sera irrésistible. Il aura l'air d'un vrai lord.

— D'accord, mais je vous ai à l'œil. »

Honorine était ravissante. Elle ressemblait à sa mère : joues roses, teint de pêche, cheveux blond cendré aux boucles retombant de part et d'autre du visage. La jupe de sa robe, épaissie de jupons empesés, ne découvrait que le bout pointu de sa chaussure à talon plat, comme un museau de souris qui apparaissait et disparaissait à chaque pas. Elle monta dans le boghei américain que son père avait acheté pour l'occasion. Il avait quatre roues et un siège à deux places. Denis-Benjamin s'assit à côté de sa fille et sonna le départ.

« Marche donc », lança le cocher en claquant son fouet.

Le cortège s'ébranla. Les voitures se suivaient sur la route menant à l'église paroissiale. Des censitaires, appuyés aux longs manches de leurs faux, regardaient passer les mariés. Ils étaient conviés à la fête sur le coup de midi et devaient abattre du boulot jusque-là :

« À plus tard », criaient-ils en faisant un signe de la main.

L'église joliment décorée de fleurs de toutes les couleurs était beaucoup trop exiguë pour accueillir tout le monde. Il y avait là le seigneur de Terrebonne, Joseph Masson et son épouse, Sophie, que Julie retrouva avec joie, le docteur Jean-Olivier Chénier, célèbre patriote de Saint-Eustache qu'Amédée admirait, des avocats des Deux-Montagnes, des jeunes médecins amis du docteur Leman.

Julie tenait la main d'Ézilda qui s'extasiait devant la magnifique robe blanche de sa cousine.

« Maman, elle a l'air de sortir d'un conte de fées. »

Honorine montait l'allée lentement, au bras de Denis-Benjamin qui paraissait à peine plus vieux que le marié, avec sa peau hâlée et sa ligne svelte. Le docteur Leman suivait, de petites lunettes rondes sur le nez et sa cravate savamment nouée au cou par Julie. Il s'inclina légèrement devant la future mariée.

Le substitut de monseigneur Lartigue sortit de la sacristie et promena sa tête d'enterrement sur les fidèles. Le docteur Leman s'avança pour lui remettre le certificat de publication des bans. Après s'être assuré que les fiancés s'étaient purifiés de tout péché mortel, le prêtre, le visage toujours impassible, énuméra leurs devoirs :

« Les époux doivent se secourir mutuellement afin de mieux traverser les peines et les incommodités de la vie, déclina-t-il d'une voix monocorde, comme s'il s'acquittait d'un pensum. Vous supporterez avec patience vos défauts, vos imperfections et vos infirmités réciproques. Enfin vous avez l'obligation de donner la vie. »

L'abbé fit signe aux fiancés de s'approcher. Honorine lui adressa son plus joli sourire dans l'espoir de le voir se détendre un peu. Après tout, c'était un grand jour. Mais il resta de glace tandis qu'il recueillait les consentements mutuels.

« Honorine Papineau, prenez-vous pour époux le docteur Dennis Sheppard Leman ici présent ?

— Oui, monsieur. »

L'émotion étreignit Julie. Toutes ses pensées allèrent à Amédée qui un jour prochain se mettrait la bague au doigt. Il avait dix-huit ans, comme Honorine, et il était galant. Les jeunes filles tournaient autour de lui, cela non plus ne lui avait pas échappé. Elle redoutait déjà ce mariage qui n'était encore qu'une chimère. Comment supporterait-elle l'intrusion d'une étrangère entre elle et Amédée ?

Elle était folle de cet enfant qui avait presque l'âge de prendre son envol et qui était la réplique de son père.

Son visage s'assombrit soudain à la pensée de Louis-Joseph ; peut-être lui en voulait-il encore pour ce malheureux différend qui les avait opposés avant son départ. Elle avait déjà tout oublié et ne rêvait plus qu'au moment où elle se jetterait dans ses bras. Avec l'âge, son mari devenait encore plus séduisant. Comme si c'était possible ! Il abordait la cinquantaine avec tant d'élégance. Elle se rappela sa jalousie passée. Les craintes qu'elle éprouvait, les soupçons qui empoisonnaient sa vie, c'était bien fini. Non, elle n'était plus jalouse. Il avait bien fallu se faire une raison, tout le Bas-Canada était en pâmoison devant son mari. Il suffisait de capter le regard éperdu que les femmes lui lançaient lorsque, du haut d'un podium, il exhalait l'amour du pays.

Derrière elle, dans l'église, Lactance toussait à fendre l'âme. Pourvu qu'il n'ait pas pris froid ! C'était instinctif, dès qu'il se raclait la gorge, elle était sûre qu'il rechutait. Elle se tourna et lui tendit son mouchoir. Il lui sourit. Il avait le sourire d'un ange. Elle espérait le voir prêtre un jour. Pas un religieux tranchant comme son grand-cousin Lartigue, mais un prêtre sensible et patriote. C'est ça oui, un prêtre patriote. Il était si éveillé, curieux, toujours à l'affût de nouvelles connaissances scientifiques. Il enseignerait la botanique ou la zoologie au collège de Montréal et il passerait la voir à la maison chaque dimanche. Mais pourrait-il se plier à la discipline d'un séminaire ? Il était si chétif. Excitable aussi. Papineau ne serait peut-être pas d'accord avec l'idée de le voir embrasser les ordres, mais s'y opposerait-il ? Elle pensait que non.

« Regarde, maman, comme Honorine est belle ! »

Ézilda ouvrait grands ses yeux bruns, éblouie par sa cousine. Pauvre petite ! pensa Julie. Il y avait peu de chance qu'elle se mariât un jour, comme Honorine. Son infirmité allait fatalement éloigner les meilleurs partis. Une chose était certaine, même privée de mari, Ézilda n'entrerait pas en religion. Louis-Joseph ne consentirait jamais à partager sa fille avec quiconque, fût-ce Dieu lui-même. Il la voulait à ses côtés jusqu'à la fin de ses jours. Elle soignerait ses fleurs, elle qui les aimait autant que lui, et plus tard, si Julie partait avant lui, elle prendrait soin de son vieux père.

Julie avait toujours prétendu que Louis-Joseph lui survivrait. Les Papineau enterraient tout le monde, c'était connu. À quatre-vingt-cinq ans, Joseph en était la preuve vivante. Bien sûr, sa propre mère, Marie-Anne Bruneau, avait soixante-seize ans, ce qui était presque aussi honorable, mais cela ne prouvait pas que sa longévité était héréditaire. Il s'agissait plutôt d'un accident de la nature qui s'expliquait facilement : le bon Dieu l'avait oubliée. Ou plutôt il trouvait sa mère si dévote, avec ses neuvaines et ses bondieuseries à n'en plus finir, qu'il retardait le moment où il serait forcé de se retrouver en sa perpétuelle compagnie. Julie esquissa un sourire en pensant à ce que sa mère dirait de sa théorie.

« Qu'est-ce qu'il y a, maman ? demanda Ézilda, à qui rien n'échappait. C'est l'oncle Benjamin qui vous fait rire ? C'est vrai qu'il est drôle. »

Denis-Benjamin avait l'air empêtré dans ses prières. Il tournait nerveusement les pages de son missel, comme s'il ne savait plus où on en était. Devait-il laisser Honorine près de la balustrade et retourner à son banc ? Ou rester là et attendre la suite ? Il cherchait Angelle du regard, implorant son secours. Occupée à dissimuler ses larmes, sa femme ne devinait pas son malaise.

« *Conjugo vos in matrimonium* », récita le célébrant.

Honorine tendit sa main délicate pour recevoir l'anneau. Son fiancé la dévorait des yeux. Les mariages d'amour sont toujours attendrissants. Mais à dix-huit ans, elle paraissait si jeune pour quitter sa mère et se retrouver à des lieues de la Petite-Nation ; et puis elle parlerait forcément anglais du matin au soir. La population de Buckingham, non loin de la frontière du Haut-Canada, où le docteur Leman avait ouvert son cabinet, était majoritairement anglophone. Il avait promis d'élever leurs enfants dans la religion catholique, mais faudrait-il les envoyer à l'école anglaise ? Y avait-il une seule école française à Buckingham ? Elle l'ignorait.

Après la signature des registres à la sacristie, les voitures reprirent la route de Plaisance où Denis-Benjamin Papineau avait convié parents, amis et censitaires à une fête champêtre sur sa presqu'île.

La famille et les intimes prirent place autour des mariés, à la table d'honneur, près de la maison, et les colons, tout endimanchés, s'installaient sur la terrasse. Tout au long du banquet, les chansons à répondre, surtout les vieux airs français, se succédèrent et les verres se choquèrent avec ardeur, selon la mode française. Après le dessert arrosé de vins français (eh oui ! malgré la consigne), les hommes à marier, connus sous le nom de survenants, commencèrent à se pointer sur la presqu'île et à y reluquer les jolies filles.

« Si monseigneur voyait ça », dit Denis-Benjamin qui dansait avec Angelle.

Julie serrait des mains pendant qu'Amédée faisait danser la mariée, que Lactance ne quittait pas des yeux, lui qui était secrètement amoureux d'elle depuis l'été où ils avaient chassé les papillons ensemble. Les censitaires venaient saluer la seigneuresse, qui les félicitait pour leur petit dernier, s'enquérait de la santé des aînés et les encourageait de son mieux, en les assurant que les privations allaient bientôt cesser. C'est à peine si elle eut le temps de bavarder avec son amie Sophie Masson, qu'elle n'avait pas revue depuis la réunion des dames patriotes.

Une fois les invités partis, Julie flâna sur la terrasse avec ses beaux-frères. Angelle était montée se coucher tout de suite après le départ de sa fille et Marie-Rosalie l'avait suivie, pour tâcher de la consoler. Dehors, la soirée était douce. La conversation tourna autour du prêtre revêche qui, Dieu merci ! avait refusé de venir à la noce. Sitôt la cérémonie religieuse expédiée, il s'était fait conduire au quai et avait pris le premier bateau.

« Bon débarras ! lâcha Toussaint-Victor.

— Monseigneur Lartigue aurait dû venir lui-même, nota Denis-Benjamin. Dire qu'Honorine s'est donné la peine de lui écrire.

— Il a beau être de la famille, il ne tient pas à fréquenter ouvertement des patriotes, répliqua Julie, qui ne put s'empêcher de leur narrer la conversation qu'elle avait eue, chez lui, le matin de son départ. Il s'est montré très agressif, conclut-elle. Désormais, il ne faut plus compter sur lui. Il est passé dans l'autre camp.

— Vous êtes trop sévère, Julie, dit Denis-Benjamin. Vous savez que je n'ai pas d'atomes crochus avec mon cousin Lartigue mais cette fois-ci, je pense qu'il n'a pas tout à fait tort.

— Vous n'allez pas me dire que vous l'approuvez de condamner les patriotes ? fit Julie, dont le visage exprimait la contrariété.

— Il a raison de mettre les gens en garde contre tout ce qui pourrait dégénérer en violence. Je lis les gazettes, moi aussi. Je vois bien qu'il y a de la poudre dans l'air.

— Et naturellement, vous croyez que ce sont les patriotes qui sèment la pagaille.

— Ce n'est pas ce que Benjamin a dit, protesta Toussaint-Victor. Je pense comme lui que le climat devient explosif. C'est bien beau d'affronter le gouvernement britannique, mais il ne faut pas dépasser les bornes. Si mon frère Louis-Joseph était ici, je lui reprocherais son imprudence.

— Papineau, imprudent ? s'écria Julie. Mais où allez-vous pêcher ça ?

— À ce qu'on me rapporte, il n'est pas tendre avec le gouverneur, répondit l'abbé Papineau.

— Mais comment voulez-vous qu'il traite un homme qui trompe la population en lui faisant croire qu'il est mandaté pour apporter des réformes alors qu'il n'est qu'une marionnette ?

— Qu'est-ce que ça vous donne de les attaquer, lui et l'évêque ? enchaîna Denis-Benjamin. Tout ce qu'ils veulent, c'est rétablir la paix. Or il se trouve que c'est aussi ce que nous voulons, nous, les gens des campagnes.

— Nos juges de paix ne jugent plus, les avocats ne plaident plus et les élus ne votent plus les lois sous prétexte qu'ils font la grève, argumenta Toussaint-Victor. Résultat : le pays s'en va à vau-l'eau.

— Voyons, Toussaint, objecta Julie, c'est le gouverneur qui démet de leurs fonctions ceux qui participent aux assemblées patriotiques. Les juges de paix ne demandent pas mieux que d'exercer leurs fonctions.

— Julie, si vous passiez quelque temps ici, à la Petite-Nation, vous verriez que les colons ont assez à faire sans qu'on leur impose d'autres sacrifices.

— Denis-Benjamin a raison, renchérit Toussaint-Victor. Au début, j'étais prêt à suivre Louis-Joseph dans sa lutte. Aujourd'hui, je ne suis pas sûr qu'il ait pris le meilleur chemin pour arriver à ses fins.

— Et qu'aurait-il dû faire, d'après vous ? demanda Julie.

— Se montrer ferme, sans brandir de menaces à tout bout de champ, répondit Denis-Benjamin. Il n'est pas nécessaire d'injurier les gens pour obtenir gain de cause.

— C'est tellement facile de critiquer les autres sans jamais se compromettre », laissa échapper Julie.

L'échange entre Julie et ses beaux-frères prenait une tournure que n'appréciait pas Joseph Papineau, qui n'avait encore rien dit. Il éteignit sa pipe et décida de monter se coucher.

« Essayez donc de vous entendre au moins un jour comme aujourd'hui. »

Puis il disparut.

« Papa a raison, fit Toussaint-Victor, qui n'avait nullement envie de prolonger cette prise de bec. Si notre tigresse préférée a fini de défendre sa tendre moitié, on va aller se jeter dans les bras de Morphée, nous aussi.

— Je vais vous en faire, moi, une tigresse, le gronda Julie, au moment de rendre les armes elle aussi. À ce compte-là, vous êtes un ogre, Toussaint.

— J'en ai l'appétit, en tout cas, répondit-il en se caressant la panse. Il y a longtemps que je n'avais pas aussi bien mangé.

— Prêts pour le trou normand ? demanda Denis-Benjamin en débouchant une bouteille de cognac. Ma chère Julie, rassurez-vous, c'est la dernière qu'il nous reste. La prochaine fois, vous vous contenterez d'un verre de cidre de pommes. »

▼

Au matin, Joseph Papineau amena les enfants en excursion à Chipi, nom algonquin signifiant « cimetière ». Il leur raconta qu'au temps de Jacques Cartier, la tribu qui vivait là avait été attaquée par les Iroquois. La bourgade avait été incendiée jusqu'à la dernière tente et les habitants, massacrés. Les petits étaient tout ouïe et les grands comme Amédée, Lactance et Louis-Antoine Dessaulles essayaient de se rappeler les détails de cette histoire que leur grand-père leur avait racontée lorsqu'ils étaient, eux aussi, hauts comme trois pommes.

« Encore de nos jours, leurs descendants ne traversent jamais la région sans s'arrêter en pèlerinage, dit le grand-père. Ils campent ici, sur la grève, et passent la nuit en pleurs et en lamentations. Il n'y a pas si longtemps, on a retrouvé des calumets de la paix de cette époque enfouis sous la terre. »

Les enfants entreprirent des fouilles en espérant trouver quelques vestiges qu'ils pourraient rapporter à la maison.

« Allons, les mousses, venez, il faut rentrer maintenant. »

Ézilda, Gustave et leurs cousins enlevèrent leurs chaussures et attendirent sur la grève sablonneuse que leurs grands frères les transportent sur leurs épaules, jusqu'à la plate-forme de l'embarcation amarrée plus loin, là où l'eau était suffisamment profonde pour l'empêcher de s'enliser.

Lorsque les promeneurs arrivèrent pour le déjeuner, Julie venait à peine de se lever. La tigresse avait fait la grasse matinée et sirotait son café au lait avec sa belle-sœur.

« Ce que je suis égoïste, lui dit Angelle. Je ne pense qu'à Honorine, je n'en ai que pour elle alors que vous, Julie, vous êtes venue de Montréal pour être près de moi.

— J'ai passé deux jours merveilleux, répondit-elle. Chez vous, on dirait que le bonheur flotte dans l'air.

— Nous n'avons même pas eu le temps de jaser, regretta Angelle en faisant une moue boudeuse. Nous en aurions eu pour des heures. Je vous sens si loin de moi... Vous ne nous avez pas tout dit.

— Vous avez raison, je n'ai pas tout dit. C'est difficile à expliquer. Les enfants grandissent trop vite, ils m'échappent. Papineau se laisse emporter dans le tourbillon, c'est euphorique et troublant à la fois. Ici, ça ne paraît pas, mais les événements se précipitent et quelquefois, je me demande où tout cela nous entraînera. »

Marie-Rosalie, qui restait encore quelques jours à la seigneurie, aida Julie à rassembler ses affaires et celles des enfants. La bonne humeur persista jusqu'à l'heure du départ. Lorsque Joseph Papineau vit qu'elle était sur le point de partir, il lui annonça subitement qu'il ne rentrait pas à Montréal avec elle. Il avait décidé de passer l'automne à la Petite-Nation, avec Benjamin et Angelle, très heureux de cette décision.

« Quand nous retrouverons-nous ? » lui demanda-t-il subitement, en serrant sa main dans la sienne.

Julie remarqua qu'il avait le regard triste de ceux qui ont un mauvais pressentiment. Il portait le chapeau haut-de-forme dont il ne se séparait jamais et son pantalon long et trop large flottait sur ses chaussures. Il était maintenant bedonnant, grassouillet même. Il regardait Julie comme s'il n'allait plus la revoir de son vivant. Elle ne répondit pas, habitée elle aussi par le sentiment vague qu'un grand malheur l'attendait à son retour à Montréal. Joseph l'embrassa sur les deux joues, l'assura qu'il avait tout le ginseng dont il avait besoin pour se fortifier l'estomac et promit de retourner à Hawkesbury pour s'approvisionner en eau minérale.

Chapitre XXX

La fièvre monte

Sans grand enthousiasme, le gouverneur Archibald, comte de Gosford, se rendit à l'hôtel du Parlement au matin du 18 août. Il avait grise mine et marchait lentement. Il n'était pas pressé d'arriver puisqu'il allait se présenter devant les élus les mains vides. Ou, plutôt, il leur lancerait un ultimatum : « Dans sa grande bonté, leur annoncerait-il, Sa Majesté la reine Victoria accepte de surseoir à l'exécution des résolutions Russell à la condition que vous régliez la crise financière. Vous devez donc payer les dépenses courantes ou je le ferai à votre place. »

Il n'y avait pas de quoi pavoiser et le gouverneur savait qu'il ne gagnerait pas cette manche. Depuis quelque temps, les couteaux volaient bas entre les députés patriotes et lui-même et son discours d'ouverture n'allait certes pas arranger les choses. Lui, habituellement si diplomate, se reprochait maintenant d'avoir taxé publiquement les chefs patriotes de perversité. C'était blessant et il aurait aimé ravaler ces paroles malheureuses qu'il avait prononcées parce qu'il était excédé. Les esclandres de celui qui n'était plus « son ami Papineau » mais « le grand chef des contrebandiers », comme l'appelaient les journaux tories, le mettaient hors de lui.

Si les choses allaient de mal en pis, c'est que Papineau se croyait investi d'une mission salvatrice qui lui conférait tous les droits, y compris celui de le traiter d'imposteur, lui, le gouverneur, en plus de l'accuser de piller la caisse publique et d'acheter les traîtres. Il créait un climat propice aux pires injures. Comment un homme de sa trempe pouvait-il avoir la folie de croire que la Grande-Bretagne le laisserait diriger seul la colonie ? Il était l'intransigeance incarnée. « Papineau se prend pour Dieu le père et moi, je suis le diable en personne », pensa-t-il en esquissant un demi-sourire.

Le comte de Gosford avait escompté que les excès du chef patriote finiraient par le perdre aux yeux de ses partisans. Il avait d'ailleurs exploité au maximum leurs dissensions en recommandant à de hautes fonctions des patriotes dont la sympathie à l'endroit de Papineau et de ses idées révolutionnaires commençait à s'effriter. Voilà qui aurait calmé la mauvaise humeur de certains, si seulement Londres avait approuvé ces nominations avant la session !

Le gouverneur entra dans la salle du Conseil où l'attendaient les députés. Il était loin d'imaginer la mascarade qui allait s'offrir à ses yeux, lorsqu'il monta à la tribune pour lire le discours du trône.

« *Gentlemen* », articula-t-il en jetant un regard autour de lui.

Un chapeau de paille accroché négligemment au dossier d'une chaise attira d'abord son attention. Puis un autre, déposé sur une table. Il repéra sans difficulté la redingote en étoffe canadienne du député Édouard Rodier, qui occupait un siège dans la première rangée, et put apprécier à loisir sa veste couleur granit, rayée bleu et blanc. Affublé d'un accoutrement tout aussi original, son voisin de gauche était chaussé de souliers de bœuf, sur des bas tricotés à la main. Ni l'un ni l'autre ne portait de chemise. Derrière eux, le directeur du *Vindicator*, Edmund O'Callaghan, avait gardé ses bottes et ses gants importés mais pour le reste, il rivalisait d'élégance paysanne avec ses collègues. Ludger Duvernay avait troqué son costume anglais contre un veston et un pantalon en toile rustre, tandis que le beau Viger et l'arrogant LaFontaine s'étaient contentés d'enfiler un veston sombre de fabrication domestique.

La scène parut loufoque au gouverneur. Il avait devant lui une bande de bouffons échappés d'un opéra comique ! Si l'heure n'avait pas été aussi grave, il aurait éclaté de rire. Mais il se retint.

« La raison pour laquelle je vous ai convoqués... », commença-t-il comme si de rien n'était.

Le gouverneur s'arrêta en apercevant Louis-Joseph Papineau, vêtu à l'anglaise, comme d'habitude. Il remarqua bien l'usure du pantalon, mais constata néanmoins que le chef ne pratiquait pas ce qu'il prêchait. Il reprit son discours, pressé d'en finir :

« La raison pour laquelle je vous ai convoqués est de vous fournir l'occasion, en accordant les subsides requis, d'obvier à la nécessité de toute action ultérieure de la part du Parlement impérial... »

Il y eut dans la salle de légers mouvements d'humeur qui ne lui échappèrent pas, mais il continua :

« J'espérais – et j'avais tout lieu d'espérer – vous annoncer des changements dans la composition des conseils législatif et exécutif, mais la mort du roi a interrompu les affaires du Parlement et les ministres de la couronne n'ont pu compléter les mesures qu'ils avaient en vue. Ces mesures... »

Un grognement se fit entendre dans la salle et le député LaFontaine lança :

« La réconciliation n'aura pas lieu.

— Des promesses, encore des promesses, toujours des promesses, ajouta son voisin.

— Nous voulons des actes et non des paroles !

— Ces mesures, reprit le gouverneur avec vigueur, ne sont pas abandonnées mais disons... suspendues pour un temps. »

L'agitation grandissait, sans toutefois que l'on puisse parler de grossière impolitesse. Voyant que son message ne passait pas, lord Gosford expédia la fin de son discours. Il cachait mal son dépit. Plus que jamais, il tenait rigueur au Colonial Office de l'avoir mis dans l'eau bouillante en se montrant désinvolte devant ses appels pressants. Il se retira et, dans l'attente de la réponse des députés à son discours du trône, il sentait lui aussi que la réconciliation espérée venait peut-être de lui passer sous le nez.

Désormais, Papineau ne se contenterait de rien d'autre que de la séparation d'avec l'Angleterre. Il avait maintenant le prétexte qu'il lui manquait.

« Il est républicain dans l'âme », conclut le gouverneur en regagnant le château Saint-Louis.

▼

Pour une surprise, c'en fut toute une ! Papineau rentra de Québec avant même que Julie n'ait eu le temps de s'ennuyer de lui. La session spéciale avait duré en tout et pour tout huit jours. Convaincus que le gouverneur leur avait fait miroiter des réformes qu'il ne voulait ou ne pouvait pas réaliser, les députés avaient voté le maintien de la grève parlementaire. Leur message était clair : ils coopéreraient, oui, mais seulement lorsque les réformes « retardées » seraient effectuées. Informé de leur décision, le comte de Gosford ne put qu'exprimer ses regrets et proroger la session.

La rentrée des classes approchait. Ézilda s'en allait pensionnaire chez les sœurs au début de septembre, ce qu'elle acceptait plutôt bien, et Lactance était attendu au séminaire de Saint-Hyacinthe, ce qui le remplissait de rage.

Pauvre Lactance ! Il devenait insupportable. Quel chantage il faisait à sa mère ! Il commença par la supplier de demander une dispense au directeur pour lui permettre d'accompagner Papineau à l'assemblée monstre qui devait se tenir à Saint-Charles, dans la vallée du Richelieu, et qui promettait d'être mémorable.

« Pas question ! » lui répondit Julie.

Le ton était sans appel et, devant ce premier échec, il alla tenter sa chance auprès de son père, sans plus de succès. En désespoir de cause, il fit intervenir Amédée auprès de l'un et de l'autre et traîna ensuite son vague à l'âme pendant les derniers jours des vacances, refusant même de manger. Julie comprenait sa déception et lui pardonnait ses bouderies.

« Tu es tellement beau lorsque tes yeux gris foncent sous l'effet de la colère ! »

Par moments, Lactance semblait abandonner la partie mais, tout à coup, il reprenait son refrain.

« C'est pourtant simple, maman. Vous n'avez qu'à écrire aux pères que vous avez absolument besoin de moi à l'assemblée des six comtés, car votre mari sera très occupé. Vous les prévenez que je serai en classe le lendemain. Ils comprendront.

— Lactance, n'insiste pas. Ton père et moi pensons que tu n'as aucune raison valable de rater la rentrée.

— Et l'assemblée ?

— Tu as déjà assisté à celles de Verchères, de Chambly et de L'Acadie. Cela devrait te suffire, répondait Julie sans jamais perdre patience.

— Amédée y était aussi, ce qui ne l'empêchera pas d'aller à Saint-Charles.

— Amédée a terminé ses études classiques.

— Qu'est-ce que ça change ?

— Arrête, je vais me fâcher. »

C'était le signal qu'il attendait pour répéter sa litanie :

« Vous ne m'aimez pas, vous voulez vous débarrasser de moi, vous êtes injuste, cruelle... »

Le mal-aimé était aussi intarissable qu'inconsolable.

« Assez, Lactance. »

Il la piquait, la rendait coupable, menaçait de tomber malade. Elle ne se laissa pas fléchir et le reconduisit au séminaire avec Papineau, comme cela avait été prévu. Au moment des adieux, il refusa de l'embrasser, ne voulut pas promettre de lui écrire et détourna la tête quand elle le supplia d'être fidèle à sa messe quotidienne.

▼

La courte halte de Papineau à Saint-Hyacinthe ne passa pas inaperçue. La rumeur avait circulé qu'il viendrait y conduire son fils avant de filer à Saint-Charles, pour l'assemblée. Il n'en fallait pas plus pour que les Maskoutains lui réservent un accueil digne d'un héros. À son arrivée, les rues de la ville étaient décorées comme un jour de fête ; la fanfare municipale jouait des airs endiablés et les gens scandaient des slogans patriotiques. Un véritable triomphe dont il fut le premier surpris.

Il ne fut pas le seul. Par un malencontreux hasard, sir John Colborne, en route vers les *Townships* de l'Est où il recrutait ses volontaires, s'adonna à passer par là. Il fut donc, bien malgré lui, à même de mesurer la popularité du chef des patriotes. Devant l'euphorie qui régnait et qu'il jugea grotesque, il songea d'abord à poursuivre sa route mais se résigna finalement à passer la nuit à l'unique auberge de la rue principale où l'attendait déjà son état-major. Il dîna tôt et se retira dans sa chambre à la brunante.

Mais les Maskoutains l'entendaient autrement. Survoltés par le joyeux tintamarre qui avait duré tout l'après-midi, ils avaient reconduit Papineau en procession jusqu'à la seigneurie Dessaulles, après quoi ils s'étaient dirigés vers l'auberge où Colborne était descendu pour le régaler d'un charivari qui dura tard dans la soirée. De sa chambre, le commandant distinguait clairement sous sa fenêtre les manifestants qui s'égosillaient : « Venez voir à quoi ressemble un tyran ! À bas Colborne. »

Le tohu-bohu devenait incontrôlable et les amis de Papineau crurent bon d'aller le prévenir de ce qui se passait en ville. Celui-ci explosa de colère : on ne traite pas ainsi le commandant des armées, protesta-t-il. Il fit venir les meneurs pour les réprimander. Peu après, tout rentra dans l'ordre et Sir John put dormir en paix.

▼

Le lendemain, sir Colborne fila à Québec, bien décidé à forcer la main du gouverneur qui laissait pourrir le climat du Bas-Canada, pendant que Papineau et Julie prenaient la route de Saint-Charles. La délégation chargée de reconduire « le grand tribun » à l'assemblée des six comtés l'attendait dans l'allée du manoir Dessaulles, lorsqu'il fit son apparition sur le perron. Julie se laissa gagner par l'euphorie, émue de tant de ferveur.

405

« Regarde comme les gens t'aiment », dit-elle à Papineau, qui ne répondit pas.

Elle embrassa sa belle-sœur en lui recommandant de garder un œil attentif sur la tornade Lactance et s'installa à côté de Papineau dans la voiture. Le cortège s'ébranla au son de la même fanfare amateure qui, la veille, avait massacré des airs connus.

Dans le coupé marron à quatre roues et à capote en toile décorée de franges, Papineau paraissait absent. Julie sentait qu'il n'était pas dans son assiette. « Je le connais tellement », se disait-elle en l'observant du coin de l'œil. Peut-être avait-il mal dormi ? Il s'était couché si fâché, à cause de la grossièreté des patriotes à l'égard de Colborne. Mais il s'était assoupi rapidement et n'avait pas été agité de la nuit. Lorsqu'il souffrait d'insomnie, elle était toujours la première à s'en apercevoir car il remuait à tel point qu'il finissait par l'éveiller à son tour. Elle mit sa mauvaise humeur sur le compte du temps maussade. Le ciel était chargé et l'humidité pénétrante. Tout irait probablement mieux lorsqu'il ne sentirait plus le froid du matin.

N'empêche qu'elle ne lui trouvait pas bonne mine depuis quelque temps. Au bout d'une heure, il n'avait pas encore desserré les dents. Lorsqu'elle voulut savoir s'il était indisposé, il lui sourit tristement :

« C'est dans la tête que ça ne va pas », répondit-il enfin.

Au fur et à mesure qu'il se rapprochait de Saint-Charles, le cortège s'épaississait. L'enthousiasme aurait dû gagner Papineau, lui que les foules galvanisaient, mais il demeurait insensible au brouhaha. Il n'avait pas son entrain habituel. Depuis la fin précipitée de la session, tous les patriotes se préparaient fébrilement à venir à Saint-Charles. La présence de Papineau était attendue, mais il avait long-temps tergiversé. Devant l'insistance du docteur Wolfred Nelson, l'organisateur de l'assemblée, il avait fini par confier à Julie qu'il n'avait d'autre choix que d'y participer. Il avait ajouté, presque en l'implorant, qu'il tenait à ce qu'elle soit à ses côtés.

Sa décision prise, il avait été d'humeur exécrable pendant le reste de la semaine. Cela ne le changeait guère puisque, depuis son retour de Québec, il n'était plus lui-même. Il perdait patience pour tout et pour rien, s'emportait en pleine rue contre les tories du Doric Club et les Fils de la liberté qui en venaient maintenant aux coups presque chaque jour. Il avait interdit à Amédée de porter une arme et s'était mis en colère lorsque son fils lui avait rétorqué que Colborne armait les civils.

Papineau se méfiait de Colborne comme de la peste. Il le croyait capable des pires excès, lui qui ne manquait jamais de rappeler ses faits d'armes en Hollande, en Égypte, en Sicile et en Espagne, comme s'il voulait convaincre les Canadiens qu'il n'en était pas à une bataille près. À soixante ans, il considérait qu'il n'y avait rien à son épreuve. « Ce n'est pas un homme de compromis, avait-il dit à Julie. Pour lui, négocier équivaut à se montrer faible. C'est pourquoi il faut à tout prix que j'arrive à calmer la population. La révolte prend des proportions qui m'inquiètent. Elle pourrait servir de prétexte à Colborne pour lancer ses troupes contre nous. »

Cette bribe de conversation trottait dans la tête de Julie, ce matin-là, lorsque leur voiture s'arrêta à l'entrée du village. Saint-Charles était alors le plus important centre commercial de la vallée du Richelieu. Pendant la belle saison, les *steamboats* venaient y chercher une centaine de milliers de minots de grain et de blé qu'ils transportaient à Montréal. Il y avait cinq marchands généraux, trois auberges, une distillerie où l'on vendait des barriques de bière, une boulangerie, une beurrerie-fromagerie et plusieurs forges prospères. Les échoppes étaient regroupées autour d'une bâtisse qui servait de marché couvert les samedis. On y fabriquait de tout : de la brique, des sièges de voiture en cuir de veau, des cruches, des terrines, des assiettes, du tabac noir à fumer et à chiquer, du tabac jaune en feuilles et frisé... On s'y habillait aussi de pied en cap. Les chapeaux pour dames et les feutres pour messieurs étaient réputés, comme d'ailleurs les chaussures que le cordonnier-bottier exécutait sur commande.

Malgré le temps détestable, les abords du village étaient grouillants d'activité. Papineau réclama quelques minutes pour se délier les jambes. Pour la première fois, il portait une redingote de confection locale. Julie n'avait fait aucune remarque. Depuis leur querelle à ce sujet, elle n'avait pas osé revenir à la charge. Il ne l'aurait pas supporté. La plus petite contrariété provoquait une scène et elle s'en remettait de plus en plus difficilement. Elle profita de l'arrêt pour replacer son chapeau, s'impatienta lorsque l'épingle à cheveux lui piqua le doigt, prit une grande respiration et se calma. Elle examina ensuite sa toilette avec soin. Son costume aurait pu lui mouler le corps davantage. Elle avait perdu quelques livres ces derniers temps et le noir de sa tenue affinait sa silhouette. L'anxiété lui coupait l'appétit. Lorsque Papineau reparut, elle l'attendait toute souriante, sûre d'elle. Lui aussi d'ailleurs. C'était leur jeu. Chacun de son côté, ils simulaient, croyant ainsi redonner confiance à l'autre.

« Allons, Papineau, courage, lui enjoignit-elle au moment de repartir. Et souris un peu, c'est pour toi, cet hommage. »

Mais le temps demeurait désespérément gris. Sans se soucier du vent d'hiver qui se levait, les villageois dételèrent les chevaux et traînèrent la voiture de Papineau jusqu'au milieu du village.

▼

Place du marché, les délégations arrivaient de partout. Celles de Saint-Ours arboraient des bannières qui proclamaient « Liberté, nous vaincrons ou nous mourrons pour elle » ; les calèches et les charrettes de Chambly et du comté de Missisquoi se suivaient sur la route aux cris de « Vive Papineau ! », pendant que les canots et les chaloupes remontaient le Richelieu en une longue file dont on distinguait au loin les tuques bleues. Les gens de Varennes et de Verchères se donnaient rendez-vous au quai de Saint-Marc, pour traverser tous ensemble la rivière sur un bac mû par des chevaux.

À onze heures du matin, il n'y avait déjà plus moyen de circuler sur la route qui longeait la rivière. Tout le monde cherchait à voir l'impressionnante colonne de bois blanchi et doré d'une quinzaine de pieds, élevée au milieu de la place publique. Surmontée d'une lance et d'un bonnet de la liberté, elle était entourée d'un faisceau de flèches et d'un sabre. Sur son piédestal orné de feuilles d'érable peintes était inscrit en lettres d'or : « À Papineau, des citoyens reconnaissants, 1837 ».

Une ceinture fléchée nouée aux hanches, le docteur Wolfred Nelson accueillait un à un les chefs qu'il invitait à le suivre jusqu'à la tribune entourée de branches de sapin et drapée d'une pièce d'étoffe sur laquelle était cousu : manufactures canadiennes. Il serra la main de Louis-Michel Viger, le président de la Banque du Peuple, fit l'accolade à George-Étienne Cartier, l'un des responsables des Fils de la liberté, et réserva un accueil spécial à son frère Robert, qui arrivait de Montréal. Il leur indiqua les sièges qui leur étaient réservés et se dirigea prestement vers son collègue des Deux-Montagnes, le docteur Olivier Chénier, qu'il avait invité même s'il n'était pas un citoyen d'un des six comtés avoisinants, car il jouissait d'une grande renommée dans le Parti. Sa délégation arborait le drapeau que la seigneuresse de Terrebonne, Sophie Masson, avait dessiné et dont elle avait longuement parlé aux dames patriotes de la rue Bonsecours.

« Monsieur Papineau n'est pas encore là ? demanda le docteur Chénier à son confrère Nelson.

— Nous l'attendons d'une minute à l'autre, répondit celui-ci en caressant le collier de sa barbe. On vient de me prévenir qu'il est aux portes du village.

— Justement, il arrive, annonça le bouillant docteur O'Callaghan, en rangeant son carnet de journaliste dans sa poche pour se diriger à toutes jambes vers Papineau qui descendait de voiture.

— Ah ! mon cher O'Callaghan, déjà au travail ? » s'exclama le chef patriote.

Le rédacteur en chef du *Vindicator* était arrivé la veille pour ne rien manquer des derniers préparatifs. Depuis tôt le matin, on avait vu sa silhouette osseuse circuler d'un groupe à l'autre. Il était d'une pâleur inquiétante, mais ses yeux vifs, cachés derrière d'épaisses lunettes à monture d'or, trahissaient sa nervosité.

La foule faisait cercle autour d'eux. L'eau-de-vie de la distillerie du docteur Nelson circulait comme le vin aux noces de Cana. Tout le monde voulait voir de près le grand Papineau, comme disaient les banderoles qui virevoltaient. Julie se sentait fébrile. La vue d'Amédée qui défilait avec les Fils de la liberté la dégrisa tout à fait. Il avança d'un pas militaire jusqu'à la colonne de la liberté et, la main sur le mât, jura d'être fidèle à la patrie, de vaincre ou de mourir. Julie s'accrocha au bras de Louis-Joseph, qui semblait tout aussi surpris qu'elle de voir son fils enrégimenté.

« Mais... veux-tu me dire ce qu'il fait ici, celui-là ? »

Il allait lui faire signe de venir les rejoindre quand le docteur Nelson l'apostropha.

« Approchez, Canadien illustre. »

Papineau s'avança alors jusqu'à l'estrade construite au milieu d'un pré d'où l'on apercevait des milliers de tricolores s'agiter au vent. Il avait retrouvé son aplomb et sourit dignement pendant l'interminable ovation qui suivit. Une fois la foule apaisée, Wolfred Nelson mit le porte-voix devant sa bouche et répéta son mot de bienvenue :

« Venez, illustre Canadien, réjouir par votre présence le cœur de vos concitoyens opprimés, outragés, et permettez qu'ils bénissent le défenseur de leurs droits et de leur liberté. »

L'enthousiasme frôlait le délire. Julie regarda Papineau monter sur le podium et s'asseoir dans le fauteuil d'honneur, à côté du docteur. Il ressemblait à un grand seigneur d'antan. Elle crut déceler un soupçon d'anxiété dans le regard qu'il lui jeta lorsque, Wolfred Nelson ayant suggéré de répondre à la violence par la violence, la foule avait hurlé d'enthousiasme. Autour d'elle, des hommes étaient armés de fusils de chasse et d'autres tenaient des pancartes qui disaient : « Les Canadiens savent mourir, mais non se rendre. » La scène lui sembla brusquement morbide et elle chassa de ses pensées les images de combat qui cherchaient à s'imposer. Elle porta son regard sur Papineau, qui paraissait avoir recouvré son aplomb. Elle se détendit, tandis qu'une ovation à tout rompre accueillait les dernières paroles de Nelson.

Ils étaient plus de six mille personnes, chauffées à bloc par l'habile docteur Nelson, qui invitait maintenant Papineau à prendre la parole. Ce dernier attendit que les acclamations cessent pour commencer son discours. L'excitation était à son comble et il craignait que les passions ne se déchaînent. Il s'efforça de calmer les esprits en parlant encore plus lentement que d'habitude. Il exposa avec pondération la Déclaration des droits de l'homme que les patriotes avaient adoptée et qui était calquée sur celle des Américains de 1776. Mais les cris reprenaient à tout moment ; le culte dont il était l'objet devenait incontrôlable. Il se sentit impuissant et eut un instant de panique. Une allumette et ce serait l'explosion. Il prit une gorgée d'eau et, d'une voix posée, déconseilla à la foule exaltée le recours aux armes :

« Le meilleur moyen de combattre l'Angleterre, je l'ai dit et je le répète, c'est de ne rien acheter d'elle », lâcha-t-il.

Papineau crut d'abord que la foule se modérait. En réalité, elle était déçue. On le respectait trop pour le chahuter, mais sa sortie pacifique faisait l'effet d'une douche froide sur l'assistance survoltée ; celle-ci se garda néanmoins d'exprimer son mécontentement. D'un bond, le docteur Nelson se leva et, s'avançant au milieu de l'estrade, il empoigna le porte-voix que Papineau tenait à la main. Le défiant de son regard perçant, derrière d'épais sourcils en broussaille, il prononça des paroles lourdes de conséquences :

« Eh bien moi, je diffère d'opinion avec monsieur Papineau, déclara-t-il d'une voix de stentor. Je dis que le temps est venu d'agir. Je vous conseille de mettre de côté vos plats et vos cuillers d'étain afin de les fondre pour en faire des balles. »

Papineau pâlit. Julie sentit la panique envahir son mari, comme un appel au secours auquel elle était incapable de répondre, paralysée par ce qui se passait autour d'elle. Une salve de mousqueterie fendit l'air et ce fut le délire, ni plus ni moins. Les tuques revolaient. Le « loup rouge », comme on appelait Wolfred Nelson dans l'autre camp, triomphait. C'était bien là ce que la foule voulait entendre. Finis les discours. Il fallait du plomb pour affronter les baïonnettes anglaises.

D'autres orateurs se succédèrent à la tribune. Certains qui appuyaient Nelson recueillaient les hourras de l'assistance complètement hystérique ; ceux qui suivaient Papineau dans la modération devaient se contenter d'applaudissements polis, si on leur permettait de se rendre à la fin de leur discours.

▼

Sur le chemin du retour, Julie respecta le mutisme de Papineau et se plongea dans ses propres pensées. Elle revivait intérieurement la scène au cours de laquelle les patriotes s'étaient prosternés devant la colonnc dc la liberté avant de l'offrir à Papineau. Elle le revoyait, lui, presque disgracieux dans son costume mal coupé, qui les remerciait maladroitement. C'était émouvant et ridicule à la fois. Après, il y avait eu cette confidence du curé Blanchet de Saint-Charles qui se trouvait près d'elle à la fin des discours. Il lui avait dit en hochant la têtc :

« Je doute fort que ceux qui ont excité la révolte puissent l'arrêter. »

Ne sachant trop si lc curć blâmait le docteur Nelson ou même Papineau, elle avait serré les dents. Mais il avait continué son monologue sans faire attention à elle.

« Et le gouvernement devrait savoir que les pasteurs ne peuvent se séparer de leurs ouailles. »

Puis il avait levé les bras en l'air avant d'ajouter :

« Ce qui me porte à croire que, bientôt, il n'y aura plus qu'une voix parmi les Canadiens, peu importe leur condition, pour demander la réparation des griefs. »

Elle aurait voulu rapporter les paroles du curé Blanchet à Papineau. Qu'il sache que certains prêtrcs appuyaient les patriotes et croyaient que leur cause était juste. Mais Papineau ne parlait pas. Il se rapprocha d'elle, comme s'il avait froid, et ne bougea plus. Elle posa sa tête sur son épaule. C'est alors seulement qu'il fit allusion à l'assemblée : « Tu as vu ? Quelques-uns avaient des fusils de chasse. Les autres, des fourches et des haches, c'est tout. Pas d'armes. Même si je le voulais, je n'en aurais pas à leur offrir. »

Au quai de Longueuil, des militaires montèrent à bord du traversier en même temps qu'eux. Ils revenaient de la chasse au renard et comparaient fièrement leurs prises, non sans jeter de furtifs coups d'œil en direction de Papineau qu'ils se gardèrent de saluer. Il y avait tant de monde sur la plate-forme qu'on ne pouvait pas circuler. Papineau et Julie restèrent donc assis dans la calèche.

Un gendarme s'approcha de la portière.

« Monsieur Papineau, j'ai dans ma voiture une passagère qui aimerait vous dire un mot. Elle insiste pour vous voir seul, sans votre dame.

411

— Mais qui est-ce ? demanda Papineau en se tournant vers le landau du gendarme.

— Elle dit qu'elle est votre cousine. La veuve Saint-Jacques de Saint-Denis. Il va falloir que vous vous déplaciez parce qu'elle est ma prisonnière. Je ne peux pas l'autoriser à venir jusqu'à vous.

— Votre prisonnière ? fit Julie. Mais qu'est-ce qu'elle a fait ?

— Elle a tiré sur des patriotes qui faisaient un charivari devant chez elle et en a blessé un grièvement. L'huissier de Saint-Denis a arrêté votre cousine, et moi, je suis chargé de la ramener à la prison de Montréal. »

Papineau se leva et suivit le gendarme auprès de la veuve qui ne l'était pas vraiment puisque son mari était aussi vivant que l'on pouvait l'être en ce bas monde. Elle en était séparée de corps, mais préférait qu'on la croie endeuillée. La famille ne fréquentait guère cette fausse veuve qui avait la réputation d'avoir la cuisse légère. Dans le village, on l'avait surnommée la « poule ». Elle élevait seule ses cinq enfants et gardait en pension un jeune Américain qu'on soupçonnait d'être son amant. Ses liaisons amoureuses étaient connues de tous, comme d'ailleurs ses démêlés avec les patriotes. Aux yeux de sa parenté, c'était là son plus grand défaut : elle était chouayenne.

« Et alors ? demanda Julie lorsque Papineau revint à la calèche.

— C'est absurde, le gendarme l'a ligotée, dit-il en levant les yeux au ciel. Elle ne pèse pas cent livres et l'imbécile a peur qu'elle se sauve. Elle m'a dit qu'elle ne voulait pas te déranger mais je pense qu'elle préférait que je vienne seul parce qu'elle avait honte.

— Ah ! bon. Et qu'est-ce qu'elle te voulait ?

— Elle m'a demandé de trouver quelqu'un pour s'occuper de ses enfants jusqu'à son procès. J'ai aussi promis de lui dénicher un bon avocat. »

La traversée du fleuve s'acheva alors. Tandis que les palefreniers faisaient monter les officiers anglais sur leurs chevaux et que la voiture de la veuve Saint-Jacques prenait le chemin de la prison, Papineau était invité à s'adresser brièvement aux patriotes venus l'attendre au quai. Il aurait bien voulu se débarrasser de son escorte. Ses gardes du corps étaient armés et répétaient haut et fort : « Vive l'indépendance ! » en agitant leurs banderoles sur lesquelles on pouvait lire : « Fuis, Gosford, persécuteur des Canadiens ».

« J'ai envie d'être seul, glissa-t-il à l'oreille de Julie.

— Fais un dernier effort, mon amour. Ne les déçois pas, ils ont besoin de toi. »

Les drapeaux tricolores des patriotes flottaient, comme à Saint-Charles ; les rires et les chants auraient dû être contagieux, mais la magie n'opérait pas sur l'enfant chéri des Canadiens.

Julie ne le quittait pas des yeux. Non, elle ne s'était pas trompée. La peur avait gagné Papineau. Il ne reparla pas de l'assemblée du reste de la journée. Lorsque Amédée entra à la maison, c'est à peine s'il lui reprocha sa présence aux côtés des Fils de la Liberté, comme si plus rien ne l'émouvait. Ce n'est que la nuit venue, enveloppé dans un épais édredon, serré contre sa femme dans le lit, que Papineau se décida à lui confier son angoisse.

Il avait d'abord essayé de lire jusqu'à ce que le sommeil le gagne. Mais il tournait, indifférent, les pages des *Paroles d'un Croyant* que son ami Ludger Duvernay venait de publier en édition pirate, car Rome avait mis à l'Index les œuvres de Félicité de Lamennais, comme l'avait prédit monseigneur Lartigue. Son livre resta finalement grand ouvert sur ses genoux repliés.

« Tu ne lis plus, fit Julie après un certain temps.

— Non, je réfléchis. Ma chérie, je suis inquiet.

— Je sais, dit-elle simplement. Raconte-moi ce qui ne va pas. »

Il referma son livre qu'il déposa sur sa table de chevet. Il se rapprocha d'elle et parla d'abord de sa consigne de boycotter les importations qui avait été suivie au-delà de ses espérances. Il se réjouissait de constater que les résultats commençaient à se faire sentir dans les caisses de l'État.

« Je crois plus que jamais qu'il faut continuer jusqu'à ce que Londres cède, dit-il. C'est le seul moyen de fléchir le gouvernement britannique. »

C'était sa marotte. Il répétait qu'il fallait se tenir debout, comme des hommes, et résister par des moyens légaux. Il avait opté pour la contestation pacifique et il entendait s'y tenir.

« Mais je sens que je ne contrôle plus la situation.

— C'est ce qui te tourmente ?

— Il y a trop de révolte dans l'air.

— La réponse de Londres est insultante, répondit Julie. Elle a eu l'effet d'une gifle sur les Canadiens. C'est normal que cela crée des remous. »

Papineau prit sa femme à témoin qu'il avait tout fait pour apaiser les frustrations de la population et qu'il s'était fait un devoir de prêcher la résistance dans les limites de la loi. Mais les journaux patriotes enflammaient la population. Le *Vindicator* appelait à l'insurrection et comparait le Bas-Canada à l'Irlande, tandis que *La Minerve* réclamait vengeance contre le bras oppresseur.

413

« Les bureaucrates ne sont pas en reste, argua Julie. Ce sont eux qui brandissent la menace d'une guerre sanglante.

— Je sais. Mais voilà maintenant qu'on incite à la violence pendant nos assemblées. Aujourd'hui, à Saint-Charles, Nelson est allé trop loin. »

Il avait espéré que ces rassemblements bien organisés galvaniseraient l'opinion publique contre les résolutions Russell. Mais il avait maintenant la preuve qu'elles chauffaient les esprits plus que de raison.

« Julie, penses-tu qu'un peuple qui prend subitement conscience de son oppression est capable de contrôler ses forces explosives ? »

Elle le regarda d'un air étonné. Il s'expliqua :

« Tu comprends, je me sens personnellement responsable de ce qui arrive. Cette guerre des mots que nous menons depuis quelque temps a alimenté la colère.

— Aujourd'hui, je reconnais que certains orateurs se sont montrés virulents. Mais toi, tu préconises le boycottage, un moyen tout à fait pacifique. »

Papineau ne répondit pas. Ses discours n'étaient pas exactement ce qu'on pouvait appeler des appels au calme. Ses accusations étaient souvent vitrioliques. Lorsqu'il avait hurlé devant un millier de personnes que le gouvernement britannique les haïssait à jamais et qu'il fallait le payer de retour, cela ne pouvait pas être interprété comme une invitation à la passivité.

« J'ai déjà prétendu que Gosford n'était pas seulement un voleur mais un assassin. »

Julie ne savait que répondre. Avant ce jour, il ne lui était jamais venu à l'esprit que les patriotes allaient trop loin. Elle avait, elle aussi, prêché le recours obligé aux armes. Mais ce n'était que des mots. Tout cela lui semblait si irréel. Papineau faisait preuve de plus de pondération que les autres, lui semblait-il. Sa stratégie était parfaitement légale. Même ceux qui violaient la loi en se livrant à la contrebande ne faisaient pas usage de violence. Elle aurait voulu le rassurer, mais ses arguments tombaient à plat.

« Les patriotes sont des gens pacifiques, répétait-elle.

— Ils ne sont pas violents, soit, mais pour combien de temps encore ? demanda-t-il. Si nous pouvions maintenir la résistance pacifique une seule année encore, nous aurions gain de cause. Un an sans violence, c'est tout ce que je demande. »

Hélas ! pensait-il, les bureaucrates usaient de tous les subterfuges pour inciter les patriotes à l'illégalité. Intimidation, provocation, assassinat, charivari...

« Ce sont eux qui nous poussent à la dernière extrémité », laissa finalement échapper Julie en devinant ses pensées.

Papineau approuva d'un signe de tête :

« Il faut des miracles de patience pour ne pas se laisser emporter par la colère.

— S'ils nous attaquent, il faudra bien nous défendre.

— Ma pauvre Julie, ne sois pas naïve, l'armée ne ferait qu'une bouchée de nous. »

CHAPITRE XXXI

Le complot

Sir John Colborne était de fort mauvaise humeur lorsqu'il se fit annoncer chez le gouverneur Gosford, le lendemain de l'assemblée de Saint-Charles. La tête haute, l'allure militaire, il parlait fort sèchement, avec l'assurance de celui qui ne se laissera pas marcher sur les pieds. Ce qu'il avait vu, pendant sa tournée d'inspection dans la région du Richelieu, était à faire dresser les cheveux sur la tête. Il lui raconta d'abord sa rencontre fortuite à Saint-Hyacinthe avec les partisans déchaînés du chef des patriotes, qu'il tenait du reste responsable du charivari que ces « têtes brûlées » lui avaient réservé :

« Je ne serais pas surpris que ce Papineau de malheur ait lui-même commandé à ses gens de venir m'insulter, grogna-t-il. Vous rendez-vous compte ? C'est le tricolore et non le pavillon britannique qui flottait à la porte de l'auberge où je suis descendu. Ce peuple de vaincus nous provoque ! »

Colborne s'étendit longuement sur l'assemblée des six comtés, à Saint-Charles, où les chefs avaient carrément perdu la tête. Il avait dépêché ses propres émissaires sur place et était en mesure d'affirmer que les patriotes avaient lancé un appel aux armes. Il mettait Papineau et Nelson dans le même sac. Deux Machiavel. Sans laisser à son hôte le temps de réagir, il lâcha :

« C'est la guerre qu'ils veulent, eh bien ! ils vont l'avoir. Papineau saura qui commande les armées de Sa Majesté. Je suis militaire depuis quarante et un ans. Je n'ai acheté aucun de mes grades, contrairement à certains hauts officiers, je les ai gagnés. J'ai mis en déroute des armées entières à Malte, en Sicile, à Nice, à Toulouse. J'ai maté des rebelles plus coriaces que ces *goddamned French Canadians*. »

Colborne était démonté. S'il prenait envie au gouverneur de protester, il avait sa réponse toute prête. Mais à sa grande surprise, ce dernier lui donna raison.

« Sir John, j'en arrive moi aussi à la conclusion qu'il nous faut abattre Papineau ou nous résoudre à ce qu'il nous écrase. Mais comment le mettre sous arrêt ?

— Ce n'est pas un problème, trancha Colborne.

— Jamais il ne viole la loi, reprit Gosford. Jamais il ne prendra l'initiative d'un soulèvement. Il est trop astucieux pour cela. »

Le gouverneur réfléchissait tout haut. Papineau était un manipulateur-né, c'était là sa puissance. Il tenait le pays en état d'agitation pour forcer la main de Londres. On nageait en pleine anarchie.

« Oh ! il est habile, poursuivit le gouverneur. Il se garde bien de pousser son action dans l'illégalité. Je ne peux pas poursuivre en justice un homme qui respecte la loi. »

Il leva les bras en signe d'impuissance. Mais Colborne était sur ses gardes.

« Surtout, ne me parlez pas de patience et de modération, je vous en prie ! protesta-t-il.

— J'ai l'intention de faire venir un ou deux régiments supplémentaires, dit le gouverneur. Car je ne puis m'expliquer la folie de Papineau à moins qu'il n'attende de l'aide de l'étranger...

— Des États-Unis ? Allons donc. Les Américains ne partiront pas en guerre contre l'Angleterre pour une poignée de patriotes exaltés. »

Cette poignée d'exaltés lui tombaient néanmoins sur les nerfs. À tout moment, le commandant revenait sur les derniers incidents :

« Deux cents, que dis-je, trois cents voitures l'ont escorté jusqu'à Saint-Charles. C'est aberrant. Ils ont même élevé une colonne de liberté. Du plus haut ridicule ! Comme s'ils n'étaient pas déjà libres ! »

On aurait dit que les deux hommes se renvoyaient la balle.

« Papineau ne reculera pas, assura le gouverneur. Il a été si loin qu'il doit persévérer. Il ne se soumettra jamais à une défaite qui détruirait son influence.

— Avez-vous mis le Colonial Office en garde contre cet homme dangereux ? demanda Colborne en faisant les cent pas devant le gouverneur.

— Je l'ai prévenu que le parti de Papineau ne sera satisfait d'aucune concession qui ne mènerait pas à la séparation de ce pays d'avec l'Angleterre et à l'établissement d'un gouvernement républicain. Le plan qu'il suit montre qu'il est prêt à tout pour arriver à son but... Les idées de cet homme sont arrêtées, opiniâtres, et son contrôle est absolu sur l'esprit de ceux qui sont habitués à subir son autorité.

— Vous devriez exiger de plus amples pouvoirs pour mater ces fanatiques !

— Bien que je ne croie pas qu'il y ait lieu de s'alarmer, du moins pour le moment, dit le comte de Gosford pour calmer le commandant, j'ai prévenu Londres qu'il faudra peut-être songer à suspendre la constitution.

— Vous avez bien fait, approuva ce dernier. C'est à mon avis ce qui pourrait arriver de mieux. Demandez une procuration qui vous permettrait de proclamer la loi martiale. Cela vous sera d'une grande utilité en temps voulu. Il faudra aussi fermer la Banque du Peuple qui est en train de se constituer un fonds pour la rébellion.

— Ce sera difficile, objecta le gouverneur, qui n'aimait pas se faire dicter sa conduite. La constitution de cette banque est parfaitement légale, je vous l'assure.

— Ne nous racontons pas d'histoire, monsieur le gouverneur. Vous savez aussi bien que moi que nous n'aurons pas raison de ce Papineau par des moyens strictement légaux. »

Le comte de Gosford commençait à se méfier de la tournure de la conversation. Colborne l'entraînait subtilement sur une pente glissante et il était trop lucide pour ne pas s'en apercevoir. Jamais il ne s'abaisserait à employer des moyens malhonnêtes pour venir à bout des Canadiens rebelles. C'était bel et bien les lenteurs du Colonial Office qui avaient tissé la toile de la révolte. Il demeurait convaincu que les réformes qu'il avait envisagées et qui s'empoussiéraient sur le bureau d'un fonctionnaire de l'État, à Londres, auraient pu ramener la paix. Plus en tout cas que la méthode de Colborne dont il voulait se dissocier.

Le gouverneur tenait rigueur au commandant de l'armée d'avoir inconsidérément, et sans sa permission, déployé des troupes à Montréal, sous prétexte d'assurer l'ordre public. Le matin, au moment où la ville s'éveillait, l'artillerie et l'infanterie quittaient leurs casernes respectives pour parader dans les rues. Ces régiments étaient même invités à participer aux assemblées du Doric Club qui se tenaient chaque semaine depuis le début de l'été. Comme si cela n'était pas suffisant, Colborne avait acheté des armes et les avait mises entre les mains de ses volontaires, qui s'en servaient pour terroriser impunément la population.

« Je ne suis pas d'accord avec les moyens que vous employez, lui dit le comte de Gosford en martelant ses mots. Je ne voudrais pas être tenu responsable d'une guerre que vos hommes auraient déclenchée, monsieur le commandant. »

Le gouverneur faisait allusion aux réunions d'une société secrète que Colborne parrainait depuis peu. Regroupant des bureaucrates et les jeunes loyalistes du Doric Club, ces mystérieuses rencontres avaient lieu dans les locaux du *Herald* où le rédacteur Adam Thom avait ses quartiers. Les militaires y étaient invités et s'y rendaient en nombre. Ensemble, ils débattaient des moyens permis et illicites de provoquer les patriotes. Ils allaient même jusqu'à applaudir ceux d'entre eux qui se livraient à des voies de fait sur les citoyens, ce qui était, aux yeux de Gosford, proprement intolérable.

Colborne imaginait tout à son aise les pensées qui habitaient le gouverneur. Il n'avait jamais caché ses liens avec les bureaucrates et fréquentait ouvertement le rédacteur du *Herald*. La suprématie anglaise devait être maintenue et il lui incombait de voir à ce qu'elle le soit.

Il se leva, convaincu plus que jamais qu'il perdait son temps à Québec. Il avait son plan, qu'il était bien inutile de confier au gouverneur. Il lui serra la main et, le narguant une fois de plus, lui dit en prenant congé :

« S'il vous faut des prétextes pour lancer quelques mandats d'amener, je vous les apporterai sur un plateau d'argent. »

Après le départ du militaire, le comte de Gosford retourna à son fauteuil. Il ressentait d'intenses douleurs aux articulations. Encore une attaque de goutte ! Il monta à ses appartements en pensant qu'il avait volontairement omis de prévenir le commandant Colborne qu'il avait demandé son rappel à Londres.

« Je ne peux plus arrêter le cours des choses, se dit-il en sentant que la partie était perdue. À lui de jouer. »

▼

Gosford ne pouvait mieux dire. Sur la route qui le ramenait à Montréal, Colborne mit la dernière main à son plan. À peine arrivé, il convoqua ses lieutenants, le journaliste Adam Thom et quelques têtes dirigeantes bureaucrates triées sur le volet. Son objectif : amener une fois pour toutes les patriotes à prendre les armes.

Jusque-là, toutes ses tentatives avaient échoué. Les Canadiens n'étaient qu'une bande de lâches qui se laissaient insulter, battre même, sans se défendre. Des pleurnichards qu'il allait dompter.

Devant ses amis réunis, il exposa sa stratégie sans détour. D'abord, il fallait faire circuler le bruit que les patriotes achetaient des armes à la frontière américaine. Des centaines de fusils, autant de carabines et des barils de poudre. Ensuite, on donnerait à entendre qu'ils plaçaient des canons à des endroits stratégiques de Montréal, la nuit. Des témoins jureraient avoir vu de mystérieuses goélettes qui allaient d'un port à l'autre porter des chargements d'armes.

« Il faut créer un vent de panique, expliquait sir John Colborne à son auditoire conquis. On pourrait avancer que Papineau exerce des troupes aux Trois-Rivières et que Nelson a son dépôt d'armes à Saint-Denis.

— Si on nous demande des preuves ?

— Il n'y a pas de fumée sans feu, rétorqua-t-il. Vous ne vous imaginez quand même pas que les patriotes passent leur temps en prière ? Le docteur Nelson leur a bien conseillé de fondre leurs cuillers d'étain. Eh bien ! nous avons de bonnes raisons de croire qu'ils lui obéiront. »

Ce que Colborne demandait à ses hommes, c'était de donner l'impression que les patriotes se préparaient à la guerre. Il fallait, disait-il, laisser croire qu'au jour donné, ils s'empareraient de tous les postes militaires, bien résolus à exterminer les Anglais.

« Si cela ne suffit pas, conclut-il, nous organiserons une bataille de rue. Les Fils de la liberté, ces jeunes blancs-becs mal dégourdis, rencontreront leur Waterloo. Après, il ne nous restera qu'à organiser la répression. Une affaire de routine. »

▼

À quelques rues du *Herald*, où complotaient sir Colborne et ses acolytes, monseigneur Lartigue suppliait le ciel de lui venir en aide.

« Seigneur, donnez-moi la force de supporter l'épreuve que vous m'envoyez. »

Agenouillé à son prie-Dieu, dans sa chambre de la rue Saint-Denis, il répétait son imploration sans trouver la paix.

« Seigneur, j'ai suivi votre doctrine, j'ai donné à mon clergé les avis nécessaires pour étouffer le mouvement révolutionnaire. »

L'évêque se leva en grimaçant de douleur. De peine et de misère, il se rendit à son fauteuil, à côté de la fenêtre. Il était malade, fatigué, à bout. Comment tiendrait-il le coup ?

Tout allait de travers depuis qu'il avait ordonné à ses prêtres de chanter le *Te Deum* en l'honneur de la reine Victoria, dans les paroisses du diocèse. « On m'attaque de toutes parts, s'apitoyait-il, on me traite d'évêque chouayen. Les journaux me tombent dessus ; ils prétendent que je convoite une place rémunérée au Conseil législatif.

Jusqu'au *New York Daily Express* qui a écrit que j'ai vendu mon âme au diable. À les lire, je serais ratoureux, maniganceux, filou... Ne se lasseront-ils jamais ? »

On frappa. Monseigneur Ignace Bourget, son auxiliaire et confident, voulait lui faire son rapport.

« C'est très grave, Excellence. Il y a quelques jours, à Saint-Charles, les chefs patriotes ont encouragé le peuple à prendre les armes.

— Qui ? Mon cousin Papineau, je suppose ?

— Non, Excellence, le docteur Wolfred Nelson et quelques autres.

— Ce... ce protestant, cet activiste qui prétend que je suis anti-canadien... On devrait arrêter tous les leaders révolutionnaires.

— Votre cousin, l'honorable Papineau, a agi avec beaucoup plus de modération que d'habitude, si j'ose dire. Il a déçu, m'a-t-on rapporté.

— Il est un peu tard pour changer son fusil d'épaule.

— Excellence ! réprimanda l'évêque auxiliaire.

— Vous avez raison, monseigneur. Pardonnez ce jeu de mots de mauvais goût.

— Si je peux me permettre...

— Allez-y, je vous en prie.

— Je crois que le moment est venu de vous adresser directement aux fidèles, comme vous l'avez fait pour le clergé.

— Et m'attirer de nouvelles critiques ? répondit-il en gémissant.

— Vous devez les prémunir contre les menées et les discours des agitateurs et rappeler aux rebelles leur devoir envers la puissance civile. Cela demandera, il va sans dire, un certain courage. Mais le gouverneur Gosford n'en attend pas moins de vous.

— Puisque c'est la volonté de Dieu, répondit monseigneur Lartigue dans un soupir, il faudra bien qu'Il m'aide à l'accomplir. »

L'évêque de Montréal se traîna jusqu'à sa table de travail. La tête appuyée sur ses coudes, il réfléchit en silence un moment.

« Écrivez, ordonna-t-il à monseigneur Bourget : *Mandement à lire dans toutes les églises, dimanche prochain. – Mes biens chers frères. Depuis longtemps, nous n'entendons parler que d'agitation, de révolte même, dans un pays renommé jusqu'à présent pour sa loyauté, son esprit de paix et son amour pour la religion de ses pères. On voit partout les frères s'élever contre leurs frères, les amis contre leurs amis...* »

Monseigneur Lartigue cherchait ses mots. Il s'épongea le front, demanda qu'on lui relise le début. Il hésitait. Non, il n'allait pas donner son sentiment comme citoyen sur cette question purement politique. Il fallait laisser ces choses aux disputes des hommes. Mais la question morale, c'est-à-dire les devoirs d'un catholique à l'égard de la puissance civile établie et constituée, cette question religieuse était de son ressort et de sa compétence. Il reprit le fil et poursuivit sa pensée avec plus d'assurance :

« Ne vous laissez pas séduire si quelqu'un veut vous engager à la rébellion contre le gouvernement établi, sous prétexte que vous faites partie du peuple souverain. »

Il s'appliquait à trouver des formules claires. L'Église avait deux grands principes politiques : le refus de la souveraineté du peuple et celui de la séparation de l'Église et de l'État. Toute révolte contre l'autorité était une révolte contre la volonté de Dieu. Il pensa alors que la peur serait bonne conseillère :

« Avez-vous jamais pensé sérieusement aux horreurs de la guerre civile ? Vous êtes-vous représenté les ruisseaux de sang inondant vos rues ou vos campagnes et l'innocent enveloppé avec le coupable dans la même série de malheurs ? »

Sa lettre pastorale commençait à prendre corps. Il hésita brusquement. Devait-il brandir sa menace et écrire que la sépulture chrétienne serait refusée à quiconque soutiendrait la cause patriotique ?

« Cela me semble prématuré, Excellence, nota monseigneur Bourget. L'excommunication est un geste irréversible.

— Vous avez raison. Gardons cette carte dans notre manche. »

Monseigneur Lartigue devait néanmoins corriger les blasphèmes impies colportés par les Fils de la liberté, ces jeunes écervelés qui faisaient flèche de tout bois. Malgré ses protestations, il les voyait passer devant sa fenêtre, les lundis, alors qu'ils s'en allaient *driller* à la Côte-à-Baron.

« Reprenez, ordonna-t-il à son auxiliaire : *Dans une guerre juste, la conquête donne à la nation conquérante le droit légitime de gouverner la nation conquise.* »

Il compara ensuite le principe de la souveraineté d'un peuple à un virus pestilentiel. Monseigneur Bourget suggéra alors d'en profiter pour parler de l'ambition effrénée des dirigeants politiques qui ne cherchaient que leur intérêt particulier. L'évêque acquiesça :

« À vouloir trop gagner, ils risquent de tout perdre, dit-il en lui faisant signe de ne pas écrire cela. Ils emmènent même des *bullies* à leurs assemblées et ça joue du poing, figurez-vous. »

Il poursuivit sur le ton du professeur à l'heure de la dictée :

« Revenons à notre mandement : *En Canada, nos prétendus patriotes singent leurs devanciers des autres pays. Les Fils de la liberté à Montréal et leurs papas confédérés à Saint-Charles veulent signifier au monde entier qu'ils ont signé leur propre déclaration de révolte afin que personne ne prétende l'ignorer.* »

Il s'arrêta, esquissa un sourire de satisfaction et dit :

« Je crois que ça ira comme ça. Vous compléterez par les formules d'usage. »

Même s'il savait que son mandement déchaînerait la fureur de certains, il se sentit apaisé de l'avoir rédigé. C'était sa responsabilité d'éclairer la conscience de ses fidèles et il n'aurait pas pu s'y dérober. Voyant que l'évêque avait l'air épuisé, monseigneur Bourget fit mine de se retirer.

« Restez, je vous en prie. Cela me fait tant de bien de causer avec vous. Puis-je vous confier que je crains que ce mandement ne me rende encore plus odieux aux soi-disant patriotes ? Ils continueront de me persécuter.

— Mais non, Excellence, protesta faiblement monseigneur Bourget.

— Ne niez pas, mon ami, ma réputation a déjà commencé à faiblir dans l'estime publique. Ne dit-on pas que je sacrifie les intérêts de ma patrie à mes ambitions personnelles ? Que je courtise les autorités anglaises ? Quelles autres menteries va-t-on inventer ? »

L'auxiliaire n'insista pas. Il savait tout le mal qui était colporté sur l'évêque de Montréal et c'eût été lui faire insulte que de prétendre qu'il n'en était rien.

« Votre Grandeur a sans doute raison d'imaginer avec quelle fureur l'on va se déchaîner contre elle. Il n'empêche qu'elle n'a pas le choix.

— Vous avez raison. Je préfère encourir la colère du peuple plutôt que de faillir à mon devoir de l'avertir dans un moment crucial. »

Ce soir-là, dans son lit, monseigneur Lartigue prit la décision de demander asile au séminaire de Québec, son *alma mater*. Il paierait la pension qu'on exigerait de lui, mais il fallait à tout prix qu'il puisse quitter Montréal rapidement si les patriotes continuaient de le tourmenter ainsi. Monseigneur Bourget saurait le remplacer ; il lui donnerait le titre d'administrateur du diocèse. Après, il pourrait partir en paix.

« Ce faisant, pensait-il, je suis le précepte du Seigneur : " Quand on vous persécutera dans une ville, fuyez dans une autre. " »

Les plans de monseigneur Lartigue ne se réalisèrent pas tout à fait comme il l'avait prévu. Il se réfugia plutôt à l'Hôtel-Dieu de Montréal, où les religieuses hospitalières de Saint-Joseph veillèrent sur lui jour et nuit après qu'une lettre anonyme, trouvée au parloir, les eut prévenues qu'on allait s'emparer de force de l'évêque, accusé de transformer le confessionnal en inquisition.

CHAPITRE XXXII

Amédée

Amédée s'obstinait à convertir un fleuret datant du régime français en une canne à épée. Il lui tardait d'en finir avec cette arme de curieuse confection qu'il comptait porter à la réunion des Fils de la liberté, cet après-midi-là. Il était si concentré qu'il n'entendit pas la voix de Louis-Antoine Dessaulles qui s'égosillait en bas de l'escalier.

« Tu es sourd ou quoi ? demanda son cousin en le rejoignant dans sa chambre. Dépêche-toi, on va être en retard. Duquet nous attend à la porte. »

Amédée ajusta en vitesse les dernières pièces de sa canne à épée et poussa ses outils sous le lit lorsqu'il entendit de nouveaux pas dans le corridor. C'était sûrement sa mère qui venait et il ne doutait pas qu'il encourrait ses reproches. Papineau avait interdit aux Fils de la liberté d'être armés et ceux qui avaient tenté de se procurer des fusils à New York avaient été sévèrement réprimandés. Son arme à lui n'avait rien de bien dangereux, mais il esquissa un geste pour la soustraire à la vue de Julie, qui remarqua néanmoins son air coupable. Elle l'interrogea :

« Où vas-tu comme ça ?

— En ville, répondit Amédée sans la regarder. Nous allons rejoindre Chevalier de Lorimier.

— Dis plutôt que vous allez vous entraîner à la Côte-à-Baron.

— Je vois que monseigneur Lartigue continue ses commérages. Il ne lui reste plus qu'à prévenir son ami, le commandant Colborne, qui ne se gênera pas pour envoyer ses *bullies* contre nous.

— Amédée, tu m'avais promis de ne pas y retourner, dit Julie, comme si elle grondait un bambin.

— Maman, fit Amédée, agacé, j'ai dix-huit ans et la situation est grave. Je ne peux pas rester les doigts croisés.

— Et il est plus grand que moi, plaida Louis-Antoine en se mettant dos à dos avec Amédée, qui le dépassait de deux pouces.

— Toi, si tu veux savoir, lui répondit Julie, je n'aime pas te voir là non plus, même si tu auras bientôt vingt ans. »

Les deux grands escogriffes l'embrassèrent en lui promettant d'être sages comme des images. Ils descendirent quatre à quatre les marches de l'escalier et rejoignirent Joseph Duquet sur le perron.

« Vite, on déguerpit », dit Amédée en s'élançant dans la rue.

Il avait tout intérêt à disparaître car, après les supplications, sa mère se retranchait habituellement derrière l'autorité pour obtenir ce qu'elle désirait. Il avait horreur d'être traité en enfant d'école devant ses amis et, surtout, il n'avait pas l'intention de manquer sa réunion. Une fois dehors, il respira plus à l'aise. Le temps était particulièrement doux pour un 6 novembre.

« Ça va barder, annonça Joseph Duquet, qui s'était rendu à pied chez son ami. Le faubourg est inondé de tracts. Il y en a sur les murs, aux portes des commerces, accrochés aux arbres, partout, je vous dis. »

Le jeune Duquet était clerc de notaire à Saint-Jean. Il était venu à Montréal expressément pour la réunion. Grand et sec comme un échalas, il semblait toujours tendu, crispé même. C'était un garçon de vingt ans d'une extrême douceur et d'une grande générosité. Amédée, qui l'avait connu au collège de Montréal et retrouvé chez les Fils de la liberté, s'en était fait un ami.

« Encore une interdiction de se réunir, je suppose ? fit Louis-Antoine.

— Décidément, enchaîna Amédée, il manque d'imagination, le gouverneur Gosford.

— Vous n'y êtes pas du tout, répondit Duquet en secouant la tête. Ce n'est pas une procuration, c'est une invitation du Doric Club aux " loyaux habitants de Montréal " à se rendre à midi trente à la place d'Armes, " pour étouffer la rébellion au berceau ".

— Comme ça, nous sommes les rebelles ! » hurla Amédée en arrachant la feuille clouée à un arbre, au coin de la rue. Il la lut en diagonale et s'empressa de la froisser. Il était rouge de colère.

Deux magistrats qui passaient par là l'apostrophèrent.

« Jeune homme, vous devriez faire annuler la réunion des Fils de la liberté. Si vous la tenez, nous savons de source sûre que le Doric Club vous attaquera.

— Tiens, tiens, répondit Amédée, narquois.

— Mais vous serez là pour nous défendre, n'est-ce pas ? ajouta Louis-Antoine Dessaulles sur le même ton.

— Ne jouez pas aux plus fins avec nous, reprocha l'un des magistrats. Si vous vous entêtez, il pourrait bien s'ensuivre un second 21 mai. »

La menace choqua Amédée. Il n'allait pas se laisser intimider par un commissionnaire à la solde d'une magistrature corrompue.

« Je n'ai pas de difficulté à croire que le Doric Club souhaite un second 21 mai, répondit-il, persifleur. Mais je vous rappelle, messieurs, que nous avons le droit de défiler dans les rues. D'après nos règlements, nous devons nous réunir aujourd'hui et nous le ferons tel que prévu. Sachez aussi que nous sommes pacifiques. Nous avons déjà signifié aux autorités notre intention de nous disperser paisiblement... si nous ne sommes pas attaqués. »

Les trois jeunes patriotes tournèrent brusquement les talons et continuèrent leur chemin en commentant l'affaire. Depuis quelque temps déjà, ils soupçonnaient les loyalistes de chercher à ouvrir les hostilités. Mais rien, pas même la perspective d'un corps à corps avec eux, n'allait ébranler Amédée Papineau et Joseph Duquet. Quant au jeune seigneur Dessaulles, il était convaincu que les " loyaux " du Doric Club seraient les premiers au tapis.

« S'ils pensent qu'on va se laisser égorger sans rien faire, ils se trompent. »

Amédée portait son habit de chasse en étoffe grise et tenait à la main sa nouvelle canne à épée. Par mesure de précaution, il avait glissé sous sa veste, à hauteur de la taille, un pistolet d'arçon et ses poches étaient bourrées de cartouches. Si sa mère l'avait vu ! À la ceinture, Louis-Antoine avait un coutelas à lame tranchante tandis que Joseph Duquet, qui détestait les attirails lourds et compliqués, avait les mains nues.

La taverne Bonacina était située près du marché à foin. Lorsque le trio déboucha au coin de la rue Notre-Dame, il y avait un attroupement devant la porte. Ils contournèrent l'édifice pour entrer par la cour où un millier d'hommes étaient déjà rassemblés. Il en arrivait d'autres de partout. À trois heures, lorsque l'assemblée commença, ils étaient environ mille cinq cents personnes et tout se déroulait dans l'ordre.

Dehors, curieusement, la place d'Armes était déserte. Amédée et ses camarades commençaient à croire que la réunion du Doric Club avait été décommandée puisqu'il n'y avait pas âme qui vive dans les environs.

« Ils ont peur de nous, crut Amédée. Tout baigne dans l'huile... »

Promu général en chef des Fils de la liberté, Thomas Storrow Brown, journaliste au *Vindicator*, prit la parole le premier pour vanter le système américain qu'il connaissait à fond puisqu'il était d'origine bostonnaise. Il fut brusquement interrompu par des cris dans la rue. Au même moment, des projectiles atterrirent dans la cour de la taverne. Profitant de l'effet de surprise et du remue-ménage qui s'ensuivit à l'intérieur, deux audacieux loyalistes s'approchèrent d'un peu trop près de la porte d'entrée. Les organisateurs de l'assemblée envoyèrent l'un des leurs, d'impressionnante carrure, au-devant des " espions " qui battirent en retraite, non sans ponctuer leur fuite d'une pluie d'injures.

« Lâches !

— Scélérats ! »

Feignant d'ignorer leurs adversaires qui revenaient plus nombreux pour frapper à grands coups de poing sur la porte, les jeunes patriotes écoutaient leurs chefs. Ceux-ci suivaient l'ordre du jour de l'assemblée comme si de rien n'était. Édouard Rodier, le séduisant député de L'Assomption aux allures bohèmes, mais aux propos électrisants, parla en second. On croyait entendre Louis-Joseph Papineau :

« Nous sommes maintenant les Fils de la liberté, cria-t-il, mais on nous appellera bientôt les Fils de la Victoire. »

À quatre heures, au moment de lever la séance, le comité organisateur annonça que les réunions hebdomadaires seraient suspendues jusqu'au printemps. L'hiver n'était pas une saison propice aux manifestations, lesquelles reprendraient avec le beau temps. Puis la séance fut levée et tout le monde prit son rang pour quitter les lieux dans l'ordre.

Quand la porte de la taverne s'ouvrit, les loyalistes, sans doute déconcertés par le nombre de patriotes armés qui en sortaient, firent marche arrière. Les Fils de la liberté circulèrent assez librement jusqu'au marché Tattersall. Les commerçants, des vendeurs de chevaux et de vaches qui poursuivaient leurs activités comme d'habitude, remarquèrent au loin une bande de jeunes gens qui ramassaient des pierres et les enfouissaient dans ce qui ressemblait à des sacs à patates. Ils flairèrent l'émeute et commencèrent à fermer boutique les uns après les autres, pendant que les loyalistes resserraient leurs rangs pour barrer la route aux jeunes patriotes. Au signal, une grêle de pierres s'abattit sur ces derniers.

Joseph Duquet reçut la première. Il regretta alors de ne pas avoir rempli sa besace de projectiles. Puis ce fut au tour du notaire Chevalier de Lorimier d'être blessé à la jambe. Les patriotes se sauvèrent au pas de course, mais furent ralentis par leurs blessés qu'ils devaient transporter. Sur la place d'Armes où ils avaient été forcés de retraiter, ils se trouvèrent nez à nez avec un nouveau groupe de loyalistes débouchant de l'autre extrémité. Armés de bâtons et d'épées, ils foncèrent sur leurs attaquants, qui trouvèrent refuge dans les magasins et les maisons des bureaucrates des environs.

« Ils ont fière allure, les vaillants chevaliers du Doric Club », fanfaronna Amédée en voyant leur déroute.

— Ne te réjouis pas trop vite, fit Joseph Duquet. Regarde plutôt qui vient au coin de la rue Saint-Laurent.

— Où ça ? demanda Amédée en ajustant ses lunettes

— Là, devant la maison de monsieur LaFontaine. Regarde bien. Derrière les tories, il y a les troupes. Moi, je décampe. »

Pour les Fils de la liberté, ce fut alors la débandade. Le spectre du 21 mai 1832 effleura tous les esprits. Amédée et Joseph Duquet se placèrent de chaque côté de leur camarade de Lorimier qu'ils soulevèrent par les bras et traînèrent jusqu'à la rue Bonsecours. En cours de route, ils s'arrêtèrent devant la maison du docteur Gauvin, qui offrit de panser sommairement sa plaie. Mais pendant que le médecin était penché sur son blessé, trois jeunes loyalistes en profitèrent pour défoncer la porte de sa demeure et tout saccager à l'intérieur.

C'était ahurissant. Appuyé contre un arbre, Chevalier de Lorimier voyait les vandales lancer les meubles et les bibelots du docteur par les fenêtres. Il lâcha un grand cri. Mais les soldats postés à quelques pas de là ne bronchèrent pas. Ils continuèrent à regarder les « loyaux » faire leur sale besogne sans réagir.

Sur les entrefaites, un patriote en état de choc s'écria :

« Ils ont tué Thomas Storrow Brown.

— Non, il n'est pas mort, je viens de le voir, corrigea un homme qui arrivait par-derrière. Mais il est sérieusement blessé, je viens chercher le docteur. Monsieur Brown rentrait chez lui quand ils l'ont assailli dans la rue Saint-François-Xavier. Il a perdu un œil.

— Les lâches ! hurla Amédée.

— Ils l'ont assommé avec un gourdin et lui ont donné des coups de pied. Il est tombé par terre, mais ils ont continué à frapper. Ils l'auraient tué si je ne m'étais pas adonné à passer par là. »

▼

Lorsqu'ils arrivèrent chez les Papineau, la jambe de Chevalier de Lorimier était enflée. Julie envoya chercher Robert Nelson, le pansement sommaire que lui avait fait le docteur Gauvin n'ayant pas tenu.

On installa l'éclopé dans le meilleur fauteuil du salon, la jambe étendue sur un tabouret, en attendant l'arrivée du médecin retenu au
chevet de blessés graves. L'après-midi avait été plus sanglant qu'on
l'avait d'abord cru. Toute la famille se pressa autour des Fils de la
liberté pour apprendre ce qui s'était passé. Les loyalistes étaient-ils
nombreux ? Avaient-ils frappé les premiers ? Qui avait eu l'avantage ?

Les trois compères racontaient les péripéties de l'après-midi
quand mademoiselle Douville entra en catastrophe dans la pièce.

« Monsieur, madame, les revoilà. Mon doux Seigneur ! Ils vont
nous tuer. »

Amédée bondit à la fenêtre. La bonne avait raison, les troupes
défilaient devant la maison en exhibant une pièce d'artillerie.

« Du calme, fit Papineau. C'est l'armée, elle ne va tout de même
pas nous attaquer. »

Avant qu'il n'achève sa phrase, des coups martelèrent la porte et
les cris redoublèrent. Une pierre fracassa un carreau de la bibliothèque, puis un second. Les vitres cédaient les unes après les autres.

« *Pull down the house* », entendirent-ils clairement.

Des hommes armés de bâtons secouèrent la porte d'entrée avec
une telle violence qu'Amédée dégaina l'arme qu'il portait à la taille,
sous sa veste. Le voyant faire, Julie hurla d'effroi.

« Julie, ordonna Papineau, emmène les enfants dans la salle à
manger, ferme la porte et verrouille-la de l'intérieur. »

Puis, se tournant vers les hommes, il ajouta :

« Vous autres, aidez-moi, nous allons tâcher de fermer les volets.
Toi, Amédée, cours au hangar chercher des planches, il faut se mettre
à l'abri. »

Les enfants, paralysés par la peur, refusaient de bouger. La
frayeur avait aussi gagné la gouvernante, qui était blanche comme un
drap et menaçait de tomber dans les pommes, ce qui eut pour effet de
forcer Julie à se ressaisir. Elle poussa les enfants vers la salle à manger, retourna chercher Chevalier de Lorimier et referma la porte derrière elle. Pendant ce temps, les hommes clouaient des planches là où
les vitres avaient cédé. Une fois barricadés de façon rudimentaire, ils
allèrent s'enfermer avec Julie et les enfants.

Papineau refusa de s'asseoir.

« L'armée est là, au coin de la rue. Pourquoi n'intervient-elle
pas ? »

Il marchait de long en large sans perdre son sang-froid. Dehors,
on entendit encore les hurlements pendant quelques minutes. Puis, la
clameur se calma peu à peu.

« *Let us go* », entendirent-ils.

Le calme revint enfin. Les volontaires loyalistes quittèrent la rue Bonsecours en riant, comme lors d'un soir de fête. Amédée rangea son pistolet, mais tint son épée prête pour le combat. Mademoiselle Douville, à qui l'on avait fait respirer de l'ammoniac, reprit ses sens. Elle se souleva sur le canapé et replaça la compresse posée sur son front. Elle se leva ensuite, répara le désordre de sa toilette et murmura :

« Ézilda, Azélie, Amédée, vous êtes en vie ?

— Ne vous inquiétez pas, nous avons eu plus de peur que de mal, répondit Amédée en caressant le manche de son épée. Et j'étais prêt à défendre mes sœurs contre ces barbares.

— Ah ! madame, dit mademoiselle Douville en larmes, jamais je ne m'en remettrai. Je n'oserai plus mettre le nez dehors.

— Mais oui, vous vous en remettrez, fit Julie, vous dites ça chaque fois.

— Ah non ! madame, ils ne nous avaient jamais attaqués aussi férocement. D'habitude, ils ne font que du tapage. »

Julie fut forcée d'admettre que cette fois ils avaient frôlé le danger. On fit le décompte. Il ne restait plus une vitre, plus une fenêtre en état au rez-de-chaussée. Papineau, aidé d'Amédée et de son cousin, boucha les ouvertures plus solidement avec des contrevents et des planches. Il offrit ensuite un petit remontant à la ronde, en maugréant contre l'armée qui n'avait pas réagi tandis qu'on démolissait sa maison. Robert Nelson arriva peu après pour soigner Chevalier de Lorimier et confirma avoir vu, lui aussi, les soldats au coin de la rue :

« Ils regardaient les vauriens faire leur saccage. Si ce n'est pas de la complicité, ça... »

Une fois la nuit tombée, on songea à se protéger contre d'autres attaques possibles.

« On a affaire à des fous sanguinaires, répétait Amédée, peu habitué à tant d'énervement.

— Monsieur Papineau, dit Chevalier de Lorimier, les Fils de la liberté vont placer une sentinelle devant votre maison. Mais je pense que vous et votre famille devriez passer la nuit ailleurs.

— Je reste ici, décida plutôt Papineau, mais ma femme et mes enfants iront chez les Viger. »

C'était mal connaître Julie, qui refusa catégoriquement de partir sans lui. Elle prépara les enfants qu'elle expédia chez Marguerite Viger avec la bonne. Puisque les vandales du Doric Club avaient épargné la maison du maire, tout indiquait que les jeunes seraient plus en sécurité de l'autre côté de la rue. Mademoiselle Douville ne se fit pas prier. Elle était soulagée de quitter les lieux.

Dans son lit, ce soir-là, Julie chercha en vain le sommeil. Elle avait compris que le pire était à venir. Désormais, il était inutile de compter sur les forces de l'ordre. Pendant tout le temps qu'avait duré le charivari, les troupes avaient circulé le long de la rue Notre-Dame, à deux pas de chez elle. Ils ne pouvaient pas ne pas avoir entendu les cris et le bruit des vitres fracassées. Et pourtant, ils n'étaient pas venus à leur secours, laissant le champ libre aux pilleurs.

« Tu ne dors pas ? demanda Louis-Joseph.

— Non. Les idées les plus noires me trottent dans la tête.

— Je voudrais bien te rassurer, mais...

— C'est pour toi, surtout, que j'ai peur, dit Julie. Tu devrais t'éloigner de Montréal pendant quelque temps. Peut-être même dès demain.

— C'est toi qui devrais aller chercher refuge loin d'ici.

— Jamais je ne quitterai cette maison avant toi.

— Dors, ma chérie. Nous en reparlerons demain. »

▼

Deux jours après le saccage de la maison de Papineau, les Fils de la liberté en gardaient toujours la porte d'entrée pendant qu'à l'intérieur les Viger, Édouard-Raymond Fabre et Robert Nelson se relayaient auprès du chef pour le convaincre de se retirer à la Petite-Nation, dans l'intérêt de la paix autant que pour sa sécurité personnelle et celle de sa famille. Mais celui-ci s'entêtait. Chaque fois que Julie revenait à la charge, il s'impatientait.

« Tu dramatises », répondait-il, agacé.

Non, elle n'accordait pas une importance exagérée à l'attaque du Doric Club. Même monseigneur Lartigue se joignit aux amis de la famille pour exhorter Papineau à disparaître pendant qu'il en était encore temps. Lui qui avait si souvent prédit la damnation éternelle à son cousin, il lui envoya son secrétaire pour le mettre en garde : il avait eu vent d'un coup monté pour l'assassiner. Il lui avait griffonné quelques mots sur un bout de papier : « Partez. De grâce, allez passer une semaine ou deux à Verchères, chez mon bon ami le curé Bruneau. » Papineau remercia poliment l'émissaire de l'évêque, mais il était plus que jamais déterminé à n'en faire qu'à sa tête.

Lorsque se présenta à son tour le supérieur du séminaire de Saint-Sulpice, l'abbé Quiblier, un homme qui n'avait aucune sympathie particulière pour les patriotes et qui était accompagné de monsieur Baile, qu'Amédée fit semblant de ne pas reconnaître, Papineau le traita avec la même déférence indifférente. Le supérieur ne mâcha pourtant pas ses mots :

« Monsieur Papineau, votre vie est en danger. Deux marchands anglais qui ont prêté le serment des volontaires ont demandé au gouverneur d'être chargés de vous exécuter. Ils ont juré de vous ouvrir le cœur avec un poignard et de vous arracher la cervelle. »

Papineau voulut voir dans cette détermination obsessive à l'abattre plus de vantardise qu'autre chose. Sans mettre en doute la véracité des propos du supérieur, il lui répondit qu'il fallait être en état d'ébriété avancé pour user de telles menaces.

Finalement, ce furent Louis-Michel Viger, son vieil ami de collège, et Denis-Benjamin Viger, un autre de ses cousins, qui réussirent à lui faire entendre raison :

« L'armée est sur le point de t'arrêter, lui annoncèrent-ils sans préliminaires.

— Allons donc, rétorqua Papineau, toujours aussi incrédule.

— C'est donc que Colborne a gagné la partie..., dit Julie, qui ne douta pas un instant de la menace qui planait sur lui.

— Un mandat d'arrêt a été émis contre toi, ajouta Louis-Michel Viger pour le convaincre. Un mandat signé de la main du gouverneur Gosford et qui peut être exécuté n'importe quand.

— De quoi m'accuse-t-on ?

— De haute trahison.

— Je sais ce qu'il me reste à faire. Je vais me rendre aux autorités.

— Tu ne peux pas ! fit Julie. Pense à moi, à ta famille. Tu dois continuer à te battre.

— Julie a raison. Je t'interdis de te rendre, fit Viger avec fermeté. Un gouverneur qui n'hésite pas à t'accuser de trahison serait capable de te faire condamner à l'issue d'un faux procès. Il pourrait aussi te pendre pour donner l'exemple. »

Julie étouffa un cri, révulsée par une pareille idée. Le visage de Papineau se rembrunit et sa voix parut hésitante :

« Bon, dans ce cas, qu'allons-nous faire ?

— LaFontaine suggère que nous demandions au gouverneur de convoquer le Parlement.

— Impossible, trancha Papineau en retrouvant son assurance. Conformément aux directives qu'il a reçues de Londres, Gosford a commencé à puiser dans le Trésor. Tous les fonctionnaires ont été payés en pièces sonnantes d'or et d'argent. Il nous a défiés ouvertement. On ne peut pas ramper devant lui.

— Je crois qu'il vaut mieux agir de concert avec nos alliés du Haut-Canada qui, eux aussi, se préparent à passer à l'attaque, répondit Viger. Mais rien ne se produira avant la prise des glaces. Après, il suffira d'un coup de sifflet pour que les habitants en masse se soulèvent et que des milliers d'Américains épousent notre cause.

— Je ne sais pas si nos gens auront la patience d'attendre, observa Julie.

— Il faudra convaincre les nôtres d'aller plus lentement, insista Viger. Notre action doit coïncider avec le soulèvement du Haut-Canada, si nous ne voulons pas être écrasés par les troupes de Colborne. Nous partageons les mêmes objectifs : nous gouverner nous-mêmes.

— C'est intenable, grogna Papineau. Le commandant Colborne fait tout ce qu'il peut pour nous provoquer. Hier, un nouveau régiment est arrivé d'Halifax. Il y a des soldats en garnison un peu partout dans la province.

— Tu as raison, ça ne sera pas facile de garder les Canadiens longtemps en dehors de la mêlée. Colborne a commencé par armer ses volontaires. Maintenant il les incorpore aux troupes régulières. Tu imagines ce qui se prépare ? »

Papineau se leva. Il semblait ébranlé par ce qu'il venait d'entendre mais s'efforçait de n'en rien laisser paraître. Il dit en s'adressant à Louis-Michel :

« Je ne peux pas laisser Julie seule. Tu n'aurais pas dû parler du mandat levé contre moi devant elle.

— Fais-moi un peu confiance, l'implora-t-elle. Tout ce que je te demande, c'est de partir au plus vite. Je m'occuperai du reste. »

▼

Papineau consentit finalement à partir le lendemain, à cinq heures de l'après-midi. Dans la chambre à coucher, Julie bouclait sa petite valise. Il apportait le moins de vêtements possible, à peine quelques articles de toilette, deux ou trois paires de bas, une chemise de rechange et un chandail de laine.

« Ce n'est pas ce que j'ai voulu, lui répétait-il en arpentant la pièce. Je voulais affamer le gouvernement, c'est tout. Nous y serions arrivés si... »

Il n'acheva pas sa phrase. Il était dépassé par les événements. Julie crut qu'il allait pleurer. Il paraissait tellement abattu. Elle n'en menait pas large non plus.

« Tu m'écriras ? demanda-t-elle.

— Dès que je serai en sécurité, je t'enverrai un mot pour te rassurer.

— Dis-moi au moins où tu te cacheras. À Maska chez ta sœur ?

— Je préfère que tu n'en saches rien, ma chérie. Ni toi ni les enfants ne devez courir le moindre risque à cause de moi. »

Il avait sans doute raison. De toute manière, elle n'était pas en état de s'obstiner. Toute son énergie passait à garder son calme. L'heure des adieux sonna. Jamais séparation n'avait été plus déchirante. Julie s'efforçait de sourire, mais les larmes inondaient son visage inquiet. Papineau sortit son mouchoir lui aussi.

« S'il fallait que je ne te revoie pas ! dit-elle entre deux sanglots, j'en mourrais.

— Allons, allons, mon amour, courage, murmura Papineau. Tu sais bien qu'on se retrouvera. Comment pourrais-je rester loin de toi ? »

Il l'embrassa, la serra tout contre lui et, sans rien ajouter, il sortit de la chambre, sa petite valise au bout du bras. Julie resta figée sur place. Le bruit des talons de son mari dans le grand escalier lui déchirait le cœur. Quelqu'un sonna au moment où il atteignait le vestibule. Il remonta en courant, tandis qu'Amédée expédiait le visiteur importun en l'assurant que le chef était sorti. À nouveau, Julie entendit ses pas dans l'escalier, plus rapides, cette fois. Elle courut à la fenêtre et le vit qui s'avançait vers une calèche recouverte. Il portait un capot sombre qu'elle ne lui connaissait pas et un large chapeau qui lui cachait le visage. Il tenait ses paquets. Il se retourna une dernière fois et la vit qui pleurait en repoussant légèrement de la main le rideau. Elle sentit chez lui un moment d'hésitation ; il allait peut-être revenir vers elle... non, il se ressaisit et monta dans la voiture, flanqué de son fidèle neveu, Louis-Antoine. L'homme qui fuyait en ce lugubre 13 novembre avait attendu l'obscurité pour partir. Il voulait gagner le bout de l'île sans attirer l'attention.

« Il part comme un vulgaire criminel, pensa Julie. Grand Dieu ! Comment en sommes-nous arrivés là ? »

La calèche démarra lentement, remonta la rue Bonsecours et tourna dans Notre-Dame pour disparaître dans la nuit. Julie ouvrit la fenêtre et écouta les bruits de la rue. Son cœur palpitait au point qu'elle avait peine à respirer. Chaque murmure des passants la rendait folle. S'il fallait qu'il soit reconnu. Qu'on l'ait suivi. Par chance, la nuit était obscure !

Julie laissa retomber le coin du rideau et alla s'étendre sur son lit. Elle s'effondra. Ses larmes, tant refoulées depuis quelques jours, mouillèrent l'édredon. La moitié d'elle-même venait de lui être arrachée. Plus rien ne comptait.

Oui pourtant, il y avait ses enfants qui désormais n'avaient plus qu'elle.

« Mes petits ! Il faut les emmener loin d'ici. J'ai promis. »

Elle retrouva peu à peu ses sens et dressa le bilan de la situation. Lactance était au collège où il ne courait aucun risque. La veille, elle avait expédié Ézilda et Gustave à Maska, chez Marie-Rosalie Dessaulles. Restaient Amédée et Azélie. Maintenant que Papineau était loin – Dieu sait où ! –, il ne lui restait qu'à s'en aller. Quitter cette ville maudite, livrée à la violence du Doric Club et aux troupes de Colborne.

Mais il n'était pas question d'aller se cloîtrer à la Petite-Nation. C'était trop loin et, malgré la chaude présence de son beau-père et d'Angèle, avec qui elle se serait sentie entourée, cette seigneurie lui était trop étrangère. Elle n'y supporterait pas la solitude, encore moins l'interminable hiver. Elle opta pour le presbytère de son frère. À Verchères, avec sa mère et lui, elle souffrirait moins de l'éloignement de ses autres enfants. Peut-être aussi de Louis-Joseph ?

Elle se leva, replaça sa jupe et se regarda dans le miroir. Elle avait les yeux bouffis. Tant pis, soupira-t-elle en descendant à son tour. Au pied de l'escalier, Amédée l'attendait.

« Maman, c'est beaucoup mieux ainsi, dit-il en la serrant contre lui. Pour papa et pour vous. Et maintenant, qu'allez-vous faire ?

— J'ai promis à ton père de quitter la ville. J'irai à Verchères avec la petite. Toi aussi, tu dois partir.

— Je sais, répondit-il. Ils arrêtent tous ceux qu'ils soupçonnent d'être des Fils de la liberté. Mon tour viendra.

— Ah ! non, pas toi aussi ! » gémit Julie en le prenant contre elle.

CHAPITRE XXXIII

La fuite

Julie passa la nuit chez les Viger. Elle avala une dose de laudanum en se couchant et, au matin, elle s'éveilla en sursaut, surprise d'avoir dormi à poings fermés aussi longtemps. Elle retourna chez elle pour mettre de l'ordre dans ses affaires avant de partir.

La maison avait toutes les apparences d'une caserne militaire. Une quinzaine de Fils de la liberté montaient la garde pour laisser croire aux loyalistes que le chef était toujours chez lui. Fusils, pistolets, poignards, épées, haches et autres munitions jonchaient la table de la salle à manger qui servait de quartier général. Il y avait des cartouches partout. On se serait cru à la veille d'un assaut meurtrier. Julie se dit que le pays avait basculé dans le chaos.

Des sentinelles étaient postées dans les pièces qui donnaient sur la rue Bonsecours et dont les fenêtres étaient placardées. Aux demi-heures, on les relevait pour les remplacer par d'autres jeunes gens. Ils dormaient tout habillés sur des matelas posés à même le plancher. Pour passer le temps, ils lisaient les journaux ou jouaient aux cartes dans la cuisine. L'un d'eux rassura Julie qui cherchait Amédée : il avait bel et bien veillé une partie de la nuit, mais s'était retiré dans sa chambre pour se reposer.

Julie monta préparer des vêtements chauds, son nécessaire de toilette, quelques bijoux dont la précieuse chaîne en or que Louis-Joseph lui avait rapportée de Londres et la broche ornée d'une émeraude héritée de Rosalie Papineau. Elle ouvrit le tiroir fermé à clé de son secrétaire dans lequel elle conservait les lettres de Louis-Joseph ; elle prit le paquet entouré d'un ruban bleu pâle et le mit au fond de son sac. Puis elle enfila un costume de voyage et alla voir où en étaient les préparatifs d'Azélie.

« Tout est prêt, madame, fit mademoiselle Douville, qui n'avait pas cessé de pleurer depuis la veille.

— Mais où sont vos effets personnels, Marie ? Votre malle ?

— Il faut que je vous dise, madame... je ne pars pas avec vous.

— Vous allez m'accompagner à Verchères, je ne vous laisserai pas ici », ordonna Julie.

Mademoiselle Douville hésita. Elle assécha ses yeux rougis et prit un air déterminé pour dire :

— J'attendrai Amédée, je ne veux pas qu'il reste seul ici. »

Elle baissa les yeux avant d'ajouter :

« Si vous refusez, je désobéirai, madame.

— Soit, fit Julie en lui pressant le bras. Vous prendrez soin de lui comme vous l'avez toujours fait. Cela me rassurera de le savoir avec vous. Mais vous me promettez d'être à Verchères au plus tard dans deux jours ?

— C'est promis, madame. »

▼

Louis-Antoine Dessaulles et Amédée étaient écrasés sur le lit de ce dernier, dans la pièce d'à côté. Ils bavardaient à voix basse lorsque Julie entra.

« Soyez rassurée, tante Julie, mon oncle Louis-Joseph est sain et sauf. Je l'ai conduit à la Pointe-aux-Trembles. De là, il a traversé le fleuve avec son ami le docteur O'Callaghan. Je lui ai promis de veiller à votre sécurité et de vous reconduire là où vous voudrez aller. Alors me voilà, comme un seul homme.

— Je te remercie, Louis-Antoine. Tu es toujours là quand nous avons besoin de toi », ajouta-t-elle en lui passant la main dans les cheveux.

Louis-Antoine répondit qu'il donnerait sa vie pour Papineau. Tout ce que son héros disait était parole d'Évangile. Depuis la mort de son père, il poursuivait ses études à Montréal et vivait en permanence rue Bonsecours. Comme son cousin Amédée, il croyait sincèrement que l'heure de la révolution approchait.

Les deux jeunes gens étaient convaincus que Papineau l'avait échappé belle. S'il était resté à Montréal, nul doute qu'il serait déjà derrière les barreaux. Les mandats d'arrestation pour haute trahison pleuvaient sur les chefs patriotes et leurs acolytes. Trois ou quatre Fils de la liberté avaient été écroués en pleine nuit pour sédition, sans qu'un magistrat prenne la peine de leur lire leurs droits. Le pauvre T.S. Brown, éborgné pendant l'affrontement avec le Doric Club, s'était enfui, malgré sa blessure qui le faisait horriblement souffrir. Le

Vindicator n'avait plus de local, ses presses ayant été démolies et les caractères d'imprimerie, jetés à la rue. Jusqu'au libraire Fabre qui avait cadenassé sa boutique, même s'il ne s'était pas compromis avec les Fils de la liberté. Il avait décampé avec son beau-frère, Charles-Ovide Perrault, et leur ami commun, Ludger Duvernay.

La ville se vidait des patriotes mais se remplissait de soldats qui montaient la garde à la porte des magasins et des auberges. À toute heure du jour, la cavalerie stationnée à la place d'Armes effectuait des manœuvres pour impressionner les passants ; l'on déplaçait des pièces d'artillerie légère d'un point à un autre, sans raison apparente.

« Il n'y a plus que Louis-Michel Viger qui refuse de partir, dit le jeune Dessaulles. Il ne peut pas laisser sa banque, ce serait trop risqué. »

La pendule sonna dix heures. Julie s'approcha d'Amédée en lui tendant les clés de la maison et des dépendances.

« Je m'occupe de tout, maman, dit-il d'un ton rassurant.

— Tâche de faire déménager les petits meubles et les bibelots les plus précieux. Envoie tout ce que tu pourras chez les Viger. Mais attends la nuit de manière à ne pas attirer l'attention. Mademoiselle Douville t'aidera.

— Pour la bibliothèque de papa, qu'est-ce que je fais ? Il n'y a plus de caisses.

— Donne des ordres pour qu'on en fabrique. Quant au reste, tu as carte blanche. Fais pour le mieux, Amédée, et prends garde à toi. »

Julie lui glissa des pièces de monnaie dans la main, en lui recommandant de ne pas jouer au plus fin avec les autorités militaires. Amédée la vit pâlir. Elle le serra très fort contre elle et sortit de la chambre sans se retourner. Il alla chercher Azélie, la prit dans ses bras et descendit l'escalier, suivi de mademoiselle Douville qui ramassa le bonnet de la petite, dans les marches, et voulut le lui remettre sur la tête, en répétant que ce n'était pas le moment de lui faire attraper un rhume.

De connivence avec Louis-Antoine, Amédée s'arrangea pour que tout se passe très vite. Julie se retrouva bientôt sur la banquette de la voiture, la petite Azélie emmitouflée dans une épaisse couverture de laine, à côté d'elle. Les bagages furent hissés à l'arrière et, avant même que Julie ne s'en rende compte, la voiture s'ébranlait et les chevaux guidés par son neveu tournaient le coin de la rue Notre-Dame. Une impression de fin du monde l'habitait. Elle ferma les yeux en caressant Azélie.

▼

La terre avait été recouverte d'une fine couche de neige durant la nuit. Louis-Antoine Dessaulles évitait les chemins infestés de militaires pour ne pas inquiéter inutilement sa tante. Tantôt il sifflotait, tantôt il fredonnait une chanson qu'Azélie reprenait avec lui en escamotant la moitié des mots. À trois ans, elle gazouillait plus qu'elle ne parlait. Son grand cousin affectait une insouciance exagérée, ce dont Julie n'était pas dupe. C'est peu dire qu'elle mourait de peur, elle aussi. Elle avait perdu la belle assurance qu'elle montrait depuis le petit matin. Toute recroquevillée sur la banquette, elle paraissait extrêmement fragile.

« Je n'aurais pas dû laisser Amédée seul à la maison, se reprocha-t-elle. Avec tous ces voyous du Doric Club qui font la pluie et le beau temps et ces militaires à la solde de messire Colborne qui s'en prennent à nos gens, il court un grand danger.

— N'y pensez plus, ma tante. Il n'est pas seul et il est futé. D'ailleurs nos amis sont encore nombreux à Montréal.

— Il est si jeune.

— Cessez de vous tourmenter, insista Louis-Antoine, ça n'arrange rien. Amédée m'a donné sa parole que dans deux, trois jours au plus, on le reverrait. »

Julie replaça la couverture de laine qui avait glissé des genoux de sa fille. Le temps était froid et sec. Une neige mouillée de novembre recommençait à tomber. Ils perdirent un temps précieux sur les chemins intérieurs que Louis-Antoine connaissait mal, pour éviter un détachement qui arrivait de l'île Sainte-Hélène et qu'ils craignaient de croiser dans le faubourg Québec. La voiture atteignit le bout de l'île plus tard que prévu, à cause des nombreux détours. Une agitation surprenante semblait régner à la traverse. Un bateau à vapeur quittait le port vers Québec et un autre accostait. Azélie éternuait à répétition. Louis-Antoine arrêta ses chevaux devant l'auberge Malo.

« Allez vous réchauffer avec la petite, suggéra-t-il. Moi, je vais réserver nos places sur le traversier. »

Julie entra. L'aubergiste François Malo, qu'elle connaissait de longue date, fit semblant de ne pas la remarquer, elle de même. Tout le monde était sur le qui-vive et les patriotes craignaient d'être identifiés par les espions du gouverneur. Elle s'assit à la première table et prit Azélie sur ses genoux. Malo lui apporta un thé bien chaud et du lait au chocolat pour la « p'tite demoiselle ». Un grand gaillard vint prévenir les deux hommes attablés à côté que leur canot était prêt et qu'ils pouvaient traverser. L'aubergiste profita de la distraction pour glisser à l'oreille de Julie que Papineau avait pris le bac, à cet endroit même, la veille, et que tout s'était bien déroulé. Julie en fut soulagée. Elle souffla sur sa tasse fumante, puis sourit à l'aubergiste sans rien dire.

Louis-Antoine, qui venait d'entrer, la cherchait du regard. Il paraissait nerveux :

« On ne pourra pas traverser ici, dit-il en la rejoignant. On va descendre une demi-lieue. De là, on se fera conduire à Varennes.

— Pourquoi ? » s'enquit Julie, qui imaginait déjà le pire.

Antoine hésita, regarda à la ronde et dit à voix basse :

« Les militaires fouillent toutes les voitures. Ils cherchent des patriotes de la région de Chambly qui les ont attaqués, à Longueuil, hier. »

Impossible d'en dire plus. Tout ce qu'il savait, c'est que l'affrontement entre l'armée et les patriotes avait failli tourner à la boucherie. Les cavaliers avaient été blessés prétendument par des rebelles armés jusqu'aux dents qui leur avaient tendu une embuscade.

« Ils jurent qu'ils étaient des centaines, ajouta Louis-Antoine en prenant Azélie dans ses bras.

— Des centaines de patriotes armés jusqu'aux dents », répéta Julie en hochant la tête.

Une heure plus tard, ils n'avaient toujours pas trouvé quelqu'un pour les faire traverser. Le bac qui faisait habituellement la navette entre l'île et Varennes était hors d'usage et on leur proposa un canot. C'était impensable à cause des chevaux et des bagages. Après avoir longuement parlementé, Louis-Antoine réussit à convaincre deux passeurs de les conduire sur leur radeau de l'autre côté du fleuve moyennant une bonne rémunération. Le jour baissait rapidement et la traversée fut longue et laborieuse. En débarquant sur la rive sud, ils se heurtèrent à une patrouille qui Dieu merci ! ne s'occupa nullement d'eux. Ils firent halte chez un cultivateur pour se reposer avant la dernière étape jusqu'à Verchères.

Plusieurs voyageurs anonymes se réchauffaient au coin du feu en buvant une boisson chaude. Personne n'adressait la parole à qui que ce soit, tant la peur de tomber sur une oreille indiscrète était grande. Soudain, Louis-Antoine croisa le regard d'un mince jeune homme vêtu d'un pardessus trop court pour couvrir ses longues jambes, et la tête enveloppée dans un fichu brun, de sorte qu'il ne distinguait que ses yeux hagards. Derrière ce déguisement, il crut reconnaître son ami Duquet.

« Mais c'est toi... Joseph ? » dit-il d'une voix presque imperceptible.

L'autre fit un signe de tête discret en se rapprochant de Dessaulles et de madame Papineau, qu'il venait aussi de reconnaître. Il y eut un remue-ménage dans la cuisine, ce qui leur permit de s'interroger sur les raisons de leur présence mutuelle à Varennes. Joseph Duquet expliqua qu'il était recherché depuis l'échauffourée de Chambly.

« Raconte-nous ce qui s'est passé là-bas, demanda Louis-Antoine Dessaulles. Les rumeurs les plus folles circulent en ville. On dit que la guerre civile est commencée et que ce sont les nôtres qui ont attaqué la cavalerie légère. »

Joseph Duquet entreprit de rétablir les faits. Son oncle, le notaire Demaray, avait été arrêté en pleine nuit, chez lui à Saint-Jean, menotté et conduit dans une charrette à foin à Chambly, enchaîné à un autre notable de la place, le docteur Davignon.

« Cela s'est passé sous mes yeux. Me croirez-vous si je vous dis que les baillis braquaient des fusils chargés sur leurs prisonniers ?

— Continue, ordonna Dessaulles, qui sentait la moutarde lui monter au nez.

— À la caserne militaire, poursuivit Duquet, leurs geôliers se sont arrêtés pour se réchauffer, mais ils ont laissé les deux pauvres bougres dehors au grand froid. Pendant ce temps, moi, j'ai sellé mon cheval pour aller avertir nos amis de l'enlèvement. »

Le jeune homme se frottait les mains au-dessus de la braise. À tout instant, il jetait un coup d'œil furtif autour de lui pour s'assurer que personne n'écoutait. Julie qui, de son poste, pouvait voir dans la cuisine le rassura :

« Ne vous inquiétez pas, Joseph, si j'entends quelqu'un venir, je vous ferai un signe. »

Duquet reprit son récit plus calmement :

« Toujours est-il qu'à deux milles de Longueuil, Bonaventure Viger que vous connaissez, aidé du capitaine Jos Vincent et d'une trentaine d'hommes armés de fusils et de fourches, ont décidé de délivrer les prisonniers. Croyez-le ou non, malgré leur petit nombre, ils ont réussi à mettre la cavalerie en fuite.

— Et votre oncle ? demanda Julie, car elle connaissait le notaire Demaray.

— Figurez-vous que les soldats qui surveillaient les prisonniers ont fait feu sur eux avant de déguerpir. Heureusement que mon oncle et le docteur s'étaient couchés au fond du wagon. Ils auraient pu être tués. Quand leur gardien s'est aperçu que les soldats avaient pris la poudre d'escampette, il a frappé ses chevaux qui ont pris le mors aux dents. Mais une des bêtes avait été blessée d'un coup de fusil et, en tombant, elle a entraîné la voiture dans un fossé. On a eu de la misère à sortir les prisonniers de là. Après, on les a conduits chez un forgeron qui a brisé leurs fers.

— Cette histoire est abominable ! dit Julie. Les militaires ne reculent devant rien. Ils en sont à tirer sur des prisonniers enchaînés. C'est de la démence.

— Mais il y a de quoi être fiers des nôtres. Imaginez, madame Papineau, vingt-sept dragons armés, incapables de venir à bout d'une poignée de fantassins sans baïonnette !

— Après cette humiliation, je ne serais pas surpris qu'ils nous préparent toute une vengeance, dit le jeune Dessaulles. Mais toi, Joseph, où vas-tu comme ça ?

— Je prends le bord des États-Unis. Je n'ai pas l'intention de me laisser attraper comme un rat. »

▼

Verchères enfin ! Julie embrassa sa mère et le curé, puis se laissa tomber sur la première chaise. Elle respira profondément.

« Ils ne viendront quand même pas te chercher dans la maison du bon Dieu, dit la veuve Bruneau en levant les bras au ciel. Ma pauvre fille ! Ce n'est pas la vie que j'avais espérée pour toi. »

Azélie était fiévreuse. Son petit nez coulait et elle s'étouffait en éternuant. À peine déshabillée, elle fut mise au lit. Julie voulut la veiller mais elle avait pris froid, elle aussi, et sa mère l'envoya se coucher avec un grog. Elle passa une fort mauvaise nuit à tousser comme une perdue.

Amédée arriva le surlendemain, comme il l'avait promis. Il avait échappé de peu aux connétables venus pour l'arrêter. Après s'être rendu chez l'armurier pour acheter un fusil de chasse et des munitions, il était retourné à la maison afin de terminer ses préparatifs. Mademoiselle Douville l'attendait sur le pas de la porte.

« Ils sont venus pour t'arrêter, mon petit Amédée !

— Les baillis ?

— Oui, fais vite, avait-elle crié, quasi hystérique. Ils recherchent aussi tes amis Ouimet, de Boucherville, Tavernier, Desrivières, Gauvin et les autres Fils. Ils en ont arrêté plusieurs déjà. »

Amédée avoua à sa mère et à son oncle René-Olivier qu'il avait eu une peur bleue. Jamais il n'avait senti sa vie aussi menacée. Il ajouta, la mine déconfite :

« Mes frères sont au cachot, tandis que, moi, je me suis sauvé comme un criminel. Mon père et moi, nous sommes maintenant dans la même galère.

— Mon chéri, lui dit Julie en l'embrassant, je suis tellement soulagée de te savoir en sécurité auprès de moi. Je commençais à m'inquiéter. Les connétables ont perdu la tête. Si tu savais tout ce qu'on nous a raconté.

— Je faisais des emplettes, expliqua mademoiselle Douville, qui tenait à donner sa version des faits. J'ai tout entendu. Les connétables revenaient de chez un des amis d'Amédée, je ne me rappelle pas lequel, et ils ont dit : "Au tour du fils de Papineau." Je les ai vus partir en direction de la maison. J'ai couru tant que j'ai pu, mais je n'ai pas été capable d'arriver avant eux. Je suis trop vieille...

— Mais non, mademoiselle Douville, vous avez fait pour le mieux, c'est ce qui compte », la rassura Julie.

La bonne se tourna vers Amédée et dit d'une voix tremblante :

« Heureusement que tu n'étais pas encore arrivé. » Puis elle regarda Julie qui attendait la suite : « Après quoi, madame, nous avons quitté la ville dans l'heure. »

Ce soir-là, après le dîner, tout le monde fut invité à garder sa place autour de la grande table de la salle à manger du presbytère pour un conseil de famille. Amédée demandait la permission d'aller à la recherche de son père. La rumeur courait qu'il avait rejoint le docteur Wolfred Nelson à Saint-Denis. Julie ne voulait pas en entendre parler.

« Si ton père avait voulu que tu l'accompagnes, il t'aurait demandé de le suivre. Il a préféré partir seul, sans même me dire à moi, sa femme, où il allait.

— Il m'a renvoyé aussi, fit Louis-Antoine, qui aurait donné cher pour rester aux côtés de son oncle.

— Ta mère a raison, Amédée, fit le curé. Ta présence pourrait éveiller les soupçons. Tu ne voudrais pas lui faire courir de danger, n'est-ce pas ? Ta place est avec nous, à Verchères. Attendons que l'orage passe. »

Amédée refusait de se terrer à Verchères alors que son pays avait besoin de lui. Il souhaitait faire sa part, lui aussi, et non pas se cacher comme un lâche.

« Mon doux Seigneur ! » articula la veuve Bruneau en égrenant son chapelet.

Mais Julie restait intraitable. Il n'était pas question qu'Amédée coure rejoindre Papineau. Au pire, elle consentirait à le laisser aller à Maska, chez sa tante Dessaulles. Louis-Antoine s'y rendait justement et il proposa d'emmener son cousin, ce qui eut l'heur de rassurer le reste de la famille qui se méfiait toujours du tempérament fougueux d'Amédée.

On frappa. Le curé fit signe à sa mère de ne pas bouger et alla ouvrir.

« Monsieur Fabre ! s'exclama-t-il, comme s'il voyait une apparition.

— Bonjour, monsieur le curé, je suis navré d'arriver à l'improviste, mais je suis en route vers Saint-Denis et j'ai pensé que madame Papineau souhaitait peut-être que je transmette un message à son mari. »

Julie s'approcha du libraire. Le curé leur proposa de passer dans son bureau, à droite de l'entrée.

« Vous serez plus tranquilles pour parler », dit-il, en refermant la porte derrière eux.

Édouard-Raymond Fabre remarqua l'angoisse de Julie. Il prit ses mains dans les siennes pour la rassurer et lui dit :

« Je suis avec vous, ma chère amie.

— Vous dites que Papineau est à Saint-Denis ? demanda-t-elle. Vous en êtes sûr ?

— Oui, il y est avec O'Callaghan, Nelson et les autres. Ils ont tenu un conseil de guerre au cours duquel, m'assure-t-on, ils auraient proclamé un gouvernement provisoire.

— Un gouvernement provisoire ?

— Une sorte de déclaration d'indépendance que Wolfred Nelson aurait rédigée et que Papineau aurait signée. Je ne peux pas vous en dire plus, c'est tout ce que j'en sais, si ce n'est qu'il fut aussi question de stocker des armes et des munitions.

— Mais Papineau ne veut pas la guerre, objecta Julie, sidérée par ce qu'elle venait d'entendre. Il s'y est toujours opposé.

— Je sais, fit le libraire en hochant la tête, cela m'étonne aussi. Mais les choses évoluent. L'armée va attaquer, c'est maintenant une question de jours. Le curé Kelly a fait savoir à nos gens, le long du Richelieu, qu'une expédition était sur le point de quitter Sorel.

— Ils vont attaquer à Saint-Denis, dit Julie apeurée. Ils vont faire un massacre. Monsieur Fabre, faites quelque chose, essayez de convaincre mon mari de se cacher. S'ils le trouvent, ils vont le pendre.

— Allons, rassurez-vous, madame Papineau, il est en sécurité entouré de ses fidèles partisans. Plus que nulle part ailleurs, sans doute.

— Jurez-moi que vous ne l'encouragerez pas à se livrer au gouverneur.

— Soyez sans crainte, jamais je ne l'inciterais à se rendre, répondit monsieur Fabre. Il n'aurait alors aucune chance de subir un procès impartial. Il ne reste plus un seul juge intègre. Papineau est déjà chanceux d'avoir réussi à sortir de la ville. »

Julie était au bord de l'effondrement. Ses nerfs cédaient. Le libraire réclama l'aide du curé pour la calmer. Celui-ci accourut. Elle était brûlante de fièvre et il lui épongea le front.

« Vous savez, monsieur Fabre, ma sœur a enduré plus que ce qu'une épouse peut supporter, ces derniers jours. Je me tourmente pour elle. Sa santé pourrait subir les contrecoups de l'angoisse qu'elle a trop longtemps réprimée. »

Le libraire regarda l'heure à sa montre. Il était temps de partir. Son beau-frère, Charles-Ovide Perrault, l'attendait à l'auberge. Ils avaient l'intention de voyager de nuit, pour plus de sécurité. Il expliqua à Julie qu'ils allaient à Saint-Denis pour faire signer des papiers à Papineau. Il ne voulut pas en dire davantage. Cela concernait la Banque du Peuple dont il était l'un des directeurs.

« Vous... vous savez que notre ami Louis-Michel Viger a été arrêté hier ? ajouta-t-il après une hésitation. Ils soupçonnent tous les directeurs de la banque. À mon retour, j'ai l'intention de me cacher à Contrecœur où j'ai encore des amis. »

Le curé mit le doigt devant sa bouche pour empêcher le libraire d'en dire davantage. Julie n'eut même pas la force de réagir. Elle se laissa porter jusqu'au canapé du salon.

Édouard-Raymond Fabre mit son pardessus et alla lui serrer la main avant de s'en aller :

« Vous savez combien je suis attaché à Papineau, lui dit-il en l'embrassant. Je vous promets d'essayer de le convaincre de ne pas rester à Saint-Denis. C'est tout ce que je peux faire. Ensuite, au cas où vous auriez besoin de moi, vous me trouverez à Contrecœur, chez monsieur le curé. »

CHAPITRE XXXIV

La tragédie

La chambre aux murs défraîchis baignait dans la pénombre. Julie tourna lentement la tête vers la fenêtre. Les premières lueurs du jour filtraient par la fente des rideaux. Une autre journée grise de décembre, triste à mourir. Toute cette noirceur à affronter seule, ce long tunnel sans fin. Elle avait froid, le corps trempé de sueur une minute, grelottant l'instant d'après. De toute la nuit, elle n'avait pas fermé l'œil. Dès qu'elle se sentait glisser dans le vide, une étrange sensation l'envahissait. L'angoisse la sortait alors en sursaut de son demi-sommeil.

Deux semaines s'étaient écoulées, peut-être trois, depuis son arrivée à Verchères. Les événements s'étaient précipités. D'abord, il y avait eu l'attaque des troupes anglaises, à Saint-Denis, le 23 novembre, et la victoire inespérée des patriotes, ce même jour ; puis, le bain de sang du lendemain, à Saint-Charles, où les détachements militaires dépêchés par Colborne avaient vengé leur défaite de la veille.

Ce n'est que dans les jours qui avaient suivi, lorsqu'une gigantesque chasse à l'homme avait été déclenchée dans tout le Bas-Canada pour attraper les rebelles, comme on les appelait désormais, que Julie avait appris la disparition de Papineau. Tout ce dont elle était sûre, c'est qu'il avait passé sa dernière nuit au manoir Dessaulles, à Maska. À l'aurore, il avait embrassé sa sœur Marie-Rosalie et s'était évanoui dans le décor sous un nouveau déguisement. Depuis, elle était sans nouvelles de lui.

« Où es-tu, mon amour ? répétait-elle sans fin. Je perds le nord. Ma tête explose en milliers de particules. Je sens que je deviens folle. Ils me supplient de me ressaisir. Ils m'assurent que la paix viendra quand je le voudrai, c'est vite dit. Ils ne comprennent pas. Depuis ta fuite, je survis à peine, je ne vis plus. C'est comme si on m'avait arraché le cœur et l'âme. Comment veux-tu qu'il en soit autrement ?

« Mais écris-moi, bon Dieu. Dis-moi que tu es en vie. Fais-moi signe... Qu'attends-tu ? Ne sais-tu pas que je suis au supplice ?

« J'entends des pas dans le corridor. Un bruissement d'étoffe. Une odeur de café fort, comme l'aime le curé. Et la voix nasillarde de ma mère. Non, pas elle, je ne la supporte plus avec ses "secoue-toi, Julie". Qu'elle s'en aille. Qu'elle cesse de me harceler. Échapper aussi au regard désapprobateur de mon frère qui plonge dans mes entrailles, juge ma faiblesse. Comme s'il ne comprenait pas que j'ai usé mes forces jusqu'à la corde.

« Le pire, c'est la terreur qui me gagne quand l'aurore pointe, après une autre nuit à imaginer les pires drames. Je te vois gisant inerte dans un fossé, le corps criblé de balles. Ou encore garrotté et menotté, comme ces pauvres patriotes que nos tyrans ont ramenés en ville comme de lâches fugitifs.

« Quand, épuisée, j'arrive à m'assoupir, je suis la proie des pires cauchemars. Tu m'appelles au secours. Je cours vers toi sans jamais te rejoindre. Les soldats vont plus vite. Me dépassent, mettent leurs armes en joue. *Fire !* Le coup te va droit au cœur. Le bruit me réveille, mais je continue d'entendre leurs rires sataniques : " *We got him at last.* "

« Surtout, ne pas me rendormir. Échapper à la torture. Comment faire taire mon imagination ? Comment chasser ces macabres images qui me hantent depuis l'échec de notre rébellion ? Depuis que ta tête a été mise à prix : 1000 livres. Toi traqué comme une bête sauvage, supplicié, les fers aux poignets, croupissant dans le cachot que tu partages avec la vermine, au Pied-du-Courant.

« Ça y est, l'angoisse m'étreint de nouveau, me voilà ruisselante de sueur. Et mon cerveau qui n'arrête pas de divaguer. J'ai des trous de mémoire. Sommes-nous le jour ? Oui, bien sûr, l'odeur âcre du café.

« Mais ce n'est plus moi, cette femme vidée, si petite, si glacée, dans son grand lit. C'est une autre qui m'observe. Elle est forte et rit à fendre l'âme de ma douleur. Un rire cassant. " Vous n'avez que ce que vous méritez, madame Papineau. Vous péroriez dans les salons, vous appeliez la violence, madame Papineau. Vous déchantez maintenant que le grand homme n'est plus là. Expiez, madame Papineau. "

« Le rire s'en va. Lentement, comme un mal de ventre, lâchant ses dards violents d'abord, ténus ensuite, jusqu'à ce qu'ils disparaissent pour de bon. Les larmes suivent. D'épuisement, de dégoût, de rage. Je me vautre alors dans mon chagrin. Insupportable, mon amour. Je me languis de toi. Te cherche entre les draps (ah ! ta chaleur qui me manque tant), te découvre dans les yeux d'Azélie qui t'appelle quand elle s'écorche le genou et qu'elle a mal.

« Le vide de ta place à table m'est devenu insupportable. J'ai cessé de descendre manger, parce que je n'en pouvais plus. Trois fois par jour, voir ton couvert que ma folle de mère met quand même pour conjurer le sort. Elle prétend que cela te forcera à nous revenir. Je l'ai traitée d'idiote. Elle a pleuré sans rien reprocher à l'ingrate que je suis. René-Olivier s'est fâché : Julie, Dieu nous épouve aussi. Cesse de te comporter comme si tu étais la seule à souffrir.

« Je ne suis plus revenue à table. Je m'enferme dans ma chambre. Je me consume tandis qu'en bas, l'horloge sonne les heures passées loin de toi. Ils disent que l'amour maternel ne m'étouffe pas. Cela te surprend ? Je n'écris plus à Lactance, ni à Ézilda. Les bouffonneries de Gustave que ta sœur me raconte dans ses lettres ne me font plus sourire. Je ne supporte plus Azélie. Son air de chien battu, quand je la gronde, m'horripile. Oui, je me détache de mes enfants comme du reste.

« Je ne redoute rien autant que de voir s'ouvrir la porte de ma chambre. La maison vit depuis une bonne heure déjà. Ils viendront, c'est sûr. Ils voudront que je fasse ma toilette, je n'en ai pas envie. Que je mange, je n'ai pas faim. Ils me répéteront qu'il n'y a pas de nouvelles, alors que j'ai entendu la voiture du postier, par la fenêtre j'ai vu ce dernier parlementer longuement avec le curé, sorti au-devant de lui.

« Depuis la visite de ton ami Édouard-Raymond, le curé ne me dit plus rien. J'aurais dû me taire, quelle sotte je suis ! Le libraire s'en allait te voir à Saint-Denis. Rien de grave, m'assura-t-il, mais des communications importantes au sujet de la Banque du Peuple. Une question de fonds destinés à la révolution, si j'ai bien compris.

« Tu étais donc à Saint-Denis ? Il en était sûr, il savait où te trouver. Il m'annonça aussi que les troupes allaient attaquer le village. Je ne l'écoutais plus, toute à ma peur. Mon mari était sur la ligne de feu. Mon Louis-Joseph, l'arme à la main, tirait sur des hommes, était frappé à son tour... Il fallait faire quelque chose, te convaincre de partir. J'ai hurlé : "Mais c'est de la pure folie. Monsieur Fabre, ramenez-le-moi, je vous en supplie." Il avait promis de te ramener mais il n'est jamais revenu.

451

« Où que tu sois, tu as sans doute appris que Louis-Michel Viger était écroué. Le libraire s'est rendu à la prison pour le voir, mais les baillis lui ont refusé l'accès aux prisonniers.

« Le curé m'a reproché mes cris qui résonnaient dans le pres-bytère. Après, je ne me souviens plus de rien. Je crois bien que je me suis évanouie. Ma mère m'a mis les sels sous le nez. Cela m'a ramenée et j'ai recommencé à crier. C'est alors qu'ils ont décidé que les nouvelles de l'extérieur me perturbaient trop : Julie si fragile, si peu courageuse, Julie est en train de craquer... Le curé a exigé qu'on me tienne à l'écart et quand il donne des ordres, tout le monde obéit. Les domestiques ont commencé à colporter au village que la femme du grand Papineau était devenue folle.

« Les journaux aussi se moquent de moi, le sais-tu ? Non bien sûr, là où tu es, tu n'as sans doute pas de nouvelles. Ils ont écrit que je singeais la reine Victoria, que j'avais fait peindre mon portrait avec un diadème pour voir si une couronne convenait à ma tête. Ils ont ajouté sarcastiquement qu'il était trop tôt pour trôner. J'ai pleuré. Tu sais comme je déteste ce tableau d'Antoine Plamondon qui ne me ressemble pas.

« Ça y est, les voilà. J'entends le pas claudiquant de made-moiselle Douville. Elle tire les rideaux. Il fait gris, comme d'habitude. Mais trop clair. Je m'enfonce la tête sous les couvertures.

« Levez-vous, madame, voilà votre petit déjeuner. »

J'obéis. Je me soulève tandis que la bonne remonte les oreillers, approche la tasse de mes lèvres. Trop chaud. Je la remets à sa place et je détourne la tête. L'odeur de la confiture me lève le cœur.

« Mangez, madame, pour que les forces vous reviennent. »

« Qu'elle s'en aille. Qu'elle referme les rideaux. Cette lumière m'est insupportable. »

▼

Julie secoua brusquement la tête, comme pour se raccrocher à la réalité.

« Mademoiselle Douville, articula-t-elle faiblement, monsieur Papineau n'a pas écrit ?

— Non, madame. »

La bonne allait et venait dans la chambre. Elle replaça les couver-tures sur le lit et ramassa le mouchoir qui était tombé par terre.

« Nous sommes le huit décembre, dit-elle doucement. C'est la fête de l'Immaculée-Conception. Dehors, il neige. La petite veut aller jouer dans la cour.

— Elle prendrait froid. J'aime mieux qu'elle reste dans la maison, ordonna Julie.

— C'est qu'il a déjà beaucoup neigé, madame. Azélie veut faire un bonhomme. On n'empêche pas les enfants de jouer dans la neige.

— Ah ! l'innocence des enfants. Je meurs d'inquiétude et ma fille veut faire des bonshommes de neige. Son père gît-il lui aussi dans la neige, quelque part au fond d'un bois ? »

Marie Douville ne répondait jamais quand sa patronne prononçait des paroles lugubres.

« Qu'elle y aille donc, dit enfin Julie. Habillez-la chaudement. Elle a encore le rhume. »

La bonne s'approcha du lit :

« Vous n'avez rien mangé. Vous n'êtes pas raisonnable. Pire qu'une enfant.

— Je vous en prie, mademoiselle Douville, cessez de m'importuner.

— Bon, répliqua-t-elle sèchement. Je pensais bien faire. Si vous voulez que je sorte, je sors. N'empêche que je sais des choses...

— Quelles choses ? »

La bonne ne répondit pas et fit mine de quitter la pièce.

« Marie, je vous en supplie, ne me tourmentez pas. Parlez !

— Les nôtres ont assassiné un lieutenant anglais à Saint-Denis, dit-elle tout bas. Ils ont caché son cadavre, mais les habits rouges l'ont découvert dans un fossé. Oh ! madame, ne répétez pas que je vous l'ai dit. Monsieur le curé me mettrait à la rue. »

Mademoiselle Douville raconta le drame, qu'elle tenait d'un villageois qui s'était battu à Saint-Denis. Elle allait trop vite, confondait les faits, les jours. Julie la supplia de recommencer son récit plus lentement ; elle l'interrompait chaque fois que cela se compliquait.

« Doucement, Marie. Cela s'est passé où ? À Saint-Denis ? Quand ? Avant ou après la bataille ? Je ne vous suis plus.

— Bien avant les premiers coups de feu, à la sortie du village. Le lieutenant était un espion britannique. Il était habillé en civil et se faisait passer pour un commerçant qui voulait acheter du blé. Du blé en novembre, ça ne tenait pas debout. Alors ils l'ont démasqué et l'ont fait prisonnier. Un dénommé Weir. Jack Weir, à ce qu'on m'a dit.

— Qu'est-ce qu'ils ont fait de lui ?

— Ils l'ont conduit chez le docteur Nelson, qui commandait les patriotes. Même qu'ils l'auraient traité comme un invité de marque.

— Mais alors ? Pourquoi l'ont-ils tué ? »

Julie voulait tout savoir et mademoiselle Douville répondait docilement à ses questions. Pendant qu'on le conduisait à Saint-Charles pour assurer sa sécurité, le lieutenant Weir avait tenté de s'échapper et on l'avait abattu.

« Mais pourquoi les patriotes ont-ils tiré puisqu'il avait les mains liées ? insista Julie d'une voix désolée.

— Non, madame, ce n'est pas comme ça que cela s'est passé. Ils l'avaient délié parce qu'il avait les mains gelées. C'est à ce moment-là que le lieutenant a sauté en bas du wagon et qu'ils l'ont massacré au sabre. Il paraît que le sang giclait de partout. Il était horriblement mutilé. Quelqu'un a crié : "Achevez-le !" et le coup est parti. »

Julie eut un haut-le-cœur. Le lieutenant Weir était le prisonnier des patriotes, il n'était pas armé, il ne pouvait pas aller bien loin. Pourquoi avoir fait ça ?

« Ce sont des barbares, dit-elle horrifiée.

— C'est la révolution, madame. Les nôtres meurent aussi. Le beau-frère de monsieur Fabre, le député Charles-Ovide Perrault, est tombé comme bien d'autres patriotes sous le plomb meurtrier.

— Oui, mais le lieutenant était un prisonnier, ils se sont mis à quatre pour l'abattre, si je vous ai bien comprise. Après ils ont jeté son corps dans un ravin. On ne fait pas ça à un mort. Pourquoi l'ont-ils recouvert d'un tas de pierres ?

— Pour cacher son cadavre aux troupes, pardieu. Les soldats ont bien lancé nos morts dans le Richelieu. »

Mademoiselle Douville ne savait plus comment faire oublier son indiscrétion. Le spectre du curé en colère lui apparut soudain.

« Madame, je vous en supplie, ne me trahissez pas. Je n'aurais jamais dû vous raconter tout cela. Le bon Dieu va me punir. »

▼

Julie n'entendait pas les jérémiades de sa vieille domestique. Assise bien droite dans son lit, elle sentait que mademoiselle Douville ne lui avait pas tout dit.

« Marie, qui vous a raconté ces choses ?

— Ça vient du jeune Cartier de Saint-Antoine, répondit-elle tout bas. Vous savez, monsieur George-Étienne, qui vient parfois à la maison ?

— Il n'a pas été arrêté, toujours ? s'inquiéta Julie.

— Non, rassurez-vous, madame, on a laissé courir le bruit que son père l'avait trouvé mort gelé, dans le bois, près de chez lui, à

Saint-Antoine, mais en réalité, il est caché par ici avec son cousin Henri Cartier. Même que ce n'est pas loin du presbytère.

— Où ça ?

— Chez Louis Chagnon dit LaRose, le cultivateur à l'entrée du village. C'est lui qui a raconté la mort du lieutenant Weir à l'auberge. Paraîtrait aussi que le jeune Cartier a vu monsieur Papineau et qu'il connaît son emploi du temps. Du moins jusqu'à la bataille de Saint-Denis...

— Je veux lui parler, fit Julie. Il faut à tout prix que je le voie...

— C'est impossible, madame. Il ne veut voir personne. Pas même la fille du docteur Mailhot qui a le béguin pour lui. Elle a essayé deux ou trois fois de l'approcher, mais elle est revenue bredouille. Il est terrorisé à l'idée qu'on découvre sa cachette. Jamais il ne viendra au presbytère.

— J'irai, moi, jusqu'à sa cache.

— Vous n'y pensez pas, madame ? Avec la fièvre ? Vous avez perdu la tête. Vous ne feriez pas cent pieds dans votre état.

— Vous m'accompagnerez, Marie. Je vous le demande.

— Moi ? Jamais de la vie ! »

Julie prit les mains de la vieille femme dans les siennes. Elle pressa si fort qu'elle y laissa les empreintes de ses ongles.

« Vous viendrez avec moi, Marie. Vous m'entendez ? »

Sa voix tenait plus de l'imploration que de l'ordre.

▼

La vieille Marie aida Julie à s'habiller. Sa maîtresse était beaucoup plus faible qu'elle ne l'avait imaginé.

« Vous expliquerez au curé que j'avais envie de prendre l'air, implora Julie.

— Il ne me croira pas, madame. Il sait que vous détestez la neige.

— Dites tout de même, je vous en prie, ma bonne Marie. »

La domestique ronchonnait. Tantôt elle appelait le ciel à l'aide, tantôt elle craignait le châtiment divin.

« Vite, Marie, nous n'avons pas une minute à perdre. »

Par-dessus la pèlerine qu'elle déposa sur les épaules de Julie, la bonne jeta une couverture en laine du pays et lui couvrit la tête d'un grand châle crocheté.

« Vous avez l'air d'une vraie paysanne. »

Julie avait fait atteler comme si elle s'en allait en promenade. La neige tombait mollement. Azélie voulut l'accompagner, mais Julie refusa. La petite retourna à son bonhomme de neige sans protester. Le curé faisait les cent pas devant son église. Comment l'éviter ? Julie allongea le pas jusqu'à la voiture, monta, suivie de mademoiselle Douville, et demanda au cocher de filer avant que son frère n'ait le temps de l'interpeller.

Mais les préparatifs et l'énervement l'avaient épuisée. Elle se sentit tout à coup très faible. Était-ce la peur ou l'effort ? Elle ferma les yeux et reprit son souffle. Mademoiselle Douville se taisait aussi. Non loin de chez monsieur LaRose, la voiture s'arrêta.

« Nous allons marcher un peu, annonça Julie au cocher, d'une voix faussement décontractée. Revenez dans une heure.

— Je peux vous suivre au pas, si vous voulez, répondit-il.

— Non, fit Julie. Vous reviendrez plus tard.

— Ah bon ! madame Papineau, c'était pour vous accommoder. »

Les deux femmes avançaient lentement dans la neige qui recouvrait maintenant le sol, en se soutenant l'une l'autre, jusqu'à la grange dont les portes étaient tournées vers le fleuve. Son toit de chaume paraissait en piteux état mais la charpente, avec ses poteaux solidement plantés, était bien droite. Le cultivateur sortit pour venir au-devant d'elles.

« Qu'est-ce que je peux faire pour vous, mes bonnes dames ? » demanda-t-il, méfiant.

Julie se découvrit le visage :

« C'est moi, monsieur LaRose, Julie Bruneau-Papineau.

— Madame Papineau ? fit-il, tout à son étonnement.

— Je veux voir votre pensionnaire, George-Étienne Cartier.

— Il y a belle lurette que je ne l'ai pas vu, celui-là, répondit le cultivateur en reculant instinctivement. Bon ben, s'il n'y a rien d'autre, je vais aller continuer mon train.

— Monsieur LaRose, insista Julie en se rapprochant, je vous en supplie, conduisez-moi à lui. »

La voix de Julie était si faible et son visage tellement pâle que Louis Chagnon dit LaRose se ravisa.

« Venez avec moi. »

Les deux femmes suivirent le paysan jusqu'au fond de l'étable. Dehors, le vent sifflait et le bâtiment craquait.

« Le maudit nordet », ronchonna-t-il.

À l'extrémité de l'étable, il s'arrêta devant la porte de la tasserie, condamnée par deux planches clouées lâchement. Il frappa trois petits coups, puis un grand et encore un petit. De l'autre côté du mur, un bruit se fit entendre. Quelqu'un appuya sur la clenche. Monsieur LaRose enleva les planches et la porte s'ouvrit.

« George-Étienne ! » fit Julie, en apercevant l'homme déguenillé qui la dévisageait comme s'il voyait le diable.

« Allons, je vous fais donc si peur ? » demanda-t-elle en souriant.

Le jeune Cartier se tenait debout au milieu des bottes de foin. Elle le reconnut à son large front et à ses yeux perçants. Car pour le reste, il était méconnaissable, avec sa barbe négligée qui lui dévorait le visage et ses cheveux en brosse trop longs et qui s'en allaient dans tous les sens. Elle le trouva amaigri et ses vêtements étaient souillés. Julie pensa qu'il avait à peine plus de vingt ans et qu'il tremblait comme un vieillard. Quelques semaines plus tôt, lorsque sa maison avait été attaquée par le Doric Club, il était accouru parmi les premiers, rue Bonsecours, pour lui apporter son aide. Il était toujours si dévoué, si fougueux aussi. Mais là, il faisait pitié à voir. Il n'avait plus ni assurance ni superbe. Elle le regarda tristement tandis qu'il se redressait, comme s'il prenait conscience de sa mauvaise tenue et qu'il en était gêné.

« Madame Papineau, mais que faites-vous ici ? »

Le jeune homme recula pour laisser entrer les visiteuses dans son réduit, tandis que le cultivateur refermait la porte derrière elles, avant de reclouer les planches. Henri Cartier, son cousin, libéra un coin du seul banc pour que mademoiselle Douville puisse s'asseoir. Il n'avait pas bonne mine, lui non plus.

« George-Étienne, commença Julie, j'ai besoin de vous parler un instant. Ne craignez rien, mademoiselle Douville et moi avons pris nos précautions. »

Il hésita. Il paraissait mal à l'aise et ne savait trop que répondre.

« On m'a rapporté que vous aviez vu monsieur Papineau à Saint-Denis. A-t-il été blessé ? Je suis sans nouvelles de lui depuis le jour de la bataille. Je veux savoir ce qui lui est arrivé, implora Julie. Ils ne l'ont pas capturé, j'espère.

— J'ai vu monsieur Papineau avant la bataille, dit le jeune homme en détournant légèrement la tête. Nous étions chez le docteur Nelson et il m'a semblé bien portant ! »

George-Étienne Cartier s'arrêta de parler, comme s'il ne voulait pas en dire plus long.

« Continuez, insista Julie. Après, que lui est-il arrivé ?

— C'est tout, fit le jeune Cartier en baissant les yeux. Après, les Anglais sont arrivés et je me suis battu comme les autres. »

Son cousin Henri se tenait en retrait. Il s'approcha des deux femmes et enchaîna :

« J'étais là, moi aussi. Ce sont les troupes qui ont tiré les premières, pas nous. Sans sommation ni avertissement. On s'est défendu avec énergie. Le docteur avait placé ses meilleurs hommes dans les maisons du bord de l'eau. On avait avec nous de vieux chasseurs qui maniaient le fusil depuis l'enfance. Ils visaient juste à tout coup.

— Moi, j'étais chez la veuve Saint-Germain, à l'entrée du village, entre le chemin et la rivière, continua George-Étienne, qui prenait de l'assurance. Les murs de pierre étaient aussi épais que ceux d'une forteresse et les boulets des Anglais ricochaient sans grand dommage. On avait bouché toutes les ouvertures et percé des meurtrières.

— Et que faisait mon mari ? voulut savoir Julie.

— On avait si peu de munitions qu'il fallait fondre des balles pendant que les autres tiraient, ajouta le jeune patriote, comme s'il n'avait pas entendu – ou ne voulait pas entendre la question.

— Le docteur Nelson, lui, où était-il ? risqua alors Julie.

— Il était partout à la fois, répondit le fugitif. C'est un véritable héros, le docteur Nelson. Et quel sang-froid ! C'est grâce à lui si on a pu repousser les soldats du colonel Gore qui s'avançaient tambour battant le long du chemin de la Reine.

— Tu n'étais pas mal non plus, ajouta Henri Cartier en regardant son cousin. Imaginez-vous que sur l'ordre du commandant Nelson, raconta-t-il à l'intention de Julie, il a traversé le Richelieu en barque, juste en face de Saint-Denis, pour aller chercher des cartouches à Saint-Antoine.

— Le plus dur a été de remonter la rivière, précisa George-Étienne, visiblement fier de son exploit. Les habits rouges tiraient sur le bac. Leur canon était pointé sur nous. À un moment donné, un boulet a arraché un morceau du bordage et l'aviron du passeur s'est brisé. On s'est tous couchés au fond de la barque et personne n'a été touché.

— George-Étienne nous a ramené des munitions et du renfort », dit Henri en tapant dans le dos de son cousin.

Mais le jeune Cartier commençait à s'énerver. À chaque bruit venant du dehors, il s'arrêtait, épiait, puis reprenait son récit, expliquant avec force détails comment les patriotes s'étaient montrés courageux, en ce mémorable 23 novembre.

« Charles-Ovide Perrault était votre ami, n'est-ce pas ? demanda Julie, qui n'osait plus prononcer le nom de Papineau que ni l'un ni l'autre n'évoquait dans son récit. Comment est-il mort ?

— Il est mort à cause de notre imprudence, c'est aussi bête que ça, répondit George-Étienne Cartier. En descendant du bac, deux de mes hommes se sont exposés inutilement au tir anglais. Charles-Ovide, qui était l'aide de camp du docteur Nelson, a traversé le chemin de la Reine en leur faisant signe de se coucher. Il a reçu deux balles, l'une au talon, l'autre lui a perforé l'intestin. Il était le plus vaillant, le plus courageux d'entre nous. Il était arrivé le matin même avec son beau-frère, le libraire Fabre, mais il avait refusé de repartir avec lui. Il voulait se battre.

— Pendant son agonie, il répétait : " Qu'importe notre vie, si nous sommes assurés que notre mort sera vengée ", enchaîna Henri.

— Ah bon ! il n'est pas mort sur le coup ? demanda Julie.

— Non, il a survécu une douzaine d'heures. Le docteur Nelson l'a veillé jusqu'à l'aurore. Le curé Demers a pu le confesser et lui donner l'extrême-onction. Les autres n'ont pas eu cette chance.

— Que voulez-vous dire, fit Julie ?

— Monseigneur Lartigue a interdit la sépulture catholique à ceux qui sont morts au combat.

— Mon célèbre cousin oublie que Dieu est aussi du côté de ceux qui souffrent, observa Julie.

— On a perdu treize hommes. Les Anglais, au moins trente », assura George-Étienne Cartier, qui esquissa un sourire de satisfaction en évoquant la victoire :

« Quand on pense qu'avec nos vieux fusils du régime français, nous avons écrasé les vainqueurs de Waterloo ! Avec de simples fourches et des pieux aiguisés, nous avons mis en fuite les vétérans des guerres napoléoniennes ! C'est à peine croyable, madame Papineau. Vous auriez dû les voir déguerpir comme s'ils avaient le feu aux trousses. Ils ont même abandonné leur canon le long de la route. »

Julie se hasarda à demander si Papineau était là lui aussi.

« Monsieur Papineau n'était plus avec nous pendant la bataille. Il avait quitté Saint-Denis juste avant, laissa tomber le jeune Cartier en inclinant la tête...

— Vous êtes sûr de ce que vous dites ?

— Sûr comme je vous vois, madame Papineau. »

Le jeune homme se tut, puis, se ravisant, ajouta en regardant Julie dans les yeux :

« Il y en a qui prétendent qu'il s'est sauvé. D'autres jurent que c'est le docteur Nelson qui l'a convaincu de partir. Il aurait même fait seller son cheval en lui disant qu'il serait plus utile vivant que mort. »

George-Étienne Cartier détourna les yeux tandis que Julie laissait échapper comme pour elle-même :

« C'est une étrange affaire que vous me racontez là, monsieur Cartier. J'ai du mal à imaginer Papineau abandonnant ses partisans pour s'enfuir.

— Je vous rapporte ce qui m'a été dit, madame. Je n'en sais pas plus long.

— S'il est parti, c'est qu'on le lui a conseillé pour le bien de la patrie...

— Probablement », conclut Cartier d'un ton qui laissait planer le doute.

▼

Julie s'était montrée franchement téméraire. Dans son état, une telle expédition relevait de la folie. La fièvre qui avait semblé diminuer avant son escapade redoubla. Elle resta clouée au lit pendant des jours, les yeux vides, constamment fixés au plafond.

Appelé à son chevet, le docteur admit qu'il craignait pour sa vie. Le curé Bruneau, lui-même alité depuis une semaine, se traîna de peine et de misère au chevet de sa sœur pour lui administrer les derniers sacrements.

La veuve Bruneau ne quittait sa fille que pour se rendre auprès de son fils. Elle avait vieilli. Ses cheveux étaient passés du gris au blanc et les larmes qui coulaient en permanence sur ses joues creusaient des sillons profonds.

Il ne lui restait plus que la prière pour sauver sa Julie.

CHAPITRE XXXV

Le cauchemar de Lactance

Lactance blêmit. Tout vacillait autour de lui dans la salle d'étude du séminaire de Saint-Hyacinthe.

« Maman ! ma petite maman... »

Le journal du 11 décembre 1837 grand ouvert sur son pupitre, il avait les yeux rivés sur un minuscule entrefilet qu'il relisait pour la troisième fois, comme s'il ne pouvait croire ce qui était écrit.

Le bruit court que madame Papineau est morte à Verchères d'une fièvre cérébrale causée par les appréhensions pour son mari et sa famille.

Son cœur battait à tout rompre. Non, c'était impossible. Une fausse nouvelle, sûrement. En cas de malheur, les prêtres du séminaire l'auraient averti. Après tout, c'était de sa mère qu'il était question et Verchères n'était pas au bout du monde. Un mauvais pressentiment le gagnait qui le pétrifiait. Le journal disait qu'elle était malade depuis la disparition de Papineau. Et c'était vrai qu'il n'avait reçu aucune lettre d'elle depuis son arrivée à Verchères. Les seules nouvelles provenaient de sa grand-mère Bruneau, qui lui avait écrit peu de temps auparavant que Julie n'en menait pas large.

Il parcourut de haut en bas la page du *Canadien* dans l'espoir de trouver un démenti. Mais il n'y avait rien d'autre qui soit relié de près ou de loin à sa famille. Il lut que le corps du lieutenant Weir avait été retrouvé au bord du Richelieu, retenu par des pierres dans deux pieds d'eau. Plus loin, il était question du long cortège funèbre, à ses funérailles. Mais sur sa mère, pas un mot de plus.

Sans prévenir le surveillant, il déserta la classe, le journal sous le bras. Il attrapa son manteau dans sa case, dévala le grand escalier et se précipita dehors. Il gagna la seigneurie Dessaulles à la course et se heurta aux sentinelles armées qui faisaient les cent pas devant l'entrée. Le village de Saint-Hyacinthe était occupé militairement depuis les troubles et plusieurs pièces du manoir avaient été réquisitionnées par les troupes.

« Halte là ! fit l'un des gardes.

— Laissez-moi passer, je suis le neveu de madame Dessaulles, c'est une question de vie ou de mort. »

Les gardes s'écartèrent devant Lactance, qui s'engouffra à l'intérieur en criant :

« Ma tante, venez vite. »

Occupée à trier ses papiers, Marie-Rosalie Dessaulles était loin d'imaginer ce qui l'attendait. Elle s'était enfin résignée à quitter sa chère maison. La présence des habits rouges sous son toit lui était insupportable, surtout celle d'un sous-officier sans scrupule qui passait ses nuits à faire du tapage dans la chambre bleu ciel avec sa putain. « Une chouayenne par-dessus le marché ! » La seigneuresse, qui avait des principes, était chatouilleuse sur la question des mœurs.

En fait, plus rien ne la retenait à la seigneurie. Les censitaires se terraient chez eux et sa famille était dispersée aux quatre vents. Amédée, qu'elle avait caché quelques jours dans la cave, comme son père avant lui, avait pris le large, lui aussi. Elle ne savait pas où se terrait son plus jeune fils, Casimir, qui était en route vers la Petite-Nation. Comme Joseph Papineau ne l'avait toujours pas prévenue de son arrivée, elle mourait d'inquiétude. Il y avait tant d'arrestations arbitraires. Enfin, Papineau, son frère, était disparu sans laisser de traces. Il ne lui avait pas donné de nouvelles. Où était-il ? Dieu seul le savait.

Au début, Marie-Rosalie se croyait assez forte pour affronter l'état-major qui débarquait chez elle à toute heure du jour. Mais les perquisitions continuaient de plus belle dans la section de la maison qu'elle occupait toujours. Elle craqua le jour où le fils du docteur Wolfred Nelson, Horace, qu'elle avait caché sous un matelas dans la chambre de sa domestique, avait failli être découvert. Un officier zélé avait inspecté chaque meuble, fouillé sous le lit et, défiant la seigneuresse du regard, il avait enfoncé son épée dans le matelas de plume. Elle avait réprimé un cri. Après le départ des militaires, le jeune Horace était sorti de sa cachette, plus mort que vif, une longue déchirure à sa veste.

L'arrestation d'Augustin, son bizarre de frère, qui s'était battu à Saint-Charles, l'avait aussi ébranlée. Lui en prison, Julie malade à Verchères et Papineau disparu, Marie-Rosalie n'avait plus qu'à préparer ses bagages et à se réfugier avec sa fille de treize ans, Rosalie, chez son autre frère, Toussaint-Victor, devenu entre-temps curé de la paroisse de Saint-Luc. En son absence, son fils aîné Louis-Antoine, qui n'avait pas été inquiété par les militaires, garderait la seigneurie. À dix-neuf ans, il avait le jugement et la maturité nécessaires.

La seigneuresse soupira : « Pourvu que mon Louis-Antoine ne s'expose pas inutilement et qu'on ne l'encage pas comme tant d'autres. »

Si seulement elle avait la consolation de savoir Papineau sain et sauf ! Une lettre, reçue la veille d'un réfugié à Swanton, du côté américain de la frontière, prétendait qu'il avait été aperçu non loin de là. Elle s'accrochait à ce pâle espoir. Mais alors, s'il était hors de danger, pourquoi n'écrivait-il pas ? Une autre missive, adressée à madame Julie Papineau, était arrivée par le même courrier. Elle provenait aussi des États-Unis, mais Marie-Rosalie, qui ne reconnaissait pas l'écriture, n'osa pas la lire. Elle s'était hâtée de griffonner un mot à Julie pour lui enjoindre de ne pas désespérer et avait glissé la mystérieuse lettre dans un colis qui attendait sur le coin de son secrétaire. Il partirait pour Verchères dès qu'une personne fiable s'y rendrait. En ces temps de dénonciation, aucune précaution n'était superflue.

Marie-Rosalie achevait de choisir les lettres qu'elle voulait emporter avec elle chez Toussaint-Victor. Celles de Jean, son mari décédé, et celles de Louis-Joseph qu'elle gardait précieusement dans une longue malle recouverte d'une peau de bête. Elle prit les deux paquets ficelés et referma la valise. Après avoir vérifié la solidité des serrures, elle s'apprêtait à tourner la clé lorsqu'elle entendit claquer la porte du manoir puis, plus clairement encore, des pas de course dans le corridor qui menait à son boudoir. Qui cela pouvait-il être, si tôt le matin ? Elle poussa machinalement le coffre sous la table.

« Qui est là ? dit-elle en se précipitant dans le corridor où elle buta contre son neveu.

— Ma tante, répéta Lactance en larmes, vite... »

Il avait l'air épouvanté et faisait des gestes incohérents, tout en roulant le journal sur lui-même jusqu'à le froisser irrémédiablement.

« Qu'y a-t-il, mon petit Lactance ? Pourquoi n'es-tu pas au séminaire ?

— Maman... »

Il s'arrêta de parler en jetant à sa tante un regard désespéré.

« As-tu reçu une lettre de ta mère ? demanda Marie-Rosalie soudainement très attentive. Des mauvaises nouvelles ?

— Elle est morte ! Lisez », articula-t-il difficilement, étranglé par des sanglots, en lui présentant le journal.

Lactance répétait d'une voix hystérique « morte ! morte ! morte ! » en se frappant la tête contre le mur. Marie-Rosalie Dessaulles tenta de le ramener à la raison, mais l'adolescent continuait de crier comme s'il n'entendait pas ses paroles d'apaisement. Elle le gifla et il reprit ses sens sous le choc. Elle s'empara du journal qu'il avait complètement chiffonné et voulut lire mais les caractères étaient si fins qu'elle n'arrivait pas à déchiffrer l'entrefilet.

« Ma vue est trop faible, dit-elle. Lis-moi ce qui est écrit. »

À demi apaisé, Lactance reprit *Le Canadien* et lut en hoquetant et en gémissant :

« Le bruit court que madame Papineau est morte à Verchères d'une fièvre cérébrale causée par les appréhensions pour son mari et sa famille.

— Voyons c'est impossible ! objecta la seigneuresse, nous aurions été prévenus. Tu peux me croire, mon petit Lactance, il n'y a rien à craindre.

— Je veux aller la voir, dit-il fermement.

— Mais Lactance, puisque je t'assure que ta mère n'est pas en danger. Elle a fait une sortie imprudente, ces jours derniers, et la fièvre est réapparue. Hier encore, tu le sais bien, ta grand-mère nous a écrit pour nous assurer qu'elle se remettait.

— Je veux aller à Verchères, ma tante, je vous en supplie, laissez-moi y aller », implora le fils de Julie qui ne tenait plus en place.

Marie-Rosalie hésitait. Lactance était beaucoup trop perturbé pour prendre la route. Ses nerfs paraissaient si fragiles qu'elle redoutait quelque excès de sa part. Il serait capable de foncer à bride abattue, au risque d'attirer l'attention des militaires qui sillonnaient la région avec ordre de mettre aux fers tous ceux qui semblaient louches. Lactance ne survivrait pas à une seule journée au cachot.

« Louis-Antoine ira avec toi, décida-t-elle enfin. Mais tu vas me promettre de lui obéir, sinon je ne te laisse pas partir. »

Lactance acquiesça d'un signe de tête.

« Va, mon petit, je dirai aux prêtres du séminaire que tu es parti au chevet de ta mère. Prépare tes affaires, le strict nécessaire. Et que Dieu te garde. »

Lactance partait en trombe lorsqu'elle le rappela :

« Attends, j'ai une lettre pour ta mère. Tu la lui remettras, elle contient peut-être des nouvelles de ton père. »

▼

Les deux cousins chevauchaient côte à côte en silence sur le chemin de terre battue recouvert de neige qui allait de Saint-Hyacinthe à Saint-Denis, d'où ils traverseraient le Richelieu pour gagner l'autre rive et filer vers Verchères. Il avait neigé la veille et le temps demeurait incertain. Après une heure, ils débouchèrent sur le chemin de la Reine qui longeait la rivière en glace. Ils avancèrent au pas jusqu'à la croisée des chemins, en amont du village de Saint-Charles. Là, ils voulurent faire boire leurs chevaux et frappèrent à la porte d'une auberge dont le patron était un sympathisant patriote, mais elle paraissait abandonnée.

« Il y a quelqu'un ? » cria Louis-Antoine Dessaulles.

Personne ne répondit et ils continuèrent d'avancer à pied en retenant leurs chevaux par le licou. Ils avaient l'impression de pénétrer dans un village fantôme. Des ombres pourtant apparaissaient et disparaissaient derrière un arbre ou dans l'entrebâillement d'une porte. À une demi-lieue, la palissade à moitié démolie leur rappela que, trois semaines plus tôt, Saint-Charles était tombé sous le tir des soldats britanniques. Des patriotes avaient laissé leur vie dans ce champ aujourd'hui à l'abandon. Le brouillard qui s'intensifiait accentuait l'impression de désolation. Une odeur de fumée flottait dans l'air. Le décor dans lequel ils évoluaient paraissait irréel, tant le blanc des champs se confondait à la lumière brumeuse. Ils allaient remonter à cheval lorsqu'un vieillard, surgi de nulle part, les accosta.

« Vous cherchez quelqu'un ? » demanda-t-il.

L'homme n'attendit pas la réponse et enchaîna :

« C'est ici qu'on s'est battus. Vous auriez dû voir le carnage. On s'est fait massacrer sans pitié. Il y en a qui se sont noyés en essayant de traverser à la nage. »

Lactance et Louis-Antoine écoutaient sans mot dire le curieux personnage à la barbe longue et à la salopette déchirée qui s'était rapproché d'eux. On aurait dit qu'il parlait pour lui-même, comme dans un songe :

« Après, les habits rouges ont enchaîné les prisonniers les uns aux autres pour les ramener à Montréal. On ne les a pas revus. Nous autres, on a ramassé nos cadavres. »

Le spectacle était lugubre. Des anciens bâtiments rasés par les Anglais, seules restaient debout des cheminées de pierre toutes noircies, qui rappelaient que la mort était passée par là. Louis-Antoine voulut savoir pourquoi certaines maisons avaient été incendiées, d'autres épargnées.

« Ils ont brûlé les fermes des capots gris qui ont tiré sur eux, répondit le vieux cultivateur qui, le jour de la bataille, s'était caché dans une décharge en voyant comment les choses tournaient. J'ai été plus chanceux que ceux qui sont morts asphyxiés dans la cave de leur maison en feu. Je vous mens pas, les Anglais détruisaient tout derrière eux. »

Lactance devenait impatient. Il monta sur sa monture qui piaffait, elle aussi. Son cousin comprit qu'il voulait partir. Il remercia le vieillard et reprit sa bride.

« Vous ne seriez pas un fils Papineau ? » demanda alors ce dernier en dévisageant Lactance.

Celui-ci interrogea Louis-Antoine du regard, tâchant de deviner ce qu'il fallait répondre puisqu'ils voyageaient incognito. L'homme cracha, puis s'essuya la bouche du revers de sa manche sale avant d'ajouter en baissant un peu le ton, comme pour dramatiser ce qu'il allait dire :

« C'est lui, Papineau, le grand responsable de ce massacre. Il nous a trompés. Un jour, il aura des comptes à rendre. »

Il disparut dans le bois tandis que Lactance cherchait à comprendre en quoi son père était coupable. Il interrogea Louis-Antoine, qui demeura fermé comme une huître. Devant l'insistance de son jeune cousin, il s'impatienta.

« Laisse tomber, veux-tu », soupira-t-il en se remettant en selle.

L'église de Saint-Charles apparut bientôt aux deux cavaliers. Son toit avait été troué par les boulets de canon et les carreaux des fenêtres en ogives étaient en mille miettes. Après la bataille, les soldats avaient bu le vin et mangé la nourriture volés chez les habitants dans la nef principale. Pendant la nuit, ils avaient veillé leurs morts couchés dans le sanctuaire, près de l'autel. Louis-Antoine demanda à voir le curé Blanchet, mais celui-ci n'était plus à Saint-Charles. Il avait disparu car il se savait compromis. Les soldats avaient reçu l'ordre de piller son tout nouveau presbytère. Ils avaient trouvé son journal intime dans sa chambre, qui en disait long sur ses sympathies envers les patriotes.

Les deux cousins arrêtèrent un moment devant le cimetière. La fosse commune où venaient d'être enterrés les patriotes morts les armes à la main était séparée du reste des tombes par une clôture. Ils n'avaient pas eu droit à une sépulture religieuse. Pas même une messe pour le repos de leur âme.

« Monseigneur Lartigue est un homme cruel, laissa échapper le jeune Dessaulles, que la décision de l'évêque révoltait.

— C'est un traître à la patrie », approuva Lactance en faisant avancer son cheval sur un petit pont reconstruit avec des matériaux de fortune.

Ils débouchèrent sur le terrain où avait eu lieu l'assemblée des six comtés, le 23 octobre, et que Lactance avait ratée bien malgré lui. Il avait toutes les apparences d'un champ de bataille, jonché de débris de palissade, de manches de pics et de bouts de cuirasses encore ensanglantées. Il ne restait plus que la cheminée de la maison du propriétaire et, à côté, quelques poutres calcinées, vestiges d'une grange à jamais disparue.

À la sortie du village, ils frappèrent chez deux jeunes femmes qui acceptèrent de donner à boire à leurs chevaux.

« Vous êtes seules ? demanda timidement Lactance en jetant un regard autour de lui, comme s'il craignait de tomber dans un guet-apens.

— Oui. Notre père est mort là-bas, fit l'une d'elles en montrant du doigt la place du Marché. On l'a retrouvé au milieu des autres. Il avait la tête écrasée.

— Son sang avait gelé tout autour, ajouta sa sœur. On l'a ramené sur un traîneau.

— Si vous aviez vu les femmes et les enfants qui couraient pieds nus dans les champs, dit la plus âgée des deux. Elles frappaient aux portes, implorant leurs anciens voisins qui leur refusaient l'hospitalité, de peur d'être dénoncés.

— J'entends encore les coups de feu des soldats, alors que tout était fini, ajouta la cadette en grimaçant. Ils tuaient les porcs qui dévoraient les cadavres. »

▼

« Viens, allons-nous-en », ordonna Louis-Antoine. Il craignait que les confidences des deux sœurs n'effraient l'imprévisible Lactance, qui devenait nerveux.

De Saint-Charles à Saint-Denis, le cauchemar se précisa peu à peu. Lactance était blanc comme un drap, ce qui inquiéta davantage son cousin.

« Tu ne vas pas perdre connaissance ? demanda-t-il en rappro-chant sa monture de celle de l'adolescent. Veux-tu te reposer un peu ? »

Perdu dans ses lugubres pensées, Lactance n'écoutait plus son cousin. À moins d'un arpent de l'église de Saint-Denis, lieu de l'illusoire victoire des capots gris sur les habits rouges, il venait de reconnaître l'endroit où, d'après ce que les journaux avaient raconté, Jack Weir avait été sauvagement blessé par des sabres de patriotes et achevé au pistolet.

« Écoute ! Louis-Antoine, tu entends ? Je deviens fou ou quoi ? »

Louis-Antoine dressa l'oreille en vain.

Lactance croyait entendre les cris désespérés du jeune lieutenant et ceux, féroces, de ses geôliers qui répétaient : « Achevez-le, achevez-le ! » Puis il sursauta quand résonna dans sa tête le coup de feu fatal et une odeur de poudre lui monta au nez. Pris de panique, il ne songeait qu'à fuir.

« Tu n'entends donc rien ? Louis-Antoine... Ils tirent sur nous... »

D'un geste brusque, il claqua son fouet et son cheval partit à l'épouvante. Son cousin cingla aussitôt sa bête d'un coup de cravache et rattrapa l'autre quelques mètres plus loin. Il n'eut aucun mal à l'immobiliser.

« Whooo ! » fit-il en tirant sur la bride.

Louis-Antoine descendit de cheval et ordonna fermement à Lactance de faire de même. Il avait déjà eu l'occasion de le voir en transes et savait que, dans ces cas-là, il fallait le secouer violemment.

« Écoute-moi bien, Lactance, dit-il en lui tenant fermement les deux épaules pour le forcer à le regarder. Tu vas te calmer. Tu risques d'attirer l'attention des sentinelles sur nous. Si elles nous prennent pour des fuyards, nous sommes foutus. Veux-tu revoir ta mère, oui ou non ? Alors fais ce que je te dis. »

Il y avait en effet des soldats postés un peu partout dans le village de Saint-Denis ou qui battaient la campagne avoisinante. Les deux cavaliers aperçurent aussi des huissiers qui passaient de porte en porte et arrêtaient à l'aveuglette des belligérants qui n'en étaient pas. Comme la plupart de ceux qui s'étaient battus avaient pris le large, ils menottaient des innocents. Raison de plus, quand on s'appelait Papineau et Dessaulles, pour passer inaperçus.

Lactance admit qu'il s'était emporté et promit à son cousin de garder son calme. Il ouvrit son havresac et en tira des biscuits qu'il tendit à Louis-Antoine, comme un petit garçon honteux qui veut se faire pardonner. Il était très attaché à ce presque grand frère. Depuis que ce dernier étudiait à Montréal, ils partageaient la même chambre, dans la maison de la rue Bonsecours, et Louis-Antoine le laissait consulter ses manuels. Un soir, Lactance lui avait même confié son grand secret : il voulait être médecin. Il ne fallait pas ébruiter l'affaire, car sa mère caressait l'espoir de le voir entrer dans les ordres. Il ne s'offusqua nullement de la réprimande de son cousin et promit de le prévenir s'il sentait l'angoisse s'emparer à nouveau de lui. Louis-Antoine parut soulagé.

Ils traversèrent le village à pied en tirant leurs chevaux derrière eux. Lactance remarqua que certains les lorgnaient d'une manière étrange, presque rébarbative.

« Pourquoi nous regardent-ils comme ça ? demanda-t-il. On dirait qu'ils chuchotent sur notre passage. »

« Tu sais, plus rien n'est comme avant les troubles », répondit Louis-Antoine en baissant la voix.

La réponse parut trop évasive à Lactance et il revint à la charge :

« Tu ne vas tout de même pas essayer de me faire croire que c'est dans ma tête que ça ne va pas ? »

Louis-Antoine ne pouvait pas esquiver la question plus long-temps. Lactance n'avait rien inventé. Il sentait lui aussi les regards désapprobateurs qui les enveloppaient.

« Ils blâment leurs chefs pour l'échec de la rébellion, dit-il.

— Ils en veulent à papa ?

— Ton père est recherché, tu le sais bien. On leur offre des récompenses s'ils aident l'armée à lui mettre la main au collet. »

Louis-Antoine lui expliqua que les villageois apeurés pronon-çaient le serment de loyauté et allaient jusqu'à exprimer leurs regrets à la couronne britannique en jurant la main sur l'Évangile qu'ils avaient été forcés à participer à la révolte.

« Ce n'est pas leur faute, dit-il. Il faut les comprendre, ils ont peur. »

Lactance eut un nouveau moment de terreur en pensant au danger que courait son père, pourchassé par les Anglais et haï par les siens. Avait-il au moins trouvé à se cacher ? Il devait bien avoir encore quelques amis pour l'abriter. Mais pourquoi alors ne donnait-il pas signe de vie ? Il lui en voulait de laisser sa mère dans l'incertitude. Il aurait tant voulu lui apporter la bonne nouvelle que Papineau était désormais en lieu sûr. Il glissa sa main dans la poche de son pardessus et palpa la précieuse lettre que sa tante Marie-Rosalie lui avait con-fiée. Peut-être ramènerait-elle Julie à la santé ?

Ils eurent un nouveau serrement de la gorge en apercevant la distillerie du docteur Nelson en ruine. Sa maison et une vingtaine d'autres n'avaient pas échappé à la destruction non plus. Au milieu du village, l'imposant manoir de pierre de madame Saint-Germain, qui avait servi de forteresse aux patriotes, et d'où les premiers coups de fusil avaient été tirés, n'était plus qu'un amas de cendres au milieu duquel seul un mur épais, troué de meurtrières, était resté debout, comme un rappel de la bataille. Les habits rouges avaient réservé le même sort à sa chapellerie.

Les deux voyageurs s'arrêtèrent à l'unique auberge encore ouverte à Saint-Denis, celle de Pierre Bourgeois. L'aubergiste leur apprit la mauvaise nouvelle : Wolfred Nelson venait d'être capturé dans les bois, près de la frontière américaine, après dix jours d'errance. Le pauvre fuyard n'avait opposé aucune résistance tant il était affamé et épuisé. Il avait dû patauger dans les marécages glacés sans jamais pouvoir allumer un feu pour se sécher et se réchauffer, de peur d'être repéré.

La consternation régnait parmi les quelques clients de l'auberge. Leur héros était demeuré avec eux jusqu'à l'extrême limite. Il avait fallu le supplier de s'enfuir, même après que ses hommes l'eurent presque tous déserté. Quand le curé de Sorel avait prévenu les habitants de Saint-Denis que les Anglais, humiliés par leur insupportable défaite du 23 novembre aux mains d'une poignée de paysans, se préparaient à revenir pour en finir avec les patriotes, ceux-ci avaient exigé le départ du docteur Nelson. Il s'était finalement résigné à quitter les lieux, pour éviter que les habits rouges ne se livrent au pillage du village.

Il ignorait alors que son départ ne changerait rien à l'issue du drame. Au cri de « *Remember Jack Weir* », les soldats avaient incendié les maisons de tous les rebelles. Ils n'avaient même pas respecté l'église, qu'ils avaient profanée sans scrupule, allant jusqu'à éventrer le tabernacle pour voler les calices et les ciboires. Une fois leur furieuse vengeance assouvie, il ne restait plus, dans la rue principale, qu'une vieille grange éventrée et trouée de balles.

Une semaine après la bataille, la plupart des habitants se terraient toujours dans les bois. Ils revenaient peu à peu, au fur et à mesure que les troupes de Colborne repartaient. L'aubergiste Bourgeois, qui se tenait derrière le comptoir, nourrissait une haine viscérale à l'endroit des habits rouges. Pendant le carnage, ils lui avaient mis la corde au cou, comme une bête, devant son auberge, cependant qu'à l'intérieur ils se gargarisaient avec son meilleur whisky. C'est lui qui annonça à Lactance et à Louis-Antoine l'arrestation du docteur Nelson que des chouayens avaient débusqué, à Stukely, dans les Cantons de l'Est.

« Ils l'ont ramené à Montréal, enchaîné à ses compagnons d'infortune, dit-il avec dégoût. Sur la route qui mène au Pied-du-Courant, la canaille lui montrait des cordes et des échafauds. Il devra répondre à une accusation de haute trahison qui peut lui valoir la peine de mort. »

Il était temps de partir de Saint-Denis. Les deux cousins réglèrent leurs consommations et quittèrent les lieux. Le reste du voyage se déroula en silence. Épuisé par tant d'émotions, plein d'appréhension au moment de revoir sa mère, Lactance se réfugia dans une profonde mélancolie que Louis-Antoine jugea préférable de ne pas déranger. Du moment que son cousin ne s'agitait pas comme plus tôt...

Pour traverser la rivière, ils empruntèrent le chemin de glace balisé par de jeunes sapins et arrivèrent à Verchères entre chien et loup. C'était réconfortant de retrouver le village intact, avec son clocher propret, ses maisons debout, ses cheminées crachant de la fumée, preuve que la vie continuait. Verchères avait été épargnée et les troupes anglaises, si présentes dans tous les bourgs traversés sur la rive nord de la rivière, n'y tenaient pas garnison.

CHAPITRE XXXVI

Le secret de Julie

Sans prendre le temps d'enlever son long pardessus de drap brun, Lactance grimpa quatre à quatre les marches de l'escalier du presbytère sous les yeux ahuris du curé.

« Lactance ? Pour l'amour du bon Dieu, d'où sors-tu ? » demanda René-Olivier Bruneau à son neveu, qui ne tourna même pas la tête.

Ses bottes boueuses laissaient des traces de pas derrière lui. Il se faufila jusqu'à la chambre de sa mère, pénétra sur la pointe des pieds et s'approcha du lit. Julie était plongée dans un profond sommeil. Il resta immobile pendant un moment à la regarder dormir. Son visage était paisible. Il soupira de soulagement. Il observa ensuite ses joues blanches comme le lait, ses longs cils sur ses paupières closes et remarqua pour la première fois les quelques fils argentés qui brillaient dans ses cheveux bruns dénoués. Il eut un geste pour déposer un baiser sur son front, mais se ravisa de peur de la réveiller. Il était tout à son bonheur de la voir vivante et voulait profiter de chaque instant.

Il avait quinze ans maintenant, sa mère en avait quarante. Plus il avançait en âge, plus sa passion pour elle le dévorait. Il n'était pas en son pouvoir d'effacer les épreuves qu'elle venait de traverser, mais il s'était juré que plus rien ne viendrait désormais assombrir les jours de l'être qu'il chérissait le plus au monde. Il allait consacrer sa vie à la soigner puisque ni Papineau ni Amédée ne l'aimaient autant que lui.

Deux lettres inachevées attirèrent son attention sur la table de chevet. Il reconnut la fine écriture de sa mère sur la première, qui commençait par les mots « Mon amour » et s'adressait à son père. Puis il lut en haut de la deuxième « Mon Amédée chéri... » Il n'osa pas lire davantage.

Julie émit un léger mumure en ouvrant les yeux. Il bondit. Elle se tourna vers lui et dit d'une voix à peine audible :

« Amédée, c'est toi mon Amédée ?

— Non, maman, c'est Lactance, répondit-il, déçu de sa méprise.

— Ah ! bon. Je t'avais pris pour ton frère, dit-elle en le reconnaissant. Mais c'est toi, mon Lactance, toujours aussi beau. Qu'est-ce que tu fais ici ? Tu n'es pas malade, j'espère ? »

Le ton était empreint de lassitude et il lui sembla qu'elle ne se souciait guère de sa réponse.

« Je... je voulais vous voir, maman », souffla-t-il en s'avançant pour l'embrasser. Il restait là, tout près, dans l'espoir qu'elle l'attire à elle, mais elle ne bougea pas.

« Je me faisais du souci pour vous. Vous avez été très malade, à ce que m'a dit tante Marie-Rosalie. Alors j'ai pris un cheval et je suis accouru vers vous.

— J'ai eu une forte fièvre, mon petit Lactance, mais ça va mieux. Et Amédée ? Tu as des nouvelles d'Amédée ?

— Non, maman, pas depuis qu'il a quitté Maska. Tante Dessaulles pense qu'il a passé la frontière sans problème, sans quoi on l'aurait su. En tout cas, il n'a pas été arrêté. »

Julie ferma les yeux. Un lourd silence retomba entre eux. Lactance se sentit alors abattu. Il ne s'habituait pas à l'indifférence de cette mère qu'il adorait. Elle ne se tourmentait jamais pour lui, comme s'il ne comptait pas, ou si peu. Déjà elle s'était rendormie.

Lactance se renfrogna. Sa jalousie l'aveuglait et sa rancune lui remontait à la gorge. Sa mère l'ignorait la plupart du temps. L'avait-elle jamais aimé ? À peine se montrait-elle satisfaite de ses succès scolaires qui, de toute façon, n'égalaient jamais ceux de son frère aîné. Leur rivalité à tous les deux remontait à la petite enfance. Lui, le cadet, il n'avait jamais eu droit aux effusions maternelles. Il tournait instinctivement la tête quand, lorsqu'ils étaient enfants, la main de sa mère pinçait tendrement la joue d'Amédée. S'ils se querellaient, c'était toujours lui le coupable, et elle ne manquait pas de le punir. Jamais son Amédée chéri ! Souvent, il l'avait trouvée injuste, avait hurlé de rage dans son petit lit de fer, mais il ne l'en aimait que plus follement. Plus désespérément.

« Maman, dit-il en la secouant doucement, j'oubliais le plus important. Je vous ai apporté une lettre de tante Dessaulles et une autre qui vient des États-Unis et qui contient peut-être des nouvelles de papa ?

— Des nouvelles de ton père ? dit Julie, qui se souleva d'un geste brusque. Lis vite. »

Lactance déplia la feuille machinalement, mais il n'avait pas besoin de lire. Il la connaissait par cœur. Cent fois, durant le voyage, il se l'était remémorée en imaginant la joie de sa mère. Il prit sa voix la plus douce et lut la lettre de Marie-Rosalie :

Ma chère belle-sœur,

Quelle peur tu nous as faite. Ta mère m'avait écrit qu'une imprudence t'avait replongée dans la maladie alors que tu commençais à te rétablir. Mon intuition me dit que cette folie a quelque chose à voir avec ton inquiétude pour notre cher Louis-Joseph. Aussi je m'empresse de te communiquer le peu que j'en sais mais qui te rassurera. Ton mari a été vu à Swanton, aux États-Unis. Il est, paraît-il, amaigri mais bien portant. Il circule sous un faux nom. J'ai aussi reçu une lettre qui t'est adressée et que Lactance te remettra. Si, comme je l'espère, elle t'apporte de bonnes nouvelles, je t'en prie, écris-moi vite. Et hâte-toi de te rétablir. Je te souhaite du courage car tu en auras besoin. Le bonheur de tes enfants en dépend. Outre-frontière, ton mari compte sur ta force. Je connais assez son cœur pour m'avancer ainsi.

Ta Marie-Rosalie

Lactance tendit l'autre lettre à sa mère. Il s'aperçut qu'elle tremblait.

« Voulez-vous que je vous la lise ?

— Non, mon chéri, laisse. »

Elle avait les yeux rivés sur la feuille mince. Il vit un pâle sourire éclairer le visage de sa mère, au fur et à mesure qu'elle lisait, une joie incommensurable l'envahir. Il appuya sa tête presque blonde, que Julie ne caressait jamais assez à son goût, contre son flanc pour partager un peu de sa chaleur. Et elle l'étreignit enfin. C'était lui, après tout, le messager de la bonne nouvelle, lui qui lui avait apporté l'espoir. Il méritait bien un peu de tendresse. Désormais, elle irait de mieux en mieux, il en était certain. Comme si Julie avait deviné ce qui se passait dans sa petite tête, elle le serra très fort contre elle avant de murmurer dans un sanglot de bonheur :

« Ton père est sain et sauf, dit-elle. Enfin je respire. »

Julie ferma les yeux, comme si elle voulait savourer intérieurement son fragile bonheur. Lactance resta assis bien sagement auprès d'elle à lui tenir la main. Après quelques minutes, elle parut revenir à la réalité et dit :

« Qui t'accompagne, Lactance ? Ta tante ne t'a pas laissé prendre la route tout seul ?

— Non, maman, je suis venu avec Louis-Antoine.

— Louis ? répéta Julie en sursautant. Il est ici ? Je veux le voir. »

Lactance ne comprit pas ce désir subit, ni l'excitation dans la voix de sa mère.

« Je peux lui demander de monter, si vous le voulez.

— Non, laisse. Je vais descendre.

— Mais grand-maman nous a écrit que vous ne quittiez pas votre chambre depuis des semaines.

— Je me sens mieux maintenant, mon petit Lactance », répondit-elle en lui décochant un sourice complice.

Ce sourire, Lactance le prit pour lui tout seul. Il en oublia jusqu'à la maigreur inquiétante de sa mère. Il sortit de la chambre pour lui permettre de faire sa toilette. En refermant la porte, il se répétait que c'était lui, et lui seul, qui avait opéré ce miracle.

Il dégringola l'escalier, heureux comme un roi, et lança à la famille réunie au salon autour de Louis-Antoine Dessaulles :

« Maman est guérie, maman est guérie. Elle descend.

— Enfin, fit la veuve Bruneau en se signant. Dieu soit loué ! »

▼

Invité à s'asseoir à côté du curé Bruneau, Lactance ne tenait pas en place. Il ne s'était jamais senti à l'aise dans cette pièce aux murs tendus de papier peint défraîchi. Des odeurs de collège lui montaient au nez et il détestait le pensionnat.

Cela faisait une bonne demi-heure qu'il était là immobile, et il attendait toujours. Pourquoi sa mère mettait-elle autant de temps à descendre ? Il était sur le point de perdre patience. Son cousin Dessaulles faisait le récit de leur douloureux périple et l'adolescent commençait à trouver le temps long. Il jouait nerveusement avec la frange du rideau de satin et écoutait distraitement la conversation.

Pauvre curé Bruneau ! Il n'en menait pas large, lui non plus. Installé dans son gros fauteuil, il était enroulé dans une épaisse couverture de laine et tenait à la main un énorme mouchoir. Un mauvais rhume de cerveau, qui avait dégénéré en bronchite, le retenait à la maison depuis une éternité, se plaignait-il. Son moral aussi était au plus bas. Sa vieille mère tricotait en silence tout en le surveillant du coin de l'œil. À chaque nouvelle quinte de toux, elle accourait avec un verre d'eau. Lactance s'attendrit en pensant à sa propre mère qui l'avait veillé jour et nuit pendant sa longue et curieuse maladie, cinq ans plus tôt. Elle avait eu avec lui une patience d'ange. Rien que d'y penser, il s'en émouvait encore.

Louis-Antoine avait d'abord décrit le village de Saint-Charles, déserté comme au lendemain d'un cataclysme. Puis Saint-Denis, à moitié réduit en cendres, et les odeurs âcres de fumée qui vous remplissaient les narines, des jours et des jours après l'incendie. Il parla d'un homme qui avait eu la vie sauve en feignant d'être mort sur le champ de bataille : on lui avait transpercé la main, mais il n'avait pas bronché.

« Ils n'ont épargné aucune maison de patriote, affirma-t-il avec assurance. Sauf celle des demoiselles Dormicourt qui ont soigné les blessés anglais. La distillerie du docteur Nelson et sa demeure, incendiées aussi. Ils ont même culbuté le monument à Marcoux. »

René-Olivier Bruneau hocha la tête. La veille, on lui avait rapporté que, au plus fort de l'incendie, les chevaux affolés couraient dans tous les sens, sur la place publique, piétinant les hommes, les femmes et les enfants qui ne savaient plus ni comment échapper aux flammes, ni comment échapper aux bêtes. Il n'en avait pas dormi de la nuit. Il remerciait le ciel que Julie n'ait pas entendu tous ces détails scabreux. Avec une sensibilité à fleur de peau comme la sienne, elle serait retombée en crise.

Louis-Antoine en vint fatalement à déplorer que monseigneur Lartigue ait ordonné à son clergé de refuser la sépulture catholique aux victimes de Saint-Denis et de Saint-Charles, car cette question le préoccupait. Sans grande conviction, le curé essaya d'expliquer au jeune Dessaulles le point de vue de son évêque :

« C'est malheureux pour eux, mais les lois de l'Église doivent être observées, dit-il. Ceux qui sont morts les armes à la main, en se battant contre leur gouvernement, sont morts *in flagranti delicto*. Espérons que Dieu leur a fait miséricorde dans leurs derniers moments et prions pour le repos de leurs âmes. »

Le ton sentencieux du curé exaspéra le bouillant jeune patriote. Il répondit en s'efforçant de garder son calme :

« Permettez, monsieur le curé, que je vous dise le fond de ma pensée : monseigneur Lartigue pousse trop loin le zèle.

— Jeune homme, répondit celui-ci, ne le jugez pas aussi sévèrement. Ce drame, il le porte sur ses épaules. Notre évêque est actuellement à l'Hôtel-Dieu. Officiellement, il est cloué au lit par les rhumatismes. Je pense ne pas me tromper en affirmant que ce sont nos tristes affaires qui l'ont abattu. C'est d'ailleurs ce qui mine ma propre santé. On ne peut pas rester indifférent lorsque les plus paisibles de nos brebis nous laissent dans une profonde inquiétude. Heureusement, bon nombre commencent à reconnaître l'écart où on les a entraînés et se repentent. »

Louis-Antoine Dessaulles grimaça sans relever l'affirmation qui, en toute autre circonstance, l'aurait fait bondir. Il blâmait le clergé et, en cela, il rejoignait son oncle et son héros, Papineau. Si les choses avaient si mal tourné, les prêtres en portaient une part de responsabilité. Mais le curé en face de lui était malade de peur autant que des bronches et il lui fit pitié. Ce n'était pas le moment de l'embarrasser et il se tint coi. Quand Lactance prit la parole, il ressentit un certain soulagement :

« Ça lui prend donc du temps pour se laver et s'habiller.

— Ta mère est bien faible », répondit le curé, content, lui aussi, de parler d'autre chose.

▼

Mademoiselle Douville insista pour que sa maîtresse avale un peu de bouillon avant de se lever. Trop affaiblie pour protester, Julie obéit. Elle marcha ensuite lentement vers le bassin rempli d'eau fraîche. Elle dut s'appuyer sur sa bonne tant sa tête tournait. Elle se lava le visage et le cou et en ressentit un grand bien-être. La vie reprenait lentement ses droits.

« C'est notre Lactance qui vous a ragaillardie, dit la bonne. Je le savais que vous finiriez par vous lever. Vivre enfermée, ça n'est bon ni pour le corps ni pour le moral. Dieu bénisse notre beau Lactance qui vous a apporté une si bonne nouvelle. »

Assise devant sa table de toilette, Julie se laissa coiffer. Elle fermait les yeux tant sa pâleur, que lui renvoyait le miroir, l'effrayait. La bonne remarqua elle aussi les cheveux gris qui s'étaient multipliés durant la maladie de sa maîtresse. Elle n'en dit rien et tordit avec soin les deux grosses nattes au-dessus de sa tête.

Quand Julie fit enfin son apparition au salon, tout le monde s'arrêta de parler.

« Je suis donc si affreuse ? demanda-t-elle mi-sérieuse, mi-inquiète. Je sais, il ne me reste que la peau et les os. Mais je suis là, non ? Et je promets de manger tout ce que le bon Dieu et ma mère mettront dans mon assiette. »

Julie prenait des airs de petite fille honteuse. Son échappée clandestine avec mademoiselle Douville, que l'une et l'autre avaient refusé d'expliquer à la famille, avait ramené une fièvre plus violente qu'auparavant. Après, autant l'admettre, elle n'avait fait aucun effort pour se remettre sur pied. Le cœur n'y était tout simplement pas. Dans sa chambre austère – le curé n'aimait pas les extravagances – elle s'était retranchée dans le mutisme le plus complet. Un cloître qu'elle s'était résolument imposé et où elle était déterminée à vivre aussi longtemps qu'elle n'aurait pas de nouvelles de Papineau. Mais un messager appelé Lactance était venu qui l'avait rassurée. Son Louis-Joseph était bien vivant et à l'abri. Elle pouvait désormais espérer, recommencer à vivre. Voilà ce qu'elle expliqua gauchement à sa mère et à son frère, qui la supportaient en silence depuis des semaines.

Julie négligeait pourtant ce messager qui l'entourait d'attentions. Elle ne s'en rendait évidemment pas compte, tout occupée à se donner bonne contenance, car son frère, sa mère et son neveu l'observaient. Il eût suffi de si peu de choses, d'un geste maladroit ou d'un faux pas, pour qu'ils concluent qu'encore une fois elle avait présumé de ses forces. Seul Lactance la savait guérie pour de bon. Il lui offrit néanmoins de s'étendre sur le canapé, mais elle déclina l'invitation :

« Merci, Lactance, mais j'ai besoin de parler seule à seul avec Louis-Antoine...

— Ah bon ! » murmura-t-il déçu.

Lactance regarda sa mère s'éloigner au bras de son cousin. Qu'avait-elle donc à lui dire que ses oreilles ne pouvaient entendre ? Ils s'enfermèrent dans le petit boudoir du curé, en face du salon.

▼

Julie s'assura que la porte était bien fermée avant d'aller s'asseoir sur une petite chaise droite, à côté de son neveu. Elle s'efforçait d'avoir l'air détendu, mais il n'était pas dupe. Il remarqua, sans le relever, que les ongles de sa main gauche meurtrissaient la paume de sa main droite.

« Louis-Antoine, dit-elle, raconte-moi tout. Tu étais avec ton oncle à Saint-Denis, avant la bataille. Comment était-il ? »

Le jeune homme bomba le torse. Il s'enorgueillissait de son rôle de témoin privilégié. Mieux que personne il connaissait les allées et venues de Papineau, puisqu'il avait eu l'honneur de l'accompagner dans presque tous ses déplacements. Il l'admirait tant, cet oncle qu'il considérait comme son père et qui le gratifiait de sa confiance.

Jamais il n'aurait permis que l'on ternisse sa réputation. Il était au courant des rumeurs désobligeantes qui mettaient en doute le

comportement du chef des patriotes pendant les événements sanglants ; il s'était juré de rétablir les faits et de remettre les calomnia-
teurs à leur place. Il ignorait cependant que le bruit s'était rendu
jusqu'à Verchères. La question directe de sa tante Julie, faussement
nonchalante, lui fit comprendre qu'elle était au courant des bobards.

« Papineau ne s'est pas sauvé, si c'est ce que vous voulez savoir.

— ...

— Il a quitté Saint-Denis à la demande expresse de Wolfred
Nelson, le matin de l'attaque. Nous étions chez lui et sa maison était
noire de monde. Monsieur Fabre s'est enfermé avec lui pendant
quelques minutes, dans une chambre, à l'étage. Il venait de lui
apprendre l'arrestation de leur ami, Louis-Michel Viger, et lui avait
décrit la situation précaire de la Banque du Peuple. Ensuite, il lui a
raconté qu'il vous avait vue à Verchères, et que vous étiez assez bien,
dans les circonstances. Puis, le libraire a supplié mon oncle, en votre
nom et le sien, de se mettre à l'abri. Mais Papineau a refusé. Sa place,
répétait-il, était avec les combattants. C'est alors que le docteur
Nelson s'est emporté.

— Qu'est-ce qu'il lui a dit exactement ? l'interrompit Julie.

— Ses paroles sont restées gravées dans ma mémoire, ma tante.
Il a dit : " Monsieur Papineau, j'exige que vous vous éloigniez. Vous
ne devez pas vous exposer sans nécessité. Ce n'est pas ici que vous
serez le plus utile ; nous aurons besoin de vous plus tard. "

— Et c'est alors qu'il est parti ? demanda Julie, que le récit de
Louis-Antoine apaisait.

— Pas tout de suite. Il a résisté encore. Il a répondu au docteur :
" Si nous devons être battus, il faudra sans doute mourir. Autant donner sa vie ici qu'ailleurs. "

— Je me disais aussi qu'il n'était pas homme à se sauver à
l'heure du danger.

— Là, le docteur Nelson l'a pris par les épaules. " Voyons,
monsieur Papineau, rendez-vous à la raison. Un homme de plus ou de
moins au combat ne changera rien à la situation. Allez-vous-en et
attendez les événements. S'ils ne tournent pas contre nous, c'est alors
que nous aurons besoin de vous pour négocier avec les Anglais. Et en
cas de défaite, votre présence ne contribuera qu'à les inciter à mettre
le village à feu et à sang. " »

Louis-Antoine Dessaulles s'arrêta, comme après un effort.
Esquissant un sourire, il ajouta :

« Voilà exactement comment les choses se sont passées. Le
docteur Nelson m'a pris à part et m'a recommandé de dire aux gens

de Saint-Hyacinthe d'aller à Saint-Charles où on manquait d'hommes. J'ai fait seller deux chevaux – des vraies picouilles – et mon oncle est parti avec le docteur O'Callaghan par des routes de traverse. Moi, dans ma voiture, j'ai ramené un vieillard de quatre-vingts ans qu'il fallait éloigner du danger. Je l'ai déposé chez des cultivateurs près de la seigneurie.

— As-tu revu ton oncle par la suite ?

— Oui. En arrivant à Maska, il s'est caché chez son frère Augustin. Mais c'était trop dangereux, alors maman l'a pris chez nous au manoir. Là, c'était encore pire. Les soldats perquisitionnaient la maison à toute heure du jour. Vous savez, les délateurs sont légion par les temps qui courent. Ils brandissaient leur mandat signé en bonne et due forme sous les yeux de maman, qui a cru préférable d'organiser la fuite de mon oncle Louis-Joseph. Comme tout ce qu'elle entreprend, ça a marché. Sauf dans le cas de mon oncle Augustin.

— Augustin ?

— Vous ne le saviez pas ? Les soldats ont découvert sa cachette. À l'heure qu'il est, il attend son procès à la prison de Montréal avec les autres.

— Pauvre Augustin ! Et Amédée, dis-moi, tu sais ce qui lui est arrivé ? Je suis toujours sans nouvelles de lui.

— Le lendemain de la bataille de Saint-Denis, maman l'a caché dans la cave du manoir parce qu'il était recherché, lui aussi. Mais c'est devenu trop risqué lorsque les militaires ont pris leurs quartiers à la seigneurie. Elle a organisé sa fuite et lui a fait préparer des vivres pour le voyage. Il a quitté Maska en compagnie du neveu du supérieur du collège. Ils ont passé la frontière sans anicroche, déguisés en paysan. Il paraît qu'il circule aux États-Unis sous un faux nom. Je suis certain qu'il vous écrira bientôt. »

Julie pleurait en silence, de chagrin et de soulagement, elle n'aurait pas su dire. Louis-Antoine l'embrassa sur la joue :

« Ça va aller maintenant ? demanda-t-il.

— Si jamais ce cauchemar finit et que nous sommes encore vivants, je te jure, Louis, que je vais tout faire pour que Papineau abandonne la politique. »

Elle s'en voulait d'avoir ignoré les signaux qu'il lui avait lancés lors de leur dernier séjour à la Petite-Nation où il était si heureux dans son rôle de seigneur. Il ne rêvait que de calme et de vie de famille, mais elle l'avait poussé dans l'arène. Elle claironnait qu'il avait une mission à accomplir. Une mission ! La belle affaire. Fallait-il qu'elle ait été avide de gloire ! Jamais elle ne se pardonnerait son

481

inconscience et elle s'attribuait une part de responsabilité dans le drame que vivait Louis-Joseph, séparé d'elle et des enfants, dans un pays d'exil.

« Allons donc ! objecta Louis-Antoine, qui aurait pu prévoir ? Nous défendions nos droits. Nous n'avons rien à nous reprocher. »

Le feu s'était éteint. Julie releva son châle. Elle commençait à se sentir fatiguée et demanda à son neveu de la raccompagner jusqu'à sa chambre.

« Je te remercie de tout, Louis-Antoine. Je suis si contente d'avoir Lactance à mes côtés. Je vais le garder avec moi jusqu'au jour de l'An. »

Julie songea alors aux fêtes qui approchaient et qui seraient bien tristes cette année. Mais sa décision était prise. Malgré l'incertitude de leurs lendemains, malgré aussi l'absence de Papineau qu'elle ressentait comme une plaie ouverte, elle était déterminée à offrir à ses enfants un Noël sinon joyeux, du moins paisible. Elle s'efforcerait d'être gaie pour ses enfants et pour sa vieille mère qui se faisait mourir pour elle. Louis-Joseph voudrait certainement qu'il en soit ainsi.

Elle pria son neveu de l'excuser auprès des autres qui attendaient au salon. Elle n'avait qu'une envie : lire la précieuse lettre que Louis-Joseph lui avait écrite en arrivant aux États-Unis. Il avait déguisé son écriture de sorte qu'elle ne l'avait pas tout de suite reconnue. Elle s'étendit tout habillée sur son lit et reprit le paquet de feuilles qu'elle avait glissé sous son oreiller.

La lettre de Papineau

Chère, chère, très chère Julie,

Mon amour, je suis sain et sauf, si l'on peut dire. Car le froid intense du dehors me gèle jusqu'à l'âme.

Je me sens seul, désespérément seul, loin de toi qui occupes toutes mes pensées. Loin de mon vieux père aussi, et de mes pauvres enfants, séparés les uns des autres. Certains jours, je me laisse aller au découragement. Je t'imagine angoissée au milieu de tant de douleurs et de privations. Puis je me ressaisis et je jongle avec l'idée de refaire ma vie avec toi, ici, dans ce pays où l'avenir sourit aux jeunes gens comme Amédée et Lactance, alors qu'au Canada le soleil ne brillera jamais plus pour eux.

Ce soir, dans ma petite chambre d'exilé, à Albany, je suis avec toi. Je veux te raconter le cauchemar qui fut le mien depuis que je me suis arraché à tes bras pour fuir comme un criminel. Il y a une image de toi qui me fait souffrir et que je n'arrive pas à oublier. Nous venions de nous dire adieu et j'étais déjà dans la rue avec mes paquets. Je me suis retourné pour te voir une dernière fois. Tu pleurais en repoussant légèrement de la main le rideau de la fenêtre, pour mieux me regarder m'éloigner. J'aurais voulu arrêter tout cela et te revenir à l'instant. Je pleurais moi aussi et je me souviens de m'être affalé un moment sur la banquette, complètement anéanti par ce qui se déroulait. Cette image de toi, je la revois chaque jour depuis notre séparation. Si elle me crucifie autant, c'est qu'elle est le symbole le plus puissant qui me reste de notre amour.

Je t'épargnerai le récit de mon passage à Saint-Denis, la veille de la bataille, d'autres t'auront sans doute déjà raconté ce qui s'y passa. Tu sais sans doute aussi que je me suis d'abord caché chez mon frère Augustin, à Maska. Je comptais y rester le temps de me faire oublier, mais le pauvre Augustin avait participé à la bataille de Saint-Charles et il n'était donc pas à l'abri des fouilles. Malgré les risques que je représentais pour elle, Marie-Rosalie m'a accueilli au manoir. Elle avait aménagé dans sa cave un réduit où je me suis caché. On y accédait par une ouverture pratiquée dans le plancher d'une petite chambre habituellement réservée au rangement des bouteilles vides et autres traîneries.

Le premier décembre, alors que je m'étais hasardé dans le boudoir de ma sœur et qu'ensemble nous remuions d'heureux et lointains souvenirs, nous avons entendu frapper lourdement à la porte du manoir. Une voix a crié :

« Au nom de la loi, ouvrez. »

Un officier britannique en habit rouge braqua un mandat d'arrêt à mon nom sous les yeux de Marie-Rosalie, qui l'invita poliment à entrer tandis que je m'éclipsais dans mon réduit.

« Faites comme chez vous, lui répondit-elle froidement avant d'ajouter sarcastique, en voyant la délégation qui l'accompagnait : Vous ne vous déplacez pas seul, lieutenant. »

Une dizaine de soldats pénétrèrent en effet à la suite du lieutenant et de son adjoint dans le hall d'entrée. Dehors, des sentinelles étaient à leur poste aux quatre coins de la propriété.

« Vous me pardonnerez, je ne vous ai pas entendu venir, ajouta-t-elle d'un ton narquois.

— Nous sommes venus en traîneau, madame, répondit le lieutenant tout aussi ironique, et nous avons pris soin de dépouiller les colliers de nos chevaux de leurs clochettes, pour que le bruit ne vous incommode pas.

— Que puis-je faire pour vous, lieutenant ?

— J'ai un mandat d'amener contre votre frère Louis-Joseph Papineau.

— Je sais, je sais, le gouverneur promet une récompense de mille livres à qui l'appréhendera. Faites ce que vous avez à faire, lieutenant. Je comprends votre zèle. Cette chasse à l'homme est bien alléchante puisqu'elle rapportera au vainqueur autant que la prise de 400 loups à dix piastres chacun. »

Le lieutenant grimaça, mais jugea bon de ne pas relever l'insulte. Marie-Rosalie lui céda le passage. J'avais à peine eu le temps de redescendre à la cave et de filer par l'ouverture du carré à légumes avant que les militaires ne fouillent la maison. Dehors, je me suis jeté au fond d'un fossé broussailleux, dans la cour arrière, pendant que ma sœur faisait visiter sa propriété de fond en comble. Les soldats n'omirent aucun placard, ni tiroir.

Une fois les habits rouges repartis bredouilles, j'ai pu regagner le manoir où, confiné à mes quartiers, j'attendis le jour. Marie-Rosalie n'eut pas de difficulté à me convaincre de me réfugier aux États-Unis. Je n'étais pas à l'abri d'une dénonciation et ceux qui m'aidaient à échapper à la justice risquaient de le payer cher. Sans même aller embrasser Lactance au séminaire, sans revoir Ézilda ni Gustave qui pourtant vivaient sous le même toit que moi, je suis parti le matin même vers l'inconnu. Mon baluchon sur l'épaule, je n'avais pas l'air d'un gentleman dans mes bottes et mon capot en étoffe rude qui me descendait jusqu'aux genoux.

Mon long cauchemar commença alors. Je ne sais pas combien de jours j'ai erré sur les routes comme un vagabond, me frayant un chemin dans les bois, mangeant ce que les bons samaritains voulaient bien m'offrir, dormant sur la paille, tapi derrière une maison suspecte. Je n'étais sûr de personne depuis que le gouverneur avait attaché un prix à ma capture. Quatre mille dollars. Une idée de milord Gosford qui en dit long sur l'amitié qu'il a toujours prétendu me témoigner. Le temps maussade et étonnamment froid de cette triste fin de 1837, avec son ciel toujours prêt à cracher neige mouillante ou grêle, ajoutait à mes difficultés.

Par miracle, j'ai réussi à traverser la rivière Missisquoi à moitié gelée. J'avais attendu la nuit pour ne pas attirer l'attention des garde-frontières. Mais mon canot, une vieille embarcation mal en point, s'est fracassée sur un rocher et a chaviré. Je me suis retrouvé dans l'eau glacée, le pied retenu dans le fond marécageux. J'ai cru que j'allais me noyer. Je me suis débattu avec l'énergie du désespoir et j'ai réussi à me traîner jusqu'au rivage. En atteignant la rive, à bout de souffle, je me suis foulé la cheville. Je me suis laissé tombé par terre, au pied d'un chêne géant.

Cette nuit-là, mon amour, je t'ai appelée au secours. Je ne repense jamais sans frissonner à cette forêt humide et glaciale. Je me revois délaçant ma bottine détrempée et couverte de boue. J'ai dû grimacer en retirant mon pied gonflé. Ma cheville aussi était enflée et faisait atrocement mal. J'ai enlevé mon bas et frotté le membre endolori pendant quelques instants. J'ai remarqué mes mains égratignées aux ongles noirs. Comme il me semblait loin, l'orateur de la Chambre aux doigts blancs et manucurés que j'avais été ! Mon pantalon mouillé, sale, avait gelé sur mon corps. J'ai ressenti un profond dégoût et une fatigue insurmontable. La tête appuyée contre ce chêne centenaire, je respirais lourdement, comme après un effort surhumain. Et j'ai murmuré : « Julie, ma Julie, que nous arrive-t-il donc ? »

Je l'ignorais alors, mais mon calvaire achevait. Le pire était derrière moi. Si au moins j'avais pu trouver la force de me relever. Mes jambes flageolantes ne répondaient plus. L'envie de m'endormir, là, sur le sol gelé, à quelques lieues à peine de la frontière, m'envahit brusquement. Dormir pour tout oublier de la catastrophe que je venais de vivre.

Oublier la peur qui m'oppressait à chaque tournant. Le remords aussi. Hanté par le drame que nous venions de vivre, j'en gardais un goût amer dans la bouche. Quel gâchis ! Oui, ma chérie, je me suis senti coupable. Je n'avais pas été qu'un maillon de la chaîne, c'est moi qui avais conduit les nôtres à la déroute.

Je ne savais alors pas grand-chose des événements qui venaient de se terminer, si ce n'est que notre rébellion avait échoué lamentablement, comme Marie-Rosalie me l'avait appris. Rien ne s'était déroulé selon mes plans. J'avais pourtant soupesé les risques et périls de l'aventure dans laquelle j'entraînais les Canadiens. Où avais-je failli ?

Malgré l'épuisement, les plus sombres pensées me trottaient dans la tête et tout s'enchaînait comme dans un roman. Le plan machiavélique des bureaucrates pour nous abattre avait réussi. Ils nous avaient possédés comme des rats. Il était clair qu'ils avaient tout fait pour nous amener à la résistance armée. Gosford m'avait attiré dans un guet-apens. Il m'avait bien eu. Comment diable avais-je pu me laisser manipuler comme un enfant d'école ? Comment avais-je pu tomber dans le piège de la violence armée ?

De Maska jusqu'à la rivière Missisquoi, je n'ai pas cessé de me rappeler, non sans hargne, les rumeurs les plus farfelues que nos ennemis avaient fait circuler sur notre compte. Un Canadien avait été vu, prétendaient-ils, non loin de la frontière, avec des armes achetées des Américains. Le lendemain, on ne parlait plus d'un seul homme mais de dizaines, puis d'un bataillon complet, prêts à dégainer. Oui, ils avaient compté les caisses de carabines et les barils de poudre qui avaient été entassés dans des entrepôts aux quatre coins de la ville. Un véritable arsenal. Un autre loyal sujet britannique avait affirmé avoir aperçu, dans la nuit sombre, des capots gris roulant un canon le long de la rue Notre-Dame. Soudainement, il ne s'agissait plus d'un canon mais de cinq, disposés aux endroits stratégiques de Montréal et prêts à tirer à boulets rouges sur tout ce qui portait un nom anglais. La vierge nichée au-dessus de la chapelle Notre-Dame-de-Bonsecours avait dû se retourner sur son socle.

Tu te souviens ? Tu me répétais que c'était Colborne qui propageait ces inepties. Tu en aurais mis ta main au feu. Ah ! que ne t'ai-je écoutée lorsque tu me suppliais d'opposer un démenti ferme à tous ces détracteurs ! J'ai refusé en ricanant. Les calomnies étaient si exagérées que je pensais que personne ne s'y laisserait prendre. C'est toi qui avais raison. Je n'avais pas encore compris que le sournois commandant Colborne cherchait par tous les moyens à convaincre le gouverneur Gosford de le laisser lancer ses troupes sur les patriotes.

Mais Gosford était trop intelligent pour nous pourchasser ou nous arrêter. Il savait bien qu'il manquait de preuves pour nous inculper puisque notre résistance ne quittait pas le terrain pacifique. D'où le plan diabolique des autorités pour forcer les patriotes à sortir de la légalité et nous amener à la révolte ouverte.

L'attaque des Fils de la liberté par le Doric Club, sous les yeux complices de la milice, n'était-elle pas une pure provocation ? Il n'y a rien comme une bonne bataille de rue pour forcer les troupes à sortir de leurs casernes. Il y eut ensuite, tu ne l'as pas oublié, les défilés militaires dans la ville et les voies de fait sur de simples citoyens qui marchaient paisiblement dans leur quartier. Les torchons anglophones accusèrent alors les Canadiens d'être les agresseurs.

Mais il y a eu plus grave : l'enlèvement, en pleine nuit, des deux notables de Saint-Jean, des patriotes nullement compromis. Certains ont prétendu que les bureaucrates voulaient tout bonnement faire peur aux patriotes. Allons donc ! C'était plus sûrement pour irriter les habitants et les forcer à prendre les armes.

Le faible gouverneur Gosford a finalement cédé à Colborne. Il autorisa dix, vingt mandats d'arrêt, quelques-uns signés en blanc.

Je t'écris cela et je sens la rage monter en moi. Pourquoi, grand Dieu, le gouverneur a-t-il annoncé à l'avance l'arrestation des chefs ? Pourquoi nous a-t-il laissés quitter Montréal sans essayer de nous retenir puisqu'il avait déjà signé les mandats d'amener ? Il aurait pu les faire exécuter sur-le-champ puisque nous étions tous dans nos familles. Ça crève les yeux, il voulait nous forcer à nous regrouper à l'extérieur de la ville, là où l'armée pourrait nous attaquer, ce qu'elle a fait à Saint-Denis.

Julie, dois-je le crier sur tous les toits ? Nous ne conspirions pas pour renverser le gouvernement par la force, nous voulions le guérir par la disette. C'est lui qui intriguait pour nous écraser. Comment aurions-nous pu imaginer qu'il déclencherait la guerre civile contre un peuple qui n'y était pas préparé ?

Ne t'imagine pas que je sois tendre envers moi-même. Je reconnais que j'aurais dû être plus clairvoyant puisque je savais que nos ennemis étaient capables des plus basses tactiques.

Je connaissais aussi mon ascendant sur le peuple, mais je suis hélas ! forcé d'admettre que je n'ai pas vu venir la catastrophe. En dénonçant à cor et à cri la tyrannie anglaise, les abus et les injustices dont notre peuple était victime, je nous ai enfermés dans une souricière. Il était trop tard. J'aurais dû lancer des appels au calme plus tôt. L'engrenage s'était mis en marche sans que je puisse rien contrôler.

Je me suis aussi remémoré mon intervention pacifique, à l'assemblée de Saint-Charles. Jamais, de toute ma vie politique, on ne m'avait réservé un accueil aussi glacial. Le drame qui allait suivre était déjà enclenché. Je n'y pouvais plus rien.

Tu le sais comme moi, les Anglais n'avaient qu'un but : nous amener à la violence pour pouvoir abolir nos droits. Ils ont réussi.

Mais revenons à mon périple. Je trouvai enfin le courage de me relever sur mon pied malade. Une larme coula que j'essuyai du revers de la manche de mon capot. J'avais le visage maculé de boue, mais ça n'avait aucune importance. J'avais échappé à tant de dangers, éprouvé tant d'angoisses déchirantes... Maintenant qu'est-ce qui m'attendait de l'autre côté de la frontière ?

Dans les pires moments, ton visage m'apparaissait. Ton irrésistible sourire, tes deux bras accrochés à mon cou et l'univers qui basculait alors. Presque vingt ans déjà que tu es à mes côtés. Je pensais aussi à notre petite Aurélie, morte trop tôt, à ma mère, disparue elle aussi, et je me suis demandé si je n'allais pas bientôt les rejoindre dans l'au-delà. À cinquante et un ans, l'heure de mon propre bilan était arrivée. C'est alors que j'ai décidé que j'allais survivre, quand ce ne serait que pour regretter ce passé que j'aurais tant voulu effacer.

Ah ! ma Julie, te revoir enfin, te serrer sur ma poitrine, pleurer ensemble. Et recommencer à vivre en faisant un trait sur les trahisons. Mais est-ce que ce serait seulement possible ?

Je me suis fabriqué une canne avec une branche pour m'aider dans ma marche de plus en plus laborieuse. Le sentier était raboteux et il me fallait enjamber des troncs d'arbres déracinés, contourner des pierres, me hisser péniblement en haut des collines. Et ma jambe meurtrie que je traînais comme un mauvais souvenir. Soudain l'étroit passage s'élargit en un chemin moins accidenté. Je traversai une clairière et, droit devant moi, j'aperçus une route qui menait à la frontière. La liberté était à portée de vue.

En bordure du chemin, les douaniers anglais avaient affiché un mandat d'arrêt portant mon nom. J'eus brusquement très froid et je sentis battre mon cœur. De lugubres pensées m'accompagnaient au moment de franchir la dernière étape de cette fuite éperdue vers une autre vie. L'homme traqué que j'étais devenu se rappelait avoir soutenu que le gouvernement anglais était incapable de commettre des actes qui relevaient de la barbarie moyenâgeuse. Et maintenant, je me retrouvais à sa merci.

Mes pas dans la neige laissaient des traces. Peu m'importait, je marchais comme un honnête citoyen appelé outre-frontière pour ses affaires. J'avais corrigé de mon mieux ma toilette. Ma longue barbe sel et poivre me donnait une tout autre apparence. On me prenait volontiers pour un commerçant plus à l'aise dans l'arrière-pays que dans les villes. Pour le reste, je m'en remettais à la grâce de Dieu.

Dieu. Quel besoin avais-je de penser au Tout-Puissant en un moment pareil ? Toi, ma pieuse Julie, tu devais l'implorer pour moi cent fois plutôt qu'une, pour que son nom vienne à mes lèvres. J'avais depuis longtemps perdu mes illusions sur mes chances de salut. Sans doute avais-je trop fustigé les évêques et autres représentants de Dieu sur terre qui se mêlaient de politique au lieu de prier ?

Je souris intérieurement en réalisant que, si je devais tantôt tomber sous les balles des douaniers anglais, mes dernières pensées auraient été pour les prêtres du Bas-Canada et pour mon malheureux cousin Lartigue. Ironique fin de vie !

Mais mon heure n'était pas encore arrivée. Je traversai sans entraves la frontière. Les douaniers ne me reconnurent pas sous mon déguisement. J'ai soupiré. Après tout, peut-être bien qu'il y avait un bon Dieu ?

Et le boiteux, l'homme au visage émacié, méconnaissable qui monta dans la diligence avec les voyageurs venus par la route officielle, c'était moi, ton mari, qui n'étais plus que l'ombre de lui-même.

Mais assez parlé de moi. Tu te tourmentes aussi pour Amédée. Sache qu'il est auprès de moi et t'embrasse de tout son cœur. J'avais obtenu son adresse par un exilé qui l'avait connu au collège. J'ai frappé à la porte de sa chambre le lendemain de mon arrivée. Il était dans la pénombre et ne reconnut pas tout de suite la silhouette claudicante qui s'avançait vers lui.

Tout à coup il s'écria « Papa ! » et me sauta au cou. Il n'en revenait pas. L'émotion me gagna aussi et, pendant plusieurs minutes, ni l'un ni l'autre n'avons réussi à faire une phrase complète. J'ai remarqué qu'il était blessé à une jambe. Il m'expliqua qu'il était tombé et que, malgré ses précautions, la plaie ne voulait pas se cicatriser. Tu vois ça ? Tes deux boiteux riaient et pleuraient à la fois.

« Amédée, que faisais-tu dans le noir ? lui ai-je demandé.

— Je crois bien que je m'apitoyais sur mon sort, me répondit-il, un peu gêné. Je pensais que ce serait bientôt le jour de l'An et que j'étais seul, loin de mon père, de ma mère. Que j'ignorais quand je les reverrais. Que mon pays était perdu. Ah ! papa, je suis si content de vous voir. Si vous saviez comme je me suis fait du mauvais sang. Et maman ? Vous avez des nouvelles de maman ? »

Il m'a bien fallu lui avouer que je ne savais rien de toi. À mon arrivée à Albany, j'avais lu dans un journal datant d'une semaine que tu étais morte des fièvres. C'était une fausse nouvelle que mes amis s'empressèrent de corriger, la vérité ayant été rétablie par la suite. Mais tu imagines mon angoisse ?

Chère Julie, nous voilà, Amédée et moi, en terre d'exil. Je t'en supplie, sois forte. Je ne veux pas être une source d'inquiétude pour toi. Chasse-moi de tes pensées. C'est ainsi que tu trouveras le courage et l'énergie de passer à travers les épreuves. Tu as toujours su te tirer d'affaires et je t'admire pour cela.

Je te quitte, mon amour, en espérant que cette lettre ne sera pas interceptée par les autorités anglaises. Je t'écrirai bientôt pour te dire quand tu pourras venir me rejoindre. Prépare-toi à partir. Dans l'attente de nos retrouvailles, je compte les heures, les jours, les minutes...

Je t'attends,
Louis-Joseph

XXXVIII
CHAPITRE

Les masques tombent

Julie pressa la lettre contre sa poitrine en se répétant : Louis-Joseph est en vie. Il est en vie et il m'attend. Mais surtout, il m'aime...

À partir de là, les nouvelles lui arrivèrent plus régulièrement mais Papineau donnait peu de renseignements sur sa vie clandestine et les dissimulait derrière des détails anodins. Comme il redoutait quelque indiscrétion dans sa correspondance, il évitait d'aborder les sujets compromettants. Elle apprit néanmoins qu'Amédée et lui allaient et venaient entre Burlington, Saratoga et Albany, sous le nom de Jean-Baptiste Fournier et fils. D'autres fuyards, comme Ludger Duvernay et le docteur O'Callaghan, s'y trouvaient aussi. Le soir, ils se réunissaient pour parler du Canada. C'est peu dire qu'ils avaient le mal du pays. Les bribes d'information qui leur parvenaient de leurs amis restés à Montréal les mettaient quelquefois en colère. C'est ainsi qu'Amédée fut pris d'un profond mépris pour le gouverneur Gosford, lorsqu'il apprit qu'il imposait désormais aux Canadiens de prêter serment d'allégeance à Sa Majesté la reine Victoria :

Maman, lui écrivit-il, *je n'y consentirai pas. L'exil est bien dur, mais je préfère ça à l'esclavage. Et je ne retournerai pas dans mon pays s'il doit devenir une nouvelle Irlande. Je n'oublierai jamais que mon aïeul et mon père ont tout sacrifié : bonheur, fortune, talents pour la cause de leurs concitoyens opprimés. Je jure de marcher sur leurs traces.*

Cher Amédée ! pensa Julie. Il est toujours aussi tranchant. La vie ne lui a pas encore appris à modérer ses transports. Comme si la dernière humiliation imposée par le gouverneur Gosford pouvait encore émouvoir les Canadiens restés au pays, alors que tant d'êtres chers étaient toujours enfermés dans des cachots moyenâgeux, des mois après les événements sanglants.

Petit à petit, Julie s'habituait à l'idée qu'elle irait vivre aux États-Unis. Elle s'imaginait dans une jolie maison peinte en blanc, avec des volets verts, à Saratoga, non loin des chutes dont l'eau claire et limpide avait des propriétés thérapeutiques. D'autres fois, elle rêvait d'un petit manoir en briques rouges, avec pignon sur la rue principale, à Albany, en face d'un parc de verdure. Il y aurait des fleurs partout et une large galerie sur laquelle pépé Papineau se bercerait aux premiers beaux jours du printemps. Car, elle n'en doutait pas, Joseph les rejoindrait en exil.

Mais il fallait d'abord qu'elle mette de l'ordre dans les finances familiales. L'argent se faisait rare, en ce début de l'année 1838, alors que les autorités britanniques menaçaient de saisir les biens des rebelles qui avaient échappé à la justice. Joseph Papineau, qui attendait à la Petite-Nation que les esprits se calment, comptait sur son fondé de pouvoir, Louis-Michel Viger, pour percevoir l'argent des loyers et les arrérages dus sur leurs propriétés montréalaises, mais ce dernier pourrissait en prison depuis le début de décembre et rien n'indiquait qu'on allait le libérer sous peu. Il avait déjà subi six interrogatoires et son avocat n'arrivait toujours pas à lui obtenir un procès. La Banque du Peuple, que dirigeait Viger, était soupçonnée d'avoir financé la rébellion, d'où cet acharnement à vouloir lui soutirer des aveux.

Noël et le jour de l'An avaient été bien tristes. Malgré tout, Julie était soulagée de baisser le rideau sur 1837. Les étrennes des enfants avaient été modestes et le réveillon, frugal, mais personne n'avait été oublié. Les rires candides d'Azélie avaient agi comme un baume. La petite avait tiré des larmes à sa mère en répétant, entre deux bouchées de pudding, que la fête de l'Enfant-Jésus était bien triste loin de son cher papa et de son beau grand Amédée. « Que je serai donc contente quand j'irai les voir ! » avait-elle dit en soupirant.

L'hiver continua, neigeux et paisible, le long du fleuve. Personne n'osait remuer le passé. Verchères eut tout de même son lot de dénonciateurs. George-Étienne et Henri Cartier furent obligés de trouver refuge ailleurs, après qu'un loyaliste eut reniflé leur présence dans la grange des LaRose, dont il courtisait la servante. On n'entendit plus parler des deux cousins jusqu'au jour où ils réapparurent à Plattsburg.

Depuis que la loi martiale était en vigueur, il y avait tant d'arrestations saugrenues que les journaux commençaient à les tourner en dérision. Ainsi *La Quotidienne* écrivit que trois femmes, armées de chapelets et de livres de prière, avaient été arrêtées à la grand-messe : « Elles furent détenues assez longtemps pour rater la cérémonie, disait l'article, et, tout au long de leur interrogatoire, elles ont persisté à dire qu'elles n'avaient aucune intention d'attaquer la ville... »

Au presbytère, les relations entre le frère curé et sa sœur patriote prirent bientôt une tournure embarrassante. L'intolérance de Julie, perpétuellement irritée par la collusion entre le clergé et le gouverneur anglais, agissait sur René-Olivier Bruneau comme une provocation. Plus elle critiquait la position de l'Église qui vouait les révoltés à la damnation éternelle, plus il la rembarrait.

Tout avait commencé lorsque l'évêque auxiliaire de Montréal, monseigneur Paul Bourget, avait envoyé ses vœux du jour de l'An au curé Bruneau. Il en avait profité pour justifier la fermeté de l'Église : « Il fallait, écrivait-il, de grands maux pour expier de grands crimes. »

Julie trouva la repartie odieuse et, naturellement, le curé Bruneau donna raison au prélat, allant jusqu'à insinuer que bien des malheurs auraient pu être évités si les patriotes s'étaient soumis. Il leur reprochait d'avoir fait pis que la rabote du diable en outrepassant leur pouvoir et bénissait le Ciel car, enfin, il ne serait plus question de cette souveraineté du peuple qui avait tout détruit.

« René-Olivier ! Cesse de dire des âneries ! » hurlait Julie, qui ne supportait plus la litanie de son frère.

Ils se prenaient constamment aux cheveux. Après quelques semaines, à bout d'arguments, ils se calmèrent. Ils ne fourbirent même pas leurs armes lorsque monseigneur Lartigue émit un nouveau mandement qualifiant les patriotes de brigands qui avaient égaré la population à coup de sophismes et de mensonges. Lorsque le curé de Verchères lut le mandement en chaire, Julie crut entendre la voix de l'évêque. Il savait si bien envelopper les braves gens de son mépris : « Que vous reste-t-il de leurs belles promesses ? demandait-il. Vous trouviez-vous libres lorsqu'on vous menaçait de toutes sortes de vexations, de l'incendie, de la mort, même ? »

« Quel tartuffe ! » pensa-t-elle en se mordant les lèvres.

Cette fois, elle ne s'emporta pas. À quoi cela aurait-il servi ? Les insinuations malveillantes pleuvaient presque quotidiennement sur les chefs d'hier et la campagne de dénigrement visait surtout Papineau. Le clergé le blâmait d'avoir semé le désordre dans la paisible province, les patriotes laissaient entendre qu'il s'était enfui à Saint-Denis et ses amis d'hier lui tournaient le dos au lieu de prendre sa défense. Julie aurait voulu dissiper le malentendu mais, dans ses lettres, Papineau n'avait répondu à aucune de ses questions sur ce qui s'était réellement passé chez Wolfred Nelson, le jour de la bataille.

Plus qu'à tout autre, c'est à Jacques Viger qu'elle en voulait. Il n'avait pas attendu que les corps des victimes soient refroidis pour déserter la cause patriote et abandonner son ami intime. Papineau exilé, il n'avait rien trouvé de mieux que de se joindre à l'Association loyale canadienne dont il avait signé le manifeste qui répudiait les chefs de la rébellion.

Viger, le merveilleux voisin, le patient confident, converti en loyaliste ! Acoquiné avec ceux qu'il fustigeait hier. Julie se hérissait rien qu'à penser à la famille qui se disloquait, aux belles et solides amitiés qui mouraient. Monseigneur Lartigue, Jacques Viger... Qui trahirait ensuite ?

Chaque jour, un nouveau nom s'ajoutait à la liste. Julie accueillait maintenant cela avec indifférence, sauf peut-être lorsqu'elle apprit que son ex-fiancé, Pascal de Sales Laterrière, venait d'accepter de devenir membre du Conseil spécial nommé par ce vieux brûlot de Colborne, depuis qu'une loi avait suspendu la Constitution du Bas-Canada. Le gouverneur Gosford était reparti en Europe, comme s'il se lavait les mains de toute cette affaire, et ils étaient désormais vingt-deux à la tête du pays : onze Anglais, dont Peter McGill, le président de la Banque de Montréal, et son ami, le brasseur John Molson, et onze Canadiens : des seigneurs, des barons de la fourrure et naturellement de zélés membres de l'Association loyale canadienne.

Pendant ce temps, les infortunés patriotes, enchaînés les uns aux autres par les poignets, étaient ramenés à pied à la prison. Sans capot, ni foulard, les plus jeunes paraissaient consternés, pleurant tout bas en répétant qu'ils avaient été trompés et abandonnés par leurs chefs. Sur leur passage, des gens crachaient et les injuriaient. Leurs gardes, des carabiniers volontaires, avaient ordre de tirer sur ceux qui essayeraient de fuir. Mais l'homme à abattre, c'était Papineau. Même réfugié aux États-Unis, il continuait à hanter les loyalistes.

La veuve Bruneau refusait d'y voir un complot contre son gendre, dont elle ne douta jamais de l'intégrité. Convaincue que les malentendus s'estomperaient avec le temps, elle gardait sa confiance aux uns et aux autres. Pour ne pas s'attirer les foudres célestes, ni celles plus colériques du curé, elle se plia docilement au jour d'expiation et de pénitence imposé par l'évêque aux Canadiens repentants, mais elle réitérait, comme on enfonce un clou, son admiration pour Papineau. À sa façon, la veuve était la plus entêtée des vieilles dames de la paroisse :

« Je jure sur la tête de mes enfants que je ne remettrai pas les pieds à Montréal tant que Papineau ne sera pas de retour au pays. »

▼

Aux premiers signes de beau temps, Julie retourna rue Bonsecours où son beau-père Joseph Papineau devait la rejoindre, après des mois passés à la Petite-Nation. Lactance avait repris sa place au séminaire de Saint-Hyacinthe et Marie-Rosalie, qui était de retour à la seigneurie, avait insisté pour s'occuper elle-même des autres enfants de son frère pendant que Julie irait, avec mademoiselle Douville, régler les affaires pressantes avant de filer aux États-Unis.

Toute sa vie, elle allait garder un souvenir amer de son dernier séjour à Montréal, en ce funeste printemps 1838. En entrant dans la ville, elle remarqua, cloués aux arbres, des placards qui promettaient quatre mille piastres à qui ramènerait à la justice Louis-Joseph Papineau, accusé du crime de haute trahison. Il y en avait partout dans le port, le long de la route, aux portes des auberges. La plupart étaient à moitié arrachés, d'autres traînaient au sol, dans la boue. Archibald, comte de Gosford, offrait aussi deux milles piastres pour la capture des assassins du lieutenant Weir.

En haut du faubourg Saint-Laurent, un bout de bois enfoncé dans le sol sur le bord du chemin indiquait l'endroit où avait été enterré le patriote Girod, qui s'était flambé la cervelle plutôt que de se laisser arrêter. Comme il s'était suicidé, la coutume voulait qu'on l'ensevelisse sur une route passante, un pieu en travers du corps. Rien que d'y penser, Julie eut un mouvement de recul et pria le cocher d'accélérer.

Rue Notre-Dame, des soldats mettaient beaucoup d'ardeur à faire leurs exercices militaires. Leur nombre injustifié et leurs déplacements bruyants maintenaient un climat de terreur parmi la population. Le pays si cher aux patriotes ne serait plus jamais comme avant, pensa Julie en contemplant d'un air désolé la morgue des habits rouges qui défilaient sous ses yeux.

Mais plus que le siège de la ville, ce qui la bouleversa, ce fut ce qui l'attendait en rentrant chez elle, rue Bonsecours, après quatre mois d'absence. Sa maison avait été perquisitionnée de la cave au grenier. Les tables et les commodes qui n'avaient pas été déménagées avant les troubles étaient sens dessus dessous, les causeuses éventrées et les papiers couvraient les planchers. Les intrus avaient fouillé les moindres recoins du bureau de Papineau, sans doute dans l'espoir de trouver une lettre compromettante, un document incriminant. Jusqu'à l'intimité de sa chambre à coucher qui avait été violée. Le contenu de ses tiroirs scruté à la loupe, ses vêtements jetés pêle-mêle par terre, près du placard. La serrure de son secrétaire, arrachée. Heureusement qu'Amédée avait emporté les documents les plus précieux dans sa fuite.

Une lettre froissée traînait sur le sol, le cachet arraché. Une lettre qui lui était adressée, mais qu'elle n'avait jamais reçue. Ils avaient donc intercepté son courrier ? Elle se pencha, ramassa la feuille et reconnut l'écriture de Robert Nelson :

Ma chère amie, je vous écris ces quelques lignes de ma prison. Oui, ils m'ont arrêté, moi qui n'ai rien fait d'autre que de soigner les malades depuis des mois. J'ai appris la nouvelle de votre grave maladie (je n'ose dire la rumeur de votre mort). Vous devinez mon tourment et mon impuissance rageuse, derrière les barreaux.

À partir de là, la lettre devenait incompréhensible. La page avait été déchirée et il manquait des morceaux. Elle réussit à lire encore quelques mots : *J'aurais voulu être auprès de vous, vous ramener à la vie...* Impossible de saisir la suite. Elle distingua au milieu de la feuille un bout de phrase qui parlait de leur précieuse amitié et plus loin, il avait écrit : *l'affection que j'ai pour vous...* Elle se sentie émue et révoltée tout à la fois. Ils ne respectaient rien, pas même le message de réconfort que son meilleur ami lui avait adressé. Elle ramassa un bout de papier par terre. C'était la fin de la lettre. Robert l'embrassait bien fort sur les deux joues en lui promettant qu'ils se reverraient un jour. Et il signait : *Votre ami pour toujours, Robert.*

Elle s'assit sur le bout de son lit, la tête lourde, en proie au découragement. Elle allait donc tout perdre, car il lui fallait faire un trait sur son passé. Partir, elle aussi en exil, comme Papineau. Elle devrait vendre ses meubles. Oui, se départir de tous les objets qui lui étaient si chers. La table de jeu provenant de chez ses parents, à Québec, et sur laquelle deux générations de Bruneau avaient joué aux cartes. Le ber qui avait vu ses enfants naître, les fauteuils de Rosalie Papineau auxquels elle s'était finalement attachée. Réussirait-elle à sauver la précieuse bibliothèque de son mari ? Elle était à court d'argent. Mieux valait tout bazarder plutôt que de laisser les autorités saisir ses biens. Papineau lui avait écrit qu'il s'en remettait à elle : « Ce que tu décideras sera bien... »

Mais par où fallait-il commencer ? Joseph Papineau arriverait de la Petite-Nation dans une heure, si le *stagecoach* n'avait pas de retard. Pendant que les domestiques remettaient tout en ordre, elle enfila sa pèlerine et gagna la sortie. Elle avait besoin d'air et voulait échapper à cette sinistre impression de dépossession. Les objets qui meublaient sa vie quotidienne quelques mois plus tôt avaient été souillés par les vainqueurs, ils ne lui appartenaient plus.

Sans qu'elle l'eût décidé, elle se retrouva devant le perron de la chapelle Notre-Dame-de-Bonsecours, au bout de la rue. Elle entra. Il régnait un calme apaisant dans l'enceinte. La lueur blafarde des lampions éclairait faiblement les quelques paroissiens agenouillés ici et là. Julie fit sa génuflexion à la hauteur de l'avant-dernier banc, derrière une silhouette qui lui sembla familière. C'était celle d'une femme à la chevelure noire épaisse qui tenait contre son épaule un bébé de quelques mois à peine. Julie vit qu'elle sanglotait. Elle s'approcha sans la quitter des yeux. Elle avait reconnu Henriette de Lorimier, sa jeune et impulsive amie, dont elle était sans nouvelles depuis la dernière réunion des dames patriotes, alors qu'elle traînait encore son gros *belly* aujourd'hui bien plat. Henriette sécha ses larmes en la voyant et se glissa le long du banc pour lui faire une place. Elles prièrent encore quelques instants en s'épiant réciproquement. Elles avaient hâte de sortir, pressées de se jeter dans les bras l'une de l'autre.

Dehors, Henriette sauta au cou de son amie. Elle sautillait de joie comme une petite fille.

« Vous voilà enfin de retour ! fit-elle en lui tendant son bébé, après avoir desserré le châle qui l'emmaillotait. Regardez, c'est tout le portrait de Thomas Chevalier. Il s'appelle Napoléon et il n'a encore jamais vu son papa.

— Mais où est Thomas ? demanda Julie. Ne me dites pas qu'il s'est enfui à l'étranger, lui aussi ?

— Oui, hélas ! il s'est exilé à Plattsburg. Après la bataille de Saint-Eustache, Colborne a émis un mandat contre lui. Alors il s'est déguisé en paysan pour passer la frontière. Il a fait croire aux douaniers qu'il transportait du sel. »

Les traits d'Henriette se rembrunirent brusquement. Elle avait vingt-quatre ans, mais elle avait gardé sa candeur de petite fille gâtée qui faisait la moue pour tout et pour rien.

« Julie, tout est fini pour nous. Thomas n'a plus d'avenir au pays. Sa belle carrière de notaire est à l'eau. Lui là-bas, moi ici... Mes filles s'ennuient de leur père. Je ne sais plus quel parti prendre.

— Vous l'aimez ? Vous êtes en vie, c'est tout ce qui compte. Rejoignez-le au plus vite.

— Je le voudrais bien mais, lui, il ne veut pas, répondit Henriette. Il est convaincu qu'il reviendra bientôt au pays, la tête haute.

— Thomas n'est pas réaliste. Ils l'emprisonneraient. Il ne doit pas courir ce risque. Du moins pas tant que le vieux brûlot s'enivre de sa vengeance. »

C'est ainsi que l'on nommait désormais le général Colborne, depuis qu'à la tête de ses deux mille soldats et volontaires, il avait pillé tout ce qu'il avait rencontré sur son passage, de la vallée du Richelieu au comté des Deux-Montagnes.

« Je sais, fit Henriette en s'accrochant au bras de Julie. C'est un miracle si Thomas a pu leur échapper. »

Elles remontèrent lentement la rue Bonsecours. L'air était bon et la rue déserte.

« Thomas avait rejoint le docteur Chénier à Saint-Eustache, un peu avant la bataille, poursuivit Henriette. Vous savez comme il l'admirait. Mais il a vite compris que tout était perdu. Les habits rouges tiraient sur les patriotes retranchés dans l'église. Pour en finir avec eux, ils ont jeté des bottes de foin en feu à l'intérieur. Les flammes se sont propagées si vite qu'elles ont dévoré les blessés. On les a retrouvés calcinés. Une véritable hécatombe. Les murs s'écroulaient les uns après les autres. Les survivants sautaient par les fenêtres pour mourir ensuite troués de balles. Thomas a réussi à s'enfuir en se faufilant derrière, entre les pierres tombales, dans le cimetière. »

Henriette se tut. Elle sortit son mouchoir de sa poche, renifla un bon coup et reprit :

« Le pauvre docteur Chénier n'a pas eu la même chance. Lorsque l'église n'a plus été qu'un immense brasier, il est sorti et ils l'ont abattu lâchement, sans qu'il puisse se rendre. Ce n'était plus des soldats mais des assassins. »

Henriette hoquetait. Il y eut un silence, puis elle acheva son récit en baissant le ton :

« Après, ils lui ont arraché le cœur, comme des sauvages, et l'ont promené au bout d'une baïonnette dans les rues du village. Quels sanguinaires ! »

Julie ferma les yeux. Elle aurait voulu qu'Henriette se taise. Elle imaginait trop bien ce qui serait arrivé à Louis-Joseph s'il était resté à Saint-Denis. Toute cette cruauté la révoltait. Mais Henriette n'avait pas tout à fait fini :

« Ils n'ont rien respecté. Ils ont fait déshabiller les femmes et les enfants et les ont laissés là, nus, devant leur maison en feu.

— Les soldats de Colborne ont commis ces actes de barbarie ? interrogea Julie.

— Non, ce sont les volontaires qui s'acharnaient contre les femmes. Ils se mettaient à deux ou à trois pour les violer. Tu imagines leur cauchemar ? Moi, j'aurais préféré mourir. »

Absorbées par leur conversation, les deux femmes n'avaient pas vu venir Marguerite Viger qui arrivait à leur hauteur.

« Julie, fit-elle de sa voix chaude et accueillante, vous rentrez enfin au bercail. »

Julie eut un mouvement de recul en voyant sa voisine s'approcher. Son cœur se mit à battre à tout rompre. Une partie d'elle se retenait d'embrasser cette femme qu'elle avait considérée comme sa mère et qui lui avait manqué pendant son long cauchemar. Et maintenant, Marguerite se tenait là, devant elle, souriante mais un peu hésitante, comme si elle ne savait trop à quoi s'attendre de sa part.

« Bonjour », la salua Julie par politesse, sans esquisser le moindre geste vers son amie. Celle-ci fit un pas de plus vers elle, mais s'arrêta net lorsqu'elle s'aperçut que Julie se raidissait.

« Bon, je vous laisse continuer, dit-elle. Je vais à la chapelle. Jacques serait heureux de passer vous voir, si vous le désirez, Julie.

— Je préférerais qu'il n'en fasse rien, répondit cette dernière sèchement en reprenant ses sens. Les loyalistes n'ont pas leur place chez moi !

— Allons, Julie, ne soyez pas si dure envers Jacques. Enfin... essayez de comprendre. Vous n'auriez pas voulu que ce massacre d'innocents continue ? Comme maire de Montréal, Jacques n'avait pas d'autre choix. Vous conviendrez qu'il fallait rétablir la paix d'abord. Après, on verra bien ce qui arrivera... »

Marguerite Viger avait dit ces derniers mots en levant les yeux au ciel, en signe d'impuissance.

« Jacques est demeuré fidèle à la voie qu'il s'était tracée, plaida-t-elle encore, en inclinant la tête. Vous saviez qu'il était contre la violence et contre la folle décision de mettre des armes meurtrières entre les mains de paysans inexpérimentés. C'était les envoyer à la boucherie. Et c'est ce qui s'est produit malheureusement.

— Papineau aussi s'opposait à la guerre, martela Julie. Mais il n'a pas viré loyaliste pour autant ! Il n'a pas fait la culbute devant les vainqueurs ! Il ne s'est pas fait le complice de nos assassins comme le maire de Montréal l'a fait, lui !

— Il a fait pire, rétorqua Marguerite, gagnée par la colère. Papineau a mené les Canadiens dans un cul-de-sac, sans leur donner les moyens de s'en échapper. Lui, il savait comment faire pour sauver sa peau si les choses tournaient mal. Et il ne s'est pas gêné pour disparaître, d'ailleurs, à ce qu'on raconte ! »

Les dernières paroles de Marguerite Viger firent mal à Julie. Que son amie prétendît que Papineau ait pu s'enfuir comme un lâche devant l'ennemi l'ébranla. L'atmosphère était explosive. Ce fut Marguerite qui réagit la première. Elle détacha son regard de Julie, encore décontenancée par la sortie vitriolique contre son mari, força Henriette de Lorimier à lui céder le passage et s'éloigna d'un pas décidé, sans rien ajouter.

▼

Julie marcha sans se retourner jusqu'à la maison. Elle retrouva peu à peu son contrôle. Sa colère s'estompa, cédant la place à une profonde tristesse. Cette cruelle rupture avec Marguerite Viger, la femme d'un maire qui collaborait avec le vainqueur, l'affligeait plus qu'elle ne voulait le montrer, mais elle savait que c'était devenu inévitable. Cependant était-il bien nécessaire de blesser son amie ? Elle avait parfaitement conscience d'avoir lancé la première pierre. La pauvre Marguerite n'était tout de même pas responsable de la trahison de son mari. Julie soupira. C'en était fini d'une longue amitié.

Henriette de Lorimier suivit Julie chez elle sans commenter cette malheureuse rencontre, ni ce qu'elle sous-entendait. Elles s'enfermèrent dans le petit boudoir, en haut de l'escalier, pour prendre le thé. La pièce qui avait si souvent servi aux réunions des dames patriotes était à l'abandon. Le récamier sur lequel Julie s'étendait avait été taillardé, comme si on avait imaginé qu'il cachait un document précieux. Des cernes marquaient les murs, là où des tableaux avaient été enlevés. Elles s'assirent dans les deux fauteuils à crin noir de Rosalie Papineau, les seuls qui étaient intacts.

« Oublions cette scène ridicule avec Marguerite, remarqua Julie. Donnez-moi plutôt des nouvelles de nos amis. J'ai l'impression d'être partie depuis un siècle.

— La pauvre Marie-Hermine Viger ne sait plus à quel saint se vouer, dit Henriette, trop contente d'échapper aux confidences de

Julie sur sa voisine. Son beau Louis-Michel est toujours derrière les barreaux. Le libraire Fabre a vite été relâché, faute de preuves contre lui. Mais la mort de son beau-frère, Charles-Ovide Perrault, à Saint-Denis, l'a complètement démoralisé.

— Oui, c'est une bien triste perte, approuva Julie. Et Adèle LaFontaine ? Que devient-elle ?

— Chaque jour, elle accompagne madame Gamelin à la prison. Elle l'aide à soigner les blessés et les malades. Quelquefois, elle cache de la nourriture dans son panier pour ceux qui n'ont pas assez à manger. La pauvre Adèle se sent bien seule. Son mari est à Londres depuis plusieurs mois déjà.

— Louis-Hippolyte est en Angleterre ? Il n'était donc pas au pays pendant la crise ?

— C'est-à-dire qu'il était à Québec, chez le gouverneur. Il l'a imploré de convoquer le Parlement avant que l'irréparable ne se produise. Mais Gosford n'a pas voulu l'écouter. Alors il est allé défendre la cause des patriotes à Londres.

— Eh bien ! celui-là au moins il n'a pas perdu de temps pour chausser les bottes du chef », fit Julie, un peu étonnée.

Henriette, qui donnait le sein à Napoléon, eut un silence gêné. Son amie Julie ne cachait pas son amertume. Elle releva la tête et demanda d'un air attendri :

« Vous ne seriez pas un tout petit peu injuste envers Louis-Hippolyte ? Il fallait bien que quelqu'un traverse l'océan pour informer le Colonial Office de ce qui s'est vraiment passé ici.

— Ne faites pas attention à moi, Henriette. Toutes sortes d'idées noires me trottent dans la tête. Il y a eu tant de trahisons, de perfidies autour de nous. On ne sait plus à qui se fier. »

Julie offrit un petit gâteau au chocolat à Henriette, qui l'apprécia jusqu'à s'en lécher les doigts.

« Pensez-vous que madame Gamelin m'emmènerait avec elle à la prison ? demanda soudainement Julie.

— Vous devriez en parler à Adèle. Vous pourriez peut-être la remplacer un jour qu'elle a autre chose à faire. Mais pourquoi tenez-vous tant à vous rendre à la prison de Colborne ? Moi, j'en serais incapable.

— Je veux absolument voir le docteur Wolfred Nelson avant de partir aux États-Unis, avoua Julie. Puis, après une hésitation, elle ajouta comme pour faire oublier sa réponse intrigante : il y a aussi Robert Nelson que j'aimerais bien saluer.

— Robert Nelson ? Il n'est plus là, dit Henriette. Vous ne savez donc pas qu'il a créé toute une commotion pendant son bref séjour derrière les barreaux ?

Sans attendre la réponse de Julie, qui ignorait que son cher docteur avait été libéré, elle poursuivit sur sa lancée :

« Votre docteur préféré était tellement vexé d'avoir été arrêté, alors qu'il n'avait pas participé aux événements, qu'avant de quitter sa cellule, il a écrit sur le mur : Le gouvernement anglais se souviendra de Robert Nelson.

— Je reconnais bien là mon bouillant docteur, dit Julie. Mais où vit-il ?

— Dès qu'ils l'ont relâché, il a traversé la frontière, comme les autres. Il était convaincu qu'à la première occasion on l'enfermerait de nouveau. »

Henriette en savait long sur les péripéties entourant l'arrivée de Robert Nelson aux États-Unis et elle s'étonna que Julie ne soit pas déjà au courant des derniers développements outre-frontière :

« Vous ne saviez pas que les nôtres se préparaient à envahir le Canada ? dit-elle tout bas, comme si elle craignait les oreilles indiscrètes. Ils s'appellent maintenant les Frères chasseurs ; ils sont nombreux et ont des armes autrement plus modernes que la dernière fois. Normal, les Américains sont derrière eux.

— Vous divaguez ou quoi ? L'armée anglaise n'a fait qu'une bouchée d'eux et voilà qu'ils en redemandent ?

— Vous parlez exactement comme votre mari qui n'y croit pas non plus. Thomas, lui, est sûr que cette fois, ça va marcher. Il a confiance en Robert Nelson.

— Êtes-vous en train de me dire que Robert Nelson encourage cette dangereuse échappée ?

— Mais d'où sortez-vous, Julie ? À croire qu'on ne vous raconte plus rien. C'est lui, le docteur Nelson, qui dirige toutes les opérations.

— Robert ?

— Il a même rédigé une proclamation d'indépendance. Il s'est nommé président. »

Julie allait de surprise en surprise :

« Et Papineau ? Que pense-t-il de tout cela ?

— Eh bien, il paraît, du moins c'est ce qu'on raconte, que le docteur et monsieur Papineau auraient eu des gros mots l'un pour l'autre. On m'a même rapporté qu'ils ne se parlent plus. »

C'en était trop pour une seule journée. Papineau et le docteur en brouille ? Ça augurait mal pour l'avenir. Julie était si attachée à

Robert Nelson, son précieux ami et confident, qu'elle décida sur-le-champ de le raccommoder avec Papineau. Ils avaient tous deux perdu la tête. Dès qu'elle arriverait à Albany, elle irait le voir. C'était insensé.

Des bruits venaient de la pièce voisine. Joseph Papineau arrivait avec armes et bagages.

« Je me sauve, fit Henriette en se levant. Vous devez avoir tant de choses à vous raconter, vous et votre beau-père, après une si longue absence. »

▼

Ni Joseph Papineau ni Julie n'osèrent l'avouer, mais leurs retrouvailles avaient quelque chose d'artificiel. Ils étaient là, l'un en face de l'autre, aux extrémités de la longue table d'acajou de la salle à manger. Ils avaient repris leurs places habituelles, comme s'ils étaient gênés d'occuper les sièges des absents. Ils avalèrent lentement un repas copieux, préparé par mademoiselle Douville qui s'était surpassée, et burent du vin à la santé de ceux qui auraient dû être autour de la table. Au hasard de la conversation, s'il était question d'Amédée, tous deux se tournaient instinctivement vers sa place vide, à gauche de celle tout aussi vide de Papineau. L'un ou l'autre mentionnait le nom d'Azélie et leurs yeux fixaient la chaise haute, près de la porte menant aux cuisines. Le bonheur de se retrouver, après une telle tragédie, se trouvait gâché par l'absence de ceux qui leur étaient chers.

« Je vous dis que Victoire n'en mène pas large, fit Joseph pour rompre le silence qui se glissait entre eux. Je serais surpris qu'elle se rende à la Fête-Dieu.

— J'aurais bien aimé l'embrasser avant de partir pour les États-Unis, s'attrista Julie.

— Qu'est-ce que vous dites ? Je n'ai pas bien compris... »

Julie devait répéter chaque phrase en haussant le ton. Joseph était de plus en plus dur d'oreille, bien qu'il s'en défendît, et qu'ils fussent assis aux deux extrémités de la longue table n'arrangeait rien. En revanche, elle nota qu'il avait un appétit d'ogre, ce qui la rassura. Elle voulut connaître l'état de ses articulations.

« Mes rhumatismes ? marmonna-t-il. À mon âge, vous savez...

— Vous allez venir nous rejoindre aux États-Unis, fit-elle d'une voix assez forte pour qu'il entende du premier coup. L'air est beaucoup moins humide, là-bas.

— Il ne faudra pas m'attendre tant que Victoire sera sur le dos. Après, je verrai. »

Joseph se leva pour aller chercher sa mallette bourrée de papiers légaux.

« On va prendre le temps qu'il faut pour examiner la situation. Mais je vous préviens, nos finances ne sont pas reluisantes. Vous n'imaginez pas la difficulté qu'on éprouve à faire des affaires. Personne n'arrive à se procurer de l'argent et on ne peut rien vendre. »

Le vieil homme sortait un à un les documents qu'il empilait devant lui : les actes notariés à gauche, les titres de propriétés au centre, les billets à droite.

« Il faudrait d'abord savoir ce que Papineau compte faire de sa seigneurie. Savez-vous à quel prix il consentirait à la laisser aller ?

— Il ne veut pas entendre parler de s'en départir, répondit Julie. Il a toujours dit qu'il finirait ses jours à la Petite-Nation.

— Ce n'est même pas imaginable, s'impatienta Joseph. Il serait plus avisé d'échanger sa propriété contre des terres dans le Maine. Vous lui direz de m'écrire dès qu'il sera fixé. Je n'aime pas agir sans connaître ses intentions. Bon, et la rue Bonsecours maintenant ?

— Faut-il tout vendre, beau-papa ? Croyez-vous qu'ils vont saisir nos biens ? C'est ce que Louis-Joseph craint. »

Joseph Papineau ajusta son lorgnon pour parcourir le contrat de mariage de son fils. Il tournait les pages en émettant des sons à peine audibles. Julie attendait le verdict.

« De votre vivant, votre contrat de mariage vous protège au cas où le gouvernement voudrait ravir les biens de Papineau. Mais advenant votre décès, vos enfants n'auraient droit à rien. On ferait mieux de vendre ce qui reste de mobilier. Quant à la propriété, attendons de voir s'ils ont l'intention de la confisquer.

— En ce qui concerne nos dettes, précisa Julie en lui remettant une lettre, Louis-Joseph m'écrit qu'il ne faut pas les payer à même nos économies. On pourrait en avoir besoin.

— Il a raison. Vos créanciers sont assurés de recouvrer leur dû, même si le gouvernement vous volait. »

Seul le tic tac de l'horloge résonnait dans la pièce silencieuse. Joseph faisait l'inventaire de tous les titres de propriétés que les Papineau possédaient. Il examinait méthodiquement chaque document, s'y prenant même à deux fois pour être bien certain d'avoir tout saisi. Julie l'observait en se disant que la vieillesse l'avait rattrapé. Il avait quatre-vingt-six ans. L'idée qu'il n'en avait peut-être plus pour très longtemps l'attrista.

Il était onze heures passées. Julie se frotta les yeux.

« Pas trop découragée ? demanda Joseph Papineau en rangeant les documents dans sa mallette.

— S'il n'y avait que cela, répondit Julie en se prenant la tête à deux mains.

— Vous me cachez quelque chose ?

— Si vous saviez ce qu'on colporte sur le compte de Louis-Joseph. Des infamies pires que tout ce qu'on peut imaginer.

— Je sais, soupira le vieillard. Figurez-vous que ces ragots se sont rendus jusqu'à la Petite-Nation.

— Pépé, je ne sais plus quoi penser. Les journaux le traitent d'infâme, de scélérat et de traître. Les délateurs sont ignobles. Nos amis, plusieurs de nos parents, ceux-là même qui faisaient cause commune avec nous, hier, se réjouissent de notre malheur aujourd'hui. Par peur ou par lâcheté, quand ce n'est pas par haine et ambition, ils signent des déclarations dégoûtantes. Je n'ai que mépris pour ces Canadiens vaincus qui renient publiquement leurs convictions.

— Écoute-moi bien, ma fille, grogna Joseph Papineau en posant ses deux mains sur les siennes. Ne laisse jamais personne t'amener à douter de ton mari. Sa vie passée est garante de sa conduite. Papineau a toujours été un homme d'honneur. Il a sacrifié son bonheur personnel au bien-être des Canadiens. Personne ne peut dire le contraire.

— Je sais, pourtant il y a des choses que je n'arrive pas à m'expliquer. Je voudrais répondre aux calomnies, mais je suis à court d'arguments ou de preuves. Papineau a-t-il fui oui ou non ? Certains jurent que oui, qu'ils l'ont vu déguerpir. D'autres prétendent que Wolfred Nelson lui a ordonné de partir. Je ne sais plus quoi penser. »

Joseph Papineau s'emportait. Il se leva et poursuivit :

« Ce qu'il a fait ou n'a pas fait n'a guère d'importance. C'est son intégrité que tu dois défendre partout où elle est attaquée. »

Il se rassit pour reprendre son souffle. Julie lui versa un verre d'eau qu'il vida d'un coup sec. Il parut s'apaiser.

« Voilà que je vous ai encore tutoyée, réalisa-t-il, une fois redevenu lui-même. C'est que je vous aime beaucoup, ma petite Julie. Derrière cette fragilité qui donne à penser que vous allez casser comme une porcelaine, je devine une grande force morale. »

Il l'embrassa sur la joue avant d'ajouter :

« Papineau a besoin de vous, Julie. Il a besoin de sentir que vous êtes derrière lui. Ne l'abandonnez pas avant d'entendre de sa bouche sa version des faits. »

CHAPITRE XXXIX

L'exil

Les cellules du Pied-du-Courant rappelaient les geôles du Moyen-Âge. On l'appelait la prison neuve pour la distinguer du sinistre bâtiment du Champ-de-Mars où les prisonniers politiques avaient d'abord été amenés, avant d'être refoulés à l'extrémité du faubourg, vu leur trop grand nombre.

L'édifice de quatre étages en pierre de taille grise, coiffé d'un fronton et entouré d'un mur épais d'une quinzaine de pieds de haut, venait d'être construit en bordure du Saint-Laurent, en face de l'île Sainte-Hélène.

Devant le portail, au milieu de la rue que les autorités avaient eu le mauvais goût de nommer Colborne, Julie eut une hésitation. Encore un peu et elle faisait demi-tour. Madame Gamelin devina son trouble et lui tendit un des paniers de victuailles qui l'encombrait.

« Vous voulez bien me le porter, madame Papineau ? Ça commence à être lourd.

— Bien sûr, madame Gamelin, j'aurais dû y penser moi-même.

— Je suis si contente que vous soyez là, dit la veuve. Mes prisonniers ont tant besoin d'encouragement. Comme les visiteurs sont rarement autorisés à l'intérieur des murs, leur solitude est grande.

— Leur moral doit être au plus bas, en effet, répondit Julie. Tout est si lugubre ici. »

Le shérif de Saint-Ours s'étira le cou pour voir, à travers le carreau percé dans la tour d'angle, qui avait sonné. Il regarda les visiteuses d'un air maussade. Dans sa prison, les visites étaient interdites. De mauvais gré, il avait autorisé madame Gamelin à venir porter des vivres aux prisonniers, c'était toujours ça de moins qu'il avait à débourser. Il tolérait aussi la présence de madame LaFontaine qui l'accompagnait habituellement. Elle était costaude et portait les chaudrons de soupe que même un homme aurait trouvé lourds. Or voilà que la veuve Gamelin se présentait maintenant à la grille avec une nouvelle compagne, toute délicate, celle-là, et qu'il fit mine de ne pas reconnaître.

« Madame Gamelin, vous m'en demandez trop ! Je vous ai déjà prévenu que les parents ne peuvent pas voir les prisonniers.

— Monsieur le shérif, dit Julie d'une voix assurée, vous savez qui je suis. Vous savez aussi que je n'ai aucun parent derrière les barreaux de cette prison. Mon beau-frère Augustin Papineau est à la prison du Champ-de-Mars, comme le cousin de mon mari, Louis-Michel Viger. Si je suis ici, ce matin, c'est que madame Gamelin avait besoin d'aide et j'ai offert de lui donner un coup de main.

— J'ai autorisé les visites de madame LaFontaine, mais il n'est pas question que tout un chacun vienne se mettre le nez dans mes affaires, trancha le shérif. Bon ! entrez, mais c'est la dernière fois que je vous accorde un passe-droit. Il y a toujours bien des limites... »

Le gardien déverrouilla la grille et les deux femmes traversèrent la cour entre deux rangées de soldats. Elles durent patienter un moment à l'entrée de l'édifice, ce qui indisposa Émilie Gamelin, convaincue que le shérif le faisait exprès pour les laisser poireauter. À l'intérieur, elles longèrent le long corridor du rez-de-chaussée. De chaque côté, des cachots lugubres sans fenêtre ne voyaient jamais la lumière. Assis à même le sol en terre battue, les prisonniers les regardaient passer en silence. Julie, qui pressentait leur détresse, évitait leurs regards. Elle suivit madame Gamelin à l'étage des cabanons où se trouvaient les détenus politiques. Il était mieux éclairé, grâce à une ouverture grillagée, percée au bout d'un large couloir dont le plancher était en chêne. Des murs de brique séparaient les cellules. Un seul poêle, placé au centre, chauffait tout l'étage. Les latrines, installées dans un réduit sans aération, desservaient une trentaine de prisonniers. Lorsque les fosses d'aisance se bouchaient, elles débordaient et les excréments se répandaient sur le sol. L'eau potable manquait parfois pendant plus de douze heures parce que l'unique pompe était défectueuse. Il n'y avait alors rien à boire.

Julie avançait à pas hésitants, les dents serrées, étranglée par la peur et envahie de dégoût. Les murs n'avaient pas été blanchis et les parquets, pourtant de construction récente, étaient répugnants de saleté et infestés de punaises. Les conditions de vie variaient d'une aile à l'autre sans que l'on sache pourquoi. Certains détenus avaient droit à un peu de paille pour s'étendre, alors que d'autres dormaient sur le sol froid, sans couverture. Les voleurs et les meurtriers recevaient un couvre-pied en arrivant, privilège refusé aux prisonniers d'État. Allez comprendre !

« Vous aurez bientôt des lits, promit madame Gamelin. Tous. Le gouverneur en a pris l'engagement. »

En attendant, les cas de dyspepsie et d'angine étaient nombreux.

« Que voulez-vous ? ajouta-t-elle à l'intention de Julie. Ils ont froid, ne font pas d'exercice et ne mangent pas assez. »

Madame Gamelin expliqua que chacun avait droit à une livre et demie de pain par jour, ce qui suffisait à peine pour qu'un homme ne meure pas de faim. Le boulanger de la prison, c'était scandaleux, trichait sur le poids des rations, de sorte que certains jours les morceaux de pain étaient plus petits que ce que le règlement prévoyait. Ceux qui avaient un peu d'argent pouvaient acheter de la nourriture des geôliers à raison d'un louis par semaine.

Pendant que les deux femmes distribuaient discrètement le courrier, une sentinelle arracha un livre des mains d'un prisonnier en le bousculant. Il était donc interdit de lire ? Madame Gamelin aida le jeune homme à se relever. Il sortait à peine de l'adolescence.

« On ne traiterait pas les animaux comme ça », maugréa-t-elle en toisant de haut le gardien.

Il avait fallu plus de trois mois pour obtenir de la direction de la prison l'autorisation d'apporter du papier et des plumes aux détenus. Leurs lettres, aussi bien celles qu'ils écrivaient que celles qu'ils recevaient, étaient censurées, mais au moins pouvaient-ils communiquer avec l'extérieur. Il n'était pas encore permis de leur apporter des livres.

« Ils n'ont pas droit aux journaux non plus », ajouta madame Gamelin, qui devinait ses pensées.

C'était peut-être aussi bien comme ça. Les gazettes publiaient des dessins de potence et le *Herald* n'avait-il pas écrit qu'il était inutile d'engraisser les prisonniers tout l'hiver pour l'échafaud ? Dans le Haut-Canada, où il y avait eu une révolte sanglante semblable à celle du Bas-Canada, les chefs rebelles avaient déjà été exécutés, ce qui avait provoqué un vent de panique au Pied-du-Courant. Julie distribuait des fruits aux prisonniers, en s'efforçant de sourire. Dans sa ronde, elle reconnut plusieurs patriotes du faubourg. Certains avaient à peine l'âge d'Amédée et ils venaient autrefois passer la soirée rue Bonsecours. Ils la regardaient tristement. Ils avaient l'air apeuré et imploraient son aide.

Quelle aide pouvait-elle bien leur apporter, elle, la femme de l'homme le plus recherché du Bas-Canada ? Devant elle, un grand gaillard mince un peu voûté sortait d'une cellule que le gardien verrouilla derrière lui. Il tenait une fiole d'alcool d'une main et des bandages de l'autre.

« Madame Papineau ! s'exclama-t-il en apercevant Julie.

— Ah ! docteur Nelson, c'est vous que je cherchais. Pouvez-vous m'accorder quelques instants ? »

Wolfred Nelson fronçait les sourcils. Son long visage émacié était cerné et son menton, plus accusé que d'habitude. Il avait maigri. Il déposa sa fiole et lui tendit une main aux doigts osseux. Il était accablé d'un rhume et s'en excusa. Sa pâleur troubla Julie.

« Ne me dites pas que je suis méconnaissable ! »

Il avait parlé calmement, en lui prenant le bras pour l'entraîner à l'écart.

« Venez dans mon rayon de soleil, ajouta-t-il en s'arrêtant devant l'unique fenêtre. Elle était haut perchée et grillagée.

— Je pars demain pour les États-Unis, annonça-t-elle en tournant et retournant ses gants entre ses doigts. J'ai pensé venir prendre de vos nouvelles. Mon mari voudra certainement savoir comment vous vous portez.

— Dites-lui que je survis. On me traite bien dans les circonstances. Comme je suis médecin et qu'on a besoin de moi pour soigner les malades, on me laisse aller et venir, du moins sur cet étage. Mais vivre enfermé, privé de liberté, est certainement l'épreuve la plus pénible qui soit.

— Vous avez un message pour votre frère Robert ? Il est avec Papineau, dans l'État de New York. Je le verrai en arrivant.

— Embrassez-le de ma part. Vous qui êtes son amie, recommandez-lui d'être prudent. Je sais qu'il veut nous venger, mais il ne doit courir aucun risque à cause de moi.

— Papineau n'approuve pas son projet d'indépendance du Canada, risqua Julie, anxieuse de savoir ce que lui-même en pensait.

— Il faut se battre pour mériter la liberté, fit calmement le docteur Nelson, mais ça, Papineau ne le comprendra jamais. »

Julie se méprit sur le sens des paroles du docteur, qui pensait aux reproches que Papineau lui avait adressés à l'assemblée de Saint-Charles, après qu'il eut suggéré aux patriotes de fondre leurs cuillers pour en faire des balles. Elle crut plutôt qu'il parlait de son départ précipité de Saint-Denis, le matin du combat.

« Mais n'est-ce pas vous qui lui avez demandé de partir ?

— Oui, enfin..., hésita le médecin. Je lui ai dit de s'éloigner du danger. J'aurais préféré qu'il aille donner un coup de main à Saint-

Charles, mais il a mis le cap sur Maska. Que voulez-vous ? Chacun prend ses décisions en son âme et conscience.

— Vous, naturellement, vous êtes resté... »

Le tremblement, dans la voix de Julie, n'échappa pas à Wolfred Nelson. Il l'enveloppa d'un regard attendri :

« Moi, madame Papineau, j'étais le commandant militaire, mon devoir était de combattre avec mes troupes. Papineau, lui, devait se préserver pour les pourparlers avec les autorités qui auraient dû normalement suivre si nous n'avions pas été écrasés comme des chiens. »

Il laissa tomber ses bras en signe d'impuissance avant d'ajouter d'une voix résignée :

« Les choses n'ont pas tourné selon le scénario que nous avions élaboré. »

Julie fut décontenancée par la réponse ambiguë du docteur Nelson. Elle était suspendue à ses lèvres. Elle espérait tant qu'il la rassure, qu'il la convainque que tout ce que les délateurs colportaient sur le compte de Papineau n'était qu'un tissu de mensonges. Au lieu de cela, le médecin lui renvoyait des phrases polies, cent fois entendues, qui ne la rassuraient guère. Elle lui serra la main et partit attristée pendant qu'il s'agenouillait au chevet d'un autre malade.

Madame Gamelin l'attendait près de l'escalier. Au moment de franchir la porte, un jeune prisonnier qu'elle ne connaissait pas passa son bras à travers les barreaux de sa cellule en criant :

« S'il vous plaît, madame, voulez-vous remettre cette lettre à monseigneur Lartigue, de notre part ? »

Julie prit la missive et l'enfouit dans son sac en promettant que l'évêque l'aurait le jour même. Elle disparut dans l'escalier sombre, derrière madame Gamelin qui avait distribué toutes ses provisions et repartait chargée de messages et de commissions.

▼

Le lendemain, matin du départ vers l'exil, Julie était fébrile. Elle se piqua le doigt avec une épingle en mettant son chapeau et un filet de sang coula qu'elle suça avec application. Ses malles avaient été juchées sur le toit de la calèche et il ne lui restait plus qu'à quitter cette maison qui lui rappelait tant de merveilleux et de douloureux souvenirs. Trêve de mélancolie, elle distribua l'argent aux domestiques et sortit de chez elle sans se retourner.

Sur les entrefaites, une élégante voiture se gara devant la sienne, en face de la porte cochère, et monseigneur Lartigue en descendit.

« J'ai bien failli vous rater, ma chère, dit-il en s'approchant. Vous partez donc de si bonne heure ?

— Oui, monseigneur, je vais embrasser mes enfants chez Marie-Rosalie à Maska, après quoi je prendrai la route des États-Unis. J'abandonne ce pays qui ne veut plus de moi.

— Ne soyez pas trop amère, Julie. Ce qui est arrivé était prévisible. Vous vous êtes écartée de la voie indiquée par la Sainte Église. Mais je veux quand même vous souhaiter un heureux voyage. Je prierai pour que votre exil soit doux. »

Julie le remercia d'un signe de tête plutôt froid, sans ajouter quoi que ce soit. Son cousin avait définitivement choisi le camp des vainqueurs. Pourtant, elle se ravisa :

« Votre secrétaire vous a-t-il remis la lettre des prisonniers du Pied-du-Courant que je vous ai fait porter ?

— Oui, je l'ai lue et elle m'a grandement chagriné. Vos amis sont blessants. Injustes même. Ils m'accusent d'avoir fait verser le sang par mes mandements et prétendent que j'ai un cœur de glace. Imaginez ! Ils me reprochent de ne pas subvenir aux besoins de ceux qui, dans leur donjon, manquent d'aliments, de hardes, de couvertures, d'eau. Mais où pensent-ils que madame Gamelin prend ses provisions ? »

Monseigneur Lartigue hochait la tête en signe de découragement. Il tendit la main à Julie :

« Enfin ! Notre petite révolution française ratée nous a conduits à la misère. Les pillages des rebelles et des troupes nous ont appauvris. Et tout cela est ma faute, comme d'habitude. Allez, chère cousine, que Dieu vous garde. »

▼

Les quelques heures passées ensuite à Maska furent déchirantes. Ézilda avait son air des mauvais jours, Gustave pleurnichait pour un rien et Lactance accablait sa mère de reproches. Quant à Azélie, qui ne comprenait pas trop ce qui se passait, elle restait collée aux jupes de sa mère, de peur qu'elle ne parte sans elle.

« Pourquoi est-ce que vous amenez Azélie avec vous et pas nous ? répétait Lactance.

— Parce qu'elle est toute petite, Lactance, et toi, tu es grand. Essaie de comprendre, veux-tu ?

— Non, je ne comprends pas. Si vous me faites ce coup-là, jamais je ne vous le pardonnerai. »

Julie essaya tant et tant de le raisonner. Elle fit appel à son sens des responsabilités. En l'absence d'Amédée, il était l'aîné. Il devait donc s'occuper d'Ézilda et de Gustave. Qui d'autre que lui veillerait sur eux ?

— Ben mademoiselle Douville, comme d'habitude, esquiva Lactance en peignant sa belle toison châtaine qui lui donnait un petit air britannique.

— Elle est trop âgée, dit Julie. Elle n'y arriverait pas toute seule. Elle a besoin de toi.

— On n'a qu'à les emmener, alors ?

— Ouiiiiiii, firent en chœur Ézilda et Gustave. On sera sages, maman, on vous le promet.

— Et l'école, vous n'y pensez pas ?

— Mais l'école sera bientôt finie, fit Lactance, qui avait réponse à tout. Et puis qu'est-ce qu'on va faire tout seuls pendant l'été, sans vous ni papa ?

— Je ne pars pas pour l'éternité, mes chéris, s'attendrit Julie. Je vous jure de vous faire venir dès que j'aurai trouvé un toit pour nous tous. »

Lactance ne cachait même pas sa jalousie :

« Vous ne voulez pas de moi, mais vous emmenez Louis-Antoine qui n'est même pas votre fils. Vous l'aimez donc plus que moi ?

— Ne dis pas de sottise, mon Lactance. Louis me reconduit à Albany. Tu ne voudrais pas me voir seule sur des routes que je ne connais pas ? »

Rien à faire. Lactance ne désarmait pas. Lorsqu'il se butait ainsi, elle perdait patience. Quand donc vieillirait-il ? Elle se reprochait alors de l'avoir trop couvé. Depuis qu'elle avait été malade, à Verchères, il ne la quittait plus d'une semelle. Elle avait réussi de peine et de misère à le ramener au séminaire pour qu'il finisse son année. L'adolescent s'était mis dans la tête que, sans lui, sa mère courait les pires dangers. Quand elle lui avait annoncé son départ pour les États-Unis, il avait cru tout naturellement qu'il serait du voyage. Il était entré dans une colère noire qui frisait l'hystérie en apprenant qu'il n'en était pas. Elle avait eu peur. Puis il s'était calmé, mais vivait cette décision comme une trahison, voire comme une peine d'amour. Encore une fois, sa mère l'abandonnait.

Elle l'embrassa le premier, avant de serrer contre elle Ézilda et Gustave qui sanglotaient. Lactance resta de glace pendant que sa mère revenait vers lui et passait sa main gantée dans sa chevelure en le suppliant d'être raisonnable et de veiller sur les plus jeunes. Le sort en était jeté. Elle partirait sans lui.

La voiture de Julie se mit en branle. Encadrant Marie-Rosalie qui les tenait par la main, Ézilda et Gustave agitaient leurs mouchoirs, mais Lactance n'avait pas attendu que sa mère eût franchi la grille pour s'éclipser. Au premier coup de fouet du cocher, il avait tourné les talons et d'un pas régulier, sans se presser, était remonté jusqu'à la porte du manoir qu'il avait refermée derrière lui sans se retourner.

C'est cette dernière scène qui hantait Julie depuis son départ. Elle ne cessa d'y penser jusqu'à la frontière américaine. Lactance n'imaginait pas comme il lui en avait coûté de le laisser derrière. Elle avait peut-être manqué de courage. Entreprendre ce voyage avec quatre enfants, sans savoir vraiment où elle les installerait, lui avait semblé au-dessus de ses forces. Les plans de Louis-Joseph étaient si vagues. Mieux valait discuter de tout cela avec lui avant de faire venir les enfants. À Maska, ils étaient en sécurité et elle voulait se donner le temps d'organiser leur vie future.

Mais le chagrin de Lactance lui était insupportable. Il était à cheval entre deux âges. Il avait vécu les événements récents comme un adulte, mais il se sentait exclu des décisions, comme un enfant. Dès son arrivée à Albany, elle prendrait des arrangements pour qu'il vienne la rejoindre avec Ézilda et Gustave. Ce serait plus normal de vivre tous ensemble et le plus tôt serait le mieux. Il y avait peu de chance pour que leur père puisse jamais fouler de nouveau le sol qui l'avait vu naître. Aussi bien se refaire une vie là-bas, dans un pays qui respirait la liberté.

▼

La voiture filait maintenant dans la campagne new-yorkaise. Le voyage tirait à sa fin. Au milieu de l'après-midi, ils atteindraient enfin Saratoga. Là, Amédée les attendrait. Il porterait un pantalon de toile blanc et un chapeau léger. Il prendrait Azélie dans ses bras et la balancerait dans les airs. La petite rirait à gorge déployée.

Louis-Joseph serait là qui la regarderait descendre de voiture. Il aurait fait le voyage depuis Albany rien que pour elle. Julie ne tenait plus en place.

« Il va me trouver vieillie.

— Mais non, répétait Louis-Antoine pour la énième fois.

— Ça fait six mois et demi que je ne l'ai pas vu. J'ai pris dix ans et j'ai perdu du poids.

— Allons donc, ma tante, puisque je vous dis que vous êtes plus jolie que jamais.

— Maman, vous êtes la plus belle des mamans », fit Azélie en mettant ses deux petits bras autour de son cou et en la câlinant.

Julie lui jeta un regard espiègle. Quel temps radieux en ce 1er juin 1838 ! Ni trop chaud ni trop frais. Elle avait pris soin d'envelopper sa poupée Azélie dans le long châle que sa mère lui avait tricoté pour le voyage et qui les couvrait toutes les deux. La route était apaisante.

« Depuis la frontière américaine, on se croirait dans un autre monde, dit-elle émerveillée. C'est montagneux comme chez nous, mais le paysage ne ressemble pas du tout aux *Townships*.

— C'est vrai, fit Louis-Antoine. Les montagnes sont plus hautes et les vallées plus profondes. Curieusement les villages sont bien plus rapprochés qu'en Canada. Ils se suivent tous les deux ou trois milles. Il ne leur manque que nos beaux clochers. Chez nous, on les aperçoit de loin en loin.

— Leurs petites chapelles de bois blanc avec des jalousies vertes sont bien élégantes », observa Julie.

La voiture tirée par deux chevaux entrait justement dans un village propret aux longues maisons de brique rouge.

« Vous voyez comme les rues sont droites et larges, s'exclama encore Louis-Antoine.

— Et les maisons imposantes, jugea Julie. À l'évidence, ils ont plus de notions d'architecture que nous.

— Ils sont plus riches aussi.

— Maman, maman, regardez », s'exclama Azélie tout excitée.

Un gros cochon suivi d'une ribambelle de cochonnets tout roses traversait la rue sans se soucier des voitures, ni des passants.

« En tout cas, on ne verrait pas ça chez nous, fit Louis-Antoine, qui trouvait la scène peu civilisée. C'est dangereux.

— Mon Dieu que le temps ne passe pas vite, soupira Julie. J'ai si hâte de retouver Louis-Joseph.

— Ma tante, philosopha Louis-Antoine, le temps prend son temps.

— Maman, je veux faire pipi, dit Azélie en tirant la jupe de sa mère.

— Patiente encore, ma chérie, on va s'arrêter pour manger dans quelques minutes. »

▼

Après le déjeuner, les voyageurs reprirent la route. Julie s'assoupit. Puis la petite finit par s'endormir à son tour. Louis-Antoine était plongé dans l'histoire de l'indépendance des États-Unis. À moins d'une heure de Saratoga, la voiture s'anima. Julie avait fixé son petit miroir à un crochet et elle essayait de replacer sa coiffure.

« F-o-r-m-i-d-a-b-l-e », s'exclama Louis-Antoine en refermant bruyamment son livre.

Julie se retourna vers lui, intriguée. Il expliqua :

« La bataille de Saratoga : 17 octobre 1777, moment mémorable !

— Que s'est-il passé pour que tu sois aussi enthousiaste ?

— Ce jour-là, le général Burgoyne, cerné par les Américains, a capitulé. Les Anglais ont alors perdu le contrôle de la rivière Hudson. Et cette victoire a décidé les Français à se battre aux côtés des patriotes américains. »

Julie était sur le point de lui répondre que les Américains étaient devenus un grand peuple parce qu'ils avaient pris leur destin en main. Mais la voiture ralentissait dans la rue principale. Une odeur de verveine flottait dans l'air. Ça sentait l'été déjà bien installé. La végétation était plus hâtive qu'au Bas-Canada. Julie fut tout à coup envahie d'une profonde émotion. Une nouvelle vie allait bientôt commencer. Il lui restait à apprivoiser l'exil. Mais plus jamais elle ne serait seule. Elle visiterait New York et Washington au bras de son mari. Amédée serait bientôt avocat. Il s'inscrirait au barreau américain. Lactance, Ézilda, Gustave, Azélie... Ils seraient tous là autour d'elle, comme avant le drame.

Ses yeux restaient maintenant braqués sur la façade du terminus, minuscule d'abord, impressionnante ensuite, au fur et à mesure qu'ils s'en rapprochaient. Son cœur bondissait dans sa poitrine cependant qu'elle cherchait dans la foule bigarrée des voyageurs la silhouette de l'homme dont elle était toujours follement amoureuse.

Principales sources

Archives de la province de Québec
Fonds famille Papineau.
Correspondance de Julie Papineau.
Correspondance de Louis-Joseph Papineau.
Correspondance de Joseph Papineau.
Correspondance d'Amédée et de Lactance Papineau.
Correspondance de Théophile Bruneau.

Archives du Canada
Correspondance de Jacques Viger (La Saberdache).
Correspondance de Wolfred Nelson.

Ouvrages
AUBERT DE GASPÉ, Philippe. *Mémoires*, Montréal, Fides, 1971, 435 p.

BARIBEAU, Claude. *La Seigneurie de la Petite-Nation*, Hull, éditions Asticou, 1983, 166 p.

BERNARD, Jean-Paul. *Les Rébellions de 1837-1838*, Montréal, Boréal Express, 1983, 349 p.

BOUCHER-BELLEVILLE, Jean-Philippe. *Journal d'un patriote (1837 et 1838)*, Montréal, éditions Guérin, 1992, 174 p.

BOYD, John, *Sir George Étienne Cartier*, Montréal, librairie Beauchemin, 1918, 485 p.

CHAUSSÉ, Gilles. *Jean-Jacques Lartigue, premier évêque de Montréal*, Montréal, Fides, 1980, 275 p.

DAVID, L.-O. *Les Patriotes de 1837-1838*, Montréal, éditions Leméac, 1978, 297 p.

DUMONT, Fernand. *Genèse de la société québécoise*, Montréal, éditions du Boréal, 1993, 393 p.

FILTEAU, Gérard. *Histoire des patriotes,* Montréal, éditions de L'Aurore/ Univers, 1980, 493 p.

GARNEAU, François-Xavier. *Histoire du Canada*, tome IX, Montréal, éditions de l'Arbre, 1946, 293 p.

HARE, John, Marc LAFRANCE, David-Thiery RUDDEL. *Histoire de la ville de Québec*, Montréal, éditions du Boréal/Musée canadien des civilisations, 1987, 399 p.

LAMONDE, Yvan. *Louis-Antoine Dessaulles, un seigneur libéral et anti-clérical*, Montréal, éditions Fides, 1994, 369 p.

LEMIRE, Maurice. *La Vie littéraire au Québec, 1806-1839*, Québec, Presses de l'Université Laval, 1992, 587 p.

MEUNIER, Pierre. *L'insurrection à Saint-Charles et le seigneur Debratzch*, Montréal, éditions Fides, 1986, 178 p.

MONIÈRE, Denis. *Ludger Duvernay et la révolution intellectuelle au Bas-Canada*, Montréal, éditions Québec/Amérique, 1987, 229 p.

OUELLET, Fernand. *Éléments d'histoire sociale du Bas-Canada*, Montréal, éditions Hurtubise HMH, 1972, 379 p.

OUELLET, Fernand. *Julie Papineau, un cas de mélancolie et d'éducation janséniste*, Québec, Presses de l'Université Laval, 1961, 123 p.

PAPINEAU, Amédée. *Journal d'un fils de la liberté*, tome1, Montréal, 1972, Réédition-Québec, 111 p. Tome 2, éditions L'Étincelle, 1978, 196 p.

PARIZEAU, Gérard. *Les Dessaulles, Seigneurs de Saint-Hyacinthe*, Montréal, éditions Fides, 1976, 159 p.

PROVENCHER, Jean. *Les Modes de vie de la population de Place-Royale, entre 1820 et 1859*, Québec, Publications du Québec, 1990, 315 p.

ROY, Jean-Louis. *Édouard-Raymond Fabre, libraire et patriote canadien*, Montréal, éditions Hurtubise HMH, 1974, 284 p.

RUMILLY, Robert. *Papineau et son temps*, tome 1, Montréal, éditions Fides, 1977, 643 p.

SCHULL, Joseph. *Rebellion, The Rising of French Canada 1837*, Toronto, Macmillan of Canada, 1971, 226 p.

SÉGUIN, Robert-Lionel. *La Victoire de Saint-Denis*, Montréal, éditions Parti-Pris, 1964, 45 p.

VALLÉE, Jacques. *Tocqueville au Bas-Canada*, Montréal, éditions du Jour, 1973, 187 p.

TABLE

COLLECTION DEUX CONTINENTS

imprimerie gagné ltée